Dello stesso autore in BUR
Rizzoli

Cassio Dione

STORIA ROMANA

VOLUME NONO
(LIBRI LXXIII-LXXX)

Introduzione e note di Alessandro Galimberti
Traduzione e note di Alessandro Stroppa

Testo greco a fronte

BUR classici greci e latini
Rizzoli

Pubblicato per

da Mondadori Libri S.p.A.
Proprietà letteraria riservata
© 2018 Mondadori Libri S.p.A.

ISBN 978-88-17-09904-2

Titolo originale dell'opera:
ΡΩΜΑΙΚΗ ΙΣΤΟΡΙΑ

Prima edizione BUR: 2018
Seconda edizione BUR Classici greci e latini: giugno 2018

Le note ai libri 73-77 sono state curate da A. Galimberti
Le note ai libri 78-80 sono state curate da A. Stroppa

Seguici su:

Twitter: @BUR_Rizzoli   www.bur.eu   Facebook: /RizzoliLibri

CASSIO DIONE STORICO DI SE STESSO
E DELLA CRISI

Con il principato di Commodo (180-192 d.C.) Cassio Dione diventa testimone oculare degli avvenimenti da lui narrati.[1] Le vicende e i temi trattati nei libri conclusivi della *Storia Romana* (ll. 73-80) sono dunque della massima importanza per comprendere non solo lo svolgimento politico degli eventi del periodo che va dal 193 al 229 (dal principato di Didio Giuliano al principato di Alessandro Severo, che si concluse nel 235), ma anche per cogliere la personalità di Dione come storico del suo tempo. Non va dimenticato che per la storiografia greca classica (si pensi a Tucidide – e Dione è un tucidideo) lo storico è innanzitutto uno storico della contemporaneità, e la sua grandezza si misura in base alla capacità di analisi e di comprensione delle vicende che vive. Per far ciò è dunque opportuno inserire la biografia di Dione[2] nel quadro degli avvenimenti esposti negli ultimi libri per comprendere meglio il grado di deformazione che lo storico imprime alle vicende narrate sulla spinta degli eventi a lui coevi e della sua partecipazione a essi.[3]

La ricostruzione della carriera politica di Dione è, come noto, provvisoria. Dopo aver rivestito la questura fu designato pretore da Pertinace nel 193 ed esercitò la carica nel 194:[4] di qui in poi il *cursus* subisce una brusca e lunga interruzione; ritroviamo infatti il nostro storico a Nicomedia alla presenza di Caracalla nel 214-215

---

[1] 72, 18, 3-4.

[2] Per un aggiornamento sulla biografia dionea si veda ora MOLIN 2016, 431-446.

[3] MILLAR 1964; BERING-STASCHEWSKI 1981; SCHMIDT 1997. MILLAR (1964, 118) ha osservato che il racconto dioneo dei fatti contemporanei occupa ben duecento pagine a stampa dell'edizione Boissevain ed è dunque «la narrazione contemporanea più estesa e più ricca che noi abbiamo della prima età imperiale».

[4] O nel 195, MOLIN 2016.

in occasione del viaggio in Oriente del principe;[5] nel 218 Macrino lo nomina *curator ad corrigendum statum civitatium* di Pergamo e Smirne; dopo il 220 è legato d'Africa (223-224?), governatore di Dalmazia (224-226?) e infine governatore di Pannonia (226-228?); riveste infine il secondo consolato con Alessandro Severo nel 229.

Per spiegare lo iato più che ventennale – dal 194 al 218 – nella carriera politica di Dione c'è chi[6] ha pensato a un deterioramento dei rapporti tra lo storico e Settimio Severo intervenuto ai tempi della guerra contro Clodio Albino, risolta vittoriosamente da Severo con la battaglia di Lione nel 197. Questo peggioramento sarebbe apprezzabile anche nella *Storia* poiché Dione, dopo la vittoria su Albino, appare sempre più critico nei confronti di Settimio e della sua politica antisenatoria. Il ritratto di Settimio Severo in Dione presenta in effetti un doppio registro: uno favorevole e l'altro ostile o quantomeno molto critico.[7]

Soprattutto però Dione appare concentrare la sua riflessione sul periodo delle guerre civili combattute da Settimio Severo tra il 193 e il 197 e dedica a esse e al principato di Severo ben la metà degli ultimi quattro libri della sua *Storia*, che possono dunque essere considerati il *turning point* della sua riflessione storica.[8] L'epoca del primo dei Severi appare cioè a Dione l'inizio di una nuova storia in cui iniziano ad affiorare quei segni che inequivocabilmente condurranno alla cosiddetta crisi del III secolo, proprio in coincidenza con la fine del principato dei Severi.

Innanzitutto Dione percepisce che una generazione è tramontata[9]

---

[5] Forse come *comes* o *amicus*; *contra* LETTA 1979, 124.

[6] GABBA 1955, 294; LETTA 1979, 125-129; *contra* MILLAR 1964, 138. Si vedano ora le osservazioni di SLAVICH 2001.

[7] Si veda soprattutto 74, 2, 2; 9, 5-6; 75, 8, 3-5.

[8] Ciò ha un peso decisivo nella decisione di Dione di intraprendere prima la raccolta del materiale (per ben dieci anni) e poi la composizione della *Storia* (in altri dodici anni): «A raccogliere tutto il materiale per la Storia dei Romani dal principio fino alla morte di Severo ho impiegato dieci anni e altri dodici a stendere la narrazione» (72, 23, 5). Sullo spinoso problema della composizione dell'opera di Dione si veda almeno GABBA 1955; LETTA 1979; MILLAR 1964; BARNES 1984; SCHETTINO 2001. È noto che Dione nei libri 73-80, oltre a ricordi personali e informazioni di prima mano sugli eventi di cui è stato testimone oculare, ha fatto ricorso a documenti ufficiali (*acta senatus*, resoconti e corrispondenza imperiale), materiali d'archivio, ma anche a fonti storiografiche. Tra queste ultime si possono ricordare almeno l'*Autobiografia* di Settimio Severo e Antipatro di Ierapoli autore di *res gestae* di Severo (ἔργα Σεουέρου). Cfr. RUBIN 1980; LETTA 2016 e 2016a. Sul rapporto tra Dione e la storiografia a lui contemporanea cfr. ora ZECCHINI 2016.

[9] KEMEZIS 2012.

ed egli si trova ora tra i protagonisti di un nuovo ciclo storico. Nato negli anni sessanta del II secolo d.C., non può non provare nostalgia per le grandi personalità del regno di Marco Aurelio (Aufidio Vittorino, Claudio Pompeiano, Elvio Pertinace); tuttavia si rende conto che la nuova generazione di cui fa parte deve conquistarsi una carriera facendo subito scelte difficili, giacché si trova nel mezzo di una guerra civile protrattasi per ben quattro anni. Il prototipo di questa nuova generazione potrebbe essere indicato in Cassio Clemente (74, 9) che era stato processato da Settimio Severo per aver parteggiato per Pescennio Nigro; nel suo accorato discorso di difesa in senato aveva rivendicato la sua posizione proprio di fronte a Severo: «Non conoscevo né te né Nigro, ma essendomi trovato nel suo partito ho dovuto adattarmi alle circostanze, non perché intendessi fare guerra a te, ma per abbattere [Didio] Giuliano. In questo, dunque, non ti ho fatto nulla di male, sia perché inizialmente ho abbracciato il tuo stesso partito, sia perché in seguito non ho disertato in tuo favore abbandonando colui che una volta mi era stato imposto dalla sorte. Del resto neppure tu avresti voluto che coloro che siedono accanto a te, e insieme a te giudicano, fossero passati dalla parte di lui dopo averti tradito. Allora non valutare le nostre persone e i nostri nomi, ma i semplici fatti: se ci condannerai, infatti, avrai condannato anche te stesso e i tuoi sostenitori; e se anche tu non sarai ritenuto colpevole in alcun giudizio o sentenza, tuttavia nella fama degli uomini, la memoria della quale resiste nel tempo, dimostrerai di aver mosso contro gli altri le medesime accuse nelle quali sei coinvolto». Cassio Clemente, secondo Dione, aveva detto la «la pura verità» (οὐκ ἀπεκρύψατο τὴν ἀλήθειαν).[10] L'incertezza e la durezza dei tempi non facilitavano scelte nette. Dione dichiara che dopo la rottura tra Severo e Albino fu tra coloro che non vollero esporsi a favore di uno dei due contendenti e «se ne rimasero quieti» (ἡσυχίαν ἤγομεν, 75, 4, 2), ma è chiaro che, alla fine, essendosi schierato con Settimio riuscì a sopravvivere politicamente. Non solo: è chiaro che la degenerazione dell'ultimo Commodo, il fallimento dei progetti di restaurazione di Pertinace, l'anarchia imposta dai pretoriani (e dai liberti) che aveva condotto Didio Giuliano ad acquistare l'impero all'asta oltraggiandolo, erano gli argomenti di Severo e della sua propaganda[11] che Dione registra fedelmente e che aveva fatto suoi.

---

[10] 74, 9, 1.
[11] Cfr. Herod. 2, 14, 3; *HA Sev.* 7, 4. Sulla propaganda severiana cfr. RUBIN 1980.

Il nostro storico prova infatti un legittimo orgoglio nel presentare il punto di vista del senato di cui è entrato a far parte sotto Commodo, sicché il racconto di questi libri è disseminato di episodi e aneddoti raccontati ora in prima persona ora con un «noi», quasi a indicare con forza il senso di appartenenza e l'orgoglio che un provinciale come Dione doveva provare nel trovarsi nel più prestigioso consesso politico dell'impero.[12] Sotto il profilo letterario, infine, la presenza personale ad alcune drammatiche sedute senatorie conferisce al racconto una vivacità insolita.[13]

In alcuni libri (soprattutto il 77 e il 78 dedicati a Caracalla e a Macrino) Dione dispiega una particolare attenzione «prosopografica» per alcuni personaggi entrati in senato ma non ritenuti all'altezza, se non apertamente disprezzati: è il caso di Marcio Claudio Agrippa, di Elio Tricciano e di Oclatinio Avvento o dei liberti Teocrito, Epagato, Eutichiano, Comazonte. Indubbiamente siamo di fronte a un giudizio politico ben preciso al quale non sono indifferenti le origini sociali dei personaggi in questione, ma soprattutto gioca qui un ruolo decisivo l'impostazione tenacemente ostile contro Caracalla e, in misura forse ancora maggiore, contro Macrino. Dione insomma non nasconde la sua acuta «sensibilità sociale» poiché il suo ideale politico si fonda sulla rispettabilità del senato in quanto il singolo senatore è chiamato a collaborare col principe il più liberamente possibile, rivendicando davanti al principe stesso il rispetto che questi gli deve in considerazione della sua dignità.[14]

Dione pertanto non si lascia sfuggire l'occasione di sottolineare – con dispiacere – il declino a cui è andato incontro il senato. Emblematico appare a questo proposito un passaggio del libro 79 in cui, parlando del tentativo di mettere in atto un colpo di mano da parte di due senatori semisconosciuti (Vero e Gellio Massimo) nel 219 scrive: «La situazione, infatti, era così confusa che costoro, un ex centurione elevato a rango di senatore l'uno e il figlio di un medico l'altro, si misero in mente di mettere le mani sul potere imperiale. Ho fatto menzione solo di loro non perché fossero stati gli unici

[12] Dione impiega «noi» (*scil.* senatori) quando è testimone oculare in senato degli eventi che narra. LETTA 2016, 248.

[13] Si pensi ad esempio al processo in contumacia in senato alla presenza di Severo contro il senatore Popilio Pedone Aproniano accusato di magia e la conseguente condanna del senatore Bebio Marcellino nel 197 (76, 8-9, 1).

[14] Sotto il profilo politico-costituzionale l'ideale dioneo coincide con quello della cosiddetta costituzione mista. Cfr. CARSANA 1990; HOSE 1994; SCHETTINO 2008.

ad aver perso il lume della ragione, ma perché erano membri del senato» (79, 7, 2).

Dione vive pertanto nel mezzo di una crisi politco-istituzionale. Il senato non è più al centro del gioco politico e non è più neppure una sponda determinante nell'elezione del principe, come avevano dimostrato in modo eclatante i casi di Settimio Severo e di Macrino (per tacere di Didio Giuliano). Con Severo infatti il principato assume sempre più i caratteri di un'autocrazia militare dinastica,[15] e ai soldati l'imperatore deve corrispondere in ultima analisi non solo le sue attenzioni politiche (essi chiedono e ottengono privilegi mai accordati prima: si pensi alla possibilità di sposarsi al termine degli anni passati sotto le armi), ma soprattutto fiscali e monetarie (i soldati devono essere pagati e reclamano cifre sempre più onerose).

I casi di Pertinace, di Didio Giuliano e di Macrino – il primo e l'ultimo accomunati da umili origini – sono a questo proposito esemplari. Pertinace, che pur Dione loda poiché, come si è visto, aveva da lui ottenuto di rivestire la pretura, era stato incapace di tenere a freno i soldati (73, 8, 1): «Dato che non fu più concesso né ai soldati di fare razzie né ai liberti di agire secondo il loro capriccio, Pertinace venne terribilmente in odio agli uni e agli altri. I liberti, in verità, dal momento che erano inermi, non si ribellarono, mentre le truppe pretoriane e Leto ordirono una congiura contro di lui»; Settimio Severo rivendicò abilmente il fallimento di Pertinace (di cui formalmente – ma solo formalmente! – si dichiarò l'erede politico in opposizione alla tirannide commodiana, sulla quale però ben presto cambiò idea quando si trattò di ripristinare la continuità dinastica con gli Antonini)[16] affermando che aveva sognato di domare senza sforzo quel cavallo della *res publica* che aveva disarcionato Pertinace (74, 3, 3).[17]

Analogamente Dione – al di là del giudizio pieno di indignazione per «aver acquistato l'impero all'asta» (73, 11, 3) – fa sua la posizione

---

[15] Si vedano ora i contributi in Lange-Madsen 2016.

[16] Significativa a questo proposito la promessa non mantenuta di non mettere a morte alcun senatore puntualmente registrata dal senatore Dione (74, 2, 1-2): «Entrato in città in questo modo, Severo ci promise, come avevano fatto anche i buoni imperatori del passato, che non avrebbe condannato a morte alcun senatore […] Fu tuttavia egli stesso il primo a violare e a non osservare questa legge, togliendo di mezzo molti [senatori]». Tra i buoni imperatori del passato c'è senz'altro Pertinace, lodato da Dione per non aver messo a morte nessun senatore (73, 8, 4). Severo nel 195 si autoadottò negli Antonini come fratello di Commodo (75, 7, 4).

[17] Cfr. Herod. 2, 9, 5-6.

di Severo su Didio Giuliano, ritenuto del tutto inadatto a governare l'impero in quanto incapace di trattare con i soldati.

Macrino, che era diventato imperatore grazie a una congiura mentre era prefetto del pretorio, aveva suscitato nei soldati grandi aspettative – soprattutto in termini di ricompense – e un trattamento di favore. Ma ciò non avvenne e Dione (78, 9, 3) non solo annota tra le ragioni del suo insuccesso la mancata attenzione per i soldati, ma addirittura mette in risalto il rimpianto di questi ultimi per Caracalla (un imperatore di certo non amato da Dione): «Contro di lui (*scil.* Caracalla) non fu tuttavia decretata la *damnatio memoriae* perché i soldati non avevano ottenuto la pace che speravano di guadagnare da Macrino e anche perché, essendo stati privati [dallo stesso Macrino] delle ricompense che ricevevano da Antonino, lo rimpiangevano; anzi, in seguito essi s'imposero a tal punto che egli fu annoverato tra i semidei, decisione che, ovviamente, fu ratificata da un decreto del senato».

Macrino, oltre a essere contestato dai soldati e a non rivelarsi all'altezza, rappresenta per Dione un secondo significativo punto di svolta sotto il profilo storico: non tanto – o non solo – per essere il primo imperatore di origine equestre, quanto perché con lui si precipita nuovamente nella guerra civile, ove sono gli eserciti provinciali ad assumere sempre maggior peso nel determinare la scelta del nuovo imperatore a detrimento del senato che è ormai emarginato nel gioco politico.

Con Elagabalo (218-222) e la restaurazione della dinastia dei Severi per opera di Giulia Mesa (sorella di Giulia Domna, la moglie di Settimio Severo) e delle sue due figlie (Giulia Soemiade e Giulia Mamea), la famiglia imperiale tocca il punto più basso: il ritratto dioneo è impietoso e non lascia intravedere alcunché di positivo nella sua figura. È probabile che Dione intendesse così indicare, oltre al declino dell'autorità imperiale incarnato dalla mollezza e dalla perversione – non solo – religiosa di Elagabalo, quali erano i concreti rischi che un'accentuata autocrazia poteva arrecare al governo dell'impero.[18]

Evanescente è infine il giudizio su Alessandro Severo – sebbene vi siano tracce di una valutazione positiva – perché l'opera si interrompe. Gli ultimi capitoli del libro 80 sono però molto preziosi poiché Dione ci porta a conoscenza delle sue disavventure personali quando ebbe la legazione di Pannonia Superiore (presumibilmente tra il 226 e il

[18] Osgood 2016.

228) quando «i pretoriani accusarono me presso Ulpiano per aver comandato i soldati della Pannonia con piglio risoluto, reclamando per giunta la mia consegna, nel timore che qualcuno imponesse loro la medesima disciplina militare adottata con le truppe pannoniche» (80, 4, 2); l'episodio indusse Alessandro a spingere Dione lontano da Roma e così trascorse l'anno del suo consolato ordinario (229),[19] prima nei suoi possedimenti in Campania e poi facendo ritorno a Nicea anche a causa di un malanno ai piedi.

Dione, come s'è detto, vive in un periodo di forte instabilità politica e, come è noto, nel libro 52, dove viene messo in scena il celebre dibattito tra Agrippa e Mecenate alla presenza di Augusto a proposito della forma da dare al nuovo regime, egli offre per bocca di Mecenate un'analisi della crisi in atto ai suoi tempi e una serie di proposte per ovviare ai problemi. Tuttavia per affrontare un simile discorso anche i libri contemporanei di cui qui trattiamo forniscono più di uno spunto per arricchire l'analisi, se non altro perché è Dione stesso a suggerire che determinate contingenze apparivano problematiche ai suoi occhi. Due colpiscono in particolare: il malessere sociale e la politica estera.

All'epoca delle guerre civili serpeggiava infatti un diffuso malcontento di cui Dione si fa portavoce in modo quasi sorprendente (75, 4, 2 e 5) quando descrive la scena che si svolge a teatro poco prima della celebrazione dei *Ludi Saturnali* del 196: «Mentre allora tutto il mondo era sconvolto da questi eventi, noi senatori restavamo in attesa degli eventi, almeno coloro che non essendo apertamente passati al partito dell'uno o dell'altro si trovassero a condividere con loro pericoli e speranze; il popolo, invece, non poté trattenersi dal contestare apertamente la situazione [...] Dopo aver levato tali auspici, chiamando Roma "regina" e "immortale", urlarono: "Fino a quando subiremo tutto questo?" e "Fino a quando saremo coinvolti nella guerra?". Avendo poi detto altre frasi del genere, alla fine gridarono: "Basta!" e rivolsero l'attenzione alla gara dei cavalli». In questo clima di sconvolgimento politico e di disordine non stupisce che potesse avere successo la figura del brigante Bulla, pronto ad approfittare di un clima sociale poco sereno (76, 10).

Ma soprattutto Dione si mostra critico sulla politica estera di Settimio Severo – che rappresenta la decisiva discontinuità tra Settimio e i suoi predecessori – che aveva segnato la ripresa all'espansionismo

[19] Dione aveva rivestito il consolato suffetto nel 206 (MILLAR 1964, 17-18) o nel 222 (LETTA 1979, 117-122).

e che aveva condotto prima alla creazione della provincia di Osroene e poi della Mesopotamia (in cui fu ricompresa l'Osroene). Il precedente a cui fare riferimento era senz'altro Traiano,[20] che era entrato a Ctesifonte nel 117 e al quale Settimio volle espressamente ricollegarsi celebrando la sua vittoria sui Parti il 28 gennaio, vale a dire il *dies imperii* di Traiano nel 98, nonché il giorno in cui le truppe nel 117 lo avevano acclamato con il titolo di *Parthicus Maximus*.

È dunque oltremodo significativo che Settimio riceva da parte di Dione parole molto critiche come nel caso di Traiano: a questi viene rimproverato infatti di aver fatto affrontare ai Romani «fatiche e pericoli per niente» (68, 33, 1), a Settimio di avere acquisito all'impero terre che costano di più di quanto rendono e che sono fonte di disordini continui, difficili da contenere a causa della precaria disciplina degli eserciti imperiali (79, 3-4).[21] Colpisce soprattutto quest'ultima critica contro le legioni, che è la stessa che Dione formula a 80, 4, 2 a proposito della sua legazione in Pannonia; peraltro Settimio Severo al suo arrivo a Roma aveva congedato con la forza le coorti riottose sostituendole con le truppe più disciplinate e fedeli della *legio II Parthica* e proprio sulla fedeltà delle legioni aveva fondato il suo potere.

Dione tuttavia nella sua critica si sottrae o non coglie il problema più drammatico e cioè il fatto che il senato stava da tempo progressivamente abdicando alle funzioni militari a esso tradizionalmente demandate, consegnando di fatto nelle mani di altri ceti e soprattutto dei cavalieri la difesa dell'impero, in un'epoca che egli stesso definisce «di ferro».[22] Qui risiede in ultima analisi la radice della crisi del senato stesso che Dione lamenta: essa inizia con l'avvento di Settimio Severo e si acuisce irreversibilmente prima sotto Caracalla e poi con Macrino. La rinuncia a difendere l'impero suonava infatti come una delegittimazione a governarlo, poiché combattere per l'impero – non solo per la sua difesa ma anche per la sua espansione – era innanzitutto un dovere che, una volta assolto, garantiva come ricompensa proprio il suo governo.

Alessandro Galimberti

---

[20] E non il pur vittorioso e più recente Lucio Vero.
[21] Cfr. MOLIN 2016a; BRIZZI 2016, 766-771.
[22] *Ibid.* 71, 36, 4: «Di costui (*scil.* di Commodo) ora dobbiamo parlare, dato che alle vicende dei Romani di quell'epoca accadde quello che avviene oggi alla nostra storia, decaduta da un regno aureo a uno ferreo e rugginoso».

CONTENUTI DEI LIBRI LXXIII-LXXX
E CRONOLOGIA DEGLI AVVENIMENTI

NOTA AL TESTO:
Il testo greco riproduce, con qualche lieve variante discussa in nota, l'edizione di U.P. BOISSEVAIN, *Cassii Dioni Cocceiani Historiarum Romanarum quae supersunt*, vol. III, Berlin 2002³.

BIBLIOGRAFIA

Barnes T.D., *The Composition of Cassius Dio's Roman History*, «Phoenix» 38 (1984), 240-255.

Bering-Staschewski R., *Römische Zeitgeschichte bei Cassius Dio*, Bochum 1981.

Brizzi G., *Cassio Dione e le campagne d'Oriente*, in Fromentin et *alii*, II, 741-771.

Carsana C., *La teoria della costituzione mista nell'età imperiale*, Como 1990.

Fromentin V. – E. Bertrand – M. Coltelloni-Trannoy – M. Molin – G. Urso (eds.), *Cassius Dion: nouvelles lectures*, I-II, Bordeaux 2016.

Gabba E., *Sulla storia romana di Cassio Dione*, «RSI» 67 (1955), 289-333.

Hose M., *Erneurung der Vergangenheit. Die Historiker im Imperium Romanum von Florus bis Cassius Dio*, Stuttgart 1994.

Kemezis A., *Commemoration of the Antonine Aristocracy in Cassius Dio and the Historia Augusta*, «CQ» 62 (2012), 387-414.

Lange C.H. – J.M. Madsen, *Cassius Dio. Greek Intellectual and Roman Politician*, Leiden 2016.

Letta C., *La composizione dell'opera di Cassio Dione. Cronologia e sfondo storico-politico*, in *Ricerche di storiografia greca di età romana*, Pisa 1979.

Letta C., *L'uso degli* acta senatus *nella* Storia Romana *di Cassio Dione*, in Fromentin et *alii*, I, 243-258.

Letta C. (a), *Fonti scritte non letterarie nella* Storia Romana *di Cassio Dione*, «SCO» 62 (2016), 245-296.

Millar F., *A Study of Cassius Dio*, Oxford 1964.

Molin M., *Biographie de l'historien Cassius Dion*, in Fromentin et *alii*, II, 431-446.

Molin M., *Cassius Dion et la société de son temps*, in Fromentin et *alii*, II, 431-446.

Osgood J., *Cassius Dio's Secret History of Elagabalus*, in Lange – Madsen, 177-190.

Rubin Z., *Civil-War Propaganda and Historiography*, Bruxelles 1980.

Schettino M.T., *Cassio Dione e le guerre civili di età severiana*, «Geríon» 19 (2001), 533-558.

Schettino M.T., *Conscience de la crise, utopie et perspectives réformatrices à l'époque des Sévères*, «Latomus» 68 (2008), 985-999.

Schmidt G.M., *Die «zeitgeschichtlichen» Bücher im Werke des Cassius Dio: von Commodus zu Severus Alexander*, «ANRW» 2. 34. 3 (1997), 2591-2649.

Slavich C., *ΠΟΛΕΜΟΙ ΚΑΙ ΣΤΑΣΕΙΣ. «Propaganda severiana» nell'opera di Cassio Dione*, «SCO» 47 (2001), 131-166.

Zecchini G., *Cassius Dion et l'historiographie de son temps*, in Fromentin et *alii*, I, 113-124.

TAVOLE GENEALOGICHE E CARTINE

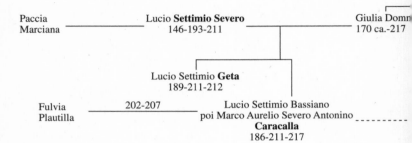

Paccia
Marciana ———————— Lucio **Settimio Severo**
146-193-211

Giulia Domn
170 ca.-217

Lucio Settimio **Geta**
189-211-212

Fulvia
Plautilla ——— 202-207 ——— Lucio Settimio Bassiano
poi Marco Aurelio Severo Antonino ----------
Caracalla
186-211-217

Cornelia Paula ——— 219

Aquila Severa
(vergine vestale) ——— 220

Annia Faustina ——— 222

Marco Opellio **Macrino**
164 - 217 - 218

LA DINASTIA DEI SEVERI

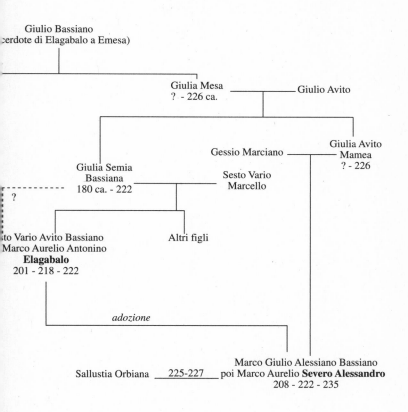

Giulio Bassiano
(..cerdote di Elagabalo a Emesa)

Giulia Mesa
? - 226 ca. — Giulio Avito

Gessio Marciano — Giulia Avito
Mamea
? - 226

Giulia Semia
Bassiana — Sesto Vario
180 ca. - 222 — Marcello

?

..to Vario Avito Bassiano
Marco Aurelio Antonino
Elagabalo
201 - 218 - 222

Altri figli

adozione

Sallustia Orbiana ___225-227___ Marco Giulio Alessiano Bassiano
poi Marco Aurelio **Severo Alessandro**
208 - 222 - 235

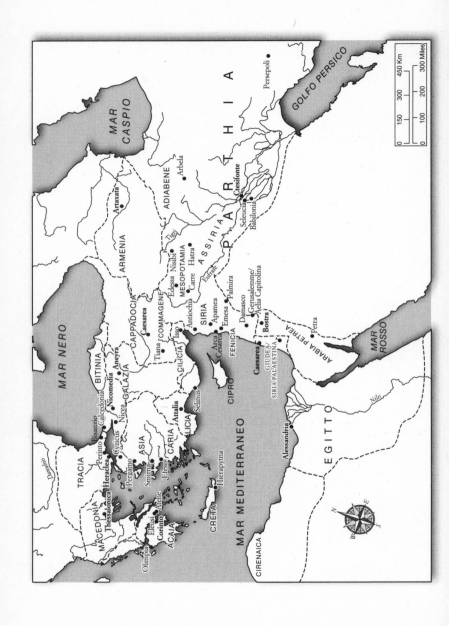

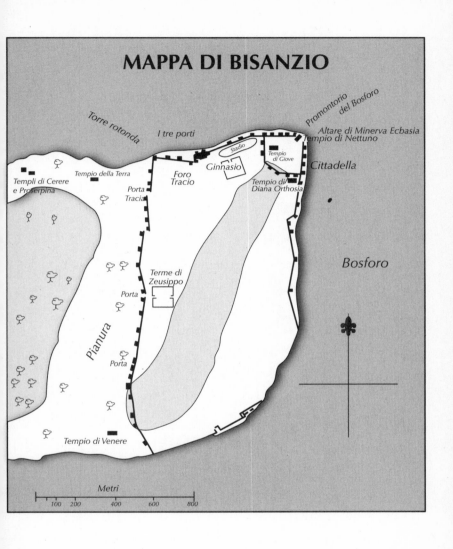

MAPPA DI BISANZIO

Torre rotonda

I tre porti

Promontorio del Bosforo

Altare di Minerva Ecbasia
Tempio di Nettuno

Stadio

Tempio di Giove

Ginnasio

Cittadella

Templi di Cerere e Proserpina

Tempio della Terra

Foro Tracio

Tempio di Diana Orthosia

Porta Tracia

Bosforo

Terme di Zeusippo

Pianura

Porta

Porta

Tempio di Venere

Metri

100   200   400   600   800

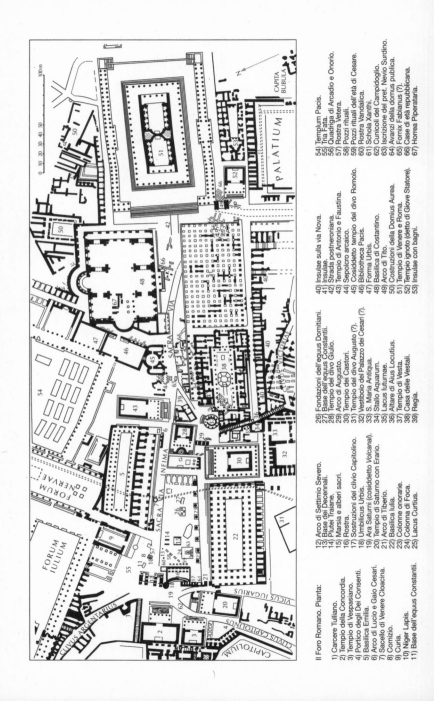

Il Foro Romano. Pianta:

1) Carcere Tulliano.
2) Tempio della Concordia.
3) Tempio di Vespasiano.
4) Portico degli Dei Consenti.
5) Basilica Emilia.
6) Arco di Lucio e Gaio Cesari.
7) Sacello di Venere Cloacina.
8) Comizio.
9) Curia.
10) Niger Lapis.
11) Base dell'equus Constantii.

12) Arco di Settimio Severo.
13) Base dei Decennali.
14) Plutei Traianee.
15) Marsia e alberi sacri.
16) Rostra.
17) Sostruzioni del clivio Capitolino.
18) Umbilicus Urbis.
19) Ara Saturni (cosiddetto Volcanal).
20) Tempio di Saturno con Erario.
21) Arco di Tiberio.
22) Basilica Iulia.
23) Colonne onorarie.
24) Colonna di Foca.
25) Lacus Curtius.

26) Fondazioni dell'equus Domitiani.
27) Base dell'equus Constantii.
28) Tempio del divo Giulio.
29) Arco di Augusto.
30) Tempio dei Castori.
31) Tempio del divo Augusto (?).
32) Vestibolo del Palazzo dei Cesari (?).
33) S. Maria Antiqua.
34) Lacus Iuturnae.
35) Lacus Aquarum.
36) Altare di Aius Locutius.
37) Tempio di Vesta.
38) Casa delle Vestali.
39) Regia.

40) Insulae sulla via Nova.
41) Insulae.
42) Strada postneroniana.
43) Tempio di Antonio e Faustina.
44) Sepolcro arcaico.
45) Cosiddetto tempio del divo Romolo.
46) Bibliotheca Pacis.
47) Forma Urbis.
48) Basilica di Costantino.
49) Arco di Tito.
50) Costruzioni della Domus Aurea.
51) Tempio di Venere e Roma.
52) Tempio ignoto (detto di Giove Statore).
53) Insulae con bagni.

54) Templum Pacis.
55) Tria Fata.
56) Quadriga di Arcadio e Onorio.
57) Rostra Vetera.
58) Pozzi rituali.
59) Pozzi rituali dell'età di Cesare.
60) Rostra Vandalica.
61) Schola Xanthi.
62) Cunicoli del Campidoglio.
63) Iscrizione del pret. Nevio Surdino.
64) Avanzi della domus publica.
65) Fornix Fabianus (?).
66) Case di età repubblicana.
67) Horrea Piperataria.

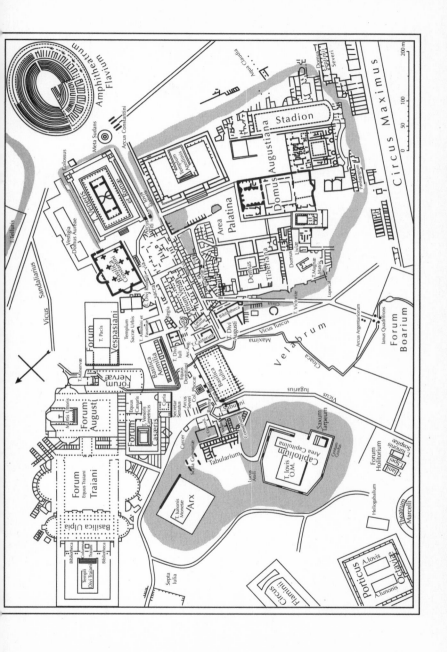

STORIA ROMANA

LXXIII

Περτίναξ δὲ ἦν μὲν τῶν καλῶν κἀγαθῶν, ἦρξε δὲ πάνυ βραχύν τινα χρόνον, εἶτα πρὸς τῶν στρατιωτῶν ἀνηρέθη. λανθάνοντος γὰρ ἔτι τοῦ γεγενημένου περὶ τὸν Κόμμοδον ἦλθον πρὸς αὐτὸν οἱ περὶ τὸν Ἔκλεκτον καὶ Λαῖτον, καὶ τὸ πραχθὲν ἐμήνυσαν· διὰ τὴν ἀρετὴν γὰρ καὶ τὸ ἀξίωμα αὐτοῦ ἡδέως αὐτὸν ἐπελέξαντο. (2) ἰδὼν δὲ αὐτοὺς ἐκεῖνος, καὶ ἀκούσας ὧν ἔλεγον, ἔπεμψε τὸν πιστότατον τῶν ἑταίρων τὸ σῶμα τὸ τοῦ Κομμόδου ὀψόμενον. ὡς δὲ τὸ πραχθὲν ἐβεβαιώσατο, οὕτω δὴ ἐς τὸ στρατόπεδον κρύφα ἐσεκομίσθη, καὶ ἔκπληξιν μὲν τοῖς στρατιώταις παρέσχε, τῇ δὲ δὴ παρουσίᾳ τῶν περὶ τὸν Λαῖτον, καὶ ἐξ ὧν ὑπέσχετο (τρισχιλίας γὰρ αὐτοῖς δραχμὰς κατ᾽ ἄνδρα δώσειν ἐπηγγείλατο), προσεποιήσατο αὐτούς. (3) κἂν πάντως ἡσύχασαν, εἰ μὴ τελευτῶν τὸν λόγον ὧδέ πως εἶπε, «πολλὰ μέν, ὦ ἄνδρες συστρατιῶται, καὶ δυσχερῆ τῶν παρόντων ἐστίν, ἀλλὰ τὰ μὲν ἄλλα αὖθις σὺν ὑμῖν ἐπανορθώσεται»· ἀκούσαντες γὰρ τοῦτο ὑπετόπησαν πάντα τὰ ἑαυτοῖς ὑπὸ τοῦ Κομμόδου παρὰ τὸ καθεστηκὸς δεδομένα καταλυθήσεσθαι, καὶ ἐδυσκόλαναν μέν, ἡσύχασαν δὲ ὅμως ἐπικρύπτοντες τὴν ὀργήν. (4) ἐξελθὼν δὲ ἐκ τοῦ τείχους πρὸς τὸ συνέδριον νυκτὸς ἔτι οὔσης ἀφίκετο, καὶ ἀσπασάμενος ἡμᾶς ὅπως τις, οἷα ἐν ὁμίλῳ

---

* Le date indicate, talvolta solo probabili, seguono la cronologia proposta da E. CARY, *Dio's Roman History I-IX*, Cambridge (MA) 1961.

[1] Publio Elvio Pertinace fu imperatore dal 1° gennaio al 28 marzo del 193. Anche le altre fonti (Erodiano e la biografia della *Historia Augusta*) sono concordi nel giudicare il regno di Pertinace, nonostante il suo esito fallimentare, in modo positivo. In particolare Erodiano (2, 3, 10) individua nel suo governo l'ideale dell'ἀριστοκρατία, intesa come partecipazione dei cittadini migliori al governo e all'amministrazione dell'impero e via mediana tra μοναρχία/βασιλεία e δημοκρατία. Cfr. A. GALIMBERTI, *Erodiano e Commodo. Commento storico al primo libro della Storia dopo Marco*, Göttingen 2014, pp. 48-49.

LIBRO LXXIII

Pertinace era da annoverare tra gli uomini eccellenti, ma tenne il 193 d.C.* principato per un periodo di tempo molto breve, al termine del quale fu ucciso dai soldati[1]. Quando ancora era tenuta segreta la notizia della morte di Commodo, i seguaci di Eclecto e di Leto[2] giunsero da lui e lo informarono dell'accaduto, poiché erano favorevoli a sceglierlo in ragione della sua virtù e del suo rango.[3] (2) Egli, dopo averli visti e aver ascoltato ciò che avevano riferito, mandò il più fidato dei suoi sodali a riconoscere il corpo di Commodo. Quando questi confermò l'accaduto, Pertinace si recò in segreto nell'accampamento e col suo arrivo allarmò i soldati, ma grazie alla presenza degli uomini di Leto e alle promesse che fece (annunciò, infatti, che avrebbe dato dodicimila sesterzi a ciascuno), si guadagnò il loro sostegno. (3) Ed essi si sarebbero senz'altro tranquillizzati, se egli non avesse concluso il suo discorso con parole di questo tenore: «Nella situazione attuale, commilitoni, ci sono molte difficoltà, ma con il vostro aiuto si tornerà nuovamente alla normalità».[4] Udendo ciò, essi sospettarono che sarebbero stati aboliti tutti i privilegi irregolarmente concessi loro da Commodo, e presero a manifestare il loro disappunto, sebbene in seguito, repressa la rabbia, si fossero calmati. (4) Uscito quindi dal campo, si recò in senato quando era ancora notte, e dopo averci[5]

---

[2] Quinto Emilio Leto era prefetto del pretorio di Commodo, Eclecto il cubiculario (Dio. 72, 19, 4; 22).

[3] Pertinace era senatore.

[4] Sarà proprio lo scontento dei pretoriani per non aver ricevuto gli ingenti donativi promessi a decretare la morte di Pertinace (cfr. *infra* 8, 1).

[5] Dal libro 73 è fortemente presente il punto di vista dioneo sia in quanto storico («io») sia di membro della classe senatoria («noi»). Su Cassio Dione testimone oculare dei fatti narrati cfr. *infra* 5, 3 e nota; *Introduzione*; F. MILLAR, *A Study of Cassius Dio*, Oxford 1964; R. BERING-STASCHEWSKI, *Römische Zeitgeschichte bei Cassius Dio*, Bochum 1981.

καὶ ἐν ὠθισμῷ τοσούτῳ, προσελθεῖν αὐτῷ ἠδυνήθη, ἔπειτα ἐκ τοῦ αὐτοσχεδίου εἶπεν ὅτι «ὠνόμασμαι μὲν ὑπὸ τῶν στρατιωτῶν αὐτοκράτωρ, οὐδὲν μέντοι τῆς ἀρχῆς δέομαι, ἀλλ᾽ ἐξίσταμαι ἤδη καὶ τήμερον αὐτῆς διά τε τὴν ἐμαυτοῦ ἡλικίαν καὶ ἀρρωστίαν καὶ διὰ τὴν τῶν πραγμάτων δυσχέρειαν». (5) λεχθέντων δὲ καὶ ἐπῃ νοῦμεν αὐτὸν ἀπὸ γνώμης καὶ ὡς ἀληθῶς ἠρούμεθα· τήν τε γὰρ ψυχὴν ἄριστος ἦν καὶ τῷ σώματι ἔρρωτο, πλὴν καθ᾽ ὅσον βραχύ τι ὑπὸ τῶν ποδῶν ἐνεποδίζετο.

[2] καὶ οὕτως ὅ τε Περτίναξ αὐτοκράτωρ καὶ ὁ Κόμμοδος πολέμιος ἀπεδείχθη, πολλά γε ἐς αὐτὸν καὶ δεινὰ καὶ τῆς βουλῆς καὶ τοῦ δήμου συμβοησάντων. ἠθέλησαν μὲν γὰρ καὶ τὸ σῶμα αὐτοῦ σῦραι καὶ διασπάσαι ὥσπερ καὶ τὰς εἰκόνας, εἰπόντος δὲ τοῦ Περτίνακος τῇ γῇ ἤδη τὸν νεκρὸν κεκρύφθαι, τοῦ μὲν σώματος ἀπέσχοντο, τῶν δ᾽ ἄλλων ἐνεφοροῦντο, οὐδὲν ὅ τι οὐκ ἐπιλέγοντες· Κόμμοδον μὲν γὰρ οὐδεὶς οὐδ᾽ αὐτοκράτορα αὐτὸν ὠνόμαζεν, ἀλιτήριον δέ τινα καὶ τύραννον ἀποκαλοῦντες προσετίθεσαν ἐπισκώπτοντες τὸν μονομάχον, τὸν ἁρματηλάτην, τὸν ἀριστερόν, τὸν κηλήτην. (3) τοῖς τε βουλευταῖς, ὅσοις καὶ μάλιστα ἐκ τοῦ Κομμόδου φόβος ἐπήρτητο, ὁ ὄχλος ἐπέλεγεν «εὖγε εὖγε, ἐσώθης, ἐνίκησας». ὅσα τε εἰώθεσαν ἐν τοῖς θεάτροις ἐπὶ τῇ τοῦ Κομμόδου θεραπείᾳ εὐρύθμως πως ἐκβοᾶν, ταῦτα τότε μετασχηματίζοντες ἐς τὸ γελοιότατον ἐξῇδον. (4) τοῦ μὲν γὰρ ἀπηλλαγμένοι, τὸν δὲ οὐδέπω φοβούμενοι, τό τε διὰ μέσου αὐτῶν ὡς ἐλεύθεροι ἐκαρποῦντο, καὶ ἀξίωμα παρρησίας ἐν τῷ ἀδεεῖ αὐτοῦ ἐλάμβανον· οὐ γὰρ ἐξήρκει σφίσι τὸ μηκέτι φοβεῖσθαι, ἀλλ᾽ ἐν τῷ θαρσοῦντι καὶ ἐξυβρίζειν ἤθελον. - Xiph. 282, 15-283, 29 R. St.

---

[6] La scena notturna che porta alla proclamazione di Pertinace e poi al discorso in senato è analoga a quella che si trova in Herod. 2, 1-4. Appare più che fondato il sospetto che Pertinace non fosse stato preso alla sprovvista dagli uccisori di Commodo – come lascia intendere Erodiano – e non si fosse preventivamente accordato con loro.

[7] Cfr. soprattutto *HA Comm.* 18, 3-19 in cui sono riportate le *adclamationes* in senato dopo la morte di Commodo, su cui cfr. A. MOLINIER ARBO, *Des cris à la curie: les acclamationes senatus de la Vie de Commode dans l'Histoire Auguste*, in M. SCHETTINO – S. PITTIA (eds.), *Les sons du pouvoir dans les mondes anciens*, «Actes du Colloque International de l'Université de la Rochelle», 25-27 novembre 2010, pp. 167-187.

[8] Secondo Herod. 2, 1-2 la salma di Commodo fu seppellita di notte in gran segreto per non suscitare l'ira dei pretoriani.

rivolto il saluto, per quanto fosse possibile avvicinarsi a lui nella
ressa e nella confusione, improvvisò questo discorso: «Sono stato
acclamato imperatore dai soldati, ma dal momento che non ho bisogno
del potere, non esito a rinunciarvi, sia a causa della mia età e della
mia cattiva salute, sia a causa della difficile situazione nella quale
versano i pubblici affari».[6] (5) Dette queste parole, lo lodammo con
spontaneità e lo eleggemmo senz'alcuna esitazione: egli, infatti, era
un uomo di ottima indole e di fisico vigoroso, se si esclude un lieve
difetto di deambulazione.

[2] Fu così che Pertinace venne proclamato imperatore e Commodo fu dichiarato nemico pubblico, dopo che tanto il senato quanto il
popolo ebbero urlato contro quest'ultimo molte e terribili ingiurie.[7]
Volevano trascinare e fare a pezzi il suo corpo così come le sue statue, ma quando Pertinace disse che la salma era già stata seppellita,[8]
la risparmiarono, ma infierirono in altri modi ingiuriandolo con
ogni tipo di contumelia: nessuno, infatti, lo chiamava Commodo o
imperatore, ma rivolgendosi a lui come a un empio e a un tiranno,
aggiungevano con scherno titoli come «il gladiatore»,[9] «l'auriga»,
«il mancino» e «l'ernioso».[10] (3) A quei senatori, poi, che erano stati
oltremodo terrorizzati da Commodo, la folla gridava: «Bravo, bravo!
Sei salvo, hai vinto!». Inoltre, tutte le acclamazioni che nei teatri [gli
spettatori] erano soliti intonare a ritmo cadenzato per adulare Commodo, da allora le cantavano storpiandole in modo molto ridicolo.
(4) Pertanto, liberatisi di Commodo ma non ancora vittime del timore
di Pertinace, coglievano il frutto della libertà di quell'intervallo di
tempo, e in quella condizione di sicurezza[11] si arrogavano il diritto
di parlare liberamente: infatti non si accontentavano di non dover più
temere per sé, ma pretendevano, nella loro impudenza, di comportarsi
in modo ancora più arrogante.

---

[9] Commodo era solito presentarsi nell'arena indossando la pelle di leone e portando
la clava come un novello Ercole. Cfr. da ultimo G.W. ADAMS, *The Emperor Commodus:
Gladiator, Hercules or a Tyrant?*, Boca Raton 2013; J. TONER, *The Day Commodus
Killed a Rhino*, Baltimore 2014.

[10] *HA Comm.* 13, 1 afferma che Commodo soffriva di un'ernia inguinale talmente
grossa che gli spuntava dalle vesti (*vitio etiam inter inguina prominenti, ita ut eius
tumorem per sericas vestes populus Romanus agnosceret*).

[11] Analoghe scene di gioia e manifestazioni di giubilo incontrollato senza riguardi
nei confronti di Commodo si trovano in Erodiano (2, 2, 3-5), il quale nel suo resoconto
dell'elezione di Pertinace accentua il ruolo del popolo che appare decisivo ancor più
di quello dei pretoriani, che paiono invece adeguarsi alle spinte popolari senza grande
entusiasmo, dal momento che erano ancora molto legati a Commodo e non si fidavano
delle promesse del neoeletto.

[3] ἦν δὲ ὁ Περτίναξ Λίγυς ἐξ Ἄλβης Πομπηίας, πατρὸς οὐκ εὐγενοῦς, γράμματα ὅσον ἀποζῆν ἐξ αὐτῶν ἠσκημένος. καὶ κατὰ τοῦτο καὶ τῷ Πομπηιανῷ τῷ Κλαυδίῳ συνεγεγόνει, καὶ δι᾽ αὐτὸν ἐν τοῖς ἱππεῦσι χιλιαρχήσας ἐς τοῦτο προεχώρησεν ὥστε καὶ ἐκείνου αὐτοῦ αὐταρχῆσαι. (2) καὶ ἔγωγε τότε ἐπὶ τοῦ Περτίνακος καὶ πρῶτον καὶ ἔσχατον ἐν τῷ βουλευτηρίῳ τὸν Πομπηιανὸν εἶδον· ἐν γὰρ τοῖς ἀγροῖς τὰ πλεῖστα διὰ τὸν Κόμμοδον διῆγε, καὶ ἐς τὸ ἄστυ ἐλάχιστα κατέβαινε, τό τε γῆρας καὶ τὸ τῶν ὀφθαλμῶν νόσημα προβαλλόμενος, οὐδὲ ἔστιν ὅτε πρότερον ἐμοῦ παρόντος ἐς τὴν γερουσίαν ἐσῆλθε. (3) καὶ μέντοι καὶ μετὰ τὸν Περτίνακα πάλιν ἐνόσει· ἐπὶ γὰρ ἐκείνου καὶ ἔβλεπε καὶ ἑώρα καὶ ἐβούλευε, καὶ αὐτὸν ὁ Περτίναξ τά τε ἄλλα ἰσχυρῶς ἐτίμα καὶ ἐπὶ τοῦ βάθρου ἐν τῷ συνεδρίῳ παρεκάθιζεν. καὶ τοῦτο καὶ τὸν Γλαβρίωνα τὸν Ἀκίλιον ἐποίει· καὶ γὰρ ἐκεῖνος τότε καὶ ἤκουεν καὶ ἔβλεπε. (4) τούτους μὲν οὖν ἐς ὑπερβολὴν ἐτίμα, ἐχρῆτο δὲ καὶ ἡμῖν δημοτικώτατα· καὶ γὰρ εὐπροσήγορος ἦν, ἤκουέ τε ἑτοίμως ὅ τι τις ἀξιοίη, καὶ ἀπεκρίνετο ἀνθρωπίνως ὅσα αὐτῷ δοκοίη. εἰστία τε ἡμᾶς σωφρόνως· καὶ ὁπότε μὴ τοῦτο ποιοίη, διέπεμπεν ἄλλοις ἄλλα καὶ τὰ εὐτελέστατα. καὶ αὐτὸν ἐπὶ τούτῳ οἱ μὲν πλούσιοι καὶ μεγάλαυχοι διεγέλων, οἱ δὲ ἄλλοι, οἷς ἀρετὴ ἀσελγείας προτιμοτέρα ἦν, ἐπηνοῦμεν. - Xiph. 283, 29-284, 12 R. St., *Exc. Val.* 327 (p. 729).

[2] (5) ὅτι τοσοῦτον τὸ διάφορον τῆς περὶ Περτίνακος δόξης πρὸς τὸν Κόμμοδον πάντες εἶχον, ὥστε τοὺς ἀκούοντας τὰ γεγονότα ὑποπτεύειν ὑπὸ τοῦ Κομμόδου τὸν λόγον τοῦτον ἐπὶ πείρᾳ καθεῖσθαι, καὶ διὰ τοῦτο πολλοὺς τῶν ἐν τοῖς ἔθνεσιν ἀρχόντων τοὺς ἀγγείλαντάς σφισιν αὐτὰ καταδῆσαι, (6) οὐχ ὅτι οὐκ ἤθελον ἀληθῆ εἶναι, ἀλλ᾽ ὅτι μᾶλλον ἐφοβοῦντο δόξαι τὸν

---

[12] Il padre Elvio Successo era un *libertinus* commerciante di lana (Herod. 2, 3, 1; *HA Pert.* 1, 1) e Dione a 71, 22, 1 ricorda che «quando Pertinace ottenne, grazie alle sue gloriose imprese, il consolato, c'era tuttavia chi, disdegnandolo per le sue origini oscure, andava ripetendo quel verso tragico: "È questo ciò che produce la guerra rovinosa"» (Eur. *Suppl.* 119).

[13] Tiberio Claudio Pompeiano, uno dei più autorevoli *amici Marci*, marito di Lucilla sorella di Commodo, aveva invano tentato di dissuadere Commodo dall'abbandonare le guerre contro i Marcomanni con un accorato discorso subito dopo la morte di Marco Aurelio nella primavera del 180 (Herod. 1, 6, 4-7), su cui cfr. GALIMBERTI, *Erodiano e Commmodo*, cit., pp. 73-74; ID., *Commodo, la pace del 180 e il processo ai Cassiani*, «Athenaeum» 98 (2010), pp. 487-501.

[14] Fu Pompeiano a fargli avere il comando di una *vexillatio* in Dacia (*HA Pert.* 2, 4), dopodiché Pertinace percorse una brillante carriera sino ad arrivare alla *prae-*

[3] Pertinace era un ligure di Alba Pompeia: figlio di padre d'origini non nobili,[12] aveva atteso agli studi letterari quel tanto che bastava per trarne sostentamento. Proprio per questo era entrato in rapporti con Claudio Pompeiano,[13] grazie al quale, dopo aver raggiunto il grado di *tribunus equitum*, avanzò in una carriera che lo portò a diventare un superiore dello stesso Pompeiano.[14] (2) Fu proprio a quel tempo, sotto Pertinace, che io vidi Pompeiano in senato per la prima e ultima volta: a causa di Commodo, infatti, passava la maggior parte del tempo in campagna e si recava in città molto di rado, avanzando come pretesto ora la vecchiaia ora la malattia degli occhi, e prima di allora non capitava mai, almeno in mia presenza, che entrasse in senato. (3) Tuttavia dopo la morte di Pertinace egli si ammalò di nuovo, mentre sotto il suo impero possedeva sia la vista sia la salute, e prendeva parte alle sedute del senato. Pertinace lo onorava grandemente in vari modi e lo faceva sedere accanto al suo seggio in senato, privilegio che accordò anche ad Acilio Glabrione,[15] che a quel tempo era ancora in grado di udire e di vedere. (4) Se da un lato, dunque, egli onorava costoro fino all'eccesso, dall'altro manteneva un atteggiamento molto liberale anche nei nostri confronti: era infatti affabile, ascoltava con sollecitudine le richieste di ciascuno e rispondeva benevolmente fornendo la sua opinione. Inoltre, offriva in nostro onore banchetti frugali, e ogni volta che non lo faceva, inviava qua e là ad alcuni delle portate di cibo, ad altri altre, che erano per di più molto misurate. Per questa ragione i ricchi e i boriosi lo deridevano, mentre noi altri, per i quali la virtù era preferibile all'insolenza, lo lodavamo.

[2] (5) Tutti avevano di Pertinace un'opinione così diversa rispetto a quella che avevano di Commodo, che quando udirono ciò che era accaduto sospettarono che questa notizia[16] fosse stata divulgata da Commodo stesso per metterli alla prova: perciò molti governatori delle province imprigionarono quanti avessero portato quell'annuncio, (6) non già perché auspicassero che quella voce fosse falsa, ma perché

---

fectura urbis che esercitò in modo *mitissimus et humanissimus*. Sulla carriera di Pertinace cfr. F. CÀSSOLA, *Pertinace durante il principato di Commodo*, «PP» 20 (1965), pp. 451-477.

[15] Di ascendenza patrizia i cui natali sarebbero discesi da Enea, era stato console insieme a Commodo nel 186 ed era ritenuto uno dei più autorevoli senatori accanto a Tiberio Claudio Pompeiano. Alla morte di Commodo aveva rifiutato l'impero offertogli da Pertinace in senato (Herod. 2, 3, 3-4).

[16] Cioè la morte di Commodo.

Κόμμοδον ἀπολωλέναι ἢ τῷ Περτίνακι ⟨μὴ⟩ προστίθεσθαι, διότι τὸν μὲν καὶ ἁμαρτών τι τοιοῦτο πᾶς ἐθάρσει, τὸν δὲ οὐδεὶς οὐδ' ἀναμάρτητος ὤν. - *Exc. Val.* 328 (p. 729).

[4] ἔτι δὲ ὄντος αὐτοῦ ἐν Βρεττανίᾳ μετὰ τὴν μεγάλην ἐκείνην στάσιν ἣν ἔπαυσε, καὶ ἐπαίνων παρὰ πᾶσιν ἀξιουμένου, ἵππος τις ὄνομα Περτίναξ ἐνίκησεν ἐν τῇ Ῥώμῃ· ἦν δὲ τῶν πρασίων καὶ ὑπὸ τοῦ Κομμόδου ἐσπουδάζετο. (2) τῶν οὖν στασιωτῶν αὐτοῦ μέγα ἀναβοησάντων, καὶ εἰπόντων αὐτὸ τοῦτο, «Περτίναξ ἐστίν», οἱ ἕτεροι οἱ ἀντιστασιωταί σφων, οἷά που ἀχθόμενοι τῷ Κομμόδῳ, προσεπεύξαντο, εἰπόντες οὐ πρὸς τὸν ἵππον ἀλλὰ πρὸς τὸν ἄνδρα «εἰ γὰρ ὤφειλεν εἶναι». (3) ὕστερον δὲ τὸν αὐτὸν τοῦτον ἵππον ἀπαλλαγέντα τε τῶν δρόμων ὑπὸ τοῦ γήρως καὶ ἐν ἀγρῷ ὄντα μετεπέμψατο ὁ Κόμμοδος, καὶ ἐσήγαγεν ἐς τὸν ἱππόδρομον τάς τε ὁπλὰς αὐτοῦ καταχρυσώσας καὶ τὰ νῶτα δέρματι ἐπιχρύσῳ κοσμήσας· καὶ αὐτὸν οἱ ἄνθρωποι ἐξαπίνης ἰδόντες ἀνεβόησαν αὖθις «Περτίναξ ἐστί». (4) καὶ ἦν μέν που μαντικὸν αὐτὸ καθ' ἑαυτὸ τὸ λεχθέν, ἐπειδὴ τῇ ἐσχάτῃ ἐν τῷ ἔτει ἐκείνῳ ἱπποδρομίᾳ ἐγένετο, καὶ εὐθὺς ἐπ' αὐτῇ τὸ κράτος ἐς τὸν Περτίνακα περιῆλθεν· ἐλογοποιήθη δὲ καὶ ἐπὶ τοῦ ῥοπάλου τὰ ὅμοια, ἐπειδὴ τῷ Περτίνακι αὐτὸ ὁ Κόμμοδος μονομαχήσειν τῇ τελευταίᾳ ἡμέρᾳ μέλλων ἔδωκεν.

[5] οὕτω μὲν ἐς τὴν ἀρχὴν ὁ Περτίναξ κατέστη, καὶ ἔλαβε τάς τε ἄλλας ἐπικλήσεις τὰς προσηκούσας καὶ ἑτέραν ἐπὶ τῷ δημοτικὸς εἶναι βούλεσθαι· πρόκριτος γὰρ τῆς γερουσίας κατὰ τὸ ἀρχαῖον ἐπωνομάσθη. καὶ εὐθὺς ἐς κόσμον, ὅσα πρὶν πλημμελῶς εἶχε καὶ ἀτάκτως, καθίστατο· (2) φιλανθρωπία τε γὰρ καὶ χρηστότης καὶ οἰκονομία βελτίστη καὶ πρόνοια τοῦ κοινοῦ ἐπιμελεστάτη περὶ τὸν αὐτοκράτορα διεδείκνυτο. τά τε γὰρ ἄλλα, ὅσα ἂν ἀγαθὸς αὐτοκράτωρ, ἔπραττεν ὁ Περτίναξ, καὶ τὴν ἀτιμίαν ἀφεῖλε τῶν ἀδίκως πεφονευμένων, καὶ προσέτι καὶ ἐπώμοσε μηδέποτε τοιαύτην δίκην προσδέξεσθαι. (3) καὶ αὐτίκα οἱ μὲν τοὺς συγγενεῖς οἱ δὲ τοὺς φίλους ἀνεκάλουν μετὰ δακρύων ὁμοῦ καὶ χαρᾶς· οὐδὲ γὰρ

---

[17] Nel 185. Cfr. *HA Pert.* 3, 5-10. Sulla rivolta in Britannia cfr. Dio. 72, 9.

[18] Le *factiones* (squadre) del Circo erano quattro: bianca, verde, rossa, azzurra. Da Dio. 59, 14, 4 e Suet. *Cal.* 55 sappiamo che la squadra verde era anche quella sostenuta da Caligola.

avevano più paura di credere alla notizia della morte di Commodo che evitare di volgersi dalla parte di Pertinace. Perciò tutti, anche nell'errore di sostenere un'opinione sbagliata, avevano fiducia in Pertinace, mentre nessuno, quand'anche non fosse imputabile di alcun errore, si fidava di Commodo.

[4] Quando Pertinace si trovava ancora in Britannia,[17] dopo quella grande rivolta che aveva sedato e per la quale veniva ritenuto degno di lodi da parte di tutti, a Roma vinse una gara un cavallo di nome Pertinace, il quale apparteneva alla squadra dei Verdi[18] ed era il favorito di Commodo. (2) Quando allora i sostenitori di quel cavallo presero ad acclamare a gran voce «ecco Pertinace!», quelli della fazione avversa, come sdegnati contro Commodo, riferendosi però non al cavallo bensì all'uomo, levarono questo augurio: «Magari fosse così!». (3) In seguito, quando lo stesso cavallo fu escluso dalle corse a causa dell'età e rimase in campagna, venne fatto tornare da Commodo, che lo introdusse nel Circo dopo avergli fatto dorare gli zoccoli e avergli posto sul dorso dei finimenti d'oro; non appena la gente lo vide, di nuovo gridarono «ecco Pertinace!». (4) Quell'acclamazione fu di per sé una sorta di presagio, perché si era verificata durante l'ultima gara ippica di quell'anno, subito dopo la quale il potere imperiale passò a Pertinace. Simili voci si diffusero anche a proposito della clava che Commodo aveva dato a Pertinace proprio l'ultimo giorno, poco prima di scendere nell'arena.

[5] Così dunque Pertinace assunse il potere e, oltre ai vari titoli che si accompagnavano al suo ruolo, ne ricevette un altro che rivelava la sua volontà di essere favorevole al popolo: infatti, secondo l'antica consuetudine, fu nominato *princeps senatus*.[19] Cominciò subito a emendare tutto ciò che in precedenza era privo di regole e di ordine: (2) nell'imperatore, infatti, si scorgevano non solo umanità e probità, ma anche eccezionali capacità amministrative e diligentissima cura dei pubblici interessi. Insieme a tutti gli altri interventi che un buon imperatore mette in atto, Pertinace annullò la nota d'indegnità che gravava su quanti erano stati mandati a morte ingiustamente, e inoltre giurò che non avrebbe mai più accettato rinvii a giudizio in tale materia. (3) E subito, in un misto tra lacrime e gioia, alcuni cominciarono a invocare i congiunti, altri gli amici, dato che in precedenza neppure

---

[19] Il titolo di *princeps senatus* originariamente veniva conferito al senatore ritenuto più autorevole.

οὐδὲ τοῦτο πρὶν ἐξῆν ποιεῖν· καὶ μετὰ ταῦτα ἀνορύττοντες τὰ σώματα, οἱ μὲν ὁλόκληρα οἱ δὲ μέρη, ὥς που ἕκαστον αὐτῶν ἢ τοῦ ὁλέθρου ἢ τοῦ χρόνου εἶχεν, εὐθέτουν καὶ ἐς τὰ προγονικὰ μνημεῖα ἀπετίθεντο. (4) τοσαύτη δ᾽ ἄρα τότε τὸ βασίλειον εἶχεν ἀχρηματία ὥστε πέντε καὶ εἴκοσι μυριάδες δραχμῶν μόναι εὑρέθησαν. χαλεπῶς δ᾽ οὖν ὁ Περτίναξ ἔκ τε τῶν εἰκόνων καὶ τῶν ὅπλων τῶν τε ἵππων καὶ ἐπίπλων καὶ τῶν παιδικῶν τῶν τοῦ Κομμόδου ἀγείρας ἀργύριον, τοῖς τε δορυφόροις ἔδωκεν ὅσα ὑπέσχητο, καὶ τῷ δήμῳ καθ᾽ ἑκατὸν δραχμάς. (5) σύμπαντα γὰρ ὅσα ὁ Κόμμοδος ἐπί τε τῇ τρυφῇ καὶ ἐς ὁπλομαχίαν ἢ καὶ ἐς ἁρματηλασίαν ἐκέκτητο, ἐς τὸ πωλητήριον ἐξετέθη, τὸ μὲν πλεῖστον πράσεως ἕνεκα, ἤδη δὲ καὶ ἐς ἐπίδειξιν τῶν τε ἔργων αὐτοῦ καὶ τῶν διαιτημάτων, καὶ προσέτι καὶ ἐς ἔλεγχον τῶν ὠνησομένων αὐτά. - Xiph. 284, 12-285, 19 R. St.

[6] ὁ δὲ Λαῖτος τὸν Περτίνακα δι᾽ εὐφημίας ἦγε καὶ τὸν Κόμμοδον ὕβριζε. βαρβάρους γοῦν τινας χρυσίον παρ᾽ αὐτοῦ πολὺ ἐπ᾽ εἰρήνῃ εἰληφότας μεταπεμψάμενος (ἔτι γὰρ ἐν ὁδῷ ἦσαν) ἀπήτησεν αὐτό, εἰπὼν αὐτοῖς ὅτι «λέγετε τοῖς οἴκοι Περτίνακα ἄρχειν»· ἤδεσαν γὰρ καὶ πάνυ τὸ ὄνομα αὐτοῦ ἐξ ὧν ἐπεπόνθεσαν ὅτε μετὰ τοῦ Μάρκου ἐστρατεύετο. (2) καὶ ἕτερον δέ τι τοιόνδε ἐπὶ τῇ τοῦ Κομμόδου διαβολῇ ὁμοίως ἔπραξε. κοπρίας τινὰς καὶ γελωτοποιοὺς αἴσχιστα μὲν τὰ εἴδη αἰσχίω δὲ τά τε ὀνόματα καὶ τὰ ἐπιτηδεύματα ἔχοντας καὶ διὰ τὴν ὕβριν τήν τε ἀσέλγειαν ὑπὸ τοῦ Κομμόδου ὑπερπλουτοῦντας εὑρών, ἐδημοσίευσε τάς τε προσηγορίας αὐτῶν καὶ τὸ πλῆθος ὧν ἐκέκτηντο, καὶ ἦν ἐπὶ μὲν τοῖς γέλως, ἐπὶ δὲ τοῖς ὀργή τε καὶ λύπη· τοσαῦτα γάρ τινες αὐτῶν ἔχοντες ἦσαν ἐφ᾽ ὅσοις ἐκεῖνος πολλοὺς καὶ τῶν βουλευτῶν ἐσφάκει. (3) οὐ μέντοι

---

[20] Il ritratto di Pertinace è tutto giocato sulla contrapposizione con Commodo, di cui sono *e contrario* sottolineati il cattivo governo e l'empietà. La valutazione negativa del regno di Commodo è dunque pressoché contemporanea al suo regno. Non si dimentichi che Dione esprime qui valutazioni proprie, in quanto si dichiara apertamente testimone oculare del principato di Commodo (72, 4, 2: λέγω δὲ ταῦτά τε καὶ τὰ λοιπὰ οὐκ ἐξ ἀλλοτρίας ἔτι παραδόσεως ἀλλ᾽ ἐξ οἰκείας ἤδη τηρήσεως) che giudica in modo ampiamente negativo, ritenendo che la successione di Marco a favore del figlio avesse segnato il passaggio dall'età dell'oro all'età del ferro (71, 36, 4).

[21] βασίλειον: in genere Dione ricorre al termine βασιλικόν per indicare il *fiscus*,

questi atteggiamenti erano consentiti. Quando in seguito si misero a riesumare le salme, trovandole chi intatte e chi smembrate a seconda del tipo di morte subita e del tempo trascorso, le ricomposero e le seppellirono nelle tombe avite.[20]

(4) In quel tempo il fisco[21] imperiale era così esausto che in esso si trovarono soltanto un milione di sesterzi. Allora Pertinace raccogliendo a fatica denaro dalla vendita delle statue, delle armi, dei cavalli, delle suppellettili e dagli amasî[22] di Commodo, distribuì ai pretoriani quanto aveva promesso e al popolo cento denarî a testa. (5) Infatti, mise all'incanto tutti quei beni lussuosi che Commodo aveva acquistato per gli spettacoli gladiatorî o per le corse dei cocchi, principalmente allo scopo di venderli, ma anche per rendere pubblici le sue azioni e il suo dispendioso tenore di vita, come pure per individuare coloro che li avrebbero acquistati.

[6] Leto faceva propaganda a favore di Pertinace e si accaniva contro la memoria di Commodo. Per esempio, dopo aver fatto richiamare alcuni barbari che in cambio di una pace[23] avevano ottenuto da Commodo una cospicua quantità d'oro (costoro si trovavano ancora sulla via del ritorno), ne pretese la restituzione dicendo loro: «Riferite ai vostri connazionali che l'imperatore è Pertinace!». Infatti essi conoscevano il suo nome sin troppo bene a causa delle perdite che avevano subìto al tempo in cui egli aveva condotto una campagna militare al fianco di Marco. (2) Compì poi un altro atto simile a questo a danno della reputazione di Commodo: avendo scoperto che alcuni parassiti e buffoni, affatto deplorevoli non solo per il loro aspetto, ma ancora di più per i nomi e per il modo di vivere, si erano eccessivamente arricchiti grazie a Commodo in ragione della loro impudenza e della loro sfacciataggine, rese di dominio pubblico sia i loro nomi sia le ricchezze che avevano accumulato: la prima rivelazione suscitò irrisione, la seconda rabbia e sdegno, poiché i beni in possesso di alcuni di costoro erano di tale entità in conseguenza del fatto che Commodo, per ottenerli, aveva fatto trucidare molti uomini, tra i quali anche dei senatori.[24] (3) Tuttavia

ma qui βασίλειον deve avere lo stesso significato; δημόσιον è invece il termine che designa l'erario (cfr. ad esempio 59, 8, 1[2]). Cfr. C.R. WHITTAKER, *Herodian. History of the Empire. Books I-IV*, Cambridge (MA) 1969, pp. XXII-XXIII.

[22] I παιδικά sono da intendere sia come dei veri e propri amanti, sia come dei favoriti che facevano parte dell'*entourage* di Commodo.

[23] La pace stipulata da Commodo con le popolazioni germaniche nel 180 su cui cfr. G. ALFÖLDY, *Der Friedensschluss des Kaisers Commodus mit den Germanien*, «Historia» 20 (1971), pp. 84-109; GALIMBERTI, *Commodo, la pace del 180*, cit., pp. 487-489.

[24] Sulle stragi compiute da Commodo a danno dei senatori cfr. *HA Comm.* 7, 5, 8.

γε καὶ δι᾽ ὅλου ὁ Λαῖτος πιστὸς ἔμεινε τῷ Περτίνακι, μᾶλλον δὲ
οὐδ᾽ ἐν ἀκαρεῖ· ὧν γὰρ ἤθελε μὴ τυγχάνων προσπαρώξυνε τοὺς
στρατιώτας, ὡς λελέξεται, κατ᾽ αὐτοῦ. - Xiph. 285, 19-286, 3 R.
St., Exc. Val. 329, 330.

[7] τὸν μὲν οὖν πενθερὸν αὐτοῦ ὁ Περτίναξ τὸν Σουλπικιανὸν
τὸν Φλάουιον πολιαρχεῖν ἔταξε, καὶ ἄλλως ἄξιον ὄντα τούτου
τυχεῖν· οὔτε δὲ τὴν γυναῖκα Αὔγουσταν οὔτε τὸν υἱὸν Καίσαρα,
καίπερ ψηφισαμένων ἡμῶν, ποιῆσαι ἠθέλησεν, ἀλλ᾽ ἑκάτερον
ἰσχυρῶς διεκρούσατο, (2) εἴτ᾽ οὖν ὅτι μηδέπω τὴν ἀρχὴν ἐρριζώκει,
εἴτε καὶ ὅτι ἐκείνην τε ἀκολασταίνουσαν οὐκ ἠβουλήθη τὸ τῆς
Αὐγούστης ὄνομα μιᾶναι, καὶ τὸν υἱὸν παιδίον ἔτι ὄντα οὐκ
ἠθέλησε, πρὶν παιδευθῆναι, τῷ τε ὄγκῳ καὶ τῇ ἐλπίδι τῇ ἐκ τοῦ
ὀνόματος διαφθαρῆναι. (3) ἀλλ᾽ οὐδ᾽ ἐν τῷ παλατίῳ αὐτὸν ἔτρεφεν,
ἀλλὰ καὶ πάντα τὰ ὑπάρχοντα αὐτῷ πρότερον ἐν τῇ πρώτῃ εὐθὺς
ἡμέρᾳ ἀποθέμενος, ταῦτά τε τοῖς τέκνοις διένειμε (καὶ γὰρ καὶ
θυγατέρα εἶχε) καὶ παρὰ τῷ πάππῳ διαιτᾶσθαι αὐτὰ ἐκέλευσεν,
ὀλίγα ἄττα αὐτοῖς, ὡς πατὴρ καὶ οὐχ ὡς αὐτοκράτωρ, συγγινόμενος.
- Xiph. 286, 3-15 R. St.

[8] ἐπεὶ οὖν οὔτε τοῖς στρατιώταις ἁρπάζειν οὔτε τοῖς
Καισαρείοις ἀσελγαίνειν ἔτι ἐξῆν, δεινῶς οὗτοι ἐμίσουν αὐτόν.
ἀλλ᾽ οἱ μὲν Καισάρειοι οὐδέν, ἅτε καὶ ἄοπλοι ὄντες, ἐνεωτέρισαν,
οἱ δὲ δὴ στρατιῶται οἱ δορυφόροι καὶ ὁ Λαῖτος ἐπεβούλευσαν
αὐτῷ. (2) καὶ πρῶτα μὲν τὸν ὕπατον Φάλκωνα, ὅτι καὶ γένει
καὶ χρήμασιν ἤκμαζεν, αὐτοκράτορα ἐπιλέγονται, καὶ ἐς τὸ
στρατόπεδον αὐτὸν ἐσάξειν, τοῦ Περτίνακος ἐπὶ τῇ θαλάσσῃ τὴν
τοῦ σίτου παρασκευὴν ἐξετάζοντος, ἤμελλον. (3) μαθὼν δὲ τοῦτ᾽
ἐκεῖνος σπουδῇ ἐς τὴν πόλιν ἦλθε, καὶ παρελθὼν ἐς τὴν γερουσίαν

---

25 Prima di essere nominato praefectus urbi da Pertinace al suo posto, compare
nel collegio dei Fratres Arvales. Era stato poi, sotto Marco Aurelio o Commodo, proconsole d'Asia. Con l'avvento di Didio al potere, alla prefettura urbana gli subentrò
Cornelio repentino (Did. Iul. 3, 6).

26 La moglie Flavia Tiziana e il figlio Elvio. Cfr. Herod. 2, 4, 9, che parla solo
del figlio. La testimonianza dell'HA è contraddittoria poiché a Pert. 5, 4 afferma che
eadem die, qua Augustus est appellatus (scil. Pertinax), et Flavia Titiana uxor eius
Augusta est appellata, his horis quibus ille in Capitolio vota solvebat; mentre a Pert.
6, 9 scrive: sed Pertinax nec uxoris Augustae appellationem recepit et de filio dixit:
«Cum meruerit». Tuttavia il tiolo di Augusta accanto al nome di Flavia Tiziana appare
in ILS 410 su un'iscrizione di Metz.

27 Questa testimonianza appare isolata ed è in contrasto con 9, 2, laddove Dione
afferma che fu la moglie ad accorrere per prima ad avvertire il marito che i pretoriani
stavano per dare l'assalto al palazzo imperiale.

Leto non rimase sempre leale a Pertinace, o, per meglio dire, non lo fu nemmeno per un istante: non riuscendo infatti a ottenere quello che voleva, aizzò i soldati contro di lui, come sarà detto tra breve.

[7] Pertinace nominò *praefectus urbi* suo suocero Flavio Sulpiciano,[25] uomo senz'alcun dubbio degno di ricoprire quella carica. Non volle però conferire alla moglie il titolo di Augusta e al figlio quello di Cesare,[26] nonostante noi lo avessimo votato con un decreto: anzi, rifiutò energicamente l'una e l'altra cosa, (2) sia perché non aveva ancora dato solide fondamenta al suo potere, sia perché non volle che la condotta licenziosa di sua moglie[27] compromettesse il titolo di Augusta e che il figlio, ancora piccolo, venisse sedotto dal prestigio e dall'aspettativa derivante dall'appellativo di Cesare ancor prima di aver ricevuto un'istruzione. (3) Non lo fece crescere neppure nel *Palatium*,[28] ma dopo aver rinunciato, proprio nel primo giorno [del principato], ai beni che già da prima gli appartenevano e dopo averli divisi tra i figli (dato che aveva anche una figlia), diede disposizione che essi crescessero presso il nonno,[29] andando a visitarli di rado, tuttavia come padre e non come imperatore.

[8] Dato che però non fu più concesso né ai soldati di fare razzie né ai liberti di agire secondo il loro capriccio, Pertinace venne terribilmente in odio agli uni e agli altri. I liberti, in verità, dal momento che erano inermi, non si ribellarono, mentre le truppe pretoriane e Leto ordirono una congiura contro di lui. (2) Dapprima scelsero il console Falcone perché era illustre per nobiltà e ricchezza,[30] e stavano già per condurlo nel castro pretorio mentre Pertinace si trovava sulla costa per disporre l'approvvigionamento del grano.[31] (3) Ma Pertinace, venutolo a sapere, si precipitò in città, e dopo essersi presentato di

[28] Il palazzo imperiale sul Palatino. Si faccia riferimento a F. COARELLI, *Palatium. Il Palatino dalle origini all'impero*, Roma 2012.

[29] Cioè Elvio, padre di Pertinace, che conduceva in Liguria un'attività tessile (*HA Pert.* 3, 3).

[30] Quinto Pompeio Sosio Falcone, che vantava antenati *consolarii* del tempo di Traiano, console ordinario del 193 insieme a Gaio Giulio Erucio Claro Vibiano sotto Commodo. Il tentativo dei pretoriani si presenta dunque apparentemente come un disperato tentativo di ritorno a Commodo. I pretoriani in effetti non avevano manifestato il loro entusiasmo di fronte all'elezione di Pertinace (cfr. *supra* 1, 3). Vale la pena osservare che Erucio Claro era imparentato per via materna con quel Triario Materno che i pretoriani tentarono, senza riuscirvi, di acclamare imperatore dopo la morte di Commodo (*HA Pert.* 6, 1-6).

[31] L'imperatore aveva la *cura annonae*.

ἔφη «οὐ χρὴ ὑμᾶς ἀγνοεῖν, ὦ πατέρες, ὅτι πέντε που καὶ εἴκοσι μυριάδας δραχμῶν εὑρὼν τοσοῦτον τοῖς στρατιώταις διένειμα ὅσον Μᾶρκός τε καὶ Λούκιος, οἷς ἑξακισμύριαι καὶ ἑπτακισχίλιαι καὶ πεντακόσιαι μυριάδες κατελείφθησαν. (4) ἀλλ᾽ αἴτιοι τῆς ἀχρηματίας ταύτης οἱ θαυμαστοὶ Καισάρειοι γεγόνασι».

καὶ ἐψεύσατο μὲν ὁ Περτίναξ ὅτι ἐπ᾽ ἴσης τῷ Λουκίῳ καὶ τῷ Μάρκῳ τοῖς στρατιώταις ἐδωρήσατο (οἱ μὲν γὰρ ἐς πεντακισχιλίας ὁ δὲ ἐς τρισχιλίας αὐτοῖς ἐδεδώκει), οἱ δὲ δὴ στρατιῶται καὶ οἱ Καισάρειοι παρόντες ἐν τῷ συνεδρίῳ (πάμπολλοι δὲ ἦσαν) δεινῶς ἠγανάκτησαν καὶ φοβερόν τι διετονθόρυσαν. (5) μελλόντων δὲ ἡμῶν καταψηφιεῖσθαι τοῦ Φάλκωνος, καὶ ἤδη γε αὐτὸν πολέμιον ὀνομαζόντων, ἀναστὰς ὁ Περτίναξ καὶ ἀνακραγὼν «μὴ γένοιτο» ἔφη «μηδένα βουλευτὴν ἐμοῦ ἄρχοντος μηδὲ δικαίως θανατωθῆναι». καὶ ὁ μὲν οὕτως ἐσώθη, ‹καὶ› εὐλαβηθεὶς καὶ αἰδεσθεὶς τὸν λειπόμενον χρόνον ἐν ἀγρῷ διῆγεν.

[9] ὁ δὲ Λαῖτος παραλαβὼν τὴν κατὰ τὸν Φάλκωνα ἀφορμήν, πολλοὺς τῶν στρατιωτῶν ὡς καὶ ἐκείνου κελεύοντος διέφθειρεν. οἱ δὲ λοιποὶ τοῦτο αἰσθόμενοι, καὶ φοβηθέντες μὴ καὶ αὐτοὶ προσαπόλωνται, ἐθορύβησαν· (2) διακόσιοι δὲ οἱ τῶν ἄλλων θρασύτεροι καὶ ἐς τὸ παλάτιον τὰ ξίφη ἀνατετακότες ὥρμησαν. οὐδὲ ἔγνω πρότερον προσιόντας ὁ Περτίναξ αὐτοὺς πρὶν ἄνω γενέσθαι· τότε δὲ ἡ γυνὴ αὐτοῦ ἐσδραμοῦσα ἐμήνυσεν αὐτῷ τὸ γενόμενον. (3) μαθὼν οὖν ταῦτ᾽ ἐκεῖνος πρᾶγμα εἴτ᾽ οὖν γενναῖον εἴτε ἀνόητον, εἴθ᾽ ὅπως τις αὐτὸ ὀνομάσαι ἐθέλει, ἔπραξε. δυνηθεὶς γὰρ ἂν μάλιστα μὲν ἀποκτεῖναι τοὺς ἐπελθόντας (τῇ τε γὰρ νυκτερινῇ φυλακῇ καὶ τοῖς ἱππεῦσιν ὥπλιστο, καὶ ἦσαν καὶ ἄλλοι ἐν τῷ παλατίῳ τότε ἄνθρωποι πολλοί), (4) εἰ δὲ μή, κατακρυφθῆναί γε καὶ διαφυγεῖν ποι τάς τε πύλας τοῦ παλατίου καὶ τὰς ἄλλας τὰς διὰ μέσου θύρας κλείσας, τούτων μὲν οὐδέτερον ἐποίησεν, ἐλπίσας δὲ καταπλήξειν αὐτοὺς ὀφθεὶς καὶ πείσειν ἀκουσθεὶς ἀπήντησε τοῖς προσιοῦσιν ἐν τῇ οἰκίᾳ ἤδη οὖσιν· οὔτε γὰρ τῶν συστρατιωτῶν τις αὐτοὺς εἶρξε, καὶ οἱ πυλωροὶ οἵ τε ἄλλοι Καισάρειοι οὐχ ὅτι τι

---

[32] Marco Aurelio e Lucio Vero, fratelli, regnarono insieme dal 161 al 169, anno della morte di Lucio.

[33] L'aggettivo θαυμαστοί («mirabili», «ammirevoli», ma anche «eccellenti») deve essere inteso in senso ironico. Vale la pena notare che quest'ironia in bocca a Pertinace suona quantomeno anodina: figlio di un liberto, si trova ora a difendersi in senato irridendo i liberti. In ogni caso si trattò di una difesa del tutto inefficace.

fronte al senato disse: «Non dovete, senatori, ignorare il fatto che
malgrado abbia trovato soltanto un milione di sesterzi, io ho distribuito
ai soldati tanto quanto diedero anche Marco e Lucio,[32] ai quali era
stata lasciata la somma di due miliardi e settecento milioni di sesterzi.
(4) Responsabili di questa scarsezza di denaro sono gli ammirevoli[33]
liberti!». Tuttavia Pertinace mentì quando disse di aver donato la
stessa somma di Marco e di Lucio (poiché mentre quelli avevano
dato ventimila sesterzi, egli ne aveva consegnati solo dodicimila):
così i soldati e i liberti che si trovavano presenti in gran numero in
senato si sdegnarono moltissimo e presero a mormorare delle minacce.
Ma mentre noi eravamo pronti a condannare Falcone, ormai quasi
dichiarato nemico pubblico, Pertinace si alzò in piedi ed esclamò:
«Che nessun senatore, fino a quando sarò imperatore, venga messo
a morte, neppure per una giusta causa!».[34] Così Falcone si salvò e da
allora in poi visse ritirato in campagna, onorato e rispettato.

[9] Ma Leto, colta l'occasione da ciò che era accaduto a Falcone,
mandò a morte molti soldati, come se l'ordine fosse stato impartito da
Pertinace. Quando tutti gli altri se ne resero conto, temendo anch'essi
di morire, insorsero; (2) ma duecento di loro, più arditi degli altri,
mossero verso il *Palatium* con le spade sguainate, e Pertinace non
venne a saperlo se non quando essi erano già saliti fino a là: solo
allora sua moglie, precipitatasi all'interno, lo informò dell'accaduto.
(3) Saputo ciò, egli fece un gesto nobile o, a seconda di come lo si
vuol definire, insensato: infatti, pur potendo uccidere facilmente gli
assalitori (dal momento che era protetto sia da un corpo di guardia
notturno sia dai cavalieri,[35] e nel *Palatium*, inoltre, erano presenti
numerosi altri uomini), (4) o potendo comunque nascondersi e fuggire
da qualche parte dopo aver chiuso le porte d'ingresso del *Palatium* e
anche quelle interne, non fece né l'una né l'altra cosa. Al contrario,
sperando di spaventarli con la sua presenza e di persuaderli con
le sue parole, andò loro incontro quando già si trovavano in casa.
Nessuno dei commilitoni, infatti, aveva impedito loro l'entrata, e i
custodi delle porte e gli altri liberti non solo non avevano sbarrato gli
ingressi, ma avevano anzi spalancato completamente ogni accesso.

---

[34] Tradizionalmente gli imperatori giuravano di non mettere a morte alcun senatore
all'inizio del loro principato. Dione ne parla a proposito di Nerva, Traiano, Adriano,
Marco, Macrino. Per Settimio Severo cfr. *infra* 75, 2, 1 e A.R. BIRLEY, *The Oath Not
to Put Senators to Death*, «CR» 12 (1962), pp. 197-199.
[35] Gli *equites singulares Augusti*. Per la sommossa dei pretoriani cfr. Herod. 2, 5.

συνέκλεισαν, ἀλλὰ καὶ πάντα ἁπλῶς προσανέῳξαν. [10] ἰδόντες δ᾽ οὖν οἱ στρατιῶται τὸ μὲν πρῶτον ἠδέσθησαν, πλὴν ἑνός, καὶ τούς τε ὀφθαλμοὺς ἐς τὸ δάπεδον ἤρεισαν καὶ τὰ ξίφη ἐς τοὺς κουλεοὺς ἐναπέθεντο· ἐπεὶ δὲ ἐκεῖνος προπηδήσας εἶπέ τε ὅτι «τοῦτό σοι τὸ ξίφος οἱ στρατιῶται πεπόμφασι», καὶ προσπεσὼν εὐθὺς ἔπληξεν αὐτόν, οὐκ ἐπέσχον ἀλλὰ τόν τε αὐτοκράτορά σφων κατέκοψαν καὶ τὸν Ἔκλεκτον. (2) μόνος γὰρ δὴ οὗτος οὔτ᾽ ἐγκατέλιπεν αὐτὸν καὶ ἐπήμυνεν αὐτῷ ὅσον ἠδυνήθη, ὥστε καὶ τρῶσαί τινας· ὅθεν ἐγὼ καὶ πρὸ τοῦ ἄνδρα αὐτὸν ἀγαθὸν γεγονέναι νομίζων, τότε δὴ καὶ πάνυ ἐθαύμασα. ἀποτεμόντες δὲ οἱ στρατιῶται τὴν κεφαλὴν τοῦ Περτίνακος περί τε δόρυ περιέπειραν, τῷ ἔργῳ ἐλλαμπρυνόμενοι. (3) οὕτω μὲν ὁ Περτίναξ ἐπιχειρήσας ἐν ὀλίγῳ πάντα ἀνακαλέσασθαι ἐτελεύτησεν, οὐδὲ ἔγνω, καίπερ ἐμπειρότατος πραγμάτων ὤν, ὅτι ἀδύνατόν ἐστιν ἀθρόα τινὰ ἀσφαλῶς ἐπανορθοῦσθαι, ἀλλ᾽ εἴπερ τι ἄλλο, καὶ πολιτικὴ κατάστασις καὶ χρόνου καὶ σοφίας χρῄζει. ἐβίω δὲ ἔτη ἑπτὰ καὶ ἑξήκοντα τεσσάρων μηνῶν καὶ τριῶν ἡμερῶν δέοντα, ἦ ρξε δὲ ἡμέρας ὀγδοήκοντα καὶ ἑπτά. - Xiph. 286, 15-288, 4 R. St., et (c. 8, 5) Exc. Val. 331 et Exc. Val. 126.

[11] διαγγελλομένου δὲ τοῦ κατὰ τὸν Περτίνακα πάθους οἱ μὲν ἐς τὰς οἰκίας ἔτρεχον οἱ δὲ ἐς τὰς τῶν στρατιωτῶν, καὶ τῆς ἑαυτῶν ἀσφαλείας πρόνοιαν ἐποιοῦντο. Σουλπικιανὸς δέ (ἔτυχε γὰρ παρὰ τοῦ Περτίνακος ἀποσταλεὶς ἐς τὸ στρατόπεδον, ἵνα τὰ ἐκεῖ καταστήσηται) ἔμεινέ τε ἐν αὐτῷ, καὶ ἔπραττεν ὅπως ἂν αὐτοκράτωρ ἀποδειχθῇ. (2) κἀν τούτῳ Ἰουλιανὸς ὁ Δίδιος, χρηματιστής τε ἄπληστος καὶ ἀναλωτὴς ἀσελγής, νεωτέρων τε ἀεὶ πραγμάτων ἐπιθυμῶν, διὸ καὶ πρὸς τοῦ Κομμόδου ἐς τὴν ἑαυτοῦ πατρίδα τὸ Μεδιόλανον ἐξελήλατο – οὗτος οὖν ἀκούσας τὸν θάνατον τοῦ Περτίνακος σπουδῇ ἐς τὸ στρατόπεδον παρεγένετο, καὶ πρὸς ταῖς πύλαις τοῦ τείχους ἑστὼς παρεκάλει τοὺς στρατιώτας ὑπὲρ τῆς τῶν Ῥωμαίων ἡγεμονίας. (3) ὅτε δὴ καὶ

[36] Non si dimentichi che Ecletto era anch'egli un liberto, l'unico che rimase fedele a Pertinace nel resoconto dioneo.
[37] Dal 1° gennaio al 28 marzo del 193.
[38] Suocero di Pertinace e praefectus urbi. Cfr. supra 7, 1.
[39] La presentazione di Didio Giuliano è funzionale al modo in cui divenne imperatore: comperando la carica. Marco Didio Giuliano (137-193 d.C.) regnò per un paio di mesi (dal 28 marzo al 1° giugno 193). Il padre, Petronio Didio Severo, era originario di Milano, mentre la madre Emilia Clara apparteneva a una famiglia africana di Hadrumetum (Sussa). Era imparentato inoltre con Salvio Giuliano, il celebre giurista di età

[10] Quando i soldati videro Pertinace, dapprima furono presi dalla vergogna, abbassarono lo sguardo a terra e riposero le spade nei foderi, tutti tranne un tale che avanzò verso l'imperatore esclamando «questa spada te la mandano i soldati!», e che con un balzo repentino lo colpì. A quel punto neppure [i suoi commilitoni] si trattennero, e trucidarono l'imperatore insieme con Eclecto. (2) Solo quest'ultimo, infatti, non lo abbandonò e lo difese finché gli fu possibile,[36] tanto da ferire anche alcuni [degli aggressori]: perciò io, che lo ritenevo un uomo di valore ancora prima che ciò avvenisse, da allora presi a nutrire per lui la più profonda ammirazione. I soldati decapitarono Pertinace e infilzarono la sua testa su una picca, gloriandosi di quell'azione. (3) Così dunque morì Pertinace, dopo aver tentato di ristabilire normalità in breve tempo: non aveva compreso, nonostante fosse un uomo di vastissima esperienza, che è impossibile realizzare una riforma complessiva senza incorrere nel pericolo, ma che la restaurazione di uno stato, in particolare, richiede tempo e saggezza. Visse sessantasette anni, meno quattro mesi e tre giorni. Fu imperatore per ottantasette giorni.[37]

[11] Quando si diffuse la notizia della sorte di Pertinace, alcuni corsero alle proprie abitazioni, altri in quelle dei soldati, e si ingegnarono su come mettersi in salvo. Sulpiciano,[38] invece, che era stato inviato da Pertinace presso l'accampamento per sedare i disordini che là erano sorti, attendeva sul luogo e brigava per essere designato imperatore. (2) Nel frattempo Didio Giuliano, implacabile nell'estorcere denaro, sfrenato nello spenderlo e sempre bramoso di rivolgimenti politici,[39] azioni per le quali era stato esiliato da Commodo a Milano,[40] la sua città originaria, quando sentì della morte di Pertinace si precipitò all'accampamento e, fermatosi davanti alle porte del recinto, domandò ai soldati il conferimento del potere supremo sui Romani. (3) Accadde

---

adrianea autore dell'editto pretorio perpetuo. Crebbe nella casa di Domizia Lucilla, madre di Marco Aurelio, grazie al quale mosse i primi passi della sua carriera politica sino a diventare governatore in diverse province per poi subire una battuta d'arresto con Commodo, che lo retrocesse a *praefectus annonae*. Riprese poi la sua ascesa divenendo governatore della Bitinia, per poi succedere a Pertinace nel proconsolato d'Africa.

[40] Cfr. *HA Did. Jul.* 2, 1. Complottò insieme a suo cugino P. Salvio Giuliano e fu poi perdonato da Commodo. Per le analogie e le diffrenze tra Dione, Erodiano e l'*HA* cfr. F. KOLB, *Literarische Beziehungen zwischen Cassius Dio, Herodian und der Historia Augusta*, Bonn 1972.

πρᾶγμα αἴσχιστόν τε καὶ ἀνάξιον τῆς Ῥώμης ἐγένετο· ὥσπερ γὰρ ἐν ἀγορᾷ καὶ ἐν πωλητηρίῳ τινὶ καὶ αὐτὴ καὶ ἡ ἀρχὴ αὐτῆς πᾶσα ἀπεκηρύχθη. καὶ αὐτὰς ἐπίπρασκον μὲν οἱ τὸν αὐτοκράτορά σφων ἀπεκτονότες, ὠνητίων δὲ ὅ τε Σουλπικιανὸς καὶ ὁ Ἰουλιανὸς ὑπερβάλλοντες ἀλλήλους, ὁ μὲν ἔνδοθεν ὁ δὲ ἔξωθεν. (4) καὶ μέχρι γε πεντακισχιλίων δραχμῶν κατ᾽ ἄνδρα κατὰ βραχὺ προστιθέντες προῆλθον, διαγγελλόντων τινῶν καὶ λεγόντων τῷ τε Ἰουλιανῷ ὅτι «Σουλπικιανὸς τοσοῦτον δίδωσι· τί οὖν σὺ προστίθης;» καὶ τῷ Σουλπικιανῷ ὅτι «Ἰουλιανὸς τοσοῦτον ἐπαγγέλλεται· τί οὖν σὺ προσυπισχνῇ;». (5) κἂν ἐπεκράτησεν ὁ Σουλπικιανὸς ἔνδον τε ὢν καὶ πολιαρχῶν, τάς τε πεντακισχιλίας πρότερος ὀνομάσας, εἰ μὴ ὁ Ἰουλιανὸς οὐκέτι κατ᾽ ὀλίγον ἀλλὰ χιλίαις καὶ διακοσίαις καὶ πεντήκοντα ἅμα δραχμαῖς ὑπερέβαλε, καὶ τῇ φωνῇ μέγα βοῶν καὶ ταῖς χερσὶν ἐνδεικνύμενος. (6) τῇ τε γὰρ ὑπερβολῇ αὐτοῦ δουλωθέντες, καὶ ἅμα καὶ τὸν Σουλπικιανὸν ὡς καὶ τιμωρήσοντα τῷ Περτίνακι φοβηθέντες, ὅπερ ὁ Ἰουλιανὸς αὐτοῖς ὑπέτεινεν, ἐσεδέξαντό τε αὐτὸν καὶ αὐτοκράτορα ἀπέδειξαν. - Xiph. 288, 13-289, 12 R. St., et (§ 2) Exc. Val. 332 (p. 730).

[12] καὶ ὁ μὲν οὕτω πρὸς ἑσπέραν ἔς τε τὴν ἀγορὰν καὶ πρὸς τὸ βουλευτήριον ἠπείχθη, παμπληθεῖς δορυφόρους μετὰ σημείων συχνῶν ὥσπερ ἐς παράταξίν τινα ἄγων, ἵνα καὶ ἡμᾶς καὶ τὸν δῆμον προκαταπλήξας πρόσθηται· καὶ αὐτὸν οἱ στρατιῶται τά τε ἄλλα ἐμεγάλυνον καὶ Κόμμοδον ἐπωνόμαζον. (2) ἡμεῖς δὲ πυνθανόμενοι ταῦτα, ὥς που ἑκάστῳ διηγγέλλετο, ἐφοβούμεθα μὲν τὸν Ἰουλιανὸν καὶ τοὺς στρατιώτας, καὶ μάλιστα ὅσοι τι ἢ πρὸς τὸν Περτίνακα ἐπιτήδειον ... (καὶ γὰρ ἐγὼ εἷς ἐξ αὐτῶν ἦν, ἐπειδὴ ὑπό τε τοῦ Περτίνακος τά τε ἄλλα ἐτετιμήμην καὶ στρατηγὸς ἀπεδεδείγμην, καὶ ἐκεῖνον πολλὰ πολλάκις ἐν δίκαις συναγορεύων τισὶν ἀδικοῦντα ἐπεδεδείχειν)· (3) ὅμως δ᾽ οὖν καὶ διὰ ταῦτα (οὐ γὰρ ἐδόκει ἡμῖν ἀσφαλὲς εἶναι οἴκοι, μὴ καὶ ἐξ αὐτοῦ τούτου ὑποπτευθῶμεν, καταμεῖναι) προήλθομεν, οὐχ ὅτι λελουμένοι ἀλλὰ καὶ δεδειπνηκότες, καὶ ὠσάμενοι διὰ τῶν στρατιωτῶν ἐς τὸ

---

[41] Analogo il racconto di Herod. 2, 6, 4-14.

[42] Il ricordo di Commodo non si era mai spento tra i pretoriani che erano stati largamente beneficati dal figlio di Marco Aurelio.

44

allora un fatto scandalosissimo e indegno del nome di Roma, poiché
la città e tutto il suo impero furono messi in vendita, proprio come
accade in una piazza o in un mercato.[41] I venditori erano coloro che
avevano ucciso il loro imperatore, mentre i compratori erano Sulpiciano e Giuliano, che si contendevano il prezzo uno dall'interno
del campo e l'altro dall'esterno. (4) Alla fine giunsero al punto di
offrire ventimila sesterzi a soldato, allorquando alcuni presentarono
una richiesta a Giuliano e dissero: «Sulpiciano ci dà questa somma:
tu di quanto rilanci?»; a Sulpiciano invece proposero: «Giuliano
promette questa somma: quanto offri di più?». (5) Sulpiciano avrebbe anche potuto aggiudicarsi l'asta, sia perché si trovava all'interno
del campo ed era il *praefectus urbi*, sia perché era stato il primo a
offrire ventimila sesterzi, se Giuliano, anziché rilanciare poco alla
volta, non avesse superato la sua offerta direttamente con una cifra di
cinquemila sesterzi, gridando a gran voce e indicandola con le mani.
(6) Pertanto i soldati, convinti dal suo azzardo e timorosi, inoltre, che
Sulpiciano avrebbe vendicato la morte di Pertinace, eventualità che
Giuliano aveva loro prospettato, accolsero quest'ultimo all'interno
del campo e lo acclamarono imperatore.

[12] Così verso sera Giuliano fu condotto nel Foro e in senato,
scortato da numerosi pretoriani con molte insegne, proprio come se
fossero in formazione da combattimento, in modo tale da guadagnare
il nostro appoggio e quello del popolo attraverso l'intimidazione; i
soldati, inoltre, lo celebravano in vari modi e lo chiamavano «Commodo».[42] (2) Quando venimmo a conoscenza di queste novità così
come a ciascuno venivano riferite, fummo presi dal timore di Giuliano
e dei soldati, soprattutto quanti di noi erano stati in buoni rapporti
con Pertinace [o quanti avevano preso in odio Giuliano][43] (anche
io mi trovavo tra questi ultimi, poiché avevo ricevuto vari onori da
Pertinace, tra i quali l'incarico di pretore, e nel patrocinio di cause a
favore di alcuni assistiti spesso avevo dimostrato il coinvolgimento
di Giuliano in molti reati). (3) Tuttavia ci mostrammo in pubblico,
anche perché non ci sembrava sicuro restare in casa, atteggiamento
che altrimenti avrebbe destato dei sospetti: dopo essere usciti dai
bagni e dopo aver cenato, passando in fretta tra i soldati, entrammo

---

[43] Il testo greco presenta una lacuna, supplita da Bekker con ἢ πρὸς τὸν Ἰουλιανὸν
ἐπαχθὲς ἐγεγένητο («o quanti avevano preso in odio Giuliano»), sostituendo ὅσοι
con ὅσοις. Boissevain, in alternativa, suggerisce di mantenere ὅσοι e di modificare
il verbo: ἢ πρὸς τὸν Ἰουλιανὸν ἐπαχθὲς ἐπεπράχειμεν («o quanti di noi avevamo
fatto di Giuliano oggetto di odio»).

βουλευτήριον ἐσήλθομεν, (4) καὶ ἠκούσαμεν αὐτοῦ τά τε ἄλλα ἀξίως ἑαυτοῦ λέγοντος, καὶ ὅτι «ὑμᾶς τε ὁρῶ ἄρχοντος δεομένους, καὶ αὐτός, εἰ καί τις ἄλλος, ἀξιώτατός εἰμι ὑμῶν ἡγεμονεῦσαι. καὶ εἶπον ἂν πάντα τὰ προσόντα μοι ἀγαθά, εἰ μὴ καὶ ᾔδειτε καὶ πεπειραμένοι μου ἦτε. διὸ οὐδὲ ἐδεήθην πολλοὺς στρατιώτας ἐπάγεσθαι, ἀλλ᾿ αὐτὸς μόνος πρὸς ὑμᾶς ἀφῖγμαι, ἵνα μοι τὰ ὑπ᾿ ἐκείνων δοθέντα ἐπικυρώσητε». (5) «μόνος» τε «γὰρ ἥκω» ἔλεγε, πᾶν μὲν ἔξωθεν τὸ βουλευτήριον ὁπλίταις περιεστοιχισμένος, πολλοὺς δὲ καὶ ἐν αὐτῷ τῷ συνεδρίῳ στρατιώτας ἔχων, καὶ τοῦ συνειδότος ἡμᾶς τοῦ περὶ αὐτὸν ἀνεμίμνησκεν, ἐξ οὗ καὶ ἐμισοῦμεν αὐτὸν καὶ ἐφοβούμεθα.

[13] καὶ ὁ μὲν οὕτω τὴν αὐταρχίαν καὶ ἐκ τῶν τῆς βουλῆς δογμάτων βεβαιωσάμενος ἀνῆλθεν ἐς τὸ παλάτιον, καὶ εὑρὼν τὸ δεῖπνον τὸ τῷ Περτίνακι παρεσκευασμένον πολλά τε αὐτοῦ κατεγέλασε, καὶ μεταπεμψάμενος ὅθεν τι καὶ ὁπωσοῦν εὑρεθῆναι τότε ἠδυνήθη πολυτίμητον, διεπίμπλατο ἔνδον ἔτι τοῦ νεκροῦ κειμένου, καὶ ἐκύβευεν, ἄλλους τε καὶ Πυλάδην τὸν ὀρχηστὴν παραλαβών. (2) τῇ δὲ δὴ ὑστεραίᾳ ἡμεῖς μὲν ἀνῄειμεν ὡς αὐτόν, πλαττόμενοι τρόπον τινὰ καὶ σχηματιζόμενοι ὅπως μὴ κατάφωροι ἐπὶ τῇ λύπῃ γενώμεθα· ὁ δὲ δῆμος ἐσκυθρώπαζε φανερῶς, καὶ διελάλουν ὅσα ἤθελον, καὶ παρεσκευάζοντο πρᾶξαι ὅσα ἐδύναντο. (3) καὶ τέλος, ἐπειδὴ πρὸς τὸ συνέδριον ἦλθε καὶ τῷ Ἰανῷ τῷ πρὸ τῶν θυρῶν αὐτοῦ θύσειν ἔμελλεν, ἐξέκραγον πάντες ὥσπερ ἐκ συγκειμένου τινός, τῆς τε ἀρχῆς ἅρπαγα αὐτὸν καὶ πατροφόνον ὀνομάζοντες. ὡς δὲ προσποιησάμενος μὴ χαλεπαίνειν ἀργύριόν τι αὐτοῖς ὑπέσχετο, ἀγανακτήσαντες ὡς καὶ δεκαζόμενοι ἀνεβόησαν ἅμα πάντες «οὐ θέλομεν, οὐ λαμβάνομεν». (4) καὶ αὐτοῖς καὶ τὰ πέριξ οἰκοδομήματα φρικῶδές τι συνεπήχησεν. ἀκούσας δὲ ταῦτα ὁ Ἰουλιανὸς οὐκέτ᾿ ἐκαρτέρησεν, ἀλλὰ τοὺς ἐγγὺς προσεστηκότας κτείνεσθαι προσέταξε. καὶ ὁ δῆμος ἔτι καὶ μᾶλλον ἐπιπαρωξύνθη,

---

[44] Dione, il quale non ha per nulla in simpatia i pretoriani, denuncia il ricatto a cui sono sottoposti i senatori. È evidente però che la sua amara denuncia si scontrava con una realtà ben più crudele: nonostante il grande apprezzamento per Pertinace – a cui non erano senz'altro estranee ragioni personali, come rivela quanto appena detto da Dione circa l'avanzamento della sua carriera sotto il suo governo – di fatto con l'uccisione di Commodo e l'appoggio a Pertinace, verso il quale i soldati si erano dichiarati da subito contrari, il senato si era assunto l'onere di sostenere una figura politicamente debole, proprio perché privo del necessario sostegno dei militari (ma

in senato, (4) dove sentimmo Giuliano pronunciare un discorso in cui elogiava se stesso con queste parole: «Vedo che avete bisogno di un imperatore e io stesso, più di chiunque altro, sono degno di guidarvi. Parlerei di tutte le mie virtù, se voi già non le aveste presenti e non aveste avuto modo di conoscermi. Per questo non ho chiesto di essere scortato da molti soldati, ma sono giunto presso di voi da solo, perché mi confermiate l'autorità da essi già conferita». (5) «Giungo infatti da solo» disse, nonostante all'esterno avesse fatto circondare di uomini armati l'intero edificio e avesse con sé molti soldati all'interno della curia medesima; inoltre, ci ammoniva di essere consapevoli di chi egli fosse, ragione che ci indusse non solo a odiarlo, ma anche a temerlo.[44]

[13] Essendosi così assicurato il potere imperiale anche attraverso un decreto del senato, Giuliano salì al *Palatium*: avendo trovato la cena che era stata preparata per Pertinace, la derise con grande scherno, e fatte giungere da ogni luogo e con tutti i mezzi possibili le vivande più costose che si potessero trovare a quell'ora, prese a gozzovigliare mentre il cadavere di Pertinace giaceva ancora lì, all'interno, e si mise a giocare a dadi dopo aver fatto chiamare, tra gli altri, anche il pantomimo Pilade.[45] (2) Il giorno seguente ci recammo da lui simulando un atteggiamento collaborativo e mostrando un contegno che dissimulasse il nostro sconforto; il popolo, invece, rivelò apertamente il proprio malumore, diffondeva i commenti che voleva e si preparava a tutto ciò che avrebbe potuto fare. (3) Alla fine, quando egli giunse presso la curia e si trovò sul punto di rendere un sacrificio a Giano[46] davanti all'entrata, come per un ordine prestabilito tutti presero a urlare chiamandolo scippatore dell'impero e parricida. Quando poi, fingendo di non essere turbato, promise loro[47] del denaro, si sdegnarono all'idea di poter essere comprati e gridarono tutti quanti insieme: «Non lo vogliamo! Non lo prendiamo!». (4) Gli edifici circostanti riecheggiarono spaventosamente. Giuliano, udite tali proteste, non pazientò oltre e ordinò di uccidere coloro che si trovavano nelle vicinanze. La popolazione fu così spinta a ulteriore esasperazione

anche del popolo), e dunque ora si trovava messo in un angolo proprio da quei soldati precedentemente emarginati.

[45] Alla già pesante condanna morale per aver comperato l'impero con un'asta si somma qui la gravissima mancanza di *pietas* nei confronti del defunto Pertinace.

[46] Il Tempio di Giano si trovava nei pressi del Foro, lungo l'Argileto, il *vicus* che passava tra la Curia e la Basilica Emilia dando accesso alla Suburra. A Giano si sacrificava quando si era ottenuta la pace, e si chiudeva il Tempio se non c'erano guerre in atto.

[47] S'intenda ai manifestanti del popolo.

καὶ οὐκ ἐπαύσατο οὔτε τὸν Περτίνακα ποθῶν οὔτε τὸν Ἰουλιανὸν
λοιδορῶν οὔτε τοὺς θεοὺς ἐπιβοώμενος οὔτε τοῖς στρατιώταις
ἐπαρώμενος, ἀλλὰ καίτοι πολλοὶ [καὶ] πολλαχοῦ τῆς πόλεως
καὶ τιτρωσκόμενοι καὶ φονευόμενοι ἀντεῖχον. (5) καὶ τέλος
ὅπλα ἁρπάσαντες συνέδραμον ἐς τὸν ἱππόδρομον, κἀνταῦθα
διετέλεσαν τὴν νύκτα καὶ τὴν μετ᾽ αὐτὴν ἡμέραν ἄσιτοι καὶ ἄποτοι
βοῶντες, τούς τε λοιποὺς στρατιώτας καὶ μάλιστα τὸν Νίγρον τὸν
Πεσκέννιον καὶ τοὺς μετ᾽ αὐτοῦ ἐν τῇ Συρίᾳ ὄντας ἐπαμῦναί σφισι
δεόμενοι. καὶ μετὰ τοῦτο τῇ τε κραυγῇ καὶ τῷ λιμῷ τῇ τε ἀγρυπνίᾳ
κακωθέντες διελύθησαν καὶ ἡσυχίαν ἦγον, τὰς ἔξωθεν ἐλπίδας
ἀναμένοντες. - Xiph. 289, 12-290, 32 R. St.
    (5ᵃ) «οὐ βοηθῶ τῷ δήμῳ· οὐ γάρ με ἐπεβοήσατο». - Bekk. Anecd.
p. 142, 14.

[14] Ἰουλιανὸς δὲ οὕτω τὴν ἀρχὴν ἁρπάσας ἀνελευθέρως τοῖς
πράγμασιν ἐχρῆτο, θωπεύων τὴν βουλὴν καὶ τούς τι δυναμένους
καὶ τὰ μὲν ἐπαγγελλόμενος τὰ δὲ χαριζόμενος, προσεγέλα τε
καὶ προσέπαιζε πρὸς τοὺς τυχόντας, ἔς τε τὰ θέατρα συνεχῶς
ἐσεφοίτα, καὶ συμπόσια πολλὰ συνεκρότει, (2) τό τε σύμπαν
οὐδὲν ὅ τι οὐκ ἐπὶ θεραπείᾳ ἡμῶν ἐποίει. οὐ μέντοι καὶ πιθανὸς
ἦν, ἀλλ᾽ ὡς ἀκράτῳ τῇ θωπείᾳ χρώμενος ὑπωπτεύετο· πᾶν γὰρ τὸ
ἔξωθεν τοῦ εἰκότος, κἂν χαρίζεσθαί τισι δοκῇ, δολερὸν τοῖς νοῦν
ἔχουσι νομίζεται. - Xiph. 290, 32-291, 8 R. St.
    (2ᵃ) ψηφισαμένης δὲ τῆς βουλῆς χρυσοῦν ἀνδριάντα αὐτοῦ οὐ
προσεδέξατο, εἰπὼν ὅτι «χαλκοῦν μοι δότε ἵνα καὶ μείνῃ· καὶ
γὰρ τῶν πρὸ ἐμοῦ αὐτοκρατόρων τοὺς μὲν χρυσοῦς καὶ ἀργυροῦς
ὁρῶ καθαιρεθέντας, τοὺς δὲ χαλκοῦς μένοντας», οὐκ ὀρθῶς τοῦτο
εἰπών· ἀρετὴ γὰρ ἡ διαφυλάττουσα τὴν μνήμην τῶν κρατούντων· ὁ
γὰρ δοθεὶς αὐτῷ χαλκοῦς ἀναιρεθέντος αὐτοῦ καθῃρέθη. - Petr.
Patr. exc. Vat. 128 (p. 226 Mai. = p.209, 24-32 Dind.).
    (3) ἐν μὲν δὴ τῇ Ῥώμῃ ταῦτα ἐγένετο, περὶ δὲ τῶν ἔξω ταύτης
γενομένων καὶ νεωτερισθέντων ἤδη ἐρῶ. τρεῖς γὰρ δὴ τότε
ἄνδρες, τριῶν ἕκαστος πολιτικῶν στρατοπέδων καὶ ἄλλων ξενικῶν
συχνῶν ἄρχοντες, ἀντελάβοντο τῶν πραγμάτων, ὅ τε Σεουῆρος
καὶ ὁ Νίγρος καὶ ὁ Ἀλβῖνος, οὗτος μὲν τῆς Βρεττανίας ἄρχων,

---

⁴⁸ Erodiano (2, 7, 2-3) descrive più sinteticamente la disapprovazione popolare
contro Giuliano e afferma che la *plebs urbana* invocava in suo soccorso il nome di
Pescennio Nigro, governatore della Siria. In Dione sono rinvenibili chiare tracce della
propaganda di Settimio Severo che il nostro storico potrebbe aver attinto dall'*Autobiografia* di Settimio, su cui cfr. almeno Z. RUBIN, *Civil-War Propaganda*, Bruxelles

e non cessò di esternare il desiderio di riavere Pertinace, maledicendo
Giuliano, invocando gli dei e imprecando contro i soldati: anzi, molti
uomini, sebbene in ogni parte della città venissero feriti e uccisi, presero
a resistere.[48] (5) Alla fine abbracciarono le armi e accorsero al Circo,
dove trascorsero tra le grida l'intera notte e il giorno seguente senza
cibo e senz'acqua, chiedendo a tutti gli altri soldati di portare loro aiuto,
soprattutto a Pescennio Nigro e ai suoi seguaci di stanza in Siria. In
seguito, spossati dalle grida, dalla fame e dalla veglia, si dispersero e
si tranquillizzarono in attesa degli aiuti che speravano dall'esterno.

(5a) «Non porto soccorso al popolo, poiché esso non mi ha invocato!».[49]

[14] Dopo aver scippato il potere imperiale nel modo che si è detto,
Giuliano cominciò a manifestare un contegno servile, blandendo il
senato e gli uomini potenti: facendo promesse da un lato, concedendo favori dall'altro, scherzava e rideva con coloro che incontrava,
frequentava assiduamente i teatri, organizzava numerosi banchetti,[50]
(2) insomma, non tralasciava alcunché per accattivarsi la nostra
benevolenza. Non era tuttavia credibile, anzi, al contrario, circolava
il sospetto che si comportasse eccessiva piaggeria: del resto tutto ciò
che supera la giusta misura, anche quando possa sembrare gradito ad
alcuni, è reputato ingannevole da parte di coloro che sono prudenti.

(2a) Quando il senato gli decretò una statua d'oro, egli non accettò
e disse: «Datemene una di bronzo, in modo tale che resista al tempo:
vedo infatti che le statue d'oro e d'argento degli imperatori che mi
hanno preceduto sono state abbattute, mentre quelle di bronzo resistono ancora». Si sbagliò nel dire queste parole, perché è la virtù che
custodisce la memoria degli imperatori: infatti la statua di bronzo che
gli era stata dedicata fu abbattuta dopo la sua stessa caduta.

(3) Questi furono gli eventi che accaddero a Roma: ora, invece,
narrerò i fatti che ebbero luogo all'esterno e le ribellioni che sorsero.
A quel tempo c'erano infatti tre uomini, ognuno dei quali al comando
di tre legioni composte da cittadini [romani] e da molti altri stranieri:
Severo, Nigro e Albino.[51] Quest'ultimo era governatore della Britan-

1980, pp. 133-193; M.T. SCHETTINO, *Cassio Dione e le guerre civili d'età severiana*,
«Gerión» 19 (2001), pp. 533-558.
   [49] La collocazione di questa frase è dubbia, come ha rilevato von Gutschmid, che
la ritiene un'estrapolazione da un discorso tenuto da Giuliano.
   [50] Cfr. Herod. 2, 7, 1.
   [51] Settimio Severo era governatore della Pannonia al comando di tre legioni, sette
coorti ausiliarie e tre ali di cavalleria; C. Pescennio Nigro Giusto era governatore della
Siria, Decimo Clodio Albino della Britannia.

(4) Σεουῆρος δὲ τῆς Παννονίας, Νίγρος δὲ τῆς Συρίας. καὶ τούτους ἄρα οἱ ἀστέρες οἱ τρεῖς οἱ ἐξαίφνης φανέντες καὶ τὸν ἥλιον περισχόντες, ὅτε τὰ ἐσιτήρια πρὸ τοῦ βουλευτηρίου ἔθυεν ὁ Ἰουλιανὸς παρόντων ἡμῶν, ὑπηνίττοντο. οὕτω γὰρ ἐκφανέστατοι ἦσαν ὥστε καὶ τοὺς στρατιώτας συνεχῶς τε αὐτοὺς ὁρᾶν καὶ ἀλλήλοις ἀντεπιδεικνύειν, καὶ προσέτι καὶ διαθροεῖν ὅτι δεινὸν αὐτῷ συμβήσεται. (5) ἡμεῖς γὰρ εἰ καὶ τὰ μάλιστα καὶ ηὐχόμεθα ταῦθ᾽ οὕτω γενέσθαι καὶ ἠλπίζομεν, ἀλλ᾽ ὑπό γε τοῦ παρόντος δέους οὐδ᾽ ἀναβλέπειν ἐς αὐτούς, εἰ μὴ παρορῶντές πως, ἐτολμῶμεν. καὶ τοιοῦτο μὲν τοῦτο οἶδα γενόμενον· [15] τῶν δὲ δὴ τριῶν ἡγεμόνων ὧν εἴρηκα δεινότατος ὁ Σεουῆρος ὤν, καὶ προγνοὺς ὅτι μετὰ τὸ καταλῦσαι τὸν Ἰουλιανὸν καὶ σφίσιν αὐτοῖς οἱ τρεῖς συναράξουσι καὶ ἀντιπολεμήσουσιν ὑπὲρ τῆς ἀρχῆς, ἐγνώκει τὸν ἕνα τὸν ἐγγύτερον αὐτῷ προσποιήσασθαι, καὶ γράμματά τινι τῶν πιστῶν δοὺς τῷ Ἀλβίνῳ ἐπεπόμφει, Καίσαρα αὐτὸν ποιῶν· (2) τὸν γὰρ δὴ Νίγρον φρόνημα ἔχοντα ἐκ τοῦ ἐπίκλητον ὑπὸ τοῦ δήμου γεγονέναι ἀπέγνω. καὶ ὁ ⟨μὲν⟩ Ἀλβῖνος ὡς καὶ κοινωνὸς τῆς ἀρχῆς τῷ Σεουήρῳ ἐσόμενος κατὰ χώραν ἔμεινεν, ὁ δὲ Σεουῆρος τὰ ἐν τῇ Εὐρώπῃ πάντα πλὴν τοῦ Βυζαντίου προσποιησάμενος ἐπὶ τὴν Ῥώμην ἠπείγετο, οὐδέποτε ἔξω τῶν ὅπλων γινόμενος, (3) ἀλλ᾽ ἑξακοσίους τοὺς ἀρίστους ἐπιλεξάμενος ἐν μέσοις αὐτοῖς μεθ᾽ ἡμέραν καὶ νύκτωρ διῆγεν· οὐδὲ ἀπεδύσαντό ποτε ἐκεῖνοι τοὺς θώρακας πρὶν ἐν τῇ Ῥώμῃ γενέσθαι. - Xiph. 291, 8-292, 2 R. St.

---

⁵² Si tratta dei sacrifici che si tenevano per l'entrata in carica dei magistrati. Sulla concomitanza di *omina* infausti con la celebrazione di tali sacrifici e l'attenzione a essi riservata da Dione cfr. anche 45, 17, 2-9. Sugli *omina* in relazione alla caduta degli imperatori cfr. *infra* 78, 7, 2-5-8, 3 (caduta di Caracalla); 78, 25, 1-5; 30, 1 (caduta di Macrino).
⁵³ S'intenda Giuliano.
⁵⁴ L'edizione di Boissevain riporta qui il seguente *excerptum* (*Exc. Val.* 333, p. 730): ὅτι ὁ Σεουῆρος δεινότατος ἦν τό τε μέλλον ἀκριβῶς προνοῆσαι καὶ τὸ παρὸν ἀσφαλῶς διοικῆσαι, καὶ πᾶν μὲν τὸ κεκρυμμένον ὡς καὶ ἐμφανὲς ἐξευρεῖν, πᾶν δὲ τὸ δυσλόγιστον ὡς καὶ ἁπλοῦν διακρῖναι, πᾶν δὲ τὸ δυσδιάθετον ὡς καὶ ῥᾷ στον ἐξεργάσασθαι. «Severo era molto abile tanto nel prevedere con precisione il futuro quanto nell'amministrare il presente con piglio sicuro, nel portare alla luce tutto ciò che era all'oscuro, nel semplificare tutto quello che era complicato e, infine,

nia, (4) Severo della Pannonia, Nigro della Siria. Costoro erano stati 193 d.C. indicati dalle tre stelle che erano apparse all'improvviso intorno al sole mentre Giuliano, in nostra presenza, celebrava il sacrificio per il nuovo anno[52] davanti alla curia. Esse splendevano a tal punto che i soldati continuavano a guardarle e le indicavano l'uno all'altro, diffondendo inoltre la voce secondo la quale una sventura incombeva su di lui.[53] (5) Quanto a noi, sebbene auspicassimo e sperassimo più di ogni altra cosa che quella sventura accadesse veramente, a causa del timore del momento non osavamo tuttavia alzare lo sguardo verso le stelle, se non con qualche occhiata furtiva. Che ciò sia avvenuto in questo modo, l'ho constatato di persona. [15] Dei tre generali che ho poc'anzi menzionato Severo era il più scaltro:[54] avendo previsto che in seguito alla deposizione di Giuliano loro tre si sarebbero scontrati e avrebbero combattuto l'uno contro l'altro per impossessarsi del potere supremo, decise di guadagnarsi l'appoggio di quello che era più vicino a lui e, dopo aver consegnato una lettera a un messo fedele, la fece recapitare ad Albino nominandolo Cesare.[55] (2) Mise invece da parte Nigro, il quale era aveva assunto un atteggiamento arrogante per il fatto di essere stato chiamato in causa dal popolo.[56] Albino, nell'aspettativa di dividere il potere con Severo, rimase dov'era, mentre Severo, guadagnatosi l'appoggio di tutta l'Europa[57] a eccezione di Bisanzio, si mosse alla volta di Roma: tuttavia non restò mai senza la protezione delle armi, (3) ma anzi, dopo aver fatto una selezione dei seicento soldati migliori, rimase giorno e notte in mezzo a loro; costoro, finché non furono a Roma, non si tolsero mai nemmeno le corazze.

nel rendere facilissima da risolvere ogni difficoltà.» Sulla scaltrezza di Severo insiste anche Erodiano (2, 9, 11 e 13; 14, 4; 3, 5, 3-4).

[55] Alla fine del 193. L'*HA* (*Clod. Alb.* 2, 1, 5) riporta una falsa lettera di Commodo ad Albino con la quale *iusserat ut Caesar esset*.

[56] Secondo Erodiano (2, 7, 5) l'appoggio popolare gli derivava per lo più dal fatto che invocava come suo modello Pertinace (che è a sua volta un imperatore modello per Erodiano). Anche in Siria la popolarità di Nigro era alle stelle poiché era stato abile nell'accattivarsi il favore popolare, soprattutto quello degli antiocheni, inclini agli spettacoli e alle feste che egli aveva generosamente finanziato (Herod. 2, 7, 9-10). Infine Nigro, nel discorso che pronuncia davanti ai soldati e agli antiocheni prima di essere proclamato da loro imperatore e salutato con il nome di Augusto nel dicembre del 196, dichiara di rimettersi alla loro volontà (Herod. 2, 8, 2-5).

[57] La parte occidentale dell'impero sino allo stretto dei Dardanelli.

(4) ὅτι οὗτος ἐπὶ πονηρίᾳ καὶ ἀπληστίᾳ ἀσελγείᾳ τε ὑπὸ τοῦ Περτίνακος, ὅτε τῆς Ἀφρικῆς ἦρχε, κατεδεδίκαστο, τότε δὲ ἐν τοῖς πρώτοις ὑπ' αὐτοῦ ἐκείνου τῇ τοῦ Σεουήρου χάριτι ἀπεδέδεικτο. - *Exc. Val.* 334 (p. 730).

[16] καὶ ὁ Ἰουλιανὸς ταῦτα μαθὼν πολέμιόν τε τὸν Σεουῆρον διὰ τῆς βουλῆς ἐποιήσατο, καὶ παρεσκευάζετο κατ' αὐτοῦ· ‹καὶ γὰρ› τάφρευμα ἐν τῷ προαστείῳ διετάφρευσε καὶ πύλας ἐπ' αὐτῷ ἐπέστησεν ὡς καὶ ἐνταῦθα ἐκστρατεύσων καὶ ἐκεῖθεν πολεμήσων. (2) καὶ ἐγένετο ἡ πόλις ἐν ταῖς ἡμέραις ταύταις οὐδὲν ἄλλο ἢ στρατόπεδον, ὥσπερ ἐν πολεμίᾳ. πολλὴ μὲν γὰρ ταραχὴ καὶ αὐλιζομένων καὶ γυμναζομένων ὡς ἑκάστων, ἀνδρῶν ἵππων ἐλεφάντων, πολὺς δὲ καὶ φόβος ἐς τοὺς λοιποὺς ἐκ τῶν ὡπλισμένων, ἅτε καὶ μισούντων σφᾶς, ἐγίγνετο. (3) ἔστι δὲ ὅτε καὶ γέλως ἡμᾶς ἐλάμβανεν· οὔτε γὰρ οἱ δορυφόροι ἄξιόν τι τοῦ τε ὀνόματος καὶ τῆς ἐπαγγελίας σφῶν, ἅτε καὶ ἁβρῶς διαιτᾶσθαι μεμαθηκότες, ἐποίουν, καὶ οἱ ἐκ τοῦ ναυτικοῦ τοῦ ἐν τῷ Μισηνῷ ναυλοχοῦντος μεταπεμφθέντες οὐδ' ὅπως γυμνάσωνται ᾔδεσαν, οἵ τε ἐλέφαντες ἀχθόμενοι τοῖς πύργοις οὐδ' αὐτοὺς ἔτι τοὺς ἐπιστάτας ἔφερον, ἀλλὰ καὶ ἐκείνους κατέβαλλον. (4) μάλιστα δὲ ἐγελῶμεν ὅτι τὸ παλάτιον κιγκλίσι τε καὶ θύραις ἰσχυραῖς ἐκρατύνατο· ἐπεὶ γὰρ τὸν Περτίνακα οὐκ ἄν ποτε οἱ στρατιῶται ῥᾳδίως οὕτως, εἴπερ συνεκέκλειτο, πεφονευκέναι ἐδόκουν, ἐπίστευεν ὅτι δυνήσεται κατακλεισθεὶς ἐς αὐτό, ἂν ἡττηθῇ, περιγενέσθαι. - Xiph. 292, 2-17 R. St., *Exc. Val.* 335 (p. 730 sq.), inde Suid. *s. v.* ἐπιστάτις.

(5) ἔσφαξε μὲν οὖν καὶ τὸν Λαῖτον καὶ τὴν Μαρκίαν, ὥστε σύμπαντας τοὺς ἐπιβουλεύσαντας τῷ Κομμόδῳ φθαρῆναι (καὶ ‹γὰρ› τὸν Νάρκισσον ὕστερον ὁ Σεουῆρος θηρίοις ἔδωκεν, αὐτὸ τοῦτο κηρύξας ὅτι «οὗτός ἐστιν ὁ Κόμμοδον ἀποπνίξας»), ἔκτεινε δὲ καὶ παῖδας συχνοὺς ἐπὶ μαγγανεύμασιν, ὡς καὶ ἀποστρέψαι τι τῶν

---

[58] La collocazione dell'*excerptum* è incerta. Quanto al nome di questo personaggio, per quanto è dato leggere dal margine del *codex Peirescianus* (quello che contiene gli *excerpta valesiana*), è φλούβιος, quasi sicuramente una forma corrotta per φούλβιος (Fulvio), φλάβιος (Flavio), ο φάβιος (Fabio). Si tratta con tutta probabiltà di Fulvio Plauziano, prefetto del pretorio di Settimio Severo dal 197 d.C. Qui si fa riferimento al proconsolato d'Africa di Pertinace (189-190) e alle accuse che colpirono Plauziano e alla sua successiva nomina alla prefettura dei vigili da parte di Didio Giuliano nel 193.

[59] Anche il giudizio sui pretoriani, ai quali Dione è ostile, potrebbe conservare l'eco dell'*Autobiografia* di Severo il quale, una volta giunto a Roma, li congedò in massa. Analogo giudizio in Herod. 2, 12, 1 e soprattutto 13, 5-9.

(4) Costui,[58] quando era governatore dell'Africa, era stato messo sotto processo e condannato da Pertinace per corruzione, estorsione e oltraggio, ma a quel tempo ricevette un incarico tra i cittadini più influenti da quel medesimo uomo come favore rivolto allo stesso Severo.

[16] Quando venne a conoscenza di questi fatti, Giuliano, attraverso l'autorità del senato, dichiarò Severo nemico pubblico e si preparò a combatterlo: nella periferia della città fece costruire un bastione munito di porte, in modo tale da poter prendere posizione nel luogo e da poter muovere all'attacco da quella posizione. (2) Durante quei giorni la città non fu altro che una sorta di accampamento situato in terra nemica: grande era infatti l'agitazione di tutte le forze che vi erano accampate e che si esercitavano – uomini, cavalli ed elefanti –, come grande era anche il timore suscitato dalle truppe armate nel resto dei cittadini, che erano oggetto del loro odio. (3) A noi, invece, in alcuni casi venne persino da ridere: i pretoriani, infatti, non facevano alcunché che fosse degno del loro nome e delle loro promesse, abituati com'erano a vivere nella mollezza,[59] mentre i soldati della flotta di stanza a Miseno,[60] i quali erano stati chiamati a intervenire, non sapevano neppure come esercitarsi; gli elefanti, infine, gravati dal peso delle torri, non riuscivano più a sostenere i conducenti e, insieme a questi, scaraventavano giù anche quelle. (4) Soprattutto, però, ci faceva ridere il fatto che il *Palatium* fosse stato munito di cancelli e di solide porte: poiché si pensava, infatti, che i soldati non avrebbero mai potuto uccidere facilmente Pertinace se il *Palatium* fosse stato sbarrato, allora Giuliano credette che, barricandosi all'interno di esso in caso di sconfitta, avrebbe potuto salvarsi.

(5) Nel frattempo Giuliano mandò a morte Leto e Marcia,[61] e così morirono tutti coloro che avevano congiurato contro Commodo (in seguito, infatti, Severo diede Narciso in pasto alle belve, dopo aver annunciato queste parole tramite l'araldo: «Questi è colui che ha strangolato Commodo!»).[62] Uccise poi anche molti bambini immolandoli in alcuni rituali magici, come se avesse potuto scacciare

[60] A Capo Miseno, presso Pozzuoli, era stanziata una parte della flotta; un altro contingente era a Ravenna.

[61] Emilio Leto, prefetto del pretorio a capo della congiura che uccise Commodo; Marcia, concubina di Commodo e seguace del cristianesimo, era collaboratrice dei congiurati. Cfr. Herod. 16, 4-17; *HA Comm.* 17, 1.

[62] Notizia identica in *HA Sev.* 14, 1. Su Narciso e lo strangolamento di Commodo cfr. 72, 22, 5.

μελλόντων, εἰ προμάθοι αὐτά, δυνησόμενος. ἐπί τε τὸν Σεουῆρον ἀεί τινας ὡς δολοφονήσοντας αὐτὸν ἀπέστειλεν. [17] ἐπεὶ δὲ ἐκεῖνος ἐς τὴν Ἰταλίαν ἀφίκετο καὶ τὴν Ῥάβενναν ἀκονιτὶ παρέλαβε, καὶ οὓς ἐκεῖνος ἐπ᾽ αὐτὸν ἔπεμπεν ἢ πείσοντας ὑπο στρέψαι ἢ εἴρξοντας τῶν παρόδων, προσεχώρουν αὐτῷ, (2) οἵ τε δορυφόροι, οἷς μάλιστα ὁ Ἰουλιανὸς ἐθάρρει, τῇ τε συνεχείᾳ τῶν πόνων ἀπεκναίοντο καὶ πρὸς τὴν φήμην τῆς τοῦ Σεουήρου παρουσίας δεινῶς ἐξεπλήττοντο, συγκαλέσας ἡμᾶς ὁ Ἰουλιανὸς κοινωνὸν αὐτῷ τῆς ἀρχῆς ἐκέλευε τὸν Σεουῆρον ψηφίσασθαι. (3) οἱ δὲ δὴ στρατιῶται ἐκ γραμμάτων τοῦ Σεουήρου πεισθέντες ὅτι οὐδὲν κακόν, ἂν τοὺς σφαγέας τοῦ Περτίνακος ἐκδῶσι καὶ αὐτοὶ τὴν ἡσυχίαν ἄγωσι, πείσονται, τούς τε ἀποκτείναντας τὸν Περτίνακα συνέλαβον, καὶ αὐτὸ τοῦτο Σιλίῳ Μεσσάλᾳ τῷ ὑπατεύοντι τότε ἐμήνυσαν. (4) καὶ ὃς συναγαγὼν ἡμᾶς ἐς τὸ Ἀθήναιον καλούμενον ἀπὸ τῆς ἐν αὐτῷ τῶν παιδευομένων ἀσκήσεως, τὰ παρὰ τῶν στρατιωτῶν ἐδήλωσε· καὶ τοῦ τε Ἰουλιανοῦ θάνατον κατεψηφισάμεθα καὶ τὸν Σεουῆρον αὐτοκράτορα ὠνομάσαμεν, τῷ τε Περτίνακι ἡρωικὰς τιμὰς ἀπεδώκαμεν. (5) ὁ μὲν οὖν Ἰουλιανὸς οὕτως ἐν αὐτῷ τῷ παλατίῳ κατακείμενος ἐφονεύθη, τοσοῦτον μόνον εἰπών, «καὶ τί δεινὸν ἐποίησα; τίνα ἀπέκτεινα;». ἔζησε δὲ ἑξήκοντά τε ἔτη καὶ μῆνας τέσσαρας καὶ ἡμέρας ἴσας, ἀφ᾽ ὧν ἓξ καὶ ἑξήκοντα ἦρξεν ἡμέρας. - Xiph. 292, 17-293, 10 R. St.

(6) Δίων οδ´ βιβλίῳ· «ἀνδρῶν γάρ ἐστι φρονίμων μήτ᾽ ἄρχειν πολέμου μήτ᾽ ἐπιφερόμενον αὐτὸν ἀναδύεσθαι, ἀλλὰ τῷ μὲν ἐθελοντὶ σωφρονήσαντι συγγνώμην, κἂν προαμάρτῃ τι, ποιεῖσθαι» ..... - Bekk. Anecd. 168, 7 sqq.

---

[63] Nel giugno del 193.

[64] Nei pressi di Ravenna era stanziata la flotta romana d'Adriatico.

[65] L'edizione di Boissevain riporta qui un *excerptum* (*exc. Val.* 336, p. 733), la cui collocazione è incerta: ὅτι Οὐεσπρόνιος Κάνδιδος ἀξιώσει μὲν ἐς τὰ πρῶτα ἀνήκων, σκυθρωπότητι δὲ καὶ ἀγροικίᾳ πολὺ πλεῖον προφέρων, ἐκινδύνευσεν ἀποθανεῖν ὑπὸ τῶν στρατιωτῶν. «Vespronio Candido, un'uomo di rango elevato ma molto più rinomato per i suoi malumori e la sua rozzezza, rischiò di morire per mano dei soldati.»

[66] Didio aveva tentato un disperato compromesso con Severo assicurandogli l'associazione al potere e la nomina di prefetti del pretorio a lui graditi; l'iniziativa era naturalmente caduta nel vuoto. Cfr. *HA Sev.* 5, 7; *Did. Jul.* 7, 5; 8, 1. Sulla *Vita Didiii*

54

qualche sciagura imminente apprendendola in anticipo [grazie a tali pratiche]. Mandò ripetutamente contro Severo alcuni uomini col compito di ucciderlo a tradimento: [17] questi, invece, dopo essere giunto in Italia,[63] occupò Ravenna senza combattere,[64] mentre gli uomini che Giuliano gli mandava incontro per persuaderlo a tornare indietro o per impedirgli l'avanzata passavano dalla sua parte;[65] (2) i pretoriani, infine, nei quali Giuliano riponeva tutta la sua fiducia, erano sfiniti a causa delle continue fatiche ed erano spaventati a morte dalla notizia dell'arrivo di Severo. Allora Giuliano ci convocò e ci ordinò di decretare che Severo diventasse suo collega nell'impero.[66] (3) Ma i soldati, persuasi da una lettera di Severo del fatto che, se avessero consegnato gli uccisori di Pertinace e avessero garantito la pace, non sarebbe accaduto loro alcun male, arrestarono gli assassini di Pertinace e ne diedero avviso al console in carica Silio Messala.[67] (4) Questi ci radunò nell'Ateneo,[68] il quale prende il nome dall'attività di coloro che venivano educati lì, e ci informò su quanto i soldati avevano fatto: condannammo allora a morte Giuliano, proclamammo Severo imperatore e attribuimmo onori divini a Pertinace.[69] (5) Fu dunque così che Giuliano fu ucciso, mentre se stava rintanato nello stesso *Palatium*. Disse solo queste parole: «Che ho fatto di male? Chi ho ucciso?». Visse sessant'anni, quattro mesi e altrettanti giorni, dei quali fu imperatore per sessantasei giorni.[70]

(6) Dione, libro LXXIV: «È atteggiamento da uomini saggi non dare inizio a una guerra né ritirarsi da essa dopo averla intrapresa, ma piuttosto perdonare colui che volontariamente è giunto a miti propositi, anche dopo che ha commesso un errore...».

---

dell'*HA* si vedano J. EADIE, *The Reliability and Origin of the «Vita Didii Iuliani»*, «ASNP» 4 (1974), pp. 1409-1442; J.B. LEANING, *Didius Julianus and His Biographer*, «Latomus» 48 (1989), pp. 548-565.

[67] Si tratta forse dell'omonimo console *suffectus* del 193. Cfr. *infra* 79, 5, 1-3.

[68] Questo edificio, fatto costruire da Adriano nel 135, aveva la funzione di ospitare eventi culturali di vario genere. Cfr. H. BRAUNERT, *Das Athenaeum zu Rom bei den Scriptores Historiae Augustae*, «BHAC» 1963, Bonn 1964, pp. 9-41; E. HÅRLEMAN, *Questions sur l'Athenaeum de l'empereur Hadrien*, «Eranos» 79 (1981), pp. 57-64.

[69] Il 1° giugno del 193.

[70] Era nato il 30 gennaio 128 e morì il 2 giugno 193. Regnò dal 28 marzo al 1° giugno 193.

Σεουῆρος μὲν δὴ αὐτοκράτωρ οὕτω γενόμενος τοὺς μὲν
‹δορυφόρους τοὺς› χειρουργήσαντας τὸ κατὰ τὸν Περτίνακα
ἔργον θανάτῳ ἐζημίωσε, τοὺς δὲ ἄλλους, πρὶν ἐν τῇ Ῥώμῃ
γενέσθαι μεταπεμψάμενος καὶ ἐν πεδίῳ περισχὼν οὐκ εἰδότας
τὸ μέλλον σφίσι συμβήσεσθαι, πολλά τε καὶ πικρὰ ὑπὲρ τῆς ἐς τὸν
αὐτοκράτορά σφων παρανομίας ὀνειδίσας αὐτοῖς, τῶν τε ὅπλων
ἀπέλυσε τούς τε ἵππους ἀφείλετο καὶ τῆς Ῥώμης ἀπήλασεν. (2)
ἔνθα δὴ οἱ μὲν ἄλλοι καὶ ἄκοντες τά τε ὅπλα ἀπερρίπτουν καὶ τοὺς
ἵππους ἠφίεσαν, ἔν τε τοῖς χιτῶσιν ἄζωστοι ἐσκεδάννυντο· εἷς δέ
τις, οὐκ ἐθελήσαντος τοῦ ἵππου ἀποστῆναι ἀλλ᾿ ἐπακολουθοῦντος
αὐτῷ καὶ χρεμετίζοντος, καὶ ἐκεῖνον καὶ ἑαυτὸν κατεχρήσατο·
καὶ ἐδόκει τοῖς ὁρῶσι καὶ ὁ ἵππος ἡδέως ἀποθνήσκειν.

---

[1] Per l'ascesa di Settimio al potere cfr. soprattutto A.R. BIRLEY, *Septimius Severus.
The African Emperor*, London-New York 1999[2], pp. 89-128. Per una ricostruzione
più minuziosa degli eventi del 193 cfr. ID. *The Coups d'Etat of the Year 193*, «Bonner
Jahrbücher» 189 (1969), pp. 247-280.

[2] L'edizione di Boissevain riporta qui il seguente *excerptum* (*exc. Salm.* 127 Muell.,
v.1-12): Σεβῆρος ἔστειλε γράμματα εἰς Ῥώμην ὑπαντῆσαι αὐτῷ τοὺς στρατιώτας.
συνελθόντας δὲ ὠνείδισεν εἰπὼν ὅτι καὶ κἂν μὴ αὐτοὶ ἐγένοντο αὐτόχειρες Περτίνακος τοῦ βασιλέως, ἀλλά, δέον αὐτοὺς ἀνελεῖν τοὺς ἀποκτείναντας ἐκεῖνον, τοῦτο
μὴ ποιήσαντες ὑπ᾿ αἰτίασίν εἰσι φόνου· «ἐπὶ φυλακῇ γὰρ βασιλικῇ ταχθέντες» ἔφη
«οὐκ ἐν τῷ ἀριστερῷ μέρει τὰ ξίφη διαζώννυσθε ἀλλ᾿ ἐν τῷ δεξιῷ». καὶ ἀπολαβὼν
τὰ ὅπλα καὶ τοὺς ἵππους, ἀπεδίωξεν αὐτούς. εἷς δὲ στρατιώτης, οὐκ ἀνασχομένου
τοῦ ἵππου ἀπολιπεῖν αὐτόν, ἀλλ᾿ ἀκολουθοῦντος καὶ χρεμετίζοντος, ὑπεραλγὴς
γενόμενος τὸν ἵππον ἔσφαζε καὶ ἑαυτόν. «Severo inviò a Roma delle lettere tramite
le quali dispose che i soldati gli andassero incontro. Una volta giunti, li rimprovero
dicendo che, sebbene non fossero stati i responsabili diretti della morte dell'imperatore
Pertinace, ne erano comunque responsabili: infatti, per quanto fosse loro dovere
uccidere coloro che avevano assassinato il principe, essi non lo avevano fatto. Disse
così: "Sareste preposti alla difesa dell'imperatore, eppure tenete le vostre spade dalla
parte destra della cintola anziché a sinistra!". E dopo aver tolto loro armi e cavalli, li
congedò. Ma uno dei soldati, dato che il suo cavallo si rifiutava di abbandonarlo (ché

LIBRO LXXIV

Severo, divenuto così imperatore,[1] condannò a morte i pretoriani che avevano preso parte all'uccisione di Pertinace. Convocò invece i restanti prima di recarsi a Roma, e dopo averli circondati in una pianura mentre erano ancora inconsapevoli di ciò che sarebbe loro accaduto, li rimproverò aspramente per il delitto che avevano commesso contro l'imperatore; inoltre, li privò delle armi e dei cavalli e li espulse da Roma.[2] (2) Così essi, seppure con riluttanza, gettarono le armi, lasciarono andare i cavalli e, indossando le sole tuniche discinte, si dispersero;[3] ma un soldato, poiché il suo cavallo non voleva abbandonarlo e lo seguiva nitrendo, uccise prima l'animale e poi se stesso: a coloro che videro sembrò che anche il cavallo fosse morto serenamente.[4]

anzi, lo seguiva continuando a nitrire), non potendo sopportare quello strazio, uccise prima l'animale e poi rivolse l'arma contro se stesso.»

[3] Il racconto di Erodiano (2, 13) è più circostanziato e sottolinea a più riprese il carattere ingannevole dello stratagemma architettato da Settimio Severo ai danni dei pretoriani. Di fatto egli li sostituì con soldati scelti dalla *Legio II*, e furono acquartierati ad Albano.

[4] L'episodio è narrato dal solo Dione ed è di sapore aneddotico. L'ascesa di Severo è costellata in generale da eventi degni di menzione o prodigiosi. Non va dimenticato che Dione conosceva l'*Autobiografia* di Settimio Severo e soprattutto aveva composto un opuscolo sui presagi che ne avevano accompagnato l'ascesa al trono. È notevole che Erodiano prenda le distanze da questi temi a 2, 15, 6, criticando apertamente alcune tendenze storiografiche su Settimio Severo: «Le tappe della sua (*scil.* di Severo) marcia; i discorsi da lui pronunciati nelle varie città; i frequenti prodigi, spiegati come manifestazioni della volontà divina; il teatro della guerra; gli schieramenti; il numero dei soldati che caddero in battaglia dalle due parti: sono stati esposti fin troppo ampiamente da molti storici e poeti, che avevano come specifico argomento della loro vita Severo. [...] Pertanto esporrò nel prossimo libro solo i fatti essenziali e le conclusioni che ebbero le varie imprese di Severo, nulla esagerando per accattivarmi le simpatie, come fecero quelli che scrissero ai suoi tempi, e nulla omettendo di ciò che merita ricordo e considerazione». Si potrebbe pensare dunque a una velata critica a Dione che Erodiano senz'altro leggeva. Cfr. Galimberti, *Erodiano e Commodo*, cit., pp. 34-36.

(3) πράξας δὲ ὁ Σεουῆρος ταῦτα ἐς τὴν Ῥώμην ἐσῄει, μέχρι μὲν τῶν πυλῶν ἐπί τε τοῦ ἵππου καὶ ἐν ἐσθῆτι ἱππικῇ ἐλθών, ἐντεῦθεν δὲ τήν τε πολιτικὴν ἀλλαξάμενος καὶ βαδίσας· καὶ αὐτῷ καὶ ὁ στρατὸς πᾶς, καὶ οἱ πεζοὶ καὶ οἱ ἱππεῖς, ὡπλισμένοι παρηκολούθησαν. (4) καὶ ἐγένετο ἡ θέα πασῶν ὧν ἑόρακα λαμπροτάτη· ἥ τε γὰρ πόλις πᾶσα ἄνθεσί τε καὶ δάφναις ἐστεφάνωτο καὶ ἱματίοις ποικίλοις ἐκεκόσμητο, φωσί τε καὶ θυμιάμασιν ἔλαμπε, καὶ οἱ ἄνθρωποι λευχειμονοῦντες καὶ γανύμενοι πολλὰ ἐπευφήμουν, οἵ τε στρατιῶται ἐν τοῖς ὅπλοις ὥσπερ ἐν πανηγύρει τινὶ πομπῆς ἐκπρεπόντως ἀνεστρέφοντο, καὶ προσέτι ἡμεῖς ἐν κόσμῳ περιῄειμεν. (5) ὁ δ' ὅμιλος ἰδεῖν τε αὐτὸν καί τι φθεγγομένου ἀκοῦσαι, ὥσπερ τι ὑπὸ τῆς τύχης ἠλλοιωμένου, ποθοῦντες ἠρεθίζοντο· καί τινες καὶ ἐμετεώριζον ἀλλήλους, ὅπως ἐξ ὑψηλοτέρου αὐτὸν κατίδωσιν. - Xiph. 293, 19-294, 15 R. St.

[2] ἐσελθὼν δὲ οὕτως ἐνεανιεύσατο μὲν οἷα καὶ οἱ πρῴην ἀγαθοὶ αὐτοκράτορες πρὸς ἡμᾶς, ὡς οὐδένα τῶν βουλευτῶν ἀποκτενεῖ· καὶ ὤμοσε περὶ τούτου, καὶ τό γε μεῖζον, ψηφίσματι κοινῷ αὐτὸ κυρωθῆναι προσετετάχει, πολέμιον καὶ τὸν αὐτοκράτορα καὶ τὸν ὑπηρετήσοντα αὐτῷ ἔς τι τοιοῦτον, αὐτούς τε καὶ τοὺς παῖδας αὐτῶν, νομίζεσθαι δογματίσας. (2) πρῶτος μέντοι αὐτὸς τὸν νόμον τουτονὶ παρέβη καὶ οὐκ ἐφύλαξε, πολλοὺς ἀνελών· καὶ γὰρ καὶ αὐτὸς ὁ Σόλων ὁ Ἰούλιος, ὁ καὶ τὸ δόγμα τοῦτο κατὰ πρόσταξιν αὐτοῦ συγγράψας, οὐ πολλῷ ὕστερον ἐσφάγη. καὶ πολλὰ μὲν ἡμῖν οὐ καταθύμια ἔπραττεν, (3) αἰτίαν ‹τε› ἔσχεν ἐπὶ τῷ πλήθει στρατιωτῶν ὀχλώδη τὴν πόλιν ποιῆσαι καὶ δαπάνῃ χρημάτων περιττῇ τὸ κοινὸν βαρῦναι, καὶ τὸ μέγιστον ὅτι μὴ ἐν τῇ τῶν συνόντων οἱ εὐνοίᾳ ἀλλ' ἐν τῇ ἐκείνων ἰσχύι τὴν ἐλπίδα τῆς σωτηρίας ἐποιεῖτο· (4) μάλιστα δὲ ἐπεκάλουν αὐτῷ τινες

⁵ Per il trionfale ingresso di Severo a Roma cfr. Herod. 2, 14, 1-2.

⁶ All'entusiasmo di Dione ed Erodiano per l'ingresso di Severo a Roma si contrappone la biografia dell'*HA* (*Sev.* 7, 5) che accentua invece il carattere minaccioso della presenza dei soldati di Severo a Roma.

⁷ Cfr. *supra* 73, 8, 4 e BIRLEY, *The Oath not to Put Senators to Death*, cit., pp. 197-199.

⁸ Quella cioè di mandare a morte dei senatori.

⁹ Sembra che risalgano a questo periodo le uccisioni di Valerio Catullino e di Nummio Ceionio Albino, ambedue partigiani di Didio. Dione si sente libero di criticare le mancate promesse di Settimio e soprattutto il suo atteggiamento non sempre benevolo nei confronti del senato.

¹⁰ Tristemente noto per aver comprato da Cleandro, potente liberto di Commodo, la dignità senatoria (72, 12, 3).

¹¹ Dione è chiaramente ostile allo strapotere dei soldati che già aveva largamente

(3) Dopo aver fatto ciò Severo venne a Roma, e poiché era giunto a cavallo fino alle porte [della città] in abito equestre, indossò la toga civile e procedette a piedi: lo accompagnava l'intero esercito, fanti e cavalieri tutti quanti in armi. (4) Fu lo spettacolo più straordinario al quale avessi mai assistito: tutta la città, infatti, era agghindata di fiori e di allori, era ornata da paramenti variopinti e risplendeva per le fiaccole e l'incenso profumato. La gente, vestita di bianco e lieta, prorompeva in gioiose acclamazioni, e i soldati procedevano fieri in armi come durante la celebrazione di una festa; noi, infine, avanzavamo in base al nostro ordine. (5) La folla smaniava per vederlo[5] e per sentirlo parlare, come se egli avesse mutato la sua condizione grazie alla fortuna; alcuni, poi, si sollevavano a vicenda per poterlo vedere da una posizione più elevata.[6]

[2] Entrato in città in questo modo, Severo ci promise, come avevano fatto anche i buoni imperatori del passato, che non avrebbe condannato a morte alcun senatore;[7] non solo confermò ciò con un giuramento, ma, fatto di maggior rilevanza, ordinò che fosse sancito con un pubblico decreto, aggiungendo che tanto l'imperatore quanto chi lo avesse aiutato a perseguire una simile azione[8] sarebbe stato considerato, insieme ai propri figli, nemico pubblico. (2) Fu tuttavia egli stesso il primo a violare e a non osservare questa legge, togliendo di mezzo molti [senatori];[9] anche lo stesso Giulio Solone,[10] che aveva redatto questo decreto per suo ordine, fu ucciso non molto tempo dopo. Ma fece molte altre cose che erano contrarie ai nostri intendimenti: (3) era biasimato perché turbava l'ordine della città con un esagerato numero di soldati, perché caricava la comunità di eccessive spese di denaro e, accusa assai più grave, perché riponeva la speranza della sua salvezza non nella benevolenza dei collaboratori, bensì nella forza dei soldati.[11] (4) Alcuni, invece, lo rimproveravano[12] soprattutto

criticato nel libro 52 nel noto dibattito Agrippa-Mecenate (su cui cfr. U. ESPINO-SA-RUÍZ, *Debate Agrippa-Mecenas en Dión Cassio. Respuesta senatorial a la crisi del imperio romano en época severiana*, Madrid 1982). In realtà il triplice biasimo si può condensare in uno solo: l'atteggiamento favorevole di Severo verso i soldati implicava necessariamente un generoso trattamento economico nei loro confronti e in ultima analisi un aggravio delle spese a loro favore e di conseguenza una minore attenzione al resto.

[12] Molto probabilmente qui Cassio Dione raccoglie il risentimento dei pretoriani che si erano visti congedare in massa con l'accusa di aver messo a morte Pertinace e aver venduto l'impero a Didio Giuliano (anch'egli peraltro tradito) e il malumore degli ambienti militari che non vedevano di buon occhio l'avvento di nuove leve provenienti da regioni considerate barbare.

ὅτι καθεστηκότος ἔκ τε τῆς Ἰταλίας καὶ τῆς Ἰβηρίας τῆς ‹τε›
Μακεδονίας καὶ τοῦ Νωρικοῦ μόνον τοὺς σωματοφύλακας εἶ
ναι, κἀκ τούτου καὶ τοῖς εἴδεσιν αὐτῶν ἐπιεικεστέρων καὶ τοῖς
ἤθεσιν ἁπλουστέρων ὄντων, (5) τοῦτο μὲν κατέλυσεν, ἐκ δὲ δὴ τῶν
στρατοπέδων ὁμοίως πάντων τὸ ἀεὶ ἐνδεὲς ὂν ἀντικαθίστασθαι
τάξας, αὐτὸς ‹μὲν› ὡς καὶ ἐπιστησομένοις διὰ τοῦτο τὰ στρατιωτικὰ
μᾶλλον αὐτοῖς χρησόμενος, καί τι καὶ ἆθλον τοῖς ἀγαθοῖς τὰ
πολέμια προθήσων ἐποίησεν αὐτό, τῷ δὲ δὴ ἔργῳ σαφέστατα τήν
τε ἡλικίαν τὴν ἐκ τῆς Ἰταλίας παραπώλεσε πρὸς λῃστείας καὶ
μονομαχίας ἀντὶ τῆς πρὶν στρατείας τραπομένην, (6) καὶ τὸ ἄστυ
ὄχλου στρατιωτῶν συμμίκτου καὶ ἰδεῖν ἀγριωτάτων καὶ ἀκοῦσαι
φοβερωτάτων ὁμιλῆσαί τε ἀγροικοτάτων ἐπλήρωσε. - Xiph. 294,
15-30 R. St., *Exc. Val.* 337 (p. 733).

[3] σημεῖα δὲ αὐτῷ ἐξ ὧν τὴν ἡγεμονίαν ἤλπισε, ταῦτα ἐγένετο.
ὅτε γὰρ ἐς τὸ βουλευτήριον ἐσεγράφη, ὄναρ ἔδοξε λύκαινάν τινα
κατὰ ταὐτὰ τῷ Ῥωμύλῳ θηλάζειν. μέλλοντί τε αὐτῷ τὴν Ἰουλίαν
ἄγεσθαι ἡ Φαυστῖνα ἡ τοῦ Μάρκου γυνὴ τὸν θάλαμόν σφισιν ἐν
τῷ Ἀφροδισίῳ τῷ κατὰ τὸ παλάτιον παρεσκεύασεν. (2) ὕδωρ τε ἐκ
τῆς χειρὸς αὐτῷ καθεύδοντί ποτε, ὥσπερ ἐκ πηγῆς, ἀνεδόθη. καὶ ἐν
Λουγδούνῳ ἄρχοντι πᾶσα αὐτῷ ἡ τῶν Ῥωμαίων δύναμις προσῆλθέ
τε καὶ ἠσπάσατο, ὄναρ φημί. καὶ ἄλλοτε ἀνήχθη ἐς περιωπὴν ὑπό
τινος, καὶ καθορῶν ἀπ' αὐτῆς πᾶσαν μὲν τὴν γῆν πᾶσαν δὲ τὴν
θάλατταν ἐφήπτετο αὐτῶν ὥσπερ παναρμονίου τινὸς ὀργάνου, καὶ
ἐκεῖνα συνεφθέγγετο. (3) καὶ αὖθις ἵππον ἐν τῇ ἀγορᾷ τῇ Ῥωμαίᾳ
τὸν μὲν Περτίνακα ἀναβεβηκότα ἀπορρῖψαι, ἑαυτὸν δὲ ἑκόντα

[13] Il venir meno della componente italica è una denuncia grave della crisi in cui
versavano le legioni. Mentre però in Dione c'è disprezzo per i nuovi venuti, prevalen-
temente soldati illirici, considerati come dei nuovi barbari, in Erodiano (2, 10, 1-9)
prevale il disprezzo per gli Italici, ormai incapaci persino di prendere le armi e di
combattere con coraggio. A 2, 10, 2 i pretoriani (nei cui ranghi militavano i migliori
degli Italici) sono sprezzantemente evocati così da Settimio nel suo discorso ai soldati
che si erano schierati con lui: «Questi uomini che sanno sfilare in parata, ma non
sanno combattere»; (§ 5) «ma anche se essi (*scil.* i pretoriani) fossero dalla sua (*scil.*
di Nigro) parte, e volessero scendere in campo per lui, voi nell'insieme li superate per
numero e, presi individualmente, per valore».
[14] Questa serie di prodigi, come si è detto, è tratta dall'opuscolo che Dione stesso
compose sugli *omina* che precedettero l'ascesa di Settimio Severo al trono e che poi
rifuse nella Storia Romana.

perché aveva abolito la consuetudine di scegliere le guardie del corpo esclusivamente dall'Italia, dalla Spagna, dalla Macedonia e dal Norico, sistema che garantiva uomini più decorosi nell'aspetto e più sobri nei costumi, (5) e perché aveva ordinato che le leve mancanti di volta in volta fossero rimpiazzate da uomini provenienti indistintamente da tutte le legioni. Egli fece questa scelta nella convinzione di poter disporre di guardie che avessero maggior esperienza militare e di offrire dei premi a coloro che avessero dato prova di valore in guerra: ma di fatto, senz'alcun dubbio, corruppe il nerbo della gioventù italica, ormai dedita al brigantaggio e ai combattimenti gladiatori anziché all'originario servizio militare, (6) e riempì la città di una folla eterogenea di soldati selvaggi nell'aspetto, spaventosi nel modo di parlare e rozzi nel comportamento.[13]

[3] I segni premonitori che lo indussero alla speranza del potere imperiale furono i seguenti:[14] quando fu iscritto al rango senatoriale, gli apparve in sogno che una lupa lo allattasse proprio come era accaduto a Romolo. Quando egli stava per sposare Giulia,[15] Faustina, moglie di Marco,[16] allestì la loro camera nuziale nel tempio di Venere che si trovava accanto al *Palatium*. (2) Una volta, mentre stava dormendo, dell'acqua sgorgò dalla sua mano come da una fonte. Al tempo in cui era governatore a Lione,[17] l'intera potenza dei Romani si avvicinò e lo salutò (in forma di sogno, intendo dire). In un'altra circostanza fu portato da qualcuno in una località panoramica, e quando da lì ammirò le distese della terra e del mare, fece atto di afferrarli come si fa con uno strumento che emette tutte le note,[18] ed essi presero a suonare insieme. (3) Infine, egli credette che un cavallo, che nel Foro romano aveva disarcionato Pertinace, il quale aveva tentato di montarlo, avesse invece accolto lui in groppa spontaneamente.[19]

---

[15] Giulia Domna, figlia del gran sacerdote di Baal di Emesa, sposata nel 187; nel 174 Settimio aveva sposato Paccia Marciana, morta pochi anni dopo. Cfr. G.M. BERSANETTI, *Il padre, la madre e la prima moglie di Settimio Severo*, «Athenaeum» 24 (1946), pp. 28-43; B. LEVICK, *Julia Domna. Syrian Empress*, London-New York 2007, pp. 23-34.

[16] Faustina Maggiore, moglie di Marco Aurelio.

[17] Settimio fu governatore della Gallia nel 185.

[18] Cfr. Plat. *Rep.* 399 C, dove si menzionano le «armonie complicate» (παναρμόνιον) prodotte da strumenti simili all'arpa come trigoni (τριγώνων), pectidi (πηκτίδων) e altri strumenti policordi (πολύχορδια) e panarmonici (πολυαρμόνια).

[19] Cfr. Herod. 2, 9, 6. In occasione dei *decennalia* del 203 fu eretta nel Foro una statua equestre di bronzo per commemorare questo presagio.

ἀναλαβεῖν ἐνόμισε. ταῦτα μὲν ἐκ τῶν ὀνειράτων ἔμαθεν, ὕπαρ δὲ ἐς τὸν βασιλικὸν δίφρον ἔφηβος ὢν ἔτι ἀγνοίᾳ ἐνιδρύθη. τὴν μὲν οὖν ἡγεμονίαν μετὰ τῶν ἄλλων καὶ ταῦτα αὐτῷ προεδήλωσε. [4] καταστὰς δὲ ἐς αὐτὴν ἡρῷον τῷ Περτίνακι κατεσκεύασε, τό τε ὄνομα αὐτοῦ ἐπί τε ταῖς εὐχαῖς ἁπάσαις καὶ ἐπὶ τοῖς ὅρκοις ἅπασι προσέταξεν ἐπιλέγεσθαι, καὶ χρυσῆν εἰκόνα αὐτοῦ ἐφ᾽ ἅρματος ἐλεφάντων ἐς τὸν ἱππόδρομον ἐσάγεσθαι, καὶ ἐς τὰ λοιπὰ ἐκέλευσε θέατρα θρόνους τρεῖς καταχρύσους αὐτῷ ἐσκομίζεσθαι. (2) ἡ δὲ δὴ ταφὴ καίτοι πάλαι τεθνηκότος αὐτοῦ τοιάδε ἐγένετο. ἐν τῇ ἀγορᾷ τῇ Ῥωμαίᾳ βῆμα ξύλινον ἐν χρῷ τοῦ λιθίνου κατεσκευάσθη, καὶ ἐπ᾽ αὐτοῦ οἴκημα ἄτοιχον περίστυλον, ἔκ τε ἐλέφαντος καὶ χρυσοῦ πεποικιλμένον, ἐτέθη, καὶ ἐν αὐτῷ κλίνη ὁμοία, (3) κεφαλὰς πέριξ θηρίων χερσαίων τε καὶ θαλασσίων ἔχουσα, ἐκομίσθη στρώμασι πορφυροῖς καὶ διαχρύσοις κεκοσμημένη, καὶ ἐς αὐτὴν εἴδωλόν τι τοῦ Περτίνακος κήρινον, σκευῇ ἐπινικίῳ εὐθετημένον, ἀνετέθη, καὶ αὐτοῦ τὰς μυίας παῖς εὐπρεπής, ὡς δῆθεν καθεύδοντος, πτεροῖς ταῶνος ἀπεσόβει. (4) προκειμένου δ᾽ αὐτοῦ ὅ τε Σεουῆρος καὶ ἡμεῖς οἱ βουλευταὶ αἵ τε γυναῖκες ἡμῶν προσήειμεν πενθικῶς ἐσταλμένοι· καὶ ἐκεῖναι μὲν ἐν ταῖς στοαῖς, ἡμεῖς δὲ ὑπαίθριοι ἐκαθεζόμεθα. κἀκ τούτου πρῶτον μὲν ἀνδριάντες πάντων τῶν ἐπιφανῶν Ῥωμαίων τῶν ἀρχαίων, (5) ἔπειτα χοροὶ παίδων καὶ ἀνδρῶν θρηνώδη τινὰ ὕμνον ἐς τὸν Περτίνακα ᾄδοντες παρῆλθον· καὶ μετὰ τοῦτο τὰ ἔθνη πάντα τὰ ὑπήκοα ἐν εἰκόσι χαλκαῖς, ἐπιχωρίως σφίσιν ἐσταλμένα, καὶ τὰ ἐν τῷ ἄστει αὐτῷ γένη, τό τε τῶν ῥαβδούχων καὶ τὸ τῶν γραμματέων τῶν τε κηρύκων καὶ ὅσα ἄλλα τοιουτότροπα, ἐφείπετο. (6) εἶτ᾽ εἰκόνες ἧκον ἀνδρῶν ἄλλων, οἷς τι ἔργον ἢ ἐξεύρημα ἢ καὶ ἐπιτήδευμα λαμπρὸν ἐπέπρακτο, καὶ μετ᾽ αὐτοὺς οἵ τε ἱππεῖς καὶ οἱ πεζοὶ ὡπλισμένοι οἵ τε ἀθληταὶ ἵπποι καὶ τὰ ἐντάφια, ὅσα ὅ τε αὐτοκράτωρ καὶ ἡμεῖς αἵ τε γυναῖκες ἡμῶν καὶ οἱ ἱππεῖς οἱ ἐλλόγιμοι οἵ τε δῆμοι καὶ τὰ ἐν τῇ πόλει συστήματα ἐπέμψαμεν· καὶ αὐτοῖς βωμὸς περίχρυσος, ἐλέφαντί τε καὶ λίθοις Ἰνδικοῖς ἠσκημένος, ἠκολούθει. [5] ὡς δὲ παρεξῆλθε ταῦτα, ἀνέβη ὁ Σεουῆρος ἐπὶ τὸ βῆμα τὸ τῶν ἐμβόλων,

---

[20] Siamo nella prima metà di giugno del 193: Pertinace era morto alla fine di marzo (cfr. *supra* 73, 10, 3).

[21] Con πενθικῶς ἐσταλμένοι si allude probabilmente alla *toga pulla*, una toga scura che si indossava in occasione dei lutti.

Questi furono i segnali che apprese dai sogni, ma ne ricevette anche da sveglio: quando era ancora un ragazzino, infatti, si sedette senza saperlo sul trono imperiale. Ecco, dunque, alcuni dei diversi presagi che gli preannunciarono il potere assoluto.

[4] Dopo aver assunto il potere, Severo innalzò un sacrario degno di un eroe a Pertinace e ordinò che il suo nome fosse pronunciato in tutti i voti e in tutti i giuramenti; inoltre, comandò che una statua d'oro con le sue fattezze fosse condotta all'interno del Circo su un carro trainato da elefanti e che in suo onore si disponessero tre seggi dorati negli altri teatri. (2) Il suo funerale, benché fosse morto già da tempo,[20] fu celebrato nel modo seguente: una tribuna di legno venne innalzata nel Foro romano presso i rostri di pietra, e sopra di essa fu collocata una struttura priva di mura, circondata da colonne e variamente ornata d'avorio e d'oro; all'interno fu introdotto un cataletto similmente adornato, (3) circondato da teste di animali sia terrestri sia marini e decorato da coperte tessute con porpora e oro. Su di essa fu posta un'immagine cerea di Pertinace in abito trionfale, dalla quale un fanciullo di bell'aspetto teneva lontane le mosche con piume di pavone, come avviene con chi dorme. (4) Mentre la salma era esposta, Severo, noi senatori e le nostre mogli ci accostammo indossando la veste funerea:[21] le donne sedevano sotto i portici, mentre noi stavamo allo scoperto. In seguito, dapprima passarono le statue di tutti gli antichi illustri romani, (5) poi cori di fanciulli e di uomini che cantavano un inno funebre in onore di Pertinace; appresso seguirono tutte le nazioni assoggettate, raffigurate in statue di bronzo abbigliate secondo l'uso patrio, e le corporazioni urbane, quelle cioè dei littori, degli scribi, degli araldi e altre simili associazioni. (6) Passarono poi le statue di altri uomini che si erano distinti per azioni, scoperte o studi degni di nota; dietro costoro vennero i cavalieri e fanti armati, cavalli da corsa e tutte quelle offerte funebri che erano state inviate dall'imperatore, da noi, dalle nostre mogli, dai cavalieri più illustri, dalle comunità e dai collegi della città. Di seguito, infine, un altare dorato e ornato con avorio e pietre preziose provenienti dall'India.

[5] Dopo che questo corteo fu passato, Severo salì sui rostri[22] e lesse

---

[22] Si tratta della tribuna oratoria dei magistrati e degli oratori, chiamata così (lat. *rostra*) dopo che fu ornata con i rostri delle navi catturate nella battaglia di Anzio (338 a.C.). Situata in origine nel *Comitium*, con la riedificazione di quest'ultimo da parte di Cesare la tribuna fu spostata sul lato occidentale del Foro, vicino a dove oggi si può vedere l'arco di Settimio Severo. Cfr. F. COARELLI, *Roma*, Roma-Bari 2011[7], pp. 48-50.

καὶ ἀνέγνω ἐγκώμιον τοῦ Περτίνακος. ἡμεῖς δὲ πολλὰ μὲν καὶ διὰ μέσου τῶν λόγων αὐτοῦ ἐπεβοῶμεν, τὰ μὲν ἐπαινοῦντες τὰ δὲ καὶ θρηνοῦντες τὸν Περτίνακα, πλεῖστα δὲ ἐπειδὴ ἐπαύσατο. (2) καὶ τέλος, μελλούσης τῆς κλίνης κινηθήσεσθαι, πάντες ἅμα ὠλοφυράμεθα καὶ πάντες ἐπεδακρύσαμεν. κατεκόμισαν δὲ αὐτὴν ἀπὸ τοῦ βήματος οἵ τε ἀρχιερεῖς καὶ αἱ ἀρχαὶ αἵ τε ἐνεστῶσαι καὶ αἱ ἐς νέωτα ἀποδεδειγμέναι, καὶ ἱππεῦσί τισι φέρειν ἔδοσαν. (3) οἱ μὲν οὖν ἄλλοι πρὸ τῆς κλίνης προήειμεν, καί τινες ἐκόπτοντο ἑτέρων πένθιμόν τι ὑπαυλούντων· ὁ δ᾽ αὐτοκράτωρ ἐφ᾽ ἅπασιν εἵπετο, καὶ οὕτως ἐς τὸ Ἄρειον πεδίον ἀφικόμεθα. ἐπεσκεύαστο δὲ ἐν αὐτῷ πυρὰ πυργοειδὴς τρίβολος, ἐλέφαντι καὶ χρυσῷ μετὰ ἀνδριάντων τινῶν κεκοσμημένη, καὶ ἐπ᾽ αὐτῆς τῆς ἄκρας ἅρμα ἐπίχρυσον, ὅπερ ὁ Περτίναξ ἤλαυνεν. (4) ἐς οὖν ταύτην τὰ ἐντάφια ἐνεβλήθη καὶ ἡ κλίνη ἐνετέθη, καὶ μετὰ τοῦτο τὸ εἴδωλον ὅ τε Σεουῆρος καὶ οἱ συγγενεῖς τοῦ Περτίνακος ἐφίλησαν. καὶ ὁ μὲν ἐπὶ βῆμα ἀνέβη, ἡμεῖς δὲ ἡ βουλὴ πλὴν τῶν ἀρχόντων ἐπὶ ἱκρία, ὅπως ἀσφαλῶς τε ἅμα καὶ ἐπιτηδείως τὰ γινόμενα θεωρήσωμεν. (5) οἱ δὲ ἄρχοντες καὶ ἡ ἱππὰς τὸ τέλος προσφόρως σφίσιν ἐσκευασμένοι, οἵ τε ἱππεῖς οἱ στρατιῶται καὶ οἱ πεζοὶ περὶ τὴν πυρὰν πολιτικάς τε ἅμα καὶ πολεμικὰς διεξόδους διελίττοντες διεξῆλθον· εἶθ᾽ οὕτως οἱ ὕπατοι πῦρ ἐς αὐτὴν ἐνέβαλον. γενομένου δὲ τούτου ἀετός τις ἐξ αὐτῆς ἀνέπτατο. καὶ ὁ μὲν Περτίναξ οὕτως ἠθανατίσθη. - Xiph. 294, 30-296, 32 R. St.

(6) ὅτι ὁ Περτίναξ, τὸ μὲν εὐπόλεμον ἄγροικον τὸ δὲ εἰρηναῖον δειλὸν ὡς τὸ πολὺ ἐκβαῖνον, ἀμφότερα κράτιστος ὁμοίως ἐγένετο, φοβερὸς μὲν πολεμῆσαι σοφὸς δὲ εἰρηνεῦσαι ὤν· καὶ τὸ μὲν θρασύ, οὗ τὸ ἀνδρεῖον μετέχει, πρός τε τὸ ἀλλόφυλον καὶ πρὸς τὸ στασιάζον, τὸ δὲ ἐπιεικές, οὗ τὸ δίκαιον μεταλαμβάνει, πρός τε τὸ οἰκεῖον καὶ πρὸς τὸ σῶφρον ἐνεδείκνυτο. (7) προαχθεὶς δὲ ἐς τὴν τῆς οἰκουμένης προστασίαν οὐκ ἠλέγχθη ποτὲ ὑπὸ τῆς τοῦ μείζονος αὐξήσεως, ὥστε ἐν μὲν τοῖς ταπεινότερος ἐν δὲ τοῖς ὀγκωδέστερος τοῦ καθήκοντος γενέσθαι, ἀλλ᾽ ὁμοίως ἀπ᾽ ἀρχῆς διὰ πάντων μέχρι τῆς τελευτῆς διετέλεσεν σεμνὸς ἔξω τοῦ σκυθρωποῦ,

un elogio di Pertinace. Gridammo ripetutamente non solo durante il suo discorso, ora elogiando ora lamentando Pertinace, ma soprattutto quando Severo ebbe concluso. (2) Infine, quando il cataletto stava per essere spostato, tutti insieme levammo un lamento e piangemmo. A portarlo giù dalla tribuna furono i pontefici massimi e i magistrati, non solo quelli in carica, ma anche quelli designati per l'anno successivo, i quali lo consegnarono ad alcuni cavalieri. (3) Noialtri, allora, avanzammo stando alla testa della bara, alcuni battendosi il petto, altri intonando una melodia funebre con i flauti: l'imperatore, invece, seguiva dietro tutti, e così arrivammo al Campo Marzio. Là era stata allestita una pira a forma di tribolo,[23] adornato con avorio, oro e alcune statue, sulla sommità della quale c'era un cocchio dorato che Pertinace era solito condurre. (4) Dentro questa pira furono gettate le offerte funebri e fu deposta la bara, e in seguito Severo e i parenti di Pertinace baciarono la statua. L'imperatore salì sulla tribuna, mentre noi senatori, eccetto i magistrati, prendemmo posizione su dei sedili in modo tale da poter guardare con tranquillità e comodità ciò che avveniva. (5) I magistrati e l'ordine equestre, indossando gli abiti convenienti al loro rango, come anche i soldati della cavalleria e della fanteria, fecero un giro intorno alla pira eseguendo dei passi sia di pace sia di guerra; infine i consoli appiccarono il fuoco alla pira, e dopo che ciò avvenne, un'aquila si levò in volo da essa. Fu dunque così che Pertinace fu reso immortale.

(6) Sebbene le arti della guerra generalmente rendano fieri e quelle della pace rendano miti, Pertinace si distinse eccellentemente in ambedue, essendo temibile in guerra e saggio in pace. Contro gli stranieri e i sediziosi dava prova di quell'audacia che è parte del coraggio, mentre nei riguardi dei cittadini e della gente modesta mostrava quell'equità che è tipica della giustizia. (7) Una volta giunto alla guida dell'impero romano, in conseguenza della sua autorità ulteriormente accresciuta non fu mai accusato di essere umile in alcune questioni o superbo in altre più di quanto si convenisse, anzi, al contrario, mantenne la medesima condotta dall'inizio alla fine della vita: augusto senza

---

[23] I triboli erano arnesi di ferro muniti di quattro punte divergenti che venivano sparsi sul terreno in gran quantità per ostacolare il transito della cavalleria nemica.

πρᾷος ἔξω τοῦ ταπεινοῦ, φρόνιμος ἄνευ κακουργίας, δίκαιος ἄνευ ἀκριβολογίας, οἰκονομικὸς χωρὶς ῥυπαρίας, μεγαλόνους χωρὶς αὐχήματος. - *Exc. Val.* 338 (p. 734).

[6] ὁ δὲ Σεουῆρος ἐξεστράτευσε κατὰ τοῦ Νίγρου. οὗτος δὲ Ἰταλὸς μὲν ἦν, ἐξ ἱππέων, οὔτε δὲ ἐς τὸ κρεῖττον οὔτε ἐς τὸ χεῖρον ἐπίσημος, ὥστε τινὰ ἢ πάνυ αὐτὸν ἐπαινεῖν ἢ πάνυ ψέγειν· διὸ καὶ τῇ Συρίᾳ ὑπὸ Κομμόδου προσετάχθη. (2) ἐχρῆτο δὲ ὑποστρα τήγῳ μετὰ καὶ τῶν ἄλλων τῷ Αἰμιλιανῷ, ὅτι τε μεσεύων καὶ ἐφεδρεύων τοῖς πράγμασι πάντων τῶν τότε βουλευόντων καὶ συνέσει καὶ ἐμπειρίᾳ πραγμάτων προφέρειν ἐδόκει (ἐπὶ πολλῶν γὰρ ἐθνῶν ἐξήταστο, ὑφ᾽ ὧνπερ καὶ ἐξώγκωτο), ὅτι τε τοῦ Ἀλβίνου προσήκων ἦν. - Xiph. 296, 32-297, 5 R. St. et (§1) *Exc. Val.* 339 et (§2) *Exc. Val.* 340 (p. 734).

(2ᵃ) ὅτι ὁ Νίγρος ἦν μὲν οὐδ᾽ ἄλλως ἀρτίφρων, ἀλλὰ καὶ πάνυ πολλὰ δυνηθεὶς ἐπλημμέλησε· τότε δὲ καὶ μᾶλλον ὠγκώθη, ὥστε τοῖς μὲν Ἀλέξανδρον αὐτὸν νέον ὀνομάζουσι χαίρειν, τῷ δὲ ἐρομένῳ «τίς σοι ταῦτα ποιεῖν ἐπιτέτροφεν» τὸ ξίφος δεῖξαι, εἰπεῖν ὅτι «τοῦτο». - *Exc. Val.* 341 (p. 734).

(3) συνερρωγότος δὲ τοῦ πολέμου ἦλθέ τε ἐς τὸ Βυζάντιον, καὶ ἐντεῦθεν ἐπὶ τὴν Πέρινθον ἐπεστράτευσε. γενομένων δὲ αὐτῷ σημείων οὐκ ἀγαθῶν ἐταράχθη· ἀετός τε γὰρ ἐπ᾽ ἄγαλμα στρατιωτικὸν ἱζήσας ἐπὶ τοσοῦτον ἐπέμεινε, καίπερ ἀποσοβούμενος, ὥστε καὶ ἁλῶναι, καὶ μέλισσαι κηρία περὶ τὰ σημεῖα τὰ στρατιωτικά, τάς τε εἰκόνας αὐτοῦ μάλιστα, περιέπλασσον. διὰ ταῦτα οὖν ἀπῆρεν ἐς τὸ Βυζάντιον.

(4) ὁ Αἰμιλιανὸς δὲ περὶ Κύζικον συμβαλών τισι τῶν στρατηγῶν τῶν τοῦ Σεουήρου ἡττήθη πρὸς αὐτῶν καὶ ἐσφάγη. καὶ μετὰ ταῦτα

[24] Siamo chiaramente di fronte a un ritratto idealizzato di Pertinace. Molto probabilmente Dione vide in Pertinace l'ultima possibilità per il senato di controllare il governo dell'impero e di allargare il suo raggio d'iniziativa. Ecco perché Pertinace, senz'altro in buoni rapporti col senato, e soprattutto il suo governo all'insegna della moderazione (πρᾷος, φρόνιμος, δίκαιος) sono molto lodati da Dione, che ne prova quasi un acuto rimpianto.

[25] La guerra contro Pescennio Nigro ebbe inizio a giugno del 193 e terminò a novembre con la battaglia di Isso e la sconfitta di Nigro.

[26] Dione è l'unica fonte a fornirci queste notizie, peraltro un poco generiche, sull'origine di Nigro. Il suo nome completo era Gaio Pescennio Nigro Giusto. Cfr. *supra* 73, 15, 1-2.

[27] Molto probabilmente nel 184. Secondo *HA Pesc. Nig.* 6, 8-9 egli faceva parte della cerchia degli amici più stretti di Commodo.

[28] C. Asellio Emiliano, proconsole d'Asia del 193. Cfr. Herod. 3, 2, 2; *HA Sev.* 8, 13.

[29] Stando a Erodiano (3, 2, 2-3), Nigro aveva affidato a Emiliano la cura della

severità, affabile senza debolezza, accorto senza malizia, equo senza intransigenza, parco senza sordidezza, magnanimo senza iattanza.[24]

[6] Severo mosse guerra contro Nigro.[25] Questi era un italico di rango equestre,[26] e non si distingueva né per virtù né per vizi, cosicché non si poteva né lodarlo né criticarlo più di tanto: proprio per questa ragione era stato assegnato da Commodo al governo della Siria.[27] (2) Si serviva, tra gli altri, del luogotenente Emiliano,[28] poiché costui, restando neutrale e adattandosi all'opportunità delle circostanze,[29] sembrava sorpassare tutti i senatori di quell'epoca in intelligenza e in esperienza (era infatti stato messo alla prova in molte province e per questo si era notevolmente insuperbito),[30] e inoltre perché era un parente di Albino.[31]

(2a) Nigro non era comunque un uomo di particolare acume: ché anzi, nonostante il suo vasto potere, commetteva degli errori. A quel tempo si era a tal punto insuperbito che quando alcuni lo chiamavano «nuovo Alessandro»,[32] mostrava loro il suo compiacimento; quando poi qualcuno gli domandò: «Chi ti ha autorizzato ad agire così?», egli indicò la spada e rispose: «Questa!».

(3) Quando scoppiò la guerra Nigro andò a Bisanzio, e di lì marciò contro Perinto.[33] Ma quando si manifestarono alcuni presagi non favorevoli, rimase turbato: un'aquila, infatti, che si era posata su un'insegna militare, vi rimase, nonostante venisse scacciata, finché non fu presa; inoltre, delle api fecero degli alveari intorno alle insegne militari e, soprattutto, intorno alle immagini di lui. Per questi motivi, dunque, tornò a Bisanzio.

(4) Attaccata battaglia con alcuni comandanti di Severo nei pressi di Cizico, Emiliano fu da loro sconfitto e ucciso.[34] In seguito, nelle

Propontide (Mar di Marmara) all'altezza di Cizico dove si scontrò con gli eserciti di Settimio Severo, che ebbero la meglio (cfr. *infra* § 4). Emiliano avrebbe tradito Nigro segnandone la fine o per invidia (Nigro era succeduto nel governo della Siria a pochi anni di distanza da Emiliano e ora si apprestava a superarlo in potenza) o – molto più probabilmente – perché supplicato dai figli, fatti prigionieri a Roma e tenuti in ostaggio da Gaio Fulvio Plauziano, prefetto del pretorio di Severo.

[30] Aveva combattuto insieme a Nigro contro i Daci (*supra* 72, 8, 1).

[31] Di questa presunta parentela parla il solo Dione.

[32] In seguito alla vittoria su Fabio Cilone, il primo scontro che vide impegnato Nigro, il quale subito dopo fu proclamato dal senato insieme a Emiliano *hostis publicus*.

[33] Nigro aveva pensato di attestarsi in Tracia e dunque era per lui essenziale sbarrare il passo a Severo sul Bosforo (Bisanzio) e sulla Propontide (Perinto). Cfr. *HA Sev.* 8, 12-13. Cfr. C. LETTA, *La dinastia dei Severi*, in *Storia di Roma*, II. 2, Torino 1991, pp. 652-655.

[34] Cfr. Herod. 3, 2, 2-3.

μεταξὺ τῶν στενῶν τῆς τε Νικαίας καὶ τῆς Κίου πόλεμος αὐτοῖς μέγας γίνεται καὶ πολύτροπος· (5) οἱ μὲν γὰρ ἐν τῷ πεδίῳ συστάδην ἐμάχοντο, οἱ δὲ τοὺς λόφους καταλαβόντες ἐξ ὑπερδεξίων ἔβαλλον καὶ ἠκόντιζον ἐς τοὺς ἐναντίους, οἱ δὲ καὶ ἀπὸ τῆς λίμνης ἐς πλοῖα ἐμβεβηκότες τοῖς πολεμίοις ἐπετοξάζοντο. κατ᾽ ἀρχὰς μὲν οὖν ἐνίκων οἱ Σεουήρειοι, ὑπὸ τῷ Κανδίδῳ ταττόμενοι, καὶ τοῖς χωρίοις ὅθεν ἐμάχοντο, ὑπερδεξίοις οὖσι, πλεονεκτοῦντες· (6) μετὰ δὲ αὐτοῦ τοῦ Νίγρου ἐπιφανέντος παλινδίωξις γίνεται καὶ νίκη τῶν Νιγρείων. ἔπειτα τοῦ Κανδίδου τῶν σημειοφόρων ἐπιλαμβανομένου, καὶ στρέφοντος αὐτοὺς ἀντιπροσώπους τοῖς πολεμίοις, τοῖς τε στρατιώταις τὴν φυγὴν ὀνειδίζοντος, αἰσχυνθέντες οἱ περὶ αὐτὸν ὑπέστρεψαν καὶ τῶν ἐναντίων ἀντεπεκράτησαν. κἂν πανωλεθρίᾳ τούτους διέφθειραν, εἰ μὴ ἡ πόλις ἐγγὺς ἦν καὶ νὺξ σκοτεινὴ ἐγένετο.

[7] μετὰ δὲ ταῦτα ἐν Ἰσσῷ πρὸς ταῖς καλουμέναις πύλαις μεγίστη γίνεται μάχη, τῷ μὲν Σεουηρείῳ στρατεύματι Οὐαλεριανοῦ τε καὶ Ἀνυλλίνου ἐπιστατούντων, Νίγρου δὲ αὐτοῦ τοῖς οἰκείοις παρόντος τάγμασι καὶ συντάσσοντος ἐς τὸν πόλεμον. ἡ δὲ ἐσβολὴ αὕτη, αἱ Κιλίκειοι πύλαι, διὰ τὴν στενότητα οὕτω προσαγορεύονται· (2) ἔνθεν μὲν γὰρ ὄρη ἀπότομα ἀνατείνει, ἔνθεν δὲ κρημνοὶ βαθεῖς ἐς τὴν θάλασσαν καθήκουσιν. ὁ οὖν Νίγρος στρατόπεδον ἐνταῦθα ἐπὶ λόφου τινὸς ἰσχυροῦ ἐποιήσατο, καὶ πρώτως μὲν τοὺς ὁπλίτας, ἔπειτα τοὺς ἀκοντιστὰς τούς τε λιθοβόλους, καὶ τοὺς τοξότας ἐπὶ πᾶσιν ἔταξεν, ἵν᾽ οἱ μὲν ἐκ χειρὸς τοὺς προσμιγνύντας σφίσιν ἀμύνοιντο, οἱ δὲ ἐκ πολλοῦ τῇ ἰσχύι καὶ ὑπὲρ ἐκείνων χρῷντο· (3) τό τε γὰρ ἐπ᾽ ἀριστερὰ καὶ τὸ ἐπὶ δεξιὰ ὑπό τε τῶν κρημνῶν πρὸς τῇ θαλάσσῃ ὑπό τε τῆς ὕλης ἀνεκβάτου οὔσης ἐπέφρακτο. τό τε οὖν στράτευμα οὕτω διέταξε, καὶ τὰ σκευοφόρα ἐπ᾽ αὐτῷ κατεχώρισεν, ὅπως, ἄν τις αὐτῶν φυγεῖν ἐθελήσῃ, μὴ δυνηθῇ. (4) ὁ οὖν Ἀνυλλῖνος

---

[35] Dopo la vittoria di Cizico (molto probabilmente del dicembre 193) gli eserciti di Severo passarono in Bitinia, dove ottennero un'altra vittoria. Secondo Erodiano (3, 2, 9-10) le principali città bitiniche si divisero: Nicea si schierò con Nigro mentre Nicomedia parteggiò per Severo. Dopo questa seconda sconfitta Nigro si precipitò ad Antiochia per raccogliere soldati e denaro.

[36] S'intenda: tra gli eserciti di Severo e di Nigro.

[37] Tiberio Claudio Candido. Una preziosa iscrizione (*ILS* 1140), ora al British Museum, documenta la sua carriera.

[38] Note anche come *Portae Amanicae*. Secondo Erodiano (3, 3-4, 7) non ci fu

strette gole di Nicea e di Cio,[35] ebbe luogo tra di loro[36] una grande
battaglia, la quale vide vicende alterne: (5) alcuni combattevano nella
pianura mantenendo l'ordine, altri, occupate le alture, da posizioni
dominanti lanciavano proiettili e giavellotti contro gli avversari,
mentre altri ancora, saliti sulle imbarcazioni, dal lago scagliavano
frecce contro i nemici. All'inizio i soldati di Severo, comandati da
Candido,[37] risultarono superiori, anche perché traevano vantaggio
dalle posizioni sopraelevate dalle quali combattevano. (6) Successivamente, però, quando Nigro apparve di persona, si invertirono le
sorti della battaglia e la vittoria fu dei suoi soldati. Allora, quando
Candido raggiunse i signiferi e li costrinse ad affrontare i nemici a
viso aperto, e quando rinfacciò ai soldati la loro fuga, i suoi uomini,
presi dalla vergogna, si volsero ed ebbero nuovamente ragione degli
avversari: ne avrebbero certamente fatto strage completa, se la città
non fosse stata vicina e non fosse calata una notte tenebrosa.

[7] In seguito a queste vicende ebbe luogo una grandissima battaglia
a Isso, presso le cosiddette Porte:[38] comandanti in campo dell'esercito
di Severo erano Valeriano e Anullino,[39] mentre Nigro era presente con
le sue truppe e le disponeva in ordine di battaglia. Questo passaggio,
le Porte Cilicie,[40] sono così chiamate per la loro angustia: (2) da una
parte, infatti, s'innalzano monti dirupati, dall'altra profondi precipizi
s'inabissano nel mare. Nigro, dunque, collocò il campo su un colle
ben munito e davanti schierò i soldati con armamento pesante, dietro
i lancieri e i frombolieri, e per ultimi gli arcieri, in modo tale che i
primi respingessero gli avversari combattendo corpo a corpo e gli altri
si servissero della propria forza d'impatto da lontano scavalcando le
prime linee. (3) A sinistra e a destra era riparato in parte dai precipizi
prospicienti il mare, in parte da una foresta impenetrabile. Così dunque
dispose l'esercito, e dietro di esso collocò i reparti di salmeria,[41] in
modo tale che se qualcuno di loro avesse voluto fuggire, non avrebbe

un'unica battaglia a Isso bensì due: la prima presso le Porte, la seconda presso Isso. Si
preferisce generalmente Dione. Cfr. KOLB, *Literarische Beziehungen*, cit., pp. 71-73;
Z. RUBIN, *Civil-War Propaganda and Historiography*, Bruxelles 1980, pp. 101-106.

[39] L. Valerio Valeriano, cavaliere, da identificare forse con il Valeriano di *AE*
1969-1970, 109 e Publio Cornelio Anullino, console del 199). Cfr. M.P. SPEIDEL –
J.M. REYNOLDS, *A Veteran of Legio I Parthica from Carian Aphrodisias*, «Epigraphica
Anatolica» 5 (1985), pp. 31-35.

[40] Cfr. Xen. *Anab.* 1, 4, 4-5.

[41] Si tratta dei bagagli e degli attrezzi che generalmente erano al seguito dell'esercito.

συνιδὼν τοῦτο τὴν μὲν ἀσπίδα προεβάλετο, καὶ ἐπ᾽ αὐτῇ τὸ κοῦφον πᾶν ἐπέταξεν, ἵν᾽ οἱ μὲν πόρρωθεν ὑπὲρ αὐτῶν ἀνείργωσι τοὺς ἐναντίους, οἱ δ᾽ ἀσφαλῆ τὴν ἄνοδόν σφισιν ἀντιπαράσχωσι· τοὺς δ᾽ ἱππέας μετὰ Οὐαλεριανοῦ ἔπεμψε, τήν τε ὕλην τρόπον τινὰ περιελθεῖν καὶ κατὰ νώτου τοῖς Νιγρείοις αἰφνίδιον ἐπιπεσεῖν κελεύσας. (5) ἐπεὶ δὲ ἐς χεῖρας ᾖσαν, τῶν Σεουηρείων τὰς ἀσπίδας τὰς μὲν προβαλομένων τὰς δὲ ἐπιβαλομένων ἐς χελώνης τρόπον, καὶ οὕτω πλησιασάντων τοῖς ἐναντίοις, ἐγένετο μὲν ἰσόρροπος ἡ μάχη ἐπὶ μακρότατον, ἔπειτα οἱ τοῦ Νίγρου πολὺ τῷ πλήθει σφῶν καὶ τῇ τοῦ χωρίου φύσει προέσχον. (6) κἂν παντελῶς ἐκράτησαν, εἰ μὴ νέφη ἐξ αἰθρίας καὶ ἄνεμος ἐκ νηνεμίας βρονταί τε σκληραὶ καὶ ἀστραπαὶ ὀξεῖαι μεθ᾽ ὑετοῦ λάβρου κατὰ πρόσωπον αὐτοῖς προσέπεσον· τοὺς μὲν γὰρ Σεουηρείους ἅτε καὶ κατόπιν ὄντα οὐκ ἐλύπει ταῦτα, τοὺς δὲ Νιγρείους ἐμπίπτοντα ἐξ ἐναντίας ἰσχυρῶς ἐτάραττε. (7) μέγιστον δ᾽ αὕτη ἡ συντυχία τοῦ γενομένου τοῖς μὲν θάρσος ὡς καὶ παρὰ τοῦ θείου βοηθουμένοις, τοῖς δὲ δέος ὡς καὶ ὑπ᾽ αὐτοῦ πολεμουμένοις ἐμβαλοῦσα τοὺς μὲν καὶ ὑπὲρ τὴν ἰσχὺν ἐπέρρωσε, τοὺς δὲ καὶ παρὰ τὴν δύναμιν ἐξεφόβησε· (8) καί σφισι φεύγουσιν ἤδη ὁ Οὐαλεριανὸς ἐπεφάνη. ἰδόντες οὖν αὐτὸν ἀνάπαλιν ἐτράποντο, καὶ μετὰ τοῦτο τοῦ Ἀνυλλίνου σφᾶς ἀνακόψαντος ἀνέστρεψαν· εἶτ᾽ ἄνω καὶ κάτω διατρέχοντες, ὅπῃ διαπέσοιεν, ἐπλανῶντο.

[8] καὶ φθόρον δὴ τοῦτον πλεῖστον ἐν τῷδε τῷ πολέμῳ συνέβη γενέσθαι· δύο γὰρ μυριάδες τῶν μετὰ τοῦ Νίγρου διώλοντο. καὶ τοῦτ᾽ ἄρα τὸ τοῦ ἱερέως ὄναρ ἐδήλου· (2) ἐν γὰρ τῇ Παννονίᾳ ὄντος τοῦ Σεουήρου ὁ ἱερεὺς τοῦ Διὸς ὄναρ εἶδεν ἄνδρα τινὰ μέλανα ἐς τὸ στρατόπεδον αὐτοῦ ἐσβιαζόμενον καὶ ὑπὸ χειρῶν ἀπολλύμενον· τὸ γὰρ ὄνομα τοῦ Νίγρου ἐξελληνίζοντες οἱ ἄνθρωποι τὸν μέλανα ἐκεῖνον εἶναι ἔγνωσαν. (3) ἁλούσης δὲ τῆς

---

[42] La menzione degli eventi atmosferici favorevoli alle truppe di Severo rende ancor più palese l'impostazione filoseveriana del racconto dioneo.

[43] La cifra (enorme) compare nel solo Dione. Analogamente, Dione a 77, 4, 1 parla di ventimila vittime tra i partigiani di Geta dopo la sua morte per mano di Caracalla nel 211. L'impressione è che Dione non voglia tanto indicare il numero esatto delle vittime quanto il loro incalcolabile numero.

[44] È molto probabile che qui Dione abbia trasferito un presagio che inizialmente si trovava nel suo opuscolo sui presagi di Severo, anteriore alla composizione della

potuto. (4) Quando Anullino vide ciò, collocò davanti i soldati armati di scudo e dietro di loro tutti gli armati alla leggera, affinché questi ultimi potessero respingere gli avversari da lontano e i primi rendessero a loro volta sicura l'avanzata agli altri; mandò invece la cavalleria con Valeriano, ordinando di circondare la foresta nel modo in cui era possibile e di assalire di sorpresa i soldati di Nigro alle spalle. (5) Quando vennero alle mani, i soldati di Severo in parte tenevano gli scudi davanti, in parte li alzavano sopra le teste in modo da formare una testuggine, e avvicinandosi così ai nemici, la battaglia per lungo tempo fu equilibrata, finché i soldati di Nigro non prevalsero nettamente grazie al numero e alla natura del luogo. (6) Questi ultimi avrebbero vinto definitivamente, se all'improvviso non si fossero addensate delle nubi, il vento non avesse preso a soffiare e non si fossero scatenati tuoni fragorosi e violenti fulmini accompagnati da una tempesta impetuosa che si abbatterono sui loro volti. La tempesta però non ostacolava le truppe di Severo perché si trovava alle loro spalle, mentre provocava scompiglio tra quelle di Nigro, poiché li investiva di fronte. (7) Fu soprattutto questo caso fortuito a infondere coraggio negli uni, proprio come se giungesse loro un aiuto da parte di una divinità, mentre seminò terrore tra altri, come se fossero combattuti dalla medesima forza soprannaturale: rese così i primi molto più forti rispetto alla loro stessa potenza e atterrì i secondi nonostante la loro forza.[42] (8) Mentre questi ultimi si stavano dando alla fuga, Valeriano apparve alla loro vista: quando lo scorsero, si volsero di nuovo [contro il nemico], ma in seguito, quando Anullino li respinse, batterono ancora una volta in ritirata. Infine, correndo da una parte all'altra ovunque potessero trovare una via di fuga, vagarono a vuoto.

[8] Enorme fu la strage che avvenne in questa guerra, nella quale trovarono la morte ventimila partigiani di Nigro.[43] Senz'alcun dubbio proprio a questo massacro alludeva un sogno di un sacerdote. (2) Infatti, quando Severo si trovava in Pannonia un sacerdote di Giove vide in sogno un uomo nero che entrava con la forza nel suo accampamento e che veniva ucciso per mano [dei soldati]; e gli uomini, traducendo in greco il nome di Nigro, compresero che egli era l'uomo nero.[44] (3) Non molto dopo, in seguito alla presa di Antio-

Storia Romana. Anche l'opuscolo sulle guerre civili (su cui cfr. da ultimo C. SLAVICH, *ΠΟΛΕΜΟΙ ΚΑΙ ΣΤΑΣΕΙΣ*. *«Propaganda severiana» nell'opera di Cassio Dione*, «SCO» 47 [2001], pp. 131-166) deve essere stato rifuso in questi capitoli.
[45] Nella primavera del 194.

Ἀντιοχείας οὐ πολλῷ ὕστερον ἔφυγε μὲν ἀπ᾽ αὐτῆς ὡς πρὸς τὸν Εὐφράτην ὁ Νίγρος, διανοούμενος ἐς τοὺς βαρβάρους φυγεῖν, ἑάλω δὲ ὑπὸ τῶν καταδιωξάντων καὶ ἀπετμήθη τὴν κεφαλήν. καὶ ταύτην ὁ Σεουῆρος ἐς τὸ Βυζάντιον πέμψας ἀνεσταύρωσεν, ἵν᾽ ἰδόντες αὐτὴν οἱ Βυζάντιοι προσχωρήσωσι. μετὰ δὲ ταῦτα ὁ Σεουῆρος τοὺς τὰ τοῦ Νίγρου φρονήσαντας ἐδικαίου. - Xiph. 297, 5-299, 9 R. St.

(4) ὅτι ὁ Σεουῆρος τὰς πόλεις τούς τε ἰδιώτας τοὺς μὲν ἐκόλαζε τοὺς δὲ ἠμείβετο, τῶν δὲ δὴ βουλευτῶν τῶν Ῥωμαίων ἀπέκτεινε μὲν οὐδένα, τοὺς δὲ δὴ πλείους τὰς οὐσίας ἀφείλετο καὶ ἐς νήσους κατέκλεισεν. ἠργυρολόγησέ τε δεινῶς· τά τε γὰρ ἄλλα καὶ ὅσα τῷ Νίγρῳ καὶ ἰδιῶταί τινες καὶ δῆμοι, οὐχ ὅτι ἑκούσιοι ἀλλὰ καὶ ἀναγκαστοί, ἐδεδώκεσαν, τετραπλάσια ἐπεσέπραξεν. (5) καὶ ᾐσθάνετο μέν που καὶ αὐτὸς τοῦτο, πολλῶν δὲ δὴ χρημάτων χρῄζων ἐν οὐδενὶ λόγῳ τὰ θρυλούμενα ἐποιεῖτο. - Exc. Val. 342 (p. 734).

[9] Κάσσιος δὲ Κλήμης βουλευτὴς παρ᾽ αὐτῷ τῷ Σεουήρῳ κρινόμενος οὐκ ἀπεκρύψατο τὴν ἀλήθειαν, ἀλλ᾽ ὧδέ πως ἐπαρρησιάσατο. «ἐγώ» ἔφη «οὔτε σὲ οὔτε Νίγρον ἠπιστάμην, καταληφθεὶς δὲ δὴ ἐν τῇ ἐκείνου μερίδι τὸ παρὸν ἀναγκαίως ἐθεράπευσα, οὐχ ὡς σοὶ πολεμήσων ἀλλ᾽ ὡς Ἰουλιανὸν καταλύσων. (2) οὔτ᾽ οὖν ἐν τούτῳ τι ἠδίκησα, τὰ αὐτά σοι κατ᾽ ἀρχὰς σπουδάσας, οὔθ᾽ ὅτι μὴ πρὸς σὲ ὕστερον, ἐγκαταλιπὼν ὃν ἅπαξ ὑπὸ τοῦ δαιμονίου ἔλαχον, μετέστην· οὐδὲ γὰρ οὐδὲ σὺ τῶν παρακαθημένων σοι καὶ συνδικαζόντων τούτων οὐδένα ἂν ἠθέλησας προδόντα σε πρὸς ἐκεῖνον αὐτομολῆσαι. (3) ἐξέταζε οὖν μὴ τὰ σώματα ἡμῶν μηδὲ τὰ ὀνόματα, ἀλλ᾽ αὐτὰ τὰ πράγματα. πᾶν γὰρ ὅ τι ἂν ἡμῶν καταγνῷς, τοῦτο καὶ σεαυτοῦ καὶ τῶν σῶν ἑταίρων καταψηφιῇ· καὶ γὰρ εἰ τὰ μάλιστα μήτε δίκῃ μήτ᾽ ἀποφάσει τινὶ ἁλώσῃ, ἀλλὰ τῇ παρὰ τοῖς ἀνθρώποις φήμῃ, ἧς ἐς ἀίδιον μνήμη καταλελείψεται,

---

[46] La morte di Nigro avvenne non più tardi della fine di aprile del 194 in un sobborgo di Antiochia (cfr. Herod. 3, 4, 6), molto probabilmente alla fine di marzo. Erroneamente HA Sev. 9, 1 (ripreso da Aur. Vict. 8, 18, 4 ed Eutr. 8, 18, 4) colloca la morte di Nigro a Cizico.

[47] Su questo tema si veda M.T. SCHETTINO, L'opposizione politica all'ascesa di Settimio Severo, in M. SORDI (a cura di), L'opposizione nel mondo antico, Milano 2000, pp. 261-280.

[48] Sulle vendette consumate dopo la morte di Nigro cfr. HA Sev. 9, 3-8.

[49] Prima di τοῦτο il testo greco presenta una lacuna che i filologi integrano con varie ipotesi: ‹κακηγορούμενος διὰ› τοῦτο (Bekker), ‹μισούμενος διὰ› τοῦτο (Reisk), ‹αἰσχρὸν ὄν› τοῦτο (von Herwerden), ‹ὅτι ἀπεχθάνετο διὰ› τοῦτο (Kuiper). Seguiamo qui la congettura di Bekker.

chia,[45] Nigro da là fuggì verso l'Eufrate con l'intenzione di cercare
rifugio presso i barbari, ma venne catturato dai suoi inseguitori e fu
decapitato.[46] Severo spedì la sua testa a Bisanzio e la fece conficcare
su un palo, affinché gli abitanti della città, vedendola, passassero dalla
sua parte. In seguito Severo processò coloro che avevano sostenuto
la causa di Nigro.[47]

(4) Quanto alle città e ai privati cittadini, Severo ne punì alcuni
e ne risparmiò altri, mentre per quanto riguarda i senatori romani,
sebbene non ne avesse mandato a morte nemmeno uno, confiscò le
proprietà alla maggior parte di loro e li relegò nelle isole.[48] Si dedicò
poi a raccogliere denaro impietosamente: quadruplicò, tra l'altro,
le somme pecuniarie che alcuni privati e le popolazioni, non solo
spontaneamente ma anche forzatamente, avevano versato a Nigro.
(5) Si accorgeva del resto anch'egli [di essere criticato][49] per questo,
ma poiché aveva bisogno di molto denaro non teneva in alcuna considerazione le lamentele.[50]

[9] Cassio Clemente,[51] un senatore, mentre veniva processato
davanti a Severo in persona, non solo non nascose la verità, ma
parlò liberamente dicendo queste parole: «Non conoscevo né te né
Nigro, ma essendomi trovato nel suo partito ho dovuto adattarmi alle
circostanze, non perché intendessi fare guerra a te, ma per abbattere
Giuliano.[52] (2) In questo, dunque, non ti ho fatto nulla di male, sia
perché inizialmente ho abbracciato il tuo stesso partito, sia perché in
seguito non ho disertato in tuo favore abbandonando colui che una
volta mi era stato imposto dalla sorte. Del resto neppure tu avresti
voluto che coloro che siedono accanto a te, e insieme a te giudicano,
fossero passati dalla parte di lui dopo averti tradito. (3) Allora non
valutare le nostre persone e i nostri nomi, ma i semplici fatti: in tutto
ciò per cui condannassi noi, infatti, condanneresti anche te stesso e
i tuoi sostenitori; e se anche tu non sarai ritenuto colpevole in alcun
giudizio o sentenza, tuttavia nella fama degli uomini, la memoria della
quale resiste nel tempo, dimostrerai di aver mosso contro gli altri

[50] Sull'avidità di Severo cfr. Herod. 3, 8, 7. Essa deve essere sempre letta in funzione delle richieste dei soldati, che certo non erano disposti a ridimensionare le loro
richieste, consapevoli anche del ruolo decisivo che giocavano a favore di Severo nelle
sorti politiche dell'impero, ma anche in relazione alla legislazione di Marco Aurelio
che aveva inasprito le pene patrimoniali.

[51] Personaggio non altrimenti noto.

[52] Molto più sintetica la testimonianza di Erodiano (3, 4, 7): «Severo, tolto di mezzo
Nigro, infierì contro i suoi amici e i suoi sostenitori: non solo quelli che lo avevano
appoggiato deliberatamente, ma anche quelli che vi erano stati costretti».

δόξεις ταῦτα ἐφ᾿ οἷς συνέβη ἑτέροις ἐγκαλεῖν». (4) τοῦτον μὲν οὖν ὁ Σεουῆρος τῆς παρρησίας θαυμάσας, τὴν ἡμίσειαν αὐτῷ τῆς οὐσίας ἔχειν συνεχώρησεν. - Xiph. 299, 9-25 R. St.

ὅτι συχνοὶ ὡς καὶ τὰ τοῦ Νίγρου φρονήσαντες, καὶ τῶν οὔτ᾿ ἰδόντων ποτὲ αὐτὸν οὔτε συναραμένων οἱ, ἐπηρεάσθησαν. - Exc. Val. 343 (p. 737).

[10] οἱ δὲ δὴ Βυζάντιοι καὶ ζῶντος τοῦ Νίγρου καὶ τελευτήσαντος πολλὰ καὶ θαυμαστὰ ἔδρασαν. ἡ δὲ πόλις αὐτῶν ἐν καιρῷ πάνυ καὶ τῶν ἠπείρων καὶ τῆς διὰ μέσου σφῶν θαλάσσης κεῖται, τῇ τε τοῦ χωρίου ἅμα καὶ τῇ τοῦ Βοσπόρου φύσει ἰσχυρῶς παρεσκευασμένη. (2) αὕτη τε γὰρ ἐπὶ μετεώρου πεπόλισται, προέχουσα ἐς τὴν θάλασσαν· καὶ ἐκείνη χειμάρρου δίκην ἐκ τοῦ Πόντου καταθέουσα τῇ τε ἄκρᾳ προσπίπτει, καὶ μέρει μέν τινι ἐς τὰ δεξιὰ ἀποτρέπεται κἀνταῦθα τόν τε κόλπον καὶ τοὺς λιμένας ποιεῖ, τῷ δὲ δὴ πλείονι πρὸς τὴν Προποντίδα παρ᾿ αὐτὴν τὴν πόλιν πολλῇ σπουδῇ χωρεῖ. (3) καὶ μέντοι καὶ τὰ τείχη καρτερώτατα εἶχον. ὅ τε γὰρ θώραξ αὐτῶν λίθοις τετραπέδοις παχέσι συνῳκοδόμητο, πλαξὶ χαλκαῖς συνδουμένοις, καὶ τὰ ἐντὸς αὐτῶν καὶ χώμασι καὶ οἰκοδομήμασιν ὠχύρωτο, ὥστε καὶ ἓν τεῖχος παχὺ τὸ πᾶν εἶ ναι δοκεῖν, καὶ ἐπάνωθεν αὐτοῦ περίδρομον καὶ στεγανὸν καὶ εὐφύλακτον ὑπάρχειν. (4) πύργοι τε πολλοὶ καὶ μεγάλοι ἔξω τε ἐκκείμενοι καὶ θυρίδας πέριξ ἐπαλλήλας ἔχοντες ἦσαν, ὥστε τοὺς προσβάλλοντας τῷ κύκλῳ ἐντὸς αὐτῶν ἀπολαμβάνεσθαι· δι᾿ ὀλίγου τε γὰρ καὶ οὐ κατ᾿ εὐθύ, ἀλλ᾿ οἱ μὲν τῇ οἱ δὲ τῇ σκολιώτερον ᾠκοδομημένοι, πᾶν τὸ προσπῖπτόν σφισιν ἐνεκυκλοῦντο. (5) τοῦ δὲ δὴ περιβόλου τὰ μὲν πρὸς τῆς ἠπείρου μέγα ὕψος ‹ἦρτο›, ὥστε καὶ τοὺς τυχόντας ἀπ᾿ αὐτῶν ἀμύνασθαι, τὰ δὲ πρὸς τῇ θαλάττῃ ἧττον· αἵ τε γὰρ πέτραι ἐφ᾿ ὧν ἐπῳκοδόμηντο καὶ ἡ τοῦ Βοσπόρου δεινότης θαυμαστῶς σφισι συνεμάχουν. οἵ τε λιμένες ἐντὸς τείχους ἀμφότεροι κλειστοὶ ἁλύσεσιν ἦσαν, καὶ αἱ χηλαὶ αὐτῶν πύργους ἐφ᾿ ἑκάτερα πολὺ προέχοντας ἔφερον, ὥστ᾿ ἄπορον τῷ πολεμίῳ τὸν πρόσπλουν ποιεῖν. (6) τὸ δ᾿ ὅλον ὁ Βόσπορός σφας μέγιστα ὠφελεῖ· ἀνάγκη γὰρ πᾶσα, ἂν ἅπαξ τις ἐς τὸ ῥεῦμα ἐμπέσῃ, καὶ ἄκοντα

le medesime accuse nelle quali sei coinvolto».[53] (4) Severo, allora,
ammirata la franchezza delle sue parole, gli concedette di tenere la
metà del suo patrimonio.

Molti furono diffamati per aver favorito il partito di Nigro, sebbene
non lo avessero mai visto né aiutato.

[10] Gli abitanti di Bisanzio realizzarono molti e meravigliosi
progetti sia quando Nigro era ancora in vita sia dopo la sua morte.
La loro città[54] è situata in un luogo molto favorevole a metà tra i
[due] continenti e il mare che li divide, ed è solidamente munita dalla
natura del territorio e del Bosforo. (2) Essa infatti è stata edificata in
un luogo aperto e si affaccia sul mare, il quale, scorrendo dal Ponto
come un torrente, ne bagna il promontorio e devia in parte a destra,
dove forma un golfo e i porti, ma in gran parte scorre con una corrente
turbinosa oltre la città stessa fino alla Propontide. (3) [I Bizantini]
avevano inoltre delle mura solidissime, la parte esterna delle quali
era stata costruita con pesanti pietre quadrangolari collegate tra di
loro con piastre di bronzo, mentre la parte interna era stata rinforzata
con terrapieni e edifici, cosicché l'intera opera sembrava essere un
unico solido muro sovrastato, nella parte superiore, da un passaggio
coperto e facilmente presidiabile. (4) C'erano molte torri massicce
costruite all'esterno con delle aperture collocate su ogni lato in corrispondenza le une delle altre, in modo tale che coloro che avessero
dato l'assalto alle mura fossero intercettati tra le torri medesime;
esse, infatti, essendo costruite a brevi intervalli l'una dall'altra e non
lungo una linea retta, ma qua e là secondo una traiettoria piuttosto
curvilinea, conchiudevano qualsiasi aggressore tentasse di attaccare
le mura. (5) Le parti della cinta che si affacciavano verso il continente
si innalzavano per un notevole tratto, cosicché i tentativi d'assalto
venivano respinti dalle mura, mentre le parti rivolte verso il mare
erano meno elevate: infatti, gli scogli sui quali le mura erano edificate
e l'insidiosità del Bosforo costituivano per gli abitanti degli alleati
eccezionali. Inoltre, entrambi i porti all'interno delle mura erano
chiusi da catene e i loro moli sostenevano delle torri che sporgevano
per un lungo tratto da ogni parte, ed erano tali da rendere impossibile
l'accesso al nemico. (6) In generale il Bosforo garantisce grandis-
simi vantaggi agli abitanti, poiché non appena qualcuno entra nella

---

[53] Il testo greco presenta una lacuna, integrata da Bekker con ταῦτα ‹σὺ ἐνέχῃ›.
[54] La descrizione che segue rivela una testimonianza autoptica.

αὐτὸν πρὸς τὴν γῆν ἐκπεσεῖν. τοῦτο δὲ τῷ μὲν φίλῳ ἥδιστόν ἐστι, τῷ δὲ ἐναντίῳ ἀπορώτατον.

[11] οὕτω μὲν οὖν τὸ Βυζάντιον ἐτετείχιστο, καὶ προσέτι καὶ μηχαναὶ κατὰ παντὸς τοῦ τείχους ποικιλώταται ἦσαν. τοῦτο μὲν γὰρ ἐπὶ τοὺς πλησιάζοντας καὶ πέτρας καὶ δοκοὺς ἐνέβαλλον, τοῦτο δὲ ἐπὶ τοὺς ἀφεστηκότας καὶ λίθους καὶ βέλη δόρατά τε ἠφίεσαν, ὥστε ἐντὸς πολλοῦ χωρίου μηδένα αὐτῶν ἀκινδύνως πελάσαι δύνασθαι· (2) ἁρπάγας τε ἕτεραι ἔχουσαι καὶ καθίεντο ἐξαπιναίως καὶ ἀνέσπων διὰ βραχέος καὶ πλοῖα καὶ μηχανήματα. Πρίσκος πολίτης ἐμὸς τὰ πλείω αὐτῶν ἐτεκτήνατο, καὶ διὰ τοῦτο θανάτου τε ἅμα ὦφλε καὶ ἐσώθη· ὁ γὰρ Σεουῆρος τὴν τέχνην αὐτοῦ μαθὼν ἐκώλυσεν αὐτὸν ἀποθανεῖν, κἀκ τούτου ἔς τε ἄλλα τινὰ αὐτῷ ἐχρήσατο καὶ ἐς τὴν τῶν Ἄτρων πολιορκίαν, καὶ μόνα γε τὰ ἐκείνου μηχανήματα οὐκ ἐκαύθη ὑπὸ τῶν βαρβάρων. (3) καὶ πλοῖα δὲ τοῖς Βυζαντίοις πεντακόσια, τὰ μὲν πλεῖστα μονήρη, ἔστι δ᾽ ἃ καὶ δίκροτα, κατεσκεύαστο ἐμβόλους ἔχοντα· καί τινα αὐτῶν ἑκατέρωθεν καὶ ἐκ τῆς πρύμνης καὶ ἐκ τῆς πρώρας πηδαλίοις ἤσκητο καὶ κυβερνήτας ναύτας τε διπλοῦς εἶχεν, ὅπως αὐτοὶ μὴ ἀναστρεφόμενοι καὶ ἐπιπλέωσι καὶ ἀναχωρῶσι, καὶ τοὺς ἐναντίους καὶ ἐν τῷ πρόσπλῳ καὶ ἐν τῷ ἀπόπλῳ σφῶν σφάλλωσι.

[12] πολλὰ μὲν οὖν καὶ ἔδρασαν καὶ ἔπαθον οἱ Βυζάντιοι, ἅτε τοῖς ἐκ τῆς οἰκουμένης ὡς εἰπεῖν στόλοις ἐπὶ ὅλον τριετῆ χρόνον πολιορκούμενοι· λελέξεται δὲ ὀλίγα καὶ τὰ ἐχόμενά τινος θαύματος. ἥρουν μὲν γὰρ καὶ πλοῖά τινα παραπλέοντα εὐκαίρως ἐπιτιθέμενοι, ἥρουν δὲ καὶ τριήρεις τῶν ἐν τῷ ὅρμῳ τῶν ἐναντίων οὐσῶν. (2) τὰς γὰρ ἀγκύρας αὐτῶν ὑφύδροις κολυμβηταῖς ὑποτέμνοντες, καὶ ἥλους ἐς τοὺς ταρσοὺς σφων, καλῳδίοις ἐκ τῆς φιλίας ἐκδεδεμένους ἐμπηγνύντες, ἐπεσπῶντο, ὥστ᾽ αὐτὰς ἐφ᾽ ἑαυτῶν αὐτομάτας προσπλεούσας ὁρᾶσθαι, μήτ᾽ ἐρέτου μήτ᾽ ἀνέμου μηδενὸς ἐπισπέρχοντος. (3) ἤδη δὲ καὶ ἐθελονταί τινες ἔμποροι,

---

[55] Di Nicea in Bitinia; altrimenti ignoto.

[56] Due furono gli assedi di Hatra in Mesopotamia (una delle cosiddette città carovaniere, insieme a Edessa, Palmira ed Emesa) nel contesto delle guerre partiche condotte da Settimio Severo (su cui cfr. *infra* 75, 11, 1-13, 1): qui si allude al primo, presumibilmente nel 198. Severo voleva così punire Barsemio, il sovrano locale, che si

sua corrente, inevitabilmente è spinto suo malgrado verso terra. Ciò costituisce una grandissima agevolazione per gli amici [della città], ma è fonte di grandi difficoltà per i nemici.

[11] Così, dunque, era stata fortificata Bisanzio, lungo l'intero muro della quale c'erano inoltre macchinari bellici di ogni genere: con alcuni lanciavano massi e travi di legno contro coloro che si avvicinavano, con altri scagliavano pietre, frecce e lance contro quelli che rimanevano a una certa distanza, cosicché per una vasta porzione di territorio nessuno si poteva accostare senza pericolo. (2) Altri macchinari erano provvisti di uncini, grazie ai quali si abbassavano rapidamente e trascinavano via in un breve spazio imbarcazioni e macchine d'assedio. Prisco, un mio concittadino,[55] aveva ideato la maggior parte di esse, e proprio per questo era stato prima condannato a morte e poi assolto: Severo, infatti, quando venne a conoscenza della sua arte, vietò che fosse giustiziato e da allora si servì di lui in diverse altre circostanze, come ad esempio nell'assedio di Hatra,[56] quando le uniche macchine che non vennero incendiate dai barbari furono proprio quelle da lui costruite. (3) I Bizantini avevano a disposizione anche cinquecento navi, la maggior parte delle quali monoremi, altre biremi, dotate di rostri; alcune di esse erano provviste di timoni sia a poppa sia a prora e disponevano di timonieri e marinai doppi, in modo tale che essi potessero attaccare e ritirarsi senza volgersi, e potessero ingannare i nemici con manovre di arrembaggio e di ritirata.

[12] Molte furono le imprese e le disavventure dei Bizantini, poiché essi nel periodo complessivo di tre anni furono assediati dalle flotte di quasi tutto il mondo.[57] Riferirò solamente di quei pochi fatti che meritano attenzione: essi catturavano non solo con assalti mirati alcune imbarcazioni di passaggio, ma anche triremi dei nemici che si trovavano alla fonda. (2) Tagliando le loro ancore per mezzo di sommozzatori e piantando nelle fiancate chiodi fissati a delle funi collegate alla propria costa, le trascinavano via, cosicché quelle imbarcazioni sembravano dirigere il corso spontaneamente verso di loro senza la spinta dei remi o la propulsione del vento. (3) In certi casi alcuni mercanti si lasciavano

era schierato quattro anni prima con Nigro (Herod. 3, 1, 3; 9, 1). Del cattivo esito del primo assedio di Hatra riferisce il solo Dione. Cfr. H.J.W. DRIJVERS, *Hatra, Palmyra und Edessa*, «ANRW» 2, 8 (1977), pp. 799-806.

[57] L'impressione è che sia nel precedente capitolo sia in questo Dione si sia servito di informazioni o di informatori locali ben documentati in quanto testimoni oculari della battaglia tra le forze di Severo e quelle di Pescennio Nigro.

ὡς καὶ ἄκοντες, ὑπ' αὐτῶν ἡλίσκοντο, καὶ τὰ ἀγώγιμα μεγάλων χρημάτων πωλήσαντες ἐξέπλεον ἐκδιδράσκοντες.

ἐπεὶ δὲ πάντων αὐτοῖς ἐκδαπανηθέντων τῶν ἔνδον ἐς τὸ στενὸν κομιδῇ τῶν τε πραγμάτων καὶ τῶν ἐλπίδων τῶν ἐπ' αὐτοῖς ἐληλύθεσαν, (4) πρότερον μέν, καίπερ πάνυ πιεζόμενοι ἅτε καὶ τῶν ἔξω πάντων ἀποκεκλειμένοι, ὅμως ἀντεῖχον, καὶ ἔς τε τὰς ναῦς τοῖς τε ξύλοις τοῖς ἐκ τῶν οἰκιῶν καὶ ταῖς θριξὶ ταῖς τῶν γυναικῶν, σχοινία ἀπ' αὐτῶν πλέκοντες, ἐχρῶντο, καὶ ὁπότε τινὲς τῷ τείχει προσβάλοιεν, τούς τε λίθους σφίσι τοὺς ἐκ τῶν θεάτρων καὶ ἵππους χαλκοῦς καὶ ἀνδριάντας χαλκοῦς ὅλους ἐπερρίπτουν· (5) ἐπεὶ δὲ καὶ ἡ τροφή σφας ἐπέλιπεν ἡ νενομισμένη καὶ δέρματα διαβρέχοντες ἤσθιον, εἶτα καὶ ταῦτα καταναλώθη, οἱ μὲν πλείους ἐξέπλευσαν, τηρήσαντες ζάλην καὶ καταιγίδα ὥστε μηδένα ἀνταναχθῆναί σφισιν, ἵν' ἢ ἀπόλωνται ἢ ἐπισιτίσωνται, καὶ προσπίπτοντες ἀπροσδοκήτως τοῖς ἀγροῖς πάνθ' ὁμοίως ἐλήζοντο, οἱ δ' ὑπολειπόμενοι δεινότατον ἔργον ἔδρασαν· (6) ἐπεὶ γὰρ ἐν τῷ ἀσθενεστάτῳ ἐγένοντο, ἐπ' ἀλλήλους ἐτράποντο καὶ ἀλλήλων ἐγεύοντο.

[13] οὗτοι μὲν οὖν ἐν τούτοις ἦσαν, οἱ δὲ ἄλλοι ἐπεὶ τὰ σκάφη καὶ ὑπὲρ τὴν δύναμιν αὐτῶν κατεγέμισαν, ἦραν χειμῶνα μέγαν καὶ τότε ἐπιτηρήσαντες. οὐ μὴν καὶ ὤνατό γε αὐτοῦ· οἱ γὰρ Ῥωμαῖοι καταβαρεῖς αὐτοὺς καὶ βραχὺ πάνυ τοῦ ὕδατος ὑπερέχοντας ἰδόντες ἀντανήχθησαν, (2) καὶ αὐτοῖς ἐσκεδασμένοις, ὥς που καὶ ὁ ἄνεμος καὶ ὁ κλύδων ἦγε, προσπίπτοντες ναυμαχίας μὲν οὐδὲν ἔργον ἔσχον, τὰ δὲ δὴ πλοῖα αὐτῶν ἀφειδῶς ἔκοπτον, πολλὰ μὲν τοῖς κοντοῖς ὠθοῦντες, πολλὰ δὲ καὶ τοῖς ἐμβόλοις ἀναρρηγνύντες, ἔστι δ' ἃ καὶ αὐτῇ τῇ προσβολῇ σφῶν ἀνατρέποντες. (3) καὶ ἐκεῖνοι δρᾶσαι μὲν οὐδέν, οὐδ' εἰ τὰ μάλιστα ἤθελον, ἠδύναντο· διαφυγεῖν δέ πῃ πειρώμενοι οἱ μὲν ὑπὸ τοῦ πνεύματος, ἀπλήστως αὐτῷ χρώμενοι, ἐβαπτίζοντο, οἱ δ' ὑπὸ τῶν ἐναντίων καταλαμβανόμενοι διώλλυντο. (4) θεώμενοι δὲ ταῦτα οἱ ἐν τῷ Βυζαντίῳ τέως μὲν ἐθεοκλύτουν καὶ ἐπεβόων ἄλλοτε ἄλλοι τοῖς γινομένοις, ὡς ἑκάστῳ τι τῆς θέας ἐκείνης ἢ τοῦ πάθους προσέπιπτεν· ἐπεὶ δὲ πανσυδὶ αὐτοὺς ἀπολλυμένους εἶδον, τότε δὴ ἀθρόοι καὶ ἀνῴμωξαν καὶ ἀνεθρήνησαν, κἀκ τούτου τό τε λοιπὸν τῆς ἡμέρας καὶ τὴν νύκτα πᾶσαν ἐπένθουν. (5) τοσαῦτα γὰρ τὰ πάντα ναυάγια ἐγένετο ὥστε

catturare da loro fingendo di fare resistenza, e dopo aver venduto i loro carichi a prezzi elevati, fuggivano via mare.

Quando tutte le derrate che si trovavano all'interno [della città] furono consumate e gli abitanti si videro ridotti all'esaurimento delle provviste e delle speranze, (4) dapprima continuarono a resistere, benché grandemente afflitti e chiusi dall'assedio che li cingeva ovunque: per le navi si servivano del legname delle case e di funi realizzate intrecciando i capelli delle donne, e ogni volta che alcuni [nemici] davano l'assalto alle mura, lanciavano sopra di loro pietre prese dai teatri, cavalli di bronzo e statue di bronzo intere. (5) Quando venne loro a mancare il cibo ordinario si nutrirono di pelli animali macerate; dopo che anche queste furono consumate, la maggior parte degli abitanti, attendendo una tempesta e il mare agitato per evitare che qualcuno si facesse loro incontro, salpò con lo scopo o di morire o di tornare indietro con del cibo, e fatta improvvisamente irruzione nelle campagne, predò indiscriminatamente ogni cosa. Quelli che rimasero in città, invece, commisero un delitto tremendo: (6) infatti, dal momento che si erano trovati in una situazione di estrema debolezza, si volsero gli uni contro gli altri e si mangiarono tra di loro.

[13] Questa fu dunque la situazione in cui si trovarono costoro. Gli altri, invece, caricate le imbarcazioni ben oltre il peso che potevano reggere, presero il largo dopo aver atteso, anche questa volta, una grande tempesta. Tuttavia non ne trassero alcun vantaggio, poiché i Romani, vedendo che erano sovraccarichi e che emergevano appena dal pelo dell'acqua, li attaccarono, (2) e puntando sulle loro imbarcazioni disperse qua e là dal vento e dalle onde conclusero l'operazione senza nemmeno combattere una battaglia navale: infatti, urtarono in continuazione le loro navi, spingendone molte con i remi, speronandone molte altre con i rostri e ribaltandone alcune con il loro stesso arrembaggio. (3) Né quelli avrebbero potuto fare alcunché, nemmeno se avessero voluto: se tentavano di fuggire da qualche parte, o erano trascinati dal vento furioso e venivano sommersi, oppure cadevano nelle mani dei nemici e trovavano la morte. (4) Quando coloro che si trovavano dentro Bisanzio videro queste scene, invocavano l'aiuto degli dei e lanciavano grida ora per questo ora per quell'accadimento a seconda dello spettacolo o della sciagura che si presentava agli occhi di ognuno. Quando poi li videro morire tutti insieme, all'unisono presero a urlare e a lamentarsi, e da quel momento in poi piansero per il resto del giorno e per l'intera notte. (5) Il numero totale delle imbarcazioni alla deriva fu tale che, trascinate

καὶ ἐς τὰς νήσους καὶ ἐς τὴν Ἀσίαν ἐξενεχθῆναί τινα, καὶ ἀπ'
αὐτῶν καὶ τὴν ἧτττάν σφων, καὶ πρὶν ἀκουσθῆναι, γνωσθῆναι. καὶ
τῇ ὑστεραίᾳ τοῖς Βυζαντίοις ἐπὶ μεῖζον τὸ δεινὸν ηὐξήθη· (6) ὡς
γὰρ ὁ κλύδων ἐστόρεστο, πᾶσα ἡ θάλασσα ἡ πρὸς τῷ Βυζαντίῳ καὶ
τῶν νεκρῶν καὶ τῶν ναυαγίων καὶ τοῦ αἵματος ἐπληρώθη, πολλὰ
δὲ καὶ ἐς τὴν γῆν ἐξεβράσθη, ὥστε καὶ χαλεπώτερον ἐκ τῆς ὄψεώς
σφων τὸ δεινὸν αὐτοῦ τοῦ ἔργου φανῆναι.

[14] παρέδοσαν μὲν οὖν αὐτίκα τὴν πόλιν καὶ ἄκοντες οἱ
Βυζάντιοι, Ῥωμαῖοι δὲ τοὺς μὲν στρατιώτας καὶ τοὺς ἐν τέλει
διεχρήσαντο ..... πάντας, πλὴν τοῦ πύκτου ὃς πολλὰ τοὺς Βυζαντίους
ὠφέλησε καὶ τοὺς Ῥωμαίους ἔβλαψεν· οὗτος γὰρ παραχρῆμα
πύξ τε παίσας τῶν στρατιωτῶν τινὰ καὶ ἑτέρῳ λὰξ ἐνθορών,
ὅπως ὀργισθέντες δια φθείρωσιν αὐτόν, προαπώλετο. (2) ὁ δὲ
Σεουῆρος οὕτως ἥσθη ἐπὶ τῇ ἁλώσει τοῦ Βυζαντίου ὡς καὶ πρὸς
τοὺς στρατιώτας, ἐν τῇ Μεσοποταμίᾳ τότε ὤν, αὐτὸ τοῦτο εἰπεῖν,
«εἵλομεν δὲ καὶ τὸ Βυζάντιον». (3) ἔπαυσε δὲ τὴν πόλιν τῆς τε
ἐλευθερίας καὶ τοῦ ἀξιώματος τοῦ πολιτικοῦ, καὶ δασμοφόρον
ἀποφήνας τάς τε οὐσίας τῶν πολιτῶν δημεύσας, αὐτήν τε καὶ τὴν
χώραν αὐτῆς Περινθίοις ἐχαρίσατο, καὶ αὐτῇ ἐκεῖνοι οἷα κώμῃ
χρώμενοι οὐδὲν ὅ τι οὐχ ὕβριζον. (4) ταῦτα μὲν οὖν δικαίως πως
ποιῆσαι ἔδοξε· τὰ δὲ δὴ τείχη τῆς πόλεως διαλύσας ἐκείνους μὲν
οὐδὲν πλέον τῆς στερήσεως τῆς δόξης, ἣν ἐκ τῆς ἐπιδείξεως αὐτῶν
ἐκαρποῦντο, ἐλύπησε, τῶν δὲ δὴ Ῥωμαίων μέγα καὶ φυλακτήριον
καὶ ὁρμητήριον πρὸς τοὺς ἐκ τοῦ Πόντου καὶ τῆς Ἀσίας βαρβάρους
καθεῖλε. (5) καὶ εἶδον ἐγὼ τά τε τείχη πεπτωκότα ὥσπερ ὑπ' ἄλλων
τινῶν ἀλλ' οὐχ ὑπὸ Ῥωμαίων ἑαλωκότα, ἐτεθεάμην δὲ αὐτὰ καὶ
ἑστηκότα καὶ ἠκηκόειν αὐτῶν καὶ λαλούντων. ἑπτὰ μὲν γὰρ ἀπὸ
τῶν Θρᾳκίων πυλῶν πύργοι καθήκοντες πρὸς τὴν θάλασσαν ἦσαν,
τούτων δ' εἰ μέν τις ἄλλῳ τῳ προσέμιξεν, ἥσυχος ἦν, (6) εἰ δὲ δὴ
τῷ πρώτῳ ἐνεβόησέ τινα ἢ καὶ λίθον ἐνέρριψεν, αὐτός τε ἤχει καὶ
ἐλάλει καὶ τῷ δευτέρῳ τὸ αὐτὸ τοῦτο ποιεῖν παρεδίδου, καὶ οὕτω
διὰ πάντων ὁμοίως ἐχώρει, οὐδὲ ἐπετάραττον ἀλλήλους, ἀλλ' ἐν
τῷ μέρει πάντες, παρὰ τοῦ πρὸ αὐτοῦ ὁ ἕτερος, τήν τε ἠχὴν καὶ
τὴν φωνὴν διεδέχοντό τε καὶ παρεπέμποντο.

---

[58] S'intenda: dal fasciame delle navi smembrate e dai relitti.
[59] Lacuna nel testo greco. Reimar integra con ‹τοὺς δὲ ἄλλους διέσωσαν› πάντας.
[60] Cfr. *supra* 11, 2.
[61] Perinto era città della Propontide, in Tracia.

sulle isole e sulle coste dell'Asia, da esse[58] si venne a conoscenza della sconfitta prima ancora che ne fosse udita notizia. Il giorno seguente il terrore crebbe ulteriormente tra i Bizantini: (6) quando infatti la tempesta cessò, l'intero braccio di mare intorno a Bisanzio era pieno di cadaveri, di relitti e di sangue; molti di questi resti furono gettati sulla terraferma, cosicché alla vista quel terribile spettacolo sembrava ancora peggiore di quanto non fosse realmente.

[14] Così i Bizantini furono loro malgrado costretti a consegnare subito la città. I Romani misero a morte tutti i soldati e i magistrati [ma risparmiarono gli altri],[59] tranne quel pugile che aveva prestato grande aiuto ai Bizantini e arrecato danno ai Romani; costui, infatti, morì subito dopo aver colpito un soldato con un pugno e un altro con un calcio, provocando in loro un'ira tale per cui lo uccisero. (2) Severo fu così soddisfatto della presa di Bisanzio che, mentre si trovava in Mesopotamia,[60] rivolse ai soldati questa esclamazione: «Abbiamo preso anche Bisanzio!». (3) Privò la città della libertà e dell'autonomia politica, rendendola tributaria e confiscando le proprietà dei cittadini; inoltre, donò la città e il suo territorio ai Perinti,[61] i quali, considerandola come una sorta di villaggio, le inflissero ogni umiliazione possibile. (4) Certo, Severo sembrò in qualche modo aver compiuto queste azioni a buon diritto, ma quando fece abbattere le mura della città colpì nell'orgoglio [i suoi abitanti], privandoli di quella gloria che era per loro motivo di vanto, distruggendo così anche un importante presidio e una base di partenza dei Romani contro i barbari del Ponto e dell'Asia. (5) Io stesso ho visto le mura diroccate, che sembravano essere state abbattute non dai Romani, ma da qualche altra popolazione, e le avevo viste quando ancora erano integre e le avevo udite parlare.[62] C'erano infatti sette torri che dalle Porte Tracie giungevano fino al mare: se qualcuno si fosse avvicinato a una di esse, questa taceva, (6) ma se avesse lanciato un urlo o avesse scagliato una pietra in direzione della prima, questa non solo faceva riecheggiare la voce e il suono, ma li trasmetteva anche alla seconda; così il suono si propagava ugualmente a tutte le torri senza che una smorzasse quello dell'altra, e ciascuna, a turno, in successione dall'una all'altra, riceveva il suono e l'eco per poi ritrasmetterla a sua volta.

---

[62] Per Dione l'abbattimento delle mura di Bisanzio era stato senz'altro un errore strategico; appare tuttavia poco convincente il tentativo di attribuirne la distruzione ai barbari al fine di discolpare i Romani.

τοιαῦτα μὲν τὰ τῶν Βυζαντίων τείχη ἦν, Σεουῆρος δέ, ἐν ᾧ ταῦτα ἐπολιορκεῖτο, κατὰ τῶν βαρβάρων ἐπιθυμίᾳ δόξης ἐστράτευσε, τῶν τε Ὀρροηνῶν καὶ τῶν Ἀδιαβηνῶν καὶ τῶν Ἀραβίων. - Xiph. 299, 25-303, 21 R. St.

(2) ὅτι οἱ Ὀρροηνοὶ καὶ οἱ Ἀδιαβηνοὶ ἀποστάντες καὶ Νίσιβιν πολιορκοῦντες, καὶ ἡττηθέντες ὑπὸ Σεουήρου, ἐπρεσβεύσαντο πρὸς αὐτὸν μετὰ τὸν τοῦ Νίγρου θάνατον, οὐχ ὅπως ὡς καὶ ἠδικηκότες τι παραιτούμενοι, ἀλλὰ καὶ εὐεργεσίαν ἀπαιτοῦντες ὡς καὶ ὑπὲρ αὐτοῦ τοῦτο πεποιηκότες· τοὺς γὰρ στρατιώτας τὰ τοῦ Νίγρου φρονήσαντας ἔλεγον ἐκείνου ἕνεκα ἐφθαρκέναι. (3) καί τινα καὶ δῶρα αὐτῷ ἔπεμψαν, τούς τε αἰχμαλώτους καὶ τὰ λάφυρα τὰ περιόντα ἀποδώσειν ὑπέσχοντο. οὐ μέντοι οὔτε τὰ τείχη ἃ ᾑρήκεσαν ἐκλιπεῖν οὔτε φρουροὺς λαβεῖν ἤθελον, ἀλλὰ καὶ τοὺς λοιποὺς ἐξαχθῆναι ἐκ τῆς χώρας ἠξίουν. διὰ ταῦτα ὁ πόλεμος οὗτος συνέστη. - *Exc. U^G* 69 (p. 413).

[2] ἐπεὶ δὲ τὸν Εὐφράτην διαβὰς ἐς τὴν πολεμίαν ἐσέβαλεν, ἀνύδρου τῆς χώρας οὔσης ἄλλως τε δὴ καὶ τότε πλέον ὑπὸ τοῦ θέρους ἐξικμασμένης ἐκινδύνευσε παμπληθεῖς στρατιώτας

[1] È la cosiddetta prima campagna partica di Severo, che si presenta come una spedizione punitiva contro i dinasti mesopotamici che avevano parteggiato per Nigro.

[2] Osroene, Adiabene e Arabia furono conquistate da Traiano nel 116. L'Osroene era compresa tra la catena del Tauro e l'Eufrate e aveva come capitale Edessa; re degli Osroeni era allora Abgar IX il Grande. L'Adiabene, la cui capitale era Arbela, divenne la provincia d'Assiria sotto Traiano e fu abbandonata da Adriano prima di essere riconquistata da Severo. L'Arabia è la cosiddetta Arabia Petrea, con capitale Petra, che si estendeva dalla penisola del Sinai al Mar Morto, fino alla Siria meridionale. Nel 106 d.C. Traiano la rese provincia romana ponendo fine al regno dei Nabatei. Qui Dione però si riferisce ai cosiddetti Arabi Sceniti, una popolazione nomade che in quel periodo occupava i territori compresi tra l'Adiabene e la riva destra del Tigri. La monografia di riferimento è a tutt'oggi G. BOWERSOCK, *Roman Arabia*, Cambridge

LIBRO LXXV

Tali, dunque, erano le mura di Bisanzio, durante l'assedio delle quali Severo, indotto dal desiderio di gloria,[1] condusse l'esercito contro i barbari, cioè gli Osroeni, gli Adiabeni e gli Arabi.[2] (2) Gli Osroeni e gli Adiabeni si erano ribellati e avevano cinto d'assedio Nisibi:[3] sconfitti da Severo, dopo la morte di Nigro gli avevano inviato degli ambasciatori non per chiedere perdono dei torti commessi, ma per reclamare un favore, come se avessero agito nell'interesse dell'imperatore. Dissero, infatti, di aver ucciso i partigiani di Nigro[4] per fare un favore a lui.[5] (3) Gli mandarono inoltre alcuni doni e promisero che avrebbero restituito i prigionieri e le spoglie che ancora restavano. Non vollero tuttavia abbandonare le piazzeforti che avevano conquistato né accettare guarnigioni, e chiesero, anzi, che venissero condotte via dal territorio tutte le rimanenti. Per tali ragioni ebbe inizio questa guerra.

[2] Dopo aver attraversato l'Eufrate, invase il territorio nemico,[6] dove, data l'aridità della terra che in quel periodo era ancor più secca a causa della calura, corse il rischio di perdere moltissimi soldati. (2)

(MA) 1983; si veda anche M.P. SPEIDEL, *The Roman Army in Arabia*, «ANRW» II 8 (1977), pp. 687-730.

[3] A sud del Tigri lungo il corso dell'Hirmas.

[4] S'intenda di Severo.

[5] Erodiano (2, 9, 1-3) tace questa autodifesa da parte dei re locali e chiarisce senza esitazioni che si trattava di spedizioni punitive da parte di Severo, in cerca di un pretesto per scatenare la guerra contro i Parti, contro i dinasti locali mesopotamici che – volenti o nolenti, questo non importava – avevano appoggiato Nigro. La persecuzione dei partigiani di Nigro fu affidata al prefetto del pretorio Plauziano (su cui cfr. *infra* 76, 2-5) che svolse il compito con molto zelo (*HA Sev.* 15, 4).

[6] L'Eufrate è lo storico confine tra impero romano e impero partico. Si veda ad es. Tac. *Ann.* 2, 2, 2; Iustin. 41, 1, 1; 5, 8; Strabo 11, 9, 2; Plin. *NH* 5, 88; Ios. *BI* 2, 379; Curt. Ruf. 6, 2, 12. La campagna mesopotamica fu iniziata da Severo nella primavera del 195.

ἀποβαλεῖν· (2) κεκμηκόσι γὰρ αὐτοῖς ἐκ τῆς πορείας καὶ τοῦ ἡλίου καὶ κονιορτὸς ἐμπίπτων ἰσχυρῶς ἐλύπησεν, ὥστε μήτε βαδίζειν μήτε λαλεῖν ἔτι δύνασθαι, τοῦτο δὲ μόνον φθέγγεσθαι, «ὕδωρ ὕδωρ». ἐπεὶ δὲ ἀνεφάνη μὲν ἰκμάς, ἐξ ἴσου δὲ τῷ μὴ εὑρεθέντι ἀρχὴν ὑπὸ ἀτοπίας ἦν, ὁ Σεουῆρος κύλικά τε ᾔτησε καὶ τοῦ ὕδατος πληρώσας ἁπάντων ὁρώντων ἐξέπιε. (3) καὶ τότε μὲν οὕτω καὶ ἄλλοι τινὲς προςπιόντες ἀνερρώσθησαν· μετὰ δὲ ταῦτα ἐς τὴν Νίσιβιν ὁ Σεουῆρος ἐλθὼν αὐτὸς μὲν ἐνταῦθα ὑπέμεινε, Λατερανὸν δὲ καὶ Κάνδιδον καὶ Λαῖτον ἐς τοὺς προειρημένους βαρβάρους ἄλλον ἄλλῃ ἀπέστειλε, καὶ ἐπερχόμενοι οὗτοι τήν τε χώραν τῶν βαρβάρων ἐδῄουν καὶ τὰς πόλεις ἐλάμβανον. (4) μέγα δὲ καὶ ἐπὶ τούτῳ τῷ Σεουήρῳ φρονοῦντι, ὡς καὶ πάντας ἀνθρώπους καὶ συνέσει καὶ ἀνδρίᾳ ὑπερβεβηκότι, πρᾶγμα παραδοξότατον συνηνέχθη· Κλαύδιος γάρ τις λῃστὴς καὶ τὴν Ἰουδαίαν καὶ τὴν Συρίαν κατατρέχων καὶ πολλῇ διὰ τοῦτο σπουδῇ ζητούμενος, προσῆλθέ τε αὐτῷ ποτε μεθ᾽ ἱππέων ὡς καὶ χιλίαρχός τις ὤν, καὶ ἠσπάσατο αὐτὸν καὶ ἐφίλησε, καὶ οὔτε εὐθὺς ἐφωράθη οὔθ᾽ ὕστερον συνελήφθη. - Xiph. 303, 21-304, 8 R. St.

(1) ὅτι οἱ Ἀράβιοι, ἐπειδὴ μηδεὶς σφισι τῶν πλησιοχώρων βοηθῆσαι ἠθέλησε πρὸς Σεουῆρον αὖθις ἐπρεσβεύσαντο, ἐπιεικέστερά τινα προτεινόμενοι. οὐ μέντοι καὶ ἔτυχον ὧν ἐβούλοντο, ἐπειδὴ μὴ καὶ αὐτοὶ ἦλθον. - Exc. U^G 70 (p. 414).

[3] ἐν δὲ τῷ καιρῷ τούτῳ τοὺς Σκύθας πολεμησείοντας βρονταί τε καὶ ἀστραπαὶ μετ᾽ ὄμβρου καὶ κεραυνοὶ βουλευομένοις σφίσιν ἐξαίφνης ἐμπεσόντες, καὶ τοὺς πρώτους αὐτῶν τρεῖς ἄνδρας ἀποκτείναντες, ἐπέσχον.

(2) ὁ δὲ Σεουῆρος αὖθις τρία τέλη τοῦ στρατοῦ ποιήσας, καὶ τὸ μὲν τῷ Λαίτῳ τὸ δὲ τῷ Ἀνυλλίνῳ καὶ τῷ Πρόβῳ δούς, ἐπὶ τὴν † Ἀρχὴν † ἐξέπεμψε. καὶ οἱ μὲν ταύτην, τριχῇ ἐσβαλόντες, οὐκ ἀμογητὶ ἐχειροῦντο· ὁ δὲ Σεουῆρος ἀξίωμα τῇ Νισίβει δοὺς ἱππεῖ ταύτην ἐπέτρεψεν, ἔλεγέ τε μεγάλην τέ τινα χώραν προσκεκτῆσθαι καὶ πρόβολον αὐτὴν τῆς Συρίας πεποιῆσθαι. (3) ἐλέγχεται δὲ ἐξ

---

[7] Tito Sestio Laterano (console del 197), Tiberio Claudio Candido (cfr. *supra* 74, 6, 5), Giulio Leto, già comandante della cavalleria nella decisiva battaglia di Lione contro Clodio Albino (19 febbraio 197), su cui cfr. *infra* cap. 7.

[8] Altrimenti ignoto.

[9] Popolazioni gotiche stanziate sul Mar Nero.

[10] Cfr. *supra* 74, 7, 1.

Essi, infatti, già affaticati dal viaggio e dal sole, furono sorpresi da una tempesta di sabbia che li tormentò a tal punto da non riuscire a camminare né a parlare, ma soltanto a invocare: «Acqua, acqua!». Quando apparve dell'acqua, che per la sua cattiva qualità era come se non fosse mai stata trovata, Severo chiese una coppa e dopo averla riempita ne tracannò il contenuto sotto lo sguardo di tutti; (3) anche altri, allora, bevvero e così si rinfrescarono. In seguito, una volta giunto a Nisibi, Severo si fermò là e inviò Laterano, Candido e Leto,[7] ciascuno per diverse strade, contro i suddetti barbari; ed essi, giunti a destinazione, devastarono il territorio dei barbari e conquistarono le città. (4) A Severo, poi, che per questo successo s'inorgoglì come se fosse stato superiore a tutti gli uomini in intelligenza e in coraggio, accadde una cosa piuttosto singolare: un certo Claudio,[8] un predone che andava saccheggiando la Giudea e la Siria e che per questo era ricercato molto attivamente, una volta si avvicinò a lui con alcuni cavalieri come se fosse un tribuno militare, lo baciò e lo salutò; lì per lì non fu sorpreso, né in seguito fu catturato.

(1) Gli Arabi, poiché nessuno delle popolazioni vicine voleva portare loro aiuto, mandarono di nuovo degli ambasciatori a Severo proponendo condizioni più adeguate. Tuttavia non ottennero ciò che desideravano, dal momento che nemmeno gli ambasciatori designati vi andarono.

[3] In quel periodo gli Sciti[9] minacciavano di muovere guerra, e proprio mentre si stavano consultando tra di loro furono trattenuti da tuoni, fulmini e un acquazzone che si abbatterono improvvisamente su di loro, uccidendo tre dei loro capi.

(2) Severo divise di nuovo in tre parti l'esercito e, dopo averne assegnata una parte a Leto, una ad Anullino[10] e una a Probo,[11] le inviò contro Arche;[12] tuttavia, nonostante l'avessero invasa in tre, la soggiogarono non senza difficoltà. Severo diede una certa importanza a Nisibi e l'affidò a un cavaliere,[13] affermando, inoltre, di aver annesso una regione estesa e di averne fatto un baluardo della Siria. (3) Risulta invece evidente dai fatti che essa è per noi causa di continue guerre

---

[11] Altrimenti sconosciuto.

[12] Il testo greco è corrotto. Reimar propone di emendare Ἀρχὴν con Ἀτρηνὴν o Ἀδιαβηνὴν («Atrene» o «Adiabene»), mentre von Gutschmid con Ἀρβηλῖτιν («Arbelitis»).

[13] La provincia di Osroene con capitale Nisibi fu probabilmente affidata a Lucio Valerio Valeriano (su cui cfr. *supra* 74, 7, 1).

αὐτοῦ τοῦ ἔργου καὶ πολέμων ἡμῖν συνεχῶν, ὡς καὶ δαπανημάτων πολλῶν, αἰτία οὖσα· δίδωσι μὲν γὰρ ἐλάχιστα, ἀναλίσκει δὲ παμπληθῆ, καὶ πρὸς ἐγγυτέρους καὶ τῶν Μήδων καὶ τῶν Πάρθων προσεληλυθότες ἀεὶ τρόπον τινὰ ὑπὲρ αὐτῶν μαχόμεθα. - Xiph. 304, 8-22 R. St.

[4] τῷ δὲ Σεουήρῳ πόλεμος αὖθις, μήπω ἐκ τῶν βαρβαρικῶν ἀναπνεύσαντι, ἐμφύλιος πρὸς τὸν Ἀλβῖνον τὸν Καίσαρα συνηνέχθη. ὁ μὲν γὰρ οὐδὲ τὴν τοῦ Καίσαρος αὐτῷ ἔτι ἐδίδου τιμήν, ἐπειδὴ τὸν Νίγρον ἐκποδὼν ἐποιήσατο, τά τε ἄλλα τὰ ἐνταῦθα ὡς ἐβούλετο κατεστήσατο· ὁ δὲ καὶ τὴν τοῦ αὐτοκράτορος ἐζήτει ὑπεροχήν. (2) συγκινουμένης οὖν διὰ ταῦτα τῆς οἰκουμένης ἡμεῖς μὲν οἱ βουλευταὶ ἡσυχίαν ἤγομεν, ὅσοι μὴ πρὸς τοῦτον ἢ ἐκεῖνον φανερῶς ἀποκλίναντες ἐκοινώνουν σφίσι καὶ τῶν κινδύνων καὶ τῶν ἐλπίδων, ὁ δὲ δῆμος οὐκ ἐκαρτέρησεν ἀλλ᾽ ἐκφανέστατα κατωδύρατο. ἦν μὲν γὰρ ἡ τελευταία πρὸ τῶν Κρονίων ἱπποδρομία, καὶ συνέδραμεν ἐς αὐτὴν ἄπλετόν τι χρῆμα ἀνθρώπων. (3) παρῆν δὲ καὶ ἐγὼ τῇ θέᾳ διὰ τὸν ὕπατον φίλον μου ὄντα, καὶ πάντα τὰ λεχθέντα ἀκριβῶς ἤκουσα, ὅθεν καὶ γράψαι τι περὶ αὐτῶν ἠδυνήθην. ἐγένετο δὲ ὧδε. συνῆλθον μὲν ὥσπερ εἶπον ἀμύθητοι, καὶ τὰ ἅρματα ἐξαχῶς ἁμιλλώμενα ἐθεάσαντο, ὅπερ που καὶ ἐπὶ τοῦ Κλεάνδρου ἐγεγόνει, μηδὲν μηδένα παράπαν ἐπαινέσαντες, ὅπερ εἴθισται· (4) ἐπειδὴ δὲ ἐκεῖνοί τε οἱ δρόμοι ἐπαύσαντο καὶ ἔμελλον οἱ ἡνίοχοι ἑτέρου ἄρξασθαι, ἐνταῦθα ἤδη σιγάσαντες ἀλλήλους ἐξαίφνης τάς τε χεῖρας πάντες ἅμα συνεκρότησαν καὶ προσεπεβόησαν, εὐτυχίαν τῇ τοῦ δήμου σωτηρίᾳ αἰτούμενοι. (5) εἶπόν τε τοῦτο, καὶ μετὰ τοῦτο τὴν Ῥώμην καὶ βασιλίδα καὶ ἀθάνατον ὀνομάσαντες «μέχρι

---

[14] Decimo Clodio Ceionio Albino, «senatore di nobile stirpe abituato per tradizione alla ricchezza e al fasto» (Herod. 2, 15, 1), dopo la fine di Didio Giuliano nella primavera del 193, era al comando delle legioni di Britannia e aveva accettato il Cesarato da Settimio Severo (cfr. Herod. 2, 15, 2-5; *HA Cl. Alb.* 3, 1-3) – che nel frattempo si era fatto proclamare Augusto – alla fine del 193; in quest'occasione Albino assunse anche il *nomen* di *Septimius*. Per le sue origini e la sua carriera sotto Marco e Commodo cfr. G. ALFÖLDY, *Herkunft und Laufbahn des Clodius Albinus in der Historia Augusta*, in *BHAC 1966-1967*, Bonn 1968, pp. 19-38.

[15] L'inizio della guerra civile tra Albino e Severo fu determinato dall'autoproclamazione ad Augusto di Albino in Gallia alla fine del 196. In tal modo Severo ebbe gioco facile nell'accusare Albino di essere venuto meno alla *fides* e di conseguenza nel farlo dichiarare *hostis publicus* e muovergli guerra. In Herod. 3, 6 è riportato il discorso rivolto da Severo alle sue truppe in seguito all'autoproclamazione di Albino e la proclamazione di questi a *hostis* da parte delle stesse truppe. Erodiano (*ibid.*) peraltro riferisce del tentativo di Severo di intavolare trattative ingannevoli con Albino attraverso suoi uomini che, di fatto, avevano il compito di eliminare Albino, e della diffidenza di quest'ultimo, che ebbe l'accortezza di non ricevere alcun legato di Severo.

nonché di cospicui investimenti, poiché rende pochi tributi e richiede spese enormi; inoltre, da quando abbiamo raggiunto le popolazioni più vicine ai Medi e ai Parti, in un certo senso combattiamo sempre per loro.

[4] Ma Severo, che ancora non aveva preso respiro dai conflitti con i barbari, rimase di nuovo coinvolto in una guerra civile, questa volta contro Albino, il suo Cesare.[14] Egli, infatti, dopo che ebbe tolto di mezzo Nigro e accomodato come voleva la situazione delle province, non gli concesse più il rango di Cesare, mentre Albino aspirava addirittura alla suprema carica di imperatore.[15] (2) Mentre allora tutto il mondo era sconvolto da questi fatti, noi senatori restavamo in attesa degli eventi, almeno coloro che non essendo apertamente passati al partito dell'uno o dell'altro si trovassero a condividere con loro pericoli e speranze; il popolo, invece, non poté trattenersi dal contestare apertamente la situazione. Si celebrava infatti l'ultima corsa di cocchi prima dei Ludi Saturnali,[16] e accorremmo in moltissimi per assistervi. (3) Anche io ero presente di persona allo spettacolo per via del console che era un mio amico,[17] e udii attentamente tutte le cose che furono dette, onde ho potuto scrivere una parte di esse. Ecco ciò che avvenne: si riunì, come ho detto, un'innumerevole folla, la quale assistette alla gara dei cocchi, che concorrevano in sei come ai tempi di Cleandro,[18] senza applaudire, com'era costume, alcun concorrente. (4) Ma quando quelle gare furono concluse e i cocchieri si trovavano sul punto di iniziare un'altra gara, tutti, dopo aver improvvisamente imposto l'un l'altro il silenzio, presero a battere le mani contemporaneamente e proruppero in grida augurando fortuna per la salvezza del popolo. (5) Dopo aver levato tali auspici, chiamando Roma «regina» e «immortale», urlarono: «Fino a quando

---

[16] Feste della durata di una settimana, per certi aspetti simili al moderno carnevale (Macr. *Sat.* 1, 7, 18), nel corso delle quali schiavi e liberti erano liberi di fare ciò che desideravano, come ad esempio scambiarsi gli abiti con quelli dei padroni (cfr. 60, 19, 3).

[17] Il console del 196 Lucio Valerio Messalla Trasea Prisco. È espressamente menzionato da Dione insieme ai prefetti del pretorio Emilio Papiniano e Valerio Patruino (cfr. *infra* 77, 4, 1ª; 5, 5) tra le vittime delle epurazioni che avvennero per ordine di Caracalla dopo la morte di Geta alla fine del 211.

[18] Celebre liberto divenuto prefetto del pretorio sotto Commodo. Sulla cosiddetta congiura che lo condusse a morte nel 190 cfr. Dio 72, 13; Herod. 1, 12, 3-13. F. Grosso, *La lotta politica al tempo di Commodo*, Torino 1964, pp. 290-301; Galimberti, *Erodiano e Commodo*, cit., pp. 121-138.

πότε τοιαῦτα πάσχομεν» ἔκραξαν «καὶ μέχρι ποῦ πολεμούμεθα;» εἰπόντες δὲ καὶ ἄλλα τινὰ τοιουτότροπα τέλος ἐξεβόησαν ὅτι «ταῦτα ἐστίν», καὶ πρὸς τὸν ἀγῶνα τῶν ἵππων ἐτράποντο. οὕτω μὲν ἔκ τινος θείας ἐπιπνοίας ἐνεθουσίασαν· (6) οὐ γὰρ ἂν ἄλλως τοσαῦται μυριάδες ἀνθρώπων οὔτε ἤρξαντο τὰ αὐτὰ ἅμα ἀναβοᾶν ὥσπερ τις ἀκριβῶς χορὸς δεδιδαγμένος, οὔτ᾽ εἶπον αὐτὰ ἀπταίστως ὡς καὶ μεμελετημένα. ταῦτά τε οὖν ἔτι καὶ μᾶλλον ἡμᾶς ἐτάραττε, κάι πῦρ αἰφνίδιον νυκτὸς ἐν τῷ ἀέρι τῷ πρὸς βορρᾶν τοσοῦτον ὤφθη ὥστε τοὺς μὲν τὴν πόλιν ὅλην τοὺς δὲ καὶ τὸν οὐρανὸν αὐτὸν καίεσθαι δοκεῖν. (7) ὃ δὲ δὴ μάλιστα θαυμάσας ἔχω, ψεκὰς ἐν αἰθρίᾳ ἀργυροειδὴς ἐς τὴν τοῦ Αὐγούστου ἀγορὰν κατερρύη. φερομένην μὲν γὰρ αὐτὴν οὐκ εἶδον, πεσούσης δὲ αὐτῆς ᾐσθόμην, καὶ κέρματά τινα ἀπ᾽ αὐτῆς χαλκᾶ κατηργύρωσα, ἃ καὶ ἐπὶ τρεῖς ἡμέρας τὴν αὐτὴν ὄψιν εἶχε· τῇ γὰρ τετάρτῃ πᾶν τὸ ἐπαλειφθὲν αὐτοῖς ἠφανίσθη.

[5] Νουμεριανὸς δέ τις γραμματιστὴς τῶν τὰ παιδία γράμματα διδασκόντων, ἐκ τῆς Ῥώμης ἐς τὴν Γαλατίαν, οὐκ οἶδ᾽ ὅ τι δόξαν αὐτῷ, ἀφορμηθείς, βουλευτής τε εἶναι τῶν Ῥωμαίων πλασάμενος καὶ ἐπὶ στρατιᾶς ἄθροισιν ὑπὸ τοῦ Σεουήρου πεμφθῆναι, συνήγαγέ τινα βραχεῖαν πρῶτον ἰσχύν, καί τινας τῶν τοῦ Ἀλβίνου ἱππέων διέφθειρε, καὶ ἄλλα τινὰ ὑπὲρ τοῦ Σεουήρου ἐνεανιεύσατο. (2) ἀκούσας δὲ ὁ Σεουῆρος, καὶ νομίσας ὄντως τινὰ τῶν βουλευτῶν εἶναι, ἐπέστειλεν ἐπαινῶν τε αὐτὸν καὶ δύναμιν κελεύων πλείονα προσλαβεῖν· καὶ ὃς λαβὼν πλείονα δύναμιν ἄλλα τε θαυμαστὰ ἐπεδείξατο, καὶ χιλίας καὶ ἑπτακοσίας καὶ πεντήκοντα μυριάδας δραχμῶν ἑλὼν τῷ Σεουήρῳ ἔπεμψε. (3) νικήσαντος δὲ τοῦ Σεουήρου

---

[19] La contestazione popolare contro le guerre civili è una novità di assoluto rilievo che Dione registra per la prima volta nella sua opera. Il teatro e il circo erano – a buon diritto – ritenuti dai Romani fonti di pericolo sociale, proprio perché potevano dare atto a contestazioni e disordini. Anche i prodigi che seguono hanno la funzione di sottolineare l'eccezionalità del momento. In particolare il primo richiama molto da vicino il prodigio avvenuto in occasione del cosiddetto *bellum desertorum* (ricordato da Herod. 1, 10 ma non da Dione), una rivolta popolare-servile scoppiata sotto Commodo nel 185-186, capeggiata dal soldato disertore Materno e conclusasi con un insuccesso. Prima che scoppiasse la guerra «il cielo parve incendiarsi» (*HA Comm.* 16, 2). Cfr. G. ALFÖLDY, *Bellum desertorum*, «BJ» 171 (1971), pp. 367-376. Un analogo episodio di rivolta sociale avvenne sotto Settimo Severo a opera del brigante Bulla Felice (ricordato da Dione *infra* a 76, 10).

[20] Di questo personaggio parla il solo Dione. Il suo *exemplum* intende illustrare la *pars Severi* come la migliore. Alcuni particolari della vicenda come il reclutamento di interi eserciti e la raccolta di milioni di sesterzi non appaiono credibili.

subiremo tutto questo?» e «Fino a quando saremo coinvolti nella
guerra?». Avendo poi detto altre frasi del genere, alla fine gridarono:
«Basta!», e rivolsero l'attenzione alla gara dei cavalli. Non c'è dubbio
che la folla fosse stata colta da una sorta di divina ispirazione: (6)
diversamente, infatti, tante migliaia di uomini non avrebbero potuto
iniziare a gridare all'unisono le medesime parole come un coro
diligentemente istruito, né pronunciare le parole stesse senza commettere errori, come se fossero state provate in precedenza. Questi
fatti causarono in noi ulteriore turbamento, come anche un fuoco
che di notte, nella parte del cielo rivolta a nord, improvvisamente fu
visto divampare a tal punto che alcuni credettero che l'intera città si
incendiasse, e altri che il cielo si stesse infiammando. (7) Ma ciò che
destò maggior meraviglia in me fu la pioggia fine, di color argento,
che a ciel sereno cadde sul Foro di Augusto: sebbene non l'avessi
vista cadere di persona, tuttavia l'osservai dopo che fu caduta, e
in essa immersi alcune monete di bronzo che anche a tre giorni di
distanza mantennero il colore argenteo; il quarto giorno, però, tutta
quella specie di patinatura scomparve.[19]

[5] Numeriano,[20] uno di quei maestri che insegnavano la gram-
matica ai fanciulli, indotto da non so quale intenzione partì da Roma
alla volta della Gallia,[21] e fingendo di essere un senatore romano e di
essere stato inviato da Severo a raccogliere un esercito, in un primo
momento riunì un esiguo contingente con il quale uccise alcuni cavalieri di Albino e concluse in favore di Severo altre audaci imprese.
(2) Quando poi Severo sentì ciò, credendo che egli fosse veramente
un senatore gli inviò una lettera[22] con la quale si complimentava con
lui e gli ordinava di raccogliere un maggior numero di forze; allora
costui, radunato un esercito più numeroso, diede prova di ulteriori
azioni ammirevoli, raccogliendo e inviando a Severo anche settanta
milioni di sesterzi. (3) Dopo la vittoria di Severo, egli giunse presso

[21] Dove si trovava Albino.
[22] Probabilmente Dione trae l'aneddoto dall'*Autobiografia* di Severo. Si potrebbe
anche pensare che, avendo accesso alla documentazione di Severo, aveva avuto tra
le mani la lettera di Severo oppure sapeva per certo che questi aveva indirizzato una
lettera a Numeriano. Sulla conoscenza di documenti d'archivio in Dione cfr. soprattutto
C. Letta, *Fonti scritte non letterarie nella* Storia Romana *di Cassio Dione*, «SCO»
62 (2016), pp. 245-296; Id., *L'uso degli* acta senatus *nella* Storia Romana *di Cassio
Dione*, in AA.VV., *Cassius Dion: nouvelles lectures*, I, Bordeaux 2016, pp. 243-258.

πρὸς αὐτὸν ἐλθὼν οὔτ' ἀπεκρύψατό τι οὔτ' ᾔτησεν ὡς ἀληθῶς βουλευτὴς γενέσθαι, καὶ τιμαῖς μεγάλαις πλούτῳ τε ἂν αὐξηθῆναι δυνηθεὶς οὐκ ἠθέλησεν, ἀλλ' ἐν ἀγρῷ τινι, σμικρόν τι ἐφ' ἡμέραν λαμβάνων παρ' αὐτοῦ, διεβίω. [6] ὁ δὲ δὴ ἀγὼν τῷ τε Σεουήρῳ καὶ τῷ Ἀλβίνῳ πρὸς τῷ Λουγδούνῳ τοιόσδε ἐγένετο. πεντεκαίδεκα μὲν μυριάδες στρατιωτῶν συναμφοτέροις ὑπῆρχον, παρῆσαν δὲ καὶ ἀμφότεροι τῷ πολέμῳ ἅτε περὶ ψυχῆς θέοντες, καίτοι τοῦ Σεουήρου μηδεμιᾷ πω μάχῃ ἑτέρᾳ παραγεγονότος. (2) ἦν δὲ ὁ μὲν Ἀλβῖνος καὶ τῷ γένει καὶ τῇ παιδείᾳ προήκων, ἅτερος δὲ ‹τὰ› πολέμια κρείττων καὶ δεινὸς στρατηγῆσαι. συνέβη δὲ τὸν Ἀλβῖνον προτέρᾳ μάχῃ νικῆσαι τὸν Λοῦπον τῶν τοῦ Σεουήρου στρατηγῶν ὄντα, καὶ πολλοὺς τῶν σὺν αὐτῷ διαφθεῖραι στρατιωτῶν. ὁ δὲ τότε ἀγὼν πολλὰς ἔσχεν ἰδέας τε καὶ τροπάς. (3) τὸ μὲν γὰρ λαιὸν κέρας τοῦ Ἀλβίνου ἡττήθη τε καὶ κατέφυγεν ἐς τὸ ἔρυμα. καὶ οἱ Σεουήρειοι στρατιῶται διώκοντες συνεσέπεσον, καὶ ἐκείνους τε ἐφόνευον καὶ τὰς σκηνὰς διήρπαζον. ἐν δὲ τούτῳ οἱ περὶ τὸ δεξιὸν κέρας τεταγμένοι τοῦ Ἀλβίνου στρατιῶται, κρυπτὰς τάφρους ἔχοντες πρὸ αὐτῶν καὶ ὀρύγματα γῇ ἐπιπολαίως κεκαλυμμένα, μέχρι μὲν ἐκείνων προῇεσαν καὶ ἠκόντιζον πόρρωθεν, περαιτέρω δὲ οὐ προεχώρουν, ἀλλὰ καὶ ὡς δεδιότες ἀνέστρεφον, ὅπως ἐπισπάσωνται τοὺς ἐναντίους ἐς δίωξιν· (4) ὃ δή ποτε καὶ ἐγένετο. ἀγανακτήσαντες γὰρ οἱ Σεουήρειοι πρὸς τὴν δι' ὀλίγου αὐτῶν ἐξόρμησιν, καὶ καταφρονήσαντες αὖ πρὸς τὴν ἐκ βραχέος ἀνάφευξιν, ὥρμησαν ἐπ' αὐτοὺς ὡς καὶ παντὸς τοῦ μεταιχμίου σφῶν ἐμβατοῦ ὄντος, καὶ γενόμενοι κατὰ τὰς τάφρους παθήματι δεινῷ συνηνέχθησαν· (5) οἵ τε γὰρ πρωτοστάται καταρραγέντων εὐθὺς τῶν ἐξ ἐπιπολῆς ἐπικειμένων ἐς τὰ ὀρύγματα ἐνέπεσον, καὶ οἱ ἐπιτεταγμένοι σφίσιν ἐμπίπτοντες αὐτοῖς ἐσφάλλοντο καὶ κατέπιπτον, καὶ οἱ λοιποὶ δείσαντες ἀνεχώρουν ὀπίσω καὶ ἅτε ἐξαίφνης ἀναστρεφόμενοι αὐτοί τε ἔπταιον καὶ τοὺς οὐραγοῦντας ἀνέτρεπον, ὥστε καὶ ἐς φάραγγα αὐτοὺς βαθεῖαν συνῶσαι. (6) ἐγένετο δὴ τούτων τε καὶ τῶν ἐς τὰς τάφρους πεσόντων φόνος πολὺς ἀναμὶξ ἵππων τε καὶ ἀνδρῶν. ἐν δὲ τῷ θορύβῳ τούτῳ καὶ οἱ μεταξὺ τῆς τε φάραγγος καὶ τῶν τάφρων βαλλόμενοί τε καὶ τοξευόμενοι διεφθείροντο.

---

[23] Il 19 febbraio 197.
[24] Cfr. Herod. 3, 5, 2: «di famiglia cospicua e noto per la generosità dell'animo».

di lui e, senza alcun infingimento, non gli chiese di diventare senatore
a tutti gli effetti; anzi, sebbene avesse potuto essere gratificato con
grandi onori e con la ricchezza, non volle, e passò il resto della sua
esistenza in campagna ricevendo dall'imperatore un piccolo vitalizio.

[6] Ecco come avvenne, presso Lione,[23] lo scontro tra Severo e
Albino: da entrambe le parti c'erano centocinquantamila soldati ed
erano presenti allo scontro ambedue [i comandanti], i quali combattevano per la loro stessa vita, sebbene Severo non fosse mai stato
presente ad altre battaglie. (2) Albino era superiore per nobiltà e per
la formazione ricevuta,[24] mentre il suo rivale prevaleva nella scienza
militare e nell'arte di condurre un esercito. Tuttavia nel corso del primo
scontro[25] avvenne che Albino sconfiggesse Lupo,[26] uno dei comandanti
di Severo, e uccidesse molti dei suoi soldati. Il combattimento che si
svolse in quel frangente ebbe vari aspetti e vari esiti: (3) l'ala sinistra
di Albino, infatti, fu sconfitta e si rifugiò nell'accampamento, mentre
i soldati di Severo che li inseguivano irruppero all'interno, ne fecero
strage e depredarono le tende. Nel frattempo gli uomini di Albino
schierati nell'ala destra, avendo davanti a sé trincee nascoste e fosse
coperte da terra sulla superficie, avanzarono fino a queste ultime e
lanciarono giavellotti da lontano senza però procedere oltre: al contrario, si ritirarono come se fossero in preda alla paura, in modo tale
da indurre gli avversari a inseguirli. (4) Cosa che puntualmente si
verificò: i soldati di Severo, infatti, sprezzanti per il timido attacco
degli avversari e quasi deridendoli per la loro repentina ritirata, mossero all'inseguimento credendo che l'intero spazio che intercorreva
tra le due armate fosse accessibile, e quando raggiunsero le trincee
subirono una terribile rotta. (5) Infatti i primi, non appena si ruppero
le coperture di riporto, caddero nelle fosse, mentre quelli dei ranghi
successivi inciampando su di loro scivolarono e caddero a loro volta.
Tutti gli altri si ritirarono in preda alla paura, e a causa della loro
stessa inversione incespicarono e gettarono la retroguardia in un tale
scompiglio da spingerla in un profondo burrone. (6) Grande fu la
strage di uomini e insieme di cavalli, tanto della retroguardia quanto
di quelli che erano caduti nelle fosse. Inoltre, nel mezzo del tumulto
coloro che si erano trovati a metà tra il burrone e le fosse trovarono

---

[25] Presso *Tinurtium* o *Trivurtium* (*HA Sev.* 11, 1) lungo l'Arar a nord di *Lugdunum*.
[26] Virio Lupo, legato di Britannia, fu uno dei comandanti di Severo nella battaglia
di Lione (cfr. anche *infra* 5, 4). Cfr. A. BIRLEY, *The Fasti of Roman Britain*, Oxford
1981, pp. 149-155.

ἰδὼν δὲ ταῦτα ὁ Σεουῆρος ἐπεκούρησε μὲν αὐτοῖς μετὰ τῶν δορυφόρων, τοσούτου δὲ ἐδέησεν αὐτοὺς ὠφελῆσαι ὥστε καὶ τοὺς δορυφόρους ὀλίγου δεῖν προσαπώλεσε καὶ αὐτὸς τὸν ἵππον ἀποβαλὼν ἐκινδύνευσεν. (7) ὡς δὲ εἶδε φεύγοντας πάντας τοὺς ἑαυτοῦ, τὴν χλαμύδα περιρρηξάμενος καὶ τὸ ξίφος σπασάμενος ἐς τοὺς φεύγοντας ἐσεπήδησεν, ὅπως ἢ αἰσχυνθέντες ὑποστρέψωσιν ἢ καὶ αὐτὸς αὐτοῖς συναπόληται. ἔστησαν γοῦν τινες τοιοῦτον αὐτὸν ἰδόντες καὶ ὑπέστρεψαν, κἂν τούτῳ τοῖς ἐφεπομένοις σφίσιν ἐναντίοι ἐξαίφνης φανέντες συχνοὺς μὲν ἐκείνων ὡς καὶ Ἀλβινείους κατέκοψαν, πάντας δὲ τοὺς ἐπιδιώκοντάς σφας ἔτρεψαν. (8) καὶ αὐτοῖς ἐνταῦθα ἱππεῖς ἐκ πλαγίου οἱ μετὰ τοῦ Λαίτου ἐπιγενόμενοι τὸ λοιπὸν ἐξειργάσαντο. ὁ γὰρ Λαῖτος, ἕως μὲν ἀγχωμάλως ἠγωνίζοντο, περιεωρᾶτο ἐλπίζων ἐκείνους τε ἀμφοτέρους ἀπολεῖσθαι καὶ ἑαυτῷ τὸ κράτος τοὺς λοιποὺς στρατιώτας ἑκατέρωθεν δώσειν, ἐπεὶ δὲ εἶδεν ἐπικρατέστερα τὰ τοῦ Σεουήρου γενόμενα, προσεπελάβετο τοῦ ἔργου.

[7] ὁ μὲν δὴ Σεουῆρος οὕτως ἐνίκησεν, ἡ δὲ δύναμις ἡ τῶν Ῥωμαίων ἰσχυρῶς ἔπταισεν ἅτε ἀμφοτέρωθεν ἀναριθμήτων πεσόντων. καὶ πολλοὶ καὶ τῶν κρατησάντων ὠλοφύραντο τὸ πάθος· (2) τό τε γὰρ πεδίον πᾶν μεστὸν νεκρῶν καὶ ἀνδρῶν καὶ ἵππων ἑωρᾶτο, καὶ αὐτῶν οἱ μὲν τραύμασι πολλοῖς κατακεκομμένοι καὶ οἷα κρεουργηθέντες ἔκειντο, οἱ δὲ καὶ ἄτρωτοι ἐσεσώρευντο, τά τε ὅπλα ἔρριπτο, καὶ τὸ αἷμα πολὺ ἐρρύη, ὥστε καὶ ἐς τοὺς ποταμοὺς ἐσπεσεῖν. (3) ὁ δ᾽ Ἀλβῖνος καταφυγὼν ἐς οἰκίαν τινὰ πρὸς τῷ Ῥοδανῷ κειμένην, ἐπειδὴ πάντα τὰ πέριξ φρουρούμενα ᾔσθετο, ἑαυτὸν ἀπέκτεινε· λέγω γὰρ οὐχ ὅσα ὁ Σεουῆρος ἔγραψεν, ἀλλ᾽ ὅσα ἀληθῶς ἐγένετο. ἰδὼν δ᾽ οὖν τὸ σῶμα αὐτοῦ, καὶ πολλὰ μὲν τοῖς ὀφθαλμοῖς πολλὰ δὲ τῇ γλώττῃ χαρισάμενος, τὸ μὲν ἄλλο ῥιφῆναι ἐκέλευσε, τὴν δὲ κεφαλὴν ἐς τὴν Ῥώμην πέμψας ἀνεσταύρωσεν. (4) ἐφ᾽ οἷς δῆλος γενόμενος ὡς οὐδὲν εἴη οἱ αὐτοκράτορος ἀγαθοῦ, ἔτι

---

[27] La clamide corrisponde a quella che i latini chiamavano *abolla, paludamentum* o *saium*: era il mantello tipico del comandante supremo dell'esercito ed era di colore purpureo.

[28] Tutto il racconto della battaglia di Lione ha un'intonazione filoseveriana e potrebbe derivare dall'*Autobiografia* di Severo menzionata espressamente per la prima volta e dalla quale Dione avverte, qui, di distaccarsi intenzionalmente. Erodiano (3, 7, 3) polemizza con «alcuni autori dell'epoca, che scrissero ispirandosi alla verità e non

la morte sotto la pioggia di proiettili e di frecce. Quando Severo vide ciò, andò loro in soccorso con i pretoriani, ma, lungi dal portare loro aiuto, rischiò di trascinare i primi alla rovina, e lui stesso, perso il cavallo, si trovò in pericolo. (7) Quando vide tutti i suoi uomini in fuga, dopo aver lacerato la clamide[27] e aver sguainato la spada, si diede all'inseguimento dei fuggitivi affinché o essi, presi da vergogna, tornassero al combattimento, o egli medesimo perisse insieme a loro. Effettivamente alcuni, vedendolo in quell'atteggiamento, si fermarono e tornarono indietro: nel corso di questa inversione, trovandosi faccia a faccia con i commilitoni che li stavano seguendo nella ritirata, da una parte uccisero molti di questi scambiandoli per i soldati di Albino, e dell'altra volsero in fuga tutti quelli che li incalzavano. (8) A quel punto i cavalieri agli ordini di Leto balzarono fuori da un lato e decisero le sorti. Leto, infatti, finché la battaglia ebbe esito incerto, era rimasto a osservare nella speranza che ambedue i contendenti perissero e che i soldati sopravvissuti di entrambe le parti conferissero a lui il potere supremo; ma quando vide che le armate di Severo prevalevano, prese parte anch'egli all'impresa.

[7] Così dunque Severo vinse, sebbene la potenza di Roma avesse subìto un duro colpo a causa delle innumerevoli perdite di entrambe le parti. Ci furono anche molti vincitori che ebbero a dolersi di quella catastrofe. (2) Si poteva infatti vedere l'intera pianura coperta dai cadaveri degli uomini e dei cavalli: alcuni di loro giacevano a terra mutilati da molte ferite come se fossero stati macellati, mentre altri, sebbene non feriti, si trovavano ammassati in mucchi. Le armi erano disseminate in giro e il sangue scorreva così copioso da riversarsi addirittura nei fiumi. (3) Albino si rifugiò in una casa in riva al Rodano, e quando si accorse che la zona era interamente circondata, si tolse la vita. Riferisco qui non quello che Severo scrisse,[28] ma ciò che accadde veramente: quando l'imperatore vide il cadavere di Albino, dapprima manifestò grande soddisfazione sia con gli sguardi sia con le parole, poi ordinò che il corpo venisse gettato via, ma non la testa, che fece infilzare su un palo dopo averla fatta mandare a Roma. (4) Da questi

---

all'adulazione» (tra gli autori a cui allude Erodiano bisogna pensare anche allo stesso Cassio Dione?) e afferma che Severo era caduto da cavallo ed era fuggito; soltanto l'arrivo di Leto e delle truppe al suo comando consentì a Severo di rimontare a cavallo e riprendere la battaglia. Per la conoscenza e l'impiego di Dione – da valutare sempre caso per caso – nonché delle fonti contemporanee a Settimio – su cui in particolare Herod. 2, 15, 6 – cfr. GALIMBERTI, *Erodiano e Commodo*, cit., pp. 9-32 e *passim*.

μᾶλλον ἡμᾶς τε καὶ τὸν δῆμον, οἷς ἐπέστειλεν, ἐξεφόβησεν· ἄτε γὰρ παντὸς ἤδη τοῦ ὡπλισμένου κεκρατηκὼς ἐξέχεεν ἐς τοὺς ἀνόπλους πᾶν ὅσον ὀργῆς ἐς αὐτοὺς ἐκ τοῦ πρὶν χρόνου ἠθροίκει. μάλιστα δ' ἡμᾶς ἐξέπληξεν ὅτι τοῦ τε Μάρκου υἱὸν καὶ τοῦ Κομμόδου ἀδελφὸν ἑαυτὸν ἔλεγε, τῷ τε Κομμόδῳ, ὃν πρῴην ὕβριζεν, ἡρωικὰς ἐδίδου τιμάς. [8] πρός τε τὴν βουλὴν λόγον ἀναγινώσκων, καὶ τὴν μὲν Σύλλου καὶ Μαρίου καὶ Αὐγούστου αὐστηρίαν τε καὶ ὠμότητα ὡς ἀσφαλεστέραν ἐπαινῶν, τὴν δὲ Πομπηίου ‹καὶ› Καίσαρος ἐπιείκειαν ὡς ὀλεθρίαν αὐτοῖς ἐκείνοις γεγενημένην κακίζων, ἀπολογίαν τινὰ ὑπὲρ τοῦ Κομμόδου ἐπήγαγε, (2) καθαπτόμενος τῆς βουλῆς ὡς ‹οὐ› δικαίως ἐκεῖνον ἀτιμαζούσης, εἴγε καὶ αὐτῆς οἱ πλείους αἴσχιον βιοτεύουσιν. «εἰ γὰρ τοῦτο ἦν» ἔφη «δεινόν, ὅτι αὐτοχειρίᾳ ἐφόνευεν ἐκεῖνος θηρία, ἀλλὰ καὶ ὑμῶν τις χθὲς καὶ πρῴην ἐν Ὠστίοις, ὑπατευκὼς γέρων, δημοσίᾳ μετὰ πόρνης πάρδαλιν μιμουμένης ἔπαιζεν. (3) ἀλλ' ἐμονομάχει νὴ Δία. ὑμῶν δ' οὐδεὶς μονομαχεῖ; πῶς οὖν καὶ ἐπὶ τί τάς τε ἀσπίδας αὐτοῦ καὶ τὰ κράνη τὰ χρυσᾶ ἐκεῖνα ἐπρίαντό τινες;». ἀναγνοὺς δὲ ταῦτα τριάκοντα μὲν καὶ πέντε ἀπέλυσε τῶν τὰ Ἀλβίνου φρονῆσαι αἰτιαθέντων, (4) καὶ ὡς μηδεμίαν τὸ παράπαν αἰτίαν ἐσχηκόσιν αὐτοῖς προσεφέρετο (ἦσαν δὲ ἐν τοῖς πρώτοις τῆς γερουσίας), ἐννέα δὲ καὶ εἴκοσιν ἀνδρῶν θάνατον κατεψηφίσατο, ἐν οἷς ἄρα καὶ Σουλπικιανὸς ὁ τοῦ Περτίνακος πενθερὸς ἠριθμεῖτο. - Xiph. 304, 22-308, 21 R. St.

[29] L'autoadozione di Severo negli Antonini e la divinizzazione di Commodo furono anteriori e non posteriori alla battaglia di Lione. L'autoadozione si presenta innanzitutto come una risposta al senato; in secondo luogo, ma forse sotto il profilo politico è un aspetto ancor più importante, con l'autoadozione Severo mirava a cancellare le guerre civili del 193 e a stabilire – sebbene in modo fittizio – una continuità dinastica mai interrotta da Marco Aurelio in poi, che era il vero modello a cui guardare (così anche per Cassio Dione, cfr. soprattutto 71, 36, 4). Già su un papiro del settembre 194 (*BGU* 1, 199) Severo assume il nome di *Pius*, il che mostra bene l'intenzione di riallacciarsi agli Antonini.

[30] Su questo discorso cfr. M.T. SCHETTINO, *Cassio Dione e le guerre civili*, cit., pp. 533-558; G. URSO, *Cassius Dio's Sulla: Exemplum of Cruely and Republican Dictator*, in C. HJORT LANGE – J. MAJBOM MADSEN (ed.), *Cassius Dio. Greek Intellectual and Roman Politician*, Leiden-Boston 2016, pp. 13-32.

[31] Ottaviano (poi Augusto), insieme ad Antonio e Lepido, nel novembre del 43 aveva istituito il triumvirato e dato via alle proscrizioni sull'esempio già di Silla una volta divenuto dittatore (82 a.C.); Mario, spalleggiato da Cinna nel consolato del 87, fu protagonista di sanguinose stragi politiche a Roma.

[32] Celeberrima la *clementia Caesaris*; per la *clementia* di Pompeo si veda in particolare Dio 56, 38, 1-5 (discorso funebre di Tiberio in onore di Augusto del 14 d.C.).

fatti appare chiaro che egli non avesse alcuna buona qualità che si addica a un imperatore, e ancor più dal fatto che seminò il terrore tra di noi e il popolo con gli ordini che inviò: infatti, dopo aver sconfitto interamente l'armata avversaria, sfogò contro gli inermi tutto il rancore da tempo represso. Soprattutto ci lasciò perplessi quando si proclamò figlio di Marco e fratello di Commodo, conferendo tra l'altro onori divini a Commodo stesso, che egli fino a poco tempo prima era solito oltraggiare.[29] [8] Mentre stava leggendo un discorso al senato,[30] nel quale lodava la severità e la crudeltà di Silla, di Mario e di Augusto[31] come garanzie della maggior sicurezza [per lo stato] e criticava la clemenza di Pompeo e di Cesare[32] in quanto fonte della loro stessa rovina, introdusse una difesa di Commodo (2) rimproverando il senato di averlo ingiustamente colpito con la *damnatio memoriae*,[33] dal momento che moltissimi senatori vivevano in modo molto più riprovevole. «Se era infatti cosa indegna» disse «che egli uccidesse con le proprie mani delle bestie selvatiche, non c'è stato forse anche uno di voi, un uomo anziano che è stato console, che l'altro ieri a Ostia lottava pubblicamente con una prostituta che fingeva di essere una pantera? (3) Ma Commodo, per Zeus, combatteva come gladiatore![34] E nessuno di voi fa lo stesso? Perché, allora, alcuni di voi hanno comperato i suoi scudi e i suoi elmi d'oro?» Dopo aver letto questo discorso, sebbene avesse assolto trentacinque di coloro che erano accusati di aver parteggiato per Albino e (4) con essi si fosse comportato come se non fossero mai stati imputati di alcuna accusa (erano costoro tra i più influenti del senato),[35] tuttavia condannò a morte ventinove uomini, tra i quali si contava anche Sulpiciano, il suocero di Pertinace.[36]

[33] Il verbo ἀτιμάζω allude qui chiaramente alla decretazione della *damnatio memoriae*: Commodo la subì all'indomani della sua morte il 31 dicembre 192.

[34] Su Commodo gladiatore cfr. Dio 72, 17, 1-2; Herod. 1, 15, 7; *HA Comm.* 15, 3.

[35] Severo era ormai senza rivali e poteva ora dunque procedere alle epurazioni, abbandonando l'atteggiamento di moderazione assunto dopo la vittoria su Nigro. Per *HA Sev.* 13, 1-9 Severo mise a morte quarantadue tra *nobiles* o *summi viri* (su cui G. ALFÖLDY, *Eine Proskriptionsliste in der Historia-Augusta*, in *BHAC 1968-1969*, Bonn 1970, pp. 1-11; ID., *Septimius Severus und der Senat*, «BJ» 168 [1968], pp. 112-160). È stato osservato (LETTA, *La dinastia*, cit., pp. 662-663) che della *factio* albiniana undici senatori provenivano dall'Africa o possedevano grandi proprietà in Africa; qualcuno proveniva dall'Italia, altri ancora erano stati partigiani di Nigro o suoi parenti oppure erano senatori orientali.

[36] Cfr. *supra* 73, 7, 1; 74, 11-12.

(5) ὅτι πάντες μὲν ἐπλάττοντο τὰ Σευήρου φρονεῖν, ἠλέγχοντο δὲ ἐν ταῖς αἰφνιδίοις ἐπαγγελίαις, μὴ δυνάμενοι ἐπικαλύπτειν τὸ ἐν τῇ ψυχῇ κεκρυμμένον· τῆς γὰρ ἀκοῆς ἐξαπίνης αὐτοῖς προσπιπτούσης ἀφυλάκτως ἐκινοῦντο, καὶ ὑπὸ τούτων καὶ ὑπὸ τῆς ὄψεως καὶ τῶν ἠθῶν ὡς ἕκαστοι κατάδηλοι ἐγίνοντο. τινὲς δὲ καὶ ἐκ τοῦ σφόδρα προσποιεῖσθαι πλέον ἐγινώσκοντο. - Petr. Patr. *exc. Vat.* 130 (p. 227 Mai. = p. 210, 19-26 Dind.).

LXXIV [9] (5) ὅτι ὁ Σεουῆρος ἐπεχείρησε τοὺς τιμωρουμένους ὑπ᾽ αὐτοῦ ... τῷ Κλάρῳ τῷ Ἐρυκίῳ μηνυτῇ κατ᾽ αὐτῶν χρήσασθαι, ἵνα τόν τε ἄνδρα διαβάλῃ καὶ τὸν ἔλεγχον ἀξιοχρεώτερον πρός τε τὸ γένος αὐτοῦ καὶ πρὸς τὴν δόξαν ποιεῖσθαι νομισθείη· καὶ τήν γε σωτηρίαν τήν τε ἄδειαν αὐτῷ δώσειν ὑπέσχετο. (6) ἐπεὶ δὲ ἐκεῖνος ἀποθανεῖν μᾶλλον ἢ τοιοῦτόν τι ἐνδεῖξαι εἵλετο, πρὸς τὸν Ἰουλιανὸν ἐτράπετο, καὶ τοῦτον ἀνέπεισεν. καὶ διὰ τοῦτ᾽ αὐτὸν ἀφῆκεν, ὅσον γε μήτ᾽ ἀποκτεῖναι μήτ᾽ ἀτιμάσαι· ταῖς γὰρ δὴ βασάνοις ἰσχυρῶς πάντα ὑπ᾽ αὐτοῦ ἠκρίβωσεν, ἐν οὐδενὶ λόγῳ τὸ ἀξίωμα τὸ τότε αὐτῷ ποιησάμενος. - *Exc. Val.* 344 (p. 737).

LXXV [5] (4) ὅτι διὰ τοὺς Καληδονίους μὴ ἐμμείναντας ταῖς ὑποσχέσεσι, καὶ τοῖς Μαιάταις παρεσκευασμένους ἀμῦναι, διὰ ‹τε› τὸ τότε τὸν Σεουῆρον τῷ παροίκῳ πολέμῳ προσκεῖσθαι, κατηναγκάσθη ὁ Λοῦπος μεγάλων χρημάτων τὴν εἰρήνην παρὰ τῶν Μαιατῶν ἐκπρίασθαι, αἰχμαλώτους τινὰς ὀλίγους ἀπολαβών. - *Exc. U^R* 18 (p. 414).

[9] μετὰ δὲ ταῦτα ὁ Σεουῆρος ἐκστρατεύει κατὰ τῶν Πάρθων·

---

[37] Lacuna nel testo greco.

[38] Caio Giulio Erucio Claro Vibiano, come si evince dall'*excerptum* riportato nella nota 41; aveva rivestito il consolato nel 193.

[39] Didio Giuliano.

[40] È da presumere che fosse un senatore, poiché i senatori non potevano essere sottoposti a tortura.

[41] Cfr. Petr. Patr. *exc. Vat.* 131 (p. 227 Mai. = p. 210, 27-211, 2 Dind.), che l'edizione di Boissevain combina con LXXIV 9: ὅτι Σευῆρος τοὺς βουλευτὰς τοὺς γράψαντας κατ᾽ αὐτοῦ πρὸς Ἀλβῖνον διελέγξαι βουλόμενος ἠβουλήθη καὶ Βιβιανὸν ἄνδρα ὑπατευκότα καὶ τὰ Ἀλβίνου δοκοῦντα φρονεῖν ὑποφθεῖραι, ἵνα τῇ μαρτυρίᾳ αὐτοῦ χρώμενος κατὰ τῶν βουλευτῶν τὴν κατηγορίαν ποιήσῃ. ὁ δὲ εἵλατο σφαγῆναι ἢ πρᾶξαί τι ἐλευθερίας ἀλλότριον. Ἰουλιανὸν οὖν εὑρὼν πρὸς τοῦτο ἀνέπεισε καὶ κατηγόρῳ ἐχρήσατο. «Severo, nell'intenzione di mettere sotto accusa i senatori che avevano scritto ad Albino (mettendosi così contro l'imperatore), volle eliminare anche Vibiano, un ex console sospettato di parteggiare per Albino: con la sua testimonianza avrebbe così esteso l'accusa ai senatori. Ma a un'azione inconciliabile con la *libertas*

96

(5) Tutti fingevano di stare dalla parte di Severo, ma venivano smentiti dalle notizie che giungevano all'improvviso, non essendo in grado di mascherare i sentimenti nascosti in cuor loro. Infatti, quando una diceria li chiamava in causa all'improvviso, essi gettavano la maschera, e tanto a causa di ciò quanto a causa dello sguardo e dell'atteggiamento, ciascuno di loro usciva allo scoperto. Addirittura alcuni, per via del loro atteggiamento eccessivamente simulatorio, furono riconosciuti più facilmente.

LXXIV **[9]** (5) Severo tentò, con coloro che da lui erano stati puniti di ...,[37] [e] di servirsi di Erucio Claro[38] come accusatore contro di loro, nell'intento sia di gettare discredito su quest'ultimo sia di far credere che le sentenze di condanna fossero più credibili se garantite dalla nobiltà e dalla reputazione di un uomo del suo rango, e aveva così promesso di concedergli la salvezza e l'impunità. (6) Ma poiché questi preferì morire piuttosto che prestarsi a simili denunce, egli si rivolse a Giuliano[39] e lo persuase a prendere quell'incarico: in cambio di questo servigio lo lasciò libero senza condannarlo a morte o colpirlo con l'indegnità: tuttavia verificò scrupolosamente tutte le sue rivelazioni dopo averlo sottoposto a tortura, senza alcun riguardo per il rango[40] che egli a quel tempo portava.[41]

LXXV **[5]** (4) Poiché i Caledoni[42] avevano violato le promesse fatte e si disponevano a difendere i Meati,[43] e a causa del fatto che Severo era a quel tempo impegnato nella guerra nelle terre vicine, Lupo[44] fu costretto a comprare la pace dai Meati pagando molto denaro, in cambio del quale ricevette un numero esiguo di ostaggi.

[9] Successivamente Severo mosse guerra contro i Parti,[45] i quali,

---

Vibiano preferì la condanna a morte. Severo, allora, ingaggiato Giuliano, lo persuase a svolgere quell'incarico e se ne servì come accusatore.»

[42] Popolazione britannica stanziata nelle zone dell'attuale Scozia.

[43] Tribù britannica stanziata non lontano dal Vallo di Adriano.

[44] Su Virio Lupo cfr. *supra* 6, 2 e nota.

[45] La campagna in Mesopotamia, che diede inizio alla cosiddetta seconda guerra partica di Settimio Severo, ebbe inizio presumibilmente nella tarda estate del 197. Mentre Severo era impegnato in occidente con Clodio Albino, i Parti avevano invaso la provincia romana d'Osroene affidata a Valerio Valeriano.

Secondo *HA Sev*. 15, 1 la campagna partica fu intrapresa da Severo per puro desiderio di gloria: *erat sane in sermone vulgari Parthicum bellum adfectare Septimium Severum gloriae cupiditate, non aliqua necessitate deductum*. In realtà i preparativi furono massicci, dal momento che sin dal 196 Severo aveva iniziato ad arruolare tre nuove legioni *Parthicae*. Cfr. Herod. 3, 14, 6 e M.P. SPEIDEL, *Severiana as a Title for Army Units and the Three Legiones Parthicae of Septimius Severus*, «PACA» 17 (1983), pp. 118-123.

ἀσχολουμένου γὰρ αὐτοῦ ἐς τοὺς ἐμφυλίους πολέμους ἐκεῖνοι ἀδείας λαβόμενοι τήν τε Μεσοποταμίαν εἷλον, στρατεύσαντες παμπληθεί, καὶ μικροῦ καὶ τὴν Νίσιβιν ἐχειρώσαντο, εἰ μὴ Λαῖτος αὐτήν, πολιορκούμενος ἐν αὐτῇ, διεσώσατο. (2) καὶ ἀπ' αὐτῆς ἐπὶ πλεῖον ἐδοξάσθη, ὧν καὶ ἐς τὰ ἄλλα καὶ τὰ ἴδια καὶ τὰ δημόσια καὶ ἐν τοῖς πολέμοις καὶ ἐν τῇ εἰρήνῃ ἄριστος. ἀφικόμενος δὲ ἐς τὴν προειρημένην Νίσιβιν ὁ Σεουῆρος ἐνέτυχε συῒ μεγίστῳ· ἱππέα τε γὰρ ἔκτεινεν ὁρμήσας καταβαλεῖν αὐτὸν πειρώμενον καὶ τῇ ἑαυτοῦ ἰσχύι θαρρήσαντα, μόλις δὲ ὑπὸ πολλῶν στρατιωτῶν συλληφθείς τε καὶ σφαγείς, τριάκοντα τὸν ἀριθμὸν ὄντων τῶν συλλαβόντων αὐτόν, τῷ Σεουήρῳ προσεκομίσθη. (3) τῶν δὲ Πάρθων οὐ μεινάντων αὐτὸν ἀλλ' οἴκαδε ἀναχωρησάντων (ἦρχε δὲ αὐτῶν Οὐολόγαισος, οὗ ἀδελφὸς συνῆν τῷ Σεουήρῳ) πλοῖα κατασκευάσας ὁ Σεουῆρος ἐν τῷ Εὐφράτῃ, καὶ πλέων τε καὶ βαδίζων παρ' αὐτόν, διὰ τὸ εἶ- ναι λίαν ὀξύτατα καὶ ταχινὰ καὶ εὖ ἐσταλμένα (τῆς παρὰ τὸν Εὐφράτην ὕλης καὶ τῶν ἐκεῖσε χωρίων ἄφθονον διδούσης αὐτῷ τὴν τῶν ξύλων χορηγίαν) τὰ κατασκευασθέντα, ταχέως τήν τε Σελεύκειαν καὶ τὴν Βαβυλῶνα ἐκλειφθείσας ἔλαβε. (4) καὶ μετὰ τοῦτο καὶ τὴν Κτησιφῶντα ἑλὼν ἐκείνην τε πᾶσαν διαρπάσαι τοῖς στρατιώταις ἐφῆκε, φόνον τε ἀνθρώπων πλεῖστον εἰργάσατο, καὶ ζῶντας ἐς δέκα μυριάδας εἷλεν. οὐ μέντοι οὔτε τὸν Οὐολόγαισον ἐπεδίωξεν οὔτε τὴν Κτησιφῶντα κατέσχεν, ἀλλ' ὥσπερ ἐπὶ τοῦτο μόνον ἐστρατευκὼς ἵν' αὐτὴν διαρπάσῃ ᾤχετο, τὸ μὲν ἀγνωσίᾳ τῶν χωρίων τὸ δ' ἀπορίᾳ τῶν ἐπιτηδείων. (5) ὑπέστρεψε δὲ καθ' ἑτέραν ὁδόν· τά τε γὰρ ξύλα καὶ ὁ χόρτος ὁ ἐν τῇ προτέρᾳ εὑρεθεὶς κατανάλωτο· καὶ οἱ μὲν αὐτῷ τῶν στρατιωτῶν πεζῇ ἄνω παρὰ τὸν Τίγριν, οἱ δὲ καὶ ἐπὶ πλοίων ἀνεπορεύθησαν. - Xiph. 308, 21-309, 17 R. St., *Exc. Val.* 345 (p. 737).

---

[46] Il carattere aneddotico dell'episodio relativo all'eroismo di Severo fa pensare che Dione l'abbia tratto dall'*Autobiografia* dell'imperatore.

[47] Artabano V, fratello di Vologese VI, si trovava con Severo, secondo la prassi romano-partica che prevedeva che i giovani futuri re di Partia soggiornassero come ostaggi a Roma.

[48] La capitale dei Parti. Il *Feriale Duranum* (1, 14-16), vale a dire il calendario delle festività di Doura Europos in Siria, attesta che il 28 gennaio 198, in seguito alla presa di Ctesifonte, Severo ottenne l'undicesima acclamazione imperatoria e assunse il

approfittando dell'impunità derivante dal fatto che l'imperatore era impegnato nelle guerre civili, avevano invaso la Mesopotamia con una spedizione in grandi forze: poco mancò che s'impossessassero anche di Nisibi, se Leto, che là si trovava assediato, non l'avesse tratta in salvo. (2) Il suo prestigio ne uscì ulteriormente accresciuto, sebbene la sua eccellenza fosse di per sé già nota in altre attività, sia private sia pubbliche, tanto in tempo di pace quanto in tempo di guerra. Quando giunse a Nisibi, per l'appunto, Severo s'imbatté in un enorme cinghiale: esso aveva caricato e ucciso un cavaliere che, confidando nella propria forza, stava tentando di abbatterlo. Catturato a stento e ucciso da molti soldati – furono in trenta a partecipare alla sua cattura –, fu portato da Severo.[46] (3) Poiché i Parti, non aspettandosi il suo arrivo, erano tornati entro i loro confini (erano guidati da Vologese, il cui fratello si trovava con Severo),[47] egli, dopo aver costruito delle imbarcazioni sull'Eufrate, in parte navigando in parte camminando lungo di esso, occupò celermente Seleucia e Babilonia, le quali erano state abbandonate: le navi, infatti, erano agili, veloci e ben costruite (dato che la foresta lungo l'Eufrate e le regioni circostanti gli fornivano un'abbondante quantità di legname). (4) In seguito, catturata anche Ctesifonte,[48] la lasciò interamente saccheggiare ai soldati e fece una grandissima strage di uomini, catturando vivi circa centomila prigionieri.[49] Tuttavia non si lanciò all'inseguimento di Vologese, né tenne sotto presidio Ctesifonte, ma, come se avesse intrapreso la campagna con il solo scopo di mettere al sacco quest'ultima, partì, in parte per la scarsa conoscenza che aveva di quei luoghi e in parte per la mancanza di approvvigionamenti. (5) Tornò indietro per un'altra via, poiché il legname e il foraggio reperiti durante il viaggio precedente erano esauriti; alcuni soldati fecero ritorno a piedi risalendo la corrente del Tigri, altri sulle imbarcazioni.

titolo di *Parthicus maximus*; Caracalla divenne *Augustus* e Geta *Caesar*. Il 28 gennaio 198 era il centesimo anniversario del *dies imperii* di Traiano, nonché l'ottantaduesimo anniversario della sua *victoria Parthica*. «Con uno studiato calcolo propagandistico, Severo si presentava dunque come il nuovo Traiano con cui culminava il secolo degli Antonini, e nel segno della *renovatio temporum* additava il figlio Caracalla come colui che inaugurava un nuovo *saeculum*» (LETTA, *La dinastia*, cit., p. 664); J. GUEY, *28 janvier 98 – 28 janvier 198 ou le siècle des Antonins*, «REA» 50 (1948), pp. 60-70.

[49] La cifra, per quanto elevata possa sembrare, non è smentita da altre fonti.

[10] καὶ μετὰ τοῦτο ὁ Σεουῆρος τὴν Μεσοποταμίαν διαβὰς ἐπειράθη μὲν καὶ τῶν Ἄτρων οὐ πόρρω ὄντων, ἐπέρανε δ᾽ οὐδέν, ἀλλὰ καὶ τὰ μηχανήματα κατεκαύθη καὶ στρατιῶται συχνοὶ μὲν ἀπώλοντο πάμπολλοι δὲ καὶ ἐτρώθησαν. ἀπανέστη οὖν ἀπ᾽ αὐτῶν καὶ ἀνέζευξεν ὁ Σεουῆρος. (2) ἐν ᾧ δὲ ἐπολέμει, δύο ἄνδρας τῶν ἐπιφανῶν ἀπέκτεινεν, Ἰούλιον Κρίσπον χιλιαρχοῦντα τῶν δορυφόρων, ὅτι ἀχθεσθεὶς τῇ τοῦ πολέμου κακώσει ἔπος τι τοῦ Μάρωνος τοῦ ποιητοῦ παρεφθέγξατο, ἐν ᾧ ἐνῆν στρατιώτης τις τῶν μετὰ Τούρνου τῷ Αἰνείᾳ ἀντιπολεμούντων ὀδυρόμενος καὶ λέγων ὅτι «ἵνα δὴ τὴν Λαουινίαν ὁ Τοῦρνος ἀγάγηται, ἡμεῖς ἐν οὐδενὶ λόγῳ παραπολλύμεθα». καὶ τὸν κατηγορήσαντα αὐτοῦ στρατιώτην Οὐαλέριον χιλίαρχον ἀντ᾽ αὐτοῦ ὁ Σεουῆρος ἀπέδειξεν. (3) ἀπέκτεινε δὲ καὶ τὸν Λαῖτον, ὅτι τε φρόνημα εἶχε καὶ ὅτι ὑπὸ τῶν στρατιωτῶν ἠγαπᾶτο καὶ οὐκ ἄλλως στρατεύσειν ἔλεγον, εἰ μὴ Λαῖτος αὐτῶν ἡγοῖτο. καὶ τούτου τὸν φόνον, διότι οὐκ εἶχε φανερὰν αἰτίαν εἰ μὴ τὸν φθόνον, τοῖς στρατιώταις προσῆπτεν ὡς παρὰ γνώμην αὐτοῦ τοῦτο τετολμηκόσιν.

[11] αὐτὸς δὲ πάλιν ἐπὶ τὰ Ἄτρα ἐστράτευσε, πολλὰ μὲν σιτία παρασκευάσας πολλὰ δὲ καὶ μηχανήματα ἑτοιμασάμενος· καὶ γὰρ δεινὸν ἐποιεῖτο, τῶν ἄλλων κεχειρωμένων, μόνην ταύτην ἐν μέσῳ κειμένην ἀντέχειν. καὶ ἀπώλεσε καὶ χρήματα πλεῖστα καὶ τὰ μηχανήματα πάντα, πλὴν τῶν Πρισκείων, ὡς ἀνωτέρω ἔφην, καὶ σὺν τούτοις καὶ στρατιώτας πολλούς. (2) συχνοὶ μὲν γὰρ καὶ ἐν ταῖς προνομαῖς ἐφθείροντο, τῆς βαρβαρικῆς ἵππου (φημὶ δὴ τῆς τῶν Ἀραβίων) πανταχοῦ ὀξέως τε καὶ σφοδρῶς ἐπιπιπτούσης αὐτοῖς· καὶ οἱ Ἀτρηνοὶ ἐξικνοῦντο μὲν καὶ ταῖς τοξείαις ἐπὶ μακρότατον (καὶ γὰρ ἐκ μηχανῶν βέλη τινὰ ἐξέκρουον, (3) ὥστε πολλοὺς καὶ τῶν τοῦ Σεουήρου ὑπασπιστῶν βαλεῖν, σύνδυό τε αὐτῶν βέλη ὑπὸ τὴν αὐτὴν ῥύμην ἱέντων, πολλαῖς τε ἅμα χερσὶ καὶ πολλοῖς

---

[50] Due furono gli assedi di Hatra da parte di Severo: il primo avvenne nel febbraio o marzo 198, il secondo – su cui cfr. *infra* cap. 11 – nell'autunno del 198.

[51] Cfr. *supra* 74, 11, 2.

[52] Personaggio menzionato solo da Cassio Dione.

[53] Marone altri non è che Publio Virgilio Marone, cioè Virgilio. La citazione riprende *Aen.* 11, 371-3 (*Scilicet, ut Turno contingat regia coniunx / nos, animae viles, inhumata infletaque turba, / sternamur campis*): a parlare è Drance, un vecchio cortigiano latino che si oppone a Turno, l'antagonista di Enea; essendo fautore di un accordo di pace tra

[10] In seguito Severo, attraversata la Mesopotamia, tentò la conquista di Hatra,[50] che si trovava non lontana, ma non realizzò alcunché: anzi, le sue macchine d'assedio furono bruciate,[51] molti soldati vennero uccisi e un gran numero feriti; tolse perciò l'assedio e levò il campo. (2) Mentre stava combattendo questa guerra mandò a morte due illustri personaggi: dapprima il tribuno dei pretoriani Giulio Crispo,[52] poiché, sconfortato dai disastri della guerra, aveva citato alcuni versi del poeta Marone, nei quali uno dei soldati di Turno che combatteva contro Enea si lamentava dicendo: «Affinché Turno sposi Lavinia, noi periremo sprezzati».[53] Severo nominò tribuno al suo posto Valerio, il soldato che lo aveva messo sotto accusa. (3) Mandò poi a morte anche Leto[54] perché era ambizioso ed era amato dai soldati, i quali affermavano che non erano disposti ad andare in guerra se non li conduceva Leto stesso. Fece in modo che la responsabilità dell'uccisione di lui ricadesse sui soldati, poiché in realtà non aveva altra ragione manifesta se non la sua personale invidia, lasciando intendere che essi avessero osato perpetrare quel delitto contro la sua volontà.

[11] Dopo aver preparato una grande quantità di vettovaglie e dopo aver disposto molte macchine per l'assedio, egli condusse di nuovo l'esercito conto Hatra,[55] dal momento che era un ostacolo il fatto che essa, in seguito alla sottomissione delle altre città, fosse l'unica a opporgli resistenza nel bel mezzo della regione. Perse moltissimo denaro e tutte le macchine, tranne, come ho già detto in precedenza,[56] quelle costruite da Prisco, e, insieme a queste, molti soldati. (2) Numerosi, infatti, furono uccisi durante le scorrerie, poiché la cavalleria dei barbari (intendo dire quella degli Arabi) si era ovunque abbattuta velocemente e furiosamente su di loro; inoltre, gli Hatreni tramite gli arcieri giungevano a bersaglio da una lunghissima distanza dal momento che lanciavano i proiettili per mezzo di macchinari, (3) colpendo anche molti dei reparti armati[57] di Severo: con la stessa carica scagliavano due dardi e, contemporaneamente, per mezzo di molte mani e di molti archi ne gettavano altri. Ma inflissero

---

gli Italici e i Troiani, vede nel desiderio di Turno di sposare Lavinia – la principessa latina promessa sposa di Enea – la rovina delle popolazioni italiche.

[54] Giulio Leto. Cfr. *supra* 2, 3; 3, 2; 6, 8; 9, 1.

[55] Nell'autunno del 198.

[56] Cfr. *supra* 74, 11, 2.

[57] ὑπασπιστής vale propriamente «scudiero», «armigero». Sono da identificare molto probabilmente con i cosiddetti *corporis custodes* dell'imperatore.

τοξεύμασι βαλλόντων), πλεῖστον δὲ ὅμως ἐκάκωσαν αὐτοὺς ἐπειδὴ τῷ τείχει προσέμιξαν, καὶ πολὺ πλεῖον ἐπεὶ καὶ διέρρηξάν τι αὐτοῦ· (4) τά τε γὰρ ἄλλα καὶ τὸ νάφθα τὸ ἀσφαλτῶδες ἐκεῖνο, περὶ οὗ ἄνω μοι γέγραπται, ἀφιέντες σφίσι τά τε μηχανήματα καὶ τοὺς στρατιώτας πάντας, οἷς ἐπεβλήθη, κατέπρησαν. καὶ αὐτὰ ὁ Σεουῆρος ἀπὸ βήματος ὑψηλοῦ ἐθεώρει. [12] πεσόντος δέ πη τοῦ ἔξωθεν περιβόλου, καὶ τῶν στρατιωτῶν πάντων προθυμουμένων ἐς τὸν λοιπὸν ἐσβιάσασθαι, ἐκώλυσεν αὐτοὺς ὁ Σεουῆρος τοῦτο πρᾶξαι, τορῶς πανταχόθεν τὸ ἀνακλητικὸν σημανθῆναι κελεύσας· (2) δόξα τε γὰρ τοῦ χωρίου ὡς καὶ πάμπολλα τά τε ἄλλα χρήματα καὶ τὰ τοῦ Ἡλίου ἀναθήματα ἔχοντος μεγάλη ἦν, καὶ προσεδόκησεν ἐθελοντὶ τοὺς Ἀραβίους, ἵνα μὴ βίᾳ ἁλόντες ἀνδραποδισθῶσιν, ὁμολογήσειν. (3) μίαν γοῦν διαλιπὼν ἡμέραν, ὡς οὐδεὶς αὐτῷ ἐπεκηρυκεύσατο, προσέταξεν αὖθις τοῖς στρατιώταις τῷ τείχει, καίπερ ἀνοικοδομηθέντι νυκτός, προσβαλεῖν· καὶ αὐτῷ τῶν μὲν Εὐρωπαίων τῶν δυναμένων τι κατεργάσασθαι οὐδεὶς ἔτ᾽ ὀργῇ ὑπήκουσεν, ἕτεροι δὲ δὴ Σύροι ἀναγκασθέντες ἀντ᾽ αὐτῶν προσβαλεῖν κακῶς ἐφθάρησαν. (4) καὶ οὕτω θεὸς ὁ ῥυσάμενος τὴν πόλιν τοὺς μὲν στρατιώτας δυνηθέντας ἂν ἐς αὐτὴν ἐσελθεῖν διὰ τοῦ Σεουήρου ἀνεκάλεσε, καὶ τὸν Σεουῆρον αὖ βουληθέντα αὐτὴν μετὰ τοῦτο λαβεῖν διὰ τῶν στρατιωτῶν ἐκώλυσεν. (5) οὕτως γοῦν ὁ Σεουῆρος ἐπὶ τούτοις διηπορήθη ὥστε τινὸς τῶν ἀμφ᾽ αὐτὸν ὑποσχομένου αὐτῷ ἐάν γε αὐτῷ δώσῃ πεντακοσίους καὶ πεντήκοντα μόνους τῶν Εὐρωπαίων στρατιωτῶν, ἄνευ τοῦ τῶν ἄλλων κινδύνου τὴν πόλιν ἐξαιρήσειν, ἔφη πάντων ἀκουόντων «καὶ πόθεν τοσούτους στρατιώτας ἔχω;» πρὸς τὴν ἀπείθειαν τῶν στρατιωτῶν τοῦτο εἰπών.
- Xiph. 369, 17-311, 5 R. St.

[13] εἴκοσι δ᾽ οὖν ἡμέρας τῇ πολιορκίᾳ προσεδρεύσας ἐς τὴν Παλαιστίνην μετὰ τοῦτο ἦλθε καὶ τῷ Πομπηίῳ ἐνήγισε, καὶ ἐς τὴν Αἴγυπτον τὴν ἄνω διὰ τοῦ Νείλου ἀνέπλευσε καὶ εἶδε πᾶσαν αὐτὴν πλὴν βραχέων· οὐ γὰρ ἠδυνήθη πρὸς τὰ τῆς Αἰθιοπίας μεθόρια διὰ

---

[58] Cfr. Dio 36, 1ᵇ-2: ἀσφαλτῶδες δὲ τὸν φάρμακον τοῦτο, καὶ διάπυρον οὕτως ὥσθ᾽ ὅσοις ἂν προσμίξῃ, πάντως αὐτὰ κατακαίειν, οὐδ᾽ ἀποσβέννυται ὑπ᾽ οὐθενὸς ὑγροῦ ῥᾳδίως («questa è una sostanza bituminosa così infiammabile che brucia completamente tutto ciò con cui viene a contatto, e difficilmente è estinguibile dall'acqua»).

ai soldati di Severo i danni più gravi quando questi si avvicinarono
alle mura, e ancora maggiori quando ne abbatterono una parte: (4)
infatti, gettando su di loro, tra le altre cose, la nafta – quel bitume
di cui ho scritto in precedenza –,[58] bruciarono le macchine e tutti i
soldati sui quali essa si riversò. Severo, intanto, osservava gli eventi
da una piattaforma rialzata. **[12]** Quando una parte del muro esterno
crollò in un punto e tutti i soldati vollero fare irruzione contro la
parte restante, Severo lo impedì loro e ordinò che venisse suonato il
segnale di ritirata in modo che si sentisse ovunque con chiarezza. (2)
Era infatti credenza assodata che in quel luogo si trovavano, tra le
altre numerose ricchezze, anche le offerte dedicate al Sole, ed egli si
aspettava che gli Arabi, per evitare di essere catturati e fatti schiavi,
sarebbero venuti a patti di loro spontanea volontà. (3) Avendo quindi
lasciato passare un giorno, poiché nessuno giunse da lui per trattare la
resa, ordinò ai soldati di dare nuovamente l'assalto al muro, sebbene
questo fosse stato ricostruito durante la notte; tuttavia, a causa dello
sdegno, nessuno degli Europei[59] che erano in grado di fare qualcosa
gli obbedì, mentre gli altri, i Siri,[60] dopo essere stati costretti ad
attaccare al loro posto, furono disastrosamente messi in rotta. (4)
Così un dio, che salvò la città, dapprima tramite Severo richiamò i
soldati che avrebbero potuto penetrare in essa, poi tramite i soldati
impedì a Severo, che in seguito voleva impossessarsene, di prenderla.
(5) A causa di questa situazione Severo si trovò così in difficoltà che
quando uno dei suoi luogotenenti gli promise che se gli avesse dato
solo cinquecentocinquanta soldati europei avrebbe preso la città senza
mettere in pericolo gli altri, esclamò, mentre tutti stavano ascoltando:
«Dove trovo così tanti soldati?», alludendo proprio alla disobbedienza
di quei soldati medesimi.

[13] Dopo aver tenuto sotto assedio la città per venti giorni, egli
passò in Palestina, dove rese onori funebri a Pompeo;[61] di lì fece
vela lungo il Nilo in direzione dell'alto Egitto, che, a eccezione di
pochi luoghi, visitò interamente: non poté infatti attraversare i confini

---

[59] Le legioni di Severo, il cui nerbo proveniva dalla Tracia e dall'Illirico, cioè dalle
regioni danubiane. Sulla superiorità degli eserciti illirici insiste con forza Erodiano
(2, 10, 8). Cfr. G. ZECCHINI, *L'idea di Europa nella cultura del tardo impero*, «CISA»
12 (1986), pp. 160-173; soprattutto pp. 160-163.

[60] Sull'incostanza e la scarsa affidabilità dei Siri cfr. Herod. 2, 10, 7.

[61] La cui tomba si trovava a Pelusio. Cfr. T. PEKÁRY, *Das Grab des Pompeius*, *BHAC
1970*, Bonn 1972, pp. 195-198.

λοιμώδη νόσον ἐσβαλεῖν. (2) καὶ ἐπολυπραγμόνησε πάντα καὶ τὰ πάνυ κεκρυμμένα· ἦν γὰρ οἷος μηδὲν μήτε ἀνθρώπινον μήτε θεῖον ἀδιερεύνητον καταλιπεῖν· κἀκ τούτου τά τε βιβλία πάντα τὰ ἀπόρρητόν τι ἔχοντα, ὅσα γε καὶ εὑρεῖν ἠδυνήθη, ἐκ πάντων ὡς εἰπεῖν τῶν ἀδύτων ἀνεῖλε καὶ τὸ τοῦ Ἀλεξάνδρου μνημεῖον συνέκλεισεν, ἵνα μηδεὶς ἔτι μήτε τὸ τούτου σῶμα ἴδῃ μήτε τὰ ἐν ἐκείνοις γεγραμμένα ἀναλέξηται. - Xiph. 311, 5-14 R. St., et *Exc. Val.* 346 (p. 737) = Suid. *s.vv.* Σεβῆρος σοφιστὴς Ῥωμαῖος (unde *s.v.* οἷος et ἀναλεξάμενος).

(3) καὶ ὁ μὲν ταῦτ' ἐποίει· ἐγὼ δὲ τὰ μὲν ἄλλα τῆς Αἰγύπτου οὐδὲν δέομαι γράφειν, ὃ δὲ δὴ περὶ τοῦ Νείλου πολλαχόθεν ἀκριβώσας ἔχω, δικαιότατός εἰμι εἰπεῖν. ἐκ γὰρ τοῦ Ἄτλαντος τοῦ ὄρους σαφῶς ἀναδίδοται. τοῦτο δέ ἐστιν ἐν τῇ Μακεννίτιδι παρ' αὐτῷ τῷ ὠκεανῷ πρὸς ἑσπέραν, καὶ ὑπεραίρει πολὺ πλεῖστον ἁπάντων ὀρῶν, ὅθεν οἱ ποιηταὶ κίονα αὐτὸν τοῦ οὐρανοῦ εἶναι ἔφησαν· οὔτε γὰρ ἀνέβη ποτέ τις ἐπ' ἄκρον αὐτοῦ οὔτε τὰς κορυφὰς αὐτοῦ εἶδε. (4) χιόνος τε οὖν ἀεὶ διὰ ταῦτα πεπλήρωται, καὶ τὸ ὕδωρ ἐξ αὐτῆς παμπληθὲς ὑπὸ τὸ θέρος ἀφίησιν. ἔστι μὲν γὰρ καὶ ἄλλως ἑλώδη πάντα τὰ περὶ τοὺς πρόποδας αὐτοῦ, τότε δὲ ἐπὶ μᾶλλον πληθύνεται, καὶ ἐκ τούτου τὸν Νεῖλον τὴν ὡραίαν ἐπαύξει· πηγὴ γάρ ἐστιν αὐτοῦ, ὥσπερ που καὶ τοῖς κροκοδείλοις καὶ ἄλλοις ἑκατέρωθι ὁμοίως γεννωμένοις τεκμηριοῦται. (5) καὶ θαυμάσῃ μηδεὶς εἰ τὰ τοῖς ἀρχαίοις Ἕλλησιν ἄγνωστα ἐξηυρήκαμεν· πλησίον γὰρ οἱ Μακεννῖται τῇ Μαυριτανίᾳ τῇ κάτω οἰκοῦσι, καὶ πολλοὶ τῶν ἐκεῖ στρατευομένων καὶ πρὸς τὸν Ἄτλαντα ἀφικνοῦνται.

[14] τοῦτο μὲν οὕτως ἔχει, Πλαυτιανὸς δὲ παραδυναστεύων τῷ Σεουήρῳ καὶ τὴν ἐπαρχικὴν ἔχων ἐξουσίαν, πλεῖστά τε ἀνθρώπων καὶ μέγιστα δυνηθείς, πολλοὺς μὲν τῶν ἐλλογίμων ἀνδρῶν καὶ ὁμοτίμων αὐτῷ ἐθανάτωσε .... - Xiph. 311, 14-32 R. St.

(2) ὅτι ὁ Πλαυτιανὸς τὸν Αἰμίλιον Σατορνῖνον ἀποκτείνας

---

[62] Ad Alessandria d'Egitto. Su quest'episodio e sul suo significato anche per la biografia di Caracalla cfr. A. HARKER, *Loyalty and Dissidence in Roman Egypt. The Case of the Acta Alexandrinorum*, Cambridge 2008, pp. 130-140.

[63] Regione meridionale della Mauritania Tingitana. Le pendici dell'Atlante sono in effetti in prossimità delle coste che si affacciano sull'oceano Atlantico (cfr. *infra* § 5).

[64] Gaio Fulvio Plauziano, di rango equestre, fu prefetto del pretorio tra il 197 e il 205. Plauziano era, come Severo, originario di *Leptis* ed era probabilmente imparentato con l'imperatore per via materna (BERSANETTI, *Il padre, la madre*, cit., pp. 28-43). Le stragi a cui allude Dione potrebbero essere quelle ai danni dei partigiani di Nigro con le quali Plauziano fece il suo «esordio» al fianco di Severo (*HA Sev.* 15, 4). Tra

dell'Etiopia a causa di una pestilenza. (2) Indagò su tutto, anche su ciò che era ben nascosto: era infatti un uomo tale da non rinunciare a esaminare alcunché, umano o divino che fosse. Perciò sottrasse da quasi ogni sacrario tutti i libri che riuscì a trovare tra quelli che contenevano le dottrine arcane, e li rinchiuse nella tomba di Alessandro[62] affinché nessuno vedesse più la sua salma e non leggesse quanto era scritto in quei libri.

(3) Questo è quanto egli fece. Non è poi necessario che io scriva altre notizie riguardanti l'Egitto, sebbene a buon diritto possa riferire quello che ho appreso riguardo al Nilo in seguito alle accurate osservazioni che ho condotto. Esso sgorga chiaramente dal monte Atlante, che si trova in Macennitide, a ovest, vicino all'oceano stesso,[63] e svetta di gran lunga su tutte le montagne: è questa la ragione per la quale i poeti dissero che esso è il pilastro del cielo. Nessuno, infatti, ha mai raggiunto la sua vetta, né alcuno ha mai visto la sua sommità. (4) Perciò è coperto da nevi perenni, dalle quali in estate si riversa una grande quantità d'acqua. Le zone che si estendono alle sue pendici sono interamente paludose e in questa stagione diventano ancora più estese, provocando l'ingrossamento del Nilo durante la stagione primaverile: è proprio questa la sorgente del fiume, come è provato dai coccodrilli e dagli altri animali che ugualmente nascono nell'uno e nell'altro luogo. (5) Né per questo ci si deve meravigliare se abbiamo fatto delle scoperte ignote agli antichi Greci: i Mecenniti, infatti, abitano vicino alla Mauretania inferiore, e molti di coloro che militano in quelle zone giungono fino all'Atlante.

[14] Queste sono dunque le notizie [riguardanti il Nilo]. Intanto Plauziano, che godeva grande autorità presso Severo, rivestiva la carica di prefetto del pretorio e aveva il potere più vasto e più grande di tutti, mandò a morte molti uomini illustri del suo stesso rango.[64]

(2) Dopo aver ucciso Emilio Saturnino,[65] Plauziano escluse da tutti

---

le vittime illustri va annoverato senz'altro Tiberio Claudio Candido, che, dopo essere stato uno dei *legati* di spicco di Severo durante la guerra civile (cfr. *supra* 74, 6, 5 e 75, 2, 3), era divenuto *legatus* di Pannonia. Sulla figura di Plauziano cfr. Herod. 3, 10, 6; F. GROSSO, *Ricerche su Plauziano e gli avvenimenti del suo tempo*, «RAL» 23 (1968), pp. 7-58; L. CALDELLI, *La titolatura di Plauziano*, «ZPE» 178 (2011), pp. 261-272.

[65] Nel 199. Quinto Emilio Saturnino era stato prefetto d'Egitto; poi fu affiancato per brevissimo tempo – prima di essere ucciso – a Plauziano come prefetto del pretorio. La prefettura d'Egitto, accanto alla prefettura del pretorio, rappresentava uno dei due vertici della carriera equestre.

τῶν ἄλλων τῶν μετ᾽ αὐτῶν ἀρξάντων τοῦ δορυφορικοῦ πάντα τὰ ἰσχυρότατα περιέκοψεν, ὅπως μηδεὶς φρόνημα ἀπὸ τῆς προστασίας αὐτῶν σχὼν τῇ τῶν σωματοφυλάκων ἡγεμονίᾳ ἐφεδρεύσῃ· ἤδη γὰρ οὐχ ὅπως μόνος ἀλλὰ καὶ ἀθάνατος ἔπαρχος εἶναι ἤθελεν. (3) ἐπεθύμει τε πάντων καὶ πάντα παρὰ πάντων ᾔτει καὶ πάντα ἐλάμβανε, καὶ οὔτε ἔθνος οὐδὲν οὔτε πόλιν οὐδεμίαν ἀσύλητον εἴασεν, ἀλλὰ πάντα δὴ πανταχόθεν ἥρπαζε καὶ συνεφόρει· καὶ πολὺ πλείονα αὐτῷ ἢ τῷ Σεουήρῳ ἅπαντες ἔπεμπον. καὶ τέλος ἵππους Ἡλίῳ ⟨ἱεροὺς⟩ τιγροειδεῖς ἐκ τῶν ἐν τῇ Ἐρυθρᾷ θαλάσσῃ νήσων, πέμψας ἑκατοντάρχους, ἐξέκλεψεν· (4) ἐν γὰρ τοῦτο εἰπὼν πᾶσαν αὐτοῦ καὶ τὴν περιεργίαν καὶ τὴν ἀπληστίαν δεδηλωκέναι νομίζω. καίτοι καὶ ἐκεῖνο προσθήσω, ὅτι ἀνθρώπους ἑκατὸν εὐγενεῖς Ῥωμαίους ἐξέτεμεν οἴκοι, καὶ τοῦτο οὐδεὶς ἡμῶν πρὸ τοῦ τελευτῆσαι αὐτὸν ᾔσθετο· πᾶσαν γὰρ ἐκ τούτου τήν τε παρανομίαν αὐτοῦ καὶ ἐξουσίαν ἄν τις καταμάθοι. ἐξέτεμε δὲ οὐ παῖδας μόνον οὐδὲ μειράκια, ἀλλὰ καὶ ἄνδρας, (5) καὶ ἔστιν οὓς αὐτῶν καὶ γυναῖκας ἔχοντας, ὅπως ἡ Πλαυτίλλα ἡ θυγάτηρ αὐτοῦ, ἣν ὁ Ἀντωνῖνος μετὰ ταῦτ᾽ ἔγημε, δι᾽ εὐνούχων τήν τε ἄλλην θεραπείαν καὶ τὰ περὶ τὴν μουσικὴν τήν τε λοιπὴν θεωρίαν ἔχῃ. καὶ εἴδομεν τοὺς αὐτοὺς ἀνθρώπους εὐνούχους τε καὶ ἄνδρας, καὶ πατέρας καὶ ἀόρχεις, ἐκτομίας τε καὶ πωγωνίας. (6) ἀφ᾽ οὗ δὴ οὐκ ἀπεικότως ὑπὲρ πάντας τὸν Πλαυτιανόν, καὶ ἐς αὐτοὺς τοὺς αὐτοκράτορας, ἰσχῦσαι ἄν τις εἴποι. τά τε γὰρ ἄλλα καὶ ἀνδριάντες αὐτοῦ ⟨καὶ⟩ εἰκόνες οὐ μόνον πολλῷ πλείους ἀλλὰ καὶ μείζους τῶν ἐκείνων, (7) οὐδ᾽ ἐν ταῖς ἄλλαις πόλεσι μόνον ἀλλὰ καὶ ἐν αὐτῇ τῇ Ῥώμῃ, οὐδ᾽ ὑπ᾽ ἰδιωτῶν ἢ δήμων μόνον ἀλλὰ καὶ ὑπ᾽ αὐτῆς τῆς

---

[66] Con μετ᾽ αὐτῶν si allude probabilmente ai sottoufficiali dei pretoriani («coloro che avevano comandato insieme [a Emilio Saturnino e a Plauziano] i pretoriani»). Non convince la traduzione di F. Grosso («Plauziano ridusse tutti i poteri più importanti degli altri che dopo di lui volessero giungere a comandare la guardia pretoriana»), poiché non è chiaro cosa possa significare far ridurre i poteri dei futuri comandanti dei pretoriani. Assurdo sarebbe intendere che i poteri del venturo prefetto del pretorio sarebbero stati diminuiti (e nemmeno Plauziano, comunque, avrebbe avuto la possibilità di varare un provvedimento del genere), ma nemmeno è convincente l'interpretazione per cui sarebbe stato diminuito il potere degli eventuali candidati al pretorio, poiché non si comprenderebbe quali poteri si potessero sottrarre a un aspirante prefetto che semplicemente proponeva la sua candidatura.

[67] Propriamente «delle guardie del corpo» (σωματοφύλακες).

i maggiori poteri gli altri che insieme a loro[66] avevano comandato il pretorio, in modo tale che nessuno, insuperbito dall'aver comandato sui pretoriani, ambisse al comando della guardia pretoriana;[67] infatti voleva non solo essere l'unico prefetto, ma voleva essere addirittura prefetto perpetuo. (3) Egli bramava tutto, pretendeva tutto da tutti e si accaparrava tutto, né c'era provincia o città che lasciasse libera dalle sue spoliazioni: ovunque saccheggiava e razziava tutto, e chiunque mandava doni molto maggiori a lui piuttosto che a Severo.[68] Infine, inviò dei centurioni e fece sparire dei cavalli simili a tigri che erano sacri al Sole e provenivano dalle isole del Mar Rosso. (4) Anche limitandomi a riferire solo questo aneddoto, ritengo di aver dato prova di tutto quel suo affaccendarsi e della sua cupidigia; aggiungerò tuttavia anche una vicenda che nessuno di noi venne a sapere prima che egli fosse morto:[69] in casa sua fece evirare cento nobili cittadini romani, a netta conferma di quanto agisse scelleratamente e di come abusasse del suo potere. Inflisse l'evirazione non solo a fanciulli e a bambini, ma anche a uomini, (5) alcuni dei quali sposati, in modo tale che sua figlia Plautilla, che in seguito Antonino fece sua sposa,[70] avesse a disposizione solo eunuchi sia nella servitù domestica sia tra gli insegnanti di musica e delle altre arti. Vedemmo dunque gli stessi uomini eunuchi e contemporaneamente mariti, padri e al contempo castrati, evirati ma barbuti. (6) Si può dunque non impropriamente affermare che Plauziano fosse più potente di tutti, tanto da eguagliare gli imperatori medesimi. Tra l'altro, furono erette in suo onore statue e immagini non solo molto più numerose, ma anche molto più grandi di quelle degli imperatori stessi,[71] (7) tanto nelle altre città quanto in Roma medesima, sia da parte di privati cittadini o di popoli, sia da

---

[68] La presentazione di Plauziano è giocata sulla sproporzione tra il trattamento a lui eccessivamente favorevole rispetto a quello dovuto all'imperatore. Dione, in ultima analisi (cfr. *infra* § 6; 15, 1), accusa Severo di aver tollerato gli atteggiamenti fuori misura di Plauziano.

[69] Plauziano morì nel 205.

[70] Antonino (il futuro impertore Caracalla) sposò Plautilla nel 202. Le nozze furono celebrate nel corso dei festeggiamenti per i *decennalia* di Severo. Su Plautilla e le sue nozze con Caracalla cfr. ora P.D. CONESA NAVARRO – R. GONZÁLEZ FERNÁNDEZ, *Fulvia Plautilla, instrumento legitimador y político de la dinastía y del prefecto del pretorio*, «Athenaeum» 104 (2016), pp. 129-156.

[71] Per una rassegna delle immagini e delle statue dedicate a Plauziano con le relative iscrizioni cfr. CALDELLI, *La titolatura*, cit., p. 266.

γερουσίας ἀνετίθεντο· τήν τε τύχην αὐτοῦ πάντες οἱ στρατιῶται καὶ οἱ βουλευταὶ ὤμνυσαν, καὶ ὑπὲρ τῆς σωτηρίας αὐτοῦ δημοσίᾳ ἅπαντες ηὔχοντο. - Xiph. 312, 1-23 R. St., *Exc. Val.* 347 (p. 737 sq.).

[15] αἴτιος δὲ τούτων αὐτὸς ὁ Σεουῆρος μάλιστ᾽ ἐγένετο, ὃς οὕτως αὐτῷ ὑπεῖκεν ἐς πάντα ὥστ᾽ ἐκεῖνον μὲν ἐν αὐτοκράτορος αὐτὸν δὲ ἐν ἐπάρχου μοίρᾳ εἶναι· τά τε γὰρ ἄλλα καὶ ὁ μὲν πάνθ᾽ ἁπλῶς ὅσα ὁ Σεουῆρος καὶ ἔλεγε καὶ ἔπραττεν ᾔδει, τῶν δὲ δὴ τοῦ Πλαυτιανοῦ ἀπορρήτων οὐδεὶς οὐδὲν ἠπίστατο. (2) τήν τε θυγατέρα αὐτοῦ τῷ υἱεῖ ἐμνήστευσε, πολλὰς καὶ σεμνὰς κόρας παραλιπών, ὕπατόν τε ἀπέδειξε, καὶ διάδοχον τῆς αὐταρχίας ὡς εἰπεῖν ἔχειν ηὔξατο, καί ποτε καὶ ἐπέστειλε «φιλῶ τὸν ἄνδρα ὥστε καὶ εὔχεσθαι προαποθανεῖν αὐτοῦ». - Xiph. 312, 23-31 R. St.

(2ª) .... ὥστε .... καί τινα τολμῆσαι γράφειν πρὸς αὐτόν, πρὸς τέταρτον Καίσαρα. - Petr. Patr. *exc. Vat.* 132[b] (p. 227 Mai. = p. 211, 7-8 Dind.).

(2ᵇ) Ὅτι καὶ πολλῶν εἰς τιμὴν αὐτοῦ ψηφισθέντων παρὰ τῆς συγκλήτου ὀλίγα ἐδέξατο εἰπὼν αὐτοῖς «ὅτι ταῖς ψυχαῖς με φιλεῖτε καὶ μὴ τοῖς ψηφίσμασιν». - Petr. Patr. *exc. Vat.* 133 (p. 227 Mai = p. 211, 9-11 Dind.).

(3) ἠνείχετό γέ τοι ὁρῶν καὶ ἐν ταῖς καταλύσεσιν αὐτὸν ταῖς κρείττοσιν αὐλιζόμενον καὶ τὰ ἐπιτήδεια καὶ ἀμείνω καὶ ἀφθονώτερα αὐτοῦ ἔχοντα, ὥστε δεηθείς ποτε ἐν τῇ Νικαίᾳ τῇ πατρίδι μου κεστρέως, οὓς ἡ λίμνη μεγάλους ἐκτρέφει, παρ᾽ ἐκείνου μετεπέμψατο. (4) ὅθεν εἰ καί τι ἐπὶ μειώσει τῆς δυναστείας αὐτοῦ ποιεῖν ἐδόκει, ἀλλ᾽ ἔκ γε τῶν ἐναντίων, πολὺ καὶ μειζόνων καὶ λαμπροτέρων ὄντων, καὶ ἐκεῖνο πᾶν ἀπημβλύνετο. ποτὲ γοῦν τοῦ Σεουήρου ἐν Τυάνοις νοσήσαντα αὐτὸν ἐπισκεπτομένου, οἱ στρατιῶται οἱ περὶ τὸν Πλαυτιανὸν ὄντες οὐκ εἴασαν τοὺς ἀκολουθοῦντας αὐτῷ συνεσελθεῖν· (5) ὅ τε τὰς δίκας τὰς ἐπ᾽ αὐτοῦ λεγομένας διατάττων κελευσθείς ποτε ὑπὸ τοῦ Σεουήρου ἀργοῦντος δίκην τινὰ ἐσαγαγεῖν οὐκ ἠθέλησεν, εἰπὼν ὅτι «οὐ δύναμαι τοῦτο ποιῆσαι, ἂν μὴ Πλαυτιανός μοι κελεύσῃ». (6) καὶ οὕτω καὶ ἐς τὰ ἄλλα πάντα ὁ Πλαυτιανὸς αὐτοῦ κατεκράτει ὥστε καὶ τὴν Ἰουλίαν τὴν Αὔγουσταν πολλὰ καὶ δεινὰ ἐργάσασθαι· πάνυ γὰρ

---

[72] S'intenda Plauziano. Fu console nel 203 insieme al fratello di Settimio Severo, Publio Settimio Geta (su cui cfr. *infra* 76, 2, 4). La designazione di Plauziano al consolato risale pertanto al 202.

parte del senato stesso. Tutti i soldati e i senatori giuravano sulla sua fortuna, e ognuno pubblicamente levava preghiere per la sua salvezza.

[15] Causa di questa situazione fu soprattutto Severo medesimo, il quale era stato a tal punto accondiscendente con Plauziano che quest'ultimo occupava il ruolo di imperatore ed egli quello di prefetto: infatti Plauziano era completamente informato di tutto ciò che Severo diceva e faceva, mentre nessuno conosceva alcuno dei suoi segreti. (2) Severo diede in sposa a suo figlio [Antonino] la figlia di lui [Plautilla] escludendo dalla scelta molte rispettabili fanciulle, e lo[72] designò console auspicando quasi di averlo come successore all'impero, tanto che una volta scrisse in una lettera: «Amo quell'uomo a tal punto che prego di morire prima di lui».

(2ª) ... cosicché ... qualcuno osò scrivergli come se egli fosse un quarto Cesare.[73]

(2ᵇ) Sebbene gli venissero decretati molti onori da parte del senato, egli ne accettò pochi, affermando: «Vogliatemi bene col cuore, non con i decreti!».

(3) Severo tollerava vedere che Plauziano alloggiasse in abitazioni migliori e avesse un tenore di vita più elevato e più dispendioso del suo, tanto che una volta a Nicea, mia città nativa, quando volle un muggine,[74] che il lago di là nutre in abbondanza, se lo fece procurare da lui. (4) Se anche poi sembrava fare qualcosa per sminuire la sua potenza, questo modo d'agire restava tuttavia oscurato da azioni contrarie e molto più rilevanti. Una volta, per esempio, quando Severo si recò a visitarlo a Tiana[75] durante una malattia, i soldati di Plauziano non permisero alle guardie dell'imperatore di entrare insieme a lui. (5) Un'altra volta, quando colui che disponeva le cause da perorare davanti a Severo ricevette da questi, durante un momento di inattività, l'ordine d'introdurre un certo caso, si rifiutò dicendo: «Non posso farlo, se non lo ordina Plauziano». (6) Dunque Plauziano esercitava su di lui un'influenza così vasta da poter infliggere persino a Giulia Augusta[76] molte umiliazioni: infatti nutriva un grande odio nei suoi riguardi e

---

[73] Insieme a Settimio Severo e ai suoi due figli, Caracalla e Geta, che divennero Cesari rispettivamente nel 196 e nel 198.

[74] Il κεστρεύς («muggine») è un pesce noto anche col nome di cefalo, in questo caso d'acqua dolce.

[75] Città della Cappadocia, in Asia Minore, oggi presso il centro turco di Kemerhisar, a 25 km da Nigde.

[76] Giulia Domna, moglie di Settimio Severo.

αὐτῇ ἤχθετο, καὶ σφόδρα αὐτὴν πρὸς τὸν Σεουῆρον ἀεὶ διέβαλλεν, ἐξετάσεις τε κατ' αὐτῆς καὶ βασάνους κατ' εὐγενῶν γυναικῶν ποιούμενος. (7) καὶ ἡ μὲν αὐτή τε φιλοσοφεῖν διὰ ταῦτ' ἤρξατο καὶ σοφισταῖς συνημέρευεν· ὁ δὲ δὴ Πλαυτιανὸς ἀσωτότατός τε ἀνθρώπων γενόμενος, ὥστε καὶ εὐωχεῖσθαι ἅμα καὶ ἐμεῖν, ἐπεὶ μηδὲν ὑπὸ τοῦ πλήθους τῶν τε σιτίων καὶ τοῦ οἴνου πέψαι ἐδύνατο, καὶ τοῖς μειρακίοις ταῖς τε κόραις οὐκ ἄνευ διαβολῆς χρώμενος, τῇ γυναικὶ τῇ ἑαυτοῦ οὔθ' ὁρᾶν τινα οὔθ' ὁρᾶσθαι τὸ παράπαν, οὐδ' ὑπὸ τοῦ Σεουήρου ἢ τῆς Ἰουλίας, μήτι γε ἑτέρων τινῶν, ἐπέτρεπεν. - Xiph. 312, 31-313, 21 R. St., et (§ 6 et 7) *Exc. Val.* 348 = Suid. *s.v.* Ἰουλία Αὐγούστα, et *Exc. Val.* 349 (p. 738 sq.).

[16] ἐγένετο δ' ἐν ταύταις ταῖς ἡμέραις καὶ ἀγὼν γυμνικός, ἐν ᾧ τοσοῦτον πλῆθος ἀθλητῶν ἀναγκασθὲν συνῆλθεν ὥσθ' ἡμᾶς θαυμάσαι πῶς αὐτοὺς τὸ στάδιον ἐχώρησε. καὶ γυναῖκες δὲ ἐν τῷ ἀγῶνι τούτῳ ἀγριώτατα ἀμιλλώμεναι ἐμαχέσαντο, ὥστε καὶ ἐς τὰς ἄλλας πάνυ ἐπιφανεῖς ἀπ' αὐτῶν ἀποσκώπτεσθαι· καὶ διὰ τοῦτ' ἐκωλύθη μηκέτι μηδεμίαν γυναῖκα μηδαμόθεν μονομαχεῖν.

(2) εἰκόνων δέ ποτε πολλῶν τῷ Πλαυτιανῷ γενομένων (ἄξιον γὰρ ἀφηγήσασθαι τὸ πραχθέν) δυσχεράνας πρὸς τὸ πλῆθος ὁ Σεουῆρός τινας αὐτῶν συνεχώνευσε, καὶ ἐς τὰς πόλεις ἐκ τούτου θροῦς διῆλθεν ὡς καὶ καθῄρηται καὶ διέφθαρται, καί τινες συνέτριψαν εἰκόνας αὐτοῦ, ἐφ' ᾧ ὕστερον ἐκολάσθησαν· ἐν οἷς ἦν καὶ ὁ τῆς Σαρδοῦς ἄρχων Ῥάκιος Κώνστας, ἀνὴρ ἐλλογιμώτατος. (3) ἀλλ' οὗ χάριν τούτων ἐμνήσθην, ὅτι τοῦ ῥήτορος, ὃς τοῦ Κώνσταντος κατηγόρησε, καὶ τοῦτο πρὸς τοῖς ἄλλοις εἰπόντος, θᾶσσον ἂν τὸν οὐρανὸν συμπεσεῖν ἢ Πλαυτιανόν τι ὑπὸ Σεουήρου παθεῖν, καὶ μᾶλλον ἂν εἰκότως ἐκείνῳ τῷ λόγῳ, εἴπερ τι τοιοῦτον ἐλέχθη, πιστεῦσαί τινα, (4) – ταῦτα τοῦ ῥήτορος εἰπόντος, καὶ προσέτι καὶ αὐτοῦ τοῦ Σεουήρου νεανιευσαμένου πρὸς ἡμᾶς

---

[77] S'intenda per estorcere delle confessioni.

[78] Giulia Domna diede vita a un celebre circolo di intellettuali tra cui spiccano i nomi di Filostrato, autore della *Vita di Apollonio di Tiana*, Elio Antipatro di Ierapoli (in Siria) che era stato tutore di Caracalla, Oppiano, autore dei *Cynegetica*, dedicati a Caracalla, Claudio Eliano, autore della *Storia Varia* e della *Storia Naturale*, i giuristi Papiniano, Ulpiano e Giulio Paolo o, ancora, i medici Galeno e Sereno Sammonico.

la faceva sistematicamente oggetto di calunnie presso Severo, sia conducendo indagini sul suo conto sia sottoponendo a tortura donne della nobiltà.[77] (7) Per questo ella cominciò a dedicarsi alla filosofia e a frequentare i saggi;[78] Plauziano, invece, divenne l'uomo più dissoluto di tutti, a tal punto che si abbuffava e contemporaneamente vomitava, poiché a causa dell'enorme quantità di cibo e di vino assunti non era in grado di digerirli; e sebbene fosse dedito agli amori dei fanciulli e delle fanciulle non senza commettere abusi, non permetteva a sua moglie di vedere alcuno o di essere vista da chicchessia, neppure da Severo, da Giulia o da altri ancora.

[16] In quei giorni ebbe luogo una gara di atletica,[79] nel corso della quale si riunì, sebbene obbligatoriamente, un tale numero di atleti che ci meravigliammo di come lo stadio potesse contenerli. In questo agone combatterono anche alcune donne, le quali gareggiarono con grandissimo ardimento, tanto da ridicolizzare anche le altre donne che appartenevano ai ranghi più elevati. Per questa ragione da allora in poi fu vietato che le donne prendessero parte a un combattimento gladiatorio.

(2) Poiché a quel tempo c'erano molte statue di Plauziano (questo è un episodio degno di essere riferito), Severo, infastidito da quell'e-sagerata quantità, ne fece abbattere alcune, e per questo in alcune città si sparse la voce che Plauziano fosse caduto in disgrazia e fosse stato tolto di mezzo: alcuni, allora, distrussero le sue statue, fatto che in seguito costò loro una punizione. Tra costoro c'era anche il governatore della Sardegna, Recio Costante, un uomo molto rino-mato.[80] (3) Ho ricordato questo episodio, tuttavia, perché l'oratore che accusò Costante, tra le altre cose, dichiarò che il cielo sarebbe dovuto cadere, prima che Plauziano subisse qualche attacco da parte di Severo, e che si sarebbe più verisimilmente potuto credere a una storia del genere (sempre che una tale diceria fosse stata rife-rita). (4) Nonostante poi quell'oratore avesse detto queste parole e Severo, inoltre, avesse avventatamente dichiarato dinanzi a noi – lo

---

Cfr. G.W. BOWERSOCK, *Greek Sophists in the Roman Empire*, Oxford 1969, pp. 101-109 e ora B. LEVICK, *Julia Domna. Syrian Empress*, London-New York 2007, pp. 107-123.

[79] L'ἀγὼν γυμνικός di cui parla Dione consiste, come si evince dal successivo μονομαχεῖν, in un combattimento gladiatorio.

[80] Costante è noto tuttavia attraverso il solo Dione.

τοὺς συνδικάζοντας αὐτῷ καὶ φήσαντος ὅτι «ἀδύνατόν ἐστι κακόν τι ὑπ' ἐμοῦ Πλαυτιανῷ γενέσθαι», οὐδ' ἀπηνιαύτισεν αὐτὸς οὗτος ὁ Πλαυτιανός, ἀλλ' ἐσφάγη καὶ αἱ εἰκόνες αὐτοῦ σύμπασαι διεφθάρησαν. (5) πρὸ δὲ τούτου κῆτος ὑπερμέγεθες ἐς τὸν τοῦ Αὐγούστου ἐπίκλην λιμένα ἐξώκειλε καὶ ἑάλω, καὶ τὸ μίμημα αὐτοῦ ἐς τὸ κυνηγέσιον ἐσαχθὲν πεντήκοντα ἄρκτους εἴσω ἐδέξατο. ὤφθη δὲ ἐπὶ πολλὰς ἡμέρας καὶ κομήτης ἀστὴρ ἐν τῇ Ῥώμῃ, καὶ οὐκ αἴσιόν τι σημαίνειν ἐλέγετο. - Xiph. 313, 21-314, 13 R. St.

stavamo assistendo durante il processo – che «è impossibile che a Plauziano possa avvenire qualcosa di male da parte mia», lo stesso Plauziano, invece, non sopravvisse un anno:[81] fu ucciso e tutte le sue statue furono distrutte. (5) Ma prima che ciò avvenisse, un gigantesco mostro marino[82] entrò nel porto che prende il nome da Augusto e fu catturato: una riproduzione di esso introdotta nell'anfiteatro era in grado di contenere cinquanta orsi. A Roma, inoltre, fu avvistata una stella cometa per molti giorni, e si diceva che preannunciasse qualcosa di non favorevole.

---

[81] L'affermazione di Severo dovrebbe risalire al 204, poiché l'anno dopo Plauziano fu messo a morte.

[82] κῆτος indica anche la balena (cfr. it. «cetaceo»), ma è difficile immaginare di quale tipo di pesce si trattasse.

ὁ δὲ Σεουῆρος ἐπὶ τῆς δεκετηρίδος τῆς ἀρχῆς αὐτοῦ ἐδωρήσατο τῷ τε ὁμίλῳ παντὶ τῷ σιτοδοτουμένῳ καὶ τοῖς στρατιώταις τοῖς δορυφόροις ἰσαρίθμους τοῖς τῆς ἡγεμονίας ἔτεσι χρυσοῦς. ἐφ' ᾧ καὶ μέγιστον ἠγάλλετο· καὶ γὰρ ὡς ἀληθῶς οὐδεὶς πώποτε τοσοῦτον αὐτοῖς ἀθρόοις ἐδεδώκει· ἐς γὰρ τὴν δωρεὰν ταύτην πεντακισχίλιαι μυριάδες δραχμῶν ἀναλώθησαν. (2) ἐποιήθησαν δὲ καὶ οἱ γάμοι τοῦ τε Ἀντωνίνου τοῦ υἱοῦ τοῦ Σεουήρου καὶ τῆς Πλαυτίλλης τῆς τοῦ Πλαυτιανοῦ θυγατρός· καὶ τοσαῦτα τῇ θυγατρὶ οὗτος ἔδωκεν ὅσα καὶ πεντήκοντα γυναιξὶ βασιλίσσαις ἤρκεσεν ἄν. εἴδομεν δὲ αὐτὰ διὰ τῆς ἀγορᾶς ἐς τὸ παλάτιον κομιζόμενα. εἱστιάθημεν δὲ ἐν τῷ ἅμα, τὰ μὲν βασιλικῶς τὰ δὲ βαρβαρικῶς, ἐφθά τε πάντα ὅσα νομίζεται, καὶ ὠμὰ ζῶντά τε ἄλλα λαβόντες. (3) ἐγένοντο δὲ καὶ θέαι τηνικαῦτα παντοδαπαὶ ἐπί τε τῇ ἀνακομιδῇ τοῦ Σεουήρου καὶ ἐπὶ τῇ δεκετηρίδι αὐτοῦ καὶ ἐπὶ ταῖς νίκαις. ἐν ταύταις ταῖς θέαις καὶ σύες τοῦ Πλαυτιανοῦ ἑξήκοντα ἄγριοι ἐπάλαισαν ἀλλήλοις ὑπὸ παραγγέλματος, ἐσφάγησαν δὲ ἄλλα τε πολλὰ θηρία καὶ ἐλέφας καὶ κοροκότας· (4) τὸ δὲ ζῷον τοῦτο Ἰνδικόν τέ ἐστι, καὶ τότε πρῶτον ἐς τὴν Ῥώμην, ὅσα καὶ ἐγὼ ἐπίσταμαι, ἐσήχθη, ἔχει δὲ χροιὰν μὲν λεαίνης τίγριδι μεμιγμένης, εἶδος δὲ ἐκείνων τε καὶ

---

[1] Vale a dire dieci (dal 193 al 202). I *decennalia* furono celebrati il 9 aprile del 202, *dies imperii* di Settimio Severo.

[2] La *plebs frumentaria* era destinataria di razioni di grano a prezzo calmierato. Settimio Severo introdusse il *canon frumentarius* che fissava il contingente di grano che Africa ed Egitto dovevano inviare a Roma.

[3] Sulle nozze tra Antonino (Caracalla) e Plautilla, cfr. *supra* 75, 14, 5.

[4] Il palazzo imperiale sul Palatino.

LIBRO LXXVI

Nel decimo anniversario del suo regno, Severo donò tante monete 202 d.C. d'oro quanti erano stati gli anni del suo impero[1] sia a tutta la plebe beneficiaria delle frumentazioni[2] sia ai soldati pretoriani. Ne fece un suo grandissimo vanto, anche perché in verità nessuno aveva mai concesso una somma così consistente con una sola elargizione, per la quale furono spesi duecento milioni di sesterzi. (2) Furono inoltre celebrate le nozze tra Antonino, il figlio di Severo, e Plautilla,[3] la figlia di Plauziano, il quale le diede una dote che sarebbe bastata a cinquanta donne di rango regio: vedemmo di persona quelle ricchezze mentre venivano portate attraverso il Foro fino al *Palatium*,[4] dove insieme[5] fummo invitati a un banchetto organizzato in parte alla maniera regia e in parte alla maniera barbarica, durante il quale ci furono servite sia le vivande cotte tradizionali sia carni crude o, addirittura, animali ancora vivi. (3) Si tennero anche vari generi di spettacoli in occasione del ritorno di Severo, del suo decimo anniversario e delle sue vittorie,[6] nel corso dei quali fu disposto il combattimento di sessanta cinghiali selvatici appartenenti a Plauziano e furono uccise molte altre bestie, tra le quali anche un elefante e una iena.[7] (4) Quest'ultimo è un animale proveniente dall'India e, che io sappia, fu introdotto a Roma per la prima volta proprio allora: il suo colore è quello di una leonessa misto a quello di una tigre, con le quali ha

---

[5] Vale a dire i senatori insieme alla famiglia imperiale. Il carattere autoptico del primo capitolo è molto marcato: Dione è chiaramente testimone oculare degli eventi e riferisce di esperienze vissute in prima persona.

[6] Nelle guerre contro i Parti. Le celebrazioni si protrassero per una settimana.

[7] Il κοροκότας o κροκόττας è un animale di origine indiana, un'ibridazione tra un lupo e un cane; forse, quindi, una iena (cfr. Strab. 16, 4, 16; Ael. *NA* 7, 22, Plin. *NH* 8, 30, 72; 8, 45, 107). Sulla notizia della novità dell'esibizione vedi anche Giulio Capitolino 10, 9.

κυνὸς καὶ ἀλώπεκος ἰδίως πως συγκεκραμένον. τῆς δὲ δεξαμενῆς ἁπάσης τῆς ἐν τῷ θεάτρῳ ἐς πλοίου σχῆμα κατασκευασθείσης ὡς τετρακόσια θηρία καὶ δέξασθαι καὶ ἀφεῖναι ἀθρόως, (5) ἔπειτα ἐξαίφνης διαλυθείσης ἀνέθορον ἄρκτοι λέαιναι πάνθηρες λέοντες στρουθοὶ ὄναγροι βίσωνες (βοῶν τι τοῦτο εἶδος, βαρβαρικὸν τὸ γένος καὶ τὴν ὄψιν), ὥστε ἑπτακόσια τὰ πάντα καὶ θηρία καὶ βοτὰ ὁμοῦ καὶ διαθέοντα ὀφθῆναι καὶ σφαγῆναι· πρὸς γὰρ τὸν τῆς ἑορτῆς ἀριθμὸν ἑπταημέρου γεγονυίας καὶ ἐκεῖνα ἑπτάκις ἑκατὸν ἐγένετο.

[2] ἐν δὲ τῷ Βεσβίῳ τῷ ὄρει πῦρ τε πλεῖστον ἐξέλαμψε καὶ μυκήματα μέγιστα ἐγένετο, ὥστε καὶ ἐς τὴν Καπύην, ἐν ᾗ, ὁσάκις ἂν ἐν τῇ Ἰταλίᾳ οἰκῶ, διάγω, ἐξακουσθῆναι· τοῦτο γὰρ τὸ χωρίον ἐξειλόμην τῶν τε ἄλλων ἕνεκα καὶ τῆς ἡσυχίας ὅτι μάλιστα, ἵνα σχολὴν ἀπὸ τῶν ἀστικῶν πραγμάτων ἄγων ταῦτα γράψαιμι. (2) ἐδόκει οὖν ἐκ τῶν περὶ τὸ Βέσβιον γεγονότων νεοχμόν τι ἔσεσθαι, καὶ μέντοι καὶ τὰ περὶ τὸν Πλαυτιανὸν αὐτίκα ἐνεοχμώθη. μέγας μὲν γὰρ ὡς ἀληθῶς ὁ Πλαυτιανὸς καὶ ὑπέρμεγας ἐγεγόνει, ὥστε καὶ τὸν δῆμον ἐν τῷ ἱπποδρόμῳ ποτὲ εἰπεῖν «τί τρέμεις, τί δὲ ὠχριᾷς; πλεῖον τῶν τριῶν κέκτησαι». (3) ἔλεγον δὲ τοῦτο οὐ πρὸς ἐκεῖνον δῆθεν ἀλλ᾽ ἄλλως, τρεῖς δὲ ἐνέφαινον τόν τε Σεουῆρον καὶ τοὺς υἱέας αὐτοῦ Ἀντωνῖνον καὶ Γέταν· ὠχρία δὲ ἀεὶ καὶ ἔτρεμεν ἔκ τε τῆς διαίτης ἣν διῃτᾶτο, καὶ ἐκ τῶν ἐλπίδων ὧν ἤλπιζε, καὶ ἐκ τῶν φόβων ὧν ἐφοβεῖτο. οὐ μὴν ἀλλὰ τέως μὲν ἤτοι ἐλάνθανε τὰ πλείω αὐτὸν τὸν Σεουῆρον, ἢ καὶ εἰδὼς αὐτὰ οὐ προσεποιεῖτο· (4) ἐπεὶ δὲ ὁ ἀδελφὸς αὐτῷ Γέτας τελευτῶν πάντα τὰ κατὰ τὸν Πλαυτιανόν, ἅτε καὶ μισῶν αὐτὸν καὶ μηκέτι φοβούμενος, ἐμήνυσεν, ἐκεῖνόν τε χαλκοῦν ἐν τῇ ἀγορᾷ ἔστησε

---

[8] Dione è testimone indiretto dell'eruzione del Vesuvio del 202, vale a dire che non ha assistito all'eruzione pur avendone notizia, dal momento che aveva casa a Capua e lì poteva disporre di qualcuno che lo teneva al corrente di quel che accadeva. Cfr. C. LETTA, L'eruzione del Vesuvio del 202 d.C. e la composizione dell'opera di Cassio Dione, «Athenaeum» 95 (2007), pp. 41-47; ritiene invece sia testimone diretto dell'eruzione M. SORDI, La data di composizione dell'opera di Dione, in M. CAPASSO – S. PERNIGOTTI (a cura di), Studium atque urbanitas. Miscellanea in onore di Sergio Daris, Galatina 2000, pp. 391-395.

[9] Il presagio appare un po' prematuro rispetto alla morte di Plauziano, che avvenne circa tre anni dopo, il 22 gennaio 205.

in comune anche l'aspetto, con anche una singolare commistione dei caratteri di un cane e di una volpe. All'interno dell'anfiteatro l'intero settore contenente le bestie fu disposto a forma di nave in grado di racchiudere e di lasciare uscire quattrocento animali contemporaneamente: (5) non appena venne aperto, si riversarono all'esterno orsi, leonesse, pantere, leoni, struzzi, asini e bisonti (i quali sono una specie di buoi, barbara per natura e per aspetto), cosicché settecento bestie in tutto, sia selvatiche sia addomesticate, furono viste correre attraverso [l'arena] e furono uccise. In corrispondenza del numero dei giorni di festa, sette in totale, gli animali furono in numero di sette volte cento.

[2] Sul monte Vesuvio eruttò moltissimo fuoco e ci furono boati così forti da essere uditi fino a Capua, dove sono solito abitare ogni volta che soggiorno in Italia.[8] Ho scelto quella località per diverse ragioni, ma soprattutto per la tranquillità, affinché, non appena ho del tempo libero dagli impegni cittadini, possa scrivere questa storia. (2) Sembrava, dunque, che a causa di quei fenomeni che si erano verificati intorno al Vesuvio sarebbe accaduto qualche rivolgimento, come del resto poi avvenne di lì a poco[9] nella sorte di Plauziano. Questi era veramente diventato potente, anzi potentissimo, tanto che una volta il popolo nel Circo esclamò: «Perché tremi? Perché impallidisci? Tu possiedi più dei tre!». (3) Dicevano questo riferendosi non a lui, ma alludendo ad altro: con «i tre» intendevano Severo e i suoi figli Antonino e Geta, proprio mentre egli impallidiva e tremava sia a causa del tipo di vita che viveva, sia a causa delle speranze che alimentava e dei timori che nutriva. Tuttavia quasi tutto ciò sfuggiva all'attenzione di Severo o, se anche questi ne era consapevole, fingeva di non saperlo.[10] (4) Ma quando il fratello Geta,[11] ormai in fin di vita, gli[12] rese noto tutto quello che riguardava Plauziano[13] (dato che lo odiava e non lo temeva più), Severo fece collocare una statua del fratello nel Foro

---

[10] Dione accusa a più riprese (cfr. subito *infra*) Severo di aver concesso troppo potere e troppe libertà a Plauziano senza curarsi dei comportamenti arroganti e sregolati del prefetto. Un ritratto analogo in Erodiano 3, 11-12.

[11] Publio Settimio Geta, fratello di Settimio Severo.

[12] S'intenda a Severo. Nel resto del cap. 4 tradurremo i vari pronomi dimostrativi, che nel testo greco si riferiscono in modo ambiguo ai personaggi della vicenda, con il nome del personaggio che designano: ἐκεῖνον, «il fratello», cioè Geta; τοῦτον, «il prefetto del pretorio», cioè Plauziano.

[13] Non è chiaro il contenuto delle rivelazioni di Geta: è inequivocabile però che da quel momento in poi le fortune di Plauziano presso Severo iniziarono a declinare.

καὶ τοῦτον οὐκέθ᾽ ὁμοίως ἐτίμησεν, ἀλλὰ καὶ τῆς δυνάμεως τῆς πολλῆς παρέλυσεν. ὅθεν ὁ Πλαυτιανὸς δεινῶς ἠγανάκτησε, καὶ τὸν Ἀντωνῖνον καὶ πρότερον διὰ τὴν θυγατέρα ἀτιμαζομένην ὑπ᾽ αὐτοῦ μισῶν τότε δὴ καὶ μάλιστα ἤχθαιρεν ὡς αἴτιον τῆς ἀτιμίας ἐκείνης αὐτῷ, καὶ τραχύτερον αὐτῷ προσφέρεσθαι ἤρξατο.

[3] δι᾽ οὖν ταῦτα ὁ Ἀντωνῖνος τῇ τε γυναικὶ ἀναιδεστάτῃ οὔσῃ ἀχθόμενος, καὶ αὐτῷ ἐκείνῳ, ὅτι τε πάντα ὅσα ἔπραττεν ἐπολυπραγμόνει καὶ ὅτι ἐπὶ πᾶσιν αὐτῷ ἐπετίμα, βαρυνόμενος, ἀπαλλαγῆναι τρόπον τινὰ αὐτοῦ ἐπεθύμησε. (2) κἀκ τούτου δι᾽ Εὐόδου τοῦ τροφέως αὐτοῦ Σατορνῖνόν τινα ἑκατόνταρχον καὶ ἄλλους δύο ὁμοίους αὐτῷ ἔπεισεν ἐσαγγεῖλαί οἱ ὅτι δέκα τισὶν ἑκατοντάρχοις, ἐξ ὧν καὶ αὐτοὶ ἦσαν, ὁ Πλαυτιανὸς κεκελευκὼς εἴη καὶ τὸν Σεουῆρον καὶ τὸν Ἀντωνῖνον κτεῖναι· (3) καί τινα καὶ γραφὴν ὡς καὶ ἐπ᾽ αὐτῷ τούτῳ εἰληφότες ἀνεγίνωσκον. ἐξαίφνης δὲ ταῦτ᾽ ἐν ταῖς θεωρίαις ταῖς ἐν τῷ παλατίῳ ἥρωσι πεποιημέναις, τῆς τε θέας ἀφειμένης καὶ δείπνου μέλλοντος ἔσεσθαι, ἐγίνετο. ὅθεν οὐχ ἥκιστα τὸ σκευώρημα κατεφάνη· (4) οὐ γὰρ ἂν οὔτε ἑκατοντάρχοις δέκα ἅμα οὔτε ἐν τῇ Ῥώμῃ οὔτε ἐν τῷ παλατίῳ οὔτε ἐκείνῃ τῇ ἡμέρᾳ οὔτε ἐκείνῃ τῇ ὥρᾳ τοιοῦτό τι ὁ Πλαυτιανός, ἄλλως τε καὶ γράψας, προστάξαι ἐτετολμήκει. ὅμως πιστὸν αὐτὸ ἔδοξε τῷ Σεουήρῳ, ὅτι τῇ νυκτὶ τῇ προτεραίᾳ τὸν Ἀλβῖνον ὄναρ ζῶντά τε καὶ ἐπιβουλεύοντα αὐτῷ ἑωράκει.

[4] σπουδῇ οὖν, ὡς καὶ ἐπ᾽ ἄλλο τι, τὸν Πλαυτιανὸν μετεπέμψατο. καὶ ὃς οὕτως ἠπείχθη, μᾶλλον δὲ οὕτως αὐτῷ τὸν ὄλεθρον τὸ δαιμόνιον προεμήνυσεν, ὥστε τὰς ἡμιόνους τὰς ἀγούσας αὐτὸν πεσεῖν ἐν τῷ παλατίῳ. (2) καὶ αὐτὸν ἐσιόντα οἱ θυρωροὶ οἱ ἐπὶ τῶν κιγκλίδων μόνον ἐσεδέξαντο, οὐδ᾽ εἴασαν οὐδένα αὐτῷ συνεσελθεῖν· ὅπερ ποτὲ αὐτὸς περὶ τὸν Σεουῆρον ἐν τοῖς Τυάνοις

---

[14] I rapporti tra Caracalla e Plautilla furono da subito molto tesi; Caracalla si era visto imposto un matrimonio che non desiderava affatto, dal momento che disprezzava il suocero. Cfr. Herod. 3, 10, 6: «Antonino non gradiva affatto queste nozze; ed essendosi sposato per forza più che per sua scelta, era ostile alla fanciulla e al padre di lei; sicché non divideva con lei né la casa né il letto, e insomma la detestava. Anzi minacciava a ogni istante di ucciderla insieme con il padre non appena fosse divenuto unico detentore del potere. Tutte queste cose la fanciulla riferiva regolarmente al padre; e, informandolo minutamente di quanto fosse odiosa la propria vita coniugale, suscitava la sua ira». Cfr. molto più brevemente HA Carac. 1, 7.

[15] L'accusa è infondata e strumentale.

[16] Cfr. infra 77, 1, 1.

e cessò di onorare il prefetto come in precedenza, ché anzi, prese a 202 d.C. diminuire il suo grande potere. (5) Per questo motivo Plauziano s'irritò moltissimo e, inoltre, sebbene già da prima detestasse Antonino a causa dello scarso riguardo con il quale questi trattava sua figlia, da allora lo prese sommamente in odio in quanto responsabile di quell'umiliante disonore e cominciò a trattarlo piuttosto aspramente.[14]

[3] Perciò Antonino, in parte sdegnato con la moglie, che era una donna assai scostumata,[15] in parte risentito nei riguardi di Plauziano medesimo perché questi s'immischiava in tutto ciò che egli faceva e non perdeva occasione per criticarlo, volle in qualche modo toglierlo di torno. (2) Servendosi dunque di Evodo, il suo precettore,[16] persuase 205 d.C. un centurione di nome Saturnino[17] e altri due della sua cricca a riferire a Severo che Plauziano aveva ordinato a dieci centurioni, tra i quali loro medesimi, di uccidere lo stesso Severo e Antonino. (3) Costoro, inoltre, diedero lettura di una comunicazione scritta sostenendo di averla ricevuta proprio per l'attuazione di questo piano. Il complotto fu realizzato a sorpresa durante le feste che si tennero nel *Palatium*[18] in onore degli imperatori divinizzati, dopo la conclusione dello spettacolo, nel momento in cui stava per iniziare il banchetto. Proprio da questi dettagli non fu difficile arguire che si trattava di una messinscena: (4) Plauziano, infatti, non avrebbe mai osato dare un ordine simile, soprattutto per iscritto, a dieci centurioni contemporaneamente, né lo avrebbe fatto a Roma, né nel *Palatium*, come neppure in quel giorno o in quell'ora. Tuttavia quell'informazione parve credibile a Severo, poiché durante la notte precedente aveva sognato che Albino era ancora vivo e che stava complottando contro di lui.[19]

[4] Convocò allora Plauziano con urgenza, come se il motivo fosse un altro. Questi si affrettò a tal punto, o piuttosto un dio gli diede una tale percezione dell'imminente morte, che le mule che lo conducevano caddero quando si trovarono all'interno dell'area del *Palatium*. (2) Dopo il suo ingresso i custodi[20] che presidiavano i cancelli fecero accedere solo lui e non permisero che altri lo accompagnassero, esat-

[17] Altrimenti sconosciuto.
[18] I *ludi Palatini* del gennaio 205.
[19] Anche la fine di Plauziano è costellata di presagi, a cui Severo era molto attento: prima il sogno di Severo, poi questo improvviso infortunio alle mule.
[20] Che, secondo Erodiano (3, 12, 1), il quale attribuisce l'iniziativa della congiura – diversamente da Dione – non a Caracalla ma a Plauziano stesso, erano stati avvertiti per tempo dell'arrivo del prefetto con la consegna di non rivelare nulla. Cfr. S. BINGHAM – A. IMRIE, *The Prefect and the Plot*, «JAH» 3 (2015), pp. 76-91.

ἐπεποιήκει. καὶ ὑπώπτευσε μέν τι ἐκ τούτου, περίφοβός τε ἐγένετο, οὐ μέντοι ἔχων ὅπως ἀναχωρήσει ἐσῆλθε. (3) καὶ ὁ Σεουῆρος καὶ πάνυ πράως αὐτῷ διελέχθη· «τί τε τοῦτο ἔδοξέ σοι ποιῆσαι, καὶ διὰ τί ἀποκτεῖναι ἡμᾶς ἠθέλησας;» λόγον τε αὐτῷ ἔδωκε, καὶ παρεσκευάζετο ὡς καὶ ἀπολογουμένου αὐτοῦ ἀκούσων. ἀλλ᾽ ὁ Ἀντωνῖνος ἀρνούμενόν τε αὐτὸν καὶ θαυμάζοντα τὰ λεγόμενα τό τε ξίφος προσπηδήσας ἀφείλετο καὶ πὺξ ἔπαισε· (4) καὶ ἠθέλησε μὲν καὶ αὐτοχειρίᾳ σφάξαι εἰπόντα ὅτι «ἔφθης με κτεῖναι», ὑπὸ δὲ τοῦ πατρὸς κωλυθεὶς ἐκέλευσέ τινι τῶν ὑπηρετῶν φονεῦσαι αὐτόν. καὶ αὐτόν τις τῶν τριχῶν τοῦ γενείου ἐκτίλας τῇ τε Ἰουλίᾳ καὶ τῇ Πλαυτίλλῃ προσήνεγκεν ὁμοῦ οὔσαις, πρὶν καὶ ὁτιοῦν αὐτὰς ἀκοῦσαι, καὶ εἶπεν «ἴδετε τὸν Πλαυτιανὸν ὑμῶν», κἀκ τούτου τῇ μὲν πένθος τῇ δὲ χαρὰν ἐνέβαλεν. (5) ἐκεῖνος μὲν καὶ μέγιστον τῶν ἐπ᾽ ἐμοῦ ἀνθρώπων δυνηθείς, ὥστε καὶ αὐτῶν τῶν αὐτοκρατόρων μᾶλλον πάντας καὶ φοβεῖσθαι αὐτὸν καὶ τρέμειν, καὶ ἐπὶ μειζόνων ἐλπίδων αἰωρηθείς, οὕτως ὑπό τε τοῦ γαμβροῦ ἐσφάγη καὶ ἄνωθεν ἀπὸ τοῦ παλατίου ἐς ὁδόν τινα ἐρρίφη· μετὰ ταῦτα γὰρ καὶ ἀνῃρέθη καὶ ἐτάφη τοῦ Σεουήρου κελεύσαντος.

[5] καὶ ὁ Σεουῆρος μετὰ ταῦτα συνήγαγε μὲν τὴν βουλὴν ἐς τὸ συνέδριον, οὐ μέντοι καὶ κατηγόρησέ τι τοῦ Πλαυτιανοῦ, ἀλλ᾽ αὐτὸς μὲν τήν τε φύσιν τὴν ἀνθρωπίνην ὡς μὴ δυναμένην τιμὰς ὑπερόγκους στέγειν ὠδύρατο, (2) καὶ ἑαυτὸν ᾐτιάσατο ὅτι οὕτως αὐτὸν ἐτετιμήκει καὶ ἐπεφιλήκει, τοὺς δὲ δὴ μηνύσαντάς οἱ τὴν ἐπιβουλὴν αὐτοῦ πάνθ᾽ ἡμῖν εἰπεῖν ἐκέλευσεν, ἐκβαλὼν ἐκ τοῦ συνεδρίου τοὺς οὐκ ἀναγκαίους, ἵν᾽ ἐκ τοῦ μηδὲν διηγήσασθαι ἐνδείξηται ὅτι οὐ πάνυ σφίσι πιστεύει. (3) πολλοὶ μὲν οὖν διὰ τὸν Πλαυτιανὸν ἐκινδύνευσαν, καί τινες καὶ ἀπέθανον· ὁ μέντοι Κοίρανος ἔλεγε μὲν οἷά που πλεῖστοι πρὸς τοὺς εὐτυχοῦντας πλάττονται ἀεί, ἑταῖρός τε αὐτοῦ εἶναι, καὶ ὁσάκις γε ἐκεῖνοι πρὸ τῶν ἄλλων τῶν ἀσπαζομένων αὐτὸν ἐσεκαλοῦντο, συνεφείπετό

---

[21] Cfr. *supra* 75, 15, 3.

[22] Giulia Domna, moglie di Settimio Severo, madre di Caracalla e suocera di Plautilla.

[23] Cioè Evodo, Saturnino e i suoi colleghi centurioni.

[24] Tali individui dovevano essere coloro che erano rimasti coinvolti nel complotto di Plauziano (non necessariamente senatori). Severo non desiderava che venissero a

tamente come anch'egli aveva fatto con Severo a Tiana.[21] Per questo Plauziano si fece sospettoso e si spaventò, ma poiché non sapeva in quale altro modo retrocedere, entrò. (3) Severo si rivolse a lui in modo molto affabile: «Come mai ti è venuto in mente di fare una cosa del genere? Per quale ragione volevi uccidermi?». Gli diede allora la parola e si preparò ad ascoltare la sua difesa: ma proprio mentre Plauziano, al colmo dello stupore, stava negando le accuse, Antonino lo assalì togliendogli la spada e colpendolo con un pugno. (4) Avrebbe voluto ucciderlo con le proprie mani, quando Plauziano esclamò: «Mi hai preceduto, volevo ucciderti io!», ma, essendo trattenuto dal padre, ordinò a una delle sue guardie di dargli la morte. Ci fu qualcuno che strappò dei peli della sua barba e li portò a Giulia[22] e a Plautilla, che si trovavano insieme, e, prima ancora che avessero udito qualcosa, disse loro: «Guardate il vostro Plauziano!», provocando così gioia all'una e dolore all'altra. (5) Egli, dunque, il più potente tra gli uomini del mio tempo, tanto potente da essere temuto e riverito da tutti più di quanto si temano gli imperatori medesimi, egli che si era spinto a nutrire eccessive speranze, in questo modo fu fatto uccidere dal genero e venne scaraventato in una via dall'alto del *Palatium*. In seguito, per ordine di Severo, il suo corpo fu raccolto e dato alla sepoltura.

[5] In seguito Severo convocò il senato nella curia, senza tuttavia muovere alcuna accusa contro Plauziano: deplorò invece la condizione della natura umana, incapace di sostenere onori straordinari. (2) Rimproverò a se stesso di averlo onorato e amato così tanto, e ordinò che coloro che avevano denunciato la congiura[23] rivelassero a noi [senatori] tutti i particolari, dopo che ebbe escluso dalla curia quanti che erano ritenuti superflui,[24] in modo tale da rendere manifesto che non si fidava della loro reticenza. (3) Molti si trovarono in pericolo a causa di Plauziano, e alcuni addirittura ci rimisero la vita; quanto poi a Cerano, come accade sempre a coloro che si fingono amici degli uomini favoriti dalla sorte, egli affermava di essere un suo intimo: ogni volta che quei [presunti amici][25] venivano convocati

conoscenza di alcuni particolari delle indagini stesse – poiché molto probabilmente li riguardavano –, che dovevano restare strettamente confidenziali.
[25] L'ἐκεῖνοι del testo greco si riferisce appunto a quei presunti amici degli uomini favoriti dalla sorte (come Plauziano, appunto) che dopo la morte del prefetto caddero in sospetto a Severo.

σφισι μέχρι τῆς κιγκλίδος τῆς τελευταίας, οὐ μέντοι καὶ ἐκοινώνει τῶν ἀπορρήτων, (4) ἀλλ᾽ ἐν τῷ μεταιχμίῳ διατρίβων Πλαυτιανῷ μὲν ἔξω τοῖς δὲ ἔξω ἔνδον ἐδόκει εἶναι· καὶ διά ‹τε› τοῦτο πλέον ὑπωπτεύθη, καὶ διότι ὄναρ ποτὲ τοῦ Πλαυτιανοῦ ἰδόντος ἰχθῦς τινας ἐκ τοῦ Τιβέριδος ἀναβάντας πρὸς τοὺς πόδας αὐτοῦ προσπεπτωκέναι, ἔφη καὶ τῆς γῆς αὐτὸν καὶ τοῦ ὕδατος ἄρξειν. (5) ἀλλ᾽ οὗτος ἐπὶ ἑπτὰ ἔτη ἐν νήσῳ περιορισθεὶς κατήχθη τε μετὰ τοῦτο, καὶ ἐς τὴν γερουσίαν πρῶτος Αἰγυπτίων κατελέχθη, καὶ ὑπάτευσε μηδεμίαν ἄλλην ἀρχὴν προάρξας, ὥσπερ ὁ Πομπήιος. (6) Καικίλιος μέντοι Ἀγρικόλας ἐν τοῖς πρώτοις τῶν κολάκων αὐτοῦ ἀριθμούμενος, πονηρίᾳ δὲ καὶ ἀσελγείᾳ οὐδενὸς ἀνθρώπων δεύτερος ὤν, κατεψηφίσθη ἀποθανεῖν, ἐλθὼν δὲ οἴκαδε καὶ οἴνου ἐψυγμένου ἐμπλησθεὶς τό τε ποτήριον, ὃ πέντε μυριάδων ἐώνητο, συνέτριψε, καὶ ἐπαπέθανεν αὐτῷ τὰς φλέβας τεμών. [6] Σατορνῖνος μέντοι καὶ Εὔοδος τότε μὲν ἐτιμήθησαν, ὕστερον δὲ ὑπὸ τοῦ Ἀντωνίνου ἐθανατώθησαν. ψηφιζομένων δὲ ἡμῶν ἐπαίνους τινὰς τῷ Εὐόδῳ ὁ Σεουῆρος ἐκώλυσεν εἰπὼν «αἰσχρόν ἐστιν ἐν δόγματι ὑμῶν τοιοῦτό τι περὶ Καισαρείου ἀνδρὸς γεγράφθαι»· (2) καὶ οὐ τοῦτον μόνον ἀλλὰ καὶ τοὺς ἄλλους ἅπαντας τοὺς βασιλικοὺς ἀπελευθέρους οὔθ᾽ ὑβρίζειν οὔθ᾽ ὑπεραυχεῖν εἴα· ἐφ᾽ ᾧ καὶ καλῶς ἤκουεν. ἡ δ᾽ αὖ γερουσία ὑμνοῦσά ποτε αὐτὸν καὶ αὐτὸ τοῦτο ἄντικρυς ἐξεβόησεν, ὅτι «πάντες πάντα καλῶς ποιοῦσιν, ἐπειδὴ σὺ καλῶς ἄρχεις». (3) Πλαυτίλλα δὲ καὶ Πλαύτιος, οἱ τοῦ Πλαυτιανοῦ υἱεῖς, τότε μὲν ἐσώθησαν ἐς Λιπάραν ἐξορισθέντες, ἐπὶ δ᾽ Ἀντωνίνου ἀπώλοντο· καίτοι καὶ ζῶντες ἔν τε δέει καὶ ταλαιπωρίᾳ πολλῇ τῶν τε ἀναγκαίων οὐκ εὐπορίᾳ διῆγον. - Xiph. 314, 13-318, 9 R. St., et (p. 360 v. 25-27) Exc. Val. 350 (p. 741).

[7] οἱ δὲ τοῦ Σεουήρου παῖδες, ὅ τε Ἀντωνῖνος καὶ ὁ Γέτας, οἷον παιδαγωγοῦ τινος ἀπηλλαγμένοι τοῦ Πλαυτιανοῦ, οὐδὲν

---

[26] Gli ἀσπάζοντες sono propriamente «coloro che portano il saluto»: con ogni probabilità qui si allude ai *clientes* e al rito della *salutatio matutina*. La descrizione di Dione – che rappresenta Plauziano mentre riceve vari personaggi in una zona riservata (μεταίχμιον) con tanto di cerimoniere (Cerano) – ricorda da vicino l'usanza dei *patroni* che davano udienza ai propri *clientes* nell'atrio appositamente adibito delle loro abitazioni.

[27] Publio Elio Cerano divenne senatore sotto Caracalla. La data del suo consolato non è nota.

[28] Gneo Pompeo Magno (106-48 a.C.) fu console nel 70 a.C. insieme a Marco Licinio Crasso e nel 52 a.C. fu *consul sine collega*.

[29] S'intenda di Plauziano. Cecilio Agricola è altrimenti sconosciuto. Non si sa neppure se fosse cavaliere o senatore.

122

da Plauziano prima degli altri clienti,[26] Cerano li accompagnava fino all'ultimo cancello e, pur non essendo partecipe dei loro segreti (4) ma aspettando sempre nello spazio tra gli ingressi, a Plauziano dava l'impressione di essere all'esterno, mentre a quelli che stavano fuori sembrava che fosse all'interno. E proprio per questa ragione cadde ulteriormente in sospetto; si aggiunga, poi, che quando Plauziano sognò che alcuni pesci erano saltati fuori dal Tevere ed erano caduti ai suoi piedi, Cerano disse che egli avrebbe ottenuto l'impero della terra e del mare. (5) Tuttavia, dopo essere stato relegato in un'isola per sette anni, fu in seguito richiamato e divenne il primo egiziano a essere eletto in senato,[27] ottenendo il consolato, come Pompeo,[28] senza aver mai prima rivestito alcuna magistratura. (6) Cecilio Agricola, invece, annoverato tra i primi adulatori di lui,[29] uomo secondo a nessuno quanto a spregiudicatezza e a spudoratezza, fu condannato a morte: dopo essersi recato a casa e dopo aver trangugiato del vino refrigerato, ruppe il calice che gli era costato duecentomila sesterzi e si diede la morte tagliandosi le vene con un coccio.[30] **[6]** Quanto a Saturnino ed Evodo, che a quel tempo avevano ricevuto alcuni onori, in seguito furono mandati a morte da Antonino.[31] Mentre noi stavamo decretando delle lodi a Evodo, Severo ce lo impedì dicendo: «È una vergogna che un simile onore per un liberto imperiale appaia scritto in un vostro decreto!». (2) Non solo vietò questo, ma impedì anche che tutti gli altri liberti imperiali abusassero del loro potere o si atteggiassero in modo insolente, misura per la quale ottenne persino buona fama. Infatti una volta il senato, mentre lo stava celebrando, proruppe in questa esclamazione: «Tutti si comportano sempre rettamente, perché tu governi rettamente!». (3) Plautilla e Plauzio, i figli di Plauziano, furono per il momento risparmiati e relegati a Lipari, ma sotto Antonino trovarono la morte,[32] per quanto già vivessero nel continuo timore, nella miseria e nella totale indigenza.

[7] I figli di Severo, Antonino e Geta,[33] poiché si erano liberati di Plauziano come dalla presenza di un precettore,[34] non ebbero più

---

[30] Letteralmente: «morì su di esso [*scil.*: il calice rotto] tagliandosi le vene».

[31] Nel 211, cfr. *infra* 77, 1, 1.

[32] Cfr. *infra* 77, 1, 1.

[33] Marco Aurelio Severo Antonino (Caracalla) e Publio Settimio Geta (Geta).

[34] Plauziano era stato incaricato da Severo di sorvegliare i due figli ai quali, in modo senz'altro eccessivo, sono attribuiti comportamenti sregolati e immorali. Herod. 3, 13, 1-2 e 14, 1 sottolinea invece, oltre alla rivalità tra i due fratelli, quasi esclusivamente «l'indecorosa propensione agli spettacoli» di Caracalla e Geta.

ὅ τι οὐκ ἐποίουν. καὶ γὰρ καὶ γυναῖκας ᾔσχυνον καὶ παῖδας ὕβριζον χρήματά τε παρεξέλεγον, καὶ τοὺς μονομάχους τούς τε ἁρματηλάτας προσηταιρίζοντο, τῇ μὲν ὁμοιότητι τῶν ἔργων ζηλοῦντες ἀλλήλους, τῷ δὲ ἀντισπουδάζειν στασιάζοντες· (2) εἰ γάρ τῳ ὁ ἕτερος προσέθετο, πάντως ἂν τὸ ἐναντίον ὁ ἕτερος ἀνθῃρεῖτο. καὶ τέλος συμβαλόντες ἐν γυμνασίᾳ τινὶ ἵππων σμικρῶν ζεύγεσιν ἐς μεγάλην φιλονεικίαν ἤλασαν, ὥστε τὸν Ἀντωνῖνον ἐκπεσεῖν τε ἐκ τοῦ δικύκλου καὶ τὸ σκέλος κατεᾶξαι. (3) παθόντος δὲ αὐτοῦ τοῦτο καὶ νοσηλευομένου ὁ Σεουῆρος οὐδὲν τῶν ἀναγκαίων τὸ παράπαν ἐξέλιπεν, ἀλλὰ καὶ ἐδίκαζεν καὶ πάντα τὰ τῇ ἀρχῇ προσήκοντα διῴκει. καὶ ἐπὶ ‹μὲν› τούτῳ καὶ ἐπηνεῖτο, τὸν δὲ δὴ Κύντιλλον τὸν Πλαυτιανὸν φονεύσας αἰτίαν ἔσχεν. ἀπέκτεινε δὲ καὶ ἄλλους πολλοὺς βουλευτάς, τοὺς μὲν κατηγορηθέντας παρ' αὐτῷ καὶ ἀπολογησαμένους καὶ ἁλόντας. - *Exc. Val.* 351 (p. 741), Xiph. 318, 9-20 R. St.

(4) ὅτι ὁ Κύντιλλος εὐγενέστατός τε ὢν καὶ ἐπὶ πλεῖστον ἐν τοῖς πρώτοις τῆς βουλῆς ἀριθμηθείς, ἔν τε ταῖς τοῦ γήρως πύλαις ἑστὼς καὶ ἐν ἀγρῷ ζῶν, καὶ οὔτε πολυπραγμονῶν τι οὔτε παραπράσσων, ὅμως καὶ ἐσυκοφαντήθη καὶ ἀνῃρέθη. μέλλων δ' οὖν τελευτήσειν ᾔτησε τὰ ἐντάφια, ἃ πρὸ πολλοῦ παρεσκεύαστο· καὶ ἐπειδὴ διερρυηκότα αὐτὰ ὑπὸ τοῦ χρόνου εἶδε, «τί τοῦτο;» ἔφη, «ἐβραδύναμεν». (5) καὶ μετὰ τοῦτο λιβανωτοῦ θυμιάσας εἶπεν «τὴν αὐτὴν εὐχὴν εὔχομαι ἣν καὶ Σερουιανὸς ἐπ' Ἀδριανῷ ηὔξατο». ἐκεῖνός τε οὖν ἀπώλετο, καὶ μονομάχων ἀγῶνες ἐγένοντο ἐν οἷς τά τε ἄλλα καὶ τίγριδες δέκα ἅμα ἐσφάγησαν. - *Exc. Val.* 352 (p. 741), Xiph. 318, 20-29 R. St.

[8] καὶ μετὰ τοῦτο τὰ περὶ τὸν Ἀπρωνιανὸν ἐτελέσθη, παράδοξα ὄντα καὶ ἀκουσθῆναι. ἔσχε γὰρ αἰτίαν ὅτι ποτὲ ἡ τήθη αὐτοῦ ὄναρ

---

[35] L'infortunio o la malattia di un figlio non è sufficiente motivo per derogare dai propri uffici di imperatore. Questo motivo è amplificato nel caso di Tiberio, che, in occasione della morte del nipote Druso nel 15 d.C., «non interruppe alcuna delle regolari attività, poiché in ogni caso non riteneva giusto che chi governi su altri si astenesse dalla cura degli affari pubblici per degli interessi privati» (57, 14, 6).

[36] M. Peduceo Plauto Quintillo, figlio di Ceionia Fabia, sorella di Lucio Vero, console del 177 insieme a Commodo, genero di Marco Aurelio, di cui aveva sposato la figlia Fadilla.

[37] Un lungo elenco di ben 41 persone in *HA Sev.* 13, 1-7. Su questa lista, che va riconnessa con le uccisioni avvenute dopo la sconfitta di Albino nel 197 (cfr. *supra* 75, 8, 4), gli studiosi sono divisi: ALFÖLDY, *Eine Proskriptionsliste*, cit., pp. 1-11; si veda da ultimo C. LETTA, *Settimio Severo e il senato*, in M.L. CALDELLI – G.L. GREGORI, *Epigrafia e ordine senatorio, 30 anni dopo*, Roma 2014, pp. 127-141, con bibliografia precedente.

freni: disonoravano donne, abusavano di fanciulli, trafugavano denaro
e frequentavano la compagnia dei gladiatori e dei cocchieri, da un lato
emulandosi a vicenda nell'eguagliare le reciproche azioni e dall'altro
rivaleggiando accanitamente: (2) se uno dei due, infatti, si aggregava
a qualcuno, l'altro si sarebbe senz'altro unito al rispettivo avversario.
Alla fine, mentre contendevano in una gara cavalli di piccola taglia,
spinsero i cocchi con tale competitività che Antonino cadde dalla
biga e si fratturò una gamba. (3) Mentre questi giaceva infermo a
seguito dell'incidente, Severo non solo non tralasciò mai alcuna
delle sue incombenze, ma addirittura continuò a seguire le cause e
a occuparsi di tutte le questioni riguardanti la sua carica.[35] Sebbene
per questo ricevesse approvazione, fu però accusato dell'uccisione
di Quintillo Plauziano.[36] Mandò a morte anche molti altri senatori,
alcuni dei quali, dopo essere stati messi sotto accusa davanti a lui, si
erano difesi ed erano stati incarcerati.[37]

(4) Quintillo, uomo di nobilissima stirpe e da lungo tempo annoverato tra i primi uomini del senato, giunto alle soglie della vecchiaia
e ormai ritiratosi in campagna, sebbene non avesse mai interferito o
brigato in alcun affare, fu calunniato e tolto di mezzo. Poco prima di
morire chiese il sudario che aveva già fatto preparare da molto, ma
avendo visto che il tessuto era logoro a causa del tempo trascorso,
disse: «Ebbene? Ormai è troppo tardi!». (5) In seguito, dopo aver
bruciato dell'incenso, affermò: «Innalzo la stessa preghiera che
Serviano ha innalzato per Adriano»,[38] e così morì. Si tennero poi dei
combattimenti gladiatori, durante i quali, tra l'altro, furono uccise
dieci tigri nel medesimo certame.

[8] In seguito ci fu la vicenda di Aproniano,[39] un caso incredibile[40] persino da raccontare. Fu accusato perché si disse che alla sua

---

[38] L. Giulio Urso Serviano (console per la terza volta nel 134) nel 137 era stato
messo a morte da Adriano, di cui era tra l'altro cognato. Dione narra che Serviano,
costretto al suicidio all'età di 90 anni (per ragioni non del tutto chiare), nell'atto di
bruciare dell'incenso esclamò: «Che io non ho colpe, voi, numi immortali, lo sapete.
Per Adriano io chiedo solo questo: che, se vorrà morire, non riesca farlo» (69, 17,
2). Un voto che – prosegue lo storico – si esaudì nella misura in cui «Adriano rimase
malato per moltissimo tempo, spesso con la speranza di morire, e spesso col desiderio
di togliersi la vita con le proprie mani» (*ibid.*).

[39] Popilio Pedone Aproniano, non altrimenti noto. Forse Dione fa riferimento
a una congiura contro la famiglia imperiale del 208 in cui questo personaggio pare
fosse coinvolto. Cfr. B. LEVICK, *Julia Domna. Syrian Empress*, London 2007, p. 81.

[40] Il caso appare incredibile a Dione poiché Aproniano fu condannato con l'accusa
di magia con false prove estorte sotto tortura.

ἑορακέναι ἐλέχθη ὡς βασιλεύσει, καὶ ὅτι μαγείᾳ τινὶ ἐπὶ τούτῳ χρήσασθαι ἔδοξε· καὶ ἀπὼν ἐν τῇ ἀρχῇ τῆς Ἀσίας κατεψηφίσθη. (2) ἀναγινωσκομένων οὖν ἡμῖν τῶν βασάνων τῶν περὶ αὐτοῦ γενομένων, καὶ τοῦτ᾽ ἐνεγέγραπτο ὅτι ὁ μέν τις ἐπύθετο τῶν ἐπὶ τῆς ἐξετάσεως τεταγμένων τίς τε διηγήσατο τὸ ὄναρ τίς τε ἤκουσεν, ὁ δέ τις ἔφη τά τε ἄλλα καὶ ὅτι «φαλακρόν τινα βουλευτὴν παρακύψαντα εἶδον». (3) ἀκούσαντες δὲ τοῦθ᾽ ἡμεῖς ἐν δεινῷ πάθει ἐγενόμεθα· ὄνομα μὲν γὰρ οὐδενὸς οὔτε ἐκεῖνος εἰρήκει οὔτε ὁ Σεουῆρος ἐγεγράφει, ὑπὸ δὲ ἐκπλήξεως καὶ οἱ μηδεπώποτε ἐς τοῦ Ἀπρωνιανοῦ πεφοιτηκότες, οὐχ ὅτι οἱ φαλακροὶ ἀλλὰ καὶ οἱ ἄλλως ἀναφαλαντίαι, ἔδεισαν. (4) καὶ ἐθάρσει μὲν οὐδεὶς πλὴν τῶν πάνυ κομώντων, πάντες δὲ τοὺς τοιούτους περιεβλέπομεν, καὶ ἦν θροῦς «ὁ δεινά ἐστιν·» «οὔκ, ἀλλ᾽ ὁ δεῖνα». οὐκ ἀποκρύψομαι τὸ τότε μοι συμβάν, εἰ καὶ γελοιότατόν ἐστιν· τοσαύτη γὰρ ἀμηχανίᾳ συνεσχέθην ὥστε καὶ τῆς κεφαλῆς τὰς τρίχας τῇ χειρὶ ζητῆσαι. (5) τὸ δ᾽ αὐτὸ τοῦτο καὶ ἕτεροι πολλοὶ ἔπαθον. καὶ πάνυ γε ἐς τοὺς φαλακροειδεῖς ἀφεωρῶμεν ὡς καὶ ‹ἐς› ἐκείνους τὸν ἑαυτῶν κίνδυνον ἀπωθούμενοι, πρὶν δὴ προσανεγνώσθη ὅτι ἄρα περιπόρφυρον ἱμάτιον ὁ φαλακρὸς ἐκεῖνος εἶχε. (6) λεχθέντος γὰρ τούτου πρὸς Βαίβιον Μαρκελλῖνον ἀπείδομεν· ἠγορανομήκει γὰρ τότε καὶ ἦν φαλακρότατος. ἀναστὰς γοῦν καὶ παρελθὼν ἐς μέσον «πάντως που γνωριεῖ με, εἰ ἑόρακεν» ἔφη. (7) ἐπαινεσάντων δὲ τοῦτο ἡμῶν ἐσήχθη τε ὁ μηνυτής, καὶ χρόνον πολὺν ἐσιώπησε παρεστῶτος αὐτοῦ, περιβλέπων ὃν γνωρίσειε, τέλος δὲ νεύματί τινος ἀφανεῖ προσσχὼν ἔφη τοῦτον ἐκεῖνον εἶναι. [9] καὶ οὕτω καὶ ὁ Μαρκελλῖνος ἑάλω φαλακροῦ παρακύψεως, ἐξήχθη τε ἐκ

---

[41] Letteralmente παρακύπτω significa «sporgersi», e quindi «sbirciare» o «curiosare», ovviamente alla finestra o alla porta della casa di Aproniano.

[42] Τοὺς τοιούτους si riferisce sia a coloro che erano calvi sia a coloro che erano stempiati.

[43] Era la *toga praetexta*, munita di un orlo di lana purpurea: era usata dai magistrati che avevano diritto alla *sella curulis* (consoli, pretori, edili curuli, censori), oltre che dagli alti sacerdoti e dai supremi magistrati municipali.

[44] Non altrimenti noto.

[45] Un certo Pollenio Sabennio menzionato qui subito *infra* (9, 2).

[46] Dione tradisce probabilmente il suo punto di vista attraverso la venatura pole-

nutrice una volta era capitato di sognare che egli sarebbe diventato imperatore, e perché si credette che per raggiungere questo scopo egli avesse fatto ricorso a delle arti magiche. Fu condannato in sua assenza, mentre si trovava in Asia come governatore. (2) Dalla lettura che venne fatta in nostra presenza delle rivelazioni estorte sotto tortura, emerse anche questo dettaglio: mentre ci fu qualcuno che chiese chi avesse narrato in giro quel sogno e chi l'avesse udito, ci fu qualcun altro che tra una rivelazione e l'altra affermò: «Ho visto un senatore calvo sbirciare!».[41] (3) Quando sentimmo ciò restammo molto sconcerati: infatti, sebbene né quel tale avesse rivelato un nome, né Severo ne avesse scritto uno, furono assaliti dalla preoccupazione anche coloro che non avevano mai frequentato la casa di Aproniano, non solo quelli che erano calvi, ma anche quelli che erano stempiati. (4) Mentre nessuno si mostrava sicuro di sé, a eccezione di quanti avevano una chioma folta, tutti noi ci girammo a guardare coloro che avevano pochi capelli,[42] e si diffusero questi mormorii: «È quel tale!», «No, è quell'altro!». Non nasconderò ciò che mi accadde in quella circostanza, sebbene la cosa sia piuttosto ridicola: restai così turbato, infatti, che tastai il mio capo per cercare i capelli con la mano. (5) Anche molti altri fecero la stessa cosa, e osservammo attentamente coloro che sembravano calvi come se volessimo scaricare su di loro il pericolo che ci minacciava, finché non fu letto che quel senatore calvo indossava una toga orlata di porpora.[43] (6) Dopo la lettura di questo dettaglio, gettammo lo sguardo su Bebio Marcellino,[44] poiché questi un tempo era stato edile ed era quasi del tutto calvo. Così egli si alzò, si recò nel mezzo e disse: «[Quell'uomo] mi riconoscerà senz'altro, se mi ha visto!». (7) Dopo che approvammo questo procedimento, fu introdotto il delatore,[45] il quale, mentre il sospettato se ne stava lì in piedi, rimase a lungo in silenzio guardando intorno se riuscisse a riconoscere qualcuno: alla fine, colto l'impercettibile suggerimento di un tale, affermò che quello era l'uomo. [9] Fu così che Marcellino venne condannato per una calva sbirciata,[46] e fu condotto fuori dal senato tra

---

mica di questa singolare espressione, che richiama il § 2: φαλακρόν τινα βουλευτὴν παρακύψαντα (8, 2)... φαλακροῦ παρακύψεως (9, 1). Quest'ultima espressione è probabilmente da ricondurre al proverbio ἐξ ὄνου παρακύψεως («per colpa dell'asino che si sporge») attestato da un frammento della *Sacerdotessa* di Menandro (frg. 211 Koerte) e da Luciano di Samosata (*Asino* 45): secondo Filone di Alessandria (*Migr. Abr.* 216) «la smania di sapere... tende per natura alla curiosità... e finisce col ficcare la testa ovunque» sporgendosi e sbirciando.

τοῦ βουλευτηρίου ὀλοφυρόμενος. καὶ διὰ τῆς ἀγορᾶς διεξελθὼν οὐκέτ᾽ ἠθέλησε περαιτέρω προχωρῆσαι, ἀλλ᾽ αὐτοῦ ταύτῃ τὰ τέκνα τέσσαρα ὄντα ἀσπασάμενος λόγον εἶπε περιπαθέστατον· ἔφη γὰρ «ἕν με τοῦτο λυπεῖ, τέκνα, ὅτι ὑμᾶς ζῶντας καταλείπω». (2) καὶ ὁ μὲν οὕτω τὴν κεφαλὴν ἀπετμήθη, πρὶν τὸν Σεουῆρον μαθεῖν ὅτι καὶ κατεψηφίσθη· τῷ μέντοι τὴν αἰτίαν αὐτῷ τοῦ θανάτου παρασχόντι Πολληνίῳ Σεβεννῷ δίκη τιμωρὸς ἀπήντησεν. ἐκδοθεὶς γὰρ ὑπὸ Σαβίνου τοῖς Νωρικοῖς, ὧν ἄρξας οὐδὲν χρηστὸν ἐπεποιήκει, αἴσχιστα πέπονθε· (3) καὶ εἴδομεν αὐτὸν ἐπί τε τῆς γῆς κείμενον καὶ ἱκετεύοντα οἰκτρῶς, καὶ εἰ μὴ διὰ τὸν Ἄσπακα τὸν θεῖον αὐτοῦ φειδοῦς ἔτυχε, κἂν ἀπωλώλει οἰκτρῶς. ὁ δὲ δὴ Ἄσπαξ οὗτος δεινότατος ἀνθρώπων ἐγένετο σκῶψαι, στωμύλασθαι, πάντων ἀνθρώπων καταφρονῆσαι, φίλοις χαρίσασθαι, ἐχθρὸν ἀμύνασθαι. (4) καὶ αὐτοῦ πολλὰ μὲν καὶ πρὸς ἄλλους πικρὰ καὶ ἀστεῖα ἀποφθέγματα φέρεται, πολλὰ δὲ καὶ πρὸς τὸν Σεουῆρον αὐτόν. ὧν ἓν καὶ τοῦτο· ἐς γὰρ τὸ γένος αὐτοῦ τὸ τοῦ Μάρκου ἐγγραφέντος «συγχαίρω σοι, Καῖσαρ» ἔφη, «ὅτι πατέρα εὗρες», ὡς καὶ ἀπάτορος αὐτοῦ τὸν ἔμπροσθεν χρόνον ὑπ᾽ ἀφανείας ὄντος.

[10] ἐν δὲ τῷ καιρῷ τούτῳ Βούλλας τις Ἰταλὸς ἀνήρ, ληστήριον συστησάμενος ὡς ἑξακοσίων ἀνδρῶν, ἐλῄζετο τὴν Ἰταλίαν ἐπὶ ἔτη δύο, παρόντων μὲν τῶν αὐτοκρατόρων, παρόντων δὲ καὶ στρατιωτῶν τοσούτων. (2) ἐδιώκετο μὲν γὰρ ὑπὸ συχνῶν ἀνδρῶν, φιλοτίμως αὐτὸν ἀνιχνεύοντος τοῦ Σεουήρου, οὔτε δὲ ἑωρᾶτο ὁρώμενος οὔτε εὑρίσκετο εὑρισκόμενος οὔτε κατελαμβάνετο ἁλισκόμενος· τοσαύτῃ καὶ μεγαλοδωρίᾳ καὶ σοφίᾳ ἐχρῆτο. ἐμάνθανε γὰρ πάντας τούς τε ἀπὸ τῆς Ῥώμης ἐξιόντας καὶ τοὺς ἐς τὸ Βρεντέσιον καταίροντας, τίνες τε καὶ πόσοι εἰσί, καὶ τίνα καὶ ὁπόσα κέκτηνται· (3) καὶ τοὺς μὲν ἄλλους, μέρος ἄν τι παρ᾽

[47] C. Ottavio Suetrio Sabino, senatore originario di *Histonium* (nel Sannio), ebbe una luminosa carriera: si ricordano il governatorato in Rezia (213), il consolato nel 214, la prefettura dell'annona nel 215-216 (la *praefectura alimentorum* in contemporanea con la *correttura* dell'Italia), e infine il governatorato in Pannonia Inferiore (216), carica che gli fu revocata nel 217 da Macrino. Dopo essere stato proconsole in Africa (230), la sua carriera si concluse con un secondo consolato nel 240. Cfr. *infra* 78, 13, 2.
[48] Ἄσπακα e Ἄσπαξ sono probabilmente corruzione per Αὔσπικα e Αὔσπιξ: il personaggio menzionato potrebbe essere identificato con *A. Pol(l)ienus Auspex*.
[49] Non altrimenti noto.
[50] S'intenda Marco Aurelio imperatore.

le proteste. Dopo aver attraversato il Foro non volle procedere oltre, ma proprio lì, salutati i suoi quattro figli, disse queste commoventi parole: «Questo solo mi affligge, figlioli, lasciarvi mentre siete ancora in vita». (2) Fu quindi decapitato, prima ancora che Severo venisse a sapere che egli era stato condannato. Tuttavia Pollenio Sabenno, che aveva provocato la sua condanna a morte, fu raggiunto da una giusta vendetta: infatti, dopo essere stato abbandonato da Sabino[47] ai Norici, che egli aveva malamente amministrato durante il suo governatorato, subì una sorte degna del massimo disonore. (3) Lo vedemmo prostrato a terra mentre supplicava miserevolmente, e miserevolmente sarebbe morto, se non avesse ottenuto il perdono per intercessione di suo zio Aspace.[48] Questo Aspace[49] fu un uomo straordinariamente brillante nel burlare, nel fare pettegolezzi, nello schernire chiunque, nel propiziarsi gli amici e nel vendicarsi dei nemici. (4) Di costui si tramandano molte battute salaci e argute indirizzate a varie persone, anche a Severo medesimo. Una di queste la pronunciò quando Severo fu adottato nella famiglia di Marco:[50] «Mi congratulo con te, Cesare, perché hai trovato un padre!». E in effetti prima d'allora egli, essendo di oscuri natali, era come se non avesse un padre.

[10] In quel periodo un italico di nome Bulla[51] riunì una banda di seicento ladroni e per due anni[52] continuò a razziare l'Italia tanto in presenza degli imperatori[53] quanto in presenza di un gran numero di soldati. (2) Mentre era ricercato da molti uomini e Severo stesso era impazientemente sulle sue tracce, egli, benché venisse visto, non si vedeva, benché fosse trovato, non si trovava, e benché fosse sorpreso, non veniva arrestato: tanta era la capacità di corruzione e la scaltrezza a cui ricorreva. Infatti era informato sul conto di tutti coloro che uscivano da Roma e di coloro che giungevano a Brindisi, sapendo non solo chi e quanti fossero, ma anche quali e quante ricchezze avessero con sé: (3) per lo più li lasciava andare dopo aver

---

[51] Su cui cfr. T. GRÜNEWALD, *Räuber, Rebellen, Rivalen, Rächer. Studien zu latrones im römischen Reich*, Stuttgart 1999, pp. 157-195, che legge nella figura e in alcune caratteristiche attribuite alla personalità di Bulla la rappresentazione del contropotere; E. CALIRI, *ΜΕΓΑΛΟΔΩΡΙΑ e ΣΟΦΗΙΑ di Bulla Felix*, «MedAnt» 12 (2009), pp. 97-109, ritiene – a mio avviso più correttamente – che dietro le parole di Bulla si possano leggere le proposte di politica economica – più precisamente di politica agraria – di Cassio Dione, che era stato consigliere di Alessandro Severo.

[52] Dal 206 al 207.

[53] Il termine designa genericamente Severo – l'imperatore vero e proprio – e i suoi due Cesari (Caracalla e Geta).

αὐτῶν ὧν εἶχον λαβών, εὐθὺς ἠφίει, τοὺς δὲ δὴ τεχνίτας κατεῖχε χρόνον τινά, καὶ χρησάμενός σφισιν, εἶτα καὶ προσδούς τι ἀπέλυε. καί ποτε δύο λῃστῶν αὐτοῦ ἁλόντων καὶ θηρίοις δοθήσεσθαι μελλόντων πρός τε τὸν δεσμοφύλακα κατῆλθε, πλασάμενος ὡς τῆς πατρίδος ἄρχων καί τινων ἀνθρώπων τοιούτων δεόμενος, καὶ οὕτω λαβὼν αὐτοὺς ἔσωσε. (4) τῷ δὲ ἑκατοντάρχῳ τῷ τὸ λῃστρικὸν καθαιροῦντι προσελθὼν κατηγόρησεν αὐτὸς ἑαυτοῦ ὥσπερ ἄλλος τις ὤν, καὶ ὑπέσχετο, εἰ ἀκολουθήσει αὐτῷ, παραδοῦναί οἱ τὸν λῃστήν· καὶ οὕτως αὐτὸν ἐς κοῖλόν τινα καὶ λοχμώδη τόπον ὡς καὶ ἐπὶ τὸν Φήλικα ἀγαγών (καὶ τοῦτο γὰρ αὐτὸς προσωνόμαστο) ῥᾳδίως συνέλαβε. (5) καὶ μετὰ τοῦτ᾽ ἐπὶ τὸ βῆμα ἀνέβη σχῆμα ἄρχοντος ἀναλαβών, καὶ καλέσας τὸν ἑκατόνταρχον τῆς τε κεφαλῆς ἀπεξύρησε, καὶ ἔφη «ἄγγελλε τοῖς δεσπόταις σου ὅτι τοὺς δούλους ὑμῶν τρέφετε, ἵνα μὴ λῃστεύωσι». πλείστους γὰρ ὅσους τῶν Καισαρείων εἶχε, τοὺς μὲν ὀλιγομίσθους τοὺς δὲ καὶ παντελῶς ἀμίσθους γεγονότας. (6) ταῦτ᾽ οὖν ὁ Σεουῆρος ὡς ἕκαστα πυνθανόμενος, ὀργῇ ἔφερεν ὅτι ἐν τῇ Βρεττανίᾳ τοὺς πολέμους δι᾽ ἑτέρων νικῶν αὐτὸς ἐν τῇ Ἰταλίᾳ λῃστοῦ ἥττων ἐγένετο· καὶ τέλος χιλίαρχον ἐκ τῶν σωματοφυλάκων σὺν ἱππεῦσι πολλοῖς ἔστειλε, δεινὰ ἄττα αὐτῷ ἀπειλήσας, ἂν μὴ ζῶντα αὐτὸν ἀγάγῃ. καὶ οὕτως ἐκεῖνος μαθὼν ὅτι γυναικί τινι ἀλλοτρίᾳ χρῷτο, ἀνέπεισεν αὐτὴν διὰ τοῦ ἀνδρὸς ἐπ᾽ ἀδείᾳ συνάρασθαι σφίσι. (7) κἀκ τούτου ἐν σπηλαίῳ τινὶ καθεύδων συνελήφθη. καὶ αὐτὸν ὁ Παπινιανὸς ὁ ἔπαρχος ἀνήρετο «διὰ τί ἐλῄστευσας;» καὶ αὐτὸς ἀπεκρίνατο «διὰ τί σὺ ἔπαρχος εἶ;» καὶ θηρίοις μετὰ τοῦτο ὑπὸ κηρύγματος ἐδόθη, καὶ αὐτοῦ καὶ τὸ λῃστρικὸν διελύθη· οὕτω που ἐν ἐκείνῳ πᾶσα ἡ τῶν ἑξακοσίων ἰσχὺς ἦν.

---

[54] τῆς πατρίδος: probabile corruzione, che Boissevain suggerisce di emendare con τῆς πόλεως («della sua città»).
[55] S'intenda Bulla, il brigante.
[56] Cfr. CALIRI, *ΜΕΓΑΛΟΔΩΡΙΑ*, cit., p. 108: «La banda di Bulla riuniva molto presumibilmente un copioso numero di quei liberti che l'imperatore aveva congedato e sostituito con altri elementi che avrebbero poi costruito il nucleo di quella burocrazia destinata a divenire una gigantesca e bulimica cancrena nelle finanze dello stato. Tali liberti imperiali, privati del proprio lavoro e della possibilità di sostentamento autonomo, avevano finito per darsi alla macchia. Ad essi, molto presumibilmente, si erano aggiunti ex soldati di origine italica, congedati a forza da Settimio e sostituiti

sottratto loro parte di quanto avevano con sé, mentre tratteneva per un po' di tempo gli artigiani per servirsi di loro e li lasciava andare dopo averli ricompensati. Una volta, quando due dei suoi briganti furono catturati e stavano per essere dati in pasto alle belve, egli si recò dalla guardia carceraria e, fingendo di essere il governatore della sua provincia nativa[54] e di aver bisogno di alcuni di quegli uomini, li prelevò e li liberò. (4) Poi, avvicinatosi al centurione incaricato di sgominare la banda, accusò se stesso simulando di essere un altro e promise che se lo avesse seguito, gli avrebbe consegnato il brigante [Bulla]; così, dopo averlo condotto in un luogo cavernoso e dirupato fingendo di portarlo da Felice (poiché egli[55] veniva chiamato anche in questo modo), lo catturò con facilità. (5) In seguito salì su una tribuna indossando l'abito di un magistrato e, dopo aver ordinato che al centurione venisse rasato il capo, disse: «Porta questo messaggio ai tuoi padroni: "Date da mangiare ai vostri schiavi, affinché non si diano al brigantaggio"». Egli, infatti, aveva con sé moltissimi liberti imperiali, alcuni dei quali erano stati pagati poco, mentre altri non erano stati pagati affatto.[56] (6) Severo, che era al corrente di questi singoli fatti, era adirato perché mentre in Britannia vinceva i nemici tramite altri,[57] in Italia si trovava sconfitto da un brigante. Alla fine inviò un tribuno delle sue guardie del corpo con molti cavalieri, minacciando di punirlo duramente qualora non gli avesse condotto il brigante vivo. Così quel tribuno, avendo saputo che il brigante aveva una relazione con una donna sposata, servendosi del marito la persuase a prestare loro aiuto in cambio dell'impunità. (7) Così Bulla fu catturato mentre dormiva in una spelonca. Papiniano, il prefetto [del pretorio],[58] gli chiese: «Perché ti sei dato al brigantaggio?». Ed egli rispose: «E tu perché tu sei un prefetto?».[59] In seguito, tramite un bando venne dato in pasto alle belve, mentre la sua banda si disperse: a tal punto la forza dei seicento briganti era in qualche modo riposta interamente in lui.

---

nelle milizie da più fidati provinciali, abituati alla disciplina militare, alla ricerca di un leader, di migliori condizioni di vita, o forse di un sogno».

[57] I suoi generali. Le scorrerie di Bulla sono del 207, anno a cui dovrebbe rimontare il contenuto di questa notizia.

[58] Emilio Papiniano, celebre giurista, aveva preso il posto di Plauziano come prefetto del pretorio insieme a Mecio Leto nel gennaio del 205.

[59] Un analogo scambio di battute pare fosse avvenuto nel 14, dopo la morte di Augusto, tra Clemente (lo pseudo-Agrippa) e Tiberio prima della condanna a morte di Clemente (57, 16, 4; Tac. *Ann.* 2, 39-40).

[11] ὁ δὲ δὴ Σεουῆρος ἐπὶ Βρεττανίαν ἐστράτευσε τούς τε παῖδας ἐκδιαιτωμένους ὁρῶν καὶ τὰ στρατεύματα ὑπὸ ἀργίας ἐκλυόμενα, καίπερ εἰδὼς ὅτι οὐκ ἀνακομισθήσεται. ᾔδει δὲ τοῦτο μάλιστα μὲν ἐκ τῶν ἀστέρων ὑφ᾽ ὧν ἐγεγέννητο (καὶ γὰρ ἐς τὰς ὀροφὰς αὐτοὺς τῶν οἴκων τῶν ἐν τῷ παλατίῳ, ἐν οἷς ἐδίκαζεν, ἐνέγραψεν, ὥστε πᾶσι, πλὴν τοῦ μορίου τοῦ τὴν ὥραν, ὥς φασιν, ἐπισκοπήσαντος ὅτε ἐς τὸ φῶς ἐξῄει, ὁρᾶσθαι· τοῦτο γὰρ οὐ τὸ αὐτὸ ἑκατέρωθι ἐνετύπωσεν), ᾔδει δὲ καὶ παρὰ μάντεων ἀκούσας. (2) ἀνδριάντι γὰρ αὐτοῦ πρὸς ταῖς πύλαις δι᾽ ὧν ἐκστρατεύσειν ἔμελλεν ἑστῶτι, καὶ πρὸς τὴν ὁδὸν τὴν ἐκεῖσε, φέρουσαν ἀποβλέποντι, σκηπτὸς ἐμπεσὼν τρία ἀπὸ τοῦ ὀνόματος αὐτοῦ γράμματα ἀπήλειψε· καὶ διὰ τοῦθ᾽, ὡς οἱ μάντεις ἀπεφήναντο, οὐκ ἐπανῆκεν ἀλλὰ καὶ τρίτῳ ἔτει μετὰ τοῦτο μετήλλαξε. καὶ χρήματα δὲ πάμπολλα συνεξήγαγε. - Xiph. 318, 29-321, 24 R. St.

[12] δύο δὲ γένη τῶν Βρεττανῶν μέγιστά εἰσι, Καληδόνιοι καὶ Μαιάται· καὶ ἐς αὐτὰ καὶ τὰ τῶν ἄλλων προσρήματα ὡς εἰπεῖν συγκεχώρηκεν. οἰκοῦσι δὲ οἱ μὲν Μαιάται πρὸς αὐτῷ τῷ διατειχίσματι ὃ τὴν νῆσον δίχῃ τέμνει, Καληδόνιοι δὲ μετ᾽ ἐκείνους, καὶ νέμονται ἑκάτεροι ὄρη ἄγρια καὶ ἄνυδρα καὶ πεδία ἔρημα καὶ ἑλώδη, μήτε τείχη μήτε πόλεις μήτε γεωργίας ἔχοντες, ἀλλ᾽ ἔκ τε νομῆς καὶ θήρας ἀκροδρύων τέ τινων ζῶντες· (2) τῶν γὰρ ἰχθύων ἀπείρων καὶ ἀπλέτων ὄντων οὐ γεύονται. διαιτῶνται δὲ ἐν σκηναῖς γυμνοὶ καὶ ἀνυπόδητοι, ταῖς γυναιξὶν ἐπικοίνοις χρώμενοι καὶ τὰ γεννώμενα πάντα κοινῶς ἐκτρέφοντες. δημοκρατοῦνταί τε ὡς πλήθει, καὶ λῃστεύουσιν ἥδιστα. καὶ διὰ τοῦτο ἄρχοντας τοὺς θρασυτάτους αἱροῦνται. (3) στρατεύονται δὲ ἐπί τε ἁρμάτων, ἵππους ἔχοντες μικροὺς καὶ ταχεῖς, καὶ πεζοί·

[60] Più credibile la versione di Erodiano (che pure non ignora la preoccupazione di Severo per l'indecorosa propensione dei figli agli spettacoli), secondo il quale il governatore della Britannia L. Alfeno Senecione scrisse a Severo «che i barbari del confine erano in rivolta, e facevano scorrerie nel territorio, riportandone bottino e producendo gravi danni e per difendere la provincia erano dunque indispensabili rinforzi, o addirittura la presenza dell'imperatore» (3, 14, 1). La reazione dell'imperatore fu, sempre secondo Erodiano, molto positiva, in quanto Severo era dominato da un fortissimo desiderio di gloria dopo i trionfi ottenuti «in Oriente e al nord» (3, 14, 2).

[11] Severo, vedendo che i suoi figli conducevano una vita dissoluta
e che le legioni si stavano snervando a causa dell'inerzia,[60] intraprese
una spedizione militare contro la Britannia,[61] sebbene sapesse che
non sarebbe ritornato.[62] Era consapevole di ciò soprattutto grazie
alle stelle sotto le quali era nato: tra l'altro le aveva fatte dipingere
sulle travature del soffitto delle sale del palazzo dove amministrava
la giustizia, così da essere visibili a tutti a eccezione di quella parte
[di cielo] rivolta, come si suol dire, verso l'ora della sua nascita:[63]
questa parte, infatti, non l'aveva fatta dipingere allo stesso modo su
ambedue i lati. Era però al corrente di quel destino anche grazie agli
indovini: (2) infatti un fulmine, dopo essersi abbattuto su una sua
statua situata presso le porte attraverso le quali stava per partire la
spedizione e rivolta verso la strada che conduceva in quella direzione,
aveva cancellato tre lettere del suo nome. Per questo motivo, come
avevano previsto gli indovini, Severo non tornò, ma morì di lì a tre
anni.[64] Con sé aveva portato moltissimo denaro.

[12] Due sono le tribù principali dei Britanni, i Caledoni e i Meati,[65]
e i nomi delle altre si sono per così dire assimilati a questi. I Meati
vivono presso il medesimo muro di fortificazione[66] che divide l'isola
in due parti, mentre i Caledoni sono stanziati al di là di essi: entrambi
occupano aspre e aride alture e pianure desolate e paludose, senza
possedere mura o città e senza coltivare la terra, vivendo invece di
pastorizia, di caccia e della raccolta di frutti: (2) essi, infatti, non
si cibano di pesci, sebbene là se ne trovino in quantità pressoché
inesauribile. Vivono al riparo di tende, nudi e scalzi, hanno mogli in
comune e in comune crescono tutta la loro prole. Si governano per
lo più con un regime democratico e si dedicano molto volentieri al
brigantaggio: per questo scelgono come capi gli uomini più arditi.
(3) Vanno in guerra a bordo di carri, disponendo di cavalli piccoli
e veloci, così come a piedi, e sono velocissimi nella corsa e assai

---

[61] Severo partì per la Britannia nei primi mesi del 208.
[62] Secondo Erodiano (3, 14, 2-3) Severo, «pur essendo vecchio e travagliato
dall'artrite, nello spirito era più energico di qualunque giovane».
[63] Si allude all'oroscopo.
[64] Severo morì il 4 febbraio del 211. Era nato l'11 aprile del 146 (cfr. *infra* 16, 4).
[65] Entrambi stanziati nell'attuale Scozia.
[66] Il vallo di Antonino, che tra il 142 e il 144 estese quello di Adriano, situato
all'altezza del fiume Tyne, sino al corso dei fiumi Clyde e Forth.

καί εἰσι καὶ δραμεῖν ὀξύτατοι καὶ συστῆναι παγιώτατοι. τὰ δὲ ὅπλα αὐτῶν ἀσπὶς καὶ δόρυ βραχύ, μῆλον χαλκοῦν ἐπ' ἄκρου τοῦ στύρακος ἔχον, ὥστε σειόμενον κτυπεῖν πρὸς κατάπληξιν τῶν ἐναντίων· εἰσὶ δ' αὐτοῖς καὶ ἐγχειρίδια. (4) δύνανται δὲ καὶ λιμὸν καὶ ψῦχος καὶ ταλαιπωρίαν πᾶσαν ὑπομένειν· ἔς τε γὰρ τὰ ἕλη καταδυόμενοι καρτεροῦσιν ἐπὶ πολλὰς ἡμέρας, τὴν κεφαλὴν μόνην ἔξω τοῦ ὕδατος ἔχοντες, καὶ ἐν ταῖς ὕλαις τῷ τε φλοιῷ καὶ ταῖς ρίζαις διατρέφονται, καὶ πρὸς πάντα σκευάζουσί τι βρῶμα, ἀφ' οὗ κυάμου τι μέγεθος ἐμφαγόντες οὔτε πεινῶσιν οὔτε διψῶσι. - Xiph. 321, 24-322, 12 R. St. additis paucis ex Treu p. 21, 26-22, 15.

(5) τοιαύτη μέν τις νῆσος ἡ Βρεττανία ἐστί, καὶ τοιούτους οἰκήτορας ἥ γε πολεμία ἔχει. νῆσος γάρ ἐστι, καὶ τότε σαφῶς ὥσπερ εἶπον ἐλήλεγκται. καὶ αὐτῆς τὸ μὲν μῆκος στάδιοι ἑπτακισχίλιοι καὶ ἑκατὸν τριάκοντα δύο εἰσί, τοῦ δὲ δὴ πλάτους τὸ μὲν πλεῖστον δέκα καὶ τριακόσιοι καὶ δισχίλιοι, τὸ δὲ ἐλάχιστον τριακόσιοι· καὶ τούτων ἡμεῖς οὐ πολλῷ τινι τῆς ἡμισείας ἔλαττόν τι ἔχομεν.

[13] ὁ δ' οὖν Σεουῆρος πᾶσαν αὐτὴν καταστρέψασθαι ἐθελήσας ἐσέβαλεν ἐς τὴν Καληδονίαν, καὶ διιὼν αὐτὴν ἀμύθητα πράγματα ἔσχε, τάς τε ὕλας τέμνων καὶ τὰ μετέωρα κατασκάπτων τά τε ἕλη χωννύων καὶ τοὺς ποταμοὺς ζευγνύων· (2) οὔτε γὰρ μάχην τινὰ ἐμαχέσατο οὔτε πολέμιόν τινα ἐν παρατάξει εἶδε. πρόβατα δὲ καὶ βοῦς προβαλλομένων αὐτῶν ἐξεπίτηδες οἱ στρατιῶται ἥρπαζον, ὅπως ἐπὶ πλεῖον ἀπατώμενοι τρύχωνται· καὶ γὰρ ὑπὸ τῶν ὑδάτων δεινῶς ἐκακοῦντο καὶ ἀποσκεδαννύμενοι ἐπεβουλεύοντο. εἶτ' ἀδυνατοῦντες βαδίζειν ὑπ' αὐτῶν τῶν οἰκείων ἐφονεύοντο ἵνα μὴ ἁλίσκωνται, ὥστε ἐς πέντε μυριάδας ὅλας τελευτῆσαι. (3) οὐ μέντοι ἀπέστη γε πρὶν τῷ ἐσχάτῳ τῆς νήσου πλησιάσαι, ὅπου γε τὰ μάλιστα τήν τε τοῦ ἡλίου παράλλαξιν καὶ τὸ τῶν ἡμερῶν τῶν τε νυκτῶν καὶ τῶν θερινῶν καὶ τῶν χειμερινῶν μέγεθος ἀκριβέστατα κατεφώρασε. (4) καὶ ὁ μὲν οὕτω διὰ πάσης ὡς εἰπεῖν τῆς πολεμίας κομισθείς (ἐκομίσθη γὰρ ὡς ἀληθῶς ἐν σκιμποδίῳ καταστέγῳ τινὶ τὰ πολλὰ διὰ τὴν ἀσθένειαν) ἐς τὴν φιλίαν ἐπανῆλθεν, ἐς

[67] Queste informazioni di carattere etnografico potrebbero derivare dall'*Autobiografia* di Severo, come indurrebbe a credere anche un passo successivo (cfr. *infra* 13, 3). Il modello è senz'altro l'*excursus* sui Britanni e la Britannia di Cesare nel *Bellum Gallicum* (5, 12-14).

[68] Cfr. 39, 50, 4; 66, 20.

tenaci nel combattimento. Le loro armi consistono in uno scudo e in un'asta corta, sulla sommità della quale è posto un pomo di bronzo tale da incutere terrore negli avversari quando viene agitato; inoltre, possiedono anche delle spade. (4) Essi sono in grado di sopportare la fame, il freddo e ogni genere di traversia: infatti, quando si immergono nelle paludi resistono per molti giorni tenendo solo la testa sopra il pelo dell'acqua, mentre nelle foreste si nutrono di cortecce e di radici; per ogni situazione d'emergenza, poi, preparano un particolare alimento e, assumendone una quantità pari alla grandezza di una fava, non provano più fame né sete.[67]

(5) Tale è l'isola della Britannia e tali gli abitanti che si trovano nella parte ostile di essa: che sia un'isola, ho spiegato con chiarezza a suo tempo.[68] In lunghezza si estende per 7132 stadi, nella parte più larga per 2310 e in quella meno larga per 300: di queste terre possediamo[69] poco meno della metà.

[13] Severo, dunque, volendo ridurla interamente in suo potere, invase la Caledonia:[70] nell'attraversarla incontrò innumerevoli difficoltà, dovendo tagliare le foreste, spianare le alture, bonificare le paludi e gettare ponti sui fiumi. (2) Non combatté alcuna battaglia né vide alcun nemico schierato a battaglia; tuttavia quelli[71] di proposito mandavano avanti pecore e buoi, in modo tale che i soldati, muovendosi per catturarli, fossero tratti in inganno per poi essere aggrediti: essi, infatti, si trovarono in grande difficoltà a causa delle acque paludose e, una volta dispersi, caddero nelle insidie. Poiché non potevano camminare, venivano uccisi dai propri commilitoni per non essere catturati e, così, persero la vita circa in cinquantamila. (3) Tuttavia Severo non desistette finché non ebbe raggiunto l'estremità dell'isola, dove con grandissima attenzione esaminò soprattutto il mutamento della posizione del sole[72] e la lunghezza tanto delle notti quanto dei giorni, sia estivi sia invernali. (4) Così, condotto per quasi tutta la terra ostile (poiché di fatto a causa della sua debolezza fisica fu portato su una lettiga coperta),[73] ritornò alla condizione di non belligeranza

---

[69] S'intenda «noi Romani».
[70] Nella primavera del 209.
[71] S'intenda i Caledoni.
[72] Cfr. Tac. *Agr.* 12.
[73] Cfr. Herod. 3, 14, 3.

ὁμολογίαν τοὺς Βρεττανούς, ἐπὶ τῷ χώρας οὐκ ὀλίγης ἐκστῆναι, ἀναγκάσας ἐλθεῖν.

[14] ἐξέπληττε δὲ αὐτὸν ὁ Ἀντωνῖνος καὶ ἐς φροντίδας ἀνηνύτους καθίστη, ὅτι τε ἀκολάστως ἔζη, καὶ ὅτι καὶ τὸν ἀδελφὸν δῆλος ἦν, εἰ δυνηθείη, φονεύσων, καὶ τὸ τελευταῖον ὅτι καὶ αὐτῷ ἐκείνῳ ἐπεβούλευσε. ποτὲ μὲν γὰρ ἐξεπήδησεν ἐξαίφνης ἐκ τοῦ σκηνώματος βοῶν καὶ κεκραγὼς ὡς ὑπὸ τοῦ Κάστορος ἀδικούμενος· (2) οὗτος δὲ ἀνὴρ ἄριστος τῶν περὶ τὸν Σεουῆρον Καισαρείων ἦν, καὶ ἐπεπίστευτο τήν τε μνήμην αὐτοῦ καὶ τὸν κοιτῶνα. καὶ συνέστησαν μέν τινες ἐπὶ τούτῳ στρατιῶται προπαρεσκευασμένοι καὶ συνεβόησαν, κατελήφθησαν δὲ δι' ὀλίγου αὐτοῦ τε τοῦ Σεουήρου ἐπιφανέντος σφίσι καὶ τοὺς ταραχωδεστέρους κολάσαντος. (3) ἄλλοτε δὲ προσήλαυνον μὲν ἀμφότεροι πρὸς τοὺς Καληδονίους, ἵνα τά τε ὅπλα παρ' αὐτῶν λάβωσι καὶ περὶ τῶν ὁμολογιῶν διαλεχθῶσιν, ὁ δ' Ἀντωνῖνος ἀποκτεῖναι αὐτὸν ἄντικρυς αὐτοχειρίᾳ ἐπεχείρησεν. ἦσαν μὲν γὰρ ἐπὶ ἵππων, καὶ ὁ Σεουῆρος, καίπερ καὶ τοὺς ταρσοὺς ὑπὸ ἀσθενείας ὑποτετμηκώς, ὅμως ἵππευσε καὶ αὐτός, καὶ τὸ ἄλλο στράτευμα συνεφείπετο, τό τε τῶν πολεμίων καὶ αὐτὸ συνεωρᾶτο· (4) κἂν τῷ καιρῷ τούτῳ τῇ τε σιγῇ καὶ τῷ κόσμῳ τὸν ἵππον ὁ Ἀντωνῖνος ἀναχαιτίσας ἐσπάσατο τὸ ξίφος ὡς καὶ κατὰ νώτου τὸν πατέρα πατάξων. ἰδόντες δὲ τοῦτο οἱ ἄλλοι οἱ συνιππεύοντες ἐξεβόησαν, καὶ οὕτως ἐκεῖνός τε ἐκπλαγεὶς οὐκέτι οὐδὲν ἔδρασε, καὶ ὁ Σεουῆρος μετεστράφη μὲν πρὸς τὴν βοὴν αὐτῶν καὶ εἶδε τὸ ξίφος, οὐ μέντοι καὶ ἐφθέγξατό τι, ἀλλ' ἀναβὰς ἐπὶ τὸ βῆμα, καὶ τελέσας ὅσα ἐχρῆν, ἐς τὸ στρατήγιον ἐπανῆλθε. (5) καὶ καλέσας τόν τε υἱὸν καὶ τὸν Παπινιανὸν καὶ τὸν Κάστορα ξίφος τέ τι τεθῆναι ἐς τὸ μέσον ἐκέλευσε, καὶ ἐγκαλέσας αὐτῷ ὅτι τε ἄλλως τοιοῦτόν τι ἐτόλμησε καὶ ὅτι πάντων ὁρώντων τῶν τε συμμάχων καὶ τῶν πολεμίων τηλικοῦτον κακὸν δράσειν ἔμελλε, τέλος ἔφη «ἀλλ' εἴγε ἀποσφάξαι με ἐπιθυμεῖς, ἐνταῦθά με κατάχρησαι· (6) ἔρρωσαι γάρ, ἐγὼ δὲ καὶ γέρων εἰμὶ καὶ κεῖμαι. ὡς εἴγε τοῦτο μὲν οὐκ ἀναδύῃ, τὸ δὲ αὐτόχειρ μου γενέσθαι ὀκνεῖς, παρέστηκέ σοι Παπινιανὸς ὁ ἔπαρχος, ᾧ δύνασαι κελεῦσαι ἵνα με ἐξεργάσηται·

---

[74] Su questi accordi e, in generale, sull'*expeditio Britannica* cfr. A.R. BIRLEY, *Septimius Severus. The African Emperor*, London-New York 1988², pp. 170-187.

[75] L'*a memoria* era il segretario; il cubiculario l'addetto alla stanza da letto dell'imperatore.

[76] S'intenda Severo e Antonino.

136

dopo aver costretto i Britanni ad accettare un accordo sulla base del
quale essi si ritiravano da una cospicua porzione di territorio.[74]

[14] Lo preoccupava però Antonino, che per lui era motivo di
perenne inquietudine non solo perché viveva in modo dissoluto, ma
anche perché era chiaro che se avesse potuto, avrebbe ucciso suo
fratello e perché, infine, già aveva congiurato contro lui stesso. Una
volta, infatti, Antonino si era precipitato fuori dalla tenda gridando
e urlando a squarciagola che Castore lo stava aggredendo: (2) costui
era il miglior liberto di Severo e aveva ricevuto gli incarichi di *a
memoria* e di cubicolario.[75] Alcuni soldati, precedentemente istruiti per
l'occasione, accorsero e presero a gridare a loro volta, ma furono ben
presto fermati quando Severo in persona comparve al loro cospetto e
punì i più sediziosi. In un'altra occasione, mentre entrambi[76] stavano
cavalcando verso i Caledoni per ricevere da loro le armi e per discu-
tere gli accordi, Antonino tentò apertamente di uccidere il padre con
le proprie mani. Avanzavano infatti a cavallo, e anche Severo stesso
montava a dorso malgrado il disturbo ai piedi dovuto a una malattia,[77]
mentre il resto dell'esercito seguiva e già si scorgeva la schiera dei
nemici. (4) In quel frangente Antonino, trattenuto in silenzio e con
abilità il cavallo, sguainò la spada per colpire il padre alle spalle.
Ma quando coloro che cavalcavano insieme a loro se ne avvidero,
lanciarono un grido e così egli, preso dallo spavento, desistette;
Severo, benché si fosse voltato al loro grido e avesse visto la spada,
non proferì parola: ché, anzi, salì sulla tribuna e dopo aver compiuto
ciò che doveva tornò al quartier generale. (5) Chiamò poi suo figlio,
Papiniano[78] e Castore, e ordinò che nel mezzo fosse collocata una
spada; dopo aver rimproverato il figlio per quell'azzardo immotivato
e per aver tentato l'impresa di un così grave delitto sotto gli occhi
di tutti gli alleati e dei nemici, per troncare la questione disse: «Se
dunque vuoi uccidermi, fallo ora, (6) dato che tu hai forza, mentre io
sono vecchio e debole. Se non ti sottrarrai a questa decisione ma hai
paura di farlo con le tue mani, accanto a te c'è il prefetto Papiniano,
al quale puoi dare l'ordine di uccidermi: eseguirà senz'altro ciò che

---

[77] Si segue qui la lezione ὑποτετακώς di Capps, sebbene siano state formulate varie
ipotesi per integrare il testo, che qui è piuttosto incerto. Si allude forse alla podagra, la
gotta che colpisce i piedi (cfr. *infra* 16, 1). L'*Historia Augusta* ricorda che Severo era
affectus articulari morbo (*Sev.* 16, 6) e *pedibus aeger* (*Sev.* 18, 9; 23, 3).
[78] Emilio Papiniano, prefetto del pretorio.

πάντως γάρ που πᾶν τὸ κελευσθὲν ὑπὸ σοῦ, ἅτε καὶ αὐτοκράτορος ὄντος, ποιήσει». (7) τοιαῦτα εἰπὼν ὅμως οὐδὲν δεινὸν αὐτὸν ἔδρασε, καίπερ πολλάκις μὲν τὸν Μᾶρκον αἰτιασάμενος ὅτι τὸν Κόμμοδον οὐχ ὑπεξεῖλε, πολλάκις δὲ καὶ αὐτὸς τῷ υἱεῖ ἀπειλήσας τοῦτο ποιήσειν. ἀλλ᾽ ἐκεῖνα μὲν ὀργιζόμενος ἀεί ποτε ἔλεγε, τότε δὲ φιλότεκνος μᾶλλον ἢ φιλόπολις ἐγένετο· καίτοι καὶ τὸν ἕτερον ἐν τούτῳ παῖδα προέδωκε, σαφῶς εἰδὼς τὰ γενησόμενα.

[15] ἀποστάντων δὲ τῶν ἐν τῇ νήσῳ αὖθις, καλέσας τοὺς στρατιώτας ἐκέλευσεν ἐς τὴν χώραν αὐτῶν ἐμβαλεῖν καὶ οἷς ἂν ἐντύχωσιν ἀποκτεῖναι, αὐτὸ τοῦτο εἰπών,

«μή τις ὑπεκφύγοι αἰπὺν ὄλεθρον
χεῖράς θ᾽ ἡμετέρας, μηδ᾽ ὄντινα γαστέρι ‹μήτηρ›
κοῦρον ἐόντα φέροι· μηδ᾽ ὃς φύγοι αἰπὺν ὄλεθρον».

(2) γενομένου δὲ τούτου, καὶ τῶν Καληδονίων προσαποστάντων τοῖς Μαιάταις, ἡτοιμάζετο μὲν ὡς καὶ αὐτὸς αὐτοῖς πολεμήσων, καὶ αὐτὸν περὶ ταῦτ᾽ ἔχοντα ἡ νόσος τῇ τετάρτῃ τοῦ Φεβρουαρίου ἀπήνεγκε, συνεργασαμένου τι πρὸς τοῦτο καὶ τοῦ Ἀντωνίνου, ὡς λέγεται. πρὶν γοῦν μεταλλάξαι, τάδε λέγεται τοῖς παισὶν εἰπεῖν (ἐρῶ γὰρ αὐτὰ τὰ λεχθέντα, μηδὲν ὅ τι καλλωπίσας) «ὁμονοεῖτε, τοὺς στρατιώτας πλουτίζετε, τῶν ἄλλων πάντων καταφρονεῖτε». (3) ἐκ δὲ τούτου τό τε σῶμα αὐτοῦ στρατιωτικῶς κοσμηθὲν ἐπὶ πυρὰν ἐτέθη καὶ τῇ τε τῶν στρατιωτῶν καὶ τῇ τῶν παίδων περιδρομῇ ἐτιμήθη, τά τε δῶρα τὰ στρατιωτικὰ οἵ τι τῶν παρόντων ἔχοντες ἐς αὐτὴν ἐνέβαλον, καὶ τὸ πῦρ οἱ υἱεῖς ἐνῆκαν. (4) καὶ μετὰ τοῦτο τὰ ὀστᾶ ἐς ὑδρίαν πορφυροῦ λίθου ἐμβληθέντα ἔς τε τὴν Ῥώμην ἐκομίσθη καὶ ἐς τὸ Ἀντωνινεῖον ἀπετέθη. λέγεται δὲ τὴν ὑδρίαν ὀλίγον πρὸ τοῦ θανάτου μεταπέμψασθαί τε αὐτόν, καὶ ἐπιψηλαφήσαντα εἰπεῖν «χωρήσεις ἄνδρα ὃν ἡ οἰκουμένη οὐκ ἐχώρησεν». - Xiph. 322, 12-324, 25 R. St.

---

[79] La critica di Dione è molto violenta poiché Severo è accusato di duplice tradimento: traditore dello stato e del figlio Geta.

[80] Nel 210 fu condotta una seconda campagna in Britannia contro i Meati.

[81] Hom. *Il.* 6, 57-59 con una variazione nella parte finale. Sono le parole di rampogna che Agamennone rivolge al fratello Menelao per convincerlo a non avere pietà di Adrasto.

[82] Ci fu dunque una terza campagna contro i Meati e i Caledoni ribelli tra la fine del 210 e l'inizio del 211.

[83] Del 211 a *Eburacum*, odierna York.

[84] La περιδρομή era la *decursio funebris*, una corsa rituale intorno alla pira del

gli comandi, visto che di fatto sei tu l'imperatore!». (7) Detto questo, 210 d.C. non prese alcuna misura repressiva contro di lui, sebbene avesse spesso rimproverato Marco di non aver tolto di mezzo Commodo e avesse altrettanto spesso minacciato che con suo figlio avrebbe fatto esattamente così. Ma diceva ciò ogni volta che cedeva alla collera, mentre in quell'occasione si rivelò più affezionato a suo figlio che allo stato: nondimeno in questo modo tradì l'altro figlio, poiché conosceva per certo ciò che sarebbe accaduto.[79]

[15] Quando gli abitanti dell'isola si ribellarono di nuovo,[80] egli, dopo aver radunato i soldati, ordinò di invadere il loro territorio e di uccidere coloro che avessero incontrato, dicendo:

«Nessuno sfugga alla strage orrenda
e alle nostre mani, neppure colui che la madre porti nel ventre,
se è maschio: nemmeno questi sfugga alla strage orrenda».[81]

(2) Dopo di ciò,[82] poiché i Caledoni si erano uniti alla rivolta dei Meati, si preparò a muovere guerra contro di loro personalmente; mentre stava disponendo questi preparativi la malattia lo stroncò il 211 d.C. quattro di febbraio,[83] non senza – stando a quanto si vocifera – l'intervento di Antonino. In ogni caso, prima della sua morte, si narra che ai figli avesse detto queste parole (che riferisco così come sono state pronunciate senza abbellirle): «Andate d'accordo tra di voi, arricchite i soldati, non datevi pena per tutti gli altri». (3) In seguito la sua salma vestita con l'abito militare fu posta sulla pira e onorata con una circumambulazione[84] da parte dei soldati e dei figli; i presenti che possedevano dei doni militari li gettarono sulla pira e i figli accesero il fuoco. (4) Successivamente le ossa, poste dentro un'urna di marmo rosso,[85] furono portate a Roma e collocate nel mausoleo degli Antonini.[86] Si dice che egli stesso si fosse fatto portare l'urna poco prima di morire e che, dopo averla toccata, avesse detto: «Conterrai un uomo che tutta la terra non è riuscita a contenere!».

defunto, su cui cfr. Hom. *Il.* 23, 13-14 (funerali di Patroclo) e Verg. *Aen.* 11, 182-196 (esequie di Pallante).

[85] Si tratta probabilmente di porfido rosso (*porphyreticum marmor* in Suet. *Ner* 50, 1, *porphyrites* in Plin. *NH* 36, 11). Herod. 15, 7 parla di κάλπις ἀλαβάστρου («vaso di alabastro»), *HA Sev.* 24, 2 invece di un'*urnula aurea*.

[86] Cfr. Herod. 3, 15, 7. Il mausoleo si trovava in corrispondenza dell'attuale Castel Sant'Angelo. I lavori furono iniziati da Adriano nel 130 e completati da Antonino Pio nel 139. Cfr. COARELLI, *Roma*, cit., pp. 486-489.

[16] ἦν δὲ τὸ σῶμα βραχὺς μὲν ἰσχυρὸς δέ, καίπερ ἀσθενέστατος ὑπὸ τῆς ποδάγρας γενόμενος, τὴν δὲ δὴ ψυχὴν καὶ δριμύτατος καὶ ἐρρωμενέστατος· παιδείας μὲν γὰρ ἐπεθύμει μᾶλλον ἢ ἐπετύγχανε, καὶ διὰ τοῦτο πολυγνώμων μᾶλλον ἢ πολύλογος ἦν. (2) φίλοις οὐκ ἀμνήμων, ἐχθροῖς βαρύτατος, ἐπιμελὴς μὲν πάντων ὧν πρᾶξαι ἤθελεν, ἀμελὴς δὲ τῶν περὶ αὐτοῦ λογοποιουμένων· καὶ διὰ τοῦτο καὶ χρήματα ἐξ ἅπαντος τρόπου, πλὴν καθ᾽ ὅσον οὐδένα ἕνεκα αὐτῶν ἀπέκτεινε, πορίζων, (3) πάντα μὲν τὰ ἀναγκαῖα ἐδαπάνα ἀφθονώτατα, καὶ πλεῖστά γε καὶ τῶν ἀρχαίων οἰκοδομημάτων ἀνεκτήσατο, καί σφισι τὸ ἑαυτοῦ ὄνομα ὡς καὶ ἐκ καινῆς αὐτὰ καὶ ἐξ ἰδίων χρημάτων κατεσκευακὼς ἐπέγραψε, πολλὰ δὲ καὶ μάτην ἔς τε ἐπισκευὰς καὶ κατασκευὰς ἑτέρων ἀνάλωσεν, ὅς γε καὶ τῷ Διονύσῳ καὶ τῷ Ἡρακλεῖ νεὼν ὑπερμεγέθη ᾠκοδομήσατο. (4) καίτοι δὲ πάμπλειστα δαπανήσας, ὅμως οὐκ εὐαριθμήτους τινὰς μυριάδας δραχμῶν καταλέλοιπεν, ἀλλὰ καὶ πάνυ πολλάς. καὶ ἐνεκάλει μὲν τοῖς μὴ σωφρονοῦσιν, ὡς καὶ περὶ τῆς μοιχείας νομοθετῆσαί τινα· καὶ διὰ τοῦτο γραφαὶ αὐτῆς ὅσαι πλεῖσται ἐγένοντο (τρισχιλίας γοῦν ὑπατεύων εὗρον ἐν τῷ πίνακι ἐγγεγραμμένας)· ἐπεὶ δὲ ὀλίγοι πάνυ αὐταῖς ἐπεξήεσαν, οὐκέτι οὐδὲ αὐτὸς ἐπολυπραγμόνει. (5) ὅθεν καὶ μάλα ἀστείως Ἀργεντοκόξου τινὸς γυνὴ Καληδονίου πρὸς τὴν Ἰουλίαν τὴν Αὔγουσταν, ἀποσκώπτουσάν τι πρὸς αὐτὴν μετὰ τὰς σπονδὰς ἐπὶ τῇ ἀνέδην σφῶν πρὸς τοὺς ἄρρενας συνουσίᾳ, εἰπεῖν λέγεται ὅτι «πολλῷ ἄμεινον ἡμεῖς τὰ τῆς φύσεως ἀναγκαῖα ἀποπληροῦμεν ὑμῶν τῶν Ῥωμαϊκῶν· ἡμεῖς γὰρ φανερῶς τοῖς ἀρίστοις ὁμιλοῦμεν, ὑμεῖς δὲ λάθρᾳ ὑπὸ τῶν κακίστων μοιχεύεσθε». - Xiph. 324, 25-325, 15 R. St., et (§ 1-3ᵃ) *Exc. Val.* 353 (p. 741).

[17] τοῦτο μὲν ἡ Βρεττανὶς εἶπεν, ἐχρῆτο δὲ ὁ Σεουῆρος καταστάσει τοῦ βίου εἰρήνης οὔσης τοιᾷδε. ἔπραττέ τι πάντως νυκτὸς ὑπὸ τὸν ὄρθρον, καὶ μετὰ τοῦτ᾽ ἐβάδιζε καὶ λέγων καὶ

---

[87] La precisazione non è indifferente perché la sanguinarietà finalizzata all'avidità a danno dei cittadini è un tratto tipico dei *mali principes* (Nerone, Domiziano, Commodo, Caracalla).

[88] *HA Sev.* 19, 5 ricorda tra gli altri il *Septizodium* o *Septizonium* (un porticato monumentale a sud del Palatino dove Severo fece costruire un grande palazzo, la cosiddetta *domus severiana*, onde ingrandire il precedente) e le terme dette *Severianae* o *Septimianae* in Trastevere.

[89] Cfr. Herod. 3, 15,3: «Dopo diciotto anni di regno, però lasciando ai figli, che gli successero ancora giovanetti, potenza militare e ricchezza quante mai nessuno aveva lasciato».

[16] Severo era basso di statura ma robusto, nonostante fosse stato molto indebolito dalla podagra, e aveva un ingegno piuttosto acuto e sagace: nell'istruzione, infatti, fu più desideroso di sapere di quanto potesse apprendere, e per questo era dotto più di quanto fosse facondo. (2) Riconoscente verso gli amici e inflessibile contro i nemici, era diligente in tutto quello che voleva realizzare ma indifferente a ciò che si diceva di lui; per questa ragione, mentre raccoglieva denaro in ogni modo possibile – senza però uccidere mai alcuno per ottenerlo[87] –, (3) spendeva tutto quanto era necessario con somma liberalità: restaurò moltissimi vecchi edifici, sui quali fece iscrivere il suo nome come se li avesse fatti costruire a spese proprie, e sperperò inutilmente molto denaro anche in altri restauri e costruzioni,[88] come ad esempio quando fece innalzare un immenso tempio in onore di Bacco e di Ercole. (4) Sebbene avesse speso ingenti somme, lasciò non poche migliaia di denarî.[89] Anzi, moltissimi. Inoltre, mise sotto inchiesta coloro che erano dediti al libertinaggio, tanto che promulgò anche alcune leggi sull'adulterio, per il quale ci furono moltissime denunce (quand'ero console,[90] per esempio, trovai registrati nelle tabelle tremila casi di adulterio); ma poiché erano veramente pochi a perseguire quei casi, anch'egli cessò di occuparsene. (5) In relazione a ciò si dice che la moglie di un certo Caledonio di nome Argentocoxo avesse rivolto una battuta arguta a Giulia Augusta:[91] costei, dopo la tregua, aveva ironizzato con Giulia sulla promiscuità dei rapporti tra le donne caledonie[92] e i maschi: «Noi adempiamo i bisogni della natura molto meglio di voi donne romane: noi, infatti, abbiamo apertamente rapporti con gli uomini migliori, mentre voi consumate nascostamente adulterî con i peggiori!».

[17] Così dunque parlò quella donna britannica. In tempo di pace Severo manteneva il seguente tenore di vita: di notte, fino all'ora dell'alba, faceva sempre qualcosa e in seguito passeggiava dicen-

---

[90] Il primo consolato di Dione sarebbe da collocare nella prima metà del 222, durante una sosta in Italia compresa tra un incarico militare in Africa e il passaggio in Dalmazia (cfr. *infra* 80, 1, 2-3). C'è però chi pensa che Dione abbia rivestito un primo consolato *suffectus* già nel 207 come ad es. da ultimo M. MOLIN, *Biographie de l'historien Cassius Dion*, in AA.VV., *Cassius Dion*, II, cit., pp. 431-446; *contra* C. LETTA, *La composizione dell'opera di Cassio Dione. Cronologia e sfondo storico-politico*, in *Ricerche di storiografia antica I. Ricerche di storiografia greca di età romana*, Pisa 1979, pp. 117-189.

[91] Giulia Domna, moglie di Settimio Severo.

[92] Il generico σφῶν si riferisce alle donne caledonie (lett.: «le unioni indistinte di esse con i maschi»).

ἀκούων τὰ τῇ ἀρχῇ πρόσφορα· εἶτ᾽ ἐδίκαζε, χωρὶς εἰ μή τις ἑορτὴ μεγάλη εἴη. καὶ μέντοι καὶ ἄριστα αὐτὸ ἔπραττε· καὶ γὰρ τοῖς δικαζομένοις ὕδωρ ἱκανὸν ἐνέχει, καὶ ἡμῖν τοῖς συνδικάζουσιν αὐτῷ παρρησίαν πολλὴν ἐδίδου. (2) ἔκρινε δὲ μέχρι μεσημβρίας, καὶ μετὰ τοῦθ᾽ ἵππευεν ἐφ᾽ ὅσον ἂν ἐδυνήθη· εἶτ᾽ ἐλοῦτο, γυμνασάμενός τινα τρόπον. ἠρίστα δὲ ἢ καθ᾽ ἑαυτὸν ἢ μετὰ τῶν παίδων, οὐκ ἐνδεῶς. εἶτ᾽ ἐκάθευδεν ὡς πλήθει· ἔπειτ᾽ ἐξαρθεὶς τά τε λοιπὰ προσδιῴκει καὶ λόγοις καὶ Ἑλληνικοῖς καὶ Λατίνοις συνεγίνετο ἐν περιπάτῳ. (3) εἶθ᾽ οὕτω πρὸς ἑσπέραν ἐλοῦτο αὖθις, καὶ ἐδείπνει μετὰ τῶν ἀμφ᾽ αὐτόν· ἥκιστά τε γὰρ ἄλλον τινὰ συνέστιον ἐποιεῖτο, καὶ ἐν μόναις ταῖς πάνυ ἀναγκαίαις ἡμέραις τὰ πολυτελῆ δεῖπνα συνεκρότει. (4) ἐβίω δὲ ἔτη ἑξήκοντα πέντε καὶ μῆνας ἐννέα καὶ ἡμέρας πέντε καὶ εἴκοσι (τῇ γὰρ ἑνδεκάτῃ τοῦ Ἀπριλίου ἐγεγέννητο), ἀφ᾽ ὧν ἦρξεν ἔτη ἑπτακαίδεκα καὶ μῆνας ὀκτὼ καὶ ἡμέρας τρεῖς. τό τε σύμπαν οὕτως ἐνεργὸς ἐγένετο ὥστε καὶ ἀποψύχων ἀναφθέγξασθαι «ἄγετε, δότε, εἴ τι πρᾶξαι ἔχομεν». - Xiph. 325, 15-32 R. St.

do e ascoltando gli affari pertinenti il governo dell'impero; quindi amministrava la giustizia, tranne nel caso in cui ci fosse qualche solenne festività. Faceva ciò nel migliore dei modi: agli imputati, infatti, concedeva acqua[93] in abbondanza e a noi, che giudicavamo insieme a lui, dava ampia libertà di parola. (2) Giudicava però fino a mezzogiorno e, in seguito, andava a cavallo finché poteva, per poi lavarsi dopo aver eseguito alcuni esercizi ginnici. Pranzava in modo abbastanza parco,[94] solo o in compagnia dei figli, e poi in genere si coricava. Dopo essersi alzato si occupava delle altre incombenze e mentre passeggiava si esercitava sia nella lingua greca sia in quella latina. (3) Verso sera si lavava di nuovo e cenava con coloro che aveva presso di sé: in pochissime occasioni, infatti, invitava altri commensali, e offriva banchetti sontuosi soltanto nei giorni in cui era necessario. (4) Visse sessantacinque anni, nove mesi e venticinque giorni (era nato l'undici di aprile), durante i quali fu imperatore per diciassette anni, otto mesi e tre giorni.[95] In una parola, fu così instancabile che poco prima di esalare l'ultimo respiro riuscì a esclamare: «Portate, date pure, se c'è qualcosa da fare!».

---

[93] Si tratta dell'acqua contenuta nella clessidra (gr. κλεψύδρα) utilizzata per limitare i tempi di dibattimento delle cause.

[94] Più precisamente *HA Sev.* 19, 8: *Cibi parcissimus, leguminis patrii avidus, vini aliquando cupidus, carnis frequenter ignarus.*

[95] Dal 9 aprile 193 al 4 febbraio 211.

μετὰ δὲ ταῦτα ὁ Ἀντωνῖνος πᾶσαν τὴν ἡγεμονίαν ἔλαβε· λόγῳ μὲν γὰρ μετὰ τοῦ ἀδελφοῦ, τῷ δὲ δὴ ἔργῳ μόνος εὐθὺς ἦρξε. καὶ πρὸς μὲν τοὺς πολεμίους κατελύσατο καὶ τῆς χώρας αὐτοῖς ἐξέστη καὶ τὰ φρούρια ἐξέλιπε, τοὺς δὲ δὴ οἰκείους τοὺς μὲν ἀπήλλαξεν, ὧν καὶ Παπινιανὸς ὁ ἔπαρχος ἦν, τοὺς δὲ καὶ ἀπέκτεινεν, ὧν ἦν καὶ Εὔοδος ὁ τροφεὺς αὐτοῦ καὶ ὁ Κάστωρ, ἥ τε γυνὴ αὐτοῦ ἡ Πλαυτίλλα καὶ ὁ ταύτης ἀδελφὸς Πλαύτιος. (2) καὶ ἐν τῇ Ῥώμῃ δὲ αὐτῇ ἄνδρα ἄλλως μὲν οὐκ ἐλλόγιμον διὰ δὲ τὴν ἐπιτήδευσιν ἐπιφανέστατον ἐξειργάσατο· τὸν γὰρ Εὐπρεπῆ τὸν ἁρματηλάτην, ἐπειδὴ τἀναντία αὐτῷ ἐσπούδαζεν, ἀπέκτεινε. καὶ ὁ μὲν οὕτως ἐν γήρᾳ ἀπέθανε, πλείστοις ἀγῶσιν ἵππων στεφανωθείς· δύο γὰρ καὶ ὀγδοήκοντα καὶ ἑπτακοσίους ἀνείλετο, ὅσους οὐδεὶς ἄλλος. (3) τὸν δὲ ἀδελφὸν ἠθέλησε μὲν καὶ ζῶντος ἔτι τοῦ πατρὸς φονεῦσαι, οὐκ ἠδυνήθη δὲ οὔτε τότε δι᾽ ἐκεῖνον οὔθ᾽ ὕστερον ἐν τῇ ὁδῷ διὰ τὰ στρατεύματα· πάνυ γὰρ εὔνοιαν αὐτοῦ εἶχον, ἄλλως τε ὅτι καὶ τὸ εἶδος ὁμοιότατος τῷ πατρὶ ἦν. ἐπεὶ δὲ ἐν τῇ Ῥώμῃ ἀνῆλθε, καὶ τοῦτον κατειργάσατο. (4) προσεποιοῦντο μὲν γὰρ καὶ φιλεῖν ἀλλήλους καὶ ἐπαινεῖν, πάντα δὲ τὰ ἐναντιώτατα ἔδρων, καὶ ἦν οὐκ ἄδηλον

---

[1] La morte di Settimio Severo in Britannia il 4 febbraio 211.

[2] Severo aveva da tempo nominato Caracalla Augusto (nel 198); Geta era stato nominato Cesare nel 198 e Augusto nel 209. Sembra dunque di capire che la successione prefigurata da Severo prevedeva per Caracalla il ruolo di Augusto *senior* e per il fratello il ruolo di Augusto *iunior*, sul modello della correggenza che si era avuta tra il 161 e il 169 tra Marc'Aurelio e Lucio Vero.

[3] S'intenda i Britanni.

[4] Cfr. *supra* 76, 3, 2.

LIBRO LXXVII

Dopo questi fatti[1] Antonino ottenne interamente il potere imperiale, 211 d.C. poiché, sebbene si dicesse che lo condivideva con il fratello, di fatto cominciò subito a regnare da solo.[2] Sospese le ostilità con i nemici[3] lasciando loro il territorio e abbandonando le piazzeforti, mentre per quanto riguarda la gente a lui vicina congedò alcuni, tra i quali il prefetto Papiniano, e mandò a morte altri, tra cui il suo precettore Evodo,[4] Castore,[5] sua moglie Plautilla e il fratello di lei, Plauzio.[6] (2) Nella stessa Roma, poi, fece uccidere un uomo rinomato solo ed esclusivamente perché si era distinto in modo particolare nella sua professione: costui era l'auriga Euprepe,[7] che egli mandò a morte perché apparteneva a una fazione rivale alla sua. Si trovò a morire, così, ormai vecchio, dopo essere stato coronato vincitore in moltissimi concorsi ippici: aveva infatti ottenuto settecentottantadue vittorie, come nessun altro mai. (3) Quando il padre era ancora in vita Antonino aveva desiderato uccidere suo fratello, ma né allora aveva potuto farlo a causa di Severo né in seguito, durante il viaggio, a causa degli eserciti, che si erano affezionati molto a lui[8] soprattutto per via della sua straordinaria somiglianza col padre. Ma quando poi tornò a Roma, si sbarazzò anche di lui.[9] (4) Essi[10] simulavano affetto e stima l'uno nei confronti dell'altro, ma agivano sempre in modo diametralmente

[5] Cfr. *supra* 76, 14, 1.
[6] Nel 205, alla morte del padre Plauziano, erano stati relegati a Lipari (cfr. *supra* 76, 6, 3).
[7] Dione è il solo a riferire di Euterpe e della sua sorte.
[8] S'intenda a Geta, il fratello minore di Caracalla.
[9] Cfr. *infra* cap. 2.
[10] Vale a dire Caracalla e Geta. Sulla loro inimicizia cfr. Herod. 3, 13, 6; 4, 1, 2.

ὅτι δεινόν τι παρ' αὐτῶν γενήσοιτο. ὅπερ που καὶ πρὶν πρὸς τὴν Ῥώμην αὐτοὺς ἐλθεῖν προεγνώσθη· θύειν τε γὰρ ὑπὲρ τῆς ὁμονοίας αὐτῶν τοῖς τε ἄλλοις θεοῖς καὶ αὐτῇ τῇ Ὁμονοίᾳ ψηφισθὲν ὑπὸ τῆς βουλῆς, οἱ μὲν ὑπηρέται τὸ τῇ Ὁμονοίᾳ τυθησόμενον ἱερεῖον ἡτοίμασαν, (5) καὶ ὁ ὕπατος ὡς καὶ βουθυτήσων ἀφίκετο, οὔτε δὲ οὗτος ἐκείνους οὔθ' οἱ ὑπηρέται τὸν ὕπατον εὑρεῖν ἠδυνήθησαν, ἀλλὰ διετέλεσαν πᾶσαν ὡς εἰπεῖν τὴν νύκτα ζητοῦντες ἀλλήλους, ὥστε μὴ δυνηθῆναι τότε τὴν θυσίαν γενέσθαι. (6) καὶ τῇ ὑστεραίᾳ δύο λύκοι ἐς τὸ Καπιτώλιον ἀναβάντες ἐκεῖθεν ἐξεδιώχθησαν, καὶ ὁ μὲν ἐν τῇ ἀγορᾷ που καταληφθεὶς ὁ δὲ μετὰ ταῦτα ἔξω τοῦ πωμηρίου ἐσφάγη. καὶ τοῦτο καὶ περὶ ἐκείνους ἐγένετο.

[2] ἐβουλήθη μὲν οὖν ἐν τοῖς Κρονίοις τὸν ἀδελφὸν ὁ Ἀντωνῖνος φονεῦσαι, οὐκ ἠδυνήθη δέ· καὶ γὰρ ἐκφανέστερον ἤδη τὸ κακὸν ἢ ὥστε συγκρυβῆναι ἐγεγόνει, καὶ ἐκ τούτου πολλαὶ μὲν μάχαι αὐτῶν ὡς καὶ ἐπιβουλευόντων ἀλλήλοις, πολλαὶ δὲ καὶ ἀντιφυλακαὶ συνέβαινον. (2) ἐπεὶ οὖν καὶ στρατιῶται καὶ γυμνασταί, καὶ ἔξω καὶ οἴκοι, καὶ μεθ' ἡμέραν καὶ νύκτωρ, συχνοὶ τὸν Γέταν ἐφρούρουν, ἔπεισε τὴν μητέρα μόνους σφᾶς ἐς τὸ δωμάτιον, ᾧ καὶ συναλλάξουσι, μεταπέμψασθαι· καὶ οὕτω πιστεύσαντος τοῦ Γέτα ἐσῆλθε μὲν μετ' αὐτοῦ, (3) ἐπεὶ δὲ εἴσω ἐγένοντο, ἑκατόνταρχοί τινες ἐσεπήδησαν ἀθρόοι, παρὰ τοῦ Ἀντωνίνου προπαρεσκευασμένοι, καὶ αὐτὸν πρός τε τὴν μητέρα, ὡς εἶδέ σφας, προκαταφυγόντα καὶ ἀπό τε τοῦ αὐχένος αὐτῆς ἐξαρτηθέντα καὶ τοῖς στήθεσι τοῖς τε μαστοῖς προσφύντα κατέκοψαν ὀλοφυρόμενον καὶ βοῶντα «μῆτερ μῆτερ, τεκοῦσα τεκοῦσα, βοήθει, σφάζομαις». (4) καὶ ἡ μὲν οὕτως ἀπατηθεῖσα τόν τε υἱὸν ἐν τοῖς ἑαυτῆς κόλποις ἀνοσιώτατα ἀπολλύμενον ἐπεῖδε, καὶ τὸν θάνατον αὐτοῦ ἐς αὐτὰ τὰ σπλάγχνα τρόπον τινά, ἐξ ὧν ἐγεγέννητο, ἐσεδέξατο· καὶ γὰρ τοῦ αἵματος πᾶσα ἐπλήσθη, ὡς ἐν μηδενὶ λόγῳ τὸ τῆς χειρὸς τραῦμα

---

[11] Significativo quanto scrive Erodiano (3, 15, 7) a proposito del tentativo di conciliazione tra Caracalla e Geta esperito dalla madre dopo la morte di Severo, che sul momento ebbe effetto, persuadendo Caracalla a rientrare insieme al fratello a Roma: «sicché Antonino, accorgendosi che tutte le circostanze erano ostili ai suoi disegni, si lasciò indurre (per necessità, più che spontaneamente), a una concordia fondata sulla menzogna».

[12] Cioè con i due fratelli, Caracalla e Geta.

[13] I *Saturnalia* si celebravano dal 17 al 23 dicembre (in coincidenza con il solstizio d'inverno) fin dall'età repubblicana, ma assunsero maggiore importanza sotto l'impero. I festeggiamenti, finalizzati anche all'abolizione temporanea delle distanze sociali,

opposto, né era difficile prevedere che qualcosa di terribile sarebbe accaduto tra di loro, come era stato in qualche modo previsto prima ancora che i due giungessero a Roma: quando infatti fu decretato dal senato che si offrissero sacrifici per la loro concordia[11] sia in onore della Concordia medesima sia in onore degli altri dei, (5) e quando i ministri ebbero preparato la vittima sacrificale della dea e il console giunse per officiare al rito, né questi riuscì a trovare i ministri né i ministri il console, ma spesero quasi tutta notte nel cercarsi a vicenda, non potendo così celebrare il sacrificio neppure allora. (6) Il giorno successivo, poi, due lupi che erano saliti sul Campidoglio furono da lì cacciati: poi il primo fu catturato nel Foro, mentre il secondo fu ucciso in seguito fuori dal *pomerium*. Anche quest'ultimo evento ebbe una relazione con loro.[12]

[2] Antonino avrebbe voluto uccidere il fratello durante i ludi Saturnali,[13] ma non poté farlo perché le sue trame erano divenute sin troppo manifeste per poter essere occultate e, di conseguenza, da un lato tra loro si verificavano molti contrasti a causa delle vicendevoli insidie, mentre dall'altro si prendevano molte misure di sorveglianza reciproca.[14] (2) Poiché numerosi soldati e atleti proteggevano Geta dentro e fuori casa, di giorno e di notte, Antonino persuase la madre a convocarli [ambedue] da soli nell'appartamento di lei per mettere pace[15] tra loro; Geta, persuaso, si presentò insieme a lui, (3) e quando entrambi furono all'interno alcuni centurioni precedentemente istruiti da Antonino fecero irruzione tutti insieme e assassinarono Geta, che, non appena li ebbe visti, si era rifugiato presso la madre e, stringendola al collo e rimanendole avvinghiato al petto, tra i lamenti aveva gridato: «Madre, madre, genitrice mia, aiutami, mi uccidono!». (4) Ella dunque, ingannata in quel modo, vide suo figlio assassinato nel modo più scellerato tra le sue braccia e fu come se ne avesse accolto la morte nel grembo dal quale era stato generato: era infatti completamente coperta dal suo sangue, tanto da non rendersi

---

avevano spesso carattere licenzioso e orgiastico; per tutta la loro durata agli schiavi era permesso di esprimersi e agire con particolare *libertas*.

[14] Cfr. Herod. 4, 1, 1-5; 4, 4, 1-2. Il palazzo imperiale era stato diviso in due (4, 1, 5): «E avendolo diviso vissero ognuno dalla propria parte, sbarrando tutte le porte di comunicazione, anche quelle segrete, e facendo uso unicamente degli ingressi principali. Ciascuno di loro, inoltre, ebbe una propria guardia del corpo, né mai s'incontrarono se non per breve tempo, e soltanto se era necessario apparire in pubblico».

[15] ᾧ καὶ συναλλάξουσι: si preferisce qui seguire la lezione ὡς καὶ συναλλάξουσαν suggerita da Kuiper.

ὃ ἐτρώθη ποιήσασθαι. (5) οὔτε δὲ πενθῆσαι οὔτε θρηνῆσαι τὸν υἱόν, καίπερ πρόωρον οὕτως οἰκτρῶς ἀπολωλότα, ὑπῆρξεν αὐτῇ (δύο γὰρ καὶ εἴκοσι ἔτη καὶ μῆνας ἐννέα ἐβίω), ἀλλ᾽ ἠναγκάζετο ὡς καὶ ἐν μεγάλῃ τινὶ εὐτυχίᾳ οὖσα χαίρειν καὶ γελᾶν· οὕτω που πάντα ἀκριβῶς καὶ τὰ ῥήματα αὐτῆς καὶ τὰ νεύματα τά τε χρώματα ἐτηρεῖτο· καὶ μόνη ἐκείνη, τῇ Αὐγούστῃ, τῇ τοῦ αὐτοκράτορος γυναικί, τῇ τῶν αὐτοκρατόρων μητρί, οὐδ᾽ ἰδίᾳ που ἐπὶ τηλικούτῳ παθήματι δακρῦσαι ἐξῆν. - Xiph. 326, 9-328, 1 R. St.

[3] ὁ δ᾽ Ἀντωνῖνος καίπερ ἑσπέρας οὔσης τὰ στρατόπεδα κατέλαβε, διὰ πάσης τῆς ὁδοῦ κεκραγὼς ὡς ἐπιβεβουλευμένος καὶ κινδυνεύων. ἐσελθὼν δὲ ἐς τὸ τεῖχος «χαίρετες» εἶπεν, «ὦ ἄνδρες συστρατιῶται· καὶ γὰρ ἤδη ἔξεστί μοι εὐεργετεῖν ὑμᾶς». καὶ πρὶν πάντα ἀκοῦσαι, ἐνέφραξέ σφων τὰ στόματα τοσαύταις καὶ τηλικαύταις ὑποσχέσεσιν ὥστε μήτ᾽ ἐννοῆσαι μήτε φθέγξασθαί τι αὐτοὺς εὐσεβὲς δυνηθῆναι. (2) «εἷς» γὰρ ἔφησεν «ἐξ ὑμῶν εἰμι, καὶ δι᾽ ὑμᾶς μόνους ζῆν ἐθέλω, ἵν᾽ ὑμῖν πολλὰ χαρίζωμαι· ὑμέτεροι γὰρ οἱ θησαυροὶ πάντες εἰσί». καὶ δὴ καὶ τοῦτο εἶπεν ὅτι «μάλιστα μὲν μεθ᾽ ὑμῶν ζῆν, εἰ δὲ μή, ἀλλὰ μεθ᾽ ὑμῶν γε ἀποθανεῖν εὔχομαι. οὔτε γὰρ ἄλλως δέδια τὸν θάνατον, καὶ ἐν πολέμῳ τελευτῆσαι βούλομαι· ἢ γὰρ ἐνταῦθα δεῖ τὸν ἄνδρα ἀποθνήσκειν ἢ μηδαμοῦ». (3) πρὸς δὲ τὴν σύγκλητον τῇ ὑστεραίᾳ ἄλλα τέ τινα διελέχθη, καὶ μετὰ τὸ ἐκ τοῦ βάθρου ἐξαναστῆναι καὶ πρὸς τῇ θύρᾳ γενέσθαι «ἀκούσατέ μου» εἶπε «μέγα πρᾶγμα· ἵνα πᾶσα ἡ οἰκουμένη χαρῇ, πάντες οἱ φυγάδες οἱ καὶ ἐφ᾽ ὁτῳοῦν ἐγκλήματι καὶ ὁπωσοῦν καταδεδικασμένοι κατελθέτωσαν». τὰς μὲν οὖν νήσους οὕτω τῶν φυγάδων κενώσας, καὶ τοῖς κακίστοις τῶν καταδεδικασμένων ἄδειαν δεδωκώς, εἶτ᾽ οὐ πολλῷ ὕστερον

---

[16] Cfr. Herod. 4, 4, 3.

[17] Publio Settimio Geta era nato il 27 marzo (o maggio) 189. Dopo la morte venne dichiarato *hostis publicus* ed ebbe la *damnatio memoriae* (Herod. 4, 4, 8; vedi anche *infra* 12, 6 e nota); cfr. A. MASTINO, *L'erasione del nome di Geta dalle iscrizioni nel quadro della propaganda politica alla corte di Caracalla*, «AFLC» 2 (1978-1979), pp. 47-81.

[18] Alcune – che si erano dimostrate particolarmente fedeli – presero il titolo di *Antoniniana*.

[19] S'intenda nei riguardi di Geta, da poco morto.

[20] Cfr. Petr. Patr. *exc. Vat.* 136 (p. 228 Mai. = p. 212, 8-14 Dind.): ὅτι Ἀντωνῖνος μετὰ τὴν ἀναίρεσιν Γέτα πρὸς τὸν συνέδριον πολλὰ ἄτοπα εἰπὼν καὶ τοῦτο ἐφθέξατο «ὅτι μᾶλλον μεθ᾽ ὑμῶν ζῆν βούλομαι· εἰ δὲ μὴ τοῦτο, ἀνθ᾽ ὑμῶν ἀποθανεῖν». καὶ πρωῒ εἰς τὸ βουλετήριον εἰσελθὼν παρεκάλει συγγνώμην, οὐχ ὅτι τὸν ἀδελφὸν ἀπέσφαξεν ἀλλ᾽ ὅτι βραγχᾷ καὶ οὐ βούλεται δημηγορῆσαι («Antonino dopo la morte di Geta fece molte strane dichiarazioni, e affermò anche queste parole: "Desidero

148

neppure conto della ferita che aveva ricevuto alla mano.[16] (5) Non le
fu permesso di lamentare o di piangere il figlio nonostante fosse morto
prematuramente in un modo così miserevole (aveva infatti vissuto solo
vent'anni e nove mesi),[17] ma fu anzi costretta a rallegrarsi e a ridere
come se si trovasse in una condizione di grande felicità: (6) tale era
l'attenzione con la quale venivano osservate tutte le sue parole, come
anche i gesti e il colore [del volto]. Solo a lei, insomma, sebbene fosse
Augusta, moglie e madre di imperatori, non era consentito nemmeno
in privato piangere per un così grave dolore.

[3] Benché fosse già sera, Antonino prese possesso delle legioni,[18]
gridando per tutta la strada che era caduto vittima di una congiura e
che si trovava in pericolo. Giunto all'interno del recinto [del campo],
disse: «Rallegratevi, commilitoni, perché sono finalmente in grado
di colmarvi di benefici!». Prima che essi avessero ascoltato tutto,
chiuse loro la bocca con tali e tante promesse da non lasciare loro
la possibilità di pensare o dire alcunché di compassionevole.[19] (2)
«Sono uno di voi,» disse «e solo per voi desidero vivere, per potervi
concedere molti benefici: tutti i tesori sono infatti vostri!» In aggiunta
disse anche: «Soprattutto prego di vivere insieme a voi o almeno di
morire con voi. Non temo in alcun modo la morte e desidero concludere
la mia vita in guerra: qui del resto l'uomo deve morire, o in nessun
altro luogo». (3) Il giorno seguente parlò davanti al senato[20] e oltre
alle varie cose che disse, dopo essersi alzato dal suo seggio e dopo
aver raggiunto la porta, aggiunse: «Ascoltate la mia grande decisione:
affinché il mondo intero sia felice, tornino in patria tutti quanti gli
esuli, qualsiasi siano le accuse o le modalità in base alle quali sono
stati condannati!».[21] Sebbene, così, avesse svuotato le isole di esuli
e avesse concesso ai peggiori criminali l'impunità dai reati passati

---

molto vivere insieme a voi o, se ciò non fosse possibile, almeno morire per voi". Di
mattino, dopo essersi recato in senato, domandò perdono non perché aveva ucciso suo
fratello, ma perché soffriva di raucedine e intendeva rinunciare a parlare in pubblico»).
[21] Cfr. Petr. Patr. *exc. Vat.* 137 (p. 228 Mai. = p. 212, 15 Dind.): ὅτι μέλλων ἐξιέ-
ναι πρὸς τῇ θύρᾳ αὐτῇ ὑπεστράφη καί φησιν «ἀκούσατε μέγα πρᾶγμα, ἵνα πᾶσα ἡ
οἰκουμένη χαρῇ· πάντες οἱ φυγόντες ὑφ᾿ ὁτῳοῦν ἐγκλήματι, πλὴν εἰ ὑπὸ τοῦ ἐμοῦ
μὲν θείου ὑμετέρου δὲ πατρὸς πεφυγαδευμένοι εἶεν, εἰσελθέτωσαν». καὶ μέγα τι
ἐνόμιζε ποιεῖν τοὺς κακούργους καὶ φαυλοτάτους τῶν ἀνθρώπων εἰς τὴν Ῥώμην
ἐπανάγων («Mentre stava per uscire si volse sulla soglia e disse: "Ascoltate una grande
decisione, affinché il mondo intero sia felice: tornino in patria tutti gli esuli, qualunque
sia la ragione della loro condanna, a eccezione di quanti siano stati banditi da mio zio,
vostro padre". E nel ricondurre a Roma malfattori e masnadieri d'ogni sorta, pensava
di realizzare un atto grandioso»).

149

ἀνεπλήρωσε, [4] τῶν δὲ δὴ Καισαρείων τῶν τε στρατιωτῶν τῶν μετὰ τοῦ Γέτα γενομένων καὶ ἐς δύο μυριάδας παραχρῆμα ἀπέκτεινεν, ἄνδρας ἁπλῶς καὶ γυναῖκας, ὥς πού τις καὶ ἔτυχεν ἐν τῷ βασιλείῳ ὤν, ἐκ δὲ τῶν ἐπιφανῶν ἀνδρῶν ἄλλους τε καὶ τὸν Παπινιανόν. - Xiph. 328, 1-23 R. St. *Exc. Val.* 354, 355.

(1ᵃ) ὅτι Ἀντωνῖνος Παπιανὸν καὶ Πατρουινόν, τῶν δορυφόρων ἐπί τισι κατηγορησάντων αὐτῶν, ἐπέτρεψεν ἀποκτεῖναι αὐτούς, εἰπὼν κἀκεῖνο ὅτι «ἐγὼ ὑμῖν καὶ οὐκ ἐμαυτῷ ἄρχω, καὶ διὰ τοῦτο καὶ πείθομαι ὑμῖν καὶ ὡς κατηγόροις καὶ ὡς δικασταῖς». - Petr. Patr. *exc. Vat.* 138 (p. 228 Mai. = p. 212, 22-26 Dind.).

(2) καὶ τῷ γε τὸν Παπινιανὸν φονεύσαντι ἐπετίμησεν ὅτι ἀξίνῃ αὐτὸν καὶ οὐ ξίφει διεχρήσατο. - Xiph. 328, 23-24 R. St.

τὸν δὲ δὴ Κίλωνα τὸν τροφέα τὸν εὐεργέτην, τὸν ἐπὶ τοῦ πατρὸς αὐτοῦ πεπολιαρχηκότα, ὃν καὶ πατέρα πολλάκις ἐκεκλήκει, ἠβουλήθη μὲν ἀποστερῆσαι τοῦ ζῆν· (3) καὶ οἱ στρατιῶται οἱ πεμφθέντες ἐπ᾽ αὐτὸν τὰ μὲν ἀργυρώματα καὶ τὰ ἱμάτια τά τε χρήματα καὶ τὰ ἄλλα πάντα τὰ ἐκείνου διήρπασαν, αὐτὸν δὲ ἀνήγαγον διὰ τῆς ἱερᾶς ὁδοῦ ὡς καὶ ἐς τὸ παλάτιον κομιοῦντες, κλάπας τε ὑποδεδεμένον (ἐν βαλανείῳ γὰρ ὢν ἔτυχε) καὶ χιτωνίσκον ἐνδεδυμένον, ὡς καὶ ἐκεῖ που καταχρησόμενοι. (4) καὶ τήν τε ἐσθῆτα αὐτοῦ περιέρρηξαν καὶ τὸ πρόσωπον ἠκίσαντο, ὥστε καὶ τὸν δῆμον καὶ τοὺς στρατιώτας τοὺς ἀστικοὺς ὑποθορυβῆσαι, καὶ διὰ τοῦτο καὶ τὸν Ἀντωνῖνον καὶ αἰδεσθέντα αὐτοὺς καὶ φοβηθέντα ἀπαντῆσαί σφισι, καὶ τῇ χλαμύδι (τὴν γὰρ στρατιωτικὴν ἐσθῆτα εἶχε) περιβαλόντα αὐτὸν εἰπεῖν «μήτε τὸν πατέρα ὑβρίζετε μήτε τὸν τροφέα παίετε». (5) ὁ δὲ δὴ χιλίαρχος ὁ κελευσθεὶς αὐτὸν φονεῦσαι καὶ οἱ στρατιῶται οἱ συμπεμφθέντες αὐτῷ ἀνῃ ρέθησαν, λόγῳ μὲν ὡς ἐπιβουλεύσαντες αὐτῷ, τὸ δ᾽ ἀληθὲς ὅτι μὴ κατέσφαξαν αὐτόν. - Xiph. 328, 24-329, 8 R. St.

[5] ὅτι τὸν Κίλωνα τοσοῦτον ἠγάπα ὁ Ἀντωνῖνος ὥστε εἰπεῖν ὅτι «οἱ τούτῳ ἐπιβεβουλευκότες ἐμοὶ ἐπιβεβουλεύκασιν». ἐφ᾽ ᾧ δὴ ἐπαινούμενος ὑπὸ τῶν προσεστηκότων ἔφη «ἐμὲ μήθ᾽ Ἡρακλέα

---

²² Un elenco delle vittime tra i partigiani di Geta in *HA Carac.* 4, 1-8: Patruino (cfr. *infra* 1ᵃ), Sammonico Sereno, i figli di Pertinace e di Papiniano. Cfr. S. SILLAR, *Caracalla and the Senate: The Aftermath of Geta's Assassination*, «Athenaeum» 89 (2001), pp. 407-423.

²³ Emilio Papiniano, prefetto del pretorio (cfr. *supra* 76, 10, 7; 14, 5-6).

²⁴ Valerio Patruino, collega di Papiniano alla prefettura del pretorio.

²⁵ Cfr. Petr. Patr. *exc. Vat.* 139 (p. 229 Mai. = p. 212, 27-30 Dind.): ὅ τὸν Παπιανὸν φονεύσαντι σφόδρα ἐπετίμησεν, οὐχ ὅτι ἐφόνευσεν αὐτόν, ἀλλ᾽ ὅτι ἀξίνῃ αὐτὸν

in giudicato, non molto tempo dopo, tuttavia, le riempì di nuovo. **[4]** Mandò ben presto a morte circa ventimila uomini tra liberti imperiali e soldati fedeli a Geta,[22] uomini e donne senza distinzione, così come venivano sorpresi nel palazzo. Uccise anche vari uomini illustri, tra i quali Papiniano.[23]

(1[a]) Quando i pretoriani rivolsero alcune accuse contro Papiniano e Patruino,[24] Antonino concesse loro di ucciderli dicendo queste parole: «Io regno per voi, non per me: ecco perché confido in voi sia come accusatori sia come giudici!».

(2) Antonino rimproverò l'uccisore di Papiniano perché lo aveva ammazzato con una scure anziché con una spada.[25]

Volle inoltre eliminare Cilone,[26] suo precettore e benefattore, che era stato *praefectus urbi* durante il regno di suo padre e che egli aveva spesso chiamato «padre». (3) I soldati che erano andati a prenderlo depredarono i vasi d'argento, le vesti, il denaro e quant'altro gli apparteneva, e mentre ancora calzava dei sandali di legno (si trovava infatti in un bagno pubblico) e indossava una semplice tunica lo condussero attraverso la Via Sacra[27] con l'intenzione di scortarlo al *Palatium*, dove lo avrebbero ucciso. (4) Gli strapparono la veste e lo colpirono al viso così violentemente che non solo la popolazione ma anche le milizie urbane si misero a gridare; perciò Antonino, preso dalla vergogna e dal timore, si fece loro incontro e coprendolo[28] con la sua clamide[29] (indossava infatti l'abito militare) disse: «Non oltraggiate mio padre, non colpite il mio precettore!». (5) Il tribuno incaricato di ucciderlo e i soldati inviati insieme a lui furono quindi mandati a morte con l'accusa di aver attentato alla sua vita, anche se la ragione vera era un'altra, e cioè che costoro non lo avevano soppresso.

[5] Antonino manifestava nei riguardi di Cilone un affetto così profondo da affermare: «Coloro che hanno congiurato contro di lui hanno congiurato contro di me!». Lodato dagli astanti per questa affer-

---

ἔδωκεν καὶ οὐχὶ μᾶλλον ξίφει τὴν κεφαλὴν αὐτοῦ ἀπέτεμεν («Antonino rimproverò l'uccisore di Papiano non perché lo avesse ucciso per mezzo di una scure, ma perché, invece, non lo aveva decapitato per mezzo di una spada»). Sul significato (ironico) del rimprovero di Caracalla cfr. M.L. MECKLER, *Caracalla's Sense of Humor and Cassius Dio's Latinity*, in G. BONAMENTE – M. MAYER, Historiae Augustae Colloquium Barcinonense, Bari 2005, pp. 221-231.

[26] Lucio Fabio Cilone (nome completo: Lucio Fabio Cilone Settimino Catinio Aciliano Lepido Fulciano), talora erroneamente chiamato Chilone. Cfr. *HA Carac.* 4, 4.

[27] L'asse stradale più importante e più antico del Foro.

[28] S'intenda Cilone.

[29] Mantello corto in uso tra i militari (cfr. *supra* 75, 6, 7 e nota).

μήτ' ἄλλον θεόν τινα ἐπικαλεῖτε», οὐχ ὅτι οὐκ ἐβούλετο θεὸς ὀνομάζεσθαι, ἀλλ' ὅτι οὐδὲν ἄξιον θεοῦ πράττειν ἤθελεν. (2) ἔμπληκτος γὰρ φύσει πρὸς πάντα τὰ πράγματα ὢν καὶ ἐτίμα τινὰς μεγάλως καὶ ἠτίμαζεν ἐξαίφνης τοὺς αὐτοὺς ἀλογώτατα, ἔσωζέ τε οὓς ἥκιστα ἐχρῆν, καὶ ἐκόλαζεν οὓς οὐκ ἄν τις προσεδόκησεν. - Exc. Val. 356 (p. 742).

(3) ὅτι τὸν Ἄσπρον τὸν Ἰουλιανὸν οὐδ' ἄλλως εὐκαταφρόνητον καὶ διὰ παιδείαν καὶ διὰ φρόνημα ὄντα ἐξάρας ὁμοίως καὶ τοὺς υἱοὺς αὐτοῦ, καὶ ἐν πολλαῖς τοσαύταις ῥάβδοις ὁμοῦ ἐμπομπεύσαντα, προεπηλάκισε παραχρῆμα δεινῶς καὶ ἐς τὴν πατρίδα μεθ' ὕβρεως καὶ μετὰ δέους ἰσχυροῦ ἀπέπεμψε. - Exc. Val. 357 (p. 742).

(4) ὅτι καὶ τὸν Λαῖνον ἠτιμάκει ἂν ἢ καὶ ἀπεκτόνει, εἰ μὴ κακῶς ἐνόσει· καὶ τὴν ἀρρωστίαν αὐτοῦ ἀσεβῆ παρὰ τοῖς στρατιώταις ὠνόμασεν, ὅτι μὴ καὶ περὶ ἐκεῖνον ἀσεβῆσαι αὐτῷ ἐπέτρεψεν. - Exc. Val. 358 (p. 742).

(5) ὅτι καὶ Θρασέαν Πρίσκον, ἄνδρα οὐδενὸς οὔτε γένει οὔτε φρονήσει δεύτερον, κατεχρήσατο. - Exc. Val. 359 (p. 742).

ὅτι καὶ ἄλλους πολλοὺς καὶ φίλους τὸ πρότερον ὄντας ἀπέκτεινεν. - Exc. Val. 360 (p. 742).

[6] πάντας δ' οὐκ ἂν ἐγὼ μυθήσομαι οὐδ' ὀνομήνω,

ὅσους τῶν ἐπιφανῶν οὐδεμιᾷ δίκῃ ἀπέκτεινεν. ὁ μὲν γὰρ Δίων, ἅτε γνωριμωτάτων κατ' ἐκείνους τοὺς καιροὺς τῶν πεφονευμένων ὄντων, καὶ ἐξ ὀνόματος αὐτῶν ποιεῖται κατάλογον· ἐμοὶ δ' εἰπεῖν ἐξαρκεῖ ὅτι πάντας ὁμοίως οὓς ἤθελε κατεχειρίζετο,

ὅστ' αἴτιος ὅστε καὶ οὐχί,

καὶ ὅτι τὴν Ῥώμην ἠκρωτηρίασεν, ἀγαθῶν ἀνδρῶν στερήσας αὐτήν. - Xiph. 329, 8-14 R. St.

(1ᵃ) ὅτι τρισὶν ἔθνεσιν ὁ Ἀντωνῖνος προσήκων ἦν, καὶ τῶν μὲν ἀγαθῶν αὐτῶν οὐδὲν τὸ παράπαν τὰ δὲ δὴ κακὰ πάντα συλλαβὼν ἐκτήσατο, τῆς μὲν Γαλατίας τὸ κοῦφον καὶ τὸ δειλὸν καὶ τὸ θρασύ,

---

[30] Gaio Giulio Aspro, senatore e fine oratore originario di Tuscolo, fu consul suffectus sotto Commodo, governatore d'Africa nel 200-201 (o nel 2014-205) e console ordinario con il figlio Gaio Giulio Galerio Aspro nel 212 (anno in cui forse rivestì anche la carica di praefectus urbi: cfr. CIL VIII 24585; ILS 355). La sua carriera fu piuttosto discontinua: Caracalla lo elevò per poi bandirlo; Macrino lo nominò governatore della provincia d'Asia per poi revocargli l'incarico (infra 78, 22, 2-5), mentre Elagabalo gli concesse il rientro a Roma (infra 79, 4, 4). Cfr. anche CIL VI 2003; 1063; Tert., Ad Scapulam 4, 3.

mazione, aggiunse: «Non chiamatemi né Ercole né col nome di altre divinità», non perché non volesse essere chiamato «dio», ma perché non intendeva fare alcunché che fosse degno di un dio. (2) Essendo infatti per natura volubile in ogni cosa, colmava alcuni di grandi onori per poi farli improvvisamente cadere in disgrazia senza alcuna ragione, oppure risparmiava coloro che non doveva affatto graziare e puniva quelli che nessuno si sarebbe aspettato [che fossero puniti].

(3) Antonino innalzò dapprima Giuliano Aspro[30] e i suoi figli: costui era un uomo nient'affatto disprezzabile quanto a cultura e a intelligenza, ma dopo che partecipò a un corteo ostentando contemporaneamente molti fasci littorî, egli lo oltraggiò in modo molto duro e lo cacciò nella sua città nativa con disonore, terrorizzandolo a morte.

(4) Avrebbe poi disonorato anche Leno[31] o, addirittura, lo avrebbe ucciso, se questi non fosse stato gravemente malato: di fronte ai soldati definì empia la sua malattia, non avendo potuto oltraggiarlo in un altro modo.

(5) Si sbarazzò anche di Trasea Prisco,[32] uomo secondo a nessuno quanto a eccellenza di nascita e a intelligenza.

Mandò a morte molti altri ancora che in precedenza erano stati suoi amici.

[6] «Non dirò né chiamerò per nome tutti»[33]

tanti furono gli uomini illustri che egli mandò a morte senza alcun processo. Dal momento che le esecuzioni tenutesi in quei giorni sono ben note, Dione ne fornisce una lista dettagliata nome per nome; per me, invece, è sufficiente dire che Antonino eliminò tutti coloro che volle senza distinzione,

«sia chi avesse colpa e chi no»,[34]

e mutilò Roma privandola di buoni cittadini.

(1ª) Antonino traeva origine da tre nazioni, delle quali non solo non possedeva alcuna virtù, ma aveva anzi ereditato tutti i vizi: la volubilità, la viltà e l'arroganza dalla Gallia, l'asprezza e la crudeltà

[31] Probabilmente un errore per Leto, che era stato prefetto del pretorio di Commodo e tra i congiurati che lo misero a morte. Boissevain suggerisce Lelio.

[32] Console del 196.

[33] Dione inizia il periodo con una citazione da Hom. *Il.* 2, 488 – leggermente diverso nell'originale – tratta dai primi versi del cosiddetto «catalogo delle navi».

[34] Hom. *Il.* 15, 137. Emistichio tratto da un accalorato discorso di Atena contro Ares.

τῆς Ἀφρικῆς τὸ τραχὺ καὶ ἄγριον, τῆς Συρίας, ὅθεν πρὸς μητρὸς ἦν, τὸ πανοῦργον. - *Exc. Val.* 361 (p. 742).

(2) ἐκ δὲ τῶν φόνων ἐς τὰς παιδιὰς ἀποκλίνων οὐδὲν ἧττον καὶ ἐν ταύταις ἐφόνα. ἐλέφαντα μὲν γὰρ καὶ ῥινοκέρωτα καὶ τίγριν καὶ ἱππότιγριν ἐν οὐδενὶ λόγῳ θείη ἄν τις φονευομένους ἐν τῷ θεάτρῳ· ὁ δὲ καὶ μονομάχων ἀνδρῶν ὅτι πλείστων ἔχαιρεν αἵμασι, καὶ ἕνα γε αὐτῶν Βάτωνα τρισὶν ἐφεξῆς ἀνδράσιν ὁπλομαχῆσαι τῇ αὐτῇ ἡμέρᾳ ἀναγκάσας, ἔπειτα ἀποθανόντα ὑπὸ τοῦ τελευταίου περιφανεῖ ταφῇ ἐτίμησε. - Xiph. 329, 14-20 R. St.

[7] περὶ δὲ τὸν Ἀλέξανδρον οὕτω τι ἐπτόητο ὥστε καὶ ὅπλοις τισὶ καὶ ποτηρίοις ὡς καὶ ἐκείνου γεγονόσι χρῆσθαι, καὶ προσέτι καὶ εἰκόνας αὐτοῦ πολλὰς καὶ ἐν τοῖς στρατοπέδοις καὶ ἐν αὐτῇ τῇ Ῥώμῃ στῆσαι, φάλαγγά τέ τινα ἐκ μόνων τῶν Μακεδόνων ἐς μυρίους καὶ ἑξακισχιλίους συντάξαι, καὶ αὐτὴν Ἀλεξάνδρου τε ἐπονομάσαι καὶ τοῖς ὅπλοις οἷς ποτε ἐπ᾽ ἐκείνου ἐκέχρηντο ὁπλίσαι· (2) ταῦτα δ᾽ ἦν κράνος ὠμοβόειον, θώραξ λινοῦς τρίμιτος, ἀσπὶς χαλκῆ, δόρυ μακρόν, αἰχμὴ βραχεῖα, κρηπῖδες, ξίφος. καὶ οὐδὲ ταῦτα μέντοι αὐτῷ ἐξήρκεσεν, ἀλλὰ καὶ αὐτὸν ἐκεῖνον ἕων Αὔγουστον ἐπεκαλεῖτο, καί ποτε καὶ τῇ βουλῇ ἔγραψεν, ὅτι ἐς τὸ σῶμα αὖθις τὸ τοῦ Αὐγούστου ἐσῆλθεν, ἵνα, ἐπειδὴ ὀλίγον τότε χρόνον ἐβίω, πλείονα αὖθις δι᾽ ἐκείνου ζήσῃ. (3) καὶ δὴ καὶ τοὺς φιλοσόφους τοὺς Ἀριστοτελείους ὠνομασμένους τά τε ἄλλα δεινῶς ἐμίσει, ὥστε καὶ τὰ βιβλία αὐτῶν κατακαῦσαι ἐθελῆσαι, καὶ τὰ συσσίτια ἃ ἐν τῇ Ἀλεξανδρείᾳ εἶχον, τάς τε λοιπὰς ὠφελείας ὅσας ἐκαρποῦντο, ἀφείλετο, ἐγκαλέσας σφίσιν ὅτι συναίτιος τῷ Ἀλεξάνδρῳ τοῦ θανάτου Ἀριστοτέλης γεγονέναι ἔδοξε. (4) ταῦτα μὲν οὕτως ἐποίησε, καὶ νὴ Δία καὶ ἐλέφαντας πολλοὺς συμπεριήγετο, ὅπως καὶ ἐν τούτῳ τὸν Ἀλέξανδρον, μᾶλλον δὲ τὸν Διόνυσον μιμεῖσθαι δόξῃ.

---

[35] La Gallia, in quanto era nato a Lione il 4 aprile del 188 mentre Settimio Severo era governatore della *Lugdunensis* (la *caracalla* era peraltro una veste gallica); l'Africa in quanto Settimio Severo era nativo di *Leptis Magna*; la Siria in quanto la madre era originaria di Emesa. Sulla data di nascita di Caracalla cfr. G. ALFÖLDY, *Nox dea fit lux! Caracalla Geburtstag*, in G. BONAMENTE–M. MAYER (edd.), *Historiae Augustae Colloquium Barcinonense*, Bari 1996, pp. 9-36. Alla nascita Caracalla ebbe il nome di Lucio Settimio Bassiano (quest'ultimo era il nome del nonno materno) che mutò in Marco Aurelio Antonino in occasione della sua nomina a Cesare nel 196.
[36] Si tratta pròbabilmente di una zebra, un cavallo (ἵππος) rigato a guisa di tigre (τίγρις).
[37] L'*imitatio Alexandri* di Caracalla è un tratto dominante del suo regno, su cui

154

dall'Africa, l'astuzia dalla Siria, alla quale apparteneva per parte di madre.[35]

(2) Quando poi dagli omicidi rivolse l'attenzione ai giochi, anche in questi si rivelò un sanguinario. Nessuno avrebbe dato importanza all'uccisione nell'arena di un elefante, di un rinoceronte, di una tigre e di un'ippotigre,[36] ma egli traeva piacere anche dal sangue di quanti più gladiatori fosse possibile; costrinse uno di essi, Batone, a combattere nello stesso giorno tre uomini in rapida successione, e in seguito, quando questi morì per mano dell'ultimo [avversario], lo onorò con esequie magnifiche.

[7] Era così ossessionato da Alessandro[37] da fare uso di alcune armi e coppe che presumeva essere appartenute a lui e, inoltre, aveva collocato molte sue statue sia negli accampamenti sia nella stessa città di Roma; aveva anche formato una falange di circa sedicimila uomini esclusivamente macedoni e l'aveva chiamata «falange di Alessandro», dotandola delle armi delle quali si erano serviti ai suoi tempi: (2) queste consistevano di un elmo di cuoio di bue non conciato, una corazza di lino a tre strati, uno scudo di bronzo, un'asta lunga, una punta corta, dei calzari a foggia di stivaletto[38] e una spada. Tuttavia non si accontentò di questo, ma volle anche chiamarlo «Augusto Orientale»: addirittura una volta al senato scrisse che Alessandro si era reincarnato nel corpo di Augusto[39] affinché, essendo egli vissuto poco tempo, potesse rivivere più a lungo grazie a lui. (3) Detestava i cosiddetti filosofi aristotelici con un risentimento tale da voler addirittura dare alle fiamme i loro libri; soppresse inoltre il collegio che essi avevano ad Alessandria e i restanti privilegi dei quali godevano, accusandoli del fatto che Aristotele era stato sospettato di essere complice della morte di Alessandro.[40] (4) Oltre ad agire così, portava in giro con sé – per Zeus! – molti elefanti per dare mostra di imitare Alessandro, o piuttosto Dioniso, anche in questo.

si diffondono tutte le fonti e in particolare Erodiano 4, 8; *HA Carac.* 2,1 2. Si veda almeno U. Espinosa, *La alejandrofilia de Caracala en la antigua historiografía*, in J.M. Croisille (ed.), *Neronia IV. Alejandro Magno, modelo de los emperadores romanos*, Bruxelles 1990, pp. 37-51.

[38] Le crepide macedoniche erano calzature a forma di sandalo con la suola chiodata.

[39] Caracalla alludeva in questo modo a se stesso.

[40] Sulla soppressione dei *syssitia* alessandrini cfr. *infra* 77, 18, 3-4. L'avvelenamento di Alessandro per mano di Aristotele consigliato dal generale macedone Antipatro è una tradizione coeva ad Alessandro già contestata dai contemporanei (Plut. *Alex.* 77, 3; Arr. *Anab.* 7, 27, 1-2). Su questo passo cfr. A. Galimberti, *La Vita di Apollonio di Tiana e Caracalla: cronologia e sfondo storico*, «Aevum» 88 (2014), pp. 125-136.

[8] οὕτω δ᾽ οὖν διὰ τὸν Ἀλέξανδρον καὶ τοὺς Μακεδόνας ἐφίλει, ὥστε ποτὲ χιλίαρχον Μακεδόνα ἐπαινέσας ὅτι κούφως ἐπὶ τὸν ἵππον ἀνεπήδησεν, ἐπύθετο αὐτοῦ τὸ μὲν πρῶτον «πόθεν εἶ;» ἔπειτα μαθὼν ὅτι Μακεδὼν εἴη, ἐπανήρετο «τίς δὲ ὀνομάζῃ;» (2) καὶ μετὰ τοῦτο ἀκούσας ὅτι Ἀντίγονος, προσεπανήρετο «τίς δέ σου ὁ πατὴρ ἐκαλεῖτο;» ὡς δὲ καὶ οὗτος Φίλιππος ὢν εὑρέθη, «πάντ᾽ ἔχω» φησίν «ὅσα ἤθελον», καὶ εὐθύς τε αὐτὸν ταῖς λοιπαῖς στρατείαις ἐσέμνυνε, καὶ μετ᾽ οὐ πολὺ ἐς τοὺς βουλευτὰς τοὺς ἐστρατηγηκότας κατέταξεν. (3) ἕτερον δέ τινα τῇ μὲν Μακεδονίᾳ μηδὲν προσήκοντα, πολλὰ δὲ καὶ δεινὰ δεδρακότα καὶ διὰ τοῦτο παρ᾽ αὐτοῦ ἐξ ἐκκλήτου δίκης κρινόμενον, ἐπειδὴ Ἀλέξανδρός τε ἐκαλεῖτο καὶ ὁ κατηγορῶν αὐτοῦ ῥήτωρ συνεχῶς ἔλεγεν «ὁ μιαιφόνος Ἀλέξανδρος, ὁ θεοῖς ἐχθρὸς Ἀλέξανδρος», ὠργίσθη τε ὡς καὶ αὐτὸς κακῶς ἀκούων, καὶ ἔφη «εἰ μὴ ἀρκέσει σοι ὁ Ἀλέξανδρος, ἀπολέλυσαι». - Xiph. 329, 20-330, 20 R. St., *Exc. Val.* 362, 363, 364 (p. 743 sq.).

[9] οὗτος οὖν ὁ φιλαλεξανδρότατος Ἀντονῖνος ἐς μὲν τοὺς στρατιώτας, οὓς πάνυ πολλοὺς ἀμφ᾽ αὑτὸν εἶχε, προφάσεις ἐκ προφάσεων καὶ πολέμους ἐκ πολέμων σκηπτόμενος, φιλαναλωτὴς ἦν, τοὺς δὲ λοιποὺς πάντας ἀνθρώπους ἔργον εἶχε περιδύειν ἀποσυλᾶν ἐκτρύχειν, οὐχ ἥχιστα τοὺς συγκλητικούς. (2) χωρὶς γὰρ τῶν στεφάνων τῶν χρυσῶν οὓς ὡς καὶ πολεμίους τινὰς ἀεὶ νικῶν πολλάκις ᾔτει (λέγω δὲ οὐκ αὐτὸ τοῦτο τὸ τῶν στεφάνων ποίημα· πόσον γὰρ τοῦτό γέ ἐστιν; ἀλλὰ τὸ τῶν χρημάτων πλῆθος τῶν ἐπ᾽ ὀνόματι αὐτοῦ διδομένων, ‹οἷς› στεφανοῦν αἱ πόλεις τοὺς αὐτοκράτορας εἰώθασιν), (3) τῶν τε ἐπιτηδείων ἃ πολλὰ καὶ πανταχόθεν τὰ μὲν προῖκα τὰ δὲ καὶ προσαναλίσκοντες ἐσεπρασσόμεθα, ‹ἃ› πάντα ἐκεῖνος τοῖς στρατιώταις ἐχαρίζετο ἢ καὶ ἐκαπήλευεν, καὶ τῶν δώρων ἃ καὶ παρὰ τῶν ἰδιωτῶν τῶν πλουσίων καὶ παρὰ τῶν δήμων προσῄτει, (4) τῶν τε τελῶν τῶν

---

[41] Gli Antigonidi, discendenti da Antigono Monoftalmo erano stati a più riprese re di Macedonia prima e dopo la morte di Alessandro, avvenuta nel 323 a.C.

[42] Il nome Filippo evoca naturalmente Filippo II di Macedonia, padre di Alessandro.

[43] Il testo del primo paragrafo segue l'ipotesi di Bekker, che combina il testo di *exc. Val.* 365 e quello di Xiph. 330 21-24 R. St. Cfr. ed. Boissevain, vol. III, pp. 381-382.

[44] Il testo greco si estende ininterrottamente dal par. 2 al par. 6 esordendo con una lunga e articolata proposizione subordinata eccettuativa (χωρὶς γὰρ τῶν στεφάνων ... τῶν τε ἐπιτηδείων ... καὶ τῶν δώρων ... τῶν τε τελῶν ... καὶ τοῦ δεκάτης ... - ἔξω δὴ τούτων ἁπάντων) che vede in ἠναγκαζόμεθα (par. 6) il verbo della proposizione

[8] Il suo fanatismo per Alessandro e per i Macedoni era dunque
tale che una volta, avendo egli lodato un tribuno macedone perché
era montato agilmente a cavallo, dapprima aveva chiesto a costui:
«Da dove vieni?»; quando seppe che era macedone, gli domandò:
«Qual è il tuo nome?», (2) e sentendo che si chiamava Antigono[41]
gli rivolse un'ulteriore domanda: «Qual era il nome di tuo padre?».
Scoperto quindi che il nome di quest'ultimo era Filippo,[42] esclamò:
«Ho tutto ciò che volevo!», e subito lo insignì di tutti gli altri gradi
della milizia per poi inserirlo, non molto tempo dopo, nei ranghi dei
senatori pretorî. (3) Ci fu anche un tale che non aveva nulla a che
fare con la Macedonia e che a causa dei numerosi delitti commessi
fu processato in appello dinanzi ad Antonino: poiché l'uomo si chiamava Alessandro e l'oratore che lo accusava aveva più volte ripetuto
«Alessandro l'assassino, Alessandro il nemico degli dei!», il principe
si sdegnò come se fosse il destinatario di quelle ingiurie ed esclamò:
«Se non ti basta [dire] "Alessandro", sei esonerato dall'incarico!».

[9] Antonino, dunque, da grandissimo ammiratore di Alessandro
qual era, fu molto prodigo nei riguardi dei soldati, che teneva intorno
a sé in gran numero avanzando pretesti su pretesti e provocando una
guerra dopo l'altra, mentre nei riguardi di tutto il resto della popolazione, e soprattutto del senato, la sua preoccupazione era quella di
depredare, vessare e opprimere.[43] (2) C'erano dapprima[44] le corone
d'oro che spesso pretendeva come se avesse sconfitto dei nemici
(con ciò non mi riferisco però alla forgiatura delle corone – quanto
poche dovrebbero infatti essere? –, bensì alla gran quantità di denaro
che veniva versata a quel titolo e che serviva alle città per le abituali
incoronazioni), (3) e inoltre gli approvvigionamenti che noi fornivamo
regolarmente in gran quantità, in parte spontaneamente e in parte a
fondo perduto, e che egli donava completamente ai soldati o, anche,
metteva in vendita; c'erano poi i doni che richiedeva ai cittadini
privati facoltosi e alle comunità,[45] (4) e, infine, c'erano i tributi, sia

---

reggente. Nella traduzione italiana è stata leggermente variata la sintassi del periodo
e sono stati aggiunti alcuni segni d'interpunzione al fine di rendere il periodo maggiormente leggibile.

[45] Dione è molto polemico verso l'aumento della tassazione e più in generale verso
le eccessive richieste economiche fatte ai senatori. L'obiettivo di questa polemica è
la politica di Caracalla, eccessivamente prona alle esigenze dei militari. Su questa
polemica, che è un aspetto della polemica antiespansionistica di Dione, cfr. *infra* 10,
1 e *Introduzione*.

τε ἄλλων ἃ καινὰ προσκατέδειξεν, καὶ τοῦ τῆς δεκάτης ἦν ἀντὶ τῆς εἰκοστῆς ὑπέρ τε τῶν ἀπελευθερουμένων καὶ ὑπὲρ τῶν καταλειπομένων τισὶ κλήρων καὶ δωρεὰς ἐποίησε πάσης, τάς τε διαδοχὰς καὶ (5) τὰς ἀτελείας τὰς ἐπὶ τούτοις τὰς δεδομένας τοῖς πάνυ προσήκουσι τῶν τελευτώντων καταλύσας (οὗ ἕνεκα καὶ Ῥωμαίους πάντας τοὺς ἐν τῇ ἀρχῇ αὐτοῦ, λόγῳ μὲν τιμῶν, ἔργῳ δὲ ὅπως πλείω αὐτῷ καὶ ἐκ τοῦ τοιούτου προσίῃ διὰ τὸ τοὺς ξένους τὰ πολλὰ αὐτῶν μὴ συντελεῖν, ἀπέδειξεν) – (6) ἔξω δὴ τούτων ἁπάντων καὶ οἰκίας αὐτῷ παντοδαπάς, ἐπειδὴ τῆς Ῥώμης ἐξώρμησε, καὶ καταλύσεις πολυτελεῖς ἐν μέσαις ταῖς ὁδοῖς καὶ ταῖς βραχυτάταις οἰκείοις δαπανήμασι κατασκευάζειν ἠναγκαζόμεθα, ἐν αἷς οὐχ ὅσον οὐκ ἐνῴκησέ ποτε, ἀλλ᾽ οὐδὲ ὄψεσθαι αὐτῶν τινα ἔμελλε. (7) προσέτι καὶ θέατρα κυνηγετικὰ καὶ ἱπποδρόμους πανταχοῦ, ὅπουπερ καὶ ἐχείμασεν ἢ καὶ χειμάσειν ἤλπισε, κατεσκευάσαμεν, μηδὲν παρ᾽ αὐτοῦ λαβόντες. καὶ αὐτίκα πάντα κατεσκάφη· οὕτω πως διὰ τοῦτο μόνον ἐγένετο, ἵν᾽ ἡμεῖς ἐπιτριβῶμεν. - *Exc. Val.* 365, 366 (p. 745), Xiph. 330, 24-32 R. St.

[10] αὐτὸς δὲ τὰ χρήματα ἔς τε τοὺς στρατιώτας, ὡς ἔφαμεν, καὶ ἐς θηρία ἵππους τε ἐδαπάνα· πάμπολλα γάρ τοι καὶ θηρία καὶ βοτά, τὰ μὲν πλεῖστα παρ᾽ ἡμῶν καὶ ἀνάγκη λαμβάνων, ἤδη δέ τινα καὶ ὠνούμενος, ἀπεκτίννυε, καί ποτε ἑκατὸν ὗς ἅμα αὐτοχειρίᾳ ἔσφαξεν. ἡρματηλάτει τε τῇ οὐενετίῳ στολῇ χρώμενος. (2) ἦν γὰρ ἐς πάντα καὶ θερμότατος καὶ κουφότατος, πρὸς δὲ τούτοις εἶχε καὶ τὸ πανοῦργον τῆς μητρὸς καὶ τῶν Σύρων, ὅθεν ἐκείνη ἦν. ἀγωνοθέτην δὲ ἢ τῶν ἐξελευθέρων τινὰ ἢ τῶν ἄλλων τῶν πλουσίων ἐκάθιζεν,

---

[46] Originariamente Augusto nel 6 d.C. aveva istituito l'*aerarium militare* (la cassa destinata al pagamento dei premi ai soldati congedati) alimentandola attraverso i proventi derivanti da nuove imposte: la *vicesima hereditatium et legatorum* (la tassa del 5% sulle eredità e i lasciati testamentari) e la *centesima rerum venalium* (la tassa dell'1% sulle vendite) nonché da confische e dai contributi di sovrani alleati e di alcune popolazioni. Dione (55, 25, 3) precisa peraltro che Augusto respinse tutte le offerte dei privati. L'atteggiamento di Caracalla era dunque doppiamente grave agli occhi di Dione: sia perché contravveniva alla prassi augustea sia perché impiegava la costrizione.

[47] La *Constitutio Antoniniana* del 212 con la quale Caracalla estendeva la cittadinanza romana a tutti gli abitanti dell'impero eccetto i *deditici*. L'esatta identificazione dei *deditici* ci sfugge: formalmente erano gli abitanti di città straniere che, dopo aver combattuto i Romani, erano stati vinti e si erano arresi; rientravano dunque nella categoria dei *peregrini* ed erano privi di *civitas*, ed erano pertanto tenuti a osservare lo *ius gentium*. Al tempo di Caracalla potrebbero essere identificati con gli schiavi

quelli nuovi che aveva introdotto sia la tassa del dieci per cento, che
egli aveva sostituito a quella del cinque sulla manomissione degli
schiavi, sulle eredità e su tutte le donazioni:[46] (5) aveva infatti abolito
il diritto di successione e l'esenzione fiscale che era stata accordata
in tali casi ai parenti prossimi dei defunti (ragione per la quale aveva
esteso la cittadinanza romana a tutti gli abitanti dell'impero,[47] apparentemente per onorarli ma di fatto per ricavarne maggiori entrate,
dato che gli stranieri non pagavano la maggior parte di quei tributi).
(6) A parte tutte queste tasse, quando egli partiva da Roma eravamo
costretti a costruire a nostre spese ogni sorta di abitazioni e costosi
alloggi lungo le strade persino durante i soggiorni più brevi, e non
solo non vi abitò mai, ma, nel caso di alcuni di essi, non li avrebbe
neppure mai visti. (7) Inoltre, senza alcuna contribuzione da parte
sua, costruimmo in ogni luogo anfiteatri e circhi, nei quali allestì
dei quartieri invernali o sperò di poterlo fare. Questi edifici furono
ben presto demoliti tutti: la loro unica funzione, infatti, era quella
di mandarci in rovina.

[10] Come abbiamo detto egli dilapidava il denaro per i soldati,
e anche in bestie e in cavalli: uccideva infatti molti animali, sia selvatici sia addomesticati, che per lo più otteneva da noi obbligandoci
a fornirli, sebbene talora ne acquistasse alcuni di tasca propria; una
volta addirittura giunse persino a uccidere cento cinghiali in una
sola volta con le proprie mani. Inoltre, guidava i cocchi indossando
la veste venetica.[48] (2) In qualsiasi circostanza era molto irascibile e
molto volubile, e, oltre a questi tratti caratteriali, possedeva anche la
malizia tipica della madre e dei Siriaci, il popolo da cui ella discen-
deva.[49] Come direttore delle gare incaricava uno dei liberti o qualche
altro cittadino facoltoso per poter scialacquare denaro anche così: li[50]

accusati di condotta turpe (equiparati ai *peregrini dediticii*) e gli schiavi manomessi ai
quali era stata riconosciuta la latinità (i cosiddetti *Latini Iuniani*). Il testo della *Constitutio* è conservato da un papiro pubblicato nel 1910, il cosiddetto papiro di Giessen;
cenni alla *Constitutio* in *HA Sev.* 1, 2; *Dig.* 1, 15, 7. La bibliografia sulla *constitutio* è
imponente: si vedano da ultimo A. Torrent, *La Constitutio Antoniniana. Reflexiones
sobre el papiro Giessen 40 I*, Madrid 2012; C. Corbo, *Constitutio Antoniniana. Ius
Philosophia Religio*, Napoli 2013; C. Ando (ed.), *Citizenship and Empire in Europe,
200-1900. The Antonine Constitution after 1800 Years*, Stuttgart 2016.

[48] Veste di colore azzurro che contraddistingueva una delle fazioni del Circo, la
veneta (cfr. anche 65, 5, 1).

[49] Cfr. *supra* 6, 1ª.

[50] L'αὐτούς del testo greco si riferisce forse agli stessi organizzatori dei concorsi
ippici piuttosto che agli spettatori.

ἵνα καὶ ἐν τούτῳ ἀναλίσκηται· προσεκύνει τε αὐτοὺς κάτωθεν τῇ μάστιγι, καὶ χρυσοῦς ὥσπερ τις τῶν ταπεινοτάτων ᾔτει. (3) καὶ ἔλεγε κατὰ τὸν Ἥλιον τῇ ἁρματηλασίᾳ χρῆσθαι, καὶ ἐσεμνύνετο ἐπ' αὐτῇ. οὕτω δὲ παρὰ πάντα τὸν τῆς ἀρχῆς αὐτοῦ χρόνον πᾶσα ἡ γῆ ἡ ὑπακούουσα αὐτῷ ἐπορθήθη ὥστε τοὺς Ῥωμαίους ποτὲ ἐν ἱπποδρομίᾳ ἄλλα τε συμβοῆσαι καὶ ὅτι «τοὺς ζῶντας ἀπολοῦμεν, ἵνα τοὺς τεθνεῶτας θάψωμεν». (4) καὶ γὰρ ἔλεγε πολλάκις ὅτι «οὐδένα ἀνθρώπων πλὴν ἐμοῦ ἀργύριον ἔχειν δεῖ, ἵνα αὐτὸ τοῖς στρατιώταις χαρίζωμαι». καί ποτε τῆς Ἰουλίας ἐπιτιμησάσης αὐτῷ ὅτι πολλὰ ἐς αὐτοὺς ἀνήλισκε, καὶ εἰπούσης ὅτι «οὐκέθ' ἡμῖν οὔτε δίκαιος οὔτ' ἄδικος πόρος ὑπολείπεται», ἀπεκρίνατο, τὸ ξίφος δείξας, ὅτι «θάρσει, μῆτερ· ἕως γὰρ ἂν τοῦτ' ἔχωμεν, οὐδὲν ἡμᾶς ἐπιλείψει χρήματα».

[11] καὶ μέντοι καὶ τοῖς κολακεύουσιν αὐτὸν καὶ κτήματα καὶ χρήματα ἀπένεμεν. - Xiph. 330, 32-331, 21 R. St.

(1ᵃ) ὅτι ὁ Ἰούλιος Παῦλος ὑπατικὸς ἀνὴρ ψιθυρὸς καὶ σκωπτικὸς καὶ οὐδὲ αὐτῶν τῶν αὐτοκρατόρων ἀπεχόμενος, ὃν καὶ ὁ Σευῆρος φυλακῇ ἀδέσμῳ παραδέδωκεν. ὡς δὲ ἐν φρουραῖς ὢν ἀπέσκωπτεν εἰς τοὺς βασιλεῖς, μεταπεμψάμενος ὁ Σευῆρος ὤμνυ τὴν κεφαλὴν αὐτοῦ ἐκτεμεῖν. ὁ δὲ ἀπεκρίνατο «ἐκτεμεῖν αὐτὴν δύνασαι, ἐφ' ὅσον δὲ αὐτὴν ἔχω, οὔτε σὺ οὔτε ἐγὼ κατασχεῖν αὐτὴν δύναμαι», ὥστε γελάσαντα τὸν Σευῆρον ἀπολῦσαι αὐτόν. - Petr. Patr. exc. Vat. 142 (p. 229 Mai. = p. 213, 11-19 Dind.).

(1²) Ἰουνίῳ γοῦν Παυλίνῳ πέντε καὶ εἴκοσι μυριάδας ἐχαρίσατο, ὅτι καὶ ἄκων διασιλλῶσαί τι αὐτὸν σκωπτόλης ὢν προήχθη· ἔφη γὰρ αὐτὸν ὀργιζομένῳ τινὶ ἐοικέναι, ἐπεὶ πρὸς τὸ θυμοειδέστερόν πως ἑαυτὸν ἐσχημάτιζεν. (2) οὐδὲν γὰρ τῶν καλῶν ἐλογίζετο· οὐδὲ γὰρ ἔμαθέ τι αὐτῶν, ὡς καὶ αὐτὸς ὡμολόγει, διόπερ καὶ ἐν ὀλιγωρίᾳ

---

⁵¹ La mitologia immagina il sole come un carro a cui sono aggiogati quattro cavalli. Si veda ad es. Ovid. *Metam.* 2, 1-366.

⁵² Bekker legge ἀποδύομεν, cioè «spogliamo i vivi», «stiamo spogliando i vivi».

⁵³ Si rammentino le parole di Settimio Severo sul letto di morte rivolte a Caracalla e Geta (*supra* 76, 15, 2): «Andate d'accordo tra di voi, arricchite i soldati, non curatevi di tutto il resto».

⁵⁴ In realtà si tratterebbe, a causa di un errore tramandato in questo *excerptum*, di Giunio Paolino, come sembra indicare anche il testo di Xifilino al par. 12.

salutava con la frusta dal basso [dell'arena] e chiedeva loro monete d'oro come se fosse uno degli aurighi più squattrinati. (3) Diceva, infine, di condurre i cocchi come faceva il Sole,[51] e di ciò si gloriava. Durante tutto il periodo del suo impero l'intera terra a lui soggetta fu così tanto saccheggiata che una volta, durante un concorso ippico, i Romani gridarono in coro: «Manderemo in rovina[52] i vivi per poter seppellire i morti!». (4) Egli del resto ripeteva spesso queste parole: «Nessun uomo tranne me deve possedere del denaro, affinché io possa donarlo ai soldati!».[53] Una volta, quando Giulia lo rimproverò perché spendeva molti soldi per loro e gli disse che «non ci rimane più alcun modo di raccogliere denaro, né giusto né ingiusto», egli, mostrando la spada, rispose: «Coraggio, madre: finché avremo questa, il denaro non ci mancherà!».

[11] Inoltre, elargiva possedimenti e denaro anche a coloro che lo adulavano.

(1ª) Giulio Paolo,[54] un uomo di rango consolare, irriverente e beffardo, le cui stoccate non risparmiavano neppure gli imperatori stessi, era stato messo sotto stretta sorveglianza da parte di Severo. Ma poiché costui anche sotto custodia aveva continuato a farsi beffe dei regnanti, era stato convocato da Severo, il quale gli aveva giurato che lo avrebbe fatto decapitare. Questi aveva risposto: «Puoi anche farlo, ma finché avrò la testa, né tu né io potremo tenerla a bada!». Al che Severo si era messo a ridere e lo aveva liberato.

(1²) Antonino donò a Giunio Paolino un milione di sesterzi poiché costui, essendo un motteggiatore, si era involontariamente azzardato a schernirlo, dicendo che il principe aveva un'aria collerica quando la sua espressione si faceva piuttosto truce.[55] (2) Antonino non era affatto interessato ai discorsi elevati e, come anch'egli ammetteva, non ci si era mai dedicato: per questa ragione disprezzava chi di

---

[55] Cfr. Petr. Patr. *exc. Vat.* 143 (p. 229 Mai. = p. 213, 20-26 Dind.): ὅτι τὸν αὐτὸν Ἀντωνῖνος μεταπεμψάμενος ἐπέτρεψεν αὐτῷ γράψαι στίχους εἰς αὐτόν· ὁ δὲ τεχνικῶς ἔσκωψεν· εἶπεν γὰρ αὐτὸν ἐν παντὶ καιρῷ ἐοικέναι θυμουμένῳ· καὶ τοῦτο μὲν ὡς σκόπτων εἶπεν, ἐκεῖνον δὲ σφόδρα ἐθεράπευσεν· ἤθελε γὰρ δεινὸς καὶ ἄγριος καὶ ἀπότομος ἀεὶ φαίνεσθαι· καὶ διὰ τοῦτο αὐτῷ εἴκοσι μυριάδας... («Antonino, dopo aver convocato costui [= G. Paolino], gli concesse di scrivere dei versi a proprio scherno: questi lo canzonò in modo degno di un artista, poiché affermò che l'imperatore in ogni circostanza aveva come un'aria irritata. Disse ciò, certo, per celia, ma fu un grande atto di adulazione nei suoi confronti, dato che il principe desiderava apparire sempre terribile, crudele e duro; per questo Antonino gli [accordò un milione di sesterzi]»).

ἡμᾶς τούς τι παιδείας ἐχόμενον εἰδότας ἐποιεῖτο. ὁ μὲν γὰρ
Σεουῆρος καὶ πάνυ πᾶσι τοῖς ἐς ἀρετὴν τείνουσι καὶ κατὰ τὸ σῶμα
καὶ κατὰ τὴν ψυχὴν ἤσκησεν αὐτόν, (3) ὥστε καὶ αὐτοκράτορα ἤδη
ὄντα καὶ διδασκάλοις συνεῖναι καὶ τὸ πολὺ τῆς ἡμέρας φιλοσοφεῖν·
ἐξηραλοίφει τε, καὶ ἵππευε καὶ ἐς πεντήκοντα καὶ ἑπτακοσίους
σταδίους, καὶ προσέτι καὶ νήχεσθαι καὶ ἐν κλύδωνι ἤσκητο. ὁ
δὲ ἐκ μὲν τούτων τρόπον τινὰ ἐρρώσθη, τῆς δὲ δὴ παιδεύσεως ὡς
οὐδὲ τοὔνομα αὐτῆς πώποτε ἀκηκοὼς ἐπελάθετο. (4) οὐ μέντοι καὶ
κακορρήμων ἢ κακογνώμων ἦν, ἀλλὰ καὶ συνίει τὰ πολλὰ ὀξύτατα
καὶ ἔφραζεν ἑτοιμότατα· τῇ τε γὰρ ἐξουσίᾳ καὶ τῇ προπετείᾳ,
τῷ πάνθ᾽ ὁμοίως τὰ ἐπελθόντα οἱ ἀπερισκέπτως ἐκλαλεῖν καὶ τῷ
μηδὲν αὐτῶν ἐκφαίνειν αἰσχύνεσθαι, καὶ ἐπιτυχίᾳ τινὶ πολλάκις
περιέπιπτε. τὸ μὲν οὖν σύμπαν τοιοῦτος ἦν. - Xiph. 331, 21-332,
5, Exc. Val. 367 (p. 745), Suid. s.v. Ἀντωνῖνος βασιλεὺς Ῥωμαίων.

(5) ὅτι ὁ αὐτὸς αὐτογνωμονῶν πολλὰ ἐσφάλη· πάντα τε γὰρ οὐχ
ὅτι εἰδέναι ἀλλὰ καὶ μόνος εἰδέναι ἤθελε, καὶ πάντα οὐχ ὅτι
δύνασθαι ἀλλὰ καὶ μόνος δύνασθαι ἠβούλετο, καὶ διὰ τοῦτο οὔτε
τινὶ συμβούλῳ ἐχρῆτο καὶ τοῖς χρηστόν τι εἰδόσιν ἐφθόνει. ἐφίλησε
μὲν γὰρ οὐδένα πώποτε, ἐμίσησε δὲ πάντας τοὺς προφέροντας ἔν
τινι, μάλιστα δὲ οὓς μάλιστα ἀγαπᾶν προσεποιεῖτο· (6) καὶ αὐτῶν
συχνοὺς καὶ διέφθειρεν τρόπον τινά. ἐφόνευε μὲν γὰρ καὶ ἐκ τοῦ
φανεροῦ πολλούς· ἤδη δὲ καὶ πέμπων τινὰς ἐς ἔθνη μὴ ἐπιτήδεια
σφίσιν, (7) ἀλλ᾽ ἐναντίαν τῇ τοῦ σώματος αὐτῶν καταστάσει τὴν
τοῦ ἀέρος ἀκρασίαν ἔχοντα, οὕτως αὐτοὺς ὡς καὶ πάνυ τιμῶν
ὑπεξῄρει, τοὺς μὲν καύμασι τοὺς δὲ ψύχεσιν ἀκράτοις, οἷς οὐκ
ἔχαιρεν, ἐκδιδούς. εἰ δ᾽ οὖν καὶ ἐφείδετό τινων μὴ ἀποκτεῖναί
σφας, ἀλλ᾽ ἐπίεζέ γε αὐτοὺς ὥστε καὶ †κηλιδοῦσθαι†. - Exc. Val.
368 (p. 746).

[12] τὸ μὲν οὖν σύμπαν τοιοῦτος ἦν. ἐν δὲ τοῖς πολέμοις ὁποῖος,
ἐροῦμεν. - Xiph. 332, 5, 6 R. St.

(1ᵃ) ὅτι Ἄγβαρος ὁ τῶν Ὀσροηνῶν βασιλεὺς ἐπειδὴ ἅπαξ ἐν
κράτει τῶν ὁμοφύλων ἐγένετο, οὐδὲν ὅ τι τῶν δεινοτάτων τοὺς

---

[56] Caracalla era tutt'altro che incolto, come subito dopo ammette Dione contraddi-
cendosi e come di nuovo lo stesso Dione rivela *infra* a 78, 8, 4-5 a proposito di alcuni
versi euripidei citati da Caracalla durante un colloquio che ebbe a Nicea di Bitinia
con il nostro storico. Cfr. *HA Carac.* 1, 3-4. Cfr. D. MOTTA, *Caracalla e i filosofi*,
«MedAnt» 19 (2016), pp. 157-174.
[57] Sulle uccisioni e gli esilî comminati da Caracalla cfr. soprattutto *HA Carac.* 4, 1-9.

noi avesse un minimo di cultura.[56] In realtà Severo aveva educato
in tutti i modi sia il corpo sia la mente di lui al conseguimento della
virtù, (3) a tal punto che anche dopo essere diventato imperatore
frequentava i maestri e si dedicava per la maggior parte del giorno
alla filosofia. Si ungeva di olio a secco, cavalcava fino alla distanza
di settecentocinquanta stadi e, inoltre, si esercitava a nuotare persino nelle acque agitate. Di conseguenza, sebbene avesse temprato il
suo fisico, si scordò della formazione intellettuale come se non ne
avesse mai nemmeno sentito parlare. (4) Non era tuttavia un cattivo
oratore o un uomo privo di acume, anzi, afferrava molte questioni
con grandissima perspicacia e parlava con eccezionale prontezza:
grazie infatti alla sua arroganza e alla sua avventatezza, come anche
al suo carattere propenso a esprimere tutto quello che gli veniva in
mente senza riflettere e a non provare alcuna vergogna nel mani-
festarlo, spesso se ne usciva con una battuta d'effetto. Questo, per
sommi capi, il suo ritratto.

(5) Tuttavia egli, confidando eccessivamente nel proprio giudizio,
commise molti errori: pretendeva infatti non solo di sapere tutto, ma
anche di essere l'unico a sapere tutto, e voleva non solo avere tutto il
potere, ma essere anche l'unico a possederlo. Per questo motivo non
si serviva del consiglio di chicchessia e provava invidia per coloro
che avevano qualche idea brillante. Non amò mai alcuno, anzi, odiò
tutti coloro che si mostrarono eccellenti in qualcosa, specialmente
quelli che simulava di amare, distruggendo anche diversi di loro in
vari modi. (6) Uccise molti apertamente,[57] mentre altri li inviò in
province non adatte a loro, (7) con un clima nocivo alla loro salute:
così, mentre li colmava di onori, se ne sbarazzava esponendo alla
calura o al gelo quanti non tolleravano quelle condizioni climatiche.
Se c'erano dunque alcuni che egli rinunciava a uccidere, tuttavia li
tormentava fino a opprimerli.

[12] Tale essendo in generale la sua indole, diremo ora quale fosse
il suo comportamento in guerra.

(1ª) Abgar, re degli Osroeni,[58] non appena ebbe imposto il dominio
sulle tribù dei suoi connazionali, prese a infliggere le più atroci crudeltà

---

[58] Abgar IX. Settimio Severo quando nel 195 aveva istituito la provincia Mesopotamia aveva preposto un *procurator* all'Osroene (nella Mesopotamia settentrionale)
e aveva lasciato al potere la dinastia di Edessa e il suo re Abgar VIII, contando sulla
sua collaborazione. Ora, tra il 212 e il 213, il regno veniva annesso da Caracalla alla
provincia di Mesopotamia (cfr. subito *infra* 1²).

προέχοντας αὐτῶν οὐκ ἐξειργάσατο. λόγῳ μὲν ἐς τὰ τῶν Ῥωμαίων ἤθη μεθίστασθαι ἠνάγκαζεν, ἔργῳ δὲ τῆς κατ᾽ αὐτῶν ἐξουσίας ἀπλήστως ἐνεφορεῖτο. - *Exc. Val.* 369 (p. 746).

(1²) ἠπατηκὼς γὰρ τὸν βασιλέα τῶν Ὀσροηνῶν Αὔγαρον ὡς δὴ παρὰ φίλον αὐτὸν ἥκειν, ἔπειτα συλλαβὼν ἔδησε, καὶ τὴν Ὀσροηνὴν οὕτως ἀβασίλευτον οὖσαν λοιπὸν ἐχειρώσατο. τὸν δὲ τῶν Ἀρμενίων βασιλέα διαφερόμενον μετὰ τῶν ἰδίων παίδων ἐκάλεσε μὲν φιλικοῖς γράμμασιν ὡς δὴ εἰρηνεύσων αὐτούς, ἔδρασε δὲ καὶ περὶ τούτους ἃ καὶ περὶ τὸν Αὔγαρον. (2) οὐ μὴν καὶ οἱ Ἀρμένιοι προσεχώρησαν αὐτῷ, ἀλλ᾽ ἐς ὅπλα ἐχώρησαν, καὶ οὐκέτ᾽ οὐδεὶς αὐτῷ τὸ παράπαν οὐδὲν ἐπίστευσεν, ὥστε καὶ ἔργῳ αὐτὸν ἐκμαθεῖν ὅσον αὐτοκράτορι ζημίωμά ἐστι τό τι ἀπατηλὸν πρὸς φίλους πρᾶξαι. - Xiph. 332, 7-16 R. St.

(2ᵃ) ὅτι ὁ αὐτὸς μέγιστον ἐμεγαλοφρόνει ὅτι τοῦ Οὐολογαίσου τοῦ τῶν Πάρθων βασιλέως τελευτήσαντος οἱ παῖδες περὶ τῆς βασιλείας ἐμάχοντο, ὡς ἐξ ἰδίας παρασκευῆς τὸ κατὰ τύχην συμβὰν γεγονὸς προσποιούμενος. οὕτω που σφόδρα ἀεὶ καὶ τῷ ἔργῳ καὶ τῇ διχοστασίᾳ τῇ τῶν ἀδελφῶν καὶ τῇ τῶν ἀλλοτρίων ἀλληλοφονίᾳ ἔχαιρεν. - *Exc. Val.* 370 (p. 746).

(3) οὐκ ὤκνησε δὲ γράψαι πρὸς τὸ συνέδριον καὶ περὶ τῶν ἐν Πάρθοις βασιλευόντων, ἀδελφῶν τε ὄντων καὶ πρὸς ἀλλήλους στασιαζόντων, ὅτι ἡ τῶν ἀδελφῶν διαφορὰ μέγα τι κακὸν τὸ κοινὸν τῶν Πάρθων ἐργάσεται, ὥσπερ που τῶν βαρβαρικῶν πραγμάτων φθαρῆναι διὰ τοῦτο δυναμένων, τῶν δὲ Ῥωμαϊκῶν σεσωσμένων ἀλλ᾽ οὐκ ἄρδην τρόπον τινὰ ἀνατετραμμένων, (4) οὐ κατ᾽ ἐκεῖνο μόνον ὅτι ἐπὶ μεγάλῳ τῶν ἀνθρώπων κακῷ τοσαῦτα καὶ τοιαῦτα τῆς τοῦ ἀδελφοῦ σφαγῆς ὑποφόνια τοῖς στρατιώταις ἐδεδώκει, ἀλλ᾽ ὅτι καὶ πάμπολλοι ἐσυκοφαντήθησαν, οὐχ ὅπως οἱ ἐπιστείλαντές τι ἢ δωροφορήσαντες αὐτῷ ἢ Καίσαρι ἔτι ὄντι ἢ καὶ αὐτοκράτορι γενομένῳ, ἀλλὰ καὶ οἱ λοιποὶ οἷς μηδεπώποτε πρᾶγμα πρὸς αὐτὸν ἐγεγόνει. (5) καὶ εἴ γέ τις ἔγραψε τὸ ὄνομα τὸ τοῦ Γέτα μόνον ἢ εἶπε μόνον, εὐθὺς ἀπώλετο. ὅθεν οὐδ᾽ ἐν ταῖς κωμῳδίαις οἱ

---

[59] Tiridate e i figli Vologese e Cosroe.

[60] Vologese V. I due figli erano Vologese VI e Artabano V.

[61] Nonostante la valutazione della politica orientale di Caracalla sia ampiamente negativa e fondata principalmente sulla condanna morale dell'imperatore, sempre pronto a ricorrere all'inganno nei confronti dei sovrani stranieri, bisogna invece sottolineare che Caracalla approfittò giustamente di una situazione di estrema debolezza del regno partico, che attraversava una crisi molto pesante.

contro i loro capi. Formalmente li stava costringendo ad assumere gli usi e i costumi dei Romani, ma in realtà stava abusando senza misura del potere che aveva su di loro.

(1²) Antonino, dopo aver indotto con l'inganno Abgar, re degli Osroeni, a presentarsi da lui come un amico, lo catturò e lo imprigionò, e, infine, soggiogò l'Osroene ormai abbandonata senza un re.

Quando il re degli Armeni si trovò in lotta con i propri figli,[59] Antonino dapprima lo invitò con una lettera amichevole proponendosi di mettere pace fra loro, ma in seguito riservò loro lo stesso trattamento di Abgar. (2) Tuttavia gli Armeni non avevano accolto l'invito, ma erano ricorsi alle armi, né alcuno si era mai più fidato di lui: così egli apprese dai fatti quanto danno arrechi a un imperatore ingannare gli amici.

(2ª) Egli si vantava moltissimo perché in seguito alla morte di Vologese, re dei Parti, i figli di quest'ultimo erano in conflitto per il possesso del regno,[60] pretendendo di aver realizzato per mezzo delle sue trame quanto era invece accaduto per caso. A tal punto, dunque, si compiaceva sempre della propria politica, del dissenso tra i fratelli e delle vicendevoli stragi della gente straniera.[61]

(3) Quanto ai re dei Parti, i quali erano fratelli e si trovavano in contrasto reciproco, egli non esitò a scrivere al senato che quel dissidio avrebbe causato gravi danni alla comunità dei Parti medesimi, come se a causa di ciò gli interessi dei barbari fossero compromessi e quelli dei Romani invece fossero preservati e non, al contrario, fossero in qualche modo completamente rovesciati: (4) [agì così] non solo perché aveva fatto, a gran detrimento dei cittadini, tante e tali concessioni ai soldati per mettere a tacere l'uccisione del fratello,[62] ma anche perché furono calunniati moltissimi uomini, dei quali una parte gli[63] aveva inviato delle lettere o portato dei donativi quando era ancora Cesare[64] o dopo che era diventato imperatore, mentre i restanti non avevano nemmeno mai avuto a che fare con lui. (5) Se qualcuno, poi, avesse scritto o anche soltanto pronunciato il nome di

---

[62] Dopo la morte di Geta i soldati furono largamente ricompensati con un ricco donativo. Cfr *HA Get.* 6, 2.

[63] S'intenda a Geta.

[64] Caracalla fu nominato Cesare nel 196, Augusto nel 209. Divenne imperatore il 4 febbraio 211.

ποιηταὶ ἔτι αὐτῷ ἐχρῶντο· καὶ γὰρ καὶ αἱ οὐσίαι πάντων ὧν ἐν ταῖς διαθήκαις αὐτοῦ τὸ ὄνομα γεγραμμένον εὑρέθη ἐδημοσιώθησαν. - Xiph. 332, 16-30 R. St.

(6) ὅτι πολλὰ καὶ ἀργυρολογίας ἕνεκα ἐποίει.

ὅτι καὶ μῖσος πρὸς τὸν τετελευτηκότα ἀδελφὸν ἐπεδείκνυτο καταλύσας τὴν τῶν γενεσίων αὐτοῦ τιμήν, καὶ τοῖς τὰς εἰκόνας αὐτοῦ βαστάσασι λίθοις ὠργίζετο, καὶ τὸ νόμισμα τὸ προφέρον αὐτὸν συνεχώνευσεν. καὶ οὐδὲ ταῦτα ἀπέχρησεν αὐτῷ, ἀλλὰ καὶ τότε μάλιστα ἀνοσιουργεῖν ἐπετήδευσε καὶ τοὺς ἄλλους μιαιφονεῖν ἠνάγκαζεν, ὥσπερ τινὰ ἐναγισμὸν ἐτήσιον τῷ ἀδελφῷ ποιούμενος. - Exc. Val. 371 (p. 746).

[13] (3) ὅτι τοιαῦτα ἐπὶ τῷ ἐκείνου φόνῳ φρονῶν καὶ πράττων χαίρειν τῇ τῶν βαρβάρων ἀδελφῶν διχοστασίᾳ ὡς καὶ μέγα τι κακὸν ἐκ τούτου τῶν Πάρθων πεισομένων.

οὐ μέντοι καὶ τὰ Κελτικὰ ἔθνη οὔθ᾽ ἡδονὴν οὔτε σοφίας ἢ ἀνδρείας προσποίησίν τινα ἤνεγκεν, ἀλλὰ καὶ πάνυ καὶ ἀπατεῶνα καὶ εὐήθη καὶ δειλότατον αὐτὸν ἐξήλεγξεν ὄντα. - Exc. Val. 372 (p. 749).

(4) ὅτι ὁ Ἀντωνῖνος ἐς τοὺς Ἀλαμαννοὺς στρατεύσας διέταττεν, εἴ πού τι χωρίον ἐπιτήδειον πρὸς ἐνοίκησιν εἶδεν, «ἐνταῦθα φρούριον τειχισθήτω, ἐνταῦθα πόλις οἰκοδομηθήτω». καὶ ἐπωνυμίας γέ τινας τοῖς τόποις ἀφ᾽ ἑαυτοῦ ἐπωνόμαζε, τῶν ἐπιχωρίων μὴ ἀλλοιουμένων· οἱ μὲν γὰρ ἠγνόουν, οἱ δὲ παίζειν αὐτὸν ἐδόκουν. (5) ἐξ οὗ δὴ καταφρονήσας αὐτῶν οὐδὲ ἐκείνων ἀπέσχετο, ἀλλ᾽ οἷς συμμαχήσων ἀφῖχθαι ἔλεγεν, τούτους τὰ τῶν πολεμιωτάτων ἔδρασε· συνεκάλεσε γὰρ τὴν ἡλικίαν αὐτῶν ὡς καὶ μισθοφορήσουσαν, καὶ πᾶσαν ἀπὸ παραγγέλματος, αὐτὸς τὴν ἀσπίδα ἀναδείξας, ἐνεκυκλώσατο καὶ κατέκοψε, καὶ τοὺς λοιπούς, περιπέμψας ἱππέας, συνέλαβεν. - Exc. Val. 373 (p. 749).

(6) ὅτι ὁ Ἀντωνῖνος Πανδίονα, ἄνδρα πρότερον μὲν ἡνιόχων

---

[65] Sono le tipiche misure di chi ha subito la *damnatio memoriae*. Geta era stato dichiarato anche *hostis publicus* (Herod. 4, 4, 8; *HA Carac.* 1, 1; Eutr. 8, 19, 2).
[66] Cioè il giorno del compleanno di Geta.
[67] Vologese V e Artabano VI.
[68] τὰ Κελτικά designa le popolazioni germaniche stanziate al di là del Reno. I Γερμανοί sono propriamente gli abitanti della Germania settentrionale (cfr. ad esempio 71, 3, 5).
[69] La spedizione ebbe luogo nel 213. Caracalla ebbe la terza acclamazione imperatoria e il titolo di *Germanicus maximus*. Cfr. J.F. DRINKWATER, *The Alamanni and Rome. 213-496. Caracalla to Clovis*, Oxford-New York 2007, pp. 43-79.
[70] Le uniche notizie su Pandione sono conservate in questo passo. Stando a Erodiano

Geta, veniva immediatamente condotto a morte: per questa ragione 213 d.C.
i commediografi non fecero più uso di quel nome nelle loro opere. (?)
Infatti, i patrimoni di tutti coloro nel cui testamento si trovava scritto
il suo nome venivano confiscati.

(6) Antonino fece molto anche per raccogliere denaro.

Diede mostra dell'odio che nutriva nei confronti del defunto fratello sopprimendo la celebrazione ufficiale del suo genetliaco; sfogò inoltre il suo risentimento sui basamenti in pietra delle sue statue e fece fondere le monete che recavano la sua immagine.[65] Non pago di ciò, soprattutto in quel giorno[66] si abbandonò a ogni scelleratezza e costrinse gli altri a commettere delitti, come se celebrasse delle esequie annuali.

[13] (3) Oltre a meditare e a compiere simili azioni nei riguardi del fratello defunto, si rallegrava dei dissidi tra i [due] fratelli barbari,[67] poiché i Parti, a causa di una simile situazione, avrebbero subito gravi danni.

Tuttavia le tribù germaniche[68] non tollerarono questo suo compia- 213 d.C.
cimento, come neppure il fatto che simulasse prudenza e coraggio, e lo accusarono di essere infingardo, stupido e oltremodo vile.

(4) Antonino organizzò una spedizione contro gli Alamanni,[69] e ogni volta che vide un luogo adatto a un insediamento diceva: «Là si eriga una fortezza, là si costruisca una città!». A quelle località assegnava dei nomi che riprendevano il suo, sebbene le popolazioni indigene non si sentissero toccate: alcuni, infatti, ignoravano [quei nomi], mentre altri credevano che stesse scherzando. (5) Egli, perciò, dopo aver cominciato a disprezzarli, non li risparmiò, ma trattò da acerrimi nemici coloro che diceva di essere giunto a soccorrere da alleato; riunì i loro giovani abili alle armi come se dovesse arruolarli come mercenari, e a un dato segnale, quando cioè egli stesso levò in aria lo scudo, li fece circondare e massacrare tutti quanti, mentre catturò i restanti inviando nei dintorni dei cavalieri.

(6) Antonino con una lettera scritta al senato lodò Pandione,[70] un

(4, 7, 3-4), Caracalla aveva riscosso grande successo tra i Germani: «Si accattivò tutti i Germani stanziati su quel confine, facendoseli amici, al punto che li prese con sé come ausiliari o li fece sue guardie del corpo, scegliendo i più valorosi e prestanti. Spesso, abbandonando la toga romana, indossava vesti germaniche, e si mostrava in giro con i mantelli trapunti d'argento che si usano in quei paesi. Inoltre si metteva in testa parrucche bionde, acconciate come la capigliatura dei Germani. Di ciò rallegrandosi, i barbari gli si erano profondamente attaccati». I Germani sono molto disprezzati da Dione: cfr. *infra* 20, 2².

ὑπηρέτην γενόμενον, ἐν δὲ τῷ πολέμῳ τῷ πρὸς Ἀλαμαννοὺς ἁρματηλατοῦντα αὐτῷ καὶ κατὰ τοῦτο καὶ ἑταῖρον ὄντα καὶ συστρατιώτην, ἐπήνεσεν ἐν τῇ γερουσίᾳ διὰ γραμμάτων ὡς καὶ ἐκ κινδύνου τινὸς ἐξαισίου ὑπ' αὐτοῦ σωθείς, οὐδ' ἠσχύνθη πλείονα ἐκείνῳ χάριν ἢ τοῖς στρατιώταις, οὓς καὶ ἡμῶν ἀεὶ κρείττους ἦγεν, «ἔχων». - Exc. Val. 374 (p. 749).

(7) ὅτι τῶν ἐλλογιμωτάτων οὓς ἔσφαξεν ὁ Ἀντωνῖνος ἀτάφους τινὰς ῥίπτεσθαι ἐκέλευσε. - Exc. Val. 375 (p. 749).

ὅτι τὸ τοῦ Σύλλου μνημεῖον ἀναζητήσας ἐπεσκεύασεν, τῷ τε Μεσομήδει τῷ τοὺς κιθαρῳδικοὺς νόμους συγγράψαντι κενοτάφιον ἔχωσε, τῷ μὲν ὅτι καὶ κιθαρῳδεῖν ἐμάνθανεν, ἐκείνῳ δὲ ὅτι τὴν ὠμότητα αὐτοῦ ἐζήλου. - Exc. Val. 376 (p. 749) = Suid. s.v. Μεσομήδης.

[13] (1) ἐν μέντοι ταῖς ἀναγκαίαις καὶ κατεπειγούσαις στρατείαις λιτὸς ἦν καὶ ἀπέριττος, τὰ μὲν διακονικὰ ὑπηρετήματα καὶ πάνυ ἀκριβῶς ἐξ ἴσου τοῖς ἄλλοις διαπονούμενος καὶ γὰρ συνεβάδιζε τοῖς στρατιώταις καὶ συνέτρεχε, μὴ λουτρῷ χρώμενος, μὴ τὴν ἐσθῆτα ἀλλάσσων, ἀλλὰ καὶ πᾶν ἔργον συνεργαζόμενος καὶ πᾶσαν τροφὴν τὴν αὐτὴν ἐκείνοις αἱρούμενος· (2) καὶ πολλάκις καὶ πρὸς τοὺς προέχοντας τῶν πολεμίων πέμπων προεκαλεῖτο αὐτοὺς ἐς μονομαχίαν, τὰ δὲ δὴ στρατηγικά, ὧνπερ που καὶ μάλιστα διαπεφυκέναι αὐτὸν ἐχρῆν, ἥκιστα καλῶς μεταχειριζόμενος, ὡς ἂν τῆς νίκης ἐν ἐκείνοις τοῖς ὑπηρετήμασιν ἀλλ' οὐκ ἐν ταύτῃ τῇ ἐπιστήμῃ οὔσης.

[14] ἐπολέμησε καὶ πρός τινας Κέννους, Κελτικὸν ἔθνος· οὓς λέγεται μετὰ τοσούτου θυμοῦ προσπεσεῖν τοῖς Ῥωμαίοις ὥστε καὶ τὰ βέλη, οἷς ὑπὸ τῶν Ὀσροηνῶν ἐτιτρώσκοντο, τοῖς στόμασιν ἐκ τῶν σαρκῶν ἀποσπᾶν, ἵνα μὴ τὰς χεῖρας ἀπὸ τῶν σφαγῶν αὐτῶν ἀποδιατρίβωσιν. (2) οὐ μέντοι ἀλλὰ καὶ αὐτοὶ τὸ τῆς ἥττης ὄνομα πολλῶν χρημάτων ἀποδόμενοι συνεχώρησαν αὐτῷ ἐς τὴν Γερμανίαν ἀποσωθῆναι. τούτων γυναῖκες ἁλοῦσαι ὑπὸ τῶν Ῥωμαίων, ἐρωτήσαντος αὐτὰς τοῦ Ἀντωνίνου πότερον πραθῆναι ἢ φονευθῆναι βούλονται, τοῦθ' εἵλοντο· ἔπειτ' ἀπεμποληθεῖσαι

---

[71] Su Silla modello di Caracalla (e già di Settimio Severo, cfr. *supra* 75, 8, 1) cfr. *HA Carac.* 2, 2; 4, 10; 5, 4.

[72] Mesomede di Creta, liberto di Adriano, fu autore di un elogio in onore di Antinoo, il fanciullo favorito da Adriano (*Suda* M668 Adler).

[73] Sul coraggio e la frugalità di Caracalla cfr. Herod. 4, 7, su cui ora A. GALIMBERTI,

uomo che inizialmente era stato un aiutante cocchiere e durante la 213 d.C. guerra contro gli Alamanni aveva condotto il suo carro, diventando così suo compagno e commilitone: in essa affermava di essere stato salvato da costui da un grave pericolo, e non si vergognava di mostrare verso di lui maggior gratitudine che non verso i soldati, i quali aveva tuttavia sempre preferito a noi [senatori].

(7) Alcuni degli uomini più illustri che aveva mandato a morte, Antonino ordinò che fossero abbandonati senza sepoltura.

Dopo aver cercato il sepolcro di Silla,[71] lo fece ricostruire ed eresse un cenotafio a Mesomede,[72] il quale aveva composto delle canzoni citarediche: in onore di quest'ultimo perché anch'egli stava imparando a suonare la lira, mentre di Silla perché cercava di emularne la crudeltà.

[13] (1) Nelle spedizioni militari inevitabili e urgenti era tuttavia sobrio e frugale, adempiendo scrupolosamente i compiti servili alla pari degli altri soldati: con i soldati, infatti, marciava e correva senza lavarsi o cambiarsi d'abito, svolgendo anzi con loro qualsiasi fatica e nutrendosi del loro stesso cibo; (2) spesso, inoltre, mandava a chiamare i nemici che si distinguevano maggiormente e li sfidava a duello.[73] Quanto invece ai compiti di comandante, nei quali più d'ogni altra cosa sarebbe dovuto essere esperto, li adempiva nel peggiore dei modi, come se la vittoria fosse riposta nelle mansioni servili piuttosto che nella medesima scienza dell'arte militare.

[14] Mosse guerra anche contro alcune tribù dei Cenni, una popolazione di stirpe germanica, dei quali si narra che assalirono i Romani con un impeto tale da strappare con la bocca, dalle proprie carni, i dardi con i quali venivano feriti dagli Osroeni,[74] per poter avere le mani libere e uccidere gli avversari. (2) Tuttavia, in cambio di molto denaro anch'essi cedettero la vittoria[75] e permisero ad Antonino di rifugiarsi in Germania. Alcune delle loro mogli che erano state catturate dai Romani, interrogate dal principe se preferissero essere vendute o uccise, scelsero la morte; in seguito, essendo state vendute,

---

Caracalla imperatore soldato, in Id. (a cura di), *Erodiano. Tra crisi e trasformazione. Il pensiero storico di Erodiano*, Milano 2017, pp. 131-142.

[74] Gli arcieri osroeni servivano tra gli *auxilia* delle legioni.

[75] Letteralmente «comprarono il nome di sconfitta (τὸ τῆς ἥττης ὄνομα) in cambio di molto denaro».

πᾶσαι μὲν ἑαυτάς, εἰσὶ δ᾽ αἳ καὶ τὰ τέκνα ἀπέκτειναν. - Xiph. 332, 31-333, 18 R. St.

(3) ὅτι πολλοὶ καὶ τῶν παρ᾽ αὐτῷ τῷ ὠκεανῷ περὶ τὰς τοῦ Ἄλβιδος ἐκβολὰς οἰκούντων ἐπρεσβεύσαντο πρὸς αὐτὸν φιλίαν αἰτοῦντες, ἵνα χρήματα λάβωσιν. ἐπειδὴ γὰρ οὕτως ἐπεπράγει, συχνοὶ αὐτῷ ἐπέθεντο πολεμήσειν ἀπειλοῦντες, οἷς πᾶσι συνέθετο. καὶ γὰρ εἰ καὶ παρὰ γνώμην αὐτοῖς ἐλέγετο, ἀλλ᾽ ὁρῶντες τοὺς χρυσοῦς ἐδουλοῦντο· ἀληθεῖς γὰρ τοὺς χρυσοῦς αὐτοῖς ἐδωρεῖτο. (4) τοῖς δὲ δὴ Ῥωμαίοις κίβδηλον καὶ τὸ ἀργύριον καὶ τὸ χρυσίον παρεῖχεν· τὸ μὲν γὰρ ἐκ μολίβδου καταργυρούμενον, τὸ δὲ ἐκ χαλκοῦ καταχρυσούμενον ἐσκευάζετο. - Exc. Val. 378 (p. 750), Xiph. 333, 18-20 R. St.

[15] ὅτι ὁ αὐτὸς τὰ μὲν ἄντικρυς ὡς καὶ καλὰ καὶ ἐπαίνου ἄξια, καὶ τὰ αἴσχιστα, ἐφανέρου, τὰ δὲ καὶ ἄκων δι᾽ αὐτῶν ὧν ἀντικατεσκεύαζεν ἐξέφαινεν, ὥσπερ που καὶ περὶ τῶν χρημάτων. - Exc. Val. 379 (p. 750).

(2) ὅτι πᾶσαν τὴν γῆν πᾶσαν δὲ τὴν θάλασσαν ἐπόρθησεν ὁ Ἀντωνῖνος, καὶ οὐδὲν ὅ τι τῶν ἁπάντων ἀκάκωτον κατέλιπεν. - Exc. Val. 380 (p. 750).

ὅτι τὸν Ἀντωνῖνον ἔκφρονα καὶ παραπλῆγα αἱ τῶν πολεμίων ἐπῳδαὶ ἐπεποιήκεσαν· ἀκούοντες γάρ τινες τῶν Ἀλαμαννῶν ἔφασαν ὅτι μαγγανείαις τισὶν ἐπ᾽ ἐκπλήξει τῶν φρενῶν αὐτοῦ κέχρηνται. (3) ἐνόσει μὲν γὰρ καὶ τῷ σώματι τὰ μὲν ἐμφανέσι τὰ δὲ καὶ ἀρρήτοις ἀρρωστήμασιν, ἐνόσει δὲ καὶ τῇ ψυχῇ πικροῖς τισι φαντάσμασι, καὶ πολλάκις γε καὶ ἐλαύνεσθαι ὑπό τε τοῦ

---

[76] Cfr. exc. Val. 377 (p. 749): ὅτι τῶν Χαττῶν αἱ γυναῖκες καὶ τῶν Ἀλαμαννῶν οὐ μὴν ὅσαι γε καὶ ἑάλωσαν δουλοπρεπές τι ὑπέμειναν, ἀλλὰ πυθομένου τοῦ Ἀντωνίνου πότερόν ποτε πραθῆναι ἢ φονευθῆναι βούλονται, τοῦθ᾽ εἵλοντο· ἔπειτα ἀπεμποληθεῖσαι πᾶσαι μὲν αὑταὶ ἑαυτάς, εἰσὶ δὲ αἳ καὶ τὰ παιδία ἀπέκτειναν («Le donne dei Catti e degli Alamanni che erano state catturate non vollero rassegnarsi alla condizione di schiave, ma quando Antonino chiese loro se preferissero essere vendute o morire, esse scelsero questa seconda opzione. In seguito, essendo state vendute, si diedero tutte la morte con le proprie mani, e alcune uccisero anche i propri figli»).

Cfr. Petr. Patr. exc. Vat. 144 (p. 230 Mai. = p. 213, 27-32 Dind.): ὅτι Ἀντωνῖνος κατὰ Ἀλαμαννῶν ἐξορμήσας χρήμασι τὴν δοκοῦσαν νίκην ἐπρίατο. ἔλαβε δὲ καὶ γυναῖκας αἰχμαλώτους, ἐν αἷς αἱ γυναῖκες ἐθαυμάσθησαν· πυθομένου γὰρ αὐτοῦ πότερον πραθῆναι ἢ φονευθῆναι βούλονται, ἐκεῖναι φονευθῆναι ἐπελέξαντο· ὡς δὲ ἐπράθησαν, αἱ πολλαὶ ἑαυτὰς ἀπέσφαξαν («Antonino, dopo aver mosso guerra contro gli Alamanni, comprò col denaro una presunta vittoria. Tra i prigionieri che catturò c'erano anche delle donne, le quali si mostrarono degne di ammirazione: quando infatti

170

si diedero tutte quante la morte con le proprie mani, e alcune uccisero
anche i figli.[76]

(3) Anche molte delle popolazioni stanziate nei pressi dell'oceano[77] medesimo intorno alla foce dell'Elba gli inviarono ambasciatori per domandare amicizia, in modo da ottenere, anch'essi, del denaro. Dopo che egli così ebbe fatto, molti lo assalirono minacciandolo di muovere guerra, finché egli venne a patti con tutti loro. Sebbene formulasse clausole contrarie ai patti, quando essi vedevano le monete d'oro rimanevano soggiogati: l'oro che donava a costoro, infatti, era autentico, (4) mentre la monetazione d'oro e d'argento che forniva ai Romani era adulterata,[78] poiché la prima la faceva coniare con piombo argentato, la seconda con rame dorato.[79]

[15] Egli stesso rivelava apertamente alcune delle sue più infami scelleratezze come se fossero onorevoli e degne di lode, mentre ne manifestava altre, seppure involontariamente, attraverso le medesime misure che prendeva per celarle, come per esempio avvenne nel caso del denaro.[80]

(2) Antonino depredò tutta la terra e tutto il mare, né lasciò alcun luogo esente da danni.

Gli incantesimi dei nemici avevano reso Antonino folle e fuori di sé; quando alcuni Alamanni vennero a saperlo, per renderlo folle del tutto affermarono di essersi serviti di certi sortilegi. (3) Era infatti malato non solo nel corpo, dato che soffriva di malattie in parte manifeste e in parte misteriose,[81] ma anche nella mente, poiché era angosciato da visioni spaventose, e spesso gli sembrava di essere perseguitato

egli chiese loro se preferissero essere vendute o morire, esse scelsero questa seconda opzione. Dopo che furono vendute, molte si diedero la morte con le proprie mani»).

[77] Il Mare del Nord.

[78] Cfr. Xiph. 333, 18-20 St.: τῷ οὖν Ἀντωνίνῳ τά τε ἄλλα καὶ τὸ νόμισμα κίβδηλον ἦν, τό τε ἀργύριον καὶ τὸ χρυσίιον ὃ παρεῖχεν ἡμῖν («Sotto Antonino la monetazione, come anche il resto, era adulterata, tanto l'argento quanto l'oro che ci forniva»).

[79] Nonostante l'ostilità di Dione non va dimenticato che Caracalla nel 215 introdusse una nuova moneta, il cosiddetto «antoniniano», il cui valore metallico era pari a 1, 5 volte quello del denario e che portò alla progressiva sparizione del denario stesso. Cfr. E. Lo Cascio, *Dall'antoninianus al laureato grande. L'evoluzione monetaria del III secolo alla luce della nuova documentazione di età dioclezianea*, «Opus» 3 (1983), pp. 133-201.

[80] La polemica contro la politica finanziaria di Caracalla e più in generale contro lo sperpero del denaro (anche per comprare la pace con i Germani) attraversa tutto il libro (cfr. *supra* 9, 3; 10, 1-4; 11, 1; 12, 6).

[81] Probabilmente Caracalla soffriva di crisi epilettiche, ma indubbiamente Dione esagera intenzionalmente la portata della malattia.

πατρὸς ὑπό τε τοῦ ἀδελφοῦ ξιφηρῶν ἐδόκει. (4) καὶ διὰ ταῦτα ἐψυχαγώγησε μέν, ὅπως τινὰ ἄκεσιν αὐτῶν λάβῃ, ἄλλας τέ τινας καὶ τὴν τοῦ πατρὸς τοῦ τε Κομμόδου ψυχήν, εἶπε δ᾽ οὐδεὶς οὐδὲν αὐτῷ πλὴν τοῦ Κομμόδου· τῷ γὰρ Σεουήρῳ καὶ ὁ Γέτας, ὥς φασι, καὶ ἄκλητος ἐφέσπετο. οὐ μὴν οὐδὲ ἐκεῖνος ἐξέφηνεν † ὠφελῆσαι † αὐτόν, ἀλλὰ καὶ πᾶν τοὐναντίον, (5) ὥστε καὶ προσεκφοβῆσαι· ἔφη γὰρ ταῦτα,

«στεῖχε δίκης ἆσσον, † θεοῦ δίκης αἰτοῦσι Σεουήρῳ †»,

εἶθ᾽ ἕτερόν τι, καὶ ἐπὶ τελευτῆς

«‹ἐν› κρυφίοισι τόποισιν ἔχων δυσαλθέα νοῦσον».

ἐπὶ μὲν δὴ τούτοις δημοσιευθεῖσι πολλοὶ ἐπηρεάσθησαν· ἐκείνῳ δὲ οὐδεὶς οὐδὲ τῶν θεῶν οὐδὲν οὔτε ἐς τὴν τοῦ σώματος οὔτε ἐς τὴν τῆς ψυχῆς ἴασιν φέρον, καίτοι πάντας τοὺς ἐπιφανεστάτους θεραπεύσαντι, ἔχρησεν. (6) ἀφ᾽ οὗπερ ἐναργέστατα διεδείχθη ὅτι μήτε τοῖς ἀναθήμασι μήτε ταῖς θυσίαις ἀλλὰ τοῖς βουλήμασι καὶ ταῖς πράξεσιν αὐτοῦ προσεῖχον. οὔτε γὰρ ὁ Ἀπόλλων ὁ Γράννος οὔθ᾽ ὁ Ἀσκληπιὸς οὔθ᾽ ὁ Σάραπις καίπερ πολλὰ ἱκετεύσαντι αὐτῷ πολλὰ δὲ καὶ προσκαρτερήσαντι ὠφέλησεν. ἔπεμψε γὰρ αὐτοῖς καὶ ἀποδημῶν καὶ εὐχὰς καὶ θυσίας καὶ ἀναθήματα, καὶ πολλοὶ καθ᾽ ἑκάστην οἱ τοιοῦτό τι φέροντες διέθεον· (7) ἦλθε δὲ καὶ αὐτὸς ὡς καὶ τῇ παρουσίᾳ τι ἰσχύσων, καὶ ἔπραξεν πάνθ᾽ ὅσα οἱ θρησκεύοντές τι ποιοῦσιν, ἔτυχε δ᾽ οὐδενὸς τῶν ἐς ὑγίειαν τεινόντων. - *Exc. Val.* 381 (p. 750), Xiph. 333, 21-28 R. St.

[16] ὅτι λέγων εὐσεβέστατος πάντων ἀνθρώπων εἶναι περιττότητι μιαιφονιῶν κατεχρήσατο, τῶν ἀειπαρθένων τέσσαρας ἀποκτείνας, ὧν μίαν αὐτός, ὅτε γε καὶ ἐδύνατο, ᾐσχύγκει· ὕστερον γὰρ ἐξησθένησεν πᾶσα αὐτῷ ἡ περὶ τὰ ἀφροδίσια ἰσχύς. (2¹) ἀφ᾽ οὗπερ

---

[82] Dopo l'uccisone di Geta Caracalla fece consacrare la spada con la quale era stato ucciso il fratello a Serapide (cfr. *infra* 23, 3). Cfr. C. Letta, *Le dediche dis deabusque secundum interpretationem Oraculi Clarii Apollinis e la Constitutio Antonini*

[83] S'intenda Commodo.

[84] ὠφελῆσαι: il testo, qui corrotto, può essere emendato con la proposta di Capps: ἐξέφηνεν ‹οὐδὲν ὠφελῆσαν› αὐτόν («neppure il primo rivelò qualcosa per aiutarlo»).

[85] θεοῦ δίκης: il testo, qui corrotto, è integrato da Fabricius con θεοὶ ἥν σ᾽ (ma con l'aggiunta di ‹σ› da parte di Reiske).

[86] La prima parte del primo verso è attestata come esametro epico in Plutarco in un altro contesto: quando Pausania – il generale spartano fratello di Leonida I – uccise una fanciulla dopo averla violentata, costei gli apparve in sogno e gli disse στεῖχε δίκης

dal padre e dal fratello, armati di spade.[82] (4) Perciò, al fine di trovare
un rimedio che guarisse tali visioni, evocò alcuni spiriti, tra i quali
quelli del padre e quello di Commodo, sebbene nessuno di questi,
a eccezione dello spirito di Commodo, gli rivelò qualcosa; stando a
quanto riferiscono, infatti, Geta, benché non evocato, accompagnava
Severo. Tuttavia neppure il primo[83] gli apparve per aiutarlo,[84] anzi,
tutt'altro, lo atterrì maggiormente. (5) Così gli parlò:

«Procedi al castigo che[85] gli dei di te chiedono per Severo»,

e dopo altre parole infine aggiunse:

«In luoghi nascosti celando una malattia incurabile».[86]

Molti furono perseguitati per la divulgazione di queste parole.
Nessuno degli dei, tuttavia, diede ad Antonino una sola risposta che
gli concedesse la salute del corpo o della mente, sebbene egli avesse
onorato tutte le divinità più importanti. (6) Risultò quindi del tutto
evidente che esse non tenevano in alcuna considerazione le sue offerte
e i suoi sacrifici, quanto piuttosto i suoi propositi e le sue azioni. Né
infatti gli arrecarono alcun aiuto Apollo Granno[87] né Esculapio[88] o
Serapide,[89] per quanto egli li avesse invocati con molte preghiere e
con insistenza. Anche quando era assente aveva rivolto loro preghiere,
sacrifici e offerte votive, e ogni giorno erano in molti a correre avanti e
indietro per portare omaggi del genere. (7) Si presentò [ai loro templi]
anche di persona, come se con la sua presenza potesse riuscire a ottenere qualcosa, e adempì tutti quei riti che i devoti sogliono praticare:
tuttavia non riuscì a ottenere alcunché che favorisse la sua salute.

[16] Mentre dichiarava di essere il più compassionevole di tutti
gli uomini, oltrepassò il limite nel compimento delle epurazioni,
mandando a morte quattro delle Vestali, una delle quali, finché fu
in grado, stuprò egli stesso:[90] in seguito, infatti, tutto il suo vigore

ἆσσον· μάλα τοι κακὸν ἀνδράσιν ὕβρις («procedi al castigo: la violenza è un grande
male per gli uomini» (Plut. *Cim.* 6, 5). Il secondo verso sembra invece presente nel
solo Dione (cfr. M.-L. Freyburger-Galland, *Homère chez Dion Cassius, Parcours
antiques. Mélanges offerts à Michel Woronoff*, «Troïka» I, Besançon 2007, pp. 269-287).
    [87] La visita al santuario di Apollo Granno in Rezia spetta all'autunno del 213.
Su Apollo Granno si veda ora M. Hainzmann, *Apollini Granno: Explikatorisches
Beinamenformular oder Göttergleichung? Ein «Modelfall»*, in K. Matijević (Hrsg.),
Kelto-Römische Gottheiten und ihre Verehrer, Rahden 2016, pp. 228-253.
    [88] Probabilmente a Pergamo nell'autunno del 214.
    [89] Ad Alessandria nel 215 (cfr. *infra* 23, 3).
    [90] Si trattava di un gravissimo sacrilegio poiché le Vestali, le sacerdotesse addette

καὶ ἕτερόν τινα τρόπον αἰσχρουργεῖν ἐλέγετο, καὶ ἀπ' αὐτοῦ καὶ ἕτεροι τῶν ὁμοιοτρόπων, οἳ οὐχ ὅτι ὡμολόγουν τοιοῦτό τι ποιεῖν, ἀλλὰ καὶ ὑπὲρ τῆς σωτηρίας δὴ τῆς ἐκείνου πράττειν ταῦτα ἔφασκον. - *Exc. Val.* 382 (p. 753), Xiph. 333, 28-31 R. St.

(5) ὅτι νεανίσκος τις ἱππεὺς νόμισμα τὴν εἰκόνα αὐτοῦ †ἐς πορνεῖον ἐσήνεγκεν, ἔδειξαν·† ἐφ' ᾧ δὴ τότε μὲν ὡς καὶ θανατωθησόμενος ἐδέθη, ὕστερον δὲ τελευτῆσαι φθάσαντος αὐτοῦ ἀπελύθη. (2²) ἡ δὲ δὴ κόρη αὕτη, περὶ ἧς λέγω, Κλωδία Λαῖτα ὠνομάζετο· (3) ἥτις καὶ μέγα βοῶσα «οἶδεν αὐτὸς Ἀντωνῖνος ὅτι παρθένος εἰμί, οἶδεν αὐτὸς ὅτι καθαρεύω», ζῶσα κατωρύγη. καὶ συνεκοινώνησαν αὐτῇ καὶ ἕτεραι τρεῖς τῆς καταδίκης, «ὧν» αἱ μὲν δύο, Αὐρηλία τε Σεουῆρα καὶ Πομπωνία Ῥουφῖνα, ὁμοίως ἀπέθανον, Καννουτία δὲ Κρησκεντῖνα ἑαυτὴν ἄνωθεν ἀπὸ τῆς οἰκίας ἔρριψεν. - *Exc. Val.* 383 (p. 753), Xiph. 333, 31-334, 1 R. St.

(4) ὅτι καὶ περὶ τῶν μοιχευόντων τὸ αὐτὸ ἐποίει· μοιχικώτατος γὰρ ἀνδρῶν, ἐς ὅσον γε καὶ ἠδυνήθη, γενόμενος τοὺς ἄλλους τοιαύτην αἰτίαν ἔχοντας καὶ ἤχθαιρε καὶ ἐφόνευε παρὰ τὰ νενομισμένα. καὶ πᾶσι τοῖς ἀγαθοῖς ἀνδράσιν ἀχθόμενος τιμᾶν τινας αὐτῶν ἀποθανόντας ἐπλάττετο. - *Exc. Val.* 384 (p. 754).

(6) ὅτι Ἀντωνῖνος πᾶσιν ἐπετίμα καὶ ἐνεκάλει ὅτι οὐδὲν αὐτὸν ἢ τουν· καὶ ἔλεγε πρὸς πάντας «δῆλόν ἐστιν ὅτι οὐ θαρρεῖτέ μοι ἐξ ὧν μὴ αἰτεῖτέ με. εἰ δὲ μὴ θαρρεῖτε, ὑποπτεύετέ με, εἰ δὲ ὑποπτεύετε, φοβεῖσθε, εἰ δὲ φοβεῖσθε, μισεῖτε». ταῦτα δὲ πρόφασιν ἐπιβουλῆς ἐποιεῖτο. - Petr. Patr. *exc. Vat.* 145 (p. 230 Mai. = p. 214, 1-6 Dind.).

(6ᵃ) ὅτι Ἀντωνῖνος Κορνιφικίαν μέλλων ἀναιρεῖν, ὡς δῆθεν τιμῶν ἐκέλευσεν αὐτὴν ἑλέσθαι θάνατον ὃν βούλεται ἀποθανεῖν. ἡ δὲ κλαύσασα πολλά, καὶ μνησθεῖσα τοῦ πατρὸς Μάρκου καὶ τοῦ πάππου Ἀντωνίνου καὶ τοῦ ἀδελφοῦ Κομμόδου, τέλος ἐπήγαγεν ταῦτα «ὦ δυστυχὲς ψυχίδιον ἐν πονηρῷ σώματι καθειργμένον, ἔξελθε, ἐλευθερώθητι, δεῖξον αὐτοῖς ὅτι Μάρκου θυγάτηρ εἶ, κἂν μὴ θέλωσιν». καὶ ἀποθεμένη πάντα τὸν κόσμον ὃν περιεβέβλητο, καὶ εὐθετήσασα ἑαυτὴν τὰς φλέβας ἐπέτεμε καὶ ἀπέθανεν. - Petr. Patr. *exc. Vat.* 146 (p. 230 Mai. = p. 214, 7-17 Dind.).

al culto di Vesta, erano vergini. Lo stesso Dione più avanti stigmatizza lo scandaloso matrimonio tra Elagabalo e la Vestale Aquilia Severa (*infra* 79, 9, 3-4: «contravvenne alla legge in modo plateale corrompendo, al colmo del sacrilegio, colei che era sacerdotessa di Vesta» e perciò «avrebbe dovuto essere flagellato nel Foro, gettato in carcere e lì mandato a morte»).

[91] Un antoniniano (moneta nominale d'argento, caratterizzata dalla corona radiata nei pezzi recanti l'effigie dell'imperatore).

174

sessuale era venuto meno. (2¹) Si diceva perciò che egli sfogasse la sua sozza libidine in un altro modo e che anche altri che seguivano le sue stesse inclinazioni non solo ammettevano di praticare siffatte turpitudini, ma affermavano anche di farlo per la salvezza di lui.

(5) Un giovane dell'ordine equestre portò in un lupanare una moneta coniata con l'immagine di lui[91] [e alcuni, avendo visto ciò, lo denunciarono];[92] venne allora imprigionato in attesa dell'esecuzione capitale, ma in seguito, essendo del frattempo morto Antonino,[93] fu prosciolto. (2²) La fanciulla di cui ho poc'anzi parlato si chiamava Clodia Leta: (3) fu sepolta viva mentre gridava queste parole: «Antonino stesso sa che sono vergine, sa egli stesso che sono pura!». Furono colpite dalla stessa condanna anche altre tre fanciulle, due delle quali, Aurelia Severa e Pomponia Rufina, morirono nello stesso modo, mentre la terza, Cannuzia Crescentina,[94] si gettò dal tetto della casa.

(4) Lo stesso trattamento riservava anche agli adulteri: infatti, sebbene egli fosse stato, almeno finché poté, il più adultero tra gli uomini, non solo odiava gli altri che venivano accusati di questo reato, ma li mandava anche a morte illegalmente. Inoltre, nonostante detestasse tutti gli uomini di buoni costumi, fingeva di onorare alcuni di essi dopo che erano morti.

(6) Antonino rimproverava e biasimava tutti perché nessuno chiedeva notizie sul suo conto e, rivolgendosi a tutti quanti, diceva: «Dal fatto che non chiedete notizie di me risulta evidente che non avete fiducia in me; se non avete fiducia, sospettate di me, e se sospettate, mi temete, e se temete, mi odiate».[95] Queste argomentazioni costituivano per lui pretesto per tramare insidie.

(6ᵃ) Antonino, poco prima di eliminare Cornificia, le ingiunse di scegliere in che modo morire come se le stesse concedendo un onore. Ed ella, dopo aver pianto a lungo, memore del padre Marco, del nonno Antonino e del fratello Commodo,[96] concluse con queste parole: «Piccola, sventurata, anima stretta in un misero corpo, vattene, liberati, mostra loro che sei figlia di Marco, anche se essi non lo vogliono!». Dopo aver deposto tutti gli ornamenti con i quali si era agghindata e dopo essersi preparata come si conveniva, si tagliò le vene e morì.

---

[92] ἐς πορνεῖον ἐσήνεγκεν, ἔδειξαν: il testo è corrotto. Si accoglie l'integrazione di Reiske, che emenda così: ἔχον ἐς πορνεῖον ἐσήνεγκεν ‹ὃ ἰδόντες τινὲς, ἐνέδειξαν›.

[93] Caracalla morì l'8 aprile 217 a Edessa (cfr. *infra* 78, 5, 4).

[94] I nomi delle Vestali sono trasmessi dal solo Dione.

[95] La battuta intende qualificare indirettamente Caracalla come un tiranno.

[96] Cornificia era figlia di Marco Aurelio (che era figlio adottivo di Antonino Pio) e sorella di Commodo.

(7) ὅτι ἐς τὴν Θρᾴκην ἀφίκετο ὁ Ἀντωνῖνος μηδὲν ἔτι τῆς Δακίας φροντίσας, καὶ τὸν Ἑλλήσποντον οὐκ ἀκινδύνως διαβαλὼν τόν τε Ἀχιλλέα καὶ ἐναγίσμασι καὶ περιδρομαῖς ἐνοπλίοις καὶ ἑαυτοῦ καὶ τῶν στρατιωτῶν ἐτίμησε, καὶ ἐπὶ τούτῳ ἐκείνοις τε, ὡς καὶ μέγα τι κατωρθωκόσι καὶ τὸ Ἴλιον ὡς ἀληθῶς αὐτὸ τὸ ἀρχαῖον ᾑρηκόσι, χρήματα ἔδωκε, καὶ αὐτὸν τὸν Ἀχιλλέα χαλκοῦν ἔστησεν. - *Exc. Val.* 385 (p. 754).

(8) ὅτι εἰς Πέργαμον ὁ Ἀντωνῖνος παραγενόμενος καί τινων ἀμφιςβητούντων ἔδοξεν ἔκ τινος μαντείου ἔπος τοιοῦτον περιφέρειν,

«Τηλεφίης γαίης ἐπιβήσεται Αὐσόνιος θήρ».

καὶ ὅτι μὲν θὴρ ἐπεκλήθη, ἔχαιρε καὶ ἐσεμνύνετο καὶ πολλοὺς πάνυ ἀθρόως ἀνεῖλεν. ὁ δὲ τὸ ἔπος ποιήσας ἐγέλα καὶ ἔλεγεν ὅτι αὐτὸς τὸ ἔπος ἐποίησεν, ἐνδεικνύμενος ὅτι παρὰ πεπρωμένην οὐκ ἄν τις ἀποθάνοι, ἀλλ' ἔστιν ἀληθὲς τὸ δημῶδες ὅτι ψεῦσται καὶ ἀπατεῶνες οὐδ' ἂν ἀληθὲς εἴπωσί ποτε πιστεύονται. - Petr. Patr. *exc. Vat.* 147 (p. 230 sq. Mai. = p. 214, 18-28 Dind.).

[17] ἐδίκαζε μὲν οὖν ἤ τι ἢ οὐδέν, τὸ δὲ δὴ πλεῖστον τοῖς τε ἄλλοις καὶ τῇ φιλοπραγμοσύνῃ ἐσχόλαζε. πάντα γὰρ δή οἱ πανταχόθεν καὶ τὰ βραχύτατα ἀνηγγέλλετο· καὶ διὰ τοῦτο καὶ τοὺς στρατιώτας τοὺς ὠτακουστοῦντάς τε καὶ διοπτεύοντας αὐτὰ προσέταξεν ὑπὸ μηδενὸς πλὴν ὑφ' ἑαυτοῦ κολάζεσθαι. καὶ ἐγένετο κατὰ τοῦτο οὐδὲν χρηστόν, ἀλλ' ἐτυράννησαν ἡμῶν καὶ ἐκεῖνοι. καὶ ὅ γε μάλιστα καὶ ἀσχημονέστατον καὶ ἀναξιώτατον καὶ τῆς γερουσίας καὶ τοῦ δήμου Ῥωμαίων ἐγένετο, καὶ εὐνοῦχος ἡμῶν, τὸ γένος Ἴβηρ, τὸ δὲ ὄνομα Σεμπρώνιος Ῥοῦφος, τὸν δὲ δὴ τρόπον φαρμακεὺς καὶ γόης, ἐφ' ᾧ δὴ καὶ ὑπὸ Σεουήρου ἐς νῆσον κατεκέκλειτο, κατεκράτησε. (3) καὶ ὁ μὲν ἔμελλέ που δίκην ἐπὶ τούτῳ δώσειν ὥσπερ καὶ οἱ ἄλλοι οἱ ἐνδείξαντές τινας·

---

[97] Non vi è una precedente menzione di progetti relativi alla Dacia da parte di Caracalla: è da supporre che nella riorganizzazione delle province occidentali avviata tra 212 e 213 fosse inclusa inizialmente anche la Dacia, ma in seguito non se ne fece nulla.

[98] Achille era l'eroe di riferimento di Alessandro Magno, al quale Caracalla si ispirava in modo quasi maniacale (cfr. *supra* 7, 1).

[99] Sulla περιδρομή (corsa rituale intorno alla pira del defunto) cfr. i funerali di Severo (*supra* 76, 15, 3) e relativa nota.

[100] Proveniente dall'Italia. Gli Ausoni erano antichi abitatori dell'Italia.

[101] Il poeta ride perché Caracalla si era compiaciuto di citare il verso di un oracolo mentre il «responso» era del poeta stesso. Siccome Caracalla per avverare la profezia aveva mandato a morte molte persone, il poeta per smentirlo ulteriormente gli dice che

176

(7) Messo da parte ogni interesse per la Dacia,[97] Antonino giunse in Tracia e, dopo aver attraversato l'Ellesponto non senza rischi, onorò Achille[98] con solenni esequie e con delle circumambulazioni[99] di uomini armati, alle quali presero parte sia lui sia i soldati; inoltre, a questi ultimi distribuì del denaro come se avessero compiuto qualche grande impresa e avessero espugnato veramente la stessa antica rocca di Ilio. Infine, fece innalzare una statua in bronzo di Achille medesimo.

(8) Arrivato a Pergamo, Antonino, trovandosi nel mezzo di una disputa dotta, sembrò citare da qualche oracolo un verso di questo tenore:

«Nella terra di Telefo la belva ausonia[100] entrerà».

E poiché egli era stato soprannominato «belva», se ne rallegrò e si compiacque, e, inoltre, mandò a morte molte persone contemporaneamente. Colui che aveva composto il verso si mise a ridere e affermò di averlo elaborato di proprio pugno, lasciando intendere che nessuno sarebbe potuto morire contro il volere del fato, ma che era vero il detto secondo il quale i bugiardi e i truffatori non ricevono credito nemmeno quando dicono la verità.[101]

[17] Amministrava la giustizia occupandosene poco o male, mentre dedicava il tempo per lo più ad altri interessi e a svariate faccende. Gli venivano riferiti, com'è noto, tutti gli avvenimenti da qualsiasi luogo, anche i più insignificanti: per questo ordinò che i soldati che stavano a origliare o a spiare tali rivelazioni non fossero puniti se non da lui. Non ne conseguì alcunché di buono, se non che anche questi [soldati] presero a tiranneggiare su di noi. Ma ciò che in assoluto segnò la situazione più aberrante e più indegna per il senato e per il popolo romano fu il fatto che persino un eunuco prese a esercitare il potere su di noi:[102] costui, uno spagnolo di nascita che si chiamava Sempronio Rufo, era un mago e un ciarlatano, ragione per cui Severo lo aveva relegato in un'isola. (3) Tuttavia in seguito sarebbe stato condannato per tale condotta,[103] come anche gli altri delatori

---

il suo potere di uccidere non vale nulla visto che Caracalla aveva ucciso per inverare un falso oracolo. Purtuttavia Caracalla rimaneva una belva assetata di sangue. Quindi il poeta, pur essendo bugiardo, aveva detto la verità.

[102] Il senatore Cassio Dione, già oltremodo contrariato per la politica di Caracalla troppo favorevole ai soldati – giudicati sprezzantemente per i loro modi poco urbani –, è inorridito dal fatto che l'imperatore affidi a un eunuco compiti così delicati come l'amministrazione della giustizia.

[103] Cioè quella di informatore e di delatore.

ἐκεῖνος δὲ ἐπήγγελλε μὲν ὡς καὶ μετὰ τὴν ἕω αὐτίκα δικάσων ἢ καὶ ἄλλο τι δημόσιον πράξων, παρέτεινε δὲ ἡμᾶς καὶ ὑπὲρ τὴν μεσημβρίαν καὶ πολλάκις καὶ μέχρι τῆς ἑσπέρας, μηδὲ ἐς τὰ πρόθυρα ἐσδεχόμενος ἀλλ᾽ ἔξω που ἑστῶτας· ὀψὲ γάρ ποτε ἔδοξεν αὐτῷ μηκέτι μηδ᾽ ἀσπάζεσθαι ἡμᾶς ὡς πλήθει. (4) ἐν δὲ τούτῳ τά τε ἄλλα ἐφιλοπραγμόνει ὥσπερ εἶπον, καὶ ἅρματα ἤλαυνε θηρία τε ἔσφαζε καὶ ἐμονομάχει καὶ ἔπινε καὶ ἐκραιπάλα, καὶ τοῖς στρατιώταις τοῖς τὴν ἔνδον αὐτοῦ φρουρὰν ἔχουσι καὶ κρατῆρας πρὸς τῇ ἄλλῃ τροφῇ ἐκεράννυε καὶ κύλικας παρόντων καὶ ἡμῶν καὶ ὁρώντων διέπεμπε, καὶ μετὰ τοῦτο ἔστιν ὅτε καὶ ἐδίκαζε.

[18] ταῦτά τε ἐν τῇ Νικομηδείᾳ χειμάσας ἔπραξε, καὶ τὴν φάλαγγα τὴν Μακεδονικὴν ἐξήσκησε, μηχανήματά τε δύο μέγιστα πρός τε τὸν Ἀρμενικὸν καὶ πρὸς τὸν Παρθικὸν πόλεμον κατεσκεύασεν, ἵνα διαλύσας αὐτὰ ἐπὶ πλοίων ἐς τὴν Συρίαν ἀποκομίσῃ. τὰ δὲ ἄλλα ἐμιαιφόνει καὶ παρηνόμει καὶ τὰ χρήματα κατανήλισκεν. (2) οὐδὲ ἐπείθετο οὔτε περὶ τούτων οὔτε περὶ τῶν ἄλλων τῇ μητρὶ πολλὰ καὶ χρηστὰ παραινούσῃ, καίτοι καὶ τὴν τῶν βιβλίων τῶν τε ἐπιστολῶν ἑκατέρων, πλὴν τῶν πάνυ ἀναγκαίων, διοίκησιν αὐτῇ ἐπιτρέψας, καὶ τὸ ὄνομα αὐτῆς ἐν ταῖς πρὸς τὴν βουλὴν ἐπιστολαῖς ὁμοίως τῷ τε ἰδίῳ καὶ τῷ τῶν στρατευμάτων, ὅτι σῴζεται, μετ᾽ ἐπαίνων πολλῶν ἐγγράφων. (3) τί γὰρ δεῖ λέγειν ὅτι καὶ ἠσπάζετο δημοσίᾳ πάντας τοὺς πρώτους καθάπερ καὶ ἐκεῖνος; ἀλλ᾽ ἡ μὲν καὶ μετὰ τούτων ἔτι μᾶλλον ἐφιλοσόφει, ὁ δὲ ἔλεγε μὲν μηδενὸς ἔξω τῶν ἀναγκαίων προσδεῖσθαι, καὶ ἐπὶ τούτῳ καὶ ἐσεμνύνετο ὡς ὅτι εὐτελεστάτῃ τῇ διαίτῃ χρῆσθαι δυνάμενος, ἣν δὲ οὐδὲν οὐκ ἐπίγειον, οὐ θαλάττιον, οὐκ ἀέριον, ὃ μὴ οὐ καὶ ἰδίᾳ καὶ δημοσίᾳ αὐτῷ παρείχομεν. (4) καὶ ἀπ᾽ αὐτῶν ἐλάχιστα μὲν τοῖς φίλοις τοῖς συνοῦσίν οἱ ἀνήλισκεν οὐδὲ γὰρ συσσιτεῖν

---

[104] Cfr. subito *infra* 18, 1. Sono i tipici comportamenti dell'imperatore-tiranno che Dione già attribuisce a Commodo (cfr. 72, 19-20; 22, 3). In aggiunta Caracalla non solo posponeva l'amministrazione della giustizia a occupazioni futili ma, soprattutto, si comportava in modo deprecabile con i soldati concedendo loro eccessiva confidenza bevendo insieme a loro. Questo atteggiamento risulterà imperdonabile per Dione, che non condivideva in alcun modo l'eccessivo favore di Caracalla per i soldati: troppo spesso tale favore si trasformava in favoritismo e licenza.

che denunciavano qualcuno. Antonino ci comunicava che avrebbe amministrato la giustizia o si sarebbe dedicato a qualche altro pubblico affare subito dopo il levar del sole, ma ci lasciava attendere fino al pomeriggio e, spesso, anche fino a sera, senza nemmeno ammetterci nel vestibolo e lasciandoci aspettare in piedi all'esterno; in genere, poi, a tarda ora decideva che non ci avrebbe neppure rivolto il saluto. (4) Nel frattempo, come ho detto, era affaccendato in altro: conduceva i cocchi, uccideva bestie selvatiche, prendeva parte a combattimenti gladiatorî, beveva e gozzovigliava. Inoltre, in nostra presenza e sotto i nostri occhi, in aggiunta al restante cibo mesceva del vino in crateri e faceva distribuire calici ai soldati che montavano di guardia per la sua protezione all'interno [della sala]. In alcuni casi, dopo tutto ciò, amministrava la giustizia.[104]

[18] Questo fu quanto fece quando svernò a Nicomedia.[105] Inoltre, mantenne in esercizio la falange macedone[106] e costruì due grandissime macchine per la guerra armena e per quella partica, realizzate in modo tale che, dopo averle smontate, potesse condurle in Siria a bordo di imbarcazioni. Quanto al resto, egli continuava a perpetrare omicidi, ad agire contro le leggi e a dilapidare denaro. (2) Né in merito a questi affari né tanto meno in altri prestava ascolto alla madre,[107] che pure gli dava ottimi consigli: eppure le aveva affidato, tranne soltanto i casi che richiedevano il suo intervento, la cura dei documenti e della corrispondenza in entrambe le lingue,[108] facendo scrivere, accompagnato da molte lodi, nelle lettere indirizzate al senato, anche il nome di lei insieme al proprio e a quello delle legioni, con la formula che menzionava, inoltre, la buona salute della madre. (3) Che bisogno ci sarebbe poi di dire che tutti i nobili le rivolgevano pubblicamente il saluto esattamente come facevano con l'imperatore? Ma mentre ella con costoro si dedicava sempre di più alla filosofia,[109] egli, invece, affermava di aver bisogno solo di ciò che era necessario, e si vantava perché era in grado di accontentarsi di una mensa parca, sebbene in realtà nulla ci fosse, né in terra né in mare o in aria, che noi non gli fornissimo a spese private e a spese pubbliche. (4) Di tutto ciò pochissimo condivideva con i suoi accoliti (del resto non voleva sedere a

[105] Città natale di Dione, in Bitinia.
[106] Cfr. *supra* 7, 1.
[107] Giulia Domna.
[108] Rivestiva dunque l'incarico di *ab epistulis graecis et latinis* (come risulta anche da 78, 4, 3).
[109] Giulia Domna, come s'è detto (*supra* 75, 15, 7), aveva dato vita a un cenacolo culturale attorno al quale si riunivano i più prestigiosi intellettuali del tempo.

ἔθ᾽ ἡμῖν ἤθελεν, τὰ δὲ δὴ πλείω μετὰ τῶν ἐξελευθέρων ἐδαπάνα· τοῖς δὲ μάγοις καὶ γόησιν οὕτως ἔχαιρεν ὡς καὶ Ἀπολλώνιον τὸν Καππαδόκην τὸν ἐπὶ τοῦ Δομιτιανοῦ ἀνθήσαντα ἐπαινεῖν καὶ τιμᾶν, ὅστις καὶ γόης καὶ μάγος ἀκριβὴς ἐγένετο, καὶ ἡρῷον αὐτῷ κατασκευάσαι. - Xiph. 334, 1-335, 9 R. St., *Exc. Val.* 386 (p. 754).

[19] ἐκστρατεύσαντι δὲ αὐτῷ κατὰ τῶν Πάρθων πρόφασις τοῦ πολέμου ἦν ὅτι Οὐολόγαισος τόν τε Τιριδάτην καὶ Ἀντίοχόν τινα μετ᾽ αὐτοῦ ἐξαιτήσαντι αὐτῷ οὐκ ἐξέδωκεν. ὁ δὲ Ἀντίοχος Κίλιξ μὲν ἦν καὶ φιλοσοφεῖν κυνηδὸν τὰ πρῶτα ἐπλάττετο, καὶ πλεῖστά γε ἐκ τούτου τοὺς στρατιώτας ἐν τῷ πολέμῳ ὠφέλησεν· (2) ἀπαλγοῦντας γὰρ αὐτοὺς ὑπὸ τοῦ πολλοῦ ῥίγους ἐπερρώννυεν, ἔς τε τὴν χιόνα ῥίπτων ἑαυτὸν καὶ ἐν αὐτῇ καλινδούμενος, ὅθενπερ καὶ χρημάτων καὶ τιμῶν καὶ παρ᾽ αὐτοῦ τοῦ Σεουήρου καὶ παρὰ τοῦ Ἀντωνίνου ἔτυχεν· ἐπαρθεὶς δὲ ἐπὶ τούτοις τῷ Τιριδάτῃ συνεξητάσθη, καὶ μετ᾽ αὐτοῦ πρὸς τὸν Πάρθον ηὐτομόλησε. - Xiph. 335, 9-18 R. St., *Exc. Val.* 387 (p. 754), Suid. *s.vv.* Ἀντίοχος ὁ αὐτόμολος et ἀπαλγοῦντες.

[20] (2²) ὅτι ὁ Ἀντωνῖνος ἑαυτὸν διέβαλε, φάσκων ὅτι τῶν Κελτῶν τὴν θρασύτητα καὶ τὴν ἀπληστίαν τήν τε ἀπιστίαν, ἀνάλωτον οὖσαν βίᾳ, ἀπατήσας εἰλήφει. - *Exc. Val.* 388 (p. 754).

(3) ὅτι ὁ αὐτὸς τὸν ⟨μὲν⟩ Λουσκῖνον τὸν Φαβρίκιον ἐπῄνει ὅτι μὴ ἠθέλησε τὸν Πύρρον διὰ τοῦ φίλου αὐτοῦ δολοφονῆσαι, ἐμεγαλοφρονεῖτο δὲ ἐπὶ τῷ τοὺς Οὐανδίλους καὶ τοὺς Μαρκομάνους φίλους ὄντας ἀλλήλοις συγκεκρουκέναι, καὶ ὅτι καὶ τὸν τῶν Κουάδων βασιλέα Γαϊοβόμαρον κατηγορηθέντα ἀπεκτόνει. (4) καὶ ὅτι τῶν συνόντων τις καὶ συγκατηγορουμένων αὐτῷ προαπήγξατο, ἐπέτρεψε τοῖς βαρβάροις τὸν νεκρὸν αὐτοῦ κατατρῶσαι, ἵν᾽ ὡς καὶ καταδεδικασμένος ἐσφάχθαι, ἀλλὰ μὴ ἑκουσίως, ὅπερ εὔδοξον παρ᾽ αὐτοῖς ἐνομίζετο, τετελευτηκέναι νομισθείη. - *Exc. Val.* 389 (p. 754).

---

[110] La dedica di un ἡρῷον («sacrario») ricorda il medesimo onore che Severo tributò a Pertinace (cfr. *supra* 74, 4, 1). La figura di Apollonio di Tiana esercitava molto fascino su Caracalla, probabilmente proprio per le sue qualità profetiche e filosofiche (messe qui alla berlina da Dione). Filostrato, contemporaneo di Caracalla fu sollecitato da Giulia Domna a comporre la *Vita di Apollonio di Tiana* in otto libri. Apollonio morì sotto Domiziano, dopo aver subito un processo davanti all'imperatore. Cfr. A. GALIMBERTI, *Apollonio di Tiana oppositore*, in R. CRISTOFOLI – A. GALIMBERTI – F. ROHR, *Lo spazio del non allineamento a Roma fra Tarda Repubblica e Primo*

tavola neppure con noi), e fruiva di quel poco per lo più in compagnia 214-15 dei liberti. A tal punto si compiaceva della compagnia di maghi e d.C. di ciarlatani che colmò di lodi e di onori Apollonio di Cappadocia, uno stregone e abbindolatore di professione che aveva fatto fortuna ai tempi di Domiziano, e gli dedicò un sacrario degno di un eroe.[110]

[19] Quando attaccò i Parti[111] addusse come pretesto per la guerra il 215 d.C. fatto che Vologese non aveva assecondato la sua richiesta di consegnare Tiridate[112] e, insieme a costui, un certo Antioco. Questo Antioco era un Cilicio che inizialmente si spacciava per un seguace della filosofia dei cinici, e ciò gli aveva consentito di essere di grande aiuto ai soldati durante la guerra: (2) infatti, quando essi si erano persi d'animo a causa dell'eccessivo freddo, egli li aveva incoraggiati gettandosi nella neve e rotolandovisi dentro. Per questo aveva ricevuto denaro e onori dallo stesso Severo e da Antonino, ma essendosi insuperbito per quei riconoscimenti, si era unito a Tiridate e aveva disertato con lui a favore del re parto.

[20] (2^2) Antonino compromise la sua credibilità quando affermò che, servendosi dell'inganno,[113] aveva avuto ragione dell'insolenza, della cupidigia e della perfidia dei Germani, tutte armi inespugnabili con la forza.

(3) Lodò Fabrizio Luscino perché non aveva voluto far uccidere Pirro per mezzo del tradimento di un amico.[114] Inoltre, si gloriò di aver acceso la discordia tra i Vandali e i Marcomanni, prima alleati tra loro, e di aver mandato a morte Gaiobomaro, il re dei Quadi che era stato messo sotto accusa. (4) Quando uno dei sostenitori di questi, accusato insieme a lui, anticipò la condanna impiccandosi, Antonino affidò il cadavere ai barbari perché gli infliggessero delle ferite, affinché si credesse che era stato ucciso in seguito a una sentenza, e non invece in seguito a morte volontaria, che presso di loro era ritenuta onorevole.

Principato. Forme e Figure dell'opposizione politica, Roma 2014, pp. 227-243; ID., *La Vita di Apollonio di Tiana*, cit., pp. 125-136.

[111] Nel 215.

[112] Tiridate d'Armenia si era rifugiato presso Vologese V re dei Parti dopo che l'Armenia era stata occupata militarmente dalle legioni, probabilmente per provincializzarla.

[113] È motivo caro a Dione nella rappresentazione di Caracalla: cfr. *supra* 2, 4; 12, 1².

[114] Gaio Fabrizio Luscino, console del 282 a.C., aveva fama di incorruttibile: pare avesse rifiutato per ben due volte, prima dai Sanniti (282 a.C.) e poi da Pirro (280 a.C.), offerte con le quali si tentava di corromperlo (Val. Max. 4, 3, 6). La notizia riportata da Dione mette in evidenza il cinismo e l'ipocrisia di Caracalla.

ὅτι Καικίλιον Αἰμιλιανὸν τῆς Βαιτικῆς ἄρξαντα ὡς καὶ τῷ Ἡρακλεῖ τῷ ἐν τοῖς Γαδείροις χρησάμενον ἀπέκτεινεν. - *Exc. Val.* 390 (p. 757).

[19] πρὶν δὲ ἀπᾶραι ἀπὸ Νικομηδείας, ἀγῶνα μονομαχίας ἐν αὐτῇ ἐπὶ τοῖς ἑαυτοῦ γενεθλίοις ἐποίησεν· οὐδὲ γὰρ ἐν ἐκείνῃ τῇ ἡμέρᾳ τῶν φόνων ἀπείχετο. ἔνθα λέγεται, ἡττηθέντος τινὸς καὶ ἱκετεύοντος αὐτὸν ὅπως σωθῇ, τὸν Ἀντωνῖνον εἰπεῖν (4) «ἄπελθε καὶ τοῦ ἀντιπάλου δεήθητι· ἐμοὶ γὰρ οὐκ ἔξεστί σου φείσασθαι». καὶ οὕτως ὁ ἄθλιος, τάχ᾽ ἂν ὑπὸ τοῦ ἀνταγωνιστοῦ σωθεὶς εἰ μὴ τοῦτο εἴρητο, διεφθάρη· οὐ γὰρ ἐτόλμησεν αὐτὸν ἀφεῖναι, ἵνα μὴ καὶ φιλανθρωπότερος τοῦ αὐτοκράτορος εἶναι δόξῃ.

[20] καὶ μέντοι τοιαῦτα ποιῶν, καὶ ἐν τῇ Ἀντιοχείᾳ τρυφῶν ὥστε καὶ τὸ γένειον πάνυ ψιλίζεσθαι, αὐτός τε ὠδύρετο ὡς ‹ἐν› μεγάλοις δή τισι καὶ πόνοις καὶ κινδύνοις ὤν, καὶ τῇ γερουσίᾳ ἐπετίμα, τά τε ἄλλα ῥαστωνεύειν σφᾶς λέγων ‹καὶ› μήτε συνιέναι προθύμως μήτε κατ᾽ ἄνδρα τὴν γνώμην διδόναι. καὶ τέλος ἔγραψεν ὅτι «οἶδα μὲν ὅτι οὐκ ἀρέσκει τὰ ἐμὰ ὑμῖν· διὰ τοῦτο μέντοι καὶ ὅπλα καὶ στρατιώτας ἔχω, ἵνα μηδὲν τῶν λογοποιουμένων ἐπιστρέφωμαι».

[21] τοῦ δὲ Πάρθου φοβηθέντος καὶ τὸν Τιριδάτην καὶ τὸν Ἀντίοχον ἐκδόντος, ἀφῆκε τὴν στρατείαν ἐν τῷ παραυτίκα. ἐς δὲ τοὺς Ἀρμενίους στείλας τὸν Θεόκριτον μετὰ στρατιᾶς ἰσχυρῶς ἔπταισε παρ᾽ αὐτῶν ἡττηθείς. - Xiph. 335, 18-336, 3 R. St.

(2) ὅτι Θεόκριτος ὁ Καισάρειος, δι᾽ οὗ ὀρχεῖσθαι ὁ Ἀντωνῖνος μεμάθηκεν, καὶ παιδικὰ τοῦ Σαωτέρου ἐγεγόνει καὶ κατὰ τοῦτο καὶ ἐς τὸ τῶν Ῥωμαίων θέατρον ἐσῆκτο. ἐπεὶ δὲ κακῶς ἐν αὐτῷ ἐφέρετο, ἐκ μὲν τῆς Ῥώμης ἐξέπεσεν, ἐς δὲ τὸ Λούγδουνον ἐλθὼν ἐκείνους ἅτε καὶ ἀγροικοτέρους ἔτερπε, καὶ ἐκ δούλου καὶ ἐξ ὀρχηστοῦ καὶ στρατιάρχης καὶ ἔπαρχος ἐγένετο. - *Exc. Val.* 391 (p. 757).

---

[115] Non cononsciamo la data del suo governatorato poiché non disponiamo di altre notizie eccetto questa.

[116] Sullo stretto di Gibilterra, dove avevano sede le mitiche Colonne d'Ercole. Il tempio e l'oracolo di Ercole a Gadir (Cadice) erano i diretti eredi del dio fenicio-punico Melqart.

[117] Caracalla era nato il 4 aprile 188.

[118] La barba, simbolo di virilità e di saggezza, era un tratto tipico adottato dagli imperatori della dinastia antonina. Nelle epoche precedenti, se si eccettuano i periodi di lutto e gli incomodi delle campagne militari, era invece considerata poco conveniente e significava ostentazione di una posa intellettuale caratteristica dei filosofi greci (si veda il caso di Nerone).

[119] L'ostentato atteggiamento antisenatorio e filomilitare di Caracalla si traduceva a tutti gli effetti in una politica antisenatoria (che implicava innanzitutto il drenaggio di

Antonino mandò a morte Cecilio Emiliano, un tempo governatore della Betica,[115] perché aveva consultato l'oracolo di Ercole di Cadice.[116]

[19] Prima di partire da Nicomedia, in questa stessa città Antonino fece tenere, in occasione del suo compleanno,[117] dei combattimenti gladiatorî: neppure in quel giorno, in verità, evitò gli spargimenti di sangue. Si dice che durante quei giochi, quando un gladiatore sconfitto lo supplicò di risparmiargli la vita, egli avesse risposto: (4) «Va' dal tuo avversario e chiedilo a lui, perché io non posso risparmiarti!». Così quel poveraccio, che forse sarebbe anche stato salvato dal suo avversario, se non avesse detto quelle parole, andò incontro alla morte: l'avversario, infatti, non osò graziarlo per non dare l'impressione di essere più clemente dell'imperatore.

[20] Tuttavia, mentre si dedicava a tali attività e ad Antiochia cedeva alla mollezza fino al punto da radersi completamente la barba,[118] si lamentava come se si trovasse nel mezzo di grandi difficoltà, fatiche e pericoli, e rimproverava il senato affermando che i suoi membri, tra l'altro, erano indolenti, non erano solleciti nel radunarsi e non fornivano il proprio parere ciascuno individualmente. (2) Da ultimo scrisse: «So che non vi piace ciò che faccio: per questo motivo dispongo di armi e di soldati, affinché non debba curarmi delle voci che si diffondono».[119]

[21] Quando il re dei Parti ebbe paura e consegnò Antioco e Tiridate, Antonino sospese immediatamente la spedizione. Avendo tuttavia inviato Teocrito[120] contro gli Armeni con un esercito, riportò un eclatante insuccesso a seguito di una sconfitta.

(2) Teocrito era un liberto imperiale dal quale Antonino aveva appreso la danza e che era stato un amante di Saotero,[121] e grazie a ciò era stato introdotto nell'ambiente del teatro romano. Ma poiché in quest'arte non ebbe successo, se ne dovette andare da Roma e, passato a Lione, prese a intrattenere gli abitanti di questa città,[122] i quali erano di gusti più rustici. Così, dunque, da servo e danzatore divenne comandante di truppa e prefetto.[123]

---

risorse a favore dei soldati) che non poteva certo riscuotere l'approvazione di Dione, il quale fa di ciò il *leitmotiv* della sua polemica ostilità a Caracalla.

[120] Liberto di Caracalla.

[121] Di Nicomedia, *cubicularius* di Commodo (cfr. 72, 12, 2).

[122] L'ἐκείνους del testo greco (lett.: «quelli») si riferisce evidentemente agli abitanti della città.

[123] La terminologia è oscura: στρατιάρχης potrebbe indicare il rango di *legatus legionis*, ἔπαρχος (propriamente «prefetto») quello di *praefectus alae* («prefetto di cavalleria»). Si potrebbe pensare che fosse *praefectus annonae*.

ἦν δὲ ὁ Θεόκριτος ἐκ δούλου γεγονὼς καὶ τῇ ὀρχήστρᾳ ἐμπαιδοτριβηθείς, ἐς τοσαύτην μέντοι ἤλασε δυναστείαν παρ' Ἀντωνίνῳ ὡς μηδὲν εἶναι ἄμφω πρὸς αὐτὸν τοὺς ἐπάρχους. τὰ δ' ἴσα αὐτῷ καὶ Ἐπάγαθος, Καισάρειος καὶ αὐτὸς ὤν, καὶ ἠδύνατο καὶ παρηνόμει. (3) ὁ γοῦν Θεόκριτος (διεφοίτα γὰρ ἄνω καὶ κάτω τῆς τῶν ἐπιτηδείων καὶ παρασκευῆς καὶ καπηλείας ἕνεκεν) συχνοὺς διά τε ταῦτα καὶ ἄλλως ἀπέκτεινε· μεθ' ὧν καὶ Τιτιανὸς Φλάουιος ἐφονεύθη. (4) ἐπιτροπεύων γὰρ ἐν τῇ Ἀλεξανδρείᾳ προσέπταισέ τι αὐτῷ, κἀκεῖνος ἀναπηδήσας ἐκ τοῦ βάθρου τὸ ξίφος ἐσπάσατο· ἐφ' ᾧ ὁ Τιτιανός «καὶ τοῦτο» εἶπεν «ὡς ὀρχηστὴς ἐποίησας». ὅθεν ἐκεῖνος ὑπεραγανακτήσας ἀποσφαγῆναι αὐτὸν ἐκέλευσεν.

[22] ὁ δὲ Ἀντωνῖνος, καίτοι τὸν Ἀλέξανδρον ὑπεραγαπᾶν φάσκων, τοὺς ἐκείνου πολίτας μικροῦ δεῖν πάντας ἄρδην ἀπώλεσεν. ἀκούων γὰρ ὅτι διαβάλλοιτο καὶ σκώπτοιτο παρ' αὐτῶν ἐπί τε τοῖς ἄλλοις καὶ οὐχ ἥκιστα τῇ ἀδελφοκτονίᾳ, ὥρμησεν ἐπὶ τὴν Ἀλεξάνδρειαν, ἐπικρυπτόμενος τὴν ὀργὴν καὶ ποθεῖν αὐτοὺς προσποιούμενος. (2) ἐπεὶ δὲ ἐς τὸ προάστειον ἦλθε, τοὺς μὲν πρώτους αὐτῶν μεθ' ἱερῶν τινων ἀπορρήτων ἐλθόντας δεξιωσάμενος ὡς καὶ συνεστίους ποιῆσαι ἀπέκτεινε, μετὰ δὲ τοῦτο πάντα τὸν στρατὸν ἐξοπλίσας ἐς τὴν πόλιν ἐνέβαλε, πᾶσι μὲν τοῖς τῇδε ἀνθρώποις προπαραγγείλας οἴκοι μένειν, πάσας δὲ τὰς ὁδοὺς καὶ προσέτι καὶ τὰ τέγη προκατασχών. (3) καὶ ἵνα τὰς κατὰ μέρος συμφορὰς τὰς τότε κατασχούσας τὴν ἀθλίαν πόλιν παρῶ, τοσούτους κατέσφαξεν ὥστε μηδὲ εἰπεῖν περὶ τοῦ πλήθους αὐτῶν τολμῆσαι, ἀλλὰ καὶ τῇ βουλῇ γράψαι ὅτι οὐδὲν διαφέρει πόσοι σφῶν ἢ τίνες ἐτελεύτησαν· πάντες γὰρ τοῦτο παθεῖν ἄξιοι ἦσαν. τῶν δὲ χρημάτων τὰ μὲν διηρπάσθη τὰ δὲ διεφθάρη. [23] συναπώλοντο δ' οὖν αὐτοῖς καὶ τῶν ξένων πολλοί, καὶ συχνοί γε τῶν μετὰ ‹τοῦ› Ἀντωνίνου ἐλθόντων ἀγνοίᾳ συνδιεφθάρησαν· τῆς τε γὰρ πόλεως

---

[124] I due prefetti del pretorio, Opellio Macrino (il futuro imperatore, su cui cfr. 78, 11, 1 e nota) e Oclatinio Avvento (cfr. 78, 13, 2 e nota).

[125] Marco Aurelio Epagato divenne prefetto d'Egitto nel 224 e fu responsabile della morte di Domizio Ulpiano, il celebre giurista che sotto Caracalla aveva affiancato Papiniano nella prefettura del pretorio. Ulpiano divenne anch'egli prefetto del pretorio nel 222 sotto Alessandro Severo.

[126] Di lui parla il solo Dione. Morì probabilmente nella seconda metà del 215.

[127] S'intenda Teocrito.

Teocrito, il quale era nato da uno schiavo ed era cresciuto sul palcoscenico, acquistò una tale autorità presso Antonino che i due prefetti,[124] in confronto a lui, non contavano nulla. Un potere simile al suo e una pari scelleratezza erano esercitati anche da Epagato, egli pure un liberto imperiale.[125] (3) Teocrito brigava a destra e a manca per procacciarsi le vettovaglie e per rivenderle, e per queste mene, come anche per altre, uccise molti uomini, tra i quali trovò la morte anche Flavio Tiziano.[126] (4) Costui quando era procuratore ad Alessandria lo[127] aveva offeso per qualche ragione ed egli, balzato in piedi dalla sua sedia, aveva sguainato la spada. Tiziano allora gli aveva detto: «Anche questo gesto lo hai fatto come un danzatore!». Perciò quello, caduto in preda alla collera, ordinò che venisse ucciso.

[22] Antonino, sebbene andasse dicendo di essere devotissimo ad Alessandro,[128] tuttavia poco mancò che facesse sterminare in blocco tutti gli abitanti della città di lui.[129] Sentendo infatti di essere denigrato e canzonato da parte loro per varie ragioni, e non da ultimo per l'assassinio del fratello, si mosse alla volta di Alessandria dissimulando l'ira e fingendo di sentire il desiderio di andare a visitarli.[130] (2) Quando giunse nel suburbio, dopo aver accolto i notabili [della città] che gli erano andati incontro recando alcuni sacri oggetti di culto e averli invitati a un banchetto, li fece trucidare. In seguito, armato l'intero esercito, invase la città dopo aver dato disposizione agli abitanti di rimanere in casa e dopo aver occupato tutte le strade e i tetti. (3) Inoltre, per non scendere nei dettagli delle sciagure che in tale occasione si abbatterono su quella misera città, egli fece massacrare così tanti uomini che non osò neppure dichiarare quale fu il numero degli uccisi, ma scrisse al senato che non importava quanti o quali di loro fossero morti, poiché erano tutti meritevoli di subire questa sorte. Quanto alle loro ricchezze, in parte furono saccheggiate, in parte furono distrutte. [23] Insieme a loro trovarono la morte anche molti stranieri,[131] e, inoltre, per errore furono uccisi anche diversi di quelli che erano giunti con Antonino: poiché infatti la città

---

[128] Cfr. *supra* capp. 7-8.
[129] Cioè Alessandria. Caracalla giunse ad Alessandria nell'inverno del 215. Sull'episodio cfr. da ultimo C. LETTA, *Ritorno a Cassio Dione: Caracalla e il massacro di Alessandria*, in C. CARSANA – L. TROIANI, *I percorsi di un Historikos. In memoria di Emilio Gabba*, Como 2016, pp. 260-275, con bibliografia precedente.
[130] S'intenda gli abitanti di Alessandria.
[131] Alessandria era una città cosmopolita.

μεγάλης οὔσης, καὶ τῶν ἀνθρώπων ἐν πάσῃ ἅμα αὐτῇ καὶ νύκτωρ καὶ μεθ᾽ ἡμέραν φονευομένων, οὐδένα, οὐδὲ εἰ πάνυ τις ἐβούλετο, διακρῖναι ἠδύνατο, ἀλλὰ καὶ ἔθνησκον ὥς που ἔτυχον, καὶ τὰ σώματά σφων αὐτίκα ἐς τάφους βαθείας ἐνεβάλλετο, ὅπως ἀφανὲς ᾖ τοῖς λοιποῖς τὸ μέγεθος τῆς συμφορᾶς. (2) ταῦτα μὲν οἱ ἐπιχώριοι ἔπαθον, οἱ δὲ δὴ ξένοι πάντες ἐξηλάθησαν πλὴν τῶν ἐμπόρων, καὶ δῆλον ὅτι καὶ τὰ ἐκείνων πάντα διηρπάσθη· καὶ γὰρ καὶ ἱερά τινα ἐσυλήθη. καὶ τούτων τὰ μὲν πλείω αὐτὸς ὁ Ἀντωνῖνος παρὼν καὶ ὁρῶν ἐποίει, τὰ δὲ καὶ ἐκ τοῦ Σεραπείου προσέταττέ τισιν· ἐν γὰρ τῷ τεμένει διῃτᾶτο κἂν ταῖς τῶν μιαιφονιῶν αὐτῶν νυξὶ καὶ ἡμέραις. - Xiph. 336, 3-337, 9 R. St.

(2) ὅτι τοὺς Ἀλεξανδρεῖς ἀποσφάττων ὁ Ἀντωνῖνος, καὶ ἐν τῷ τεμένει διαιτώμενος, ἐπέστειλε τῇ γερουσίᾳ ὅτι ἥγνευσεν ἐν αὐταῖς ἐν αἷς τά τε βοσκήματα ἅμα τῷ θεῷ καὶ τοὺς ἀνθρώπους ἑαυτῷ ἔθυεν. - Exc. Val. 392 (p. 757).

(3) καὶ τί τοῦτο εἶπον, ὁπότε καὶ τὸ ξίφος δι᾽ οὗ τὸν ἀδελφὸν ἀπεκτόνει, ἀναθεῖναι τῷ θεῷ ἐτόλμησεν; ἐκ δὲ τούτου τάς τε θέας καὶ τὰ συσσίτια τῶν Ἀλεξανδρέων καταλύσας τὴν Ἀλεξάνδρειαν διατειχισθῆναί τε καὶ φρουρίοις διατειχισθῆναι ἐκέλευσεν, ὅπως μηκέτ᾽ ἀδεῶς παρ᾽ ἀλλήλους φοιτῷεν. (4) τοιαῦτα περὶ τὴν ταλαίπωρον Ἀλεξάνδρειαν ἔδρασεν ὁ Αὐσόνιος θήρ, ὡς τὸ ἀκροτελεύτιον τοῦ περὶ αὐτοῦ χρησμοῦ τοῦτον ὠνόμασεν, ᾧ καὶ χαίρειν ἔφασαν αὐτόν, τῇ τοῦ θηρὸς κλήσει καλλωπιζόμενον, εἰ καὶ πολλοὺς προφάσει τοῦ χρησμοῦ ἐφόνευσεν ὡς προενεγκαμένους αὐτόν. - Xiph. 337, 9-17 R. St., Exc. Val. 393 (p. 757).

[24] ὅτι ὁ αὐτὸς τοῖς στρατιώταις ἆθλα τῆς στρατείας, τοῖς μὲν ἐν τῷ δορυφορικῷ τεταγμένοις ἐς χιλίας διακοσίας πεντήκοντα, τοῖς δὲ πεντακισχιλίας λαμβάνειν, ... - Exc. Val. 394 (p. 757).

(2) ὅτι ὁ σώφρων ἐκεῖνος, ὥς γε καὶ ἔλεγεν, ὁ τῆς τῶν ἄλλων ἀσελγείας ἐπιτιμητής, αἰσχίστου τε ἅμα καὶ δεινοτάτου τολμήματος

---

[132] L'αὐτούς del testo greco si riferisce ai cittadini di Alessandria, come si evince dalla successiva distinzione a 23, 2 della sorte degli ἐπιχώριοι («abitanti») e degli ξένοι («stranieri»).

[133] Divinità alla quale era particolarmente devoto.

[134] διατειχισθῆναι: Boissevain suggerisce, sulla scorta di Sylburg, l'emendamento διαληφθῆναι.

era grande e gli uomini venivano trucidati in ogni parte di essa sia di notte sia di giorno, non era possibile, neppure volendo, distinguere chicchessia, ma ciascuno moriva così come capitava e i corpi dei cittadini[132] venivano direttamente gettati in profonde fosse, in modo tale che a tutti gli altri rimanessero ignote le proporzioni dell'eccidio. (2) Questa fu dunque la sorte che toccò ai cittadini; gli stranieri, invece, furono tutti espulsi a eccezione dei mercanti, le proprietà dei quali, naturalmente, furono tutte razziate. Anche alcuni templi, in verità, furono spogliati. Antonino stesso, con la sua presenza e con la sua supervisione, diresse la maggior parte di questi delitti, mentre ne comandò una parte dal tempio di Serapide,[133] nel cui recinto sacro si trattenne anche nelle notti e nei giorni di quelle stragi.

(2) Mentre faceva trucidare gli Alessandrini e mentre si tratteneva nel recinto sacro [del tempio], Antonino scrisse al senato di aver compiuto un rito di purificazione negli stessi giorni nei quali aveva sacrificato animali da bestiame alla divinità e, contemporaneamente, uomini a se stesso.

(3) Che dire poi, quando osò consacrare alla divinità persino la spada con la quale aveva assassinato il fratello? Dopo di ciò, soppressi gli spettacoli e i conviti degli Alessandrini, ordinò che Alessandria venisse divisa a metà con un muro e che accogliesse[134] dei presidî, affinché [gli abitanti] non s'incontrassero più tra di loro liberamente. (4) Tali furono dunque le angherie inflitte alla sventurata città di Alessandria da parte della «belva ausonia», come appunto egli era stato definito nel finale di un verso di un oracolo che lo riguardava;[135] si diceva anche che egli si compiacesse di tale verso e che si gloriasse del soprannome di «belva», sebbene avesse fatto uccidere molte persone accusandole di aver divulgato l'oracolo.

[24] Egli stesso fissò dei premi per i soldati, venticinquemila sesterzi[136] per coloro che militavano nella guardia pretoriana, agli altri ventimila ...

(2) Quell'uomo dall'indole moderata, com'egli si definiva, quel censore dell'altrui intemperanza, ora che era stato perpetrato un

[135] Cfr. *supra* 16, 8.
[136] ἐς χιλίας διακοσίας πεντήκοντα: così il manoscritto, cioè 1250 denari, e quindi 5000 sesterzi. Tuttavia Boissevain accoglie la congettura di Lange: ‹ἐξακισ›χιλίας διακοσίας πεντήκοντα, 6250 denari, vale a dire 25.000 sesterzi, una cifra più plausibile trattandosi dei pretoriani, i quali ricevevano una paga superiore rispetto ai soldati ordinari.

γενομένου ἔδοξε μὲν ὀργὴν πεποιῆσθαι, τῷ δὲ δὴ μήτ' ἐκείνη κατ' ἀξίαν ἐπελθεῖν καὶ τοῖς νεανίσκοις προσεπιτρέψαι ποιεῖν ἃ μηδεὶς μέχρι τότε ἐτετολμήκει, πολύ σφισιν ἐλυμήνατο μιμησαμένοις τὰ τῶν ἑταιρῶν γυναικῶν καὶ τὰ τῶν ἀνδρῶν τῶν γελωτοποιῶν. - *Exc. Val.* 395 (p. 757).

(3) ὅτι ἐπὶ τῇ θέᾳ τῇ Κουλήνῃ ἐπηγορία πολλὴ οὐχ ὅτι τοῖς ποιοῦσιν ἐκεῖ τι τῶν εἰωθότων ἀλλὰ καὶ τοῖς ὁρῶσιν ἐγίγνετο. - *Exc. Val.* 396 (p. 757).

delitto vergognosissimo e scelleratissimo, finse di indignarsi: evitando
tuttavia di dar sfogo a tale indignazione e concedendo ai giovani fanciulli di fare ciò che fino allora nessuno aveva osato, li compromise
gravemente, poiché essi si diedero a imitare il comportamento delle
cortigiane e dei commedianti.

(3) Quando si celebrarono i ludi Culeni,[137] grande infamia ricad-
de non solo su coloro che là svolgevano le loro abituali attività, ma
anche sugli spettatori.

---

[137] Nominati dal solo Dione in questo passo e altrimenti sconosciuti. Potrebbe
trattarsi di giochi della tradizione alessandrina.

μετὰ δὲ ταῦτα ἐς τοὺς Πάρθους στρατεύσας πρόφασιν ὅτι οὐκ ἠθέλησεν αὐτῷ ὁ Ἀρτάβανος τὴν θυγατέρα μνηστευσαμένῳ συνοικίσαι (καὶ γὰρ εὖ ἠπίστατο ὅτι λόγῳ μὲν ἐκείνην γῆμαι, ἔργῳ δὲ τὴν τῶν Πάρθων βασιλείαν παρασπάσασθαι ἐπεθύμει), πολλὰ μὲν τῆς χώρας τῆς περὶ τὴν Μηδίαν, (2) ἅτε καὶ ἐξαπιναίως ἐμπεσὼν ἐς αὐτήν, ἐκάκωσε, πολλὰ δὲ καὶ τείχη ἐπόρθησε, τά τε Ἄρβηλα παρεστήσατο, καὶ τὰ μνημεῖα τὰ βασιλικὰ τῶν Πάρθων ἀνορύξας τὰ ὀστᾶ ἔρριψεν· οἱ γὰρ Πάρθοι οὐδὲ ἐς χεῖρας αὐτῷ ἦλθον. (3) οὔκουν οὐδὲ ἔσχον τι ἐξαίρετον περὶ τῶν τότε πραχθέντων συγγράψαι, πλὴν ὅτι δύο στρατιῶται ἀσκὸν οἴνου ἁρπάσαντες προσῆλθον αὐτῷ, ἰδιούμενος ὅλον ἑκάτερος τὸ λάφυρον, καὶ κελευσθέντες ὑπ᾽ αὐτοῦ νείμασθαι τὸν οἶνον τά τε ξίφη ἐσπάσαντο καὶ τὸν ἀσκὸν διέτεμον ὡς καὶ ἐξ ἡμισείας αὐτὸν μετὰ τοῦ οἴνου ληψόμενοι. (4) οὕτω γὰρ καὶ τὸν αὐτοκράτορά σφων ἡδοῦντο ὥστ᾽ αὐτῷ καὶ περὶ τῶν τοιούτων ἐνοχλεῖν, καὶ φρονήσει ἐχρῶντο ὡς καὶ τὸν ἀσκὸν καὶ τὸν οἶνον ἀπολέσαι. οἱ μὲν οὖν βάρβαροι ἐς τὰ ὄρη καὶ ὑπὲρ τὸν Τίγριν ἀπέφυγον, ἵνα παρασκευάσωνται· ὁ δὲ δὴ Ἀντωνῖνος τοῦτο μὲν ἀπεκρύπτετο, ὡς δὲ δὴ καὶ παντελῶς αὐτῶν, (5) οὓς μηδὲ ἑωράκει, κεκρατηκὼς ἐσεμνύνετο, καὶ μάλιστα

[1] Anche Erodiano (4, 10-11) ci informa del fatto che Caracalla aveva inviato messi ad Artabano con l'intenzione di sposarne la figlia e di unire l'impero romano a quello partico. Il progetto fallì, ma dietro di esso c'erano senz'altro ottime motivazioni militari, commerciali e geopolitiche che lo avrebbero reso molto utile; non va trascurata neppure la carica simbolica (sarebbe stato l'apice dell'*imitatio Alexandri*) e il prestigio che avrebbe conferito a Caracalla. Cfr. D. TIMPE, *Ein Heiratsplan Caracallas*, «Hermes» 95 (1967), pp. 470-495; G. ZECCHINI, *Il bipolarismo romano-iranico*, in C. BEARZOT – F. LANDUCCI – G. ZECCHINI, *L'equilibrio internazionale dagli antichi ai moderni*, Milano 2005, pp. 59-82.

LIBRO LXXVIII

In seguito a tali avvenimenti Antonino mosse guerra contro i Parti 216 d.C. col pretesto che Artabano non gli aveva concesso in sposa la figlia quando egli aveva chiesto la sua mano (del resto Artabano era ben consapevole che Antonino desiderava sposarla solo a parole, mentre in realtà bramava mettere le mani sul regno dei Parti):[1] (2) si diede alla devastazione di molti territori della regione confinante con la Media, dato che aveva fatto un'improvvisa incursione all'interno di essa, saccheggiò numerosi forti, s'impossessò di Arbela e, infine, dopo aver fatto aprire le tombe regie dei Parti ne disperse le ossa, dal momento che essi non lo avevano affrontato in campo aperto.[2] (3) Tuttavia non sono stato in grado di annotare alcunché di particolarmente significativo a proposito di quanto accadde in quelle circostanze, tranne un episodio riguardante due soldati, i quali, dopo aver sottratto un otre di vino, si recarono da lui, ciascuno rivendicando per sé il possesso del bottino; ricevuto dall'imperatore l'ordine di dividerselo, sguainarono le spade e tagliarono a metà l'otre come se avessero potuto accaparrarsi la metà contenente il vino. (4) La considerazione che avevano per il loro imperatore era tale da fargli perdere del tempo con delle sciocchezze del genere,[3] e la loro intelligenza fu così limitata da perdere sia l'otre sia il vino. Nel frattempo i barbari si rifugiarono sulle alture, al di là del Tigri, in modo tale da prepararsi allo scontro: tuttavia Antonino nascose questo dettaglio per vantarsi di aver completamente sconfitto dei nemici (5) che in

---

[2] Cfr. Herod. 4, 11, 6-7.
[3] L'aneddoto può essere facilmente ascritto all'ostilità di Dione verso i militari e verso Caracalla che li favoriva eccessivamente.

ὅτι λέων τις ἐξαίφνης ἐξ ὄρους καταδραμὼν συνεμάχησεν αὐτῷ, ὡς αὐτὸς ἐπέστειλεν. [2] οὐ μόνον δὲ τὰ ἄλλα ἐκδιῃτᾶτο καὶ παρηνόμει καὶ ἐν αὐταῖς ταῖς στρατείαις (ἀλλὰ καί τινα ἰδίαν κ.τ.λ. c. 3. 3). - Xiph. 337, 17-338, 6 R. St.

... ἀλλ᾽ ἀλήθεια· καὶ γὰρ τῷ βιβλίῳ τῷ περὶ αὐτοῦ γραφέντι οἱ ἐνέτυχον. οὕτω γάρ που πρὸς πάντας τοὺς βουλευτὰς διακείμενος συνῄδει ‹ἑαυτῷ› ὥστε μηδ᾽ ἐγκαλουμένων τι πολλῶν τούς τε δούλους καὶ τοὺς ἐξελευθέρους τούς τε φίλους αὐτῶν τοὺς πάνυ συλλαμβάνεσθαί τε ὑπ᾽ αὐτοῦ καὶ διὰ βασάνων ἐρωτᾶσθαι «εἰ ἄρα ὁ δεῖνά με φιλεῖ» ἢ «ὁ δεῖνά με μισεῖ»; καὶ γάρ τοι καὶ ‹πρὸς› τὰ τῶν ἀστέρων διαγράμματα, καθ᾽ ἃ ἐγεγέννητό τις τῶν πρώτων τῶν παρ᾽ αὐτῷ, ἐτεκμαίρετο, ὡς ἔλεγεν, τόν τε οἰκείως οἱ καὶ τὸν ἀλλοτρίως ἔχοντα, καὶ πολλοὺς καὶ ἐκ τούτων τοὺς μὲν ἐτίμα τοὺς δ᾽ ἀπώλλυεν.

[3] τῶν δ᾽ οὖν Πάρθων τῶν τε Μήδων δεινῶς ἐφ᾽ οἷς ἐπεπόνθεσαν ἀγανακτησάντων καὶ χεῖρα πολλὴν παρασκευαζομένων ἐν παντὶ δέους ἐγένετο· θρασύτατος μὲν γὰρ ἀπειλῆσαί τι καὶ προπετέστατος τολμῆσαι, δειλότατος δὲ διακινδυνεῦσαί πῃ καὶ ἀσθενέστατος πονῆσαι ἦν. (2) οὕτω γὰρ οὔτε τὸ καῦμα οὔθ᾽ ὅπλα φέρειν ἔτι ἐδύνατο ὥστε καὶ τοὺς χειριδωτοὺς χιτῶνας ἐς θώρακος τρόπον τινὰ εἶδος πεποιημένους ἐνδύνειν, ἵνα τὴν τοῦ ὅπλου δόξαν χωρὶς τοῦ βάρους αὐτοῦ ἔχων μήτε ἐπιβουλεύηται καὶ θαυμάζηται. καὶ αὐτοῖς καὶ ἄνευ μάχης πολλάκις ἐχρῆτο. (3) χλαμύδα τε τοτὲ μὲν ὁλοπόρφυρον τοτὲ δὲ μεσόλευκον, ἔστι δ᾽ ὅτε καὶ μεσοπόρφυρον,

---

[4] Da 78, 2 fino a 79, 8, 3 l'opera dionea torna essere leggibile nella sua versione originale, non integrata, cioè, dalle epitomi. Il testo è però leggibile solo attraverso il *Codex Vaticanus* 1288, un manoscritto ampiamente danneggiato in più punti. Cfr. U.P. BOISSEVAIN, prefazione al vol. III, pp. III ss. e M. MOLIN, *Cassius Dion et les empereurs de son temps. Pour une confrontation du manuscrit Vaticanus Graecus 1288 et des autres contemporaines*, in AA.VV., *Cassius Dion*, cit., pp. 259-270.

[5] Secondo alcuni si tratterebbe di un libro scritto da Caracalla (un'autobiografia? dei *commentarii*? Cfr. R. WESTALL, *Caracalla, Commentarius de Bello Parthico*, «Hermes» 140 [2012], pp. 457-467) su un non precisato argomento, secondo altri di una vittima di Caracalla che avrebbe scritto un *libellus*, un *pamphlet*, proprio sull'imperatore stesso (περὶ αὐτοῦ). In questo secondo caso, allora, la traduzione sarebbe «in un libro che egli scrisse su di lui [*scil:* Caracalla]», e quindi Dione starebbe dicendo di aver letto quel testo che conteneva invettive contro il principe, come si evince in seguito. Potrebbe

realtà non aveva neppure mai visto, soprattutto anche perché, come egli stesso scrisse in una lettera, un leone improvvisamente sceso da una montagna aveva combattuto al suo fianco. [2] Non solo assumeva comportamenti inconsueti e agiva contro le abitudini comuni in vari modi, addirittura durante le stesse campagne militari, (ma anche....).

... ma[4] è la verità, poiché l'ho trovato nel libro scritto da lui su quell'argomento.[5] Era infatti così consapevole dei sentimenti nutriti dai senatori nei suoi riguardi che gli schiavi, i liberti e gli amici di molti loro, senza che vi fosse alcun capo d'imputazione, venivano da lui arrestati e interrogati sotto tortura con domande come: «Quel tale mi ama?», oppure: «Quel tale mi odia?». Inoltre, come egli stesso diceva, giudicava anche avvalendosi della consultazione di carte astrali indicanti le stelle sotto le quali erano nati alcuni notabili suoi collaboratori, per stabilire chi fosse a lui favorevole e chi invece ostile: sulla base di queste congetture, colmava molti di onori e molti mandava al supplizio.

[3] Quando i Parti e i Medi, fortemente sdegnati per le umiliazioni subite, allestirono un grande esercito, Antonino cadde completamente in preda al panico. Infatti, sebbene egli fosse molto spavaldo nelle minacce e molto temerario nelle imprese, era tuttavia alquanto codardo nell'affrontare i pericoli e piuttosto debole nel sostenere le fatiche. (2) A tal punto era incapace di sopportare il caldo e il peso delle armi[6] che indossava tuniche fornite di maniche foggiate, a vedersi, a guisa di una lorica, in modo tale che, creando l'impressione dell'abbigliamento militare, senza però il peso da esso derivante, fosse al sicuro da aggressioni e destasse al tempo stesso ammirazione; di tale abbigliamento si serviva spesso anche quando non era in battaglia. (3) Talora portava un mantello interamente di porpora, talora ne indossava

---

però anche trattarsi di un libello di denuncia postuma contro Caracalla ormai defunto, magari per accusare qualche personaggio politico o qualche delatore. Per tali ipotesi cfr. LETTA, *Fonti scritte non letterarie*, cit., pp. 264-266.

[6] Diversamente Erodiano (4, 7, 4 e 7): «Partecipava a tutte le attività militari, prodigandosi tra i primi quando si doveva scavare un fossato, gettare un ponte, e levare un argine; insomma dovunque vi fosse da svolgere un lavoro materiale, per primo vi si sobbarcava [...] Talora giunse a prendere in spalla egli stesso le insegne militari, che sono pesantissime e molto ricche di ornamenti aurei, e che i più forti soldati stentano a portare. Per tutte queste cose, e altre simili, i soldati lo amavano e lo consideravano uno di loro, ammirando il suo vigore. Era infatti cosa prodigiosa vedere in un uomo tanto piccolo una così grande resistenza alle più gravose fatiche».

ὥσπερ καὶ ἐγὼ εἶδον, ἐφόρει. ἐν γὰρ τῇ Συρίᾳ τῇ τε Μεσοποταμίᾳ Κελτικοῖς καὶ ἐσθήμασιν καὶ ὑποδήμασιν ἐχρήσατο. καί τινα ἰδίαν ἔνδυσιν βαρβαρικῶς πως κατακόπτων καὶ συρράπτων ἐς μανδύης τρόπον προσεπεξεῦρεν, καὶ αὐτός τε συνεχέστατα αὐτὴν ἐνέδυνεν, ὥστε καὶ Καράκαλλος διὰ τοῦτο ἐπικληθῆναι, καὶ τοὺς στρατιώτας μάλιστα ἀμφιέννυσθαι ἐκέλευεν.

(4) αὐτόν τε οὖν τοιοῦτον οἱ βάρβαροι ὁρῶντες ὄντα, καὶ ἐκείνους πολλοὺς μὲν ἀκούοντες εἶναι, ἐκ δὲ δὴ τῆς προτέρας τρυφῆς (τά τε γὰρ ἄλλα καὶ ἐν οἰκίαις ἐχείμαζον, πάντα τὰ τῶν ξενοδοκούντων σφᾶς ὡς καὶ ἴδια ἀναλίσκοντες) καὶ ἐκ τῶν πόνων τῆς τε ταλαιπωρίας τῆς τότε αὐτοῖς παρούσης οὕτω καὶ τὰ σώματα τετρυχωμένους καὶ τὰς ψυχὰς τεταπεινωμένους ὥστε μηδὲν τῶν λημμάτων ἔτι, (5) ἃ πολλὰ ἀεὶ παρ' αὐτοῦ ἐλάμβανον, προτιμᾶν, αἰσθόμενοι, ἐπήρθησαν ὡς καὶ συναγωνιστὰς αὐτοὺς ἀλλ' οὐ πολεμίους ἕξοντες, κ .... μάζοντος ...... [4] Ἀντωνῖνος ἀντιπαρεσκευάζετο· οὐ μέντοι καὶ πολεμῆσαι αὐτῷ ἐξεγένετο, ἀλλ' ἐν μέσοις τοῖς στρατιώταις, οὓς μάλιστα ἐτίμα καὶ οἷς ἰσχυρῶς ἐθάρρει, κατεσφάγη. ἐπειδὴ γὰρ μάντις τις ἐν τῇ Ἀφρικῇ εἶπεν, ὥστε καὶ δημοσιευθῆναι, ὅτι καὶ τὸν Μακρῖνον τὸν ἔπαρχον καὶ τὸν υἱὸν αὐτοῦ Διαδουμενιανὸν αὐταρχῆσαι δεῖ, (2) καὶ τοῦτο ἐκεῖνός τε ἐς τὴν Ῥώμην ἀναπεμφθεὶς Φλαουίῳ Ματερνιανῷ τῷ τότε τῶν ἐν τῷ ἄστει στρατιωτῶν ἄρχοντι ἐξέφηνε, καὶ ὃς τῷ Ἀντωνίνῳ παραχρῆμα ἐπέστειλεν, καὶ συνέβη ταῦτα μὲν τὰ γράμματα ἐς τὴν Ἀντιόχειαν πρὸς τὴν μητέρα τὴν Ἰουλίαν παραπεμφθῆναι, (3) ἐπειδὴ ἐκεκέλευστο αὐτὴ πάντα τὰ ἀφικνούμενα διαλέγειν ἵνα μὴ

---

[7] Sulla preferenza accordata da Caracalla a calzature e abiti germanici cfr. Herod. 4, 7, 3.

[8] Il termine μανδύη è usato da Dione anche a 57, 13, 5 (il mantello scuro – φαιὰ μανδύη – indossato da Tiberio).

[9] S'intendano i soldati al seguito di Antonino.

[10] Cfr. Herod. 4, 7, 4. Cfr. GALIMBERTI, Caracalla imperatore soldato, cit., passim.

[11] Lacuna nel testo greco.

[12] Sull'assassinio di Caracalla cfr. infra 5, 4-6, 1-5 e O. HEKSTER – T. KAIZER, An Accidental Tourist? Caracalla's Fatal Trip to the Temple of the Moon at Carrhae, «AncSoc» 42 (2012), pp. 89-107.

[13] Macrino e il figlio Diadumeniano sono i protagonisti della narrazione dionea a partire dal cap. 11.

[14] Personaggio probabilmente di rango equestre, viene descritto da Erodiano (4, 12, 4-6) come fiduciario e confidente di Caracalla, tanto che questi lo incaricò di interpellare dei magi per sapere, attraverso l'evocazione dei defunti, se qualcuno tramasse alle sue spalle: senza escludere che nutrisse mire personali, lo storico afferma che Materniano

uno listato di bianco, oppure altre volte, come anche io ho visto, uno listato di porpora. In Siria e in Mesopotamia indossò degli abiti e dei calzari germanici.[7] Egli, inoltre, ideò un abito proprio, tagliandolo e ricucendolo in una foggia barbarica per realizzarne una sorta di mantello[8] che non solo indossava quasi sempre lui stesso – tanto da guadagnarsi il soprannome di Caracalla –, ma prescriveva che fosse soprattutto portato dai soldati.

(4) Ora che i barbari vedevano chi egli veramente fosse e sentivano che quelli,[9] sebbene numerosi, a causa dei precedenti ozî (tra l'altro essi avevano svernato dentro delle case consumando tutti i beni degli ospitanti come se fossero di loro proprietà), così come anche a causa delle fatiche e dell'attuale difficoltà, si erano a tal punto fiaccati nel corpo e indeboliti nell'animo che non si davano nemmeno più pensiero degli abbondanti donativi[10] (5) che continuavano a ricevere da Antonino. Pertanto i barbari si resero conto che essi li avrebbero trattati come compagni d'armi piuttosto che come nemici ...[11] **[4]** Antonino condusse i preparativi a sua volta: tuttavia non gli toccò in sorte di intraprendere la guerra, poiché fu assassinato proprio in mezzo ai soldati che egli massimamente onorava e nei quali riponeva grandissima fiducia.[12] In Africa, infatti, un indovino aveva dichiarato, facendo in modo che la rivelazione avesse ampia risonanza, che il prefetto del pretorio Macrino e suo figlio Diadumeniano[13] avrebbero assunto il potere imperiale. (2) Dopo essere stato inviato a Roma questo indovino rivelò quella profezia a Flavio Materniano,[14] al tempo comandante delle milizie urbane,[15] che a sua volta scrisse subito una lettera ad Antonino. Accadde però che questa lettera fosse recapitata ad Antiochia presso sua madre Giulia,[16] (3) la quale aveva

denunciò Macrino a Caracalla con una missiva. Sulla morte di Materniano, giustiziato da Macrino, cfr. *infra* 15, 3.

[15] Si tratta delle *cohortes urbanae*, istituite in numero di tre da Augusto con la funzione di pattugliamento dei confini, e associate alla IX coorte dei pretoriani (non a caso erano la X, la XI e la XII), con cui condividevano l'alloggiamento nei *castra pretoria*. Esse si trovavano però sotto il comando del *praefectus urbi* e avevano precipuamente il compito di mantenere la pace nelle città nelle quali stazionavano (più precisamente, come s'è detto, nei *castra pretoria*). Tuttavia, secondo un'altra interpretazione, l'espressione τῶν ἐν τῷ ἄστει στρατιωτῶν ἄρχων potrebbe riferirsi alla carica – recentemente istituita – di *agens vice praefectorum*, un vicario del prefetto del pretorio e di quello dell'urbe: questa seconda soluzione pare più convincente, anche perché spiegherebbe, in questo momento, l'assenza da Roma dei prefetti del pretorio Oclatinio Avvento e Macrino. Su tale interpretazione cfr. P. Buongiorno, *Erodiano 4.12.4 e i poteri di Flavio Materniano nell'anno 217 d.C.*, «Fundamina» 20 (2014), pp. 81-89.

[16] Giulia Domna, moglie di Settimio Severo e madre di Caracalla (sulla quale cfr. 74, 3, 1 e nota).

μάτην οἱ ὄχλος γραμμάτων ἐν τῇ πολεμίᾳ ὄντι πέμπηται, ἕτερα δὲ ὑπὸ Οὐλπίου Ἰουλιανοῦ τοῦ τότε τὰς τιμήσεις ἐγκεχειρισμένου δι᾽ ἄλλων γραμματοφόρων ὀρθὴν πρὸς τὸν Μακρῖνον, δηλοῦντα τὰ γιγνόμενα, ἀφικέσθαι, καὶ κατὰ τοῦτο τοῖς μὲν πρὸς τὸν (4) αὐτοκράτορα γραφεῖσι διατριβὴν γενέσθαι, τὰ δὲ ἐκείνῳ ἐπισταλέντα φθῆναι ἀναγνωσθέντα αὐτῷ, ἐφοβήθη τε ὁ Μακρῖνος μὴ καὶ διαφθαρῇ ὑπ᾽ αὐτοῦ διά τε τοῦτο καὶ ὅτι Σεραπίων τις Αἰγύπτιος ἄντικρυς τῷ Ἀντωνίνῳ πρὸ ὀλίγων ἡμερῶν εἰρήκει ὅτι τε ὀλιγοχρόνιος ἔσοιτο καὶ ὅτι ἐκεῖνος αὐτὸν διαδέξοιτο, καὶ οὐκ ἀνεβάλετο. (5) ὁ μὲν γὰρ Σεραπίων ἐπὶ τούτῳ τὸ μὲν πρῶτον λέοντι παρεβλήθη, ἐπεὶ δ᾽ οὐχ ἥψατο αὐτοῦ τὴν χεῖρα μόνον, ὥς φασι, προτείναντος, ἐφονεύθη, δυνηθεὶς ἄν, ὥς γε ἔφη, μηδὲ τοῦτο παθεῖν δαιμόνων τινῶν ἐπικλήσει, εἰ μίαν ἡμέραν ἐπεβεβιώκει.

[5] ὁ δὲ δὴ Μακρῖνος ἔπαθε μὲν οὐδέν, ἔσπευσε δ᾽ ὑποπτεύσας ἀπολεῖσθαι, ἄλλως τε ὅτι καὶ τοὺς ἑταίρους αὐτοῦ τοὺς συνόντας ὁ Ἀντωνῖνος ἐξαίφνης, ... τῶν γενεθλίων αὐτοῦ, ἄλλον κατ᾽ ἄλλην πρόφασιν, ὡς καὶ τιμῶν, ἀπέωστο (2) .... ταλα .... τησ .... ιτησ .... οὐ .... πεπρωμένον αὐτῷ λήψεσθαι προσδοκῶν, καὶ τὸ παρωνύμιον ἀπ᾽ αὐτοῦ τούτου ἐπεποίητο. κἀκ τούτου δύο τε χιλιάρχους τῶν ἐν τῷ δορυφορικῷ τεταγμένων, Νεμεσιανόν τε καὶ Ἀπολλινάριον ἀδελφοὺς Αὐρηλίους, (3) καὶ Ἰούλιον Μαρτιάλιον ἔν τε τοῖς ἀνακλήτοις στρατευόμενον καὶ

---

[17] Insieme a Giuliano Nestore (*infra* 15, 1; 35, 1) fu prefetto del pretorio dopo la morte di Caracalla nell'aprile 217, in sostituzione di Macrino diventato imperatore (Herod. 5, 4, 2; *HA Macr.* 10, 1).

[18] Erodiano (4, 12, 7) riferisce di una sola lettera che, pur essendo indirizzata a Caracalla, fu involontariamente letta da Macrino, poiché l'imperatore in persona gli aveva dato l'incarico di esaminare tutto il plico della corrispondenza in cui si trovava anche quella missiva.

[19] La lacuna tra ἐξαίφνης e τῶν γενεθλίων viene colmata da Bekker con πρὸ μιᾶς (ἡμέρας), «il giorno prima».

[20] Il 3 aprile poiché Caracalla era nato il 4 aprile 188.

[21] Nella testo perduto si menzionava forse Diadumeno, figlio di Macrino, il cui nome, mutato in Diadumeniano, si poteva ricollegare al termine διάδημα («diadema», «corona»), derivato da διαδέω («incoronare»): cfr. *HA Diadum.*, 2-4. La forma «Diadumeno» ricorre nell'*Historia Augusta*, in Aurelio Vittore e in Eutropio, mentre Dione (cfr. *supra* 4, 1) ed Erodiano (5, 4, 12) preferiscono Diadumeniano.

[22] Aurelio Nemesiano e Aurelio Apollinare erano due fratelli che, insieme a Tricciano, prefetto della *II Parthica* (cfr. *infra* 13, 3-4), furono complici dell'assassinio di Caracalla. Cfr. *HA Carac.* 6, 7.

ricevuto l'ordine di raccogliere tutta la corrispondenza in arrivo per 217 d.C. evitare che gli giungesse un'enorme quantità di lettere inutili mentre si trovava nel territorio nemico; nel frattempo una seconda lettera, scritta dall'allora censore Ulpio Giuliano,[17] giunse attraverso dei corrieri direttamente nelle mani di Macrino informandolo di quanto stava accadendo: avvenne perciò che mentre la lettera indirizzata all'imperatore accumulò un ritardo, (4) quella inviata a Macrino fu letta prima.[18] Macrino, temendo perciò di essere mandato a morte dal principe, anche perché un certo Serapione, un Egiziano, pochi giorni prima aveva espressamente detto ad Antonino che egli avrebbe avuto pochi giorni di vita e che Macrino sarebbe stato suo successore, non rinviò oltre. (5) Per quella rivelazione Serapione fu dapprima gettato in pasto a un leone, ma poiché l'animale non lo toccò – pare che egli si fosse limitato a schermirsi protendendo la mano –, in seguito fu ucciso; avrebbe tuttavia potuto sottrarsi a questa sorte invocando alcuni spiriti, come egli stesso dichiarò, se almeno avesse potuto vivere un giorno di più.

[5] Macrino non subì alcuna rappresaglia ma, avendo sospettato che sarebbe stato tratto in rovina, si affrettò a prepararsi, soprattutto perché Antonino [il giorno prima][19] del suo compleanno[20] aveva allontanato tutti i compagni che erano con lui, ognuno con un pretesto diverso, come per riservare loro degli onori. (2) ....

....

.... aspettandosi che egli fosse destinato a ottenerlo, [gli] aveva dato un nome che proprio a quello si ricollegava.[21] Perciò mobilitò due centurioni della guardia pretoriana, Nemesiano e Apollinare,[22] fratelli della famiglia degli Aurelî, (3) e Giulio Marziale,[23] che militava tra i soldati richiamati in servizio[24] e nutriva un risentimento personale nei riguardi di Antonino

---

[23] È, costui, l'assassino di Caracalla (cfr. *infra* 8, 2; 18, 3). Fu, secondo Dione, un *evocatus*, mentre secondo Erodiano (4, 13, 1) un centurione addetto alla guardia del corpo dell'imperatore (ἑκατοντάρχης τῶν σωματοφυλάκων). Nell'*Historia Augusta* (*Carac.* 6, 7) non è menzionato il suo grado militare: si tratta comunque di un esponente degli *equites extraordinarii*, le guardie del corpo scite e germaniche di cui si circondava Caracalla (*infra* 6, 1); *Macr.* 4, 7-8 precisa che l'abilità di Macrino fu quella di promettere la libertà a uno scudiero (uno *strator* che probabilmente è da invidiare in Giulio Marziale) per fare in modo che si credesse che la congiura fosse sorta *quasi militaribus insidiis* e per stornare ogni sospetto da sé. Tale tentativo di smarcarsi emerge anche da *Macr.* 5, 9, dove si narra che Macrino avrebbe inviato al senato una lettera circa la morte di Caracalla, giurando di non aver saputo nulla della sua uccisione (*de cede illius nescierit*) e, quindi, di non avervi avuto parte.

[24] Gli *evocati*, per l'appunto.

197

ὀργὴν οἰκείαν τῷ Ἀντωνίνῳ ἔχοντα ὅτι οἱ ἑκατονταρχίαν αἰτήσαντι οὐκ ἐδεδώκει, παρασκευάσας ἐπεβούλευσεν αὐτῷ. (4) ἐπράχθη δὲ ὧδε. τῇ ὀγδόῃ τοῦ Ἀπριλίου ἐξορμήσαντά τε αὐτὸν ἐξ Ἐδέσσης ἐς Κάρρας, καὶ κατελθόντα ἀπὸ τοῦ ἵππου ὅπως ἀποπατήσει, προσελθὼν ὁ Μαρτιάλιος ὥς γε εἰπεῖν τι δεόμενος ἐπάταξε ξιφιδίῳ μικρῷ. καὶ αὐτὸς μὲν αὐτίκα ἀπέφυγε, καὶ διέλαθεν ἂν εἰ τὸ ξίφος ἀπερρίφει· (5) νῦν δὲ γνωρισθεὶς ἀπ᾽ αὐτοῦ ὑπό τινος τῶν Σκυθῶν τῶν σὺν Ἀντωνίνῳ ὄντων κατηκοντίσθη· ἐκεῖνον δὲ ... οἱ χιλίαρχοι ὡς καὶ βοηθοῦντες κατέσφαξαν. ὁ δὲ δὴ Σκύθης οὗτος οὐχ ὡς καὶ συμμαχῶν αὐτῷ μόνον, ἀλλ᾽ ὡς καὶ φρουρὰν αὐτοῦ τρόπον τινὰ ἔχων συνῆν. [6] καὶ γὰρ Σκύθας καὶ Κελτούς, οὐ μόνον ἐλευθέρους ἀλλὰ καὶ δούλους, καὶ ἀνδρῶν καὶ γυναικῶν ἀφελόμενος, ὥπλίκει καὶ περὶ αὐτὸν εἶχεν, ὡς καὶ μᾶλλον αὐτοῖς ἢ ‹τοῖς› στρατιώταις θαρσῶν· τά τε γὰρ ἄλλα καὶ ἑκατονταρχίαις σφᾶς ἐτίμα, λέοντάς τε ἐκάλει. (2) καὶ δὴ καὶ τοῖς πρέσβεσι τοῖς οἱ ἐκ τῶν ἐθνῶν αὐτῶν πεμπομένοις καὶ διελέγετο πολλάκις μηδενὸς ἄλλου πλὴν τῶν ἑρμηνέων παρόντος, καὶ ἐνετέλλετο ὅπως, ἄν τι πάθῃ, ἔς τε τὴν Ἰταλίαν ἐσβάλωσι καὶ ἐπὶ τὴν Ῥώμην ἐλαύνωσιν ὡς καὶ εὐαλωτοτάτην οὖσαν· καὶ ἵνα δὴ μηδὲν ἐξ αὐτῶν ἐς ἡμᾶς ἐκφοιτήσῃ, (3) τοὺς ἑρμηνέας εὐθὺς ἐφόνευεν. οὐ μὴν ἀλλὰ τοῦτό τε ἀπ᾽ αὐτῶν τῶν βαρβάρων ὕστερον ἐμάθομεν, καὶ τὸ τῶν φαρμάκων παρὰ τοῦ Μακρίνου· πολλὰ γὰρ καὶ ποικίλα παρὰ τῶν ἐν τῇ ἄνω Ἀσίᾳ ἀνθρώπων τὰ μὲν μετεπέμψατο τὰ δὲ καὶ ἐπρίατο, ὥστε ἑπτακοσίας καὶ πεντήκοντα μυριάδας ἐς αὐτὰ ἀριθμηθῆναι, ἵνα καὶ παμπόλλους, ὅσους ἂν ἐθελήσῃ, καὶ διαφόρως δολοφονήσῃ. (4) καὶ ἐκεῖνα μὲν ἐν τῷ βασιλικῷ μετὰ ταῦθ᾽ εὑρεθέντα κατεκαύθη· τότε δὲ οἱ στρατιῶται καὶ διὰ τοῦτο, καὶ πρὸς τοῖς ἄλλοις τῷ τοὺς

---

[25] Per l'assassinio di Caracalla cfr. anche Herod. 4, 13, 4, 5; *HA Carac.* 6, 6; 7, 1-2; *Macr.* 4, 7. La morte di Caracalla viene datata da *HA Carac.* 6, 6 nello stesso giorno della sua nascita (4 aprile) e nel periodo della celebrazione dei *Ludi Megalenses* (4-10 aprile): tale datazione appare poco convincente, poiché Dione pone la nascita di Caracalla il 4 aprile (78, 6, 5). Se Macrino assunse il potere il quarto giorno dopo la morte di Caracalla (78, 11, 6), coincidente con il giorno della nascita di Settimio Severo (17, 1), si otterrebbe come data l'11 aprile.

[26] Il verbo ἀποπατέω («appartarsi per espletare i bisogni corporali») è brachilogia che trova un parallelismo nell'espressione di Erodiano IV 13, 4 (ἐπειχθεὶς ὑπὸ τῆς γαστρός... ἀνεχώρει... ἀποσκευασόμενος τὰ ἐνοχλοῦντα, tradotto da Cassola con

perché questi non aveva assecondato la sua richiesta di ottenere la carica di centurione, e organizzò una congiura contro di lui. (4) Essa fu realizzata come segue: l'otto di aprile,[25] quando Antonino partì da Edessa per recarsi a Carre e smontò da cavallo per espletare un bisogno corporale,[26] Marziale gli andò incontro come se dovesse dirgli qualcosa e lo colpì con un piccolo pugnale. Subito si diede alla fuga, e sarebbe riuscito a sottrarsi alla cattura, se solo avesse gettato via il pugnale: (5) ma in quella situazione, riconosciuto proprio in ragione di quell'arma da uno degli Sciti che accompagnavano Antonino, fu ucciso con un dardo. Antonino, invece, ...[27] fu trucidato dai centurioni che avrebbero dovuto portargli aiuto. Questo Scita lo accompagnava non solo in quanto alleato, ma anche come una sorta di guardia del corpo: [6] Antonino, infatti, aveva armato e teneva intorno a sé degli Sciti e dei Germani, sia liberi sia schiavi, che aveva sottratto a uomini e a donne e nei quali riponeva una fiducia anche maggiore rispetto a quella che riponeva nei soldati; oltre ai vari privilegi che concedeva loro, li onorava promuovendoli centurioni e li chiamava «leoni». (2) Inoltre, spesso parlava con i delegati delle loro[28] popolazioni a lui inviati in presenza dei soli interpreti, ai quali dava disposizioni, nel caso in cui gli fosse capitato qualcosa, perché invadessero l'Italia e marciassero su Roma, dato che era molto facile impadronirsene; e per evitare che qualche informazione trapelasse da parte loro a vantaggio di noi [senatori] mandava subito a morte gli interpreti. (3) Di ciò venimmo tuttavia a conoscenza solo in seguito per rivelazione degli stessi barbari, così come anche, da Macrino, venimmo a sapere la questione dei veleni: Antonino, infatti, in parte si era procurato e in parte aveva comprato molti e vari generi di veleno da uomini provenienti dall'Asia settentrionale per un ammontare di trenta milioni di sesterzi, in modo tale da poter uccidere a tradimento in diversi modi tutti coloro che avesse voluto. (4) In seguito tali veleni furono trovati nella dimora imperiale e vennero dati alle fiamme. Tuttavia a quel tempo i soldati, sdegnati sia per questo motivo sia per altri, non ultimo il fatto che i barbari fossero preferiti a loro, non solo non erano

---

«fu costretto... a ritirarsi in disparte... per soddisfare un urgente bisogno naturale»). Lampridio, invece, afferma che Antonino *occisus est... cum lavandae vessicae gratia ex equo descedisset* (*HA* 7, 1).

[27] Lacuna nel testo greco.

[28] S'intenda degli Sciti e dei Germani.

βαρβάρους σφῶν προτιμᾶσθαι δυσχεραίνοντες, οὔτ᾽ ἄλλως ἔτ᾽ ὁμοίως ἔχαιρον αὐτῷ, καὶ ἐπιβουλευθέντι οὐκ ἐβοήθησαν. (5) τοιούτῳ μὲν τέλει ἐχρήσατο βιούς τε ἔτη ἐννέα καὶ εἴκοσι καὶ ἡμέρας τέσσαρας (τῇ γὰρ τετράδι τοῦ Ἀπριλίου ἐγεγέννητο) καὶ αὐταρχήσας ἔτη ἓξ καὶ μῆνας δύο καὶ ἡμέρας δύο. [7] καί μοι καὶ ἐνταῦθα τοῦ λόγου θαυμάσαι πάμπολλα ἐπέρχεται. ὅ τε γὰρ πατὴρ αὐτοῦ μέλλοντί οἱ ἐκ τῆς Ἀντιοχείας τὴν τελευταίαν ἔξοδον ποιήσασθαι ξιφήρης ὄναρ ἐπέστη, λέγων ὅτι «ὡς σὺ τὸν ἀδελφὸν ἀπέκτεινας, καὶ ἐγὼ σὲ ἀποσφάξω»· (2) καὶ οἱ μάντεις εἶπον αὐτῷ τὴν ἡμέραν ἐκείνην φυλάσσεσθαι, τούτῳ τῷ ῥήματι ἄντικρυς χρησάμενοι, ὅτι «αἱ τοῦ ἥπατος τοῦ ἱερείου πύλαι κέκλεινται». ἀφ᾽ οὗ δὴ καὶ διὰ θύρας τινὸς ἐξῆλθε, μηδὲν μηδὲ τοῦ λέοντος, ὃν καὶ Ἀκινάκην ὠνόμαζε καὶ ὁμοτράπεζον ὁμόκλινόν τε ἐποιεῖτο, φροντίσας, ὅτι καὶ ἐκράτησεν αὐτὸν ἐξιόντα καὶ τὴν ἐσθῆτα αὐτοῦ προσκατέρρηξεν· (3) ἔτρεφε μὲν γὰρ καὶ ἄλλους λέοντας πολλούς, καὶ ἀεί τινας περὶ αὐτὸν εἶχεν, ἐκεῖνον δὲ καὶ δημοσίᾳ πολλάκις κατεφίλει. ταῦτά τε οὖν οὕτως ἔσχε, καὶ ὀλίγον πρὸ τοῦ θανάτου αὐτοῦ ἔν τε τῇ Ἀλεξανδρείᾳ πῦρ ἐξαίφνης πολύ, ὥς γε καὶ ἤκουσα, πάντα τὸν τοῦ Σαράπιδος ναὸν ἔνδοθεν κατασχὸν ἄλλο μὲν οὐδὲν τὸ παράπαν ἐλυμήνατο, (4) τὸ δὲ δὴ ξίφος ἐκεῖνο ᾧ τὸν ἀδελφὸν ἀπεσφάκει μόνον ἔφθειρεν, καὶ μετὰ τοῦτο παυσαμένου αὐτοῦ ἀστέρες πολλοὶ ἐφάνησαν· καὶ ἐν τῇ Ῥώμῃ δαίμων τις ἀνθρώπου σχῆμα ἔχων ὄνον ἔς τε τὸ Καπιτώλιον καὶ μετὰ τοῦτο ἐς τὸ παλάτιον ἀνήγαγεν, ζητῶν τὸν δεσπότην αὐτοῦ, ὥς γε καὶ ἔφασκεν, καὶ λέγων ἐκεῖνον μὲν ἀπολωλέναι τὸν δὲ Δία ἄρχειν. (5) συλληφθείς τε ἐπὶ τούτῳ καὶ πρὸς τὸν Ἀντωνῖνον ὑπὸ τοῦ Ματερνιανοῦ πεμφθεὶς «ἀπέρχομαι μέν» ἔφη «ὡς κελεύεις, ἀφίξομαι δὲ οὐ πρὸς τοῦτον τὸν αὐτοκράτορα ἀλλὰ πρὸς ἕτερον», καὶ μετὰ τοῦτ᾽ ἐς τὴν Καπύην ἐλθὼν ἀφανὴς ἐγένετο. [8] τοῦτο μὲν ζῶντος ἔτι αὐτοῦ συνηνέχθη, τῇ δὲ ἱπποδρομίᾳ ⟨τῇ⟩ τῆς τοῦ Σεουήρου ἀρχῆς ἕνεκα ποιουμένῃ κατέπεσε μὲν καὶ τὸ τοῦ Ἄρεως ἄγαλμα πομπεῦον, ἀλλὰ τοῦτο μὲν ἧττον ἄν τις θαυμάσειε· (2) τὸ δὲ δὴ μέγιστον, ἡττημένοι οἱ πράσινοι στασιῶται, ἔπειτα

---

[29] Il termine ἀκινάκης in greco significa «scimitarra», un particolare tipo di spada in uso presso i Medi e gli Sciti.

[30] L'espressione ὁμοτράπεζον ὁμόκλινόν τε significa propriamente «compagno di mensa e di letto triclinare», qui tradotto con un'endiadi.

più contenti di Antonino come in precedenza, ma non gli prestarono nemmeno soccorso quando cadde vittima della congiura.

(5) Tale fu la fine alla quale Antonino andò incontro dopo aver vissuto ventinove anni e quattro giorni (era infatti nato il quattro di aprile) e dopo aver regnato sei anni, due mesi e due giorni. [7] A questo punto della narrazione mi si presentano molti aneddoti che destano stupore: quando infatti egli stava per compiere l'ultimo viaggio partendo da Antiochia, gli apparve in sogno il padre che, armato di spada, disse: «Come tu hai ucciso tuo fratello, io ucciderò te!». (2) Gli indovini, inoltre, lo avvisarono di guardarsi da quel giorno ricorrendo esattamente a questa espressione: «Le porte del fegato della vittima sono chiuse!». In seguito a ciò egli passò attraverso una porta senza però darsi alcuna cura del fatto che il leone che egli chiamava Acinace[29] e che teneva in sua compagnia come commensale[30] lo aggredì mentre stava uscendo e lacerò la sua veste. (3) In verità egli allevava anche molti altri leoni e ne aveva sempre alcuni intorno sé, ma quest'ultimo era spesso solito accarezzarlo persino in pubblico. Così dunque andarono tali vicende. Poco prima della sua morte, stando a quanto ho sentito, ad Alessandria un grande incendio divampò improvvisamente all'interno del tempio di Serapide senza però produrre alcun danno, (4) se non la distruzione della spada con la quale egli aveva assassinato il fratello; quando poi l'incendio fu estinto, apparvero molte stelle. A Roma, inoltre, un nume dalle sembianze umane salì con un asino sul Campidoglio[31] e poi si recò presso il *Palatium* cercandone il padrone, come appunto dichiarò, dicendo che il principe era morto e che il potere era nelle mani di Giove. (5) Dopo essere stato perciò arrestato e condotto da Materniano davanti ad Antonino, disse: «Me ne vado, come tu ordini, ma mi presenterò al cospetto non di questo imperatore, bensì di un altro!» e, raggiunta in seguito Capua, scomparve. [8] Questo accadde quando egli era ancora in vita, mentre durante il concorso ippico in commemorazione del regno di Severo[32] la statua di Marte condotta in processione cadde a terra. Ma se quest'ultimo episodio non è tale da destare particolare meraviglia, (2) ce ne fu un altro che ne provocò invece moltissima: in seguito a una sconfitta della squadra dei Verdi,[33]

---

[31] Cfr. 11, 1, dove Dione spiega che l'asino rappresenterebbe il futuro imperatore Macrino e l'*obscuritas* dei suoi natali.

[32] I *decennalia* del 202 (cfr. *supra* 76, 1, 1).

[33] Sulle *factiones* del Circo cfr. 73, 4, 1.

κολοιὸν ἐπ' ἄκρου τοῦ ὀβελίσκου πάνυ σφόδρα κρώζοντα ἰδόντες πάντες τε πρὸς αὐτὸν ἀπέβλεψαν, καὶ πάντες ἐξαίφνης ὡς καὶ ἐκ συγκειμένου τινὸς ἀνεβόησαν «Μαρτιάλιε, χαῖρε· Μαρτιάλιε, διὰ χρόνου σε ἑοράκαμεν», οὐχ ὅτι καὶ ὁ κολοιός ποτε οὕτως ὠνομάσθη, ἀλλ' ὅτι δι' ἐκείνου τὸν Μαρτιάλιον τὸν τοῦ Ἀντωνίνου φονέα ὡς καὶ ἐξ ἐπιπνοίας τινὸς θείας ἠσπάσαντο. (3) ἤδη δέ τισι καὶ αὐτὸς ἑαυτῷ ὁ Ἀντωνῖνος τὴν τελευτὴν προδηλῶσαι ἔδοξεν, ἐπειδὴ ἐν τῇ ἐπιστολῇ ἣν τελευταίαν τῇ γερουσίᾳ ἔπεμψεν ἔφη ὅτι «παύσασθε εὐχόμενοί με ἑκατὸν ἔτεσι μοναρχῆσαι»· τὸ μὲν γὰρ ἐπιβόημα τοῦτο ἀεὶ καὶ ἀπ' ἀρχῆς αὐτῷ ἐγίνετο, ἐκεῖνος δὲ τότε πρῶτον καὶ μόνον ᾐτιάσατο αὐτό, λόγῳ μὲν ἐγκαλῶν σφισιν ὡς καὶ ἀδύνατα εὐχομένοις, ἔργῳ δὲ προδηλῶν ὅτι οὐκέτ' οὐδένα χρόνον ἄρξει. (4) καὶ ἐπειδή γε ἅπαξ τοῦτό τινες ἐπεσημήναντο, καὶ ἐμοὶ ἐνθύμιον ἐγένετο ὅτι ἐν τῇ Νικομηδείᾳ τοῖς Κρονίοις ἑστιῶν ἡμᾶς καὶ πολλὰ ἄττα, οἷα ἐν συμποσίῳ εἰκὸς ἦν, εἰπών, ἔπειτ' ἐξανισταμένων ἡμῶν προσκαλεσάμενος ‹ἐμὲ› ἔφη «κάλλιστα, ὦ Δίων, καὶ ἀληθέστατα ὁ Εὐριπίδης εἴρηκεν ὅτι

πολλαὶ μορφαὶ τῶν δαιμονίων,
πολλὰ δ' ἀέλπτως κραίνουσι θεοί,
καὶ τὰ δοκηθέντ' οὐκ ἐτελέσθη,
τῶν δ' ἀδοκήτων πόρον εὗρε θεός.
τοιόνδ' ἀπέβη τόδε πρᾶγμα».

(5) παραχρῆμα μὲν γὰρ ἄλλως ἀπολεληρηκέναι τοῦτο τὸ ἔπος ἔδοξεν, ἐπειδὴ δὲ οὐκ ἐς μακρὰν ἀπώλετο καὶ τελευταίαν ταύτην φωνὴν πρὸς ἐμὲ ἔρρηξε, καὶ πάνυ κεχρησμῳδηκέναι τρόπον τινὰ τὰ συμβησόμενα αὐτῷ ἐνομίσθη, ὥσπερ καὶ ὁ Ζεὺς ὁ Βῆλος ὀνομαζόμενος καὶ ἐν τῇ Ἀπαμείᾳ τῆς Συρίας τιμώμενος· (6) καὶ γὰρ ἐκεῖνος τῷ Σεουήρῳ πρότερον ἰδιωτεύοντί ‹τε› ἔτι τὰ ἔπη ταῦτα εἰρήκει

«ὄμματα καὶ κεφαλὴν ἴκελος Διὶ τερπικεραύνῳ,
Ἄρεϊ δὲ ζώνην, στέρνον δὲ Ποσειδάωνι»,

---

[34] Lo σφίσιν («loro») del testo greco non può che riferirsi ai membri del senato.
[35] Clausola di alcune tragedie euripidee. Cfr., ad esempio, *Alc.* 1159-1163.
[36] Belo è una forma grecizzata di Ba'al (o Bel nell'Antico Testamento): propriamente il «Signore» di Babilonia, qui è riconosciuto come titolo divino (cfr. *Her.* 1, 181, 2).

tutti quanti, notando sulla sommità dell'obelisco una cornacchia che
stava gracchiando molto forte, volsero lo sguardo verso di lui e come
per un segnale convenuto gridarono: «Salve, Marziale: da tempo,
Marziale, guardiamo a te!», non perché la cornacchia fosse mai stata
chiamata in questo modo, ma perché guardando quella, come per una
sorta di divina ispirazione, avevano salutato Marziale, l'uccisore di
Antonino. (3) Ben presto ad alcuni sembrò che Antonino medesimo
avesse preannunciato a se stesso la propria morte, poiché nell'ultima
lettera che inviò al senato scrisse: «Smettete di augurarmi di regnare
cent'anni!»; tale acclamazione, infatti, gli era sempre stata rivolta sin
da principio, ma allora, per la prima e unica volta, egli fece questa
richiesta, a parole per rimproverare i senatori[34] di innalzare preghiere
impossibili da esaudire, ma di fatto per rivelare che non avrebbe mai
più regnato. (4) Dopo che alcuni ebbero richiamato l'attenzione su
questo fatto, anche io mi resi conto che quando egli ci invitò a un
banchetto a Nicomedia, durante i Ludi Saturnali, e ci intrattenne con
molti di quei discorsi che si sogliono tenere nei conviti, non appena ci
fummo alzati mi chiamò da parte e mi disse: «In modo elegantissimo
e verissimo, caro Dione, Euripide disse:

"Molti sono i modi in cui gli dei si rivelano,
molti eventi insperati compiono gli dei:
e quelli attesi non accadono,
mentre a quelli inaspettati un dio aprì una strada.
Così si è conclusa questa vicenda"».[35]

(5) Al momento questi versi sembrarono citati a caso, ma quando
egli, che si era lasciato sfuggire davanti a me queste ultime parole,
non molto tempo dopo morì, si credette che avesse in qualche modo
vaticinato ciò che gli sarebbe accaduto, proprio come nel caso del
cosiddetto Giove Belo,[36] divinità venerata ad Apamea, in Siria: (6)
questo dio, infatti, in passato aveva detto tali parole a Severo, allora
ancora un privato cittadino:

«Negli occhi e nel capo simile a Giove tonante,
nella cinta armata a Marte, nel petto a Nettuno»,[37]

---

[37] Hom. *Il.* 2, 478-479. La similitudine si riferisce ad Agamennone, che si aggira
superbo tra i capi achei pronti a dare battaglia contro i Troiani.

καὶ μετὰ ταῦτα αὐτοκράτορι γενομένῳ ταῦτ᾿ εἶπεν χρωμένῳ, ὅτι

«σὸς δ᾿ οἶκος πᾶς βήσεται δι᾿ αἵματος».

[9] τοῦ δ᾿ οὖν Ἀντωνίνου τό τε σῶμα ἐκαύθη, καὶ τὰ ὀστᾶ ἐν τῷ Ἀντωνινείῳ, κρύφα νυκτὸς ἐς τὴν Ῥώμην κομισθέντα, ἐτέθη· πάνυ γὰρ πάντες οἱ βουλευταὶ καὶ οἱ ἰδιῶται, καὶ ἄνδρες καὶ γυναῖκες, ἰσχυρότατα αὐτὸν ἐμίσησαν, ὥστε καὶ λέγειν καὶ ποιεῖν πάντ᾿ ἐπ᾿ αὐτῷ ὡς καὶ πολεμιωτάτῳ. (2) δόγματι μὲν γὰρ οὐκ ἠτιμώθη διὰ τὸ τοὺς στρατιώτας τῆς μὲν εἰρήνης, ἧς ἀντήλπισαν παρὰ τοῦ Μακρίνου λήψεσθαι, μὴ τυχεῖν, τῶν δὲ δὴ κερδῶν, ὧν παρ᾿ ἐκείνου ἐλάμβανον, στερομένους πάλιν αὐτὸν ποθῆσαι, ἀλλὰ καὶ ἐς τοὺς ἥρωας μετὰ τοῦτ᾿ ἐκνικησάντων αὐτῶν ἐσεγράφη, καὶ τοῦτο καὶ τῇ βουλῇ δῆλον ὅτι ἐψηφίσθη. (3) ἄλλως δὲ πολλὰ καὶ κακὰ ὑπὸ πάντων ἤκουεν ἀεί· οὐδὲ γὰρ Ἀντωνῖνον ἔτ᾿ αὐτὸν ἐκάλουν, ἀλλ᾿ οἱ μὲν Βασσιανὸν τὸ ἀρχαῖον ὄνομα, οἱ δὲ Καράκαλλον, ὥσπερ εἶπον, οἱ δὲ καὶ Ταραύταν ἐκ μονομάχου τινὸς προσηγορίας τό τ᾿ εἶδος καὶ σμικροτάτου καὶ κακοειδεστάτου καὶ τὴν ψυχὴν καὶ θρασυτάτου καὶ μιαιφονωτάτου.

[10] καὶ τὰ μὲν ἐκείνου, ὅπως ποτ᾿ ἂν καὶ ὀνομάσῃ τις αὐτόν, οὕτως ἔσχεν· ἐμοὶ δὲ δή, καὶ πρὶν ἐς τὴν μοναρχίαν καταστῆναι, προεδηλώθη τρόπον τινὰ παρὰ τοῦ πατρὸς αὐτοῦ ὅτι καὶ ταῦτα γράψοιμι. ἐν γὰρ πεδίῳ μεγάλῳ τινὶ πᾶσαν τὴν τῶν Ῥωμαίων δύναμιν ἐξωπλισμένην ὁρᾶν τεθνηκότος αὐτοῦ ἤδη ἔδοξα, καὶ ἐνταῦθα τὸν Σεουῆρον ἐπί τε γηλόφου καὶ ἐπὶ βήματος ὑψηλοῦ καθήμενον διαλέγεσθαί τι αὐτοῖς. (2) καί με προσστάντα ἰδὼν ὅπως τῶν λεγομένων ἀκούσω, «δεῦρο» ἔφη, «Δίων, ἐνταῦθα πλησίον πρόσελθε, ἵνα πάντα καὶ τὰ λεγόμενα καὶ τὰ γιγνόμενα καὶ μάθῃς

---

[38] Eur. *Phoen.* 20 (citazione leggermente variata). Sono le parole di monito che l'oracolo di Apollo rivolge a Laio, re di Tebe: «Se genererai, ti ucciderà colui che da te nasca, e la tua casa sprofonderà nel sangue».

[39] Cfr. 76, 15, 4 e nota.

[40] Riguardo alle esequie di Caracalla, Erodiano afferma che Macrino fece ardere la salma dell'imperatore e recapitò l'urna funeraria alla madre Giulia Domna, che si trovava in Antiochia, perché provvedesse alla sepoltura (4, 13, 8). Nell'*Historia Augusta*, invece, si narra che Macrino diede incarico al prefetto del pretorio Avvento di celebrare i funerali di Caracalla con onori degni di un monarca (*honorabiliter sepeliret ducto funere regio*, *Macr.* 5, 3), anche in ragione delle simpatie del popolo per il defunto (cfr. anche *Carac.* 9, 1; 9, 12); in seguito avrebbe inviato una lettera al senato nella quale, annunciando la propria successione al potere, tesseva l'elogio del predecessore e gli attribuiva il titolo di *divus* (*Macr.* 5, 9; 6, 8). Secondo MARASCO, *L'idéologie impériale*, cit., p. 192) la notizia della divinizzazione di Caracalla è cre-

e in seguito, quando diventò imperatore e consultò [di nuovo]
l'oracolo, gli aveva detto:

«La tua casa intera sprofonderà nel sangue».[38]

[9] Il corpo di Antonino fu cremato e i suoi resti furono deposti nel mausoleo degli Antonini,[39] dopo essere stati condotti a Roma nottetempo, di nascosto;[40] tutti i senatori e i privati cittadini, infatti, sia uomini sia donne, lo odiavano nel profondo, a tal punto che ogni loro parola e ogni loro azione era rivolta contro di lui come contro il peggior nemico. (2) Contro di lui non fu tuttavia decretata la *damnatio memoriae*[41] perché i soldati non avevano ottenuto la pace che speravano di guadagnare da Macrino, e anche perché, essendo stati privati [dallo stesso Macrino] delle ricompense che ricevevano da Antonino, lo rimpiangevano; anzi, in seguito essi si imposero a tal punto che egli fu annoverato tra i semidei, decisione che, ovviamente, fu ratificata da un decreto del senato. (3) Altrimenti, però, pessima era la fama che continuava ad avere presso tutti: infatti, non lo chiamavano neppure più Antonino, ma alcuni col vecchio nome Bassiano, altri, come ho detto, Caracalla, altri ancora Tarauta, ispirandosi al soprannome di un gladiatore piccolo di statura e bruttissimo d'aspetto, ma assai violento e sanguinario di indole.[42]

[10] Queste, dunque, sono le vicende di Antonino, comunque lo si voglia chiamare. Quanto a me, invece, ancora prima che egli assumesse il potere imperiale, mi era stato in qualche modo preannunciato da suo padre che avrei scritto il resoconto anche di questi fatti. Quando egli era già morto, infatti, mi parve di vedere l'intero esercito dei Romani in assetto di guerra in una grande pianura e Severo parlare loro dall'alto di un tribunale collocato su un terrapieno.[43] (2) Vedendomi lì accanto ad ascoltare i discorsi, mi disse: «Vieni qui vicino, Dione, perché tu apprenda accuratamente e scriva un resoconto di

dibile e conferma la volontà esplicita di Macrino di rifarsi alla tradizione politica dei suoi predecessori (su cui cfr. *infra* 16, 2 e relative note; 19, 1 e nota).

[41] Per l'utilizzo del verbo ἀτιμάζω (che trova un corrispettivo nel sostantivo ἀτιμία, *infra* 17, 3) per indicare la *damnatio memoriae* cfr. *supra* 75, 8, 1 e nota. A essa furono condannati Geta, Macrino, Elagabalo, Giulia Soemiade e Giulia Mamea. Ma non Caracalla. La notizia pare confermata a 17, 4 e a 18, 3, dove si afferma che nessuno osò proclamare Caracalla *hostis publicus*.

[42] Questo gladiatore, non altrimenti noto, è menzionato solo da Cassio Dione. La scelta del nomignolo, che spesso nella narrazione dei libri 78-79 è alternata al nome Antonino, riflette senz'alcuna ombra di dubbio l'ostilità dell'autore nei riguardi di Caracalla.

[43] Sull'uso letterario degli inserti onirici in Dione cfr. M.-L. FREYBURGER-GALLAND, *Les rêves chez Dion Cassius*, «REA» 101 (1999), pp. 533-545.

ἀκριβῶς καὶ συγγράψῃς». (3) τοιοῦτος μὲν ὁ τοῦ Ταραύτου καὶ βίος καὶ ὄλεθρος ἐγένετο, καὶ αὐτῷ ἐπαπώλοντο μὲν καὶ οἱ τῆς κατ' αὐτοῦ ἐπιβουλῆς μετασχόντες, οἱ μὲν εὐθὺς οἱ δ' οὐ πολλῷ ὕστερον, προσδιεφθάρησαν δὲ οἱ πάνυ ἑταῖροι αὐτοῦ καὶ οἱ Καισάρειοι· οὕτω που φονικῷ δαίμονι καὶ ἐς τοὺς ἐχθροὺς καὶ ἐς τοὺς φίλους συνεκεκλήρωτο.

[11] ὁ δὲ δὴ Μακρῖνος τὸ μὲν γένος Μαῦρος, ἀπὸ Καισαρείας, γονέων ἀδοξοτάτων ἦν, ὥστε καὶ σφόδρα εἰκότως αὐτὸν τῷ ὄνῳ ‹τῷ› ἐς τὸ παλάτιον ὑπὸ τοῦ δαιμονίου ἐσαχθέντι εἰκασθῆναι· τά τε γὰρ ἄλλα καὶ τὸ οὖς τὸ ἕτερον κατὰ τὸ τοῖς πολλοῖς τῶν Μαύρων ἐπιχώριον διετέτρητο· (2) τῇ δὲ ἐπιεικείᾳ καὶ ἐκεῖνο συνεσκίαζεν, τά τε νόμιμα οὐχ οὕτως ἀκριβῶς ἠπίστατο ὡς πιστῶς μετεχειρίζετο. κἀκ τούτου καὶ τῷ Πλαυτιανῷ διὰ φίλου τινὸς συνηγόρημα γνωρισθεὶς τὸ μὲν πρῶτον τῶν ἐκείνου χρημάτων ἐπετρόπευσεν, ἔπειτα συναπολέσθαι οἱ κινδυνεύσας, καὶ παρὰ δόξαν ὑπὸ τοῦ Κίλωνος ἐξαιτησαμένου αὐτὸν σωθείς, (3) πρὸς μὲν τοῦ Σεουήρου τοῖς ὀχήμασι τοῖς κατὰ τὴν Φλαμινίαν ὁδὸν διαθέουσιν ἐπετάχθη, πρὸς δὲ τοῦ Ἀντωνίνου ὀνόματά τινα ἐπιτροπείας ὀλιγοχρονίου λαβὼν ἔπαρχος ἀπεδείχθη, καὶ

---

[44] Tale sogno sarebbe avvenuto tra la morte di Settimio Severo (4 febbraio 211) e l'assassinio di Geta (la cui data oscilla tra il dicembre 211 e il febbraio 212): secondo alcuni è da intendere come un'esortazione a continuare un'opera già intrapresa, mentre secondo altri come l'invito a comporre una storia generale di Roma dalle origini fino ai tempi dell'autore stesso. Come leggiamo a 72, 23, 3, Cassio Dione scrisse due opuscoli (uno *Sui sogni e i prodigi* e uno su *Polemoi e Staseis* di Settimio Severo) che avrebbero poi ispirato la composizione della *Storia romana*, animata sia da spunti propagandistici di età severiana, sia dall'ideologia espressa dall'autore medesimo, che leggeva negli avvenimenti successivi al 193 (la guerra civile e l'avvento al potere dei Severi) l'inizio della trasformazione dell'impero da principato in autocrazia militare. Sulla datazione degli opuscoli e sul carattere della riflessione dionea cfr. Cfr. SCHETTINO, *Cassio Dione e le guerre civili*, cit., pp. 533-558.

[45] Vale a dire Antonino-Caracalla. Cfr. 9, 3.

[46] Marco Opellio Macrino (Cesarea di Mauritania, 164/166-Calcedonia sul Bosforo, 218) era, secondo una notizia dell'*Historia Augusta*, un uomo di condizione libertina e un membro adibito a mansioni servili nella corte di Commodo; relegato in Africa da Settimio Severo a causa della sua condotta spregevole, fu impiegato come lettore pubblico e si dedicò ad attività forensi, per poi, dopo l'affrancamento, entrare nell'ordine equestre e diventare *advocatus fisci* in epoca non meglio precisata (*HA Macr.* 4, 3-6). Oltre a essere stato procuratore del prefetto del pretorio Plauziano, fu *praefectus vehiculorum per Flaminiam*, *procurator aerarii maioris* intorno al 208 (*HA Diadum.* 4, 1) e in seguito, sotto Caracalla, ottenne altre procure (come ad esempio alle *res privatae*, cfr. *HA Macr.* 2, 1; 7, 2; anche *Comm.* 20, 1 e *Sev.* 12, 4), fino alla nomina a prefetto del pretorio (Aur. Vict. *Caes.* 22, 1; Eutr. 8, 21). Dalla fine del 216 combatté

tutti i discorsi e di tutti gli eventi».[44] (3) Tali furono la vita e la morte di Tarauta,[45] dopo il quale morirono anche coloro che avevano preso parte alla congiura contro di lui: di questi alcuni morirono subito, altri poco dopo, e a loro si aggiunsero anche i suoi più intimi compagni e i liberti. Fu così che quel destino di sangue in qualche modo toccò in sorte, contemporaneamente, ai suoi nemici e ai suoi amici.

[11] Macrino[46] proveniva da Cesarea, dalla stirpe dei Mauretani, e da una famiglia di origini del tutto oscure,[47] cosicché venne appropriatamente raffigurato in quell'asino[48] condotto al *Palatium* dal nume; tra l'altro, infatti, secondo l'usanza tipica di molti dei Mauretani, gli era stata forata una delle due orecchie.[49] (2) Tuttavia la sua integrità gli consentì di nascondere tale macchia; la sua leale sottomissione alle leggi era quasi inappuntabile quanto la sua conoscenza di esse. Fu proprio grazie a ciò che, distintosi agli occhi di Plauziano durante la difesa di un amico, divenne dapprima amministratore dei suoi beni, e in seguito, dopo aver corso il rischio di perdere la vita insieme a lui e dopo essere stato inaspettatamente salvato grazie all'intercessione di Cilone,[50] (3) fu designato da Severo *curator viae Flaminiae*;[51] infine, ottenuti da Antonino alcuni incarichi di procuratore a breve scadenza,

---

a fianco dell'imperatore nella guerra partica ottenendo, sul principio del 217, gli *ornamenta consularia* e il titolo di *vir clarissimus* insieme al figlio Diadumeniano, allorquando capeggiò la congiura che rovesciò Caracalla (*supra* 4, 1-5; Herod. 4, 12, 4-8). Per un ritratto di Macrino e dei suoi metodi soldateschi, per quanto frutto di una tradizione fortemente ostile, cfr. *HA Macr.* 12-13. In generale su Macrino cfr. P. Cavuoto, *Macrino*, Napoli 1983.

[47] Sulle origini oscure di Macrino cfr. anche 15, 3 e 79, 1, 2 (δυσγένεια) e *HA Macr.* 2, 1; 4, 1-6; ; 5, 5-6; 8, 1, che lo associa al ritratto di un uomo immondo; Erodiano, che invece presenta Macrino come un «valente oratore, e giurista dottissimo» (4, 12, 1), menziona la sua origine ἐκ τῆς ἱππάδος («equestre») a 5, 1, 5.

[48] Cfr. *supra* 7, 4.

[49] Usanza in auge anche tra i Siriaci e gli orientali in genere (Iuv. *Sat.* I 104), ma cfr. anche Aug. *Ep.* II 73 per il discorso della superstizione. Cfr. il busto di Caracalla – il quale proveniva dal nord Africa ed era di madre siriaca – conservato a Roma, presso Villa Borghese che mostra l'orecchio destro forato.

[50] Cfr. 77, 4, 2; 5, 1.

[51] Propriamente τὰ ὀχήματα τὰ κατὰ τὴν Φλαμινίαν ὁδὸν διαθέοντα sono «i veicoli che percorrono la via Flaminia»: si tratta quindi della sovrintendenza dei trasporti della Via Flaminia, compito assunto dal *curator via Flaminiae*, l'importante arteria viaria costruita nel 220 a.C. dal censore Caio Flaminio che collegava Roma a Rimini (Liv., *Per.* 20). A partire dall'epoca augustea i *curatores viarum* potevano anche esercitare le loro funzioni al di fuori dell'Urbe: erano organizzati in una sorta di collegio che da Claudio in poi poteva riunire fino a otto *curatores*, preposti ciascuno a una determinata via.

διῴκησε τὰ τῆς ἡγεμονίας ταύτης ἄριστα καὶ δικαιότατα, ὅσα γε καὶ αὐτογνωμονήσας ἔπραξεν. (4) τοιοῦτος δή τις ὢν καὶ οὕτως αὐξηθεὶς ἔς τε τὸν νοῦν τὴν τῆς αὐταρχίας ἐλπίδα ζῶντος ἔτι τοῦ Ταραύτου, δι᾽ ὅπερ εἶπον, ἐνεβάλετο, καὶ τελευτήσαντος αὐτοῦ φανερῶς μὲν οὔτε ἐκείνῃ τῇ ἡμέρᾳ οὔτε ταῖς ἔπειτα ταῖς δύο ἐπεβάτευσεν αὐτῆς, ἵνα μὴ καὶ ἐπὶ τοῦτ᾽ αὐτὸν ἀπεκτονέναι δόξῃ, ἀλλὰ ἄναρκτα παντελῶς τὸν χρόνον ἐκεῖνον ἀπ᾽ αὐτοτελοῦς ἄρχοντος τὰ τῶν Ῥωμαίων πράγματα, οὐδ᾽ εἰδότων αὐτῶν τοῦτο, διεγένετο· (5) πέμψας δὲ ὡς ἑκασταχόσε πρὸς τοὺς στρατιώτας τοὺς ἐν μὲν τῇ Μεσοποταμίᾳ διὰ τὸν πόλεμον, μὴ μέντοι καθ᾽ ἓν ὄντας ἀλλ᾽ ἄλλους ἄλλῃ διεσπασμένους, προσηταιρίσατο αὐτοὺς διὰ τῶν ἐπιτηδείων οἳ τά τε ἄλλα ἐπαγγειλάμενος καὶ τοῦ πολέμου, ᾧ μάλιστα ἐβαρύνοντο, ἀπαλλάξειν ἐπελπίσας. (6) καὶ οὕτω τῇ τετάρτῃ ἡμέρᾳ, ᾗ τὰ τοῦ Σεουήρου γενέθλια ἦν, αὐτοκράτωρ τε ὑπ᾽ αὐτῶν ὡς καὶ καταβιασθεὶς ᾑρέθη, [12] καὶ πολλὰ μὲν καὶ χρηστὰ ἐκείνοις ἐδημηγόρησε, πολλὰ δὲ καὶ ἀγαθὰ τοῖς ἄλλοις ἀνθρώποις ὑπετείνατο, τούς τε ἐπ᾽ ἀσεβείᾳ τινί, οἵα γε ἡ ἀσέβεια αὕτη ἡ ἐς τοὺς αὐτοκράτορας λέγεται γίγνεσθαι, τιμωρίαν τινὰ ἔμβιον ὠφληκότας ἀπαλλάξας τῆς καταδίκης, καὶ τοὺς ἐγκαλουμένους τι τοιοῦτον ἀπολύσας, (2) τά τε περὶ τοὺς κλήρους καὶ τὰ περὶ τὰς ἐλευθερίας καταδειχθέντα ὑπὸ τοῦ Καρακάλλου παύσας, καὶ τὸν Αὐρηλιανὸν ἐξαιτηθέντα ὑπ᾽ αὐτῶν οἷα ἀπεχθέστατον σφίσιν ἐν πολλαῖς στρατείαις ταῖς πρόσθε γεγονότα παραιτησάμενος ὡς

[52] All'opposto di queste notizie generalmente favorevoli si pongono quelle totalmente negative dell'*HA*, che non si limita a rilevare l'origine oscura di Macrino e a ripercorrerne la carriera (da gladiatore ad avvocato del fisco, fino alla prefettura del pretorio), ma anche a tracciarne un ritratto a tinte foschissime: un uomo turpe dentro e fuori (*Macr.* 2, 1), volgare, dissoluto, schiavo e cortigiano venduto (4, 1-4).

[53] È l'11 aprile 217 (cfr. anche Herod. 4, 13, 7-8; 14, 1-3). Secondo Erodiano (4, 14, 2) dopo la soppressione di Caracalla i soldati rimasero attoniti e in apprensione per due giorni, passati i quali dapprima elessero imperatore Avvento (che rifiutò l'incarico), poi, su iniziativa dei tribuni, optarono per Macrino, «non tanto per l'appoggio o la fiducia dei soldati, ma per la necessità e bisogno dettati dalla circostanza». In modo più sommario Dione stigmatizza l'acclamazione di Macrino con la chiosa «quasi da loro costretto». Cfr. anche *HA Macr.* 7, 4: dopo la lettura della missiva che inviò al senato in merito alla morte di Caracalla, la notizia fu accolta con favore e Macrino, dopo essere stato iscritto tra i patrizi, si vide conferire dal senato l'*imperium proconsulare* e la *tribunicia potestas*.

fu nominato prefetto [del pretorio], ruolo che esercitò in modo ottimo
e giustissimo operando in piena autonomia.[52]

(4) Egli dunque, avendo una tale indole e avendo maturato una certa intelligenza politica, quando Tarauta era ancora in vita prese a nutrire la speranza, per la ragione che ho spiegato, di diventare imperatore. Ciononostante dopo la morte di lui, né quel giorno né durante i due successivi, si appropriò apertamente del potere, per non dare l'impressione di averlo ucciso proprio per questo motivo: anzi, per quel lasso di tempo lo stato di Roma restò completamente privo di un capo supremo senza che nessuno se ne rendesse conto. (5) Dopo aver inviato alcuni messaggi attraverso ogni canale possibile ai soldati che si trovavano in Mesopotamia a causa della guerra, mandandoli tuttavia non a coloro che si trovavano radunati in un luogo solo, ma a quelli che erano dispersi in varie località, si guadagnò il loro appoggio promettendo, attraverso i suoi sostenitori, vari premi e infondendo loro la speranza della fine della guerra, dalla quale soprattutto si sentivano oppressi. (6) Così il quarto giorno, che coincideva con il compleanno di Severo, quasi da loro costretto, fu acclamato imperatore.[53] [12] Rivolse loro un lungo e lodevole discorso,[54] mentre al resto della gente fece molte e confortanti promesse; sospese la sentenza di coloro che erano stati condannati per *maiestas* – dove per *maiestas* s'intende la lesa maestà contro gli imperatori[55] – o avevano subito una condanna a vita, e prosciolse dalle accuse quanti erano stati imputati di delitti simili. (2) Sospese, inoltre, le leggi introdotte da Caracalla sulle eredità e sulle emancipazioni,[56] e annullò la richiesta di arresto di Aureliano[57] da parte dei soldati,[58] ai quali era diventato oltremodo inviso durante le passate campagne

---

[54] Erodiano (4, 14, 4-8) riporta il discorso che Macrino tenne alle truppe dopo la sua *acclamatio* e poco prima della ripresa delle ostilità contro i Parti: esso è incentrato sulla *laudatio* della memoria di Caracalla e sulla *captatio benevolentiae* dei soldati, da cui emergono toni parenetici tesi a risolvere la guerra contro il nemico.

[55] Il *crimen maiestatis* in età imperiale assorbì l'antica *perduellio* (alto tradimento) e comprendeva dunque tutti i delitti commessi contro il *princeps* (diffamazione, oltraggio alla memoria, offese a statue o immagini imperiali ecc.). La pena prevista era la morte. Cfr. R.A. BAUMAN, *Impietas in Principem. A Study of Treason against the Roman Emperor with Special Reference to the First Century A.D.*, München 1974.

[56] Tutte queste iniziative rivelano il tentativo di Macrino di guadagnarsi il consenso più ampio possibile.

[57] Senatore menzionato dal solo Cassio Dione (cfr. anche 19, 1).

[58] αὐτῶν si riferisce evidentemente ai soldati e va quindi letto come στρατιωτῶν.

οὐχ ὅσιον ὂν βουλευτήν τινα ἀποκτεῖναι. (3) οὐ μέντοι καὶ ἐπὶ πολὺ ἐξεγένετο αὐτῷ ἀνδραγαθίσασθαι ...... Ι τε Αὐρηλιαν...... Ι νησανταα........ Ι σαι τι ἐπιχ.......... Ι στρατιώτα .... Ι αμα τοῦτο .... Ι ὑπ᾽ αὐτοῦ τὸ .... Ι καὶ ἀναλοι........ Ι δε βουλευς.......... Ι αὔταρχόν γ.......... Ι ὀργῇ τε ο......... Ι σι καὶ διακοσίας καὶ πεντήκοντα δραχμὰς (4) ..... Ι πλεῖόν τι δοῦναι κατεδέδεικτο τ .... Ι φοβηθεὶς .... Ι τὸν Αὐρηλιανὸν τὸν καὶ μόνον οὐχ ὅπως τῶν ὑπατευκότων ἀλλὰ καὶ τῶν ὅλως βουλευόντων τότε παρόντα ἀπ......... Ι ὑπὸ χρημάτων ...... ἐς Ι αὐτὸν τηνι .... Ι αἰτίαν τοῦ θανάτου τοῦ Καρακάλλου .... Ι τρέψας τὸ δ....... Ι καὶ περὶ το........ Ι τας τι επο........ Ι σας παρα..........: (5) Ι τονως .... Ι σφῶν .... Ι τα ὠ............. Ι του .... Ιπρο.................. Ι........ πάμπολλα καὶ ἔπιπλα καὶ κτήματα τῶν αὐτοκρατόρων. ὡς δ᾽ οὐδὲ ταῦτα διὰ τοὺς στρατιώτας ἐξήρκει ταῖς ἐν Ι......ιακων προσ Ι........ ξατο καὶ μεν Ι ....ν βουλευτῶν Ι ....ν ἀποκτει Ι .... μηδένα ἀλλ᾽ ἐς φυλακήν τινας ἐμβαλὼν Ι........... (6) φον τὸν ευ Ι .... αι τῶν ἱππέων καὶ τῶν ἐξελευθέρων καὶ τῶν Καισαρείων καὶ Ι........ ικῶν τῶν τε Ι .... τοὺς καὶ ὁτιοῦν ἁμαρτάνοντας κολασθῆναι ποιήσας ὥστε πᾶσι Ι .... νον αὐτῶν Ι .... τάς τε ἐπιτροπείας ... τὰς περιττὰς .... τὰ πολλὰ τῶν .... τοῦ Ταραύτου .... (7) αχθέντων Ι ...... το τῶν ἀγώνων Ι .... ων πλῆθος ην Ι......... ς, τάς τε δωρεὰς αὖ ἃς μάτην τισὶν ἐδεδώρητο συλλέξας, καὶ μηδεμίαν εἰκόνα αὐτοῦ μήτε ἀργυρᾶν ὑπὲρ πέντε λίτρας μήτε χρυσῆν ὑπὲρ τρεῖς γίγνεσθαι ἐκέλευσεν. τό τε μέγιστον, τὴν μισθοφορὰν τῶν ἐν τῷ δορυφορικῷ στρατευομένων .... ἐς τὸ ταχθὲν .... ὑπὸ τοῦ Σεουήρου .... εθε Ι ....

[13] οὐ μὴν ἀλλ᾽ ἐπὶ τούτοις ὑπό τινων οὐ μάτην ἐπαινούμενος ἰσοστάσιόν πως αὐτοῖς αἰτίαμα παρὰ τῶν ἐμφρόνων ἔσχεν, ὅτι ἔς τε τοὺς ὑπατευκότας τινὰς ἐνέγραψε καὶ εὐθὺς ἀρχαῖς ἐθνῶν προσέταξεν, καίτοι μὴ ἐθελήσας δεύτερον δὴ τῷ ἐπιόντι ἔτει ὑπατεύειν δόξαι ὅτι ‹τὰς› τῶν ὑπατευκότων τιμὰς ἐσχήκοι, ὅπερ ἐπὶ τοῦ Σεουήρου ἀρξάμενον καὶ ὁ υἱὸς αὐτοῦ ἐπεποιήκει. (2) τοῦτο γὰρ δὴ νομιμώτατα καὶ περὶ ἑαυτοῦ καὶ περὶ τοῦ Ἀδουέντου πράξας, ἀλογώτατα Μάρκιόν τε Ἀγρίππαν πρότερον μὲν ἐς

[59] Oclatinio Avvento, nato prima del 160, svolse la sua carriera militare a partire dal grado di *princeps peregrinorum* sotto Settimio Severo. Nel 205-207 fu procuratore della Britannia sotto L. Alfenio Senecione (cfr. N.B. RANKOV, *M.O. Adventus in Britain*, «Britannia» 18 [1987], pp. 243-249) per poi diventare prefetto del pretorio insieme a Macrino durante il principato di Caracalla (Herod. 4, 12, 1; Just. *Epit.* 9, 51, 1):

militari, poiché non era lecito mandare a morte un senatore. (3) Tuttavia non fu in grado di comportarsi a lungo lealmente .... e Aurelia-
no .... soldati ....
questo .... da lui .... e .... assoluto ....
per sdegno .... e mille sesterzi (4) ..... . mostrò di dare di più
.... temendo .... Aureliano, il solo a essere presente non solo
tra gli ex consoli, ma anche di coloro che allora erano effettivamente
senatori .... dal denaro .... a lui .... accusa della morte di
Caracalla .... volgendo .... e intorno ....
.... (5) .... di loro ....
.... molte suppellettili e ricchezze degli imperatori.
Ma poiché a causa dei soldati neppure questo bastava alle ....
.... e .... di senatori .... nessuno
ma mettendo alcuni sotto custodia .... (6) .... dei
cavalieri, dei liberti e dei liberti imperiali e .... e dei ....
facendo in modo che coloro che avevano commesso qualche errore
venissero puniti, cosicché a tutti .... loro .... le procure ...
le eccessive .... molte delle .... di Tarauta (7) ....
degli spettacoli .... gran quantità ...., e dopo aver raccolto
i doni che erano stati distribuiti immeritatamente ad alcuni, vietò che
venissero fuse statue d'argento con le sue sembianze che pesassero
più di cinque libbre, oppure d'oro con un peso maggiore di tre libbre.
Soprattutto [stabilì?] la paga di coloro che militavano nella guardia
pretoriana .... secondo quanto stabilito .... da Severo ....

[13] Tuttavia, a fronte dell'approvazione che per queste decisioni
non a torto riceveva da parte di alcuni, incorreva anche nelle critiche
dei cittadini moderati perché aveva concesso a certuni il rango di ex
consoli e li aveva direttamente designati al governo delle province,
sebbene egli stesso avesse rifiutato di comparire nominato «console
per la seconda volta» per l'anno seguente, dal momento che già aveva ricevuto il rango consolare, consuetudine peraltro inaugurata da
Severo e continuata da suo figlio. (2) Nonostante in questo caso avesse
operato nella piena legalità tanto nei riguardi di se stesso quanto nei
confronti di Avvento,[59] agì in modo del tutto insensato quando inviò

mantenne la carica anche sotto Macrino nel 218 e con lui fu eletto console nello stesso
anno, per poi assumere il rango senatorio (per il suo *cursus honorum* cfr. *infra* 14, 1-2).
All'epoca della sua nomina Erodiano lo definisce «già vecchio, inesperto di politica,
ma considerato buon comandante» (*ibid.*). Fu lui, in qualità di prefetto del pretorio,
a ricevere l'incarico di celebrare le esequie di Caracalla (*HA Macr.* 5, 3-5). Investito
della carica di *praefectus urbi* da Macrino (*infra* 14, 4), fu console ordinario nel 218.

Παννονίαν εἶτ᾽ ἐς Δακίαν ἡγεμονεύσοντα ἔπεμψεν· τοὺς γὰρ ἄρχοντας αὐτῶν, τόν τε Σαβῖνον καὶ τὸν Καστῖνον, λόγῳ μὲν ὡς καὶ τῆς συνουσίας σφῶν δεόμενος, ἔργῳ δὲ τό τε πάνυ φρόνημα καὶ τὴν φιλίαν αὐτῶν τὴν πρὸς τὸν Καράκαλλον φοβηθείς, εὐθὺς μετεπέμψατο. (3) τόν τε οὖν Ἀγρίππαν ἐς τὴν Δακίαν καὶ Δέκκιον Τρικκιανὸν ἐς τὴν Παννονίαν ἔστειλεν, ἐκεῖνον μὲν δοῦλόν τε κομμωτὴν γυναικός τινος γεγονότα, καὶ διά τε τοῦτο κριθέντα ὑπὸ τοῦ Σεουήρου καίτοι καὶ τῷ βασιλικῷ συνδεδικηκότα, (4) καὶ ἐπὶ προδοσίᾳ πράγματός τινος ἐς νῆσον ἐκπεσόντα, καὶ μετὰ τοῦτο ὑπὸ τοῦ Ταραύτου σὺν τοῖς ἄλλοις καταχθέντα, τάς τε διαγνώσεις αὐτοῦ καὶ τὰς ἐπιστολὰς διοικήσαντα, καὶ τὸ τελευταῖον ἐς τοὺς βουλευτὰς τοὺς ἐστρατηγηκότας ἀπωσθέντα ὅτι μειράκια ἔξωρα ἐς τὴν στρατιὰν ἐπῆκτο, τὸν δὲ δὴ Τρικκιανὸν ἔν τε τῷ πλήθει τῷ Παννονικῷ ἐστρατευμένον καὶ θυρωρόν ποτε τοῦ ἄρχοντος αὐτῆς γεγονότα καὶ τότε τοῦ Ἀλβανίου στρατοπέδου ἄρχοντα.

[60] Marco (o Marcio) Agrippa ascese dalla condizione di schiavo fino a quella di senatore (dopo essere stato liberto e poi *eques*). Fu probabilmente comandante della flotta nella campagna partica di Caracalla e sostenitore di Macrino nella congiura contro l'imperatore (*HA Carac.* 6, 6), per cui avrebbe ottenuto la Pannonia come ricompensa in sostituzione di C. Ottavio Suetrio Sabino.

[61] Dopo la definitiva sconfitta di Decebalo nella guerra del 105-106 (cfr. 67, 6 s.; 68, 6-14) fu istituita la *provincia Dacia* (Transilvania, Oltenia e Banato), che costituì anche un territorio strategico per contrastare le incursioni delle tribù circostanti come gli Iazigi e i Rossolani. Sotto Adriano fu divisa in *Dacia inferior* (anche *Maluensis*, dal 168) e *Dacia superior* (o *Apulensis*), e da quest'ultima fu in seguito scorporata una parte di territorio col nome di *Dacia Porolissensis* (assetto che rimase in vigore sino ad Aureliano). Nel 217, sotto Macrino, Roma ottenne una tregua con le popolazioni daciche (cfr. *supra* 27, 5).

[62] C. Ottavio Suetrio Sabino, cfr. *supra* 76, 9, 2.

[63] C. Giulio Settimio Castino, *consul suffectus* nel 212 o nel 213. Forse originario dell'Africa, ebbe grande influenza sotto Caracalla (il suo nome rivela chiaramente un legame con i Severi), e la sua fulgida carriera è nota soprattutto grazie a un'iscrizione rinvenuta a *Aquincum*, presso l'odierna Budapest (*CIL* III 10471-10473): tra le numerosissime cariche che rivestì, fu governatore a Creta e nella Cirenaica (204 ca.) e, in seguito, comandante di una guarnigione militare composta di armate di stanza sul Reno (*XXX Ulpia Victrix, I Minervia, XXII Primigenia, VIII Augusta*) con la funzione di contrastare i *defectores et rebelles* (probabilmente Pescennio Nigro e Clodio Albino), mostrandosi leale verso la dinastia severa nelle battaglie contro gli usurpatori (208 ca.); divenne poi governatore della Pannonia Inferiore tra il 211 e il 213 e della Dacia nel 217. Rimpiazzato da Macrino, timoroso dei governatori delle province del *limes* danubiano (con lui anche C. Ottavio Suetrio Sabino, legato in Pannonia), andò esule in Bitinia e in seguito, richiamato a Roma da Elagabalo, fu da questi mandato a morte perché era δραστήριος («incline ad agire», «intraprendente») e per i suoi legami con gli ambienti militari: cfr. *infra* 79, 4, 3-4.

[64] Elio Decio Tricciano (anche *Recianus* in *HA Carac.* 6, 7) doveva forse il proprio *cognomen* alla città pannonica di Tricciana. Oltre a essere stato *ianitor* del governatore della Pannonia, militò nell'esercito di lì: prefetto della *Legio II Parthica* e comandante degli *equites extraordinarii*, accompagnò Caracalla nella campagna partica e fece parte

Marco Agrippa[60] come governatore dapprima in Pannonia, e in seguito in Dacia;[61] aveva infatti richiamato con effetto immediato i rispettivi governatori di queste province, Sabino[62] e Castino,[63] ufficialmente perché aveva bisogno della loro presenza, ma in realtà perché temeva la loro smodata ambizione e la loro amicizia con Caracalla. (3) Pertanto inviò Agrippa in Dacia e Deccio Tricciano[64] in Pannonia. Il primo era stato servo e acconciatore[65] di una donna e, per questa ragione, sotto Severo era stato processato, sebbene fosse stato *advocatus fisci*;[66] (4) esiliato in un'isola per una condanna di tradimento e in seguito richiamato da Tarauta insieme ad altri, ricevette l'incarico di *a cognitionibus* presso di lui e di *ab epistulis*,[67] finché fu relegato tra i senatori di rango pretorio per aver arruolato nell'esercito dei fanciulli troppo giovani.[68]

Tricciano, invece, dopo aver militato nell'esercito pannonico ed essere stato portiere[69] del governatore di quella provincia, a quel tempo si trovava a capo della legione Albana.[70]

dei congiurati che assassinarono l'imperatore il 6 aprile 217. Macrino lo insignì della carica di governatore della Pannonia Inferiore, per poi revocargliela per timore della sua influenza militare. Trasferitosi in Bitinia, qui fu raggiunto dalla condanna a morte da parte di Elagabalo nel 219 (cfr. *infra* 79, 4, 3-4 e *HA Carac.* 6, 7).

[65] Gli ornatori e gli acconciatori dei capelli erano i *cinerarii* o *ciniflones*, schiavi che arricciavano i capelli col ferro riscaldato nella cenere (cfr. Plaut. *Asin.* 3, 3, 37; Hor. *Sat.* 1, 2, 28).

[66] Istituita sotto Adriano, questa figura aveva il compito di patrocinare gli interessi del *fiscus* (il fisco, la cassa dell'imperatore), nelle cause che lo riguardavano.

[67] Negli uffici imperiali (*scrinia*) preposti all'amministrazione dei più importanti settori dell'organizzazione statale (qualcosa di simile agli attuali ministeri) trovavano occupazione diversi liberti: tra questi c'erano gli *a cognitionibus*, funzionari che provvedevano all'istruzione delle cause sottoposte alla *cognitio extra ordinem* dell'imperatore (erano quindi degli addetti al tribunale), e gli *ab epistulis*, che avevano mansioni legate alla corrispondenza (redigevano le lettere in greco o in latino per conto della burocrazia imperiale).

[68] La degradazione dal rango consolare a quello pretorio era considerata una punizione dura. I μειράκια sarebbero giovincelli appena entrati nell'età dell'adolescenza o, in senso ironico, giovani adulti dalla condotta impudica.

[69] *Ianitor* oppure *ostiarius*, il custode della porta d'ingresso (*ianua* o *ostium*).

[70] Per legione Albana s'intende la *legio II Parthica* che, dopo aver militato in Partia sotto Settimio Severo, si stabilì presso i *castra Albana* (Albano Laziale), da cui prese il nome (cfr. 55, 24, 4 e 79, 2, 3). Tale legione non era schierata a difesa di una provincia in particolare, ma era una riserva strategica per la difesa dei confini o uno strumento a disposizione dell'imperatore per contrastare pericoli imminenti. Fu infatti presso di essa che Caracalla si presentò nel 211 per sedare l'incipiente rivolta dei soldati in seguito all'assassinio di Geta con la promessa di cospicui donativi (Herod. 4, 4, 7). La *legio II Parthica* in seguito passò probabilmente sotto il comando di Marco Valerio Comazonte, uno degli uomini che garantì l'ascesa al potere di Elagabalo, di cui fu anche prefetto del pretorio e collega al consolato nel 220 (cfr. *infra* 79, 3, 5), e onorata con i titoli di *pia felix fidelis aeterna* per aver contribuito al rovesciamento di Macrino e all'acclamazione di Elagabalo (*CIL* VI 866; *ILS* 505; 2420; 9014).

[14] ταῦτά τε οὖν αὐτοῦ πολλοὶ ἠτιῶντο, καὶ ὅτι καὶ τὸν Ἀδουεντον ἐν τοῖς διόπταις τε καὶ ἐρευνηταῖς μεμισθοφορηκότα, καὶ τὴν ἐν αὐτοῖς τάξιν λελοιπότα ἔς τε τοὺς γραμματοφόρους τελέσαντα καὶ πρόκριτον ἀποδειχθέντα καὶ μετὰ τοῦτο ἐς ἐπιτρόπευσιν προαχθέντα, καὶ βουλευτὴν καὶ συνύπατον καὶ πολίαρχον, μήθ᾽ ὁρᾶν ὑπὸ γήρως μήτ᾽ ἀναγιγνώσκειν ὑπ᾽ ἀπαιδευσίας μήτε πράττειν τι ὑπ᾽ ἀπειρίας δυνάμενον, ἀπέφηνεν.

(2) ἐτετολμήκει μὲν γὰρ ὁ Ἀδουεντος τοῖς στρατιώταις μετὰ τὸν τοῦ Καρακάλλου θάνατον εἰπεῖν ὅτι «ἐμοὶ μὲν ἡ μοναρχία ἄτε καὶ πρεσβεύοντι τοῦ Μακρίνου προσήκει, ἐπεὶ δ᾽ ὑπεργήρως εἰμί, ἐκείνῳ αὐτῆς ἐξίσταμαι»· ληρεῖν δέ πως ἔδοξεν, ὥσπερ που καὶ ὁ Μακρῖνος τὸ μέγιστον τῆς γερουσίας ἀξίωμα τοιούτῳ ἀνδρὶ δούς, ὅστις οὐδὲ διαλεχθῆναί τινι ἐν τῷ συνεδρίῳ καλῶς ὑπατεύων ἠδυνήθη, καὶ διὰ τοῦτο τῇ τῶν (3) ἀρχαιρεσιῶν ἡμέρᾳ νοσεῖν προσεποιήσατο. ὅθεν οὐκ ἐς μακρὰν τῷ Μαξίμῳ τῷ Μαρίῳ τὴν τῆς πόλεως προστασίαν ἀντ᾽ αὐτοῦ προσέταξε, καθάπερ ἐπὶ τοῦτο μόνον πολίαρχον αὐτὸν ποιήσας ἵνα μιάνῃ τὸ βουλευτήριον, οὐ κατ᾽ ἐκεῖνο μόνον ὅτι ἐν τῷ μισθοφορικῷ ἐστράτευτο καὶ τὰ τῶν δημίων ἔργα καὶ προσκόπων καὶ ἑκατοντάρχων ἐπεποιήκει, (4) ἀλλ᾽ ὅτι καὶ τὴν τῆς πόλεως ἀρχὴν πρὸ τοῦ τῆς ὑπατείας ἔργου εἰλήφει, τοῦτ᾽ ἔστιν πολίαρχος πρότερον ἢ βουλευτὴς ἐγεγόνει. ταῦτα γὰρ περὶ αὐτὸν ὥσπερ τὰ καθ᾽ ἑαυτόν, ὅτι τὴν αὐτοκράτορα ἀρχὴν ἱππεύων ἔτι ἡρπάκει, ἐπηλυγασόμενος ἔπραξεν.

---

[71] Si tratta, con ogni probabilità, dei *frumentarii*. Originariamente costoro provvedevano all'approvvigionamento delle legioni (erano, quindi, pressappoco dei furieri), ma con il passare del tempo la loro funzione mutò e sotto Adriano divennero investigatori e spie – una sorta di polizia segreta, insomma – addetti alla sicurezza interna (*HA Hadr.* 11, 4). Cfr. anche *Aur. Vict. De Caes.* 39, *HA Macr.* 12, 4 e *Claud.* 17, 1. La figura dei *frumentarii*, che talora si trovavano ad agire come dei veri e propri sicofanti, fu abolita sotto Diocleziano.

[72] Sono i *principes peregrinorum*, centurioni di rango elevato posti a capo dei *frumentarii* di stanza a Roma e alloggiati nei *castra peregrina*. A partire dal III secolo, almeno stando alla testimonianza di Dione, i *principes peregrinorum* ebbero la possibilità di elevarsi a cariche di considerevole rilevanza politica, diventando governatori o prefetti del pretorio.

[73] Si tratta dei *tabellarii*, i corrieri portalettere.

[74] Cfr. *HA Macr.* 5, 5. Secondo Erodiano, Avvento, dopo la morte di Caracalla, sarebbe stato eletto imperatore dai soldati, ma rifiutò avanzando come pretesto la sua vecchiaia (4, 14, 2).

[75] Lucio Mario Massimo Perpetuo Aureliano iniziò la sua carriera sotto Commodo e militò dalla parte di Settimio Severo sia nell'assedio di Bisanzio contro Pescennio Nigro (cfr. *supra* 74, 10, ss.) sia nella battaglia di Lione contro Clodio Albino (*supra* 75, 6, ss.). Fu governatore della Gallia Belgica, *consul suffectus* nel 198 (o nel 199), legato consolare nella Germania Inferiore e in Celesiria (208), proconsole in Africa e

[14] Questo era ciò che molti gli rinfacciavano, come anche la
carriera di Avvento: costui, dopo essere stato al soldo nei ranghi
delle spie[71] e degli informatori[72] e dopo aver abbandonato il rango
che teneva tra questi per entrare a far parte dei corrieri[73] ed esserne
nominato capo, era avanzato fino alla procura; in seguito fu designato
senatore, console-collega e *praefectus urbi*, sebbene non fosse in grado
di vedere a causa della vecchiaia, né di leggere a causa dell'ignoranza
o di agire a causa dell'inesperienza. (2) Dopo la morte di Caracalla,
infatti, Avvento aveva osato dichiarare ai soldati: «Il potere imperiale
spetta a me, essendo io più anziano di Macrino, ma poiché sono troppo
vecchio, lo concedo a lui».[74] Sembrò tuttavia che fosse quasi in preda al
delirio, come pure Macrino, allorché concesse la massima dignità del
senato a un uomo che, quando era console, non era neppure in grado
di tenere in modo opportuno un discorso nell'assemblea senatoriale
e che, per questa ragione, nel giorno dei comizi elettivi si era finto
malato. (3) Non molto tempo dopo, allora, alla carica della prefettura
urbana Macrino lo sostituì con Mario Massimo,[75] come se l'unico scopo
per il quale aveva innalzato Avvento a quella carica fosse quello di
compromettere la reputazione del senato: non solo perché egli aveva
militato tra i gregari e aveva eseguito gli incarichi dei carnefici, delle
spie e dei centurioni, (4) ma anche perché aveva assunto il comando
della città prima ancora del consolato (era cioè stato *praefectus urbi*
prima di diventare senatore).[76] In realtà Macrino con lui aveva agito in
questo modo allo scopo di dissimulare la propria condizione sociale,
quella cioè di un cavaliere[77] che aveva usurpato la dignità imperiale.

in Asia. In seguito divenne prefetto del pretorio sotto Macrino e poi console ordinario
nel 223 sotto Alessandro Severo. Dedito anche all'attività di storico, da molti è stato
identificato con il Mario Massimo continuatore di Svetonio e autore delle biografie
degli imperatori da Nerva a Elagabalo, fonte dell'*Historia Augusta*. Su ciò cfr. R.
SYME, *Emperors and Biography*, Oxford (1971), pp. 113-145; A.R. BIRLEY, *Marius
Maximus the Consular Biographer*, «ANRW» 2.34.3 (1997), pp. 2678-2757. Dione
menziona anche una corrispondenza tra Macrino e Mario Massimo, che Elagabalo
rese pubblica all'inizio del súo regno (*supra* 79, 2, 1).

[76] Il *praefectus urbi* (πολίαρχος) a Roma era generalmente un *consularis*, e quindi
o un ex console o un senatore insignito del rango di consolare. In modo definitivo da
Tiberio in poi era un rappresentante dell'imperatore, specie in materia di giurisdizione,
e si occupava di vigilare sull'ordine cittadino tramite le milizie poste ai suoi ordini.

[77] L'appartenenza di Macrino al rango equestre (cfr. anche *infra* 20, 2) è un *leitmotiv* anche dell'*Historia Augusta*, a conferma di un'ideologia che respinge l'ipotesi
che un imperatore possa essere scelto al di fuori del ceto senatoriale (cfr. *Macr.* 2,1;
7, 1; 8, 1; 14, 1) e appartenere al novero degli *homines novi*. In Erodiano, invece, tale
ideologia sembra rovesciata, poiché la nobiltà di sangue non è condizione necessaria
e sufficiente per attingere a quell'ἀρετή, quel valore, che si addice a un regnante (cfr.
Herod. 5, 1, 5 e *infra* 16, 1 e nota).

[15] ἐκεῖνά τε οὖν τινες αὐτοῦ οὐκ ἀπεικότως ἐμέμφοντο, καὶ ὅτι ἐπάρχους τόν τε Ἰουλιανὸν τὸν Οὔλπιον καὶ Ἰουλιανὸν Νέστορα ἀπέδειξε, μήτ᾽ ἄλλην τινὰ ἀρετὴν ἔχοντας μήτ᾽ ἐν πολλαῖς πράξεσιν ἐξητασμένους, ἀλλὰ καὶ πάνυ περιβοήτους ἐπὶ πονηρίᾳ ἐν τῇ τοῦ Καρακάλλου ἀρχῇ γενομένους διὰ τὸ πολλὰ αὐτῷ τῶν ἀγγελιαφόρων σφᾶς ἡγουμένους πρὸς τὰς ἀνοσίους πολυπραγμοσύνας ὑπηρετῆσαι. (2) ἀλλὰ ταῦτα μὲν ὀλίγοι ἐλογίζοντο καὶ ἀπ᾽ αὐτῶν οὐ καθαρῶς ἐθάρσουν· οἱ δὲ δὴ πλείους τῶν ἰδιωτῶν πρός τε τὴν διὰ βραχέος παρ᾽ ἐλπίδα τοῦ Ταραύτου ἀπαλλαγὴν καὶ πρὸς τὴν ἐκείνου παραπλησίαν, ἐξ ὧν ὑπεδεδείχει σφίσιν, πρὸς πάντα καὶ τὰ λοιπὰ προσδοκίαν οὐκ ἔσχον καιρὸν δι᾽ ὀλίγου οὕτως αὐτοῦ καταγνῶναι, καὶ διὰ τοῦτ᾽ ἰσχυρῶς ἀποθανόντα ἐπόθησαν ὃν πάντως ἄν, εἴπερ ἐπὶ πλεῖον ἐβεβιώκει, διὰ μίσους ἐσχήκεσαν. (3) καὶ γὰρ τρυφερώτερόν πως ζῆν ἤρξατο, καὶ τῶν διαμεμφομένων τι αὐτοῦ ἐπεστρέφετο. τὸν μὲν γὰρ Ματερνιανὸν τόν τε Δάτον οὐκ εὐλόγως μέν (τί γὰρ ἠδικήκεσαν τὸν αὐτοκράτορά σφων περιέποντες;) οὐ μέντοι καὶ ἀπὸ τοῦ ἀνθρωπίνου τρόπου, ἐπεὶ ἐν κινδύνῳ μεγάλῳ ἐγεγόνει, διεχρήσατο· τοῖς δ᾽ ἄλλοις τοῖς τὴν δυσγένειαν αὐτοῦ καὶ τὴν παράλογον τῆς μοναρχίας ἔφεσιν δυσχεραίνειν ὑποπτευομένοις οὐκ ὀρθῶς ἐπεξῄει. (4) πάντα γάρ που τἀναντία αὐτὸν ἐχρῆν, εἰδότα ὅστις τε ἀρχὴν ἐπεφύκει καὶ ὅστις τότε ἦν, μήθ᾽ ὑπερφρονεῖν .... μετρίως .... Ι μονα τὸν ὁ .... Ι θεραπεύοντα τοὺς ἀνθρώπους τῇ τε εὐεργεσίᾳ καὶ τῇ τῆς ἀρετῆς διὰ πάντων ὁμοίως ἐπιδείξει παραμυθεῖσθαι.

[16] Ι ταῦτα μὲν .... Ι κατ᾽ αὐτὸν α ...... εἴρηταί μοι εν .... Ι ὡς ἕκαστα .... Ι μης τινος .... Ι κεινωνες .... αὐτοκράτωρ μεν .... Ι ραις ὥσπερ ... . Ι λόγῳ παρὰ .... Ι τὴν ἀρχὴν .... Ι παντὸς μα.......... Ι νος αὐτῆς .... Ι των ὧν διελ........ Ι στρατιώταις .... Ι ἀπεδείχθ.......... Ι καὶ ἐπαίνους ἑαυτοῦ οὐκ ὀλίγους μὲν ἀνειπεῖν ἐτόλμησεν, (2) ἔτι δὲ πλείους ἐπιστεῖλαι,

[78] Cfr. supra 4, 3.

[79] Giuliano Nestore, dopo la sua carriera nella polizia segreta e l'ascesa alla prefettura del pretorio, morì in Siria per mano di Elagabalo nel 218 (infra 79, 3, 4).

[80] Tale affermazione pare in contraddizione col resto del resoconto dioneo, che tende piuttosto a sottolineare l'odio inveterato per la memoria di Caracalla sia da parte del senato sia da parte del popolo (cfr. supra 9, 1).

[81] I motivi della dissolutezza e dell'intemperanza di Macrino ritornano con maggiore insistenza nell'Historia Augusta. Cfr., ad es., Macr. 4,1 dove viene definito spurcum, e ibid. 5, 8, dove è denunciato come homo vitiorum omnium.

[15] Alcuni, dunque, non a torto criticavano queste sue scelte, come anche il fatto che avesse designato prefetti [del pretorio] Ulpio Giuliano[78] e Giuliano Nestore,[79] entrambi sprovvisti di virtù e privi di esperienza: anzi, si erano particolarmente distinti sotto il regno di Caracalla per la loro scelleratezza quando, giunti alla guida dei suoi corrieri, si erano adoperati al servizio delle sue nefande indagini. (2) Pochi erano però coloro che davano importanza a questi fatti e che, di conseguenza, mostravano scarsa fiducia. La maggior parte dei privati cittadini, invece, dal momento che si erano inaspettatamente liberati di Tarauta in così breve tempo e si attendevano che Macrino avrebbe agito in tutto e per tutto nello stesso modo in cui aveva già dato loro mostra,[80] in un periodo tanto limitato non ebbero modo di condannarlo: perciò lo rimpiansero amaramente dopo che fu morto, mentre lo avrebbero senz'altro odiato, se solo fosse vissuto più a lungo. (3) In effetti cominciò a vivere in modo sempre più dissoluto[81] e divenne insofferente nei riguardi di coloro che gli rivolgevano delle critiche. Mandò a morte Materniano[82] e Dato[83] senza avere delle buone ragioni (quale ingiustizia avevano mai commesso nel vigilare alle spalle del loro imperatore?),[84] sebbene, essendosi trovato in grave pericolo, avesse agito in base a una reazione tipicamente umana; commise tuttavia un errore nell'attaccare gli altri perché sospettati di disprezzare i suoi oscuri natali e l'irregolarità dell'assunzione del potere imperiale. (4) Avrebbe piuttosto dovuto fare tutto il contrario, conscio di chi era stato in origine e di chi era invece allora, né avrebbe dovuto insuperbirsi .... con moderazione .... prendendosi cura .... e incoraggiare gli uomini con i benefici e la dimostrazione di virtù ugualmente in tutte le circostanze.

[16] Queste cose ...... riguardo a lui ...... ho detto .... ogni cosa in particolare .... imperatore .... come .... a parole .... il potere .... di tutto .... di cui .... ai soldati .... ed ebbe l'ardire di proferire non poche parole di elogio per se stesso (2) e a spenderne

---

[82] Cfr. *supra* 4, 2.

[83] Altrimenti scononsciuto.

[84] In realtà, stando a quanto Dione riferisce a 4, 2, c'era un motivo più che valido, poiché Materniano aveva denunciato Macrino a Caracalla con una lettera. Questo commento dunque sembrerebbe l'ennesima spia dell'ostilità di fondo dello storico per l'*ignobilis imperator* Macrino.

λέγων ἄλλα τε καὶ ὅτι «εὖ ἠπιστάμην καὶ ὑμᾶς τοῖς στρατεύμασι συνομολογήσαντας, συνειδὼς ἐμαυτῷ πολλὰ καὶ καλὰ πεποιηκότι τὸ κοινόν». ἐνέγραψεν δὲ ἐν τῇ ἐπιστολῇ Καίσαρα θ᾽ ἑαυτὸν καὶ αὐτοκράτορα καὶ Σεουῆρον, προσθεὶς τῷ Μακρίνου ὀνόματι καὶ εὐσεβῆ καὶ εὐτυχῆ καὶ Αὔγουστον καὶ ἀνθύπατον, οὐκ ἀναμένων τι, ὡς εἰκὸς ἦν, παρ᾽ ἡμῶν ψήφισμα. (3) .... λεν δὲ οὐκ ἡ | .... τοσαῦτα καὶ τηλικαῦτα ῥήματα αὐτὸς | ...... μενος οὐ οὐδὲ | .... ης ὄνομα | .... ν δορυφόρων | .... ερόν τινες | .... οὐ μὴν ἀλ | .... τως ἐγρα | .... τὴν ἀρχὴν | .... εμον μάλι | .... ων βαρβάρων | (4) .... ρημον προς | .... ν πλησίον | .... ηθει παρον | .... στον δρασω | .... η τῇ τε ἐπι | ..... ἔγραψεν ἁπλῶς | .... οἱ πρὸ τοῦ Καρακάλλου αὐτοκράτορες, ... ο καὶ διὰ παν | .... ς ἐποίησε | .... ὑπομνήματα | .... στρατιώταις | .... οὕτως ἐκεῖ | .... ἐπὶ κολα | .... των καὶ οὐ | .... είας λέγεσθαι ὑπώπτευσαν ὥστε καὶ δημοσιευθῆναι αὐτὰ ἀξιῶσαι, ἔπεμψεν ἡμῖν, ἅτινα καὶ αὐτὰ ὁ ταμίας, ὥσπερ καὶ ἕτερα αὖθις τῶν ὁμοίων, ἀνέγνω. καὶ στρατηγὸς δέ τις τὰ αὐτοῦ ποτε τοῦ Μακρίνου γράμματα, (5) τῷ σύγκλητόν τε τότε τὴν βουλὴν γενέσθαι καὶ μηδένα τῶν ταμιῶν παρεῖναι, ἐπελέξατο.

[17] τῆς δ᾽ οὖν πρώτης ἐπιστολῆς ἀναγνωσθείσης καὶ ἐκείνῳ,

[85] Per il contenuto di questa lettera cfr. *infra* 17, 1 e 37, 5 (e anche *HA Macr.* 6, 1-7). Erodiano (5, 1-8) riporta invece una missiva (inviata da Antiochia) di tutt'altro tenore, nella quale Macrino promette pace per l'impero e, in materia di successione, oppone la tesi della scelta del migliore all'eredità dinastica. Questa lettera è, con ogni probabilità, un'invenzione dell'autore stesso, che esprime un ideale politico proprio e attualizza un dibattito che appartiene all'epoca di Filippo l'Arabo (244-249 d.C.): un imperatore, esattamente come Macrino, di rango equestre. Cfr. MARASCO, *L'idéologie impériale*, cit., pp. 187-195.

[86] Si allude qui alle legioni che hanno scelto Macrino come imperatore.

[87] In *HA Macr.* 2, 1 si afferma che Macrino assunse i nomi di *Severus* e *Antoninus*, mentre a 11, 2 quelli di *Severus* e *Pertinax*. Mentre i nomi di Antonino e Pertinace non trovano conferma alcuna nelle iscrizioni e nella numismatica, in mate di Severo (cfr. anche *HA Macr.* 5, 7) è ben attestato dalla monetazione (cfr. ad esempio *RIC* IV 2, p. 5-12, nrr. 1-99; p. 15-21, nnr. 119-210) e dagli *ostraka* (*O. Bodl.* 1607, 1; *O. Strasb.*, 404, 1, 405, 1). Ciò sarebbe la dimostrazione della volontà di Macrino di ricollegarsi alla tradizione della dinastia dei Severi, di cui intendeva presentarsi come legittimo continuatore.

[88] In *HA Macr.* 11, 2 si afferma che il senato gli avrebbe conferito anche i titoli di *Felix* e *Pius*, ma egli avrebbe rifiutato quest'ultimo: tale affermazione è da respingere perché contraddetta dalle fonti documentarie (*CIL* III 06924; VIII, 10056 = VIII 21992). Anzi, l'assunzione del titolo di *Pius* confermerebbe la linea di continuità col passato ricercata da Macrino attraverso il richiamo ad Antonino Pio (138-161 d.C.), sotto il quale l'impero godette di un lungo periodo di pace (come del resto si sottolinea anche

ancora di più in una lettera,[85] dicendo tra l'altro: «Ero al corrente del fatto che anche voi foste d'accordo con le legioni,[86] essendo consapevole di aver fatto molto per il bene pubblico». Nella lettera, poi, si attribuì i titoli di Cesare, *imperator* e Severo,[87] aggiungendo accanto al nome di Macrino anche gli epiteti di *Pius, Felix,*[88] Augusto e proconsole, senza attendere, come sarebbe invece stato opportuno, un voto da parte nostra.[89] (3) .... non la .... così tanti e importanti titoli egli .... di cui né .... dei pretoriani .... alcuni ...... tuttavia .... il potere .... dei barbari (4) .... vicino .... scrisse semplicemente .... gli imperatori prima di Caracalla .... attraverso .... fece .... memorie[90] .... ai soldati .... così là .... essere detto .... divennero così sospettosi che chiesero che fossero divulgate, le mandò a noi, e anche il questore le lesse, come in seguito fece con altre simili [documenti?]. E una volta, quando il senato fu convocato e nessuno dei questori[91] era presente, (5) un pretore lesse le lettere[92] dello stesso Macrino.

[17] Letta dunque la prima lettera, furono votati per decreto gli

in *HA Macr.* 3, 1-4; 7, 7). Sugli epigrammi di scherno che circolavano sull'assunzione di questi titoli da parte di Macrino cfr. *HA Macr.* 11, 3-7.

[89] Non è detto che Dione fosse in senato durante la lettura di questa lettera, poiché poco dopo (*infra* 17, 3), riportando i commenti e le *adclamationes* contro Caracalla, cita alla terza persona plurale gli autori di alcune decisioni prese, parendo escludere se stesso. Cfr. LETTA, *Fonti scritte non letterarie,* cit., p. 261.

[90] Data la lacunosità del passo è impossibile dire con certezza cosa siano questi ὑπομνήματα, «memorie», ma si può avanzare l'ipotesi che siano i *Commentarii de bello Parthico* scritti dallo stesso Caracalla. Cfr. 79, 2, 1 e nota.

[91] Si allude qui ai *quaestores candidati principis,* istituiti da Augusto, due questori proposti dall'imperatore per svolgere mansioni di segretariato, tra le quali quella di leggere in senato le sue missive all'assemblea (Ulp. *Dig.* 1, 13, 1, 2; Tac. *Ann.* 16, 27, 1). In seguito ebbero anche l'incarico di organizzare i giochi gladiatorî (Tac. *Ann.* 11, 22, 2; Suet. *Dom.* 4, 1), funzione che diventò preminente sotto l'impero di Costantino.

[92] Sull'ipotesi che si tratti di lettere (oltre a quella citata a 16, 2) nelle quali Macrino dichiara di adottare i titoli dei predecessori di Caracalla tessendo le lodi di Settimio Severo, al quale intendeva richiamarsi per le sue virtù e la sua disciplina militare, cfr. MARASCO, *L'idéologie impériale,* cit., p. 189. Sull'elogio di Severo cfr. anche *HA Macr.* 12, 1. Le lettere cui si accenna in questo passaggio – come tutte quelle scritte dopo la «prima lettera» (16, 1; 17, 1-3; 37, 5) – furono probabilmente lette in senato in assenza di Dione, che nel frattempo era partito da Roma per trasferirsi a Oriente con la carica di λογιστής di Pergamo e Smirne, conferitagli dallo stesso Macrino (cfr. *infra* 79, 7, 4).

ὅσα εἰκὸς ἦν, καὶ τῷ υἱεῖ αὐτοῦ ἐψηφίσθη· εὐπατρίδης τε γὰρ καὶ πρόκριτος τῆς νεότητος Καῖσάρ τε ἀπεδείχθη. καὶ ὃς τὰ μὲν ἄλλα προσεδέξατο, τὴν δὲ δὴ ἱπποδρομίαν τὴν ἐπὶ τῇ ἀρχῇ τῆς ἡγεμονίας αὐτοῦ ψηφισθεῖσαν παρητήσατο, εἰπὼν αὐτάρκως αὐτὴν τῇ τῶν Σεουήρου γενεσίων θέᾳ τετιμῆσθαι. (2) τοῦ μέντοι Ταραύτου οὐδεμίαν μνείαν οὔτ᾽ ἔντιμον τότε γε οὔτ᾽ ἄτιμον ἐποιήσατο, πλὴν καθ᾽ ὅσον αὐτοκράτορα αὐτὸν ὠνόμασεν· οὔτε γὰρ ἥρωα οὔτε πολέμιον ἀποδεῖξαι ἐτόλμησεν, ὡς μὲν ἐγὼ δοκῶ, ὅτι τὸ μὲν διά τε τὰ πραχθέντα αὐτῷ καὶ διὰ τὸ πολλῶν ἀνθρώπων μῖσος, τὸ δὲ διὰ τοὺς στρατιώτας ὤκνησε πρᾶξαι, (3) ὡς δέ τινες ὑπώπτευσαν, ὅτι τῆς τε γερουσίας καὶ τοῦ δήμου τὴν ἀτιμίαν αὐτοῦ ἔργον γενέσθαι μᾶλλον ἢ ἑαυτοῦ, ἄλλως τε καὶ ἐν τοῖς στρατεύμασιν ὄντος, ἠθέλησε. τοῦ τε γὰρ πολέμου αἰτιώτατον αὐτὸν ἐξ ἀδικίας γεγονέναι, καὶ τὸ δημόσιον ἰσχυρῶς τῇ τῶν χρημάτων ⟨τῶν⟩ τοῖς βαρβάροις διδομένων αὐξήσει βεβαρηκέναι ἔφη· ἰσάριθμα γὰρ αὐτὰ τῇ τῶν στρατευομένων μισθοφορᾷ εἶναι. (4) οὐ μέντοι καὶ ἐτόλμησέ τις δημοσίᾳ τι τοιοῦτο κατ᾽ αὐτοῦ θρασύνασθαι ὥστε καὶ πολέμιον αὐτὸν ψηφίσασθαι, δεδιὼς μὴ καὶ παραυτίκα ὑπὸ τῶν ἐν τῇ πόλει στρατευομένων φθαρῇ· ἀλλὰ ἄλλως μὲν καὶ ἐλοιδόρουν αὐτὸν καὶ ὕβριζον ὅσα ἐδύναντο, τάς τε μιαιφονίας αὐτοῦ ὀνομαστὶ καταλέγοντες, καὶ πρὸς πάντας αὐτὸν τοὺς πώποτε κακῶς τυραννήσαντάς σφων παραδεικνύντες, [18] τήν τε ἱπποδρομίαν τὴν τοῖς γενεθλίοις αὐτοῦ τελουμένην καταλυθῆναι, καὶ τοὺς ἀνδριάντας τούς τε χρυσοῦς καὶ τοὺς ἀργυροῦς πάντας ἁπλῶς δι᾽ ἐκεῖνον συγχωνευθῆναι, τούς τε μεμηνυκότας τι αὐτῷ πολλῇ σπουδῇ καὶ φανερωθῆναι καὶ κολασθῆναι δεόμενοι· (2) πολλοὶ γὰρ οὐχ ὅτι δοῦλοί τε καὶ ἐξελεύθεροι καὶ στρατιῶται καὶ Καισάρειοι, ἀλλὰ καὶ ἱππῆς βουλευταί τε καὶ γυναῖκες τῶν ἐπιφανεστάτων συχναὶ καὶ ἐνδείξεις λαθρίους ἐπ᾽ αὐτοῦ πεποιῆσθαι καὶ σεσυκοφαντηκέναι τινὰς ἐνομίζοντο. (3) οὐ μὴν οὔτε ἐκείνῳ τὸ τοῦ πολεμίου ὄνομα προσέθεσαν, καίτοι τὸν

[93] Diadumeniano. Nato il 14 o il 19 settembre del 208 (*infra* 34, 2), sul principio del 217 ricevette il titolo di *clarissimus puer* per poi essere insignito di quelli di *princeps iuventutis* e *nobilissimus Caesar* (*infra* 19, 1; Herod. 5, 4, 12; Aur. Vict. *Caes.* 22, 1). Dopo la ribellione delle truppe in Siria Macrino lo nominò imperatore (*infra* 34, 2), ma dopo l'ascesa di Elagabalo al trono fu assassinato (*infra* 40, 1).

onori pertinenti sia a lui sia a suo figlio, il quale fu proclamato *nobilis*,
princeps iuventutis e Cesare.[93] Macrino accettò anche altri onori, ma
rifiutò il concorso ippico votato per celebrare l'inizio del suo impero,
affermando che esso era già stato sufficientemente onorato con lo
spettacolo in commemorazione del compleanno di Severo. (2) Di
Tarauta non fece tuttavia alcuna menzione né di lode né di biasimo,
citandolo però solo in quanto imperatore: infatti non osò proclamarlo
semidio, né tanto meno nemico, poiché, come io penso, esitò, da
un lato, a conferirgli l'epiteto di semidio a causa delle scelleratezze
da lui compiute e dell'odio che molti uomini nutrivano nei suoi
riguardi, dall'altro a proclamarlo nemico a causa dei soldati; (3)
oppure perché, come alcuni sospettarono, egli volle che il compito
di colpire Tarauta con la *damnatio memoriae* ricadesse sul senato
e sul popolo piuttosto che su di lui, soprattutto nel momento in cui
si trovava in mezzo alle legioni. Disse, inoltre, che egli[94] con il suo
ingiusto operato era stato il principale responsabile della guerra,
e aveva inciso pesantemente sul bilancio delle finanze pubbliche
aumentando la somma di denaro da destinare ai barbari, poiché essa
coincideva con lo stipendio di coloro che militavano nell'esercito. (4)
Tuttavia nessuno osò rinfacciargli pubblicamente alcuna obiezione
tale da farlo dichiarare nemico pubblico, poiché si temeva di essere
immediatamente tolti di mezzo dai soldati presenti in città. In ogni
caso [taluni] lo diffamavano in altri modi e lo oltraggiavano come
potevano, elencando i singoli nomi delle vittime delle sue efferatezze
e paragonandolo a quanti avessero mai esercitato un'odiosa tirannide
su di loro. [18] Chiedevano inoltre che fossero aboliti i giochi circensi
previsti per il giorno del suo compleanno, che tutte le statue d'oro
e d'argento venissero semplicemente abbattute per ordine di lui[95] e
che coloro che gli avevano passato informazioni fossero immediatamente smascherati e puniti; (2) infatti si riteneva che molti, non solo
schiavi, liberti, soldati e liberti imperiali, ma anche cavalieri, senatori
e numerose mogli tra le più illustri, sotto Tarauta avessero fatto rivelazioni segrete e avessero calunniato alcuni uomini. (3) Tuttavia non
gli diedero il titolo di nemico, sebbene continuassero a gridare che

[94] S'intenda Tarauta-Caracalla.
[95] Il testo sembra essere corrotto, poiché il dimostrativo ἐκεῖνον non rimanderebbe
a Tarauta: Reiske integra ‹τοὺς› δι' ἐκεῖνον ‹ἱδρυθέντας› («che tutte le statue d'oro e
d'argento [erette] per sua volontà venissero semplicemente abbattute»).

Μαρτιάλιον, ἐπὶ προσχήματι τῆς πρὸς τὸν Ἄρεα αὐτοῦ ὁμωνυμίας, καὶ ἐπαίνοις καὶ ἀγάλμασι τιμηθῆναι δεῖν ἀεί ποτε ἐπιβοῶντες, οὔτε τῷ Μακρίνῳ ὡς καὶ ἀχθόμενοί τι τότε ἐνεδείξαντο. (4) αἴτιον δ᾽ ὅτι προκαταληφθέντες τῇ διὰ τὸν τοῦ Ταραύτου θάνατον χαρᾷ οὐδὲ ἐννοῆσαί τι περὶ τῆς ταπεινότητος αὐτοῦ ἐσχόλασαν, ἀλλ᾽ ἀγαπητῶς αὐτὸν ἐς τὴν ἀρχὴν ἐδέξαντο, οὐχ οὕτως ᾧτινι δουλεύσουσιν ὡς οὗ ἐστέρηντο ἐνθυμούμενοι, καὶ πάντα τινά, καὶ τὸν τυχόντα, αἱρετώτερον αὐτοῦ νομίζοντες ἔσεσθαι. (5) καί τι αὐτοὺς καὶ ἡ τῶν ἐπιταγῶν τῶν ὑπ᾽ ἐκείνου καταδειχθέντων κατάλυσις (πάντα γὰρ ὅσα ποτὲ παρὰ τὸ καθεστηκός, οὐχ ὅτι ἐκ τοῦ δημοσίου τοῦ τῶν Ῥωμαίων, ἀλλὰ καὶ οἴκοθέν τισιν ἐξ ἐπιτροπῆς αὐτοῦ πρός τινων δήμων ἀνηλίσκετο, ἀνετάγη) καὶ ἡ ἐς τὸ ἔπειτα μηδὲν ὅμοιον αὐτοῖς προσταχθήσεσθαι ἐλπὶς ἀνέπεισε στέρξαι τοῖς παροῦσιν.

[19] ὡς μέντοι τόν τε Αὐρηλιανὸν τεθνηκότα καὶ τὸν Διαδουμενιανὸν τὸν υἱὸν αὐτοῦ Καίσαρα, λόγῳ μὲν ὑπὸ τῶν στρατιωτῶν δι᾽ ὧν ἀπὸ τῆς Ἀντιοχείας μεταπεμφθεὶς πρὸς αὐτὸν διῄει, ἔργῳ δὲ ὑπὸ τοῦ Μακρίνου, ἀποδεδειγμένον καὶ προσέτι τὸ τοῦ Ἀντωνίνου ὄνομα προσειληφότα ἔμαθον (2) (ταῦτα γὰρ ἐπὶ τῇ τῶν στρατιωτῶν θεραπείᾳ, τὸ μὲν ἵνα μὴ δόξῃ τὴν τοῦ τεθνηκότος μνήμην παντάπασιν ἀτιμάζειν, καὶ μάλισθ᾽ ὅτι τῶν ἀνδριάντων τινὰς τῶν ἐν τῇ Ῥώμῃ ὑπὸ τοῦ Ἀλεξάνδρου αὐτῷ ἀνατεθέντων καὶ αὐτῷ ἐκείνῳ σταθέντων λάθρᾳ καθῃρήκει, τὸ δὲ ἵνα ἄλλας ἑπτακοσίας καὶ πεντήκοντα αὐτοῖς δραχμὰς προσυπόσχηται, ἐποίησεν), (3) οὐκέτ᾽ ὁμοίως φρονεῖν ἤρξαντο, ἀλλ᾽ ἐνθυμούμενοι ὅτι πρότερον ἐν οὐδενὶ λόγῳ ἐπεποίηντο, καὶ προσεκλογιζόμενοι πάνθ᾽ ὅ......... | ἄλλων αὐτοῦ τ....... | προσυποπτεύ........ | κάζοντο,

⁹⁶ L'esecutore materiale dell'uccisione di Caracalla (cfr. *supra* 5, 3).

⁹⁷ Cfr. *supra* 12, 2-4.

⁹⁸ Cfr. 78, 37, 6 e anche *HA Macr.* 5, 7, che riferendo dell'assunzione del titolo di Severo da parte di Macrino, menziona uno *iocus* (un motto scherzoso) diffusosi all'epoca: *sic Macrinus est Severus, quo modo Diadumenus Antoninus* («Macrino è Severo, come Diadumeno è Antonino»). Cfr. anche *Carac.* 8, 10; *Macr.* 2, 5; 3, 8; 6, 2; 6, 6; 10, 6; 14, 2. L'ideologia del principato di Macrino si sarebbe dunque espressa anche attraverso la titolatura assunta dal figlio Diadumeniano: proprio come Settimio Severo si era presentato figlio adottivo di Marco Aurelio, affiancato da Caracalla che aveva assunto il nome di Antonino, così Macrino si ricollegava a Severo, tenendo accanto a sé Diadumeniano assimilato alla memoria di Caracalla (cfr. MARASCO, *L'idéologie impériale*, cit., pp. 190-191). Per la titolatura di Macrino e Diadumeniano cfr. P. CAVUOTO, *I nomi e i titoli di Macrino e Diadumeniano*, «MGR» 8 (1982), pp. 335-350.

⁹⁹ S'intenda Macrino.

Marziale[96] dovesse essere onorato con encomi e statue, giocando sul pretesto della somiglianza del suo nome con quello di Marte. Né per il momento mostrarono segni d'insofferenza nei riguardi di Macrino, (4) poiché, ebbri della gioia per la morte di Tarauta, non ebbero neppure il tempo di rivolgere il pensiero alla bassezza della sua condizione sociale; anzi, furono lieti di accettarlo come imperatore, considerando non tanto al servizio di chi si sarebbero trovati, quanto invece da chi erano stati liberati, e ritenendo che chiunque fosse capitato, sarebbe stato comunque preferibile a Tarauta. (5) Infine, furono indotti ad accontentarsi della situazione attuale dall'abrogazione delle leggi imposte da Tarauta (furono infatti abolite tutte le esazioni irregolari esercitate non solo dall'erario romano, ma anche da parte di chi agiva privatamente sotto la procura di lui per conto di alcuni popoli), come anche dalla speranza che in futuro non sarebbe stato loro imposto nulla di simile.

[19] Vennero allora a sapere che Aureliano[97] era morto e che Diadumeniano, il figlio di Macrino, era stato nominato Cesare, formalmente dai soldati con i quali era stato richiamato da Antiochia presso il padre, ma di fatto da Macrino stesso, e, inoltre, che aveva assunto il nome di Antonino[98] (2) (egli[99] aveva agito così con l'intenzione di guadagnarsi l'appoggio dei soldati: da una parte non voleva dare l'impressione di disonorare del tutto la memoria del defunto [Tarauta], soprattutto perché Macrino aveva segretamente fatto abbattere alcune statue che questi aveva eretto a Roma in onore di Alessandro[100] e di se stesso, e dall'altra intendeva promettere loro, in aggiunta, tremila sesterzi).[101] (3) Così cominciarono[102] a cambiare sentimenti nei suoi confronti, senza però rendersi conto che in precedenza non lo avevano tenuto in alcuna considerazione e calcolando tutto .... delle sue altre ... ., si vergognarono, e non più di

---

[100] Sulla *imitatio Alexandri* di Caracalla cfr. 77, 7-9; 22, 1; Herod. 4, 8, 1-2; 8, 9; 9, 3-4; *HA Carac.* 2, 1-2.

[101] Cfr. *HA Macr.* 5, 7: per tenere a bada il fermento che c'era tra i soldati Macrino concesse ai legionari e ai pretoriani uno stipendio più alto del solito (*stipendium... solito uberius*). L'ἄλλας del testo dioneo lascerebbe intendere che si tratti di un *secondo* donativo, in aggiunta a quello menzionato in *HA*. Nella biografia di Diadumeniano (*Diadum.* 2, 1) leggiamo però che Macrino tenne un discorso in cui ai soldati promise *pro imperio aureos ternos, pro Antonini nomine aureos quinos et solitas promotiones sed geminatas* («tre aurei a testa per aver concesso il potere imperiale, cinque per il titolo di Antonino [a Diadumeniano] e le consuete regalie raddoppiate»).

[102] S'intenda i Romani.

ἠσχύνθησαν, καὶ τοῦ μὲν Καρακάλλου οὐδὲν μᾶλλον ἐ...... | το, τὰ δὲ ἐς ἐκεῖνον φέροντα ἄλλως .... | στέλλοντο τι .... παραιτήσει τῶν .... | τοῦ Σεουήρου .... (4) Ἀντωνίνου κα .... ξέφαινον κ .... | γε καὶ ἥρωα .... | κότα διὰ τὴν .... | νίαν οὐ δὴ .... | ἀποφανθη .... | καὶ παντάπασιν αἱ γνῶμαι πάντων ἀνθρώπων τῶν ἐν τῇ Ῥώμῃ ...... | μετέπεσον .... | γερουσία α........ | σα καὶ ἐπιφ........ | μονη ἐπι τ......... | κακουργης .... | αὐτω ἐξαιτ....... | γην ἐμὲ δε... καὶ μέντοι κατ᾽ ἄνδρα πάντων ἐρωτηθέντων περὶ τῶν τιμῶν αὐτοῦ ἄλλοι (5) τε ἀμφιβόλως ἀπεκρίναντο καὶ ο ...... Σατουρνῖνος .... | τιαν τρόπον τινὰ ἐπιφημιζομεν .... | στρατηγῶν ...... μὴ ἐξεῖναί οἱ μηδεμίαν ψῆφον περί του προθεῖναι, ἵνα μὴ ὁ .... νήσῃ σφίσιν. καὶ ταῦτα μὲν ἔξω τοῦ καθεστηκότος ἐγένετο (οὐ γὰρ ἦν νόμιμον ὑπὲρ οὐδενὸς πράγματος σκέψιν τινὰ ἐν τῷ βουλευτηρίῳ μὴ κελεύοντος τοῦ αὐτοκράτορος γενέσθαι).

[20] ὁ δὲ δῆμος, ἅτε καὶ ἐν τῇ ἀγωνίᾳ λανθάνων καὶ ὑπὸ τοῦ πλήθους σφῶν μᾶλλον θρασυνόμενος, μέγα ἀνεβόησεν ἐν τῇ τῶν τοῦ Διαδουμενιανοῦ γενεθλίων ἱπποδρομίᾳ, ἣ τῇ τετάρτῃ καὶ δεκάτῃ τοῦ Σεπτεμβρίου ἡμέρᾳ ἐγίγνετο, ἄλλα τε πολλὰ ὀδυρόμενος καὶ λέγων μόνους τῶν πάντων ἀνθρώπων ἑαυτοὺς δὴ ἀπροστάτους ἀβασιλεύτους εἶναι· (2) τόν τε Δία ἀνεκάλουν ὡς δὴ καὶ μόνον σφῶν ἡγησόμενον, καὶ δὴ καὶ αὐτὸ τοῦτο εἶπον ὅτι «ὡς κύριος ὠργίσθης, ὡς πατὴρ ἐλέησον ἡμᾶς». οὐδὲ ἐφρόντισαν οὐδὲν τὴν πρώτην οὔτε τοῦ ἱππικοῦ οὔτε τοῦ βουλευτικοῦ τε .... τόν τε αὐτοκράτορα καὶ τὸν Καίσαρα ἐπαινούντων, ὥστε καὶ αὐ .... ἑλληνιστὶ εἰπεῖν «ὦ καλῆς ἡμέρας τῆς τήμερον, ὦ καλῶν βασιλέων», κἀκείνους καὶ ὁμοφρονεῖν σφισιν ἐθελόντων· ἀλλ᾽ ἔς τε τὸν οὐρανὸν τὰς χεῖρας ἀνέτεινον καὶ ἐβόων «οὗτός ἐστιν ὁ Ῥωμαίων Αὔγουστος· τοῦτον ἔχοντες πάντα ἔχομεν». (3) οὕτως που πολὺ τοῖς ἀνθρώποις καὶ αἰδοῦς ἐς τὸ κρεῖττον καὶ καταφρονήματος πρὸς τὸ χεῖρον ἐμπέφυκεν, ὥστε καὶ ἐκείνους μηδ᾽ ἀρχὴν ἔτι εἶναι τόν τε Μακρῖνον καὶ τὸν Διαδουμενιανὸν νομίζειν, ἀλλ᾽ ὡς καὶ τεθνηκότας αὐτοὺς ἤδη καταπατεῖν. (4) ὅθεν οὐχ ἥκιστα καὶ οἱ στρατιῶται κατεφρόνησαν αὐτοῦ, ἐν οὐδενὶ λόγῳ τὰ ἐπὶ τῇ θεραπείᾳ σφῶν πραχθέντα θέμενοι, καὶ μάλισθ᾽ ὅτι οἱ Περγαμηνοί, στερηθέντες ὧν παρὰ τοῦ Ταραύτου πρότερον εἰλήφεσαν, πολλὰ

---

[103] S'intenda sempre i Romani. Come spesso accade l'autore alterna l'uso del sostantivo δῆμος declinato al singolare ad altri sostantivi o pronomi al plurale per indicare il popolo, i membri della popolazione, i cittadini romani.

Caracalla ...., ciò che lo riguardava altrimenti .... venivano
inviati .... con la richiesta dei .... di Severo .... (4) di Antonino
.... e semidio .... per la ....
.... e in tutto e per tutto le opinioni
di tutti gli uomini di Roma .... cambiarono .... senato
.... e ....
.... me .... quando tuttavia tutti furono interpellati individualmente a proposito degli onori nei suoi riguardi, (5) risposero in modo
ambiguo e .... Saturnino .... in qualche modo ....
dei pretori .... che non gli era possibile proporre alcun voto, affinché
non .... loro. Ciò avvenne contrariamente alla norma (non
era infatti consentito dalla legge che l'esame di una questione fosse
condotto in senato senza il benestare dell'imperatore).

[20] Tuttavia il popolo, nascondendosi durante la gara e traendo
coraggio piuttosto dal proprio numero, prese a protestare a gran voce
durante lo svolgimento del concorso ippico per il compleanno di
Diadumeniano, che cadeva il quattordici di settembre: oltre a molte
altre contestazioni, disse che essi[103] soli, tra tutti gli uomini, erano
senza un principe e senza un re; (2) invocavano Giove come unica
loro guida per il futuro e aggiunsero queste parole: «Anche se ti sei
adirato come Signore, come Padre abbi pietà di noi!». Né, inizialmente, tennero in alcuna considerazione l'ordine equestre o quello
senatorio .... lodando l'imperatore e Cesare,[104] tanto da dire .... in
greco: «Che gran giorno è oggi! Quali gloriosi regnanti!», volendo
che anche quelli partecipassero del loro sentimento. Ma poi levarono
le mani al cielo e gridarono: «Questo[105] è l'Augusto dei Romani!
Avendo lui, abbiamo tutto!». (3) A tal punto negli uomini sono in
qualche modo insiti il rispetto per ciò che è superiore e il disprezzo
per ciò che è inferiore: perciò essi ritenevano che Macrino e Diadumeniano nemmeno esistessero più, anzi, addirittura li calpestavano
come se fossero già morti. (4) Questo fu un motivo non irrilevante
per il quale i soldati cominciarono a disprezzarlo, non tenendo più in
alcun conto quanto egli aveva fatto per guadagnare il loro appoggio;
tuttavia il motivo principale fu che i Pergameni, privati degli onori
che in precedenza avevano ricevuto da Tarauta, lo oltraggiarono con

[104] È Diadumeniano, che di recente aveva ottenuto il titolo di Cesare (cfr. *supra* 19, 1).
[105] Giove, poc'anzi invocato dal popolo.

καὶ ἄτοπα ἐς αὐτὸν ἐξύβρισαν, ἐφ᾽ ᾧ δὴ καὶ δημοσίᾳ ἀτιμίαν ὑπ᾽ αὐτοῦ ὦφλον.

[21] καὶ τὰ μὲν τῶν στρατιωτῶν αὐτίκα λελέξεται· τότε δὲ γράμμα μὲν οὐδὲν ὁ Μακρῖνος τῶν μηνυτικῶν οὔτε ἐσέπεμψεν ἐς τὴν γερουσίαν, ὥσπερ ἠξίουν, οὔτ᾽ ἄλλως ἐξέφηνε, φήσας, εἴτ᾽ οὖν ἀληθῶς εἴτε καὶ ψευδῶς, ἵνα μὴ πολλὴ ταραχὴ γένηται, ὅτι μηδὲν ἐν τῷ βασιλικῷ τοιοῦτον εὑρέθη (ὁ γάρ τοι Ταραύτας ἤτοι διέφθειρε τὰ πλεῖστα τῶν ἔνδειξίν τινα ἐχόντων, (2) ἢ καὶ αὐτοῖς τοῖς πέμψασιν αὐτὰ ἀντέπεμπεν, ὥσπερ εἶπον, ὅπως μηδεὶς ἔλεγχος τῆς κακίας αὐτῶν ὑπολείπηται), τρεῖς δὲ δὴ τῶν βουλευτῶν, οὓς μάλιστα καὶ αὐτὸς ἐξ ὧν ἐπεφωράκει ἀξιομισεῖς ἐνόμιζεν εἶναι, ἐκδήλους ἐποίησε, τόν τε Μανίλιον καὶ τὸν Ἰούλιον καὶ προσέτι Σουλπίκιον Ἀρρηνιανόν, ὃς ἄλλους τέ τινας καὶ τὸν Βάσσον τὸν τοῦ Πομπωνίου παῖδα, ᾧ τῆς Μυσίας ἄρξαντι ὑπεστρατηγήκει, ἐσεσυκοφαντήκει. (3) καὶ οὗτοί τε ἐς νήσους ὑπερωρίσθησαν (ἀπεῖπε γὰρ ἄντικρυς μηδένα αὐτῶν θανατωθῆναι, αὐτὸ τοῦτο γράψας «ἵνα μή, ἃ ἐκείνοις ἐγκαλοῦμεν, αὐτοὶ ποιοῦντες φανῶμεν») καὶ Λούκιος Πρισκιλλιανὸς ὑπ᾽ αὐτῆς τῆς βουλῆς προβληθείς, οὕτω περιβόητος ἐπὶ ταῖς ἐπηρείαις ὥσπερ καὶ ἐπὶ ταῖς τῶν θηρίων σφαγαῖς ὤν. (4) ἔν τε γὰρ τῷ Τουσκούλῳ πολλοῖς ἀεὶ πολλάκις ἐμαχέσατο, ὥστε καὶ σημεῖα τῶν δηγμάτων αὐτῶν φέρειν, καί ποτε καὶ ἄρκτῳ καὶ παρδάλει λεαίνῃ τε καὶ λέοντι ἅμα μόνος συνηνέχθη· καὶ πολὺ πλείους ἄνδρας, καὶ τῶν ἱππέων καὶ τῶν βουλευτῶν, ἐκ τῶν διαβολῶν ἐξώλεσεν. (5) ἐφ᾽ οἷς ἀμφοτέροις ὑπὸ μὲν τοῦ Καρακάλλου μεγάλως ἐτιμήθη καὶ ἐς τοὺς ἐστρατηγηκότας ἐσεγράφη καὶ τῆς Ἀχαΐας καὶ παρὰ τὸ καθῆκον ἦρξεν, ὑπὸ δὲ

---

[106] In questo caso il sostantivo ἀτιμία (accompagnato dalla forma avverbiale δημοσίᾳ, «pubblicamente») non pare avere nulla a che vedere con la *damnatio memoriae* (cfr. *supra* 9, 2 e nota).

[107] Si può intendere, con γράμμα, una denuncia scritta, quindi una lettera, data anche la prassi di Macrino di comunicare col senato tramite lettere.

[108] Senatore insignito della *praefectura alimentorum* sotto Caracalla (cfr. *infra* 22, 1), fu forse *curator aquarum et miniciae*. Non è escluso che si possa identificare con Tiberio Manlio Fusco, console ordinario nel 225.

[109] Altrimenti sconosciuto.

[110] Questo personaggio, non altrimenti noto, potrebbe coincidere con il Gaio Sulpicio Arreniano menzionato come *clarissimus vir* di Canusio nel 223 (*CIL* IX 338, 25), ma potrebbe essere anche suo padre.

[111] Pomponio Basso, figlio di Pomponio Basso Terenziano, da identificare forse con quel Basso che fu console ordinario nel 211 in coppia con Terenzio Genziano: stando

molte e indecenti ingiurie, cosa per la quale furono da lui colpiti con la pubblica infamia.[106]

[21] Quanto invece alle vicende dei soldati, riferirò appresso. A quel tempo Macrino né inviò al senato, come i suoi membri richiedevano, né in altri modi pubblicò denunce[107] contro gli informatori: per evitare che si scatenasse un tumulto, affermò, vero o falso che fosse, che nessun documento delatorio era stato trovato nell'archivio imperiale (Tarauta, infatti, o aveva fatto distruggere la maggior parte dei documenti che contenevano qualche rivelazione, (2) oppure, come ho già detto, li aveva rispediti agli stessi mittenti, in modo tale che non rimanesse alcuna traccia dei loro misfatti). Rivelò tuttavia i nomi di tre senatori che anch'egli, a causa di quanto aveva scoperto, reputava particolarmente degni di avversione: costoro erano Manilio,[108] Giulio[109] e Sulpicio Arreniano;[110] quest'ultimo aveva falsamente accusato, insieme ad alcuni altri, Basso,[111] il figlio di Pomponio,[112] di cui era stato luogotenente ai tempi del suo governatorato in Mesia. (3) Costoro furono relegati nelle isole (Macrino, infatti, aveva espressamente vietato che qualcuno di loro fosse mandato a morte, scrivendo queste parole: «Per non mostrare di compiere noi stessi ciò di cui li accusiamo»). Lucio Prisciliano,[113] inoltre, fu chiamato in giudizio dallo stesso senato, un uomo famosissimo per le sue calunnie non meno che per le uccisioni di bestie selvatiche. (4) A Tuscolo, infatti, spesso combatté contro molte di quelle belve, tanto che portava sul corpo i segni visibili dei loro morsi; una volta, addirittura, combatté da solo contro un orso, un leopardo, una leonessa e un leone: eppure di gran lunga più numerosi erano gli uomini, tanto dell'ordine equestre quanto di quello senatorio, che egli aveva annientato con le sue calunnie. (5) Per entrambe le cose da Caracalla aveva ricevuto grandi onori, aveva ottenuto il rango pretorio e, contrariamente alla norma, era divenuto governatore dell'Acaia; ma, a fronte di ciò, cadde in

alla testimonianza di Dione sarebbe stato governatore della Mesia tra il 212 e il 217, per poi essere relegato *in insula* da Macrino a causa delle rivelazioni di Sulpicio Arreniano. Sulla sua condanna a morte, avvenuta per decisione di Elagabalo, cfr. *supra* 79, 5, 1-4.

[112] La carriera di Gaio Pomponio Basso Terenziano, forse padre di Pomponio Basso console del 211, ci è nota da un'iscrizione funeraria (*CIL* VI 41195): questore, *iuridicus* probabilmente nell'*Hispania citerior*, proconsole di Licia e Panfilia sotto Commodo, legato pretorio della Pannonia Inferiore e *praefectus aerarii militaris*.

[113] Lucio Lucilio Liciniano, figlio di Lucio Lucilio Pansa Priscilliano (un *eques* che fece carriera sotto Commodo e Settimio Severo) e di Cornelia Marullina, entrò in senato sotto Caracalla e rivestì il proconsolato in Acaia. Dopo la *relegatio in insula* impostagli da Caracalla nel 217, pare fosse stato reintegrato nel senato.

τῆς γερουσίας ἰσχυρῶς ἐμισήθη, καὶ ἐπίκλητός τε ἐγένετο καὶ ἐς νῆσον κατεκλείσθη.

[22] οὗτοί τε οὖν οὕτως ἀπήλλαξαν, καὶ ὁ Φλάκκος τὴν τῶν τροφῶν διάδοσιν, ἣν ὁ Μανίλιος πρότερον † ἔσχε τῆς κατ' αὐτοῦ συκοφαντίας γέρας εἰλήφει, ἐπετράπη καὶ αὐτὴν καὶ μετὰ τοῦτο τό τε διαδίδοσθαί τινα ἐν ταῖς τῶν στρατηγῶν τῶν πάνυ θέαις, πλὴν τῶν τῇ Φλώρᾳ τελουμένων......... δικαιονόμοι † οἱ τὴν Ἰταλίαν διοικοῦντες ἐπαύσαντο ὑπὲρ τὰ νομισθέντα ὑπὸ τοῦ Μάρκου δικάζοντες.

(2) Δομίτιός τέ τις Φλῶρος περιδρομῇ θεραπείας πρὸς σπουδαρχίαν, καίτοι πρότερόν ποτε τὰ τῆς βουλῆς ὑπομνήματα διὰ χειρὸς ἔχων καὶ ἀγορανόμος ἐπ' αὐτοῖς ἀποδειχθῆναι ὀφείλων, εἶτα πρὶν ἄρξαι τῆς ἐλπίδος διὰ Πλαυτιανὸν ἐκπεσών, κατεστήσατο καὶ δήμαρχος ἀπεδείχθη· ὅ τε Φαῦστος ὁ Ἀνίκιος ἐς τὴν Ἀσίαν ἀντὶ τοῦ Ἄσπρου ἄρξων ἐπέμφθη. (3) ἐκεῖνος γὰρ τὸ μὲν πρῶτον καὶ πάνυ πολλῆς παρὰ τοῦ Μακρίνου τιμῆς, ὡς καὶ καταστῆσαι τὰ ἐν τῇ Ἀσίᾳ δυνησόμενος, ἔτυχεν· ἔπειτ' ἐν ὁδῷ ὄντα αὐτὸν ἤδη καὶ πλησιάζοντα τῷ ἔθνει (τὴν γὰρ παραίτησιν, ἣ παρὰ τοῦ Καρακάλλου παρῄτητο, ἐς αὐτὸν ἐλθοῦσαν οὐκ ἐδέξατο) δεινῶς περιύβρισεν ἀπωσάμενος (καὶ γάρ τινα καὶ διηγγέλλετο αὐτῷ λελαληκὼς οὐκ ἐπιτήδεια), (4) καὶ δῆτα, ὡς καὶ αὖθις αὐτοῦ παρεμένου διά τε γῆρας καὶ νόσον, τῷ Φαύστῳ τὴν Ἀσίαν, καίπερ παροφθέντι τὴν τοῦ κλήρου τάξιν ὑπὸ τοῦ Σεουήρου, ἐνεχείρισεν· καὶ ἐπειδή γε βραχὺς ὁ χρόνος τῆς ἡγεμονίας αὐτῷ ἐγίγνετο, καὶ ἐς τὸ ἐπιὸν ἔτος ἄρξαι αὐτὸν ἀντ' Αὐφιδίου Φρόντωνος ἐκέλευσε.

[114] Altrimenti sconosciuto.

[115] Si tratta della *praefectura alimentorum*, rivestita da un senatore preposto alla distribuzione degli *alimenta*, una sorta di rendita destinata a fornire in Italia i mezzi di sussistenza a fanciulle e fanciulli poveri. Le competenze di tale *prefactura* a partire da Traiano furono talora associate alla *cura viarum* (*AE* 1984, 426 = 1987, 421).

[116] Da ἔσχε fino a δικαιονόμοι il testo greco è incerto e lacunoso. Non senza dubbi seguiamo qui la lezione di Reiske: ἐπετράπη καὶ αὐτήν. Καὶ μετὰ τοῦτο τό τε διαδίδοσθαί (...) τελουμένων ‹ἐκωλύθη, οἵ τε› δικαιονόμοι.

[117] στρατηγῶν τῶν πάνυ: vanno intesi come i *praetores maiores* o *praecipui*, vale a dire il *praetor urbanus* e il *praetor peregrinus*.

[118] I *Floralia* erano una festa celebrata il 28 aprile in onore di Flora, divinità italica strettamente connessa a Cerere, nume tutelare delle messi e della fertilità. Provvista di un *flamen Floralis*, ebbe dedicati il suo primo altare da Tito Tazio (Varr. *Ling.* 5, 74) e due antichi templi (il primo collocato sul Quirinale e il secondo nei pressi del Circo Massimo). La festività fu introdotta nel 238 a.C. su indicazione dei Libri sibillini (Tac. *Ann.* 2, 49).

[119] Si tratta degli *iuridici Italiae*, quattro delegati di rango consolare con competenze giudiziarie istituiti da Adriano per il territorio italico (cfr. *HA Hadr.* 22, 13: *Ant. Pius* 2) e poi ripresi da Marco Aurelio (*HA Marc.* 11, 3): probabilmente col passare dei

grandissimo odio presso il senato, fu messo sotto accusa e venne relegato su un'isola.

[22] Questa, dunque, fu la fine di costoro. Inoltre, Flacco[114] fu preposto alla distribuzione degli *alimenta*,[115] incarico che in precedenza aveva ricevuto Manilio e che egli aveva conseguito[116] come ricompensa per aver accusato quest'ultimo: in seguito la distribuzione degli *alimenta*, come anche quella dei donativi elargiti durante gli spettacoli organizzati dai pretori principali,[117] a eccezione di quelli in onore di Flora,[118] [fu abolita e] i giudici che amministravano l'Italia cessarono di prendere delle decisioni che si discostassero dalle norme stabilite da Marco [Aurelio].[119] (2) Un certo Domizio Floro,[120] che inizialmente era compilatore degli atti del senato e di lì doveva passare all'edilità, ma che prima di entrare in carica era stato privato della speranza di questa magistratura a causa di Plauziano, grazie ai servili maneggi del suo arrivismo fu riabilitato e venne designato tribuno. Anicio Fausto,[121] poi, fu inviato a governare l'Asia al posto di Aspro: (3) costui, infatti, inizialmente aveva ottenuto grandi onorificenze da parte di Macrino perché si pensava che avrebbe ripristinato l'ordine in Asia; tuttavia in seguito, mentre già si trovava in viaggio ed era nei pressi della provincia (dato che Macrino non aveva accolto la richiesta[122] prima fatta a Caracalla e poi giunta a lui), l'imperatore lo umiliò rimuovendolo dall'incarico, poiché gli era stato riferito che aveva fatto delle dichiarazioni inopportune; (4) così, come se Aspro avesse presentato una nuova istanza [di ritiro] a causa dell'età avanzata e della cattiva salute, egli assegnò l'Asia a Fausto, sebbene nell'ordine di assegnazione questi fosse stato escluso da Severo. Poiché rimaneva un breve lasso di tempo alla scadenza del governatorato assegnatogli, Macrino ordinò che mantenesse la carica anche per l'anno seguente in sostituzione di

decenni gli *iuridici* assunsero alcune prerogative dei *praefecti alimentorum*, come le competenze relative alle distribuzioni di grano. Non è escluso che Macrino, reintroducendo la normativa stabilita da Marco Aurelio sugli *iuridici*, abbia potuto privarli del potere di amministrare le distribuzioni per poi affidarlo ai *curatores viarum*.

[120] Di questo personaggio riferisce il solo Dione.

[121] Quinto Anicio Fausto fu *legatus legionis* in Numidia (presso la *legio III Augusta*) tra il 107 e il 201 e *consul suffectus* nel 198 (o nel 199). In seguito passò in Mesia Superiore come governatore e tra il 217 e il 219 gli venne affidata l'Asia.

[122] Sulla carriera di Gaio Giulio Aspro cfr. *supra* 77, 5, 3 e nota. Il testo qui è piuttosto oscuro. La παραίτησις in questione è una richiesta che gli abitanti dell'Asia avevano rivolto a Caracalla perché Aspro non venisse assegnato alla loro provincia, ma che Macrino aveva ignorato. Poi, quasi per ironia della sorte, Macrino avrebbe insignito Aspro di quel governatorato per poi esautorarlo *in limine*.

(5) τούτῳ γὰρ οὔτε τὴν Ἀφρικὴν κατακληρωσαμένῳ ἐπέτρεψεν τῶν Ἄφρων αὐτὸν παραιτησαμένων, οὔτε τὴν Ἀσίαν, καίτοι μεταθεὶς αὐτὸν ἐκεῖσε πρότερον. τό γε μὴν ἱκνούμενον γέρας καὶ οἴκοι μείναντι αὐτῷ, τὰς πέντε καὶ εἴκοσι μυριάδας, δοθῆναι ἐσηγήσατο. οὐ μέντοι καὶ ἐκεῖνος αὐτὰς ἔλαβεν, εἰπὼν οὐκ ἀργυρίου ἀλλ᾽ ἡγεμονίας δεῖσθαι, καὶ διὰ τοῦθ᾽ ὕστερον παρὰ τοῦ Σαρδαναπάλλου τὸ ἔθνος ἀπέλαβεν. ταῦτα μὲν οὕτως ἐγένετο, ... | ἐπ᾽ ἐλπίδι β........ | φομένοις .... | ἐκ τῆς .... | μέχρι τῆς ς......... | ἡλικίας ἐκ ....· [23] ἡ δὲ Ἰουλία ἡ τοῦ Ταραύτου μήτηρ ἔτυχε μὲν ἐν τῇ Ἀντιοχείᾳ οὖσα, καὶ οὕτω παραχρῆμα, ἅμα τῇ πύστει τοῦ θανάτου αὐτοῦ, διετέθη ὥστε καὶ πλήξασθαι ἰσχυρῶς καὶ ἀποκαρτερῆσαι ἐπιχειρῆσαι. ὃν γὰρ ζῶντα καὶ ἐμίσει, τὸν αὐτὸν τοῦτον τότε τετελευτηκότα ἐπόθει οὐχ ὅτι ἐκεῖνον ζῆν ἤθελεν, ἀλλ᾽ ὅτι αὐτὴ ἰδιωτεύουσα ἤχθετο. καὶ διὰ τοῦτο καὶ τὸν Μακρῖνον πολλὰ καὶ δεινὰ ἐλοιδόρησεν. (2) ἔπειθ᾽ ὡς οὔτε τι τῆς βασιλικῆς θεραπείας ἢ καὶ τῆς τῶν δορυφόρων περὶ αὐτῇ φρουρᾶς ἠλλοιώθη, καὶ ἐκεῖνος χρηστά τινα αὐτῇ, τὰ λεχθέντα ὑπ᾽ αὐτῆς ἀκηκοώς, ἐπέστειλε, θαρσήσασα τήν τε τοῦ θανάτου ἐπιθυμίαν κατέθετο, (3) καὶ μηδὲν αὐτῷ ἀντιγράψασα ἔπραττέν τι καὶ ἐς τοὺς συνόντας οἱ στρατιῶτας | ἄλλως τε .... | καὶ ἐκειν .... | .... καὶ τῷ τε Μακρίνῳ ..... ομένους | .... υ υἱέος αὐτῆς | .... ον μνημονεύοντας, ὅπως αὐταρχήσῃ τῇ τε Σεμιράμιδι καὶ τῇ Νιτώκριδι, ἅτε καὶ ἐκ τῶν αὐτῶν τρόπον τινὰ χωρίων αὐταῖς οὖσα, παρισουμένη. ὡς .... η συνῆρε | .... αἱ γράμματα | .... ου Μακρίνου | .... ι (4) τινα ἐφ᾽ οἷς | .... οντα ελα | .... ν γνώμης | .... ειτο φοβηθεῖσα μὴ τοῦ τε ὀνόματος τοῦ τῆς Αὐγούστης στερηθῇ καὶ ἐς

---

[123] Nipote del celebre oratore Marco Cornelio Frontone, Aufidio fu console ordinario nel 199 e pontefice massimo: dopo l'emarginazione subita da Macrino ottenne il proconsolato in Africa sotto Elagabalo.

[124] Sardanapalo è il nome con cui Dione designa, con forte vena denigratoria, il futuro imperatore Elagabalo. Sardanapalo era infatti un leggendario re dell'Assiria di cui si favoleggiava nell'antica Grecia (forse una rielaborazione della figura storica del re assiro Assurbanipal): secondo la tradizione (cfr. in particolare Diod. *Bibl.* 2, 23, 1 ss.) sarebbe stato un sovrano talmente effeminato da vivere *mulierum modo*, prono ai piaceri della crapula e alla lussuria sfrenata (cfr. anche Hdt. 2, 150; Pol. 8, 12, 3; Dion. Chrys. 4, 135; Clem. Al. *Strom.* 2, 20). Per l'epiteto «Sardanapalo», variato anche in «Assirio», cfr. *infra* 79, 1, 1 ss.: esso talora sostituisce «falso Antonino», il nome con cui comunemente l'autore identifica l'imperatore Vario Avito Bassiano, detto anche Elagabalo (cfr. *infra* 30, 2 e nota).

[125] Cfr. *infra* 23, 6 e Herod. 4, 13, 8, dove però non compare l'ipotesi di morte per inedia, e si esprime il dubbio se il suicidio sia stato perpetrato per volontà di Giulia Domna oppure imposto (εἴτε ἑκοῦσα εἴτε κελευσθεῖσα).

[126] Semiramide è un altro personaggio leggendario di origine assira, come Sardana-

Aufidio Frontone.[123] (5) A quest'ultimo non affidò né l'Africa, a lui già assegnata per sorteggio, perché gli Africani lo avevano ricusato, né l'Asia, sebbene inizialmente lo avesse destinato a quella provincia. Nonostante poi egli restasse a casa, [Macrino] propose che gli venisse rimborsato il compenso dovuto, che ammontava a un milione di sesterzi. Tuttavia [Frontone] non lo accettò, affermando di non aver bisogno di denaro, bensì del governo di una provincia e, perciò, la ricevette in seguito da Sardanapalo.[124] Così andarono questi fatti .... per speranza .... dalla .... fino a .... età da ....; [23] Giulia, madre di Tarauta, si trovò allora ad essere ad Antiochia, e quando venne a conoscenza della morte di lui ne fu talmente addolorata che s'inflisse una grave ferita e tentò di lasciarsi morire d'inedia.[125] Ora piangeva da morto colui che aveva odiato da vivo, e non perché desiderasse che egli fosse ancora in vita, ma perché mal tollerava di doversi ritirare a vita privata. Per questa ragione attaccò Macrino con molti e oltraggiosi insulti. (2) Poiché nulla mutò della servitù imperiale che la scortava o delle guardie pretoriane addette alla sua vigilanza, e poiché egli le inviò un messaggio conciliante anche dopo aver sentito le aspre parole di lei, ella, preso coraggio, abbandonò il proposito di morire, (3) e senza scrivere alcuna risposta tentò di mettersi d'accordo con i soldati che erano con lei | e altrimenti.................................... anche a Macrino .... del figlio di lei .... si ricordavano, affinché assumesse il potere assoluto emulando Semiramide e Nitocride,[126] dal momento che in un certo senso era originaria delle medesime regioni di questi ultimi. .... lettere .... di Macrino (4) alcune per le quali .... parere .... temendo ella di essere privata del titolo di Augusta e di essere costretta

palo: secondo il resoconto di Ctesia sopravvissuto in Diodoro Siculo (2, 4-20) sarebbe stata un'orfanella di straordinaria bellezza che, dopo aver sposato il re dell'Assiria Nino, ne ereditò il vastissimo impero. Proverbiale fu la sua dissolutezza (si veda anche la Semiramìs di dantesca memoria in *If* 5, 55-56: «A vizio di lussuria fu sì rotta, / che libito fé licito in sua legge»), ma fu anche una regina energica e battagliera (cfr. Strab. 2, 1, 26; 31; 15, 1, 5 s.; 16, 1, 2; Plin. *HN* 6, 49; 7, 207; 19, 49). Per l'accostamento di Giulia Domna a Semiramide cfr. C. LETTA, *Caracalla e Iulia Domna: tradizioni storiografiche come echi di propaganda politica*, in *Scritti offerti a E. Paratore ottuagenario*, «Abruzzo» 23-28 (1985-1990), pp. 521-529.

Nitocride era invece una regina babilonese citata da Erodoto (1, 185-187): celebre per le sue grandiose opere civili e idrauliche in funzione antipersiana, divenne nota anche per aver beffato Dario I facendogli credere che avrebbe trovato grandi ricchezze in una tomba in realtà vuota. Questa Nitocride, probabilmente confusa con l'omonima regina egizia citata altrove dallo storico (cfr. 2, 100, 2), dovrebbe però essere identificata con Adad-guppi, madre del re Nabonido, morta ultracentenaria nel 546 a.C.

τα ...... πατρίδα ἀπελθεῖν ἀναγκασθῇ καὶ παν | .... δεινοτε |
.... ας γυναι | .... ωνων προς | .... θενεστε | .... νατω
τε | .... νω τις οφθη | .... ατο παν του | (5).......... ιέναι μη |
.... μην ἀνελ | .... σθῇ καὶ ἐ | .... Μακρίνου | .... κοι
κατα | .... ι τοῦ τἀναντία πράττειν δοκεῖν ε | .... ξειν ὅπως
| .... η κατα | .... οχωρήση | .... ἐκεῖνός τε ἐξελθεῖν ὅτι
τάχιστα ἐκ τῆς Ἀντιοχείας αὐτήν, ὅποι βούλοιτο, ἐκέλευσεν, (6)
καὶ τὰ ἐν τῇ Ῥώμῃ περὶ τοῦ υἱέος αὐτῆς λεχθέντα ἤκουσεν, οὐκέτ'
ἐφιλοψύχησεν, ἀλλ' ἤδη τρόπον τινὰ καὶ ὑπὸ τοῦ καρκίνου, ὃν ἐν
τῷ μαστῷ ἐκ πάνυ πολλοῦ χρόνου ἡσυχάζοντά πως ἔχουσα τότε
‹ἠρέθισεν› ἐκ τῆς πληγῆς ἣν ἐπὶ τῷ τοῦ παιδὸς θανάτῳ κοψαμένη
κατὰ τῶν στέρνων ἐπέπληκτο, συναιρουμένη προσδιέφθειρεν
ἑαυτὴν ἀποκαρτερήσασα.

[24] καὶ ἡ μὲν οὕτω τε ἐκ δημοτικοῦ γένους ἐπὶ μέγα ἀρθεῖσα, κἂν
τῇ τοῦ ἀνδρὸς ἡγεμονίᾳ περιαλγῶς πάνυ διὰ τὸν Πλαυτιανὸν ζήσασα,
τῶν τε υἱέων τόν τε νεώτερον ἐν τοῖς αὐτῆς κόλποις κατασφαγέντα
ἐπιδοῦσα καὶ τὸν πρεσβύτερον ζῶντά τε ἀεὶ διὰ τέλους ‹διὰ› φθόνου
ἔχουσα καὶ φονευθέντα οὕτω μαθοῦσα, (2) τῆς ἀρχῆς ζῶσα ἐξέπεσεν
καὶ ἑαυτὴν προσκατειργάσατο, ὥστε τινὰ ἐς αὐτὴν ἀποβλέψαντα μὴ
πάνυ πάντας τοὺς ἐν ταῖς μεγάλαις ἐξουσίαις γενομένους μακαρίζειν,
ἂν μὴ καὶ ἡδονή τις αὐτοῖς τοῦ βίου καὶ ἀληθὲς καὶ ἀκήρατος καὶ
εὐτυχία καὶ ἀκραιφνὲς καὶ διαρκὲς ὑπάρχῃ. (3) καὶ τὰ μὲν τῆς
Ἰουλίας οὕτως ἔσχε, τό τε σῶμα αὐτῆς ἐς τὴν Ῥώμην ἀναχθὲν ἐν τῷ
τοῦ Γαΐου τοῦ τε Λουκίου μνήματι κατετέθη· ὕστερον μέντοι καὶ
ἐκεῖνα, ὥσπερ καὶ τὰ τοῦ Γέτα ὀστᾶ, πρὸς τῆς Μαίσης τῆς ἀδελφῆς
αὐτῆς ἐς τὸ τοῦ Ἀντωνίνου τεμένισμα μετεκομίσθη.

[127] Sulla base del testo superstite il soggetto della proposizione sembrerebbe essere lo stesso di ἐκέλευσεν (cioè ἐκεῖνος, Macrino); tuttavia il testo acquista maggior senso se si intende Giulia come soggetto di ἤκουσεν, in quanto sarebbe lei a essere in qualche modo danneggiata dalle voci che correvano sul conto del figlio Caracalla.

[128] Cfr. *supra* 77, 2, 2-3.

[129] Si tratta del Mausoleo di Augusto, fatto edificare nel Campo Marzio da Ottaviano a partire dal 29 a.C. Il primo a essere deposto nel Mausoleo fu Marcello, nel 23 a.C., seguito da Agrippa, da Druso Maggiore e da Lucio e Gaio Cesari. Dopo la morte di Augusto (14 d.C.) seguirono Druso Minore, Germanico, Livia, Tiberio, Agrippina Maggiore, Caligola, Claudio, Britannico e Poppea, moglie di Nerone, e Agrippina Minore. Dal Mausoleo di Augusto furono invece esclusi, com'è noto, Giulia figlia di Augusto e Nerone imperatore. Per un certo periodo il Mausoleo ospitò le ceneri di Vespasiano e di Nerva; infine, a distanza di più di un secolo, il sepolcro fu riaperto per accogliere le ceneri di Giulia Domna.

[130] Chiamata anche Varia in *HA Macr.* 9, 1, Giulia Mesa era sorella di Giulia Domna e figlia di Giulio Bassiano (sommo sacerdote del dio El-Gabal), nonché sposa di Giulio Avito Alessiano. Erodiano (5, 3, 1-3) narra che Giulia Mesa aveva trascorso diversi anni

a tornare .... in patria e .... 217 d.C.

....

.... (5) ....

.... Macrino ....

...... sembrare fare il contrario .... affinché ....

.... [quando] egli le ordinò di rientrare al più presto da Antiochia per recarsi dove avesse voluto (6) e sentì[127] ciò che a Roma si diceva di suo figlio, ella non nutrì più alcun desiderio di vivere e accelerò la morte con l'inedia, in qualche modo già favorita da un cancro in fase quiescente che da lungo tempo aveva al seno, risvegliato con la ferita che si era inferta al petto dopo aver saputo della morte del figlio.

[24] Così ella, elevatasi da origine plebea ad altissimo rango, dopo aver vissuto una vita di grandi dolori durante il regno del marito a causa di Plauziano, lei che aveva visto uccidere il figlio minore nel suo stesso grembo[128] e aveva appreso in quel modo la morte del più anziano, che sempre, finché questi visse, aveva odiato, (2) fu scalzata dal potere quando era ancora in vita e si diede la morte con le proprie mani. Pertanto chi dovesse volgere lo sguardo su di lei, non potrebbe certo ritenere felici tutti coloro che ascendono ai fasti del potere, a meno che non tocchino loro un vero e autentico piacere della vita e una felicità intatta e perpetua. (3) Questa, dunque, fu la sorte di Giulia. La sua salma fu portata a Roma e collocata nella tomba di Gaio e Lucio,[129] sebbene in seguito fosse stata trasferita dalla sorella Mesa,[130] insieme alle ossa di Geta, nel tempio di Antonino.[131]

alla corte imperiale negli anni in cui furono imperatori Severo e Caracalla. Rientrata a Emesa (di cui era originaria) dopo la morte della sorella per ordine di Macrino, mantenne tutte le sue ricchezze e i suoi privilegi per volere di quest'ultimo; con sé aveva due figlie: Giulia Soemiade, la maggiore (cfr. *infra* 30, 2; 38, 1-4; 79, 6, 2; 11, 1; 14, 2; 17, 2; 19, 2; 20, 1-2), e Giulia Mamea, la minore (cfr. *infra* 30, 2-3; 38, 1; 80, 2, 2), rispettivamente madri di Elagabalo e Alessandro Severo. Queste donne formavano un vero e proprio clan che seppe abilmente intrigare alle spalle di Macrino e manovrare le sorti della successione degli ultimi discendenti della dinastia severa. Giulia Mesa morì nel 226, durante il quarto anno del regno di Alessandro Severo, e le furono concesse le esequie degli imperatori, con tanto di apoteosi (Herod. 6, 1, 4: ἐξεθειάσθε). Su Giulia Mesa cfr. B. BLECKMANN, *Die Severische Familie und die Soldatenkaiser*, in H. TEMPORINI, *Die Kaiserinnen Roms von Livia bis Theodora*, München 2002, pp. 265-339; R.D. SULLIVAN, *The Dynasty of Emesa*, «ANRW» II. 8 (1977), 198-219.

[131] Probabilmente il tempio di Antonino e Faustina nel Foro. Secondo alcuni non è escluso che Giulia Domna fosse stata divinizzata: se ciò fosse vero, considerando anche il trattamento generalmente benevolo che Macrino riservò a tutti parenti di Caracalla, sarebbe un ulteriore indizio che il nuovo imperatore cercava in ogni modo di stabilire un legame saldo con l'eredità della dinastia severa: cfr. LETTA, *La dinastia dei Severi*, pp. 682-683; J.F. GILLIAM, *On «Divi» under the Severi*, «Hommages à M. Renard» II, Bruxelles (1969), pp. 285-286.

[25] ἔμελλεν δ' οὐδ' ὁ Μακρῖνος ἐπὶ πολὺ περιοίσειν, ὥς που καὶ προεδηλώθη αὐτῷ. ἡμίονός τε γὰρ ἡμίονον ἐν τῇ Ῥώμῃ καὶ χοῖρος χοιρίδιον ὦτα τέσσαρα καὶ γλώσσας δύο πόδας τε ὀκτὼ ἔχον ἔτεκε, καὶ σεισμὸς ἰσχυρὸς ἐγένετο, αἷμά τε ἐκ σωλῆνος ἐρρύη, καὶ μέλισσαι κηρία ἐν τῇ ἀγορᾷ τῇ βοαρίᾳ ἐνέπλασαν. (2) τό τε θέατρον τὸ κυνηγετικὸν κεραυνοῖς ἐν αὐτῇ τῇ τῶν Ἡφαιστίων ἡμέρᾳ βληθὲν οὕτω κατεφλέχθη ὥστε τήν τε ἄνω περιβολὴν αὐτοῦ πᾶσαν καὶ τὰ ἐν τῷ τοῦ κύκλου ἐδάφει πάντα κατακαυθῆναι, κἀκ τούτου τὰ λοιπὰ πυρωθέντα θραυσθῆναι. (3) οὐδὲ ἐπαρκέσαι αὐτῷ οὔτε ἀνθρωπίνη ἐπικουρία, καίπερ παντὸς ὡς εἰπεῖν ὕδατος ῥέοντος, οὔθ' ἡ τοῦ οὐρανίου ἐπίρροια πλείστη τε καὶ σφοδροτάτη γενομένη ἠδυνήθη· οὕτω που καὶ τὸ ὕδωρ ἑκάτερον ὑπὸ τῆς τῶν σκηπτῶν δυνάμεως ἀνηλίσκετο, καὶ ἐν μέρει καὶ αὐτὸ τοῦτο προσεσίνετο, ὅθεν ἡ θέα τῶν μονομαχιῶν ἐν τῷ σταδίῳ ἐπὶ πολλὰ ἔτη ἐτελέσθη. (4) τοῦτό τε οὖν τὰ μέλλοντα ἔσεσθαι προεσήμαινεν, – ἐνεπρήσθη μὲν γὰρ καὶ ἄλλα τινά, καὶ τῶν βασιλικῶν κτημάτων μάλιστα, ἐν τῇ ἀρχῇ αὐτοῦ πολλάκις, ὅπερ που καὶ αὐτὸ ἐξαίσιον ἀεί ποτε νενόμισται· ἐκεῖνο δὲ δὴ ἄντικρυς ἐς αὐτὸν φέρειν, ὅτι καὶ τὴν ἱπποδρομίαν τοῦ Ἡφαίστου κατελελύκει, ἔδοξεν. (5) ἔκ τε οὖν τούτου νέον τι γίγνεσθαι ἐτοπάσθη, καὶ ὅτι ὁ Τίβερις ἐν τῇ αὐτῇ ἐκείνῃ ἡμέρᾳ πληθύσας ἔς τε τὴν ἀγορὰν καὶ ἐς τὰς

[132] Un commento pressoché analogo si trova anche in Herod. 5, 3, 1. Sugli *omina* che preannunciano la caduta di Macrino cfr. anche *infra* 30, 2 e nota.

[133] Sul parto del mulo, cfr. Plin. *NH* 8, 173. Per lo più veniva interpretato come segno sfavorevole (Cic. *Div.* 1, 36; Liv. 26, 23, 5; 27, 3, 3). Cfr. anche *supra* 64, 1, 3, dove lo storico riferisce di un analogo evento sotto l'anno 68, in seguito all'acclamazione di Galba come imperatore.

[134] Piazza inclusa in un'area anticamente dedicata al mercato dei buoi (perciò detta anche *bovarium*), che si estendeva lungo la riva sinistra del Tevere, tra il Campidoglio e l'Aventino.

[135] Letteralmente anfiteatro «della caccia» (κυνηγετικὸν), è generalmente identificato con l'Anfiteatro Flavio, noto con il nome più popolare di Colosseo (*Colisaeus*), che appare per la prima volta in un epigramma dell'VIII sec. (Beda Venerabilis, *PL* 94, 453) e deriva, per metonimia, dalla vicinanza all'edificio della statua colossale di Nerone (*Colossus Neronis*). Iniziato sotto Vespasiano (Suet. *Vesp.* 11, 1) nell'area collocata tra l'Esquilino, il Palatino e il Celio – precedentemente occupata dallo *stagnum* della *Domus aurea* di Nerone –, fu inaugurato nell'80 da Tito (Suet. *Tit.* 7, 3; Aur. Vict. *Caes.* 10, 5) per poi essere ritoccato sia sotto Domiziano sia sotto Antonino Pio. La ricostruzione di cui riferisce Dione è menzionata anche in *HA Heliogab.* 17, 8 e *Alex. Sev.* 24, 3. Tuttavia la veemenza delle fiamme descritte da Dione sembrerebbe essersi alimentata da un edificio costruito da una maggior quantità di legno di quella

[25] Nemmeno Macrino era destinato a vivere a lungo,[132] proprio 217 d.C.
come gli era stato in qualche modo preannunciato. A Roma, infatti, un
mulo partorì un mulo,[133] mentre una scrofa diede alla luce un maiale
con quattro orecchie, due lingue e otto zampe; inoltre, ci fu un grande
terremoto, del sangue sgorgò da una condotta e delle api costruirono
favi nel Foro Boario.[134] (2) L'anfiteatro,[135] colpito da alcuni fulmini
nel giorno stesso dei Vulcanali,[136] prese fuoco in tal modo che tutto il
perimetro superiore e ciò che si trovava nell'arena fu distrutto dalle
fiamme, e di conseguenza anche le altre parti, essendosi incendiate,
restarono danneggiate. (3) Né l'aiuto umano bastò a estinguere l'incendio, sebbene si facesse affluire tutta l'acqua possibile, come nulla
poté la pioggia caduta dal cielo, per quanto copiosa e violentissima:
a tal punto l'acqua proveniente da ambedue le parti veniva assorbita
dalla potenza dei fulmini e, in parte, anche l'edificio stesso ne uscì
danneggiato. Gli spettacoli gladiatorî furono perciò tenuti nello
stadio[137] per molti anni a venire. (4) Tutto ciò, dunque, preannunciò
quello che sarebbe accaduto in seguito. In verità sotto il regno di
Macrino spesso ci furono altri incendi che coinvolsero soprattutto le
proprietà della casa imperiale, cosa che in sé venne sempre considerata di cattivo auspicio; ma quell'incendio sembrò riguardare lui
direttamente, anche perché aveva posto fine al concorso ippico in
onore di Vulcano. (5) Da ciò nacque allora il sospetto che stesse per
capitare qualcosa di grave, poiché, tra l'altro, quello stesso giorno il
Tevere s'ingrossò ed esondò invadendo il Foro e le vie adiacenti con

che doveva essere contenuta nel Colosseo: perciò non si può escludere a priori che
l'anfiteatro qui menzionato sia un altro.

[136] Feste in onore del dio Vulcano, la divinità legata al culto del fuoco che proteggeva
la città dalla potenza devastatrice delle fiamme, datata dai calendari al 23 di maggio:
durante tali *feriae* si celebravano sacrifici che immolavano animali dalla livrea rossa
secondo un ritualismo apotropaico volto a stornare il pericolo degli incendi (Tac. *Ann.*
15, 44). Tali sacrifici con le offerte avevano luogo il 23 di agosto (Varr. *Ling.* 6, 20)
presso il Vulcanale, un'area sacra al dio collocata presso il *Comitium*, dove avrebbe
tenuto le sue adunanze Romolo (Plin. *NH* 16, 236; Plut. *Rom.* 24, 5). Un secondo
luogo di culto in onore di Vulcano fu collocato prima del 214 a.C. nel Campo Marzio
o nei pressi del Circo Flaminio (Liv. 24, 10, 9). Da notare che tra il 23 maggio e il
23 agosto, il 7 giugno si tenevano *ludi Piscatorii*, durante i quali venivano sacrificati
pesci vivi presso il Vulcanale per propiziare l'attività della pesca: l'accostamento
dell'elemento dell'acqua (il pesce) a quello del fuoco (Vulcano) costituisce forse la
chiave interpretativa di questo rituale.

[137] Lo stadio di Domiziano, oggi Piazza Navona: fu costruito dall'omonimo
imperatore (cfr. Suet. *Dom.* 4), probabilmente sulle vestigia del Ginnasio di Nerone.

περὶ αὐτὴν ὁδοὺς τοσαύτῃ ῥύμῃ ἐσέβαλεν ὥστε καὶ ἀνθρώπους παρασυρῆναι. γυνή τέ τις, ὥς γε ἤκουσα, βλοσυρὰ καὶ ὑπέρογκος ὀφθεῖσά τισιν ἔφη ὅτι ἐλάχιστα ταῦτα πρὸς τὰ μέλλοντα αὐτοῖς συμβήσεσθαί ἐστιν. **[26]** καὶ ἔσχεν οὕτως· οὐδὲ γὰρ ἐν τῇ πόλει μόνῃ τὸ δεινὸν ἔμεινεν, ἀλλὰ πᾶσαν τὴν οἰκουμένην αὐτῆς, ὑφ᾽ ἧς τὸ θέατρον ἀεί ποτε ἐπληροῦτο, ἐπέσχεν· τὸν μὲν γὰρ πρὸς τοὺς βαρβάρους πόλεμον καὶ ἐλαττωθέντες κατέθεντο, τῇ δὲ ἐκ τῶν στρατιωτῶν πλεονεξίᾳ καὶ στάσει δεινῶς ἐκακώθησαν. ἐπράχθη δὲ ἑκάτερον ὧδε.

(2) ὁ Μακρῖνος ἰδὼν τὸν Ἀρτάβανον σφόδρα τε ἐφ᾽ οἷς ἐπεπόνθει θυμούμενον καὶ δυνάμει πολλῇ ἐς τὴν Μεσοποταμίαν ἐμβεβληκότα, τὸ μὲν πρῶτον τούς τ᾽ αἰχμαλώτους αὐτῷ αὐτεπάγγελτος καὶ λόγους φιλίους ἔπεμψε, πρός τε τὴν εἰρήνην αὐτὸν προκαλούμενος καὶ τὴν αἰτίαν τῶν γεγονότων ἐς τὸν Ταραύταν τρέπων· (3) ὡς δὲ ἐκεῖνος οὔτε τοῦτο προσεδέξατο, καὶ προσέτι καὶ τὰ φρούρια αὐτὸν τάς τε πόλεις ‹τὰς› κατασκαφείσας ἀναστῆσαι τῆς τε Μεσοποταμίας παντελῶς ἐκστῆναι καὶ δίκας ἐπί τε τοῖς ἄλλοις καὶ ἐπὶ τῇ τῶν βασιλικῶν μνημάτων λύμῃ δοῦναι ἐκέλευσεν (4) (τῇ τε γὰρ δυνάμει, ἣν πολλὴν ἠθροίκει, θαρρῶν, καὶ τοῦ Μακρίνου ὡς καὶ παρὰ τὴν ἀξίαν αὐταρχοῦντος καταφρονῶν, τῇ τε ὀργῇ ἀπλήστῳ ἐχρῆτο, καὶ ἤλπιζε καὶ ἄκοντος αὐτοῦ πάνθ᾽ ὅσα ἐβούλετο κατεργάσεσθαι), οὐδὲ καιρὸν οὐδένα διαβουλεύσασθαι ἔσχεν, (5) ἀλλ᾽ ἀπαντήσας αὐτῷ πρὸς τὴν Νίσιβιν ἤδη προσιόντι ἡττήθη, μάχης περὶ τοῦ ὕδατος τοῖς στρατιώταις ἐν τῇ ἀντιστρατοπεδεύσει γενομένης. καὶ δὴ καὶ αὐτὸ τὸ τάφρευμα παρ᾽ ὀλίγον ἀπέβαλεν. ἀλλὰ τὸ μὲν οἵ τε ὑπασπισταὶ καὶ οἱ σκευοφόροι οἱ παρατυχόντες διεσώσαντο· (6) θρασυνόμενοι γὰρ προεξῆξαν ἐς τοὺς βαρβάρους ἐπεκδραμόντες· τό τε γὰρ ἀνέλπιστον τῆς ἀντιτάξεως ὠφέλησεν αὐτούς, καὶ δὴ

---

[138] Sulla campagna partica di Macrino e sulla sua conclusione cfr. anche *HA Macr.* 8, 1-3.

[139] La guerra, iniziata nell'estate del 217, si concluse nel 218 con la battaglia di Nisibi. Alla sconfitta menzionata da Dione fanno invece riscontro le notizie delle vittorie romane date da Erodiano e dall'*Historia Augusta*. Erodiano (4, 15, 1-9) narra che i primi due giorni di battaglia videro un esito incerto su entrambi i fronti, mentre il terzo giorno ebbe luogo una tale mattanza di uomini e di cammelli da rendere difficilmente agibile il campo di battaglia: i barbari, ignari della morte di Caracalla e convinti di combattere ancora contro di lui, persistettero con accanimento, allorquando Artabano fu raggiunto da una missiva di Macrino che lo informava dei nuovi

una tale irruenza da trascinare via persino alcune persone. Inoltre, 217 d.C. come ho udito di persona, a certuni apparve una donna dall'aspetto fiero e dalla statura imponente e disse che questi eventi erano quasi nulla, se paragonati a quanto sarebbe accaduto loro in futuro. **[26]** E così accadde: la sciagura, infatti, non si limitò alla sola città, ma si estese all'intera ecumene, i cui abitanti regolarmente riempivano l'anfiteatro. Dapprima [i Romani] furono sconfitti e abbandonarono la guerra contro i barbari, poi furono duramente compromessi dall'avidità e dallo spirito sedizioso dei soldati. Entrambe le cose avvennero come riportato di seguito.

(2) Quando Macrino vide che Artabano si era adirato a causa dei danni subiti e che aveva invaso la Mesopotamia con un grande esercito, dapprima gli mandò di sua iniziativa gli ostaggi e un messaggio di amicizia, proponendogli la pace[138] e mettendo da parte il biasimo per quanto avvenuto sotto Tarauta. (3) Il re non solo non accettò la proposta, ma in aggiunta gli ingiunse di ricostruire le roccaforti e le città danneggiate, di abbandonare completamente la Mesopotamia e di risarcire i vari danni provocati, tra i quali anche quelli arrecati ai sepolcri regi (4) (Artabano, infatti, confidando nel grande esercito che aveva radunato e disprezzando Macrino quale imperatore indegno, aveva dato sfogo alla sua incontenibile collera e sperava di fare tutto ciò che voleva a dispetto di lui). Macrino non ebbe neppure il tempo di prendere una decisione, (5) ma fattosi incontro a lui che già era arrivato a Nisibi,[139] fu sconfitto dopo una battaglia combattuta dai soldati per l'approvvigionamento delle acque, nello spazio in cui gli eserciti erano accampati uno di fronte all'altro. Poco mancò che perdesse l'accampamento stesso, ma gli armigeri e i portatori che si trovarono a essere nei pressi lo salvarono. (6) Infatti costoro, preso coraggio, fecero una sortita e piombarono addosso ai barbari: l'inaspettata resistenza fu loro di aiuto, poiché sembrò che fossero soldati

---

sviluppi e con la quale, data la morte del responsabile di quella guerra, chiedeva pace e amicizia. Pace che di buon grado fu accordata dal Parto e che consentì a Macrino di ritornare ad Antiochia (sulle condizioni della pace cfr. *infra* 26, 8-27, 2). L'*Historia Augusta* dà notizia di una sconfitta romana (*Macr.* 8, 1-3: Artabano concesse la pace *Antonino interfecto*, «essendo Caracalla morto») e di una vittoria (12, 6: *pugnavit... non minus fortiter quam feliciter*). Che ci sia stato almeno un parziale successo parrebbe confermato dalle monete dedicate alla *victoria Parthica* coniate ad Antiochia (cfr. COHEN, IV 2 pp. 303-304, nn. 133-141 = *RIC* nn. p. 9, 49-50 e p. 12 nn. 96-98) e il titolo di *Parthicus Maximus* con cui Macrino figura su un miliario della Mauretania, per quanto tale titolo non fosse mai stato assunto ufficialmente: cfr. *infra* 27, 3 e P. SALAMA, *L'empereur Macrin Parthicus Maximus*, «REA» 66 (1964), pp. 334-352.

237

στρατιῶταί τινες ὡπλισμένοι ἀλλ᾽ οὐχ ὑπηρέται ἔδοξαν εἶναι.
ὁ δ............ | τότε τε οὐ .... | καὶ μετα .... | ξεως παρ.......... |
τῆς νυκ............ | (7) τὰ στρατό .... | οἵ τε Ῥωμαῖοι ...... | τὸ καὶ
οἱ πολέμιοι τὸν | θόρυβον .... | σφῶν α .... | πτευσαν ....
| γην, ἀ .... | αὐτοὺς . ο .... | λυ ἀπαλ . η .... | σαν ἔπει
.... | τες οἱ Ῥωμαῖοι ..... | βαρβάρων .... | ασπτοης .... |
αληθειν .... | τὸ πεποιη .... | θον τε αυ.......... | μια μὲν
μ.......... | ἀ...λαξ... .... | ...... ἤθει αὐτῶν βιασθέντες καὶ τῇ τοῦ
Μακρίνου φυγῇ ἀθυμήσαντες ἐνικήθησαν. (8) κἀκ τούτου ......
τῆς Μεσοποταμίας ἄλλως τε καὶ ἐκεί | ...... τὴν Συρίαν κα | ....
ιελθόντες | .... η. τότε μὲν δὴ ταῦτα ἐγένετο, ἐν δὲ δὴ τῷ μετοπώρῳ
τῷ τε χειμῶνι, ἐν ᾧ ὅ τε Μακρῖνος καὶ ὁ Ἄδουεντος ὑπάτευσαν,
ἐς μὲν χεῖρας οὐκέτ᾽ ἀλλήλοις ἦλθον, διαπρεσβευόμενοι δὲ καὶ
διακηρυκευόμενοι συνηλλάγησαν. [27] ὁ γὰρ Μακρῖνος ὑπό τε
δειλίας ἐμφύτου (καὶ γὰρ Μαῦρος ὢν δεινῶς ἐδείμαινεν) καὶ ὑπὸ
τῆς τῶν στρατιωτῶν ἀταξίας οὐκ ἐτόλμησε διαπολεμῆσαι, ἀλλὰ καὶ
πάνυ πολλὰ τῆς εἰρήνης ἕνεκα καὶ δῶρα καὶ χρήματα καὶ αὐτῷ
τῷ Ἀρταβάνῳ καὶ τοῖς παραδυναστεύουσίν οἱ ἐδαπάνησεν, ὥστε
καὶ ἐς πεντακισχιλίας μυριάδας τὸ σύμπαν ἀνάλωμα γενέσθαι. (2)
καὶ ἐκεῖνος ἔκ τε τούτου καὶ ὅτι καὶ οἱ στρατιῶται αὐτοῦ τῇ τε
τοῦ χρόνου τριβῇ, ὃν πολὺν ἀπ᾽ οἴκου οὐκ εἰωθότες ἦσαν, καὶ τῇ
τῆς τροφῆς σπάνει, ἣν οὔτε ἐκ παρασκευῆς (οὐ γὰρ ἑτοιμάζονται)
οὔτ᾽ αὐτόθεν τῷ τὰ μὲν δεδηῶσθαι τὰ δὲ ἐν τοῖς τείχεσιν εἶναι
εὐπόρουν, δεινῶς ἤσχαλλον, οὐκ ἀκουσίως κατηλλάγη. (3) οὐ
μέντοι καὶ πάντα τὰ πραχθέντα αὐτοῖς ἀκριβῶς ὁ Μακρῖνος
τῇ βουλῇ ἐπέστειλεν, καὶ διὰ τοῦτο καὶ θυσίαι αὐτῷ ἐπινίκιοι
ἐψηφίσθησαν καὶ τὸ ὄνομα τὸ Παρθικὸν ἐδόθη. οὐ μὴν ἐδέξατο,
αἰσχυνθείς, ὡς ἔοικεν, ἐπίκλησιν πολεμίων λαβεῖν ὑφ᾽ ὧν ἥττητο.

(4) καὶ μέντοι καὶ τὰ κατὰ τὸν Ἀρμένιον πολεμωθέντα, ὥσπερ
εἶπον, κατέστη, τοῦ Τιριδάτου πεμφθὲν αὐτῷ τὸ διάδημα παρὰ
τοῦ Μακρίνου λαβόντος, καὶ τὴν μητέρα, ἣν ἕνδεκα μησὶν ὁ
Ταραύτας ἐν τῷ δεσμωτηρίῳ κατεσχήκει, τήν τε λείαν τὴν ἐκ

---

[140] Nel 218.
[141] La viltà (cfr. anche *infra* 37, 4) e l'inerzia di Macrino sono un tratto tipico che
emerge anche del ritratto di Erodiano (5, 4, 10: ἄνανδρος, «codardo»; 5, 4, 2: συνήθης
ῥαθυμία, «consueta inerzia»).

armati, e non invece uomini dei corpi ausiliari. Il .... allora non
.... e .... (7) gli
.... e i Romani .... e i nemici il tumulto .... di
loro .... loro ....
.... i Romani .... dei barbari
....
.... sopraffatti
dal loro ...... e scoraggiati dalla fuga di Macrino, furono vinti. (8)
Perciò ...... della Mesopotamia e soprattutto .... la Siria ....
.... Questi furono gli avvenimenti di quel periodo.
Nell'autunno e nell'inverno nei quali Macrino e Avvento divennero
consoli,[140] [i Romani e i barbari] non vennero più alle mani gli uni
con gli altri, ma dopo l'invio di ambasciatori e di araldi, raggiunsero
un accordo. **[27]** Macrino, infatti, a causa della sua innata viltà (del
resto essendo un Mauritano era straordinariamente pavido)[141] e a
causa della mancanza di disciplina militare da parte dei soldati, non
ebbe il coraggio di guerreggiare, ma per assicurarsi la pace impiegò
moltissimi donativi e somme di denaro sia con lo stesso Artabano, sia
con i suoi dignitari, tanto che la spesa ammontò complessivamente
a duecento milioni di sesterzi. (2) Perciò questi[142] non fu restio a
concludere una pace, anche perché i suoi soldati erano fortemente
scontenti sia per il lungo periodo di tempo durante il quale erano
rimasti lontani da casa oltre il consueto, sia per la scarsità di cibo
che essi né avevano pronto (dato che non si approvvigionavano), né
avevano disponibile direttamente da quei luoghi, essendo esso in parte
stato saccheggiato e in parte chiuso nei forti. (3) Tuttavia Macrino
non comunicò dettagliatamente al senato tutto ciò che aveva fatto
con loro,[143] e perciò in suo onore furono decretati sacrifici degni di
una vittoria e gli venne conferito il titolo di «Partico», che però non
accettò per la vergogna, così almeno sembra, di ricevere un titolo da
quei nemici dal quale era stato sconfitto.

(4) Quindi, come ho detto, anche la guerra contro il re di Armenia
fu conclusa: ciò avvenne dopo che Tiridate[144] ebbe ricevuto il diadema
inviatogli da Macrino ed ebbe ottenuto la restituzione della madre –
Tarauta l'aveva tenuta in carcere per undici mesi – insieme al bottino

---

[142] S'intenda Artabano.
[143] Vale a dire con i Parti.
[144] Cfr. *supra* 77, 19, 1-2 e nota.

τῆς Ἀρμενίας ἁλοῦσαν κομισαμένου, καὶ τὰ χωρία ὅσα ὁ πατὴρ αὐτοῦ ἐν τῇ Καππαδοκίᾳ ἐκέκτητο, τό τε ἀργύριον ὃ κατ᾽ ἔτος παρὰ τῶν Ῥωμαίων εὑρίσκετο, ἐλπίσαντος λήψεσθαι. (5) οἵ τε Δᾶκοι λυμηνάμενοί τινα τῆς Δακίας καὶ πολεμησείοντες ἐπὶ πλεῖον ἀνέσχον, τοὺς ὁμήρους, οὓς ὁ Καράκαλλος ἐν συμμαχίας λόγῳ παρ᾽ αὐτῶν εἰλήφει, κομισάμενοι.

[28] ταῦτα μὲν οὖν οὕτως ἔσχεν, πόλεμος δὲ δὴ τοῖς Ῥωμαίοις ἕτερος οὐκέτ᾽ ὀθνεῖος ἀλλ᾽ ἐμφύλιος συνερράγη. οἱ γὰρ στρατιῶται τὸ μέν τι τοῖς πταίσμασιν ἀχθόμενοι, τὸ δὲ πλέον οὔτε πόνον οὐδένα ἔθ᾽ ἑκούσιον ὑπομένοντες, ἀλλ᾽ ἐς πάντα δὴ πάντως ἐκδεδιῃτημένοι, οὔτ᾽ αὐτοκράτορα οὐδένα ἐγκρατῶς σφῶν ἄρχοντα ἔχειν ἐθέλοντες, ἀλλὰ λαμβάνειν μὲν ἄπλετά τινα ἀξιοῦντες ἔργον δ᾽ οὐδὲν ἄξιον αὐτῶν ποιεῖν δικαιοῦντες, ἐταράσσοντο. (2) καί σφας ἥ τε τῆς μισθοφορᾶς συντομὴ καὶ ἡ τῶν γερῶν τῶν τε ἀτελειῶν τῶν ἐν τοῖς στρατιωτικοῖς ὑπηρετήμασιν, ἃ παρὰ τοῦ Ταραύτου εὕρηντο, στέρησις, καίπερ μηδὲν αὐτοὺς μέλλοντάς σφων ἀπολαύσειν, ἐπιπαρώξυνεν, ἥ τε ἐν ταὐτῷ τρόπον τινὰ διατριβή, ἣν τοῦ πολέμου ἕνεκα χειμάζοντες ἐν τῇ Συρίᾳ ἐπεποίηντο, προσεπισχύρισεν. (3) ἔδοξεν μὲν γὰρ στρατηγικῶς πως καὶ νουνεχόντως ὁ Μακρῖνος πεποιηκέναι, τῶν μὲν ἐν τοῖς ὅπλοις ὄντων μηδὲν παρελόμενος, ἀλλ᾽ ἀκέραια αὐτοῖς πάντα τὰ πρὸς ἐκείνου νομισθέντα τηρήσας, τοῖς δ᾽ αὖθις στρατευσομένοις προειπὼν ὅτι ἐπὶ τοῖς ἀρχαίοις τοῖς ὑπὸ τοῦ Σεουήρου καταδειχθεῖσιν καταλεχθήσοιντο· (4) τούτους τε γάρ, ἅτε καὶ κατ᾽ ὀλίγους ἐς τὴν στρατιὰν ἥξοντας, τὸ μὲν πρῶτον ὑπό τε τοῦ ἀμάχου καὶ ὑπὸ δέους τὸ δὲ ἔπειτα ὑπό τε τοῦ χρόνου καὶ ὑπὸ τοῦ ἔθους οὐδὲν νεοχμώσειν, καὶ τοὺς ἑτέρους, ἅτε μηδὲν ἀπολλύντας αὐτούς, ἡσυχάσειν ἤλπισεν. [29] τοῦτο δὲ εἰ μὲν ἀναχωρησάντων τε αὐτῶν ἐς τὰ οἰκεῖα τείχη καὶ

---

[145] La Cappadocia a partire dal 117-118 era una provincia che riuniva i territori del Ponto Galatico, del Ponto Polemoniaco e dell'*Armenia Minor*.

[146] Sulla Dacia cfr. *supra* 13, 2 e nota.

[147] All'articolata disamina dionea del rapporto con le truppe e all'eziologia del suo rovesciamento fa fronte l'analisi di Erodiano, che sottolinea il disprezzo degli ambienti militari per il nuovo imperatore: la sua ostentata *imitatio Marci Aurelii*,

razziato in Armenia, e dopo che ebbe sperato di ricevere i territori
che suo padre aveva acquisito in Cappadocia[145] e il tributo annuale
pagato dai Romani. (5) I Daci, inoltre, devastati alcuni territori della
Dacia[146] e mostrando di voler combattere a oltranza, si fermarono
dopo che ebbero ricevuto indietro gli ostaggi che Caracalla aveva
ottenuto da loro come pegno dell'alleanza.

[28] Questo, dunque, fu lo svolgimento di tali avvenimenti, in
seguito ai quali scoppiò un'altra guerra per i Romani, questa volta non
più esterna, bensì interna. I soldati, infatti, da un lato erano angosciati
per le stragi avvenute, e dall'altro, motivo di maggior rilevanza, non
volevano sostenere ulteriori fatiche di guerra: anzi, si erano in tutto e
per tutto abbandonati a una vita indisciplinata senza voler sottostare a
un imperatore che li governasse in modo autoritario, indaffarati com'e-
rano a reclamare elargizioni esorbitanti e a rifiutarsi di compiere il loro
dovere di soldati; per queste ragioni, dunque, cominciarono a sollevare
tumulti.[147] (2) A esacerbare i loro animi si aggiunsero la diminuzione
dello stipendio e la privazione dei donativi e delle immunità dai servizi
militari ottenute da Tarauta,[148] anche se essi non ne avrebbero tratto
alcun vantaggio; inoltre, rafforzò la loro determinazione la lunga sosta
che avevano fatto pressappoco nel medesimo luogo mentre svernavano
in Siria a causa di quella guerra. (3) In realtà Macrino sembrò aver
agito abilmente e saggiamente: non tolse alcun privilegio a coloro che
erano già arruolati, garantì anzi interamente tutto ciò che era stato loro
attribuito dal suo predecessore[149] e preannunciò a coloro che avrebbero
militato in futuro che sarebbero stati arruolati sulla base dei vecchi
stipendi fissati da Severo. (4) Egli, infatti, sperò che questi ultimi, dato
che sarebbero entrati nella milizia in numero esiguo, non avrebbero
osato alcuna ribellione, dapprima per l'inesperienza delle cose militari
e per l'indecisione, poi per il passare del tempo e per l'abitudine [alle
condizioni di pace]; d'altro canto sperò che gli altri,[150] sarebbero rimasti
tranquilli, dal momento che non avevano nulla da rimetterci. [29] Se
ciò fosse avvenuto, una volta che essi si fossero ritirati nei rispettivi
accampamenti e si fossero così sparpagliati, la situazione avrebbe

---

l'inclinazione al lusso e allo sfarzo, il confronto col defunto Caracalla, il rimpianto
per il suo atteggiamento rude e soldatesco (5, 2, 3-6).
[148] Sulle cospicue spese di Caracalla a favore dei militari cfr. *supra* 77, 9, 3; 10,
1; 10, 4; 12, 4; 16, 7.
[149] L'ἐκείνου del testo greco si riferisce evidentemente a Caracalla.
[150] Cioè coloro che erano già arruolati.

κατὰ τοῦτο διασπαρέντων ἐγεγόνει, ὀρθῶς ἂν ἐπέπρακτο. ἴσως μὲν γὰρ οὐδ᾽ ἂν ἠγανάκτησάν τινες αὐτῶν, πιστεύσαντες ὄντως μηδὲν αὐτοὶ ζημιωθήσεσθαι τῷ μὴ παραχρῆμα αὐτὸ πεπονθέναι· (2) εἰ δὲ δὴ καὶ ἐχαλέπηναν, ἀλλ᾽ ὀλίγοι πως ἕκαστοι ὄντες καὶ τοῖς ἐκ τῆς βουλῆς ἄρχουσιν ὑποτεταγμένοι οὐδὲν ἂν μέγα κακὸν δρᾶσαι ἠδυνήθησαν. ἐν δὲ δὴ τῇ Συρίᾳ συνεστραμμένοι, καὶ τὸ μέν τι καὶ περὶ αὐτούς, εἰ σκεδασθεῖεν, ὑποπτεύσαντες καινοτομηθήσεσθαι (τότε γὰρ διὰ τὴν τοῦ πολέμου χρείαν κολακεύεσθαι ἐδόκουν), (3) τὸ δὲ καὶ τῷ .... ἐκεῖνοι μὲν γὰρ στρατιώτας τέ τινας ἀπέκτειναν καὶ τῆς Μεσοποταμίας τινὰ ἐλυμήναντο, οὗτοι δὲ καὶ ἀλλήλων συχνοὺς κατέκοψαν καὶ τὸν αὐτοκράτορά σφων κατέλυσαν, καὶ ὃ τούτου δεινότερόν ἐστιν, τοιοῦτον ἕτερον ἐστήσαντο ὑφ᾽ οὗ οὐδὲν ὅ τι οὐ κακὸν καὶ αἰσχρὸν ἐγένετο.

[30] καί μοι δοκεῖ ἐναργέστατα καὶ τοῦτο, εἴπερ τι ἄλλο τῶν πώποτε, προδειχθῆναι· ἡλίου τε γὰρ ἔκλειψις περιφανεστάτη ὑπὸ τὰς ἡμέρας ἐκείνας ἐγένετο, καὶ ὁ ἀστὴρ ὁ κομήτης ἐπὶ πλεῖον ὤφθη, ἕτερόν τέ τι ἄστρον ἀπὸ δυσμῶν πρὸς ἀνατολὰς τὸ ἀκροφύσιον ἐπὶ πολλὰς νύκτας ἀνατεῖνον δεινῶς ἡμᾶς ἐξετάραττεν, ὥστε τοῦτο δὴ τὸ τοῦ Ὁμήρου διὰ στόματος ἀεὶ ποιεῖσθαι

ἀμφὶ δ᾽ ἐσάλπιγξεν μέγας οὐρανός, ἄιε δὲ Ζεύς.

ἐπράχθη δὲ ὧδε.

(2) ἡ Μαῖσα ἡ τῆς Ἰουλίας τῆς Αὐγούστης ἀδελφὴ δύο τε

---

[151] Il testo greco presenta una lacuna integrata da Bekker con ‹ἡττῆσθαι ἐρεθισθέντες μείζω ἢ αὐτοὶ οἱ Πάρθοι κακὰ τὸ κοινὸν εἰργάσαντο›.

[152] Se la congettura di Bekker è corretta, l'ἐκεῖνοι del testo greco (lett. «quelli») si riferirebbe ai Πάρθοι dell'integrazione proposta, in opposizione agli οὗτοι (lett. «questi»), che sarebbero tutti i soldati romani di stanza in Siria. Diversamente – ma tale interpretazione sarebbe più problematica – l'opposizione ἐκεῖνοι-οὗτοι riguarderebbe i soldati che devono entrare in servizio e quelli che già sono arruolati (di cui l'autore ha riferito al cap. 28).

[153] Stoccata polemica nei confronti del futuro imperatore Elagabalo.

[154] La particolare attenzione di Dione agli *omina imperii* emerge anche in altri passaggi del libro 78: 7, 2-5-8,3 (caduta di Caracalla), 25, 1-5 (caduta di Macrino) e 37, 5 (insediamento di Macrino). Anche queste notizie (cfr. *supra* 74, 3, 1) sono verosimilmente tratte dall'opuscolo che Dione incorporò nella sua *Storia*.

[155] Hom. *Il.* 21, 388. Il verso si riferisce appunto a Zeus, che, quando si scatena la battaglia dei numi dopo l'intervento di Efesto contro Scamandro, sente il fragore e gioisce dell'incipiente lotta tra gli dei.

[156] Cfr. *supra* 24, 3 e nota.

[157] Giulia Soemiade Bassiana (talora chiamata anche Soemia o Simiamira), figlia maggiore di Giulio Avito e di Giulia Mesa, fu moglie di Sesto Vario Marcello e madre

preso la giusta piega. Probabilmente, infatti, alcuni di loro non si sarebbero neppure irritati, convinti che veramente nessun danno poteva incombere su di loro, dato che lì per lì non avevano subito alcunché di svantaggioso; (2) e se anche avessero dato in escandescenze, essendo, singolarmente presi, in numero esiguo e trovandosi sotto il comando di governatori senatorî, non avrebbero tuttavia potuto arrecare gran danno. Ora, essendo [tutti] radunati in Siria, poiché da un lato sospettavano che se fossero stati dispersi, anche la loro situazione si sarebbe in qualche modo rovesciata (infatti in quel frangente ritenevano di essere blanditi a causa della necessità della guerra), (3) e poiché, dall'altro, [erano irritati dalla sconfitta subita, alla fine provocarono allo stato un danno maggiore di quanto avessero fatto i Parti medesimi].[151] Mentre questi ultimi,[152] infatti, avevano ucciso alcuni soldati e avevano devastato dei territori della Mesopotamia, essi, invece, in gran numero si trucidarono a vicenda, rovesciarono il proprio imperatore e, fatto ancor più grave, ne innalzarono un altro a lui consimile, dal quale non vennero se non scelleratezza e turpitudine.[153]

[30] Mi sembra che anche questa congiuntura fosse stata pre-annunciata più di qualsiasi altra da evidentissimi segni:[154] in quei giorni, infatti, si verificò un'eclissi di sole molto visibile e una stella cometa fu vista per lungo tempo. Un'altra stella, poi, che distese la sua coda da Occidente a Oriente per molte notti, provocò in noi grande turbamento, ragione per cui avevamo sempre in bocca quel celebre verso di Omero:

«Echeggiò il cielo nella sua ampiezza, e Giove udì».[155]

Così, dunque, avvenne.
(2) Mesa,[156] la sorella di Giulia Augusta, aveva due figlie, Soemiade[157]

---

di Elagabalo (Vario Avito Bassiano). Il suo nome è senz'altro riconducibile ai Soemi di Emesa (cfr. 71, 2, 3 e 72, 14, 2). Non è chiaro quale sia stata la sua reale influenza sulla politica del figlio dopo la salita al trono: l'immagine a lei associata di una dissolutissima *mater Augusti* che condiziona il figlio e interferisce sistematicamente negli affari di stato è fondata sulla tradizione ostile propalata dall'*Historia Augusta*, che riduce il regno di Elagabalo a un regime guidato dalla condotta scandalosa delle principesse siriache (*Macr.* 7, 6; *Helag.* 2, 1 ss.; 4, 1-4; 18, 2 ss.). Menzionata come *clarissima femina* in un'iscrizione incisa su un sarcofago di Velletri, appartenente al marito Vario Marcello (*CIL* 6569 = *ILS* 478), sostenne Elagabalo fino alla fine, anche in contrasto con Mesa e Mamea, e insieme a lui fu assassinata nel 222 (*infra* 79, 20, 1-2). Sul suo ruolo nella salita al trono di Elagabalo, cfr. anche Herod. 5, 3, 3. Su Giulia Soemiade cfr., come per Giulia Mesa, BLECKMANN, *Die Severische Familie*, cit., pp. 265-339; SULLIVAN, *The Dynasty of Emesa*, cit., pp. 198-219.

θυγατέρας, Σοαιμίδα καὶ Μαμαίαν, ἐξ Ἰουλίου Ἀουίτου ἀνδρὸς
ὑπατευκότος, καὶ δύο ἐγγόνους ἄρσενας, ἐκ μὲν τῆς Σοαιμίδος
Οὐαρίου τε Μαρκέλλου, ἀνδρὸς ὁμοεθνοῦς (ἐξ Ἀπαμείας γὰρ
ἧς ἐκεῖνος ἦν) καὶ ἕν τε ἐπιτροπαῖς ἐξετασθέντος καὶ ἐς τὸ
συνέδριον ἐσγραφέντος καὶ μετὰ τοῦτο τελευτήσαντος Ἀουῖτον,
(3) ἐκ δὲ τῆς Μαμαίας Γεσσίου τε Μαρκιανοῦ, Σύρου τε καὶ αὐτοῦ
ἐξ Ἄρκης πόλεως ὄντος καὶ ἐπιτροπείας τινὰς προσταχθέντος,
Βασσιανὸν ἔχουσα – αὕτη οὖν οἴκοι ἐν τῇ Ἐμέσῃ τὴν δίαιταν ν
......, τῆς ἀδελφῆς Ἰουλίας ᾗ παρὰ πάντα τὸν τῆς βασιλείας αὐτῆς
χρόνον συνεγεγόνει, διολομένης. (4) ὁ γὰρ Ἀουῖτος παρὰ μὲν
τοῦ Καρακάλλου ἐς Κύπρον ἐκ τῆς Μεσοποταμίας μετὰ τὴν τῆς
Ἀσίας ἀρχὴν πεμφθεὶς κληρωτῷ τινὶ σύνεδρος ὑπό τε γήρως καὶ
ὑπ᾽ ἀρρωστίας ἔφθη συναιρούμενος· τὰ δὲ τοῦ ..αυ......... | αὐτοῦ,
ἐπ......... | ἐτελεύτησεν, [31] Εὐτυχιανός τις ἕν τε ἀθύρμασι καὶ ἐν

[158] Figlia minore di Giulio Avito e di Giulia Mesa, Mamea fu sposata due volte: del
primo marito non si sa nulla (tranne che fu console: cfr. *infra* 79, 17, 1 e nota), mentre
il secondo fu Gessio Marciano, da cui ebbe il futuro imperatore Alessandro Severo (cfr.
anche *Dig.* 1, 9, 12). Insieme alla madre Mesa e contro la sorella Soemiade sostenne
l'ascesa al trono del proprio figlio per detronizzare Elagabalo (cfr. *infra* 79,19, 2; 4; 20,
1), per poi esercitare, insieme al prefetto del pretorio Ulpiano, una notevole influenza
sul nuovo regnante. Dal figlio ricevette una posizione più che onorabile (Herod. 6, 1,
5-10; *HA Alex. Sev.* 14, 7; 26, 9; 60, 2), com'è anche attestato dal titolo di *Augusta*,
mater Augusti et castrorum et senatus atque patriae (*CIL* VIII 1406; II 3413). Tanta
fu la *pietas* di Alessandro Severo nei suoi riguardi da farle edificare nel *Palatium* degli
appartamenti chiamati *ad Mammam* e un palazzo nei pressi di Baia con tanto di lago
artificiale (*HA Alex. Sev.* 26, 9). Ritratta – secondo una tradizione ostile – come una donna
profittatrice, avida di denaro, e gelosa del figlio fino al punto da farlo divorziare dalla
moglie (Herod. 6, 1, 8-10; *HA Alex. Sev.* 14, 7), non è escluso che abbia accompagnato
Alessandro nella campagna persiana e in quella germanica del 235, durante la quale
ebbe forse il ruolo di consigliera nella negoziazione della pace col nemico (Herod. 6,
7, 9; Zon. 12, 15). Fu assassinata insieme al figlio da alcuni soldati ribelli nel marzo
del 235 (Herod. 6, 9, 1-8; *HA Alex. Sev.* 59-61). Su Giulia Mamea cfr. E. KOSMETATOU,
The Public Image of Julia Mamea, «Latomus» 61 (2002), pp. 398-414; G. MARTINELLI,
MAMEAE ALEXANDER / ΑΛΕΞΑΝΔΡΟΣ Ο ΜΑΜΑΙΑΣ, «AALig» 48 (1991), pp.
669-973; anche per Giulia Mamea cfr. i già citati BLECKMANN, *Die Severische Familie*,
e SULLIVAN, *The Dynasty of Emesa* (per Mesa e Soemiade).
[159] Nipote di C. Giulio Avito (governatore di Licia e Panfilia nel 148), Giulio Avito
Alessiano elevò il suo rango da equestre a senatoriale, essendo stato nominato pretore
(194), *legatus* della *legio IV Flavia* (195-6) e *consul suffectus* (200 ca.). Il suo *cursus
honorum* proseguì con il governatorato della Rezia, la *praefectura alimentorum* (212-
214), il governatorato della Dalmazia (214-215/216), dell'Asia (215-216 o 216-217)
e di Cipro (217). Per la sua carriera cfr. H.G. PFLAUM, *La carrière de C. Iulius Avitus
Alexianus*, «REL» 57 (1961), pp. 298-314.
[160] Vario Avito Bassiano, a quest'epoca un fanciullo di quattordici anni: è il futuro
imperatore Elagabalo, su cui cfr. *infra* 31, 2 ss. Nonostante avesse assunto, dopo l'acclamazione, il nome di Marco Aurelio Antonino (*HA Helag.* 1, 7), a partire da 32, 3
Dione, con un chiaro intento polemico, lo chiama Ψευδαντωνῖνος, «falso Antonino»:

e Mamea,[158] avute dal marito Giulio Avito, un ex console;[159] aveva anche due nipoti maschi: il primo era Avito,[160] nato da Soemiade e da Vario Marcello, un suo connazionale (proveniva infatti da Apamea) che era stato più volte procuratore e, dopo essere stato eletto senatore, era morto.[161] (3) Il secondo era Bassiano,[162] nato da Mamea e da Gessio Marciano,[163] anch'egli un Siriaco, proveniente dalla città di Arca, il quale aveva avuto l'incarico di alcune procure. Mamea viveva in patria a Emesa ...., dopo che era morta la sorella Giulia,[164] insieme alla quale aveva vissuto per tutto il periodo del regno di lei.[165] (4) Avito, che dopo il governo dell'Asia era stato inviato da Caracalla dalla Mesopotamia a Cipro come consigliere di un magistrato sorteggiato, a causa dell'età e di una malattia morì prima; .... di lui, ... morì. **[31]** Un certo Eutichiano,[166]

---

un chiaro riferimento alla falsa paternità dell'imperatore Antonino Caracalla e all'illegittimità del titolo imperiale. In altri *loci*, invece, l'autore preferisce Σαρδανάπαλλος («Sardanapalo»), di cui si è detto (*supra* 22, 5 e nota) e a cui si aggiunge il soprannome di Τιβερῖνος («Tiberino»), con allusione al trascinamento del suo cadavere nel Tevere (*infra* 79, 1, 1; 21, 3), e Ἀσσύριος («Assirio»), per via della singolare veste tipica dei sacerdoti siriaci. L'*Historia Augusta* riporta anche altri soprannomi, come «Trascinato», «Impuro» (*Helag.* 17, 1, 5), e «zimbello pubblico» (*ibid.* 9, 2).

[161] Originario di Apamea, Sesto Vario Marcello ascese al rango equestre non prima del 204: raggiunti il grado di sostituto del prefetto del pretorio e di *praefectus urbi* intorno al 212, diventò governatore della Numidia sotto Caracalla forse nel 212, probabile anno della sua morte (era comunque già morto nel 218: cfr. *supra* 34, 1²). Non è escluso che la sua ascesa politica fosse in parte dovuta al sostegno dato a Caracalla nella soppressione di Geta; quel che è certo è che il matrimonio con Soemiade gli consentì di imparentarsi con la dinastia severa.

[162] Gessio Giulio Bassiano Alessiano, a quest'epoca un ragazzino di dieci anni: è il futuro imperatore Alessandro Severo, su cui cfr. *infra* 79, 17, 2 e nota.

[163] Gessio Marciano ci è noto essenzialmente dal resoconto di Dione. Oltre ad Alessandro Severo ebbe anche una figlia, anche se lo storico non dice se fosse nata dall'unione con Mamea o da un precedente matrimonio. Su questa figlia e sull'ipotesi della morte di Marciano cfr. *infra* 31, 4 e nota.

[164] Cfr. *supra* 23, 1.

[165] Cfr. Herod. 5, 3, 2; *HA Helag.* 2, 3; Aurel. Vict. *Epit. Caes.* 23, 1.

[166] Questo passaggio è lacunoso e si può solo ipotizzare che Eutichiano sia il soggetto del verbo ἐπεχείρησε («tentò») del § 2: se così fosse, egli sarebbe il protagonista del rovesciamento di Macrino a favore di Elagabalo. Quanto all'identificazione del personaggio, è molto probabile che coincida con Gannide, il promotore della rivolta che Dione menziona a partire da 38, 3 e che a 78, 38, 3 – seppure non senza qualche problema di natura testuale – viene definito «il fautore della rivolta» (ὁ τὴν ἐπανάστασιν κατασκευάσας). Da scartare sia l'ipotesi secondo cui Eutichiano e Comazonte sarebbero la stessa persona (cfr. *infra* 39, 4 e nota), sia quella secondo cui egli possa essere un individuo ben distinto dagli altri due. Sulla carriera di Eutichiano-Gannide cfr. *infra* 38, 3 e nota. Per approfondimenti si veda A. KEMEZIS, *The Fall of Elagabalus as Literary Narrative and Political Reality*, «Historia» 65 (2016), pp. 348-390 (in particolare p. 373 n. 91).

γυμνασίοις ἀρέσας καὶ διὰ ταῦτα .... | θείς, ὃς αὐτο .... | τας
ἔμμελε .... | ας ἐπὶ του .... | νων αυτω .... | προσωνομ........
τε τῶν στρατιωτῶν ἐς τὸν Μακρῖνον ἀπέχθειαν συνιδών (...... |
τε γὰρ οὐ πο......... | σεων πολ .... | καὶ οἱ τὸ τρ......... | κον
τεῖχος .... | ποτε προ ....) καί τι καὶ ὑπὸ τοῦ Ἡλίου, ὃν
Ἐλεγάβαλον ἐπικαλοῦσι καὶ μεγάλως θρησκεύουσιν, ἄλλων τέ
τινων μαντειῶν ἀναπεισθείς, (2) ἐπεχείρησε τόν τε Μακρῖνον
καθελεῖν καὶ τὸν Ἀουῖτον τὸν τῆς Μαίσης ἔγγονον αὐτοκράτορα,
καίπερ παιδίον ἔτι ὄντα, ἀντικαταστῆσαι. καὶ κατειργάσατο
ἑκάτερον· καίτοι αὐτός τε οὐδέπω πάνυ ἐς ἄνδρας ἐτέλει, (3)
καὶ συνεργοὺς ὀλίγους εἶχεν ἐξελευθέρους καὶ στρατιώτας ἐξ
.... τέλους βουλευτάς τε Ἐμεσηνοὺς .... ρος ..... τοῦ τε
γὰρ Ταραύτου υἱὸν αὐτὸν μοιχίδιον εἶναι πλασάμενος, καὶ τῇ
ἐσθῆτι τῇ ἐκείνου, ᾗ ποτε ἐν παισὶν ἐχρῆτο, κοσμήσας. αι ταραυτηι
.... τῶν βασιλι | .... ατων τῶν | .... συναλλετο | .... ἔς τε
τὸ στρατόπεδον νυκτός, (4) μήτε τῆς μητρὸς αὐτοῦ μήτε τῆς τήθης
ἐπισταμένης, ἐσήγαγε, καὶ τοὺς στρατιώτας ἅμα τῇ ἕῳ τῆς τοῦ

[167] Qui con «Elagabalo» s'intende un'antica divinità, menzionata per la prima volta in una stele di Nazala a Palmira (I sec.), connessa alla città montana di Emesa, al tempio dedicato al dio e a un altare recante la dedica «al dio Sole Elagabalo». La sua origine risale probabilmente a culti prearabici ed era rappresentata, nonché venerata, in una pietra conica nera che si diceva precipitata dal cielo (Herod. 5, 3, 5). La diffusione del culto si estese da quando Vario Avito Bassiano, diventato sacerdote di Ela-Gabal secondo una ben nota tradizione familiare, introdusse il culto a Roma facendo costruire un tempio a esso dedicato (*infra* 79, 11, 1 e nota; Herod. 5, 5, 6; *HA Helag.* 3, 4). Le invocazioni attestate, come *(Deus) Sol A/Elagabalus* (*CIL* III 4300; VI 708; 2269) o come *Invictus Sol Elagabalus* (*CIL* X 5827), rivelano che il culto venne «solarizzato» in virtù di un'identificazione peraltro arbitraria dell'antico dio con ἥλιος («sole») per cui il dio fu chiamato anche Eliogabalo (cfr. anche *HA Macr.* 9, 2; Aur. Vict. *Epit. Caes* 23, 1). Dopo la morte dell'imperatore il culto tornò a Emesa. Per il culto solare associato ad Elagabalo si vedano R. TURCAN, *Héliogabale et le sacre du soleil*, Paris (1985) e S. BERRENS, *Sonnenkult und Kaisertum von den Severen bis zu Constantin I (193-337 n. Chr.)*, Stuttgart (2004); sull'ambiente di Emesa e il culto in generale cfr. F. MILLAR, *The Roman Near East: 31 BC – AD 337*, Cambridge (MA) (1993).

«Elagabalo» è però anche il nome con cui la storiografia identifica l'imperatore, che Dione preferisce chiamare in altri modi (cfr. *supra* 22, 5 e la nota a «Sardanapalo»). Se è corretta l'interpretazione del E. PASOLI (*Vita di Macrino*, Bologna [1968], p. 84], il nome Elagabalo assunto da Vario Avito Bassiano sarebbe in qualche modo stato ripreso in modo scherzoso da Macrino stesso, il quale compose un epigramma in risposta a un poeta greco che lo aveva messo alla berlina per aver assunto i titoli di *Pius* e *Felix*: definisce infatti tale epigrammatista *gabalus*, ricorrendo a un termine che da un lato significa «pendaglio da forca», e dall'altro alluderebbe a Elagabalo, quel giovane principe di cui Macrino probabilmente già conosceva le trame usurpatrici al momento di questa arguta risposta (cfr. *HA Macr.* 10, 6).

[168] Vario Avito Bassiano, passato alla storia con il nome di Elagabalo, nacque a Emesa tra il 14 marzo 203 e il 13 marzo 204, e regnò dal 218 al 222 (titolo completo:

apprezzato nei giochi d'intrattenimento e di ginnastica e perciò
.... il quale ....
.... avendo notato
l'odio dei soldati contro Macrino (.......... e infatti non ....
.... e i .... accampamento ....) e
persuaso anche dal Sole, che chiamano Elagabalo[167] e che venerano
sommamente, come pure da alcuni altri oracoli, (2) tentò di rovescia-
re Macrino e di sostituirgli come imperatore Avito, il nipote di Mesa,
benché ancora fanciullo;[168] raggiunse entrambi gli obiettivi, sebbene
egli non avesse ancora del tutto raggiunto l'età adulta (3) e avesse
come sostenitori pochi liberti e soldati .... senatori
di Emesa .... e, infatti, fingendo che egli fosse un
figlio illegittimo di Tarauta[169] e facendogli indossare un abito che
questi portava quando era un fanciullo. ....
.... di notte lo
condusse nell'accampamento (4) all'insaputa della madre e della
nonna,[170] e all'alba del sedici maggio persuase alla ribellione i sol-

---

Imperator Caesar Marcus Aurelius Antoninus Augustus): figlio di Sesto Vario Marcello
e di Giulia Soemiade (*supra* 30, 2), dopo il 217 diventò sacerdote del dio El-Gabal a
Emesa (Herod. 5, 3, 4; *HA Helag.* 1, 5), come suo bisnonno Bassiano (Aurel. Vict. *Epit.
Caes.* 21, 1; 23, 2). Al suo regno Dione dedica l'intero libro 79 della *Storia romana*.
    [169] Cfr. Herod. 5, 3, 10, secondo cui ad alcuni dei propri clienti o familiari Mesa
avrebbe rivelato che il fanciullino era in realtà figlio naturale di Antonino Caracalla
('Αντωνίνου υἱός... φύσει): ma lo storico dubita di tale versione, per quanto Mesa
andasse dicendo che entrambe le sue figlie – Soemiade e Mamea – avevano avuto dei
rapporti (ἐπιφοιτῆσαι) con Caracalla all'epoca in cui viveva a palazzo con sua sorella
Giulia Domna. Dione a 79, 19, 4, riferisce però che nel 222, poco prima della caduta
di Elagabalo, Mesa prese a detestare il nipote «per le sue azioni, quasi rivelassero che
egli non era neppure il figlio di Antonino»: la notizia non è in contraddizione con le
rivelazioni di Mesa riportate da Erodiano, ma rivela, casomai, il nuovo orientamento
di principessa, ormai decisa ad abbandonare Elagabalo per puntare tutto sulla successione di Alessandro Severo. L'*Historia Augusta*, invece, talora riferisce la paternità di
Caracalla come certa (*Carac.* 9, 2; *Helag.* 2, 1), talora la mette in dubbio (*Macr.* 6, 7;
Helag. 1, 4-5; 3, 1): l'autore dell'*HA* si compiace di riportare un aneddoto infamante
(*Helag.* 2, 1) secondo cui Elagabalo era chiamato «Vario» dai compagni di scuola, con
allusione al fatto che lo si riteneva concepito *vario semine, de meretrice utpote* («dal
seme di "vari" uomini, proprio come il figlio di una meretrice»). Per l'uso propagandistico della parentela Caracalla-Elagabalo cfr. anche *infra* 34, 2.
    [170] Erodiano (5, 3, 10-12) e l'*Historia Augusta* (*Macr.* 9, 4-6) affermano invece che
a prendere l'iniziativa fu proprio Giulia Mesa, la quale presentò suo figlio ai soldati a
Emesa e lo introdusse nel campo. A fronte della versione più semplificata di Erodiano,
quella di Dione sembra più verosimile, se non altro perché è più complessa e perché
menziona più personaggi coinvolti nel complotto (*in primis* Eutichiano-Gannide, che
secondo lo storico sarebbe il vero iniziatore dell'impresa).

Μαΐου ἑκκαιδεκάτης, γλιχομένους τινὰ ἀφορμὴν ἐπαναστάσεως λαβεῖν, ἀνέπεισε νεοχμῶσαι. μαθὼν δὲ ταῦτα ὁ Ἰουλιανὸς ὁ ἔπαρχος (ἔτυχεν γὰρ οὐ πόρρω ἀπών) ἄλλους τέ τινας καὶ θυγατέρα τοῦ Μαρκιανοῦ γαμβρόν τε ἐφόνευσεν, **[34]** (1¹) κἀκ τῶν λοιπῶν στρατιωτῶν ἀθροίσας τινὰς ὡς δι᾽ ὀλίγου προσέμειξεν ὡς καὶ πολεμιωτάτῳ τείχει. **[32]** δυνηθεὶς δ᾽ ἂν αὐτὸ αὐθημερὸν λαβεῖν (οἱ γὰρ Μαῦροι οἱ τῷ Ταραύτᾳ κατὰ τὸ συμμαχικὸν πεμφθέντες προθυμότατα ὑπὲρ τοῦ Μακρίνου, ἅτε καὶ ὁμοεθνοῦς σφίσιν ὄντος, ἠγωνίσαντο, ὥστε καὶ πύλας τινὰς διαρρῆξαι) οὐκ ἠθέλησεν, εἴτ᾽ οὖν φοβηθεὶς ἐσδραμεῖν, εἴτε καὶ ἐλπίσας ἑκόντας τοὺς ἔνδον παραστήσεσθαι. (2) ὡς δ᾽ οὔτε τις αὐτῷ ἐπεκηρυκεύετο, καὶ προσέτι τὰς πύλας πάσας τῆς νυκτὸς ἀπῳκοδόμησαν ὥστε ἐν ἀσφαλεστέρῳ εἶναι, προσέβαλεν μὲν αὖθις αὐτοῖς, ἐπέρανε δ᾽ οὐδέν. τόν τε γὰρ Ἀουῖτον, ὃν Μᾶρκον Αὐρήλιον Ἀντωνῖνον ἤδη προσηγόρευον, περιφέροντες ὑπὲρ τοῦ τείχους, καὶ εἰκόνας τινὰς τοῦ Καρακάλλου παιδικὰς ὡς καὶ προσφερεῖς αὐτῷ ἀποδεικνύντες, (3) παῖδά τε ὄντως αὐτὸν ἐκείνου καὶ διάδοχον τῆς ἀρχῆς ἀναγκαῖον εἶναι λέγοντες, καὶ «τί ταῦτα ὦ συστρατιῶται ποιεῖτε; τί δὲ οὕτω τῷ τοῦ εὐεργέτου ὑμῶν υἱεῖ μάχεσθε;» ἐκβοῶντες, πάντας τοὺς σὺν τῷ Ἰουλιανῷ στρατιώτας, ἄλλως τε καὶ προθύμως πρὸς τὸ νεωτεροποιεῖν ἔχοντας, διέφθειραν, ὥστε τοὺς μὲν ἐπιτεταγμένους σφίσιν πλὴν τοῦ Ἰουλιανοῦ (διέδρα γάρ) ἀποκτεῖναι, ἑαυτοὺς ‹δὲ› τά τε ὅπλα τῷ Ψευδαντωνίνῳ παραδοῦναι. (4) κατεχομένους γὰρ αὐτοὺς ὑπό τε τῶν ἑκατοντάρχων καὶ τῶν ἄλλων ὑπομειόνων, κἀκ τούτου διαμέλλοντας, ὁ Εὐτυχιανὸς † τὸν Φῆστον, κατὰ τὸν τοῦ Ταραύτου πρόκοιτον ἀντωνομάσθη, ἔπεισεν † ἀποσφάξαι πάντας ἐκείνους, ἆθλόν σφισι τὴν τοῦ τεθνήξοντος ‹ἑκάστῳ› οὐσίαν τε

---

¹⁷¹ L'acclamazione di Elagabalo (cfr. anche Herod. 5, 3, 11-12) avvenne il 18 maggio del 218 a *Raphanae*, vicino a Emesa, a opera dei soldati della *legio III Gallica*, così chiamata perché aveva combattuto al servizio di Giulio Cesare. Dopo due secoli di acquartieramento in Oriente era principalmente composta da soldati siriaci.

¹⁷² Ulpio Giuliano (su cui cfr. *supra* 4, 3).

¹⁷³ Gessio Marciano, padre di Alessandro Severo (cfr. *supra* 30, 3). Non è escluso che anch'egli abbia perso la vita nelle repressioni del prefetto Ulpio Giuliano, dato che da questo momento in poi non è più menzionato nelle fonti storiche. Sull'ipotesi che la sua morte fosse citata nella *Storia romana* cfr. però *infra* 33, 2-34, 1² e nota.

dati,[171] già bramosi di avere un pretesto per una rivolta. Quando il 218 d.C.
prefetto Giuliano[172] venne a sapere ciò (egli, infatti, si trovava a
essere non lontano da lì), uccise, oltre ad altri uomini, anche una
sorella e un genero di Marciano,[173] **[34]** (1[1]) e dopo aver radunato
alcuni dei restanti soldati, per quanto il breve intervallo di tempo gli
aveva consentito, attaccò il campo come se fosse il luogo più ostile.
[32] Sebbene avesse potuto impadronirsene in quello stesso giorno
(infatti, i Mauretani che in base all'alleanza sottoscritta erano stati
mandati presso Tarauta si erano battuti con grandissimo ardore per
Macrino, essendo questi loro connazionale, tanto da riuscire a fare
breccia attraverso alcune porte), tuttavia non volle, sia perché temeva di fare irruzione all'interno sia perché sperava che quelli che
erano dentro si sarebbero arresi spontaneamente. (2) Tuttavia, dal
momento che nessuno veniva a trattare con lui e, inoltre, di notte essi
avevano ricostruito tutte le porte in modo tale da rimanere più al
sicuro, egli lanciò un nuovo attacco contro di loro, ma senza alcun
risultato. Essi, infatti, condussero sopra il perimetro delle mura Avito,[174] che già chiamavano Marco Aurelio Antonino, e mostrarono
alcune immagini di Caracalla fanciullo che rivelavano una certa
somiglianza con lui, (3) dicendo che egli era veramente suo figlio e
doveva essere il successore all'impero, e gridando: «Che fate, commilitoni? Perché combattete in questo modo contro il figlio del vostro
benefattore?». Così corruppero tutti i soldati schierati con Giuliano,
d'altronde già desiderosi di ribellarsi, tanto che questi trucidarono i
propri comandanti, eccetto però Giuliano (il quale, infatti, si era dato
alla fuga), e consegnarono se stessi e le armi al falso Antonino.[175] (4)
Mentre erano trattenuti dai centurioni e da altri sottufficiali e, di
conseguenza, temporeggiavano, Eutichiano [inviò Festo (così era
stato chiamato uno dei liberti imperiali che aveva preso il nome del
cubiculario di Tarauta) e li persuase][176] a uccidere tutti quegli [uffi-

---

[174] Cfr. Herod. 5, 4, 3-4; *HA Macr.* 9, 6-10, 2.

[175] Elagabalo. Per il nome «falso Antonino» cfr. *supra* 30, 2 e la nota ad «Avito».

[176] Il testo greco è corrotto. Boissevain emenda con τὸν Φῆστον ‹προπέμψας
(οὕτω δὲ τῶν Καισαρείων τις› κατὰ τὸν τοῦ Ταραύτου πρόκοιτον ἀντωνομάσθη)
ἔπεισεν. Festo si ritrova in Erodiano (4, 8, 4-5), che riferisce di un liberto con questo
nome che fu sovrintendente dell'archivio imperiale (βασιλείου μνήμης προεστώς)
sotto Caracalla, morto e onorato con solenni funerali dall'imperatore stesso durante
il suo viaggio in Troade nell'anno 214. Tuttavia il Festo menzionato da Dione non
deve essere confuso con quello di Erodiano, ma sarebbe, appunto, un alto dignitario
di corte di cui ignoriamo il nome originario.

καὶ χώραν ἐν τῇ στρατείᾳ προθείς· καὶ αὐτοῖς καὶ τὸ παιδίον
ἀπὸ τοῦ τείχους ἐδημηγόρησεν ὑπόβλητα, τόν τε πατέρα ἤδη
ἐπαινῶν, καὶ τὸν Μακρῖνον ὡς Ι ....

....

.... Ι . **[33]** αρ .... Ι καιν .... Ι τομ .... Ι νατων
.... Ι λιτι ... . Ι misqος .... Ι ἐπὶ μηδ .... Ι ματι το ....
Ι δεδικα .... Ι εισχε .... Ι τιαν η κα ..... λελοιπότας ἐς τὴν
ἀρχαίαν οὐσίαν τε καὶ ἐπιτιμίαν ἐπαναχθῆναι. ᾧ μέντοι μάλιστα
αὐτοὺς ἀνηρτήσατο, (2) ... ἕκαστον .... δώσειν .... ὑπέσχετο
καὶ τοὺς φυγάδας κατάξειν ὡς καὶ ἐκ τούτου γνήσιος ἔκγονος
τοῦ Ταραύτου εἶναι δόξων. .... Ι τα γε κ .... Ι παρανο .... Ι
ειγε εκ .... Ι ....
.... Ι
.... νο Ι .... μη Ι .... ιτη Ι .... κιανω Ι .... τω Ι ......
Μακρῖνον Ι .... μενω .. Ι **[34]** (1²) (ὁ γὰρ Μάρκελλος ἐτεθνήκει),
τοῦτον μὲν ἀπέκτεινεν, αὐτὸς δὲ ἀτολμήσας περαιτέρω χωρὶς τοῦ
Μακρίνου προχωρῆσαι μετεπέμψατο αὐτόν. (2) καὶ ὃς ἔς τε τὴν
Ἀπάμειαν ἐς τοὺς Ἀλβανίους στρατιώτας διὰ ταχέων ἦλθε, καὶ
τὸν υἱὸν αὐτοκράτορα, καίπερ δέκατον ἔτος ἄγοντα, ἀπέδειξεν,
ὅπως ἐπὶ τῇ προφάσει ταύτῃ τοὺς στρατιώτας τοῖς τε ἄλλοις καὶ
πεντακισχιλίων δραχμῶν ὑποσχέσει τιθασεύσῃ· (3) καὶ παραυτίκα
τε αὐτοῖς κατὰ χιλίας ἔνειμε, τήν τε τροφὴν καὶ τοῖς λοιποῖς
ἐντελῆ, καὶ τὰ ἄλλ᾽ ἃ ἀφῄρητο αὐτούς, ἀποκατέστησεν, ἐλπίζων
σφᾶς διὰ τούτων ἱλεώσεσθαι. κὰκ τῆς αὐτῆς ταύτης αἰτίας καὶ τῷ
δήμῳ δεῖπνον κατὰ πεντήκοντα καὶ ἑκατὸν δραχμὰς ἔνειμε πρὶν
καὶ ὁτιοῦν περὶ τῆς ἐπαναστάσεως αὐτοῖς διαδηλῶσαι, ἵνα μὴ δι᾽

---

[177] Questa singolare arringa basata sulla *laudatio Antonini*, peraltro menzionata dal
solo Dione in questo passaggio lacunoso, doveva presumibilmente essere in linea con
la propaganda del «clan di Emesa», che proponeva un successore legittimo in quanto
discendente dalla dinastia dei Severi (corroborata anche dall'assunzione del nome di
Antonino): una linea che anche lo stesso Macrino tentò di fare propria con il figlio
Diadumeniano (cfr. *supra* 19, 1; *infra* 37, 6).

[178] Sesto Vario Marcello, marito di Giulia Soemiade e padre di Elagabalo (*supra*
30, 2).

[179] Se si ipotizza che il soggetto della frase sia Giuliano e che il ... κιανω Ι della
lacuna del testo greco sia leggibile in [Μαρ]κιαν[ός], allora avremmo la notizia della
morte di Gessio Marciano (il padre di Alessandro Severo) per mano o per ordine
del prefetto del pretorio medesimo. Si tratta, naturalmente, di una mera congettura.

[180] Diadumeniano fu designato imperatore ma non ricevette mai ufficialmente il

ciali], offrendo loro in premio le ricchezze e il rango militare di ogni avversario che ciascuno fosse stato in grado di uccidere. Inoltre, dal muro il fanciullo tenne loro un discorso studiato per l'occasione,[177] con il quale lodava colui che ormai considerava padre e Macrino come ....

....

.... **[33]** ....

....

....

.... abbandonate essere riportate alla vecchia proprietà e diritto. Con ciò soprattutto li legò a sé, (2) promise che .... ognuno .... avrebbe dato .... e che avrebbe richiamato gli esuli per dare l'impressione, con questa decisione, di essere il legittimo discendente di Tarauta. ....

....

....

....

.... Macrino .... **[34]** (1^2) (infatti Marcello era morto),[178] mandò a morte costui,[179] mentre egli, non avendo il coraggio di procedere oltre senza Macrino, lo mandò a chiamare. (2) Questi si recò velocemente ad Apamea presso le truppe dei soldati albani e nominò suo figlio imperatore,[180] sebbene egli avesse solo dieci anni,[181] in modo tale che con questo pretesto potesse mitigare l'animo dei soldati, tanto con altri benefici quanto con la promessa di ventimila sesterzi; (3) distribuì loro quattromila sesterzi subito, e ai restanti accordò l'intera razione di viveri e gli altri diritti di cui li aveva privati, poiché con queste concessioni sperava di placarli. Per la stessa ragione offrì al popolo un banchetto per l'equivalente di seicento sesterzi [a testa] ancora prima di rivelare qualsiasi notizia a proposito della ribellione, affinché si credesse che quel banchetto si

titolo di Augusto, come precisato in *HA Macr.* 11, 4, sebbene su alcune monete provenienti da Antiochia egli compaia con i titoli di Αὐτοκράτωρ (*Imperator*) e Σεβαστός (*Augustus*). Cfr. J.H. VON ECKHEL, *Doctrina Numorum*, VII p. 242. Per i soldati albani (che militavano nella *legio II Parthica*) cfr. *supra* 13, 4 e nota.

[181] Dione torna ripetutamente sulla giovane età non solo di Diadumeniano (79, 1, 3) ma anche di Elagabalo (79, 1, 3) e di Alessandro Severo (79, 17, 2): va precisato che costoro erano tutti *Kinderkaiser* – e quindi agli occhi di Dione inadeguati al ruolo di Cesari o di imperatori –, per il semplice fatto che al momento della successione erano molto giovani ed erano gli unici candidati possibili. La loro investitura era sostenuta da figure di governo che svolgevano, per così dire, il ruolo di «tutori»: Macrino per Diadumeniano, Soemiade per Elagabalo, Mesa e Mamea per Alessandro Severo.

ἐκείνην ἀλλ᾽ ἐς τὴν τοῦ υἱέος τιμὴν ἐστιᾶν αὐτοὺς νομισθείη. (4) καὶ αὐτῷ ταῦτα πράττοντι στρατιώτης τις τῶν ἀφεστηκότων προσῆλθεν, τὴν ‹τοῦ› Ἰουλιανοῦ κεφαλήν (εὑρέθη γὰρ κεκρυμμένος που καὶ ἐσφάγη) κομίζων ἐν ὀθονίοις πολλοῖς ἰσχυρῶς σφόδρα σχοινίοις καταδεδεμένην ὡς καὶ τοῦ Ψευδαντωνίνου οὖσαν· καὶ γὰρ τῷ τοῦ Ἰουλιανοῦ δακτυλίῳ ἐσεσήμαντο. (5) καὶ ὁ μὲν τοῦτο ποιήσας ἐξέδρα ἐν ᾧ ἐκείνη ἐξεκαλύπτετο· γνοὺς δ᾽ ὁ Μακρῖνος τὸ πεπραγμένον οὐκέτ᾽ ἐτόλμησεν οὔτε κατὰ χώραν μεῖναι οὔτε πρὸς τὸ τεῖχος προσελάσαι, ἀλλ᾽ ἐς τὴν Ἀντιόχειαν κατὰ τάχος ἀνεκομίσθη. καὶ οὕτως οἵ τε Ἀλβάνιοι οἵ τε ἄλλοι οἱ περὶ ἐκεῖνα τὰ χωρία χειμάζοντες προσαπέστησαν. (6) καὶ οἱ μὲν τά τε ἄλλα ἀντιπαρεσκευάζοντο, καὶ ἀντέπεμπον ἔς τε τὰ ἔθνη καὶ ἐς τὰ στρατόπεδα ἀγγέλους καὶ γράμματα, ἀφ᾽ ὧν πολλαχόθι πρός τε τὴν πρώτην ἑκατέρου περὶ τοῦ ἑτέρου πέμψιν καὶ πρὸς τὰς συνεχεῖς καὶ διαφόρους ἀλλήλαις ἀγγελίας ἐταράχθησαν· (7) κἀκ τούτου συχνοὶ μὲν καὶ τῶν γραμματοφόρων ἀμφοτέρωθεν ἐφθάρησαν, συχνοὶ δὲ καὶ τῶν θανατωσάντων τοὺς Ἀντωνινείους ἢ καὶ μὴ αὐτίκα αὐτοῖς προσθεμένων αἰτίαν ἔσχον, καὶ οἱ μὲν καὶ ἀπώλοντο διὰ τοῦτο, οἱ δ᾽ ἄλλο τι ὦφλον. (8) ὧν ἐγὼ τὰ μὲν ἄλλα (ὁμοιοτροπώτατά τε γάρ ἐστιν καὶ οὐδὲν μέγα λεπτολογηθέντα ἔχει) παρήσω, τὰ δὲ ἐν τῇ Αἰγύπτῳ γενόμενα κεφαλαιώσας ἐρῶ.

[35] ἦρχεν μὲν αὐτῆς ὁ Βασιλιανός, ὃν καὶ ἐς τὴν τοῦ Ἰουλιανοῦ χώραν ἔπαρχον ὁ Μακρῖνος ἐπεποιήκει, διῆγεν δέ τινα καὶ Μάριος Σεκοῦνδος, καίπερ βουλευτής τε ὑπὸ τοῦ Μακρίνου γεγονὼς καὶ τῆς Φοινίκης προστατῶν· καὶ ἦσαν κατὰ ταῦτα ἀμφότεροι αὐτῷ προσκείμενοι, καὶ διὰ τοῦτο καὶ τοὺς τοῦ Ψευδαντωνίνου δρομοκήρυκας ἀπέκτειναν. (2) μέχρι μὲν δὴ οὖν ἐν ἀμφιβόλῳ τὰ πράγματα ἦν, μετέωροι καὶ αὐτοὶ καὶ οἱ στρατιῶται οἵ τε ἰδιῶται ἦσαν, οἱ μέν τινες αὐτῶν ταῦτα οἱ δὲ ἐκεῖνα κατὰ ‹τὸ› στασιωτικὸν καὶ βουλόμενοι καὶ εὐχόμενοι καὶ διαθρυλοῦντες. ἐπεὶ δὲ τῆς ἥττης τοῦ Μακρίνου ἀγγελία ἀφίκετο, στάσις ἰσχυρὰ ἐγένετο καὶ τοῦ τε δήμου πολλοὶ καὶ τῶν στρατιωτῶν οὐκ ὀλίγοι διώλοντο, (3) ὅ τε Σεκοῦνδος ἐν ἀμηχανίᾳ ἔπεσε, καὶ ὁ Βασιλιανὸς φοβηθεὶς

---

[182] Cfr. Herod. 5, 4, 4, che si limita però a riferire la sola notizia della consegna della testa di Ulpio Giuliano a Macrino, e anche *HA Macr.* 10, 1-2, la quale riassume in modo ancora più succinto.

[183] Questo personaggio, affiancato nella sua carica di *praefectus Aegypti* da Mario Secondo (*ILS* 8919), ci è noto essenzialmente dal resoconto di Dione.

teneva non per quel motivo, ma piuttosto per onorare il figlio. (4)
Mentre egli era così affaccendato, gli si avvicinò uno dei soldati
ribelli recando la testa di Giuliano (il quale era stato trovato nascosto
da qualche parte ed era stato trucidato), avvolta in numerose fasce di
lino e legata molto stretta con delle cordicelle, come se fosse quella
del falso Antonino: infatti l'involto era stato sigillato con l'anello di
Giuliano. (5) Fatto ciò, costui, mentre il capo veniva scoperto, si
diede alla fuga;[182] Macrino, compreso quello che era accaduto, non
ebbe più il coraggio di rimanere in quel luogo né di assalire il campo,
ma fece velocemente ritorno ad Antiochia. Così, sia i soldati albani
sia gli altri che svernavano in quei luoghi si ribellarono a loro volta.
(6) Da una parte e dall'altra si facevano vari preparativi e si spediva-
no messaggeri e lettere nelle province e alle legioni: in seguito in
molti luoghi sorse una gran confusione al primo giungere di un
messaggio riguardante la parte avversa e all'arrivo dei continui
annunci che si contraddicevano a vicenda. (7) Perciò molti corrieri
di entrambe le parti furono messi a morte, e molti di coloro che
avevano ucciso gli antoniniani o che non si erano prontamente uniti
alla loro causa furono accusati, per poi essere in parte mandati a
morte per tale motivo, in parte puniti con un'altra pena. (8) Ometterò
gli altri fatti, poiché sono molto simili tra loro e non presentano
alcuna particolare rilevanza, mentre esporrò per sommi capi quelli
che avvennero in Egitto.

[35] Governava l'Egitto Basiliano,[183] che Macrino aveva altresì
designato prefetto al posto di Giuliano, mentre svolgeva alcuni incarichi anche Mario Secondo,[184] sebbene fosse stato designato senatore
da Macrino e governasse la Fenicia; entrambi aderivano al suo partito e per questo motivo avevano persino ucciso i corrieri del falso
Antonino. (2) Finché la situazione rimase incerta non solo essi, ma
anche i soldati e i privati cittadini rimasero nel dubbio, alcuni di loro
volendo, pregando e diffondendo una cosa, altri un'altra, come suole
accadere nei momenti di sedizione. Quando però giunse la notizia
della sconfitta di Macrino, sorse una violenta ribellione nella quale
morirono molti uomini del popolo e non pochi soldati; (3) Mario
Secondo si trovò ridotto a malpartito e Basiliano, temendo di perdere

[184] Mario Secondo, probabilmente di rango equestre, si trovava in Egitto durante
l'ascesa al potere di Macrino, che lo fece senatore e governatore della *Syria Phoenice*.
Morì nel corso della ribellione che depose Macrino.

μὴ καὶ ἐν χερσὶν ἀπόληται ἔκ τε τῆς Αἰγύπτου ἐξέδρα, καὶ ἐς τὴν Ἰταλίαν τὴν περὶ τὸ Βρεντέσιον ἐλθὼν ἐφωράθη, προδοθεὶς ὑπὸ φίλου τινός, ᾧ ἐν τῇ Ῥώμῃ ὄντι κρύφα προσέπεμψεν τροφὴν αἰτῶν. καὶ ὁ μὲν οὕτως, ὕστερον ἐς τὴν Νικομήδειαν ἀναχθείς, ἐσφάγη·

[36] ὁ δὲ δὴ Μακρῖνος ἔγραψε μὲν καὶ τῇ βουλῇ περὶ τοῦ Ψευδαντωνίνου ὅσα καὶ τοῖς ἑκασταχόθι ἄρχουσι, παιδίον τέ τι ἀποκαλῶν αὐτὸν καὶ ἔμπληκτον εἶναι λέγων, ἔγραψε δὲ καὶ τῷ Μαξίμῳ τῷ πολιάρχῳ τά τε ἄλλα οἷα εἰκὸς ἦν, καὶ ὅτι οἱ στρατιῶται καὶ οἱ νεωστὶ κατειλεγμένοι πάνθ᾽ ὅσα καὶ πρὶν εἶχον λαμβάνειν ἀξιοῦσιν, καὶ κοινὴν ἐπὶ τοῖς οὐ διδομένοις σφίσιν ὀργὴν καὶ οἱ ἄλλοι οἱ μηδενὸς ἐστερημένοι ποιοῦνται. (2) καὶ ἵνα γέ τις ἄλλα ὅσα παρά τε τοῦ Σεουήρου καὶ τοῦ υἱέος αὐτοῦ πρὸς διαφθορὰν τῆς ἀκριβοῦς στρατείας εὕρηντο παραλίπῃ, οὔτε δίδοσθαί σφισι τὴν μισθοφορὰν τὴν ἐντελῆ πρὸς ταῖς ἐπιφοραῖς, ἃς ἐλάμβανον, (3) οἷόν τε εἶναι ἔφη (ἐς γὰρ ἑπτακισχιλίας μυριάδας ἐτησίους τὴν αὔξησιν αὐτῆς τὴν ὑπὸ τοῦ Ταραύτου γενομένην τείνειν) οὔτε μὴ δίδοσθαι, τοῦτο μὲν ὅτι ο......... | ται ἐκεῖνο δ........ | δικαίων πο........ | ἀλλὰ τὰ νεν......... | ἀναλώματα α........ |. αἱ τὸ μὲν ς........ | (4) τε δημοσιο......... | στρατιωτικ........ | μενον καὶ ο..... .... | ἀπολουμεν.......... | δυνηθη αὐ.......... | παῖς ὡς αυτ........ | τ᾽ ἐφ᾽ ἑαυτω.......... | ἑαυτὸν ἐπ......... καὶ ὅτι καὶ υἱὸν εἶχε κατωδύρατο ἑαυτόν, παραμύθιον τῆς συμφορᾶς ἔχειν ἔφη ὅτι τῷ ἀδελφοφόνῳ τῷ τὴν οἰκουμένην ἀπολέσαι ἐπιχειρήσαντι ἐπεβίω. (5) ἔπειτα καὶ τοιόνδε τι προσενέγραψεν, ὅτι «πολλοὺς οἶδα μᾶλλον ἐπιθυμοῦντας αὐτοκράτορα σφαγῆναι ἢ αὐτοὺς βιῶναι. τοῦτο δὲ οὐ περὶ ἐμαυτοῦ λέγω, ὅτι τις ἢ ἐπιθυμήσειεν ἂν ἢ εὔξαιτό με ἀπολέσθαι». ἐφ᾽ ᾧ δὴ Φούλουιος Διογενιανὸς ἐξεβόησεν ὅτι «πάντες εὐξάμεθα».

[37] οὗτος δ᾽ ἦν μὲν ἐκ τῶν ὑπατευκότων, σφόδρα δ᾽ οὐ φρενήρης, καὶ κατὰ τοῦτο οὔτ᾽ αὐτὸς ἑαυτὸν οὔτε τοὺς ἄλλους ἤρεσκεν. οὗτος καὶ τ......... | τὸ ὑπόγραμμα .... | ἐπιστολη ....|σαντος ὅτ......... καὶ πρὸς τὸ .... | ....ς διφθέριον .... ραπτο ἀναγνῶναι | .... σατο κἀκεῖνα | ... . θηναι καὶ ην | .... ς ἄλλα τε καὶ |

185 Cfr. *infra* 38, 2 (pazzia) e 39, 4 (giovane età).
186 Sull'identità di questo personaggio cfr. *supra* 14, 3 e nota. La lettera inviata a Massimo verrà letta pubblicamente al senato l'anno successivo (218) per volontà di Elagabalo (*infra* 79, 2, 1).
187 Allusione a Caracalla e all'omicidio di Geta (cfr. *supra* 77, 2, 3).

la vita di lì a poco, fuggì dall'Egitto: approdato in Italia nei pressi di 218 d.C. Brindisi, fu catturato per il tradimento di un amico di Roma che egli aveva segretamente contattato per chiedere del cibo. Così anch'egli, in seguito ricondotto a Nicomedia, fu ucciso.

[36] Macrino scrisse anche al senato in merito al falso Antonino e riportò gli stessi argomenti che aveva inviato ai governatori di ciascuna località, definendolo un fanciullino e affermando che era pazzo;[185] scrisse poi anche al *praefectus urbi* Massimo,[186] riferendo, oltre ad altre comunicazioni d'ordinaria amministrazione, che anche i soldati recentemente arruolati chiedevano di ricevere tutto quello ottenuto in precedenza dagli altri, i quali, di nulla privati in passato, si associavano al malcontento per ciò che non era stato dato ai loro commilitoni. (2) E per omettere, egli diceva, tutto ciò che era stato introdotto da Severo e da suo figlio col risultato di aver compromesso la disciplina militare, (3) non era possibile, da un lato, dare ai soldati l'intero stipendio in aggiunta alle elargizioni che ricevevano (l'aumento introdotto da Tarauta ammontava a ventotto milioni di sesterzi annui), né, dall'altro, non concederlo, poiché .... quello .... giusti .... ma le .... spese .... (4) .... fanciullo .... se stesso .... e si lamentò anche di avere un figlio e disse che la consolazione della sua sciagura era quella di essere sopravvissuto a quel fratricida che aveva tentato di mandare in rovina il mondo intero.[187] (5) In seguito alla sua lettera aggiunse anche delle parole simili a queste: «So che ci sono molti che desiderano l'uccisione di un imperatore più di quanto vogliano vivere essi stessi. Questa è una cosa, però, che non dico in riferimento a me, e cioè che qualcuno possa volere o pregare che io muoia». Al che Fulvio Diogeniano[188] esclamò: «Tutti ce lo siamo augurati!».

[37] Era questi un ex console, ma non molto saggio, e per questo non piaceva a se stesso né agli altri. Egli, inoltre, ... l'iscrizione .... lettera .... e verso il .... pelle .... leggere .... e quelle cose ....

---

[188] Questo personaggio, che si espone non poco per la sua libertà di parola (παρ-ρησία) ma poco apprezzato da Dione (*infra* 37, 1), non ci è altrimenti noto. Potrebbe forse essere identificato con il *praefectus urbi* Fulvio assassinato sotto Elagabalo nel 222 (cfr. *infra* 79, 27, 1).

.... σπεμφθείη Ι........ ἄντικρυς ὡς Ι........... μοσιευθη Ι........ τα κατοκνῶν Ι........ ερ κελεύσας Ι (2)........ ωθῆναι τῷ Ι......... καὶ ἄλλοις τε Ι........ πρώτων τοῖς Ι........ υσαν ἐπιστη Ι......... ῦ κοινοῦ σω Ι...... ὁνοιάν τινα᾽......... ους τονδε᾽......... ων γραμμα᾽......... ων ἐπὶ πλεῖ...........ον ὅτι ὁ Ψεὺδαντωνῖνος εὑρὼν Ι.. ἐν τοῖς τοῦ Μακρίνου κιβωτίοις μηδέπω Ι........ α αὐτὸς ἑκὼν Ι......... ἐξέφηνεν Ι......... α διαβολὴν Ι....... πρὸς τοὺς στρατιώτας ποιούμενος. (3) οὕτω δὲ ταχέως ἐπ᾽ αὐτὸν ἤλασεν ὥστε χαλεπῶς τὸν Μακρῖνον ἐν κώμῃ τινὶ τῶν Ἀντιοχέων, ἑκατόν τε καὶ ὀγδοήκοντα ἀπὸ τῆς πόλεως σταδίους ἀπεχούσῃ, συμβαλεῖν αὐτῷ. (4) ἔνθα δὴ τῇ μὲν προθυμίᾳ τῇ τῶν δορυφόρων ἐκράτησεν (τούς τε γὰρ θώρακας τοὺς λεπιδωτοὺς καὶ τὰς ἀσπίδας τὰς σωληνοειδεῖς ἀφελόμενος αὐτῶν κουφοτέρους σφᾶς ἐς τὰς μάχας ἐπεποιήκει), τῇ δὲ ἑαυτοῦ δειλίᾳ ἡττήθη, καθάπερ καὶ τὸ δαιμόνιον αὐτῷ προεδήλωσεν. (5) ἐν γὰρ δὴ τῇ ἡμέρᾳ ἐκείνῃ ἐν ᾗ τὰ πρῶτα αὐτοῦ περὶ τῆς ἀρχῆς γράμματα ἡμῖν ἀνεγνώσθη, περιστερά τις ἐπὶ εἰκόνα Σεουήρου, οὗ τὸ ὄνομα αὐτὸς ἑαυτῷ ἐτέθειτο, ἐν τῷ συνεδρίῳ ἀνακειμένην ἐπέπτατο· καὶ μετὰ τοῦτο, ὅτε τὰ περὶ τοῦ υἱέος ἔπεμψεν, οὔτε ὑπὸ τῶν ὑπάτων οὔθ᾽ ὑπὸ τῶν στρατηγῶν συνήλθομεν (οὐ γὰρ ἔτυχον παρόντες) ἀλλ᾽ ὑπὸ τῶν δημάρχων, ὅπερ ἐν τῷ χρόνῳ τρόπον τινὰ ἤδη κατελέλυτο. (6) οὐ μὴν οὐδὲ τὸ ὄνομα αὐτοῦ ἐν τῷ τῆς ἐπιστολῆς προοιμίῳ, καίτοι καὶ Καίσαρα καὶ αὐτοκράτορα αὐτὸν ὀνομάσας, καὶ τὰ γραφέντα ὡς καὶ παρ᾽ ἀμφοτέρων ἐπισταλέντα προδηλώσας, ἐνέγραψεν· ἔν τε τῇ διηγήσει τῶν πεπραγμένων τῆς μὲν τοῦ Διαδουμενιανοῦ προσηγορίας ἐπεμνήσθη, τὴν δὲ τοῦ Ἀντωνίου, καίπερ ἔχοντος αὐτοῦ καὶ ταύτην, παρέλιπεν.

[189] È difficile dire chi sia il soggetto di ἤλασεν («marciò»): si potrebbe ipotizzare che sia Eutichiano-Gannide, l'antagonista di Macrino che ricompare *ex abrupto* nella narrazione a partire da 38, 3.

[190] Probabilmente, dati anche i dettagli particolareggiati contenuti in questa lettera, Dione doveva essere presente in senato (cfr. LETTA, *Fonti scritte non letterarie*, cit., p. 262).

[191] Cfr. *supra* 16, 2 e nota. In generale Dione riserva una certa attenzione alla corrispondenza tra Macrino e il senato, riferendo di almeno cinque o sei occasioni di scambio epistolare: 1. 16, 1-17, 1 e 37, 5-6 (la cosiddetta «prima lettera»); 2. 16, 5 (contenuto non specificato); 3. 21, 2: lettera di denuncia verso alcuni senatori; 4. 23, 3 (contesto frammentario relativo al trattamento riservato a Giulia Domna); 5. 36, 1-5 e 79, 2, 1 (accuse contro Elagabalo, «fanciullino» e «pazzo» e battuta arguta del senatore Fulvio Diogeniano sull'auspicata morte di Macrino); 7. 38, 1-2 (lettera di condanna contro Elagabalo), che potrebbe però coincidere con quella di 36, 1. Tale insistenza sembrerebbe rivelare in tralice il punto di vista di Dione, che descrive un

.... esitando .... avendo ordinato (2)
.... e agli altri .... dei notabili ....
....
.... poiché il falso Antonino, avendo
trovato .... nelle cassette di Macrino non ancora .... egli stesso
spontaneamente .... rivelò .... calunnia ....
    facendo verso i soldati. (3) Marciò[189] contro di lui con una velocità
tale che Macrino faticò a ingaggiare battaglia con lui in un villaggio antiocheno distante centottanta stadi dalla città. (4) Lì Macrino
risultò superiore per il valore dei pretoriani (avendo infatti tolto loro
le corazze squamate e gli scudi solcati, li aveva resi più leggeri per
il combattimento), ma fu sconfitto dalla sua viltà, proprio come un
nume gli aveva preannunciato. (5) Infatti, in quel giorno in cui a noi[190]
fu letta la sua prima lettera[191] sul potere imperiale [da lui assunto],
una colomba[192] era volata su una statua di Severo, del quale egli
aveva assunto il nome, situata nella curia; in seguito, quando inviò
la lettera che parlava di suo figlio, noi ci radunammo non per convocazione dei consoli o dei pretori (essi, infatti, non erano presenti),
ma per convocazione dei tribuni, prassi che già da tempo in qualche
modo era diventata desueta. (6) Inoltre, non scrisse il nome di lui[193]
nell'esordio della lettera, sebbene lo avesse chiamato sia Cesare sia
imperatore, e desse chiaramente a intendere che la lettera era stata
inviata da entrambi; nella narrazione dei fatti avvenuti, poi, egli
menzionò il nome di Diadumeniano, ma omise quello di Antonino,

---

Macrino fortemente intenzionato a non perdere l'occasione di riferire al senato e a
ricercare la collaborazione con un'élite che gli era tendenzialmente ostile anche in
ragione della sua appartenenza al rango equestre.
    [192] La colomba, di per sé simbolo di buon auspicio, dovrebbe indicare un *omen*
favorevole a Macrino, il cui *dies imperii* coincideva proprio con il giorno natale di
Severo (11 aprile). Tuttavia Dione sembra mettere in relazione il prodigio più che altro
con la sua sconfitta (si veda il γὰρ δή, l'«infatti», con cui si apre il § 5): in quest'ottica,
allora, il buon auspicio sarebbe da leggere *ex converso*, come se il volo della colomba
volesse indicare che Severo era stato l'unico degno imperatore, e non invece l'*eques*
Macrino, che del suo predecessore poteva vantare solo l'assunzione del *cognomen*.
Ma anche questa ipotesi rimane aperta, poiché non si comprende a fondo la ragione
per cui Dione dovesse riportare una notizia così ostile nei riguardi di un imperatore
sotto il quale la sua carriera politica aveva ripreso decisamente vigore.
    [193] S'intenda il figlio, Diadumeniano.

[38] ταῦτα μὲν οὕτως ἔσχεν, καὶ νὴ Δία καὶ ὅτε περὶ τῆς τοῦ Ψευδαντωνίνου ἐπαναστάσεως ἐπέστειλεν, εἶπον μέν τινα οἱ ὕπατοι κατ᾽ αὐτοῦ, ὥσπερ εἴωθεν ἐν τοῖς τοιούτοις γίγνεσθαι, εἶπεν δὲ καὶ τῶν στρατηγῶν τις τῶν τε δημάρχων ἕτερος· καὶ ἐκείνῳ μὲν τῷ ‹τε› ἀνεψιῷ αὐτοῦ καὶ ταῖς μητράσι τῇ τε τήθῃ πόλεμός ἐπηγγέλθη καὶ ἐπεκηρύχθη, τοῖς δὲ συνεπαναστᾶσιν αὐτῷ ἄδεια ἂν γνωσιμαχήσωσιν, ὥσπερ καὶ ὁ Μακρῖνος αὐτοῖς ὑπέσχητο, ἐδόθη. (2) καὶ γὰρ ἃ διελέχθη τοῖς στρατιώταις ἀνεγνώσθη, ἐξ ὧν ἔτι καὶ μᾶλλον τὴν ταπεινότητα καὶ τὴν μωρίαν αὐτοῦ πάντες κατέγνωμεν· τά τε γὰρ ἄλλα καὶ ἑαυτὸν μὲν πατέρα τὸν δὲ Διαδουμενιανὸν υἱὸν αὐτοῦ συνεχέστατα ἀπεκάλει, καὶ τὴν ἡλικίαν τοῦ Ψευδαντωνίνου διέβαλλε, πολὺ νεώτερον αὐτοῦ τὸν υἱὸν αὐτοκράτορα ἀποφήνας. (3) ἐν δ᾽ οὖν τῇ μάχῃ ὁ μὲν Γάννυς καὶ τὰ στενὰ τὰ πρὸ τῆς κώμης σπουδῇ προκατέλαβε καὶ τοὺς στρατιώτας εὐπολέμως διέταξεν, καίτοι καὶ ἀπειρότατος τῶν στρατιωτικῶν ὢν καὶ ἐν τρυφῇ βεβιωκώς· οὕτω που μεγα ἡ τύχη πρὸς πάντα ἁπλῶς προφέρει, ὥστε καὶ ἐπιστήμας τοῖς ἀγνοοῦσιν αὐτὴν χαρίζεσθαι. (4) τὸ δὲ δὴ στράτευμα αὐτοῦ ἀσθενέστατα ἠγωνίσατο, καὶ εἴ γε μὴ ἥ τε Μαῖσα καὶ ἡ Σοαιμὶς (συνῆσαν γὰρ ἤδη τῷ παιδίῳ) ἀπό τε τῶν ὀχημάτων καταπηδήσασαι καὶ ἐς τοὺς φεύγοντας ἐσπεσοῦσαι ἐπέσχον αὐτοὺς τῆς φυγῆς ὀδυρόμεναι, καὶ ἐκεῖνο σπασάμενον τὸ ξιφίδιον, ὃ παρέζωστο, ὤφθη σφίσιν ἐπὶ ἵππου θείᾳ τινὶ φορᾷ ὡς καὶ ἐς τοὺς ἐναντίους ἐλάσον, οὐκ ἄν ποτε ἔστησαν. καὶ ὣς δ᾽ ἂν αὖθις ἐτράποντο, εἰ μὴ ὁ Μακρῖνος ἰδὼν αὐτοὺς ἀνθισταμένους ἔφυγεν.

[194] Cfr. *supra* 19, 1. *HA Macr.* 14, 1-2 afferma che Diadumeniano era stato «Antonino solo in sogno» e riporta dei sapidi versi che circolavano all'epoca: «Abbiamo visto in sogno, cittadini, se non sbaglio, anche questo: / portava il nome degli Antonini quel fanciullo nato da un padre venduto ma da una madre perbene: / una che si è passata cento amanti e con cento ci ha provato. / Pure lui, il pelato, è stato un suo amante, poi marito: / ecco il Pio, ecco il Marco, perché Vero non fu mai!» (con evidente gioco di parole tra *verus*, «autentico», e *Verus*, nome di molti degli Antonini, cui Macrino avrebbe voluto affiliarsi).

[195] Rispettivamente: Elagabalo (il falso Antonino), Alessandro Severo (il cugino), Giulia Soemiade e Giulia Mamea (le loro madri) e Giulia Mesa (la nonna di Elagabalo e Alessandro Severo).

[196] Il «noi tutti» (πάντες) non implica che Dione fosse in senato durante la lettura

sebbene suo figlio avesse anche questo nome.[194] **[38]** Così, dunque,
avvennero questi fatti. Quando però – per Zeus! – egli inviò una
lettera a proposito della ribellione del falso Antonino, i consoli,
come generalmente avviene in simili casi, pronunciarono contro di
lui parole di condanna, e lo stesso fecero uno dei pretori e uno dei
tribuni; inoltre, fu dichiarata e proclamata guerra sia contro di lui sia
contro suo cugino, come anche contro le madri e la nonna,[195] mentre
fu concessa l'impunità – a patto che si fossero arresi – a coloro che si
erano ribellati insieme a lui, proprio come Macrino aveva promesso
loro. (2) Furono infatti lette le parole rivolte ai soldati, a causa delle
quali noi tutti[196] condannammo ancora di più la sua stoltezza e la
sua follia.[197] Infine, tra le altre cose, assai frequentemente rivolse a
se stesso l'epiteto di «padre» e a Diadumeniano quello di «figlio», e
screditò la tenera età del falso Antonino,[198] lui che aveva designato
imperatore suo figlio, di gran lunga più giovane.

(3) Durante la battaglia Gannide[199] occupò celermente l'angusto
passaggio antistante il villaggio e predispose i soldati secondo un
opportuno schieramento di guerra, malgrado avesse pochissima esperienza di tattica militare e avesse condotto la vita negli agi del lusso.
Ma la fortuna è talora così generosa in tutte le circostanze da donare
persino la scienza militare a chi non la possiede. (4) Tuttavia il suo
esercito oppose una resistenza molto debole, e se Mesa e Soemiade
(che già si trovavano insieme al fanciullo) non fossero balzate giù dai
carri e non si fossero gettate in mezzo ai fuggitivi trattenendoli dalla
fuga coi loro lamenti, e se non fosse stato visto il fanciullo stesso
che, sguainata la spada che portava alla cinta, si lanciava a cavallo
tra i nemici quasi spinto da divino impeto, i soldati non si sarebbero
mai arrestati. E comunque anche così avrebbero di nuovo voltato le
spalle, se Macrino, allorché li vide resistere, non si fosse dato alla fuga.

---

della lettera, anche perché non rientrò dall'Asia che nel 222 (*infra* 80, 1, 2-3): significa
piuttosto che l'autore si riconosce nella condanna espressa dal senato stesso.

[197] L'αὐτοῦ («sua») del testo si riferisce al falso Antonino (Elagabalo), già tacciato
di essere ἔμπληκτος («pazzo») a 36, 1.

[198] Per il *leitmotiv* dell'accusa d'immaturità rivolta dal partito di Macrino a Elagabalo
cfr. anche *infra* 36, 1; 39, 4; 40, 3.

[199] Gannide, insieme a Valerio Comazonte, ebbe un ruolo chiave nel colpo di mano
che rovesciò Macrino. Di origini oscure, crebbe alla corte di Giulia Mesa ed ebbe una
relazione con la di lei figlia Soemiade, che lo fece tutore di suo figlio Elagabalo; fu
una delle vittime delle massicce epurazioni di quest'ultimo nel 218 (*infra* 79, 6, 1-3).
Sulla sua identificazione con Eutichiano cfr. *supra* 31, 1 e nota.

[39] καὶ ὁ μὲν οὕτως τῇ Ἰουνίου ὀγδόῃ ἡττηθεὶς τὸν μὲν υἱὸν πρὸς τὸν Ἀρτάβανον τὸν τῶν Πάρθων βασιλέα διά τε τοῦ Ἐπαγάθου καὶ δι᾽ ἄλλων τινῶν ἔπεμψεν, αὐτὸς δὲ ἐς τὴν Ἀντιόχειαν ὡς καὶ νενικηκώς, ὅπως καταδεχθῇ, (2) ἐσελθών, ἔπειτα διαγγελθείσης τῆς ἥττης αὐτοῦ, καὶ φόνων ἐκ τούτου πολλῶν κἂν ταῖς ὁδοῖς κἂν τῇ πόλει, ὥς που καὶ εὐνοίας ἑκατέρῳ τις αὐτῶν εἶχε, γιγνομένων, ἀπέδρα καὶ ἐκεῖθεν νυκτὸς ἐπὶ ἵππων, τήν τε κεφαλὴν καὶ τὸ γένειον πᾶν ξυράμενος, καὶ ἐσθῆτα φαιὰν κατὰ τῆς ἁλουργοῦς, ἵν᾽ ὅτι μάλιστα ἰδιώτῃ τινὶ ἐοίκῃ, λαβών. (3) καὶ οὕτω μετ᾽ ὀλίγων ἐς Αἰγὰς τῆς Κιλικίας ἐλθών, ὀχημάτων τε ἐνταῦθα ὡς καὶ στρατιώτης τις τῶν ἀγγελιαφόρων ὢν ἐπέβη, καὶ διεξήλασε διὰ τῆς Καππαδοκίας καὶ τῆς Γαλατίας τῆς τε Βιθυνίας μέχρι Ἐριβώλου τοῦ ἐπινείου τοῦ κατ᾽ ἀντιπέρας τῆς τῶν Νικομηδέων πόλεως ὄντος, γνώμην ἔχων ἐς τὴν Ῥώμην ἀναδραμεῖν ὡς καὶ ἐκεῖ παρά τε τῆς βουλῆς καὶ παρὰ τοῦ δήμου βοηθείας τινὸς τευξόμενος. (4) καὶ εἴπερ ἐπεφεύγει, πάντως ἄν τι κατείργαστο· ἡ γὰρ εὔνοιά σφων παρὰ πολὺ ἐς αὐτόν, πρός τε τὸ τῶν Σύρων τόλμημα καὶ πρὸς τὴν τοῦ Ψευδαντωνίνου ἡλικίαν τό τε τοῦ Γάννυ καὶ τοῦ Κωμάζοντος αὐτεπίτακτον σκοπούντων, ἐποίει, ὥστε καὶ τοὺς στρατιώτας ἂν ἢ ἑκόντας μετανοῆσαι ἢ καὶ ἄκοντας καταδαμασθῆναι. (5) νῦν δὲ τῶν μὲν ἄλλων ἀνθρώπων δι᾽ ὧν διῄει, εἰ καὶ ἐγνώρισέν τις αὐτόν, ἀλλ᾽ οὔτι καὶ ἐφάψασθαι ἐτόλμησεν αὐτοῦ· ὡς δὲ ἐκ τοῦ Ἐριβώλου διαπλέων ἐς τὴν Χαλκηδόνα (οὐ γὰρ ἐθάρσησεν ἐς τὴν Νικομήδειαν ἐσελθεῖν, φοβηθεὶς τὸν τῆς Βιθυνίας ἄρχοντα Καικίλιον Ἀρίστωνα), ἔπεμψε πρός τινα τῶν ἐπιτρόπων ἀργύριον αἰτῶν καὶ κατὰ τοῦτο ἐγνώσθη, κατελήφθη τε ἐν τῇ Χαλκηδόνι ἔτι ὤν, (6) καὶ ἐπελθόντων καὶ τῶν ὑπὸ τοῦ Ψευδαντωνίνου ‹πεμφθέντων› ἵνα .... νῦν εἰ πώποτε ......, συνελήφθη τε ὑπ᾽ Αὐρηλίου Κέλσου ἑκατοντάρχου, καὶ μέχρι τῆς Καππαδοκίας ἤχθη ὥσπερ τις τῶν ἀτιμοτάτων. [40] ἐνταῦθα δὲ μαθὼν ὅτι καὶ ὁ υἱὸς αὐτοῦ ἑαλώκει (διὰ γὰρ τοῦ Ζεύγματος

---

[200] È, questa, la cosiddetta battaglia di Antiochia, che si svolse nel territorio tra questa città ed Emesa: essa è descritta da Erodiano in modo più dettagliato (5, 4, 7-9), sebbene non si faccia menzione dell'intervento diretto di Mesa, Soemiade ed Elagabalo. Cfr. anche *HA Macr.* 10, 3.

[201] Questo Epagato è il potente liberto di Caracalla citato a 77, 21, 2. Sulla sua sorte cfr. *infra* 80, 2, 4.

[202] Secondo Herod. 5, 4, 12 e *HA Macr.* 10, 3; 14, 1 Diadumeniano sarebbe invece stato catturato e ucciso con Macrino.

[203] Sulla fuga di Macrino cfr. anche Herod. 5, 4, 7-8; *HA Macr.* 10, 3.

[39] Così Macrino, dopo essere stato sconfitto l'otto giugno,[200] per mezzo di Epagato[201] e di alcuni altri mandò il figlio ad Artabano,[202] il re dei Parti, mentre egli (2) entrò ad Antiochia come un vincitore per poter ricevere accoglienza; quando in seguito si diffuse la notizia della sua sconfitta e per le strade e per la città si verificarono molte uccisioni provocate dall'appoggio che ciascuno aveva garantito a una parte piuttosto che a un'altra, egli fuggì anche da quel luogo, di notte, a cavallo, dopo essersi rasato il capo e il viso intero e dopo aver indossato una veste scura al posto di quella purpurea, in modo tale da assomigliare il più possibile a un cittadino qualunque.[203] (3) Giunto così insieme a pochi [uomini] a Ega, in Cilicia, là, come se fosse un soldato impiegato tra i corrieri, salì su un carro e attraversò la Cappadocia, la Galazia e la Bitinia fino a Eribolo,[204] il porto di mare situato di fronte alla città di Nicomedia, con l'intenzione di raggiungere Roma, dove pensava di ottenere qualche aiuto da parte del senato e del popolo. (4) E se fosse riuscito a fuggire, avrebbe senz'altro ottenuto qualcosa: il loro[205] favore del resto inclinava decisamente dalla sua parte, se si considerano l'insolenza dei Siriaci, la giovane età del falso Antonino e il dispotismo di Gannide e di Comazonte,[206] tanto che anche i soldati o avrebbero cambiato volontariamente idea o sarebbero stati disposti a sottomettersi contro la propria volontà. (5) Allora, però, nessuno di quei popoli attraverso i quali era passato aveva osato toccarlo, anche se qualcuno l'aveva riconosciuto; tuttavia, mentre da Eribolo navigava alla volta di Calcedonia (infatti non aveva osato passare da Nicomedia per paura del governatore della Bitinia Cecilio Aristone[207]), mandò una richiesta di denaro a uno dei procuratori e, riconosciuto a causa di ciò, fu catturato mentre si trovava ancora a Calcedonia. (6) Quando giunsero i soldati inviati dal falso Antonino per .... se ormai ...., fu catturato dal centurione Aurelio Celso[208] e fu condotto fino in Cappadocia come se fosse uno degli uomini più vili. **[40]** Là, avendo appreso che anche suo figlio era stato catturato (fu infatti arrestato dal centurione della legione

---

[204] Scarsamente documentato nell'antichità, questo porto è menzionato in *Itinerarium Hierosolymitanum* 753 e nella *Tabula Peutingeriana* (XII 2 Miller).

[205] S'intenda i Romani.

[206] Marco Valerio Comazonte, un liberto asceso al comando della *legio II Parthica*, ebbe certamente un ruolo chiave nella successione di Elagabalo. Sulla sua carriera cfr. *supra* 79, 3, 5 e nota.

[207] *Curator operum publicorum* nel 214, Aristone divenne legato consolare del Ponto-Bitinia nel 218.

[208] Non altrimenti noto.

αὐτόν, δι᾽ οὗ πρότερον διιὼν Καῖσαρ ἀπεδέδεικτο, διελαύνοντα Κλαύδιος Πολλίων ὁ τοῦ στρατοπέδου ἑκατόνταρχος συνέλαβεν) ἔρριψέ τε αὐτὸν ἀπὸ τοῦ ὀχήματος (οὐ γὰρ ἐδέδετο) καὶ τότε μὲν τὸν ὦμον συνέτριψε, (2) μετὰ δὲ τοῦτο οὐ πολλῷ ὕστερον ἀποθανεῖν κελευσθεὶς πρὶν ἐς τὴν Ἀντιόχειαν ἐσελθεῖν ἐσφάγη τε ὑπὸ Μαρκιανοῦ Ταύρου ἑκατοντάρχου, καὶ αὐτοῦ τὸ σῶμα ἄταφον ἔμεινε μέχρις οὗ ὁ Ψευδαντωνῖνος, ἐς τὴν Βιθυνίαν ἐκ τῆς Συρίας παρελθών, ἐφήσθη αὐτῷ.

(3) ὁ μὲν οὖν Μακρῖνος οὕτω, καὶ γέρων ὢν (πεντήκοντα γὰρ καὶ τέσσαρα ἦγεν ἔτη, τριῶν που μηνῶν δέοντα ἢ πέντε) καὶ ἐμπειρίᾳ πραγμάτων προφέρων, ἀρετήν τε ὑποδεικνύων καὶ τοσούτων στρατευμάτων ἄρχων, ὑπό τε παιδαρίου, οὗ μηδὲ τὸ ὄνομα πρότερον ἠπίστατο, κατελύθη, (4) ὥς που καὶ τὸ μαντεῖον αὐτῷ προεμήνυσε, ... ου Ζεὺς ὁ Βῆλος χρωμένῳ οἱ αὐτὸ τοῦτο ἔφη

«ὦ γέρον, ἦ μάλα δή σε νέοι τείρουσι μαχηταί,
σὴ δὲ βίη λέλυται χαλεπὸν δέ σε γῆρας ἱκάνει»,

φεύγων τε .... σης ἢ νενικη ...., δραπετεύσας διὰ τῶν ἐθνῶν ὧν ἦρξε, συλληφθεὶς ὑπὸ τῶν τυχόντων ὥσπερ τις λῃστής, (5) ἐπιδὼν ἑαυτὸν μετ᾽ ἀτιμοτάτων κακούργων ...... φρουρούμενον ᾧ πολλοὶ πολλάκις βουλευταὶ προσήχθησαν, ἀποθανεῖν τε ἐκελεύσθη τὴν τοῦ κολάσαι πάντα τινὰ Ῥωμαίων ἀπολῦσαί τε ἐξουσίαν ἔχων, καὶ πρὸς ἑκατοντάρχων συνελήφθη τε καὶ τῆς κεφαλῆς ἀπεστερήθη οὓς καὶ αὐτοὺς μετὰ τῶν ἄλλων τῶν τε χειρόνων καὶ τῶν κρειττόνων ἀποκτεῖναι ἐξουσίαν εἶχεν καὶ αὐτῷ καὶ ὁ υἱὸς προσαπώλετο.

[41] οὕτω που οὐδεὶς οὐδὲ τῶν σφόδρα δοκούντων ἐρρῶσθαι βεβαίαν τὴν ἰσχὺν ἔχει, ἀλλὰ καὶ οἱ πάνυ εὖ πράττοντες ἐξ

---

[209] Di questo personaggio riferisce il solo Dione, che in un passaggio frammentario (*infra* 79, 3, 1) sembra affermare che costui fu designato governatore della Germania da Elagabalo.

[210] Il luogo della morte di Macrino è diverso in Erodiano, che lo colloca nei dintorni di Calcedonia (5, 4, 11), dove secondo Dione egli fu invece solo catturato. L'*Historia Augusta* parla invece di un anonimo villaggio della Bitinia (*Macr.* 10, 3: *vico quondam Bithyniae*) e di un sobborgo della Bitinia (15, 1: *in suburbano Bithyniae*), come risulta anche da Orosio, il quale fornisce il nome di Archelaide, località situata in Cappadocia (7, 18, 3): tale notizia confermerebbe dunque l'indicazione di Dione.

[211] Un altro personaggio noto dal resoconto del solo Dione, che evidentemente, insieme ad Aurelio Celso e a Claudio Pollione, rivestiva il grado di centurione e faceva parte di quella manovalanza che si fece carico dell'esecuzione di Macrino.

[212] Mentre Erodiano si limita ad affermare che Macrino «morì nel disonore»

Claudio Pollione[209] mentre stava attraversando Zeugma, dove in un precedente passaggio era stato designato Cesare), si gettò dal carro (dal momento che non era legato) e lì per lì si fratturò una spalla. (2) In seguito, non molto tempo dopo, condannato a morte prima di entrare ad Antiochia,[210] fu ucciso dal centurione Marciano Tauro[211] e il suo corpo rimase senza sepoltura fino a quando il falso Antonino, giunto in Bitinia dalla Siria, si godette quello spettacolo.[212]

(3) Così dunque Macrino, sebbene fosse un uomo anziano (gli mancavano tre o cinque mesi ai cinquantaquattro anni[213]) e sebbene fosse insigne per esperienza nei [pubblici] affari, illustre per valore e comandante di così grandi eserciti, fu rovesciato da un fanciullino del quale in precedenza non aveva nemmeno conosciuto il nome, (4) proprio come gli era stato in qualche modo profetizzato dall'oracolo, ... mentre chiedeva responso Giove Belo[214] gli aveva detto:

«Ah, vecchio, t'incalzano giovani guerrieri,
la tua forza scema, triste vecchiaia t'assale»[215]

fuggendo ...., dopo essere scappato attraverso le province sulle quali aveva imperato, catturato come un ladro dai primi venuti, (5) vistosi messo sotto custodia .... insieme ai peggiori malfattori, proprio lui, al cospetto del quale erano stati spesso condotti a giudizio molti senatori, fu condannato a morte sebbene avesse il potere di punire e di graziare tutti i Romani, e fu arrestato e decapitato da alcuni centurioni, nonostante avesse il potere di mandare a morte, insieme ad altri, sia questi sia quelli, che fossero di rango più basso o di rango più elevato. Dopo di lui morì suo figlio.[216]

[41] In un certo modo, così, nessuno di coloro che sembrano essere potentissimi possiede una solida supremazia: anzi, quelli che godono di grande fortuna sono appesi a un filo esattamente come tutti gli

---

(ἐχρήσατο αἰσχρῷ, 5, 4, 12), l'*Historia Augusta* afferma che Macrino fu decapitato e il suo capo venne portato a Elagabalo (*Macr.* 10, 3: *ablatumque eius caput est et ad Antoninum* [= Elagabalo] *perlatum*): tale dettaglio può conciliarsi con la versione dionea, per cui il «godere» (ἐφήσθη) del corpo insepolto di Macrino potrebbe riferirsi alla contemplazione, da parte di Elagabalo, del suo capo mozzato.

[213] Regnò dall'8 aprile del 217 all'8 giugno del 218.

[214] Cfr. *supra*, 8, 5.

[215] Hom. *Il.* 8, 102-103. Sono le parole rivolte a Nestore da Diomede, che interviene in battaglia per salvare il vecchio dalla furia di Ettore.

[216] Come visto (*supra* 39, 1), Diadumeniano sarebbe morto dopo il suo passaggio presso la corte di Artabano, mentre in Erodiano (5, 4, 12) e nell'*Historia Augusta* (*Macr.* 10, 4; 14, 1) questa notizia non compare.

ἴσου τοῖς λοιποῖς αἰωροῦνται. (2) καὶ ὁ μὲν ἐπαινεθεὶς ἂν ὑπὲρ πάντας ἀνθρώπους, εἴ γε μὴ αὐτὸς αὐταρχῆσαι ἐπετεθυμήκει, ἀλλ᾽ ἐπιλεξάμενός τινα τῶν ἔς γε τὴν γερουσίαν τελούντων τῆς τῶν Ῥωμαίων ἀρχῆς προστατῆσαι, (3) αὐτοκράτορα αὐτὸν ἀπεδεδείχει, καὶ μόνως ἂν οὕτως τὸ αἰτίαμα τὸ τῆς ἐπὶ τὸν Καράκαλλον ἐπιβουλῆς, ὡς καὶ διὰ τὴν αὐτοῦ σωτηρίαν ἀλλ᾽ οὐ διὰ τὴν τῆς ἡγεμονίας ἐπιθυμίαν ποιησάμενος αὐτήν, ἐκφυγών, καὶ διέβαλεν ἅμα ἑαυτὸν καὶ διέφθειρεν, ὥστε καὶ ἐν ὀνείδει καὶ ἐν παθήματι ἀξιωτάτῳ αὐτοῦ γενέσθαι. (4) τῆς γὰρ μοναρχίας, μηδ᾽ ὄνομα βουλευτοῦ ἔχων, ὀριγνηθεὶς καὶ τάχιστα καὶ βαρυσυμφορώτατα αὐτὴν ἀπέβαλεν· ἐνιαυτῷ τε γὰρ καὶ δύο μησίν, τριῶν ἡμερῶν, ὥστε καὶ μέχρι τῆς μάχης λογιζομένοις συμβῆναι, δέουσιν, ἦρξεν.

[217] Il giudizio conclusivo dello storico sul regno di Macrino è l'espressione di una concezione del potere imperiale fondata sull'idea che il senato è depositario dell'investitura (della concessione, cioè, dell'*auctoritas*), mentre l'imperatore deve appartenere alla classe senatoria: ecco perché egli è presentato come un cavaliere che ha usurpato la dignità imperiale (*supra* 14, 4: τὴν αὐτοκράτορα ἀρχὴν ἱππεύων ἔτι ἡρπάκει): un'accusa che Dione attribuisce anche alle parole che Elagabalo scrisse al senato al momento della sua ascesa al potere (*infra* 79, 1, 2). Tale giudizio non trova riscontro in Erodiano, il quale, anzi, pare polemizzare contro la scelta dinastica a

altri. (2) Ed egli sarebbe stato lodato al di sopra di tutti gli uomini, se non avesse aspirato a diventare imperatore e avesse piuttosto scelto un uomo del senato cui deferire il principato (3) per poi designarlo imperatore. Solo in questo modo avrebbe dunque potuto sottrarsi all'accusa di complotto contro Caracalla, proprio come se vi avesse partecipato per la sua personale salvezza e non invece per la brama di potere. Allora invece gettò discredito su se stesso e contemporaneamente si procurò la rovina con le proprie mani tanto da meritarsi a pieno titolo quel biasimo e quella sventura. (4) Infatti, egli che aveva ambìto al potere supremo senza nemmeno avere il titolo di senatore, lo perse immediatamente e in modo infelicissimo: fu imperatore per una anno e due mesi meno tre giorni, se si vuole computare il periodo fino alla battaglia.[217]

favore della «scelta del migliore» giustificando così l'ascesa dell'*eques* Macrino: nella lettera che invia al senato, infatti, Macrino afferma che il suo proposito sarà quello di collaborare con il senato garantendogli la *libertas* («vivrete liberi e senza timore») e richiamandosi al modello di Marco Aurelio e di Pertinace, «uomini saliti al trono da modesta condizione» (5, 1, 1-8), per quanto nel caso di Marco si tratti di un clamoroso falso. Nell'*Historia Augusta*, invece, il giudizio su sull'imperatore non è politico, ma morale (*Macr.* 2, 1; 4, 3; 5, 8). Cfr. SCHETTINO, *Cassio Dione e le guerre civili*, cit., pp. 551-554; GALIMBERTI, *Erodiano e Commodo*, cit., pp. 26-29.

α. Περὶ Ἀβίτου τοῦ καὶ Ψευδαντωνίνου καὶ τῶν φόνων ὧν εἰργάσατο.
β. Περὶ ὧν παρενόμησεν καὶ ὡς τὴν ἀειπαρθένον ἔγημε.
γ. Περὶ τοῦ Ἐλεογαβάλου καὶ ὡς τὴν Οὐρανίαν ἐς τὴν Ῥώμην μεταπεμψάμενος τῷ Ἐλεογαβάλῳ συνῴκισεν.
δ. Περὶ τῆς ἀσελγείας αὐτοῦ.
ε. Ὡς τὸν ἀνεψιὸν ἐποιήσατο, ὃν καὶ Ἀλέξανδρον μετωνόμασεν.
[ζ.] Ὡς κατελύθη καὶ ἐσφάγη.

{Χρόνου πλῆθος τὰ λοιπὰ τῆς Μακρίνου καὶ Ἀδβέντου ὑπατείας καὶ ἄλλα ἔτη δ΄, ἐν οἷς ἄρχοντες οἱ ἀριθμούμενοι οἵδε ἐγένοντο}

Ψ   ευδαντωνῖνος τὸ β΄ καὶ
Κ.   Τινέιος Σακέρδως
Ψ   ευδαντωνῖνος τὸ γ΄ καὶ
Μ.   Οὐαλέριος Κωμάζων
Γ.   Βέττιος Γρᾶτος Σαβινιανὸς καὶ
Μ.   Φλάβιος Βιτέλλιος Σέλευκος
Ψ   ευδαντωνῖνος τὸ δ΄ καὶ
Μ.   Αὐρήλιος Σεύηρος Ἀλέξανδρος.

ὁ δὲ δὴ Ἀουῖτος εἴτε Ψευδαντωνῖνος εἴτε καὶ Ἀσσύριος ἢ καὶ Σαρδανάπαλλος Τιβερῖνός τε (καὶ γὰρ ‹καὶ› ταύτην τὴν προσηγορίαν, ἐπειδὴ τὸ σῶμα σφαγέντος αὐτοῦ ἐς τὸν Τίβεριν ἐνεβλήθη, ἔλαβεν) τότε μὲν μετὰ τὴν νίκην ἔς τε τὴν Ἀντιόχειαν τῇ ὑστεραίᾳ ἐσῆλθε, πεντακοσίας τοῖς ἀμφ᾽ αὐτὸν στρατιώταις

---

[1] Vario Avito Bassiano, l'imperatore Elagabalo.
[2] Cfr. HA Helag. 17, 1, 5: *appellatus est post mortem Tiberinus et Tractatitius et Impurus et multa* («Dopo la morte fu chiamato "Tiberino", "Trascinato", "Impuro"

LIBRO LXXIX

1) Notizie su Avito, detto anche falso Antonino, e sui delitti da lui compiuti (capp. 1-7).
2) Notizie sulle sue azioni illegali e su come prese in moglie una vestale (capp. 9-11).
3) Notizie su Elagabalo e su come egli, portata a Roma la dea Urania, la diede in moglie a Elagabalo (capp. 11-12).
4) Notizie sulla sua depravazione (capp. 13-16).
5) Come adottò il cugino, al quale cambiò il nome chiamandolo Alessandro (capp. 17-18).
6) Come fu rovesciato e fu ucciso (capp. 19-21).

Durata: il tempo rimanente del consolato di Macrino e di Avvento e altri quattro anni durante i quali ci furono i magistrati qui elencati:
219   Il falso Antonino per la seconda volta e Quinto Tineio Sacerdote.
220   Il falso Antonino per la terza volta e Marco Valerio Comazonte.
221   Gaio Vettio Grato Sabiniano e Marco Flavio Vitellio Seleuco.
222   Il falso Antonino per la quarta volta e Marco Aurelio Severo Alessandro.

Avito,[1] detto anche il falso Antonino o anche Assirio, o Sardana-   218 d.C.
palo, ma anche Tiberino (ricevette quest'ultimo appellativo quando, dopo essere stato trucidato, il suo corpo fu gettato nel Tevere),[2] il giorno successivo alla vittoria entrò ad Antiochia, avendo però prima promesso ai suoi soldati duemila sesterzi a testa per evitare che met-

---

e in tanti altri modi»); in precedenza (*ibid.* 9, 2) viene ricordato anche l'appellativo *ludibrium publicum* («zimbello pubblico»). Per i soprannomi di Elagabalo cfr. *supra* 78, 30, 2 e la nota ad «Avito»; sulla sua morte *infra* 20, 2.

δραχμάς, ὅπως μὴ διαρπάσωσιν αὐτήν, οὗπερ τὰ μάλιστα ἐπεθύμουν, προϋποσχόμενος· ἅς που καὶ παρὰ τοῦ δήμου ἐσέπραξεν· (2) καὶ ἐς τὴν Ῥώμην ἄλλα τε οἷα εἰκὸς ἦν ἐπέστειλε, πολλὰ μὲν τὸν Μακρῖνον ἄλλως τε καὶ ἐς τὴν δυσγένειαν τήν τε ἐπὶ τὸν Ἀντωνῖνον ἐπιβουλὴν διαβάλλων (πρὸς γοῦν τοῖς ἄλλοις τοῦτο ἔφη ὅτι «ᾧ μηδ᾽ ἐσελθεῖν ἐς τὸ συνέδριον μετὰ τὸ κήρυγμα τὸ χωρὶς τῶν βουλευτῶν τοὺς λοιποὺς ἐξεῖργον ἐξῆν, οὗτος ἐτόλμησεν τὸν αὐτοκράτορα, οὗ τὴν φρουρὰν ἐπεπίστευτο, δολοφονήσας τὴν ἀρχὴν αὐτοῦ παρασπάσασθαι καὶ αὐτοκράτωρ πρότερον ἢ βουλευτὴς γενέσθαι»), (3) πολλὰ δὲ καὶ περὶ ἑαυτοῦ οὐχ ὅτι τοῖς στρατιώταις ἀλλὰ καὶ τῇ βουλῇ τῷ τε δήμῳ καθυπισχνούμενος (κατά τε γὰρ τὸν τοῦ Αὐγούστου, ᾧ καὶ τὴν ἡλικίαν τὴν ἑαυτοῦ ἀφωμοίου, καὶ κατὰ τὸν τοῦ Ἀντωνίνου τοῦ Μάρκου ζῆλον ἅπαντα ἅπαξ πράξειν ἐπηγγείλατο), (4) καὶ δῆτα καὶ αὐτὸ τοῦτο ἔγραψεν, αἰνιττόμενος πρὸς τὰς διαβολὰς τὰς ἐς αὐτὸν ὑπὸ τοῦ Μακρίνου θρυληθείσας, ὅτι «τὴν ἡλικίαν τὴν ἐμὴν διαβαλεῖν ἐπεχείρησεν, αὐτὸς πενταετῆ υἱὸν ἀποδείξας».

[2] ταῦτά τε οὖν τῇ βουλῇ ἐπέστειλεν, καὶ τὰ ὑπομνήματα τὰ παρὰ τοῖς στρατιώταις γενόμενα τά τε γράμματα τοῦ Μακρίνου τὰ τῷ Μαξίμῳ γραφέντα ἔπεμψεν μὲν καὶ τῇ γερουσίᾳ ἔπεμψεν δὲ καὶ τοῖς στρατεύμασιν, ἵν᾽ ἐξ αὐτῶν ἔτι μᾶλλον τήν τε ἐκείνου μνήμην μισήσωσι καὶ ἑαυτὸν ἀγαπήσωσιν. (2) καὶ ἐν μὲν τῇ πρὸς τὴν βουλὴν ἐπιστολῇ τῷ τε πρὸς τὸν δῆμον γράμματι καὶ αὐτοκράτορα καὶ Καίσαρα, τοῦ τε Ἀντωνίνου υἱὸν καὶ τοῦ Σεουήρου ἔγγονον, εὐσεβῆ

---

[3] Le parole di questi messaggi, esplicitate al § 3, sembrano citate alla lettera (τοῦτο ἔφη ὅτι). Dione, a quel tempo non presente a Roma, poté leggere queste parole attraverso la consultazione degli *acta senatus*. Cfr. LETTA, *L'uso degli* acta senatus, cit., pp. 243-258.

[4] Cfr. 78, 11, 1 (γονέων ἀδοξοτάτων) e nota.

[5] Per quest'accusa cfr. anche *supra* 78, 14, 4; 41, 4 e nota. L'attacco alla memoria di Macrino è testimoniato anche dall'*Historia Augusta*, dove si afferma anche che Elagabalo chiamava Diadumeniano, figlio di Macrino, col nome di «Pseudoantonino» (*Helag.* 8, 4).

[6] S'intenda l'imperatore Marco Aurelio: nella propaganda del clan emesano l'*imitatio Augusti* era tesa a tranquillizzare gli ambienti senatoriali, mentre l'*imitatio Antonini* era piuttosto volta a recuperare l'appoggio delle *élites* militari scontente dell'impero di Macrino.

[7] Diadumeniano nel 217 doveva avere, in realtà, circa la stessa età di Caracalla: non sarebbe però un errore di Dione, quanto piuttosto una volontaria distorsione propalata dalla fronda di Elagabalo, che desiderava presentare se stesso come Ottaviano Augusto asceso al trono in giovane età, in opposizione a chi lo considerava un fanciullino. In sintesi l'attacco alla memoria di Macrino testimoniato in questa lettera fa leva su tre argomenti: l'indegnità del predecessore (la δυσγένεια e l'appartenenza all'*ordo*

tessero al sacco la città, cosa di cui erano particolarmente desiderosi, e prelevando quella somma in parte dal popolo [antiocheno]. (2) Mandò a Roma dei messaggi contenenti le consuete affermazioni di circostanza:[3] rivolgeva molte accuse a Macrino, soprattutto in relazione all'oscurità dei natali[4] e alla congiura contro Antonino, dicendo tra l'altro, queste parole: «Costui, al quale nemmeno era concesso entrare in senato dopo il bando che impediva l'ingresso a tutti i non senatori, osò uccidere a tradimento l'imperatore di cui gli era stata affidata la custodia, osò usurpare il suo impero e farsi imperatore prima ancora di essere senatore!».[5] (3) Inoltre, fece molte promesse riguardo a se stesso non solo ai soldati, ma anche al senato e al popolo: dichiarò infatti che avrebbe agito in tutto e per tutto a imitazione di Augusto, la cui età egli paragonava alla propria, e di Marco Antonino.[6] (4) Infine, alludendo alle calunnie divulgate da Macrino sul suo conto, scrisse anche questo: «Egli ha tentato di screditare la mia giovane età, proprio lui che ha designato imperatore un figlio di cinque anni!».[7]

[2] Queste furono dunque le comunicazioni che egli inviò al senato; inoltre, mandò le memorie delle trattative condotte presso i soldati[8] e le lettere di Macrino scritte a Massimo[9] non solo al senato medesimo, ma anche alle legioni, nell'intento che tutto ciò attirasse ulteriormente il loro odio su Macrino e concentrasse su di sé la loro simpatia. (2) In entrambe le lettere, quella indirizzata al senato[10] e quella rivolta al popolo, si titolò imperatore e Cesare, figlio di Antonino[11] e nipote

---

equestris), l'accusa di essere stato il protagonista della congiura contro Caracalla e, infine, l'inconsistenza dell'obiezione contro la giovane età di Elagabalo. Secondo A. G. SCOTT, *The Legitimazion of Elagabalus and Cassius Dio's Account of the Reign of Macrinus*, «JAH» 1 (2013), pp. 242-253, questa porzione di lettera riportata da Dione celerebbe una traccia significativa di una vera e propria «campagna di legittimazione» del regno di Elagabalo, il quale si presentava come il legittimo erede di Caracalla: una propaganda nata a tutti gli effetti già al tempo della ribellione delle truppe in Siria (*supra* 78, 37 ss.) che starebbe alla base del racconto dioneo e motiverebbe la sostanziale avversione dello storico per la figura di Macrino.

[8] Cfr. anche 78, 16, 4. Sulle presunte memorie di Caracalla (*Commentarii de bello Parthico*) R. WESTALL, *Caracalla. Commentarius de Bello Parthico*, «Hermes» 140, 4 (2012), pp. 457-467.

[9] Sulla carriera di Lucio Mario Massimo Perpetuo Aureliano cfr. *supra* 14, 3 e nota. La lettera qui citata viene resa nota ora da Elagabalo, un anno dopo che era stata inviata a Mario Massimo (*supra* 78, 36, 1).

[10] Nemmeno durante la lettura di questa lettera Dione si doveva trovare a Roma, e quindi può darsi che abbia recuperato i suoi contenuti (sui quali cfr. anche *infra* 8, 2 e 18, 4) dagli *acta senatus*.

[11] Cfr. *HA Helag.* 3, 1.

τε καὶ εὐτυχῆ καὶ Αὔγουστον, καὶ ἀνθύπατον τήν τε ἐξουσίαν
τὴν δημαρχικὴν ἔχοντα ἑαυτὸν ἐνέγραψεν, (3) προλαμβάνων
αὐτὰ πρὶν ψηφισθῆναι, τῷ .... Ι ματι οὐ τῷ τ....... Ι ἀλλὰ τῷ τοῦ
π....... Ι ἐχρήσατο, ο........ Ι ησεν καὶ αν.. ...... Ι τὰ τῶν στρατιωτῶν
ὑπομνήματα ο .... Ι γὰρ δὴ τοῦ Μακρίνου ... Ι ματα καισαρ ....
Ι δὲ δὴ δορυφόροις καὶ ᾿Αλβανίοις τοῖς ἐν τῇ ᾿Ιταλίᾳ οὖσι .... Ι
(4) καὶ ὅτι ὕπατο ...... ρευσειηπρ .... Ι λε καὶ τὰ με .... Ι ριος
Κηνσωρῖνος ... Ι προστασίαν .... Ι ἀνελέξατο .... Ι Μακρίνου
c .... αὐτὸς ὡς οὐχ ...... Ι διὰ τῆς ἑαυτ....... Ι δημοσιωθ.......... Ι
ἀναγνῶναι .... Ι τὰ γράμματ...... Σαρδαναπαλλο...... ..Ινος τοῦ
κλ......... Ι ἐς τοὺς ὑπατευκότας ἐγκατελέξατο, ... ἐνετείλατο
ἵνα, εἴ τις ἀνθίσταιτο, τῇ χειρὶ τῇ τῶν στρατιωτῶν χρήσηται·
(5) ἀφ᾿ οὗ δὴ ...... σια καὶ ἄκουσα πάντα ἐκείνοις δ . ἀνέγνω . τῇ γὰρ
ἐπαρτηθείσῃ ἀνάγκῃ οὐδὲν οὔτε τῶν δεόντων οὔτε τῶν συμφερόντων
σφίσι πρᾶξαι ἠδυνήθησαν, ..., ἀλλὰ ὑπὸ τοῦ φόβου ἐξεπλάγησαν
.... ΙΙ ...... καὶ (6) τόν τε Μακρῖνον, ὃν πάμπολλα ἐπῃνέκεσαν, ἐν
πολεμίου μοίρᾳ σύν τε τῷ υἱεῖ ἐλοιδόρησαν, καὶ τὸν Ταραύταν, ὃ
ν καὶ πολέμιον ἀποδεῖξαι πολλάκις ἠθελήκεσαν, τότε ἐσέμνυνον,
καὶ τὸν υἱὸν δῆθεν αὐτοῦ ηὔχοντο ὅμοιον γενέσθαι αὐτῷ.

[3] ἐν μὲν οὖν τῇ ᾿Ρώμῃ ταῦτα. ὁ δὲ ᾿Αούιτος τὸν Πολλίωνα ...
τῆς Γερμανίας ..... ἄρξαι προσέταξεν, ἐπεὶ καὶ Βιθυνίας ....
τα ἐκεῖνος περιεγεγόνει. αὐτὸς δὲ καταμείνας τινὰς μῆνας ἐν τῇ
᾿Αντιοχείᾳ μέχρις οὗ τὴν ἀρχὴν πανταχόθεν ἐβεβαιώσατο, ἐς τὴν

---

[12] Notizia ripresa *infra* 8, 2.

[13] I soldati della *legio II Parthica* (*infra* 4, 3).

[14] Non altrimenti noto.

[15] Il testo riportato tra parentesi quadre (a partire dalla fine del par. 4 fino alla
fine del par. 6) coincide con *Exc. Val.* 403 (p. 761): si tratta di una citazione *verbatim*
del testo dioneo che l'edizione di Boissevain riproduce in nota (p. 455) per integrare
le lacune dell'originale (ὅτι ὁ Ψευδαντωνῖνος γράμματα πέμψας τῇ βουλῇ διὰ
Πολλίωνος ὑπάτου ἐνετείλατο αὐτῷ ἵνα, εἴ τις ἀνθίσταιτο, τῇ χειρὶ τῇ τῶν στρατιωτῶν χρήσηται, ἀφ᾿ οὗ δὴ καὶ ἄκουσα πάντα ἀνέγνω. τῇ γὰρ ἐπαρτηθείσῃ ἀνάγκῃ οὐδὲν οὔτε τῶν δεόντων οὔτε τῶν συμφερόντων σφίσι πρᾶξαι ἠδυνήθησαν,
ἀλλ᾿ ὑπὸ τοῦ φόβου ἐξεπλάγησαν. καὶ ἐψηφίσαντο τὸν Μακρῖνον ἐν πολεμίου
μοίρᾳ καὶ ἐλοιδόρησαν καὶ τὸν Καράκαλλον, ὃν καὶ πολέμιον ἀποδεῖξαι πολλάκις
ἠθελήκεσαν, τότε ἐσέμνυνον, καὶ τὸν υἱὸν δῆθεν αὐτοὺς εὔχοντο ὅμοιον αὐτῷ
γενέσθαι).

[16] Il centurione che arrestò Macrino a Zeugma mentre stava fuggendo (*supra* 78,
40, 1), presumibilmente diventato governatore della Germania Superiore (*infra* 3, 1).

[17] Erodiano afferma genericamente che il senato e il popolo, appresa la notizia
dell'eliminazione di Macrino e considerata la pressione esercitata dagli ambienti militari
per l'insediamento di Elagabalo, furono costretti ad accettare le circostanze (5, 5, 2:
ὑπήκουον δὲ ἀνάγκῃ). L'*Historia Augusta*, che dipende da una fonte integralmente
ostile alla figura di Elagabalo, insinua addirittura che il giovane principe avrebbe

di Severo, *Pius*, *Felix*, Augusto, proconsole e detentore del potere
tribunizio, (3) assumendo questi nomi prima ancora che gli fossero
concessi per voto,[12] .... non .... ma ....
usò .... le annotazioni dei soldati
.... infatti di Macrino .... ai pretoriani
e ai legionari albani[13] che si trovavano in Italia .... (4) e che ......
.... Censorino[14] ......
primato .... lesse .... di Macrino .... egli come non
...... attraverso la .... fossero lette ....
le lettere .... Sardanapalo .... di .... fu annoverato tra
i proconsoli, ... [Il falso Antonino,[15] dopo aver inviato alcune
lettere al senato per mezzo di Pollione,[16] ordinò che se qualcuno si
fosse opposto, avrebbe fatto intervenire i soldati. (5) Perciò il senato,
sebbene contro la propria volontà, lesse tutto. Infatti, a causa della
necessità incombente i senatori non poterono fare nulla di ciò che
dovevano e di ciò che era di loro competenza, ... ma caddero in
preda al panico.....[17] (6) Decretarono Macrino nemico pubblico[18]
condannandolo ‹insieme a suo figlio›[19] e presero allora a esaltare
Caracalla, che spesso avevano voluto designare nemico, auspicando
che il figlio di quest'ultimo[20] fosse considerato alla stregua al padre].[21]

[3] Questo fu quanto avvenne a Roma. Avito incaricò Pollione ....
di governare la Germania ...., poiché questi aveva sottomesso .... la
Bitinia. Egli, invece, dopo essere rimasto ad Antiochia alcuni mesi,
fino a quando non ebbe consolidato il potere su tutti i fronti,[22] si recò in

inviato a Roma degli emissari (*nuntii*) con il compito di suscitare entusiasmo in tutte
le classi per il «novello Antonino» (*Helag.* 3, 1).

[18] ἐν πολεμίῳ μοίρᾳ («alla stregua di un nemico») indica la proclamazione di
Macrino come *hostis publicus*, che di fatto è il provvedimento che prelude alla *damnatio memoriae*. Per la documentazione relativa alla mutilazione delle immagini di
Macrino e di Diadumeniano in seguito alla *damnatio* cfr. E.R. VARNER, *Mutilation and
Transformation: Damnatio Memoriae and Roman Imperial Portraiture*, Leiden-Boston
(2004), pp. 184-188; per quella relativa all'erasione delle iscrizioni e i papiri cfr. *ibid.*,
p. 185 n. 267 e R. PINTAUDI, *Frammento di un documento con la* damnatio memoriae
di Macrinus e Diadumenianus (P. Car. J.E. 87697), «Aegyptus» 67 (1987), pp. 95-98.

[19] «Insieme a suo figlio» (σύν τε τῷ υἱεῖ) è presente nel testo di Dione ma non
nell'*excerptum* di Valesius: è un riferimento a Diadumeniano (sulla morte del quale cfr.
anche *supra* 78, 39, 5). Il verbo greco λοιδορέω (propriamente «biasimare», «oltraggiare», «insultare») è forse usato qui da Dione nell'accezione di «condannare» (alla
damnatio memorie), come in altri loci ἀτιμάζω ο ἀτιμία (cfr. *supra* 75, 8, 1 e 9, 2).

[20] Questo figlio sarebbe invece Elagabalo, il presunto figlio di Caracalla. Sulla
presunta paternità di quest'ultimo cfr. 78, 31, 3 e nota.

[21] Cfr. Herod. 5, 5, 2 e *HA Helag.* 3, 3: di fatto il senato ratifica l'*acclamatio*
avvenuta in precedenza per volontà della *legio III Gallica*.

Βιθυνίαν ἦλθεν, πάρεδρον ...... οἱ πολλάκις .... ν, ὥσπερ καὶ κατὰ
τὴν ᾿Αντιόχειαν εἰώθει, ποιούμενος. (2) ἔνθα δὲ ἐπιχειμάσας ἐς
τὴν ᾿Ιταλίαν διὰ τῆς Θρᾴκης καὶ τῆς Μυσίας καὶ τῆς Παννονίας
ἑκατέρας ἐπορεύθη, κἀκεῖ μέχρι τῆς τοῦ βίου τελευτῆς κατέμεινεν,
ἔν μέν τι καὶ σφόδρα ἀγαθοῦ αὐτοκράτορος ἔργον ποιήσας (πολλῶν
γὰρ πολλὰ καὶ ἰδιωτῶν καὶ δήμων, τῶν τε .... ι αὐτοῦ τούτων ....
τῆς τε βουλῆς, καὶ ἰδίᾳ καὶ κοινῇ ἔς τε τὸν Καράκαλλον καὶ ἑαυτόν,
ἐκ τῶν τοῦ Μακρίνου γραμμάτων, καὶ λόγῳ καὶ ἔργῳ ὑβρισάντων,
οὐδενὶ τὸ παράπαν οὔτε ἐπεξιέναι ἔφη οὔτε ἐπεξῆλθεν), (3) ἐς
δὲ δὴ τἆλλα πάντα καὶ αἰσχρουργότατα καὶ παρανομώτατα καὶ
μιαιφονώτατα ἐξοκείλας, ὥστε τὰ μέν τινα αὐτῶν μηδ᾽ ἀρχὴν πώποτ᾽
ἐν τῇ Ῥώμῃ γενόμενα ὡς καὶ πάτρια ἀκμάσαι, τὰ δὲ καὶ τολμηθέντα
ἄλλοτε ἄλλοις ὡς ἑκάστοις, ἔτεσι τρισὶ καὶ μησὶν ἐννέα ἡμέραις τε
τέτταρσιν, ἐν αἷς ἦρξεν, ὥς γ᾽ ἄν τις ἀπὸ τῆς μάχης ἐν ᾗ τὸ παντελὲς
κράτος ἔσχεν ἀριθμήσειεν, ἀνθῆσαι. (4) ἐφόνευσε μὲν γὰρ ἐν τῇ
Συρίᾳ τόν τε Νέστορα καὶ Φάβιον ᾿Αγριππῖνον τὸν ἄρχοντα αὐτῆς,
τῶν τε ἱππέων τῶν ἀμφὶ τὸν Μακρῖνον τοὺς πρώτους· ὅπερ που
καὶ τῶν ἐν τῇ Ῥώμῃ τοὺς μάλιστα οἰκειωθέντας αὐτῷ εἰργάσατο·
κἂν τῇ ᾿Αραβίᾳ Πεῖκαν Καιριανὸν τὸν ἐπιτετραμμένον αὐτήν,
ὅτι μὴ παραχρῆμα αὐτῷ προσέθετο, (5) ἔν τε τῇ Κύπρῳ Κλαύδιον
῎Ατταλον τὸν τῆς Θρᾴκης ποτὲ ἄρξαντα, καὶ ὑπὸ μὲν τοῦ Σεουήρου

[22] Il protagonismo di Elagabalo è invece negato da Erodiano (5, 5, 1), secondo cui
prima della partenza per Roma le faccende più urgenti furono sistemate dalla nonna
(Mesa) e dai suoi consiglieri (συνόντες φίλοι), poiché il fanciullo era troppo inesperto
di politica (πραγμάτων τε καὶ παιδείας ἄπειρος).

[23] L'arrivo a Roma di Elagabalo, riportato quasi distrattamente da Dione («si diresse
in Italia»), è narrato più nel dettaglio dalle fonti parallele: Erodiano precisa che a Roma
era stata precedentemente inviata una grandissima immagine (εἰκόνα μεγίστην) del
principe per abituare il senato e il popolo al suo abito (5, 5, 6-7). L'*Historia Augusta*
da parte sua associa l'arrivo di Elagabalo direttamente all'entrata in città del nuovo
culto solare e alla consacrazione di un tempio (*Helag.* 3, 4). L'arrivo a Roma può
essere databile dopo il soggiorno a Nicomedia (inverno 218-219, cfr. Herod. 5, 5, 3),
e quindi tra la primavera e l'estate del 219.

[24] Si segue qui l'integrazione proposta da Boissevain, basata su *Exc. Val.* 404 (p.
761): τῶν τε Ῥωμαίων αὐτῶν, τῶν τε ἱππέων τῆς τε βουλῆς.

[25] In questi capitoli (da 3, 4 a 5, 4) Dione si concentra in modo particolare sulle
epurazioni del regime di Elagabalo, soffermandosi specialmente sui casi di undici
personaggi illustri, mentre Erodiano si limita ad affermare che il principe fece mandare
a morte molti notabili (5, 6, 1).

[26] La battaglia di Antiochia (8 giugno 218: cfr. *supra* 78, 39, 1).

[27] Prefetto del pretorio sotto Macrino (cfr. 78, 15, 1 e nota).

[28] Fabio Agrippino, menzionato solo da Dione, fu legato in Siria durante il governatorato di Mario Secondo nel 218-219 (*supra* 78, 35, 1). Non è escluso che avesse
militato nella *legio I Minerva* tra il 210 e il 212.

Bitinia, ... designando collaboratore .... spesso ...., come
in genere aveva fatto anche ad Antiochia. (2) Dopo aver trascorso là
l'inverno, passando attraverso la Tracia, la Mesia e le due Pannonie
si diresse verso l'Italia,[23] dove fece una sola cosa degna di un buon
imperatore: quando infatti molti uomini, sia tra i singoli individui sia
tra le popolazioni, [compresi i Romani stessi, cavalieri e senatori],[24]
in privato e in pubblico presero ad aggredire con le parole e con le
azioni Caracalla e lui medesimo in seguito alle lettere di Macrino,
egli dichiarò che non avrebbe messo sotto processo alcuno. Né, di
fatto, lo fece. (3) Ma in tutte le altre circostanze si abbandonò alle
azioni più infami, inique e crudeli,[25] tanto che alcune di esse, fino ad
allora mai accadute a Roma, si affermarono come se fossero tradizioni
patrie, mentre altre, già tentate da vari uomini in diversi momenti,
raggiunsero il culmine nei tre anni, nove mesi e quattro giorni del
suo impero (secondo il calcolo a partire dalla battaglia nella quale
ottenne il potere supremo).[26] (4) In Siria fece uccidere Nestore,[27] Fabio
Agrippino,[28] il governatore di quella provincia, e i cavalieri più illustri
che avevano sostenuto Macrino. Lo stesso fece con coloro che a Roma
erano stati i suoi più fervidi collaboratori. In Arabia mandò a morte
Pica Ceriano,[29] incaricato di governare quella provincia, poiché non
aveva aderito prontamente alla sua fazione; (5) a Cipro fece eliminare Claudio Attalo[30] perché aveva offeso Comazonte:[31] egli, che un

[29] Di questo personaggio, che fu probabilmente il predecessore di Flavio Giuliano
al governo dell'Arabia, abbiamo menzione solo in Dione.

[30] Claudio Attalo Patercoliano ci è noto, oltre che da Dione, dalle testimonianze
epigrafiche e numismatiche: governatore della Tracia (*legatus Augusti pro praetore*)
sotto Commodo prima del 184-185, Claudio Attalo fu rimosso dal senato da Settimio
Severo al tempo della guerra contro Pescennio Nigro (193-194) per poi essere reintegrato da Caracalla e rivestire tra il 217 e 218 il proconsolato di Cipro all'età di circa
65 anni. Per la sua identificazione cfr. G. MIGLIORATI, *Iscrizioni per la ricostruzione
storica dell'impero romano da Marco Aurelio a Commodo*, Milano (2011), pp. 212-214.

[31] Già menzionato a 78, 39, 4 come uno dei comprimari del rovesciamento di
Macrino (8 giugno 218), Publio Valerio Comazonte fu probabilmente il comandante
della *legio II Parthica*: asceso da umilissime origini (da «buffone» a soldato semplice,
afferma Dione) alla carica di prefetto del pretorio da Elagabalo, fu console insieme a
quest'ultimo nel 220 (la menzione di *consul iterum* in *CIL* VI 866; XIV 2009 induce
a pensare che avesse rivestito la carica una prima volta quando si trovava in Siria).
Secondo la testimonianza di Dione, sarebbe stato eletto *praefectus urbi* per ben tre
volte (l'ultima delle quali da collocare sotto il regno di Alessandro Severo, cfr. *infra*
21, 2), finendo col rappresentare l'archetipo della carriera irregolare degli elementi
ascesi al potere sotto Elagabalo: quei parvenu provenienti dal mondo degli spettacoli
o appartenenti all'entourage dei liberti di cui riferisce Erodiano con un agile tratto di
penna (5, 7, 6-7). Accanto a Comazonte ci fu probabilmente un secondo personaggio
che costituì il braccio militare di Elagabalo: è un oscuro personaggio non menzionato

ἐκ τοῦ συνεδρίου ἐν τῷ τοῦ Νίγρου πολέμῳ ἐκπεσόντα, ὑπὸ δὲ τοῦ Ταραύτου ἐς αὐτὸ ἐπαναχθέντα, καὶ τότε ἐκ τοῦ κλήρου τῇ Κύπρῳ προσταχθέντα, ὅτι τῷ Κωμάζοντι προσεκεκρούκει· στρατευόμενον γάρ ποτε αὐτὸν ἐν Θράκῃ καὶ κακουργήσαντά τι ἐς τοὺς τριηρίτας ἀπεώσατο. [4] τοιοῦτος γάρ τις ὁ Κωμάζων ὢν καὶ τοῦτο τοὔνομα ἔκ τε μίμων καὶ γελωτοποιίας ἔχων τῶν τε δορυφόρων ἦρξεν, ἐν μηδεμιᾷ τὸ παράπαν ἐπιτροπείᾳ ἢ καὶ προστασίᾳ τινὶ πλὴν τῆς τοῦ στρατοπέδου ἐξετασθείς, (2) καὶ τὰς τιμὰς τὰς ὑπατικὰς ἔλαβεν, καὶ μετὰ τοῦτο καὶ ὑπάτευσεν καὶ ἐπολιάρχησεν, οὐχ ἅπαξ μόνον ἀλλὰ καὶ δεύτερον καὶ τρίτον, ὃ μηδενὶ πώποτε ἄλλῳ ὑπῆρξεν· ὅθεν που καὶ τοῦτ᾽ ἐν τοῖς παρανομωτάτοις ἐξαριθμήσεται.

(3) ὁ μὲν οὖν Ἄτταλος δι᾽ ἐκεῖνον ἀπέθανεν, ὁ δὲ δὴ Τρικκιανὸς διὰ τοὺς Ἀλβανίους ὢν ἐγκρατῶς ἐπὶ τοῦ Μακρίνου ἡγεῖτο, Καστῖνός θ᾽ ὅτι δραστήριός τε ἦν καὶ πολλοῖς στρατιώταις, ἔκ τε τῶν ἀρχῶν ὧν ἦρξε καὶ ἐκ τῆς πρὸς τὸν Ἀντωνῖνον συνουσίας, ἔγνωστο· (4) διόπερ καὶ ὑπὸ τοῦ Μακρίνου τὴν ἄλλως προπεμφθεὶς ἐν Βιθυνίᾳ τὴν δίαιταν ἐποιεῖτο. τοῦτόν τε οὖν ἀπέκτεινεν, καίτοι τῇ γερουσίᾳ περὶ αὐτοῦ γράψας ὅτι αὐτὸν εἰρχθέντα τῆς Ῥώμης, ὥσπερ καὶ τὸν Ἄσπρον τὸν Ἰούλιον, ὑπὸ τοῦ Μακρίνου ἀποκατέστησεν, (5) καὶ Σύλλαν τὸν τῆς Καππαδοκίας ἄρξαντα, καίπερ ἀπηλλαγμένον ἐξ αὐτῆς, ὅτι τ᾽ ἐπολυπραγμόνει τινά, καὶ ὅτι μεταπεμφθεὶς ὑπ᾽ αὐτοῦ ἐκ τῆς Ῥώμης ἀπήντησε τοῖς στρατιώταις τοῖς Κελτικοῖς οἴκαδε μετὰ τὴν ἐν τῇ Βιθυνίᾳ χειμασίαν, ἐν ᾗ τινὰ ὑπετάραξαν, ἀπιοῦσιν. (6) οὗτοι μὲν δὴ διὰ ταῦτα ἀπώλοντο, καὶ οὐδὲ ἐπεστάλη τι περὶ αὐτῶν τῇ γερουσίᾳ, Σέϊος δὲ δὴ Κᾶρος ὁ Φουσκιανοῦ τοῦ πολιαρχήσαντος ἔκγονος ὅτι τε ἐπλούτει καὶ ὅτι

dalle fonti letterarie ma citato – frammentariamente – dalla tradizione epigrafica col nome di *...atus*, definito *comes* e *amicus fidelissimus* dell'imperatore e avviato a una carriera che forse lo elevò fino alla prefettura del pretorio (*CIL* VI 31766a; 31766b; 31875). Sull'ipotesi che questo misterioso personaggio fosse a capo della *legio XIV Flavia Firma* di stanza a Samosata al tempo della rivolta contro Macrino e che avesse in qualche modo favorito la causa di Elagabalo diventando poi uno dei suoi uomini di fiducia cfr. M. ICKS, *The Crimes of Elgabalus: The Life and Legacy of Rome's Decadent Boy Emperor*, London (2011), pp. 16-22.

[32] Questa chiosa sembra essere un errore dell'autore (o dell'epitomatore) che individua nel verbo κωμάζω («faccio baldoria», «folleggio») l'etimologia del nome Comazonte. Che però Comazonte provenisse dagli ambienti dell'intrattenimento e dello spettacolo è confermato in *HA Helag.* 12, 1, dove è definito *saltator* («saltimbanco») e in Herod. 5, 7, 6, dove si allude indirettamente a un tale asceso alla prefettura del pretorio che era stato un «mimo» (ὀρχηστήν) e che da giovane «aveva danzato in teatro sotto gli occhi dei Romani» (δημοσίᾳ ἐν τῷ Ῥωμαίων θεάτρῳ ὀρχησάμενον).

[33] Il *praefectus castrorum* (detto anche *praefectus castrorum legionis* o *praefectus*

274

tempo era stato governatore della Tracia, dopo essere stato espulso
dal senato per decisione di Severo durante la guerra contro Nigro per
poi esservi ammesso da Tarauta, a quel tempo era stato assegnato a
Cipro sulla base del sorteggio. Quando infatti Comazonte militava in
Tracia, poiché aveva commesso qualche sgarbo nei suoi riguardi, egli
lo aveva relegato tra i soldati delle triremi. **[4]** Nonostante tale fosse
la sua condizione, Comazonte, che aveva un nome tipico dei mimi
e dei buffoni,[32] giunse alla guida dei pretoriani senza aver mai avuto
un incarico di prefetto o di procuratore eccetto quello di *praefectus
castrorum*.[33] (2) Ottenne inoltre onori consolari e in seguito divenne
console e anche *praefectus urbi*, non una volta soltanto, ma addirittura
una seconda e una terza volta, come mai avvenne per alcun altro.
Pertanto anche questo fatto verrà in qualche modo annoverato tra le
irregolarità più manifeste.

(3) Attalo, dunque, morì a causa di lui. Tricciano[34] invece morì
a causa degli Albani,[35] che egli aveva autorevolmente guidato sotto
Macrino, mentre Castino[36] fu ucciso perché era intraprendente ed
era noto a molti soldati per le cariche che aveva esercitato e per la
familiarità che godette presso Antonino; (4) perciò viveva in Bitinia,
dove era stato inutilmente mandato da Macrino. Avito, allora, lo
fece uccidere, sebbene in relazione a costui avesse scritto al senato
di averlo richiamato dall'esilio in seguito all'allontanamento da
Roma impostagli da Macrino, proprio come era accaduto con Giulio
Aspro.[37] (5) Fece infine mandare a morte Silla,[38] il governatore della
Cappadocia, sebbene questi avesse lasciato la provincia: si era infatti
immischiato in certi affari e, inoltre, dopo che era stato chiamato da
Roma dall'imperatore, era andato incontro ai soldati germani che si
trovavano sulla via del ritorno in patria a seguito dello svernamento
in Bitinia, dove avevano provocato dei disordini. (6) Questi uomini
morirono per le suddette ragioni, né al senato fu inviata alcuna
comunicazione riguardo a loro. Seio Caro,[39] invece, nipote di quel

legionis) era una carica militare creata da Augusto per garantire la stabilità delle singole
armate: suo compito precipuo era quello di assicurare l'efficienza tecnico-logistica
del campo e i suoi servizi di sicurezza (cfr. Veg. *Mil.* 2, 10, 1-6).

[34] Partigiano di Macrino, su cui cfr. 78, 13, 3-4 e nota.

[35] Sui soldati della legione Albana (*legio II Parthica*) cfr. 78, 13, 4 e nota.

[36] Valentissimo uomo d'armi, leale alla casa dei Severi, già caduto in disgrazia
sotto Macrino: cfr. 78, 13, 2 e nota.

[37] Sulla carriera di Gaio Giulio Aspro cfr. *supra* 77, 5, 3 e nota.

[38] Non altrimenti noto.

[39] Non altrimenti noto.

μέγας καὶ νοῦν ἔχων ἦν, πρόφασιν ὡς καὶ συνιστάς τινας τῶν ἐν τῷ Ἀλβανῷ στρατευομένων (καὶ μόνου γε ἐκείνου ἀποδεικνύντος τινὰ ἤκουσεν ἐν τῷ παλατίῳ, ἐν ᾧ καὶ ἐσφάγη), (7) Οὐαλεριανός τε Παῖτος ὅτι εἰκόνας τινὰς ἑαυτοῦ ἐπιχρύσους πρὸς παλλακίδων κοσμήματα ἐξετύπωσεν· ἐκ γὰρ τούτου καὶ αἰτίαν ἔσχεν ὡς καὶ ‹ἐς› Καππαδοκίαν ὅμορον τῇ πατρίδι αὐτοῦ οὖσαν (Γαλάτης γὰρ ἦν) ἀπελθεῖν ἐπὶ νεωτερισμῷ διανοούμενος, καὶ κατὰ τοῦτο χρυσοῦς γλύμμα ἑαυτοῦ φέροντας ποιούμενος.

[5] καὶ ἐπὶ τούτοις καὶ ὑπὸ τῆς βουλῆς ἐθανατώθη ὁ Μεσσάλας ὁ Σίλιος ὅ τε Βάσσος ὁ Πομπώνιος, ἐγκλήματα λαβόντες ὅτι τοῖς πραττομένοις ὑπ᾽ αὐτοῦ οὐκ ἠρέσκοντο. (2) τοῦτο γὰρ οὐδὲ τῇ βουλῇ γράψαι περὶ αὐτῶν ὤκνησεν, ἐξεταστάς τε αὐτοὺς τοῦ ἑαυτοῦ βίου καὶ ἐπιτιμητὰς τῶν ἐν τῷ παλατίῳ δρωμένων εἰπὼν εἶναι· «τὰς γάρ τοι τῆς ἐπιβουλῆς δῆθεν αὐτῶν ἀποδείξεις οὐκ ἔπεμψα ὑμῖν» ἔφη, «ὅτι μάτην ἀναγνωσθήσεσθαι ἔμελλον ἤδη σφῶν τεθνηκότων». (3) ὑπῆν δέ τι καὶ ἕτερον αἰτίαμα πρὸς Μεσσάλαν, ὅτι πολλὰ ἐρρωμένως ἐν τῷ συνεδρίῳ ἀπεφαίνετο· διόπερ καὶ κατ᾽ ἀρχὰς αὐτὸν ἐς τὴν Συρίαν, ὡς καὶ πάνυ τι αὐτοῦ δεόμενος, μετεπέμψατο, ὅπως μὴ καὶ καθηγεμὼν αὐτῇ ἀλλοδοξίας γένηται. (4) τῷ δὲ δὴ Βάσσῳ, ὅτι γυναῖκα καὶ εὐπρεπῆ καὶ εὐγενῆ εἶχεν· τοῦ τε γὰρ Σεουήρου ‹τοῦ› Κλαυδίου καὶ τοῦ Ἀντωνίνου τοῦ Μάρκου ἀπόγονος ἦν. ἀμέλει καὶ ἔγημεν αὐτήν, μηδὲ ἐκθρηνῆσαι τὴν συμφορὰν ἐπιτρέψας. (5) καὶ περὶ μὲν τῶν γάμων αὐτοῦ, ὧν τε ἐγάμει ὧν τε ἐγήματο, αὐτίκα λελέξεται· καὶ γὰρ ἠνδρίζετο καὶ ἐθηλύνετο καὶ ἔπραττεν καὶ ἔπασχεν ἑκάτερα ἀσελγέστατα ..... | δὲ δὴ δυς .... περὶ αὐτς | .... σίᾳ ἐφο .... | σαντων .... | (6) νος καὶ μ............ | λιωνα δε α..... ..... | ὑφ᾽ ὧν πε .... |

[40] Seio Fusciano, amico e compagno di studi di Marco Aurelio (*HA Marc*. 3, 8), fu *consul suffectus* intorno al 151, console ordinario nel 188 e *praefectus urbi* verso il 189 (*HA Pert*. 4, 3).

[41] Di questo personaggio proveniente della Galazia, da identificare forse col Valeriano Peto che fu *magister sodalium Augustalium Claudialium* nel 213, riferisce il solo Dione.

[42] Questo personaggio è da taluni identificato con quel Marco Silio Messalla che fu console nel 193 (*supra* 73, 17, 3).

[43] Su Pomponio Basso, già bandito sotto Macrino, cfr. *supra* 78, 21, 2 e nota.

[44] Segue un'altra citazione *ad litteram* che sembra rivelare che Dione abbia consultato gli *acta senatus*.

[45] Si tratta di Annia Faustina, quella che diventerà la terza moglie di Elagabalo (cfr. anche Herod. 5, 6, 2): costei era figlia di Tiberio Claudio Severo Proculo (console nel

Fusciano che era stato *praefectus urbi*,[40] fu condannato a morte perché
era ricco, influente e dotato d'ingegno, ma con l'accusa pretestuosa
di aver sobillato alcuni soldati che militavano nel territorio di Alba:
egli ascoltò il solo imperatore muovergli alcune accuse nel *Palatium*,
dove fu assassinato. (7) Valeriano Peto[41] fu tolto di mezzo perché aveva
fatto coniare alcune effigi dorate recanti la sua immagine e le aveva
destinate a ornamento delle sue concubine. In aggiunta gli fu anche
imputata l'accusa di essere ritornato in Cappadocia, che, essendo
egli Galata, confinava con la sua patria, con lo scopo di suscitare una
ribellione, ragione per la quale aveva fatto realizzare delle monete
d'oro con la sua immagine.

[5] Oltre a questi uomini, furono anche condannati a morte dal
senato Silio Messala[42] e Pomponio Basso,[43] che vennero messi sotto
accusa perché non approvavano la condotta del principe. (2) Né
infatti l'imperatore esitò a scrivere al senato a proposito di costoro,[44]
definendoli inquisitori della sua vita e censori di ciò che avveniva
nel *Palatium*. «È chiaro» disse «che non vi ho inviato le prove
delle insidie che hanno ordito ai miei danni perché, essendo essi
ormai morti, sarebbero state lette inutilmente». (3) Contro Messala
si celava poi anche un'altra imputazione, e cioè che egli in senato
esternava molti pareri con animosità: per questa ragione dapprima
lo aveva mandato in Siria col pretesto di avere un grande bisogno
di lui, in modo tale che egli non diventasse per il senato un punto
di riferimento per nuove idee sovversive. (4) Contro Basso invece
infierì perché questi aveva una moglie bella e nobile, che, infatti, era
discendente di Claudio Severo e di Marco Antonino. In ogni caso la
fece sua sposa senza nemmeno concederle di piangere la perdita del
marito.[45] (5) Si riferirà qui, subito di seguito, delle sue nozze, sia di
quelle nelle quali fu marito sia di quelle nelle quali fu moglie, dal
momento che egli si comportava tanto da uomo quanto da donna e
in entrambi i ruoli commetteva e subiva indicibili perversioni. ......
....
...........intorno ....
.... (6) ....
da coloro ....

200) e di Annia Galeria Aurelia Faustina, figlia di Marco Aurelio e sorella di Commodo.
Dalla documentazione epigrafica risulta infatti che il nonno Gneo Claudio Severo era
celebrato come «genero» di Marco Aurelio (*ILS* 8832; *IGR* 3, 1448; *SEG* 36, 1174).
Per le altre mogli di Elagabalo cfr. *infra* 9, 1-4.

τευομεν .... | τω τειχε .... | κτο ἰδίαν .... ἀμυνομε ....
| Σέργιος α .... | τὸν Καρο .... | τινα καὶ μ .... | προσδιει
.... | ουν ἐκ τι .... | δρωνων .... | (7) τινα διατ .... |
ποιήσας .... | ὑπ᾽ αὐτ .... | διωλομ .... | δενος η ....
| τ᾽ ἐκείνου .... | αἰτίαν ἐπι .... | φόνῳ τὰ μ .... | τε ἱππέων
.... | Καισαρείων .... | ἐφθάρησαν .... | οὐδὲν δεο .... ||

[6] .... ν δὲ δὴ τὸν τὴν ἐπανάστασιν κατασκευάσαντα,
τὸν ἐς τὸ στρατόπεδον αὐτὸν ἐσαγαγόντα, τὸν τοὺς στρατιώτας
προσαποστήσαντα, τὸν τὴν νίκην αὐτῷ τὴν κατὰ τοῦ Μακρίνου
παρασχόντα, τὸν τροφέα, τὸν προστάτην, ἐν ἀρχῇ εὐθὺς τῆς
ἡγεμονίας ἐν τῇ Νικομηδείᾳ ἀποκτείνας ἀνοσιώτατος ἀνδρῶν
ἐνομίσθη. (2) ἄλλως μὲν γὰρ καὶ τρυφερώτερον διῃτᾶτο καὶ ἡδέως
ἐδωροδόκει, οὐ μὴν οὔτε αἴτιός τινος κακοῦ οὐδενὶ ἐγένετο
καὶ πολλοὺς πολλὰ εὐηργέτησε. τὸ δὲ μέγιστον, ἰσχυρῶς αὐτὸν
περιεῖπε, καὶ τῇ Μαίσῃ τῇ τε Σοαιμίδι σφόδρα ἤρεσκε, τῇ μὲν
ὅτι ἐτέθραπτο ὑπ᾽ αὐτῆς, τῇ δὲ ὅτι συνῴκει τρόπον τινὰ αὐτῇ. (3)
ἀλλ᾽ οὔτι γε διὰ τοῦτ᾽ αὐτὸν κατεχρήσατο, ὁπότε καὶ συμβόλαιον
αὐτῷ γαμικὸν ποιῆσαι καὶ Καίσαρα αὐτὸν ἀποδεῖξαι ἠθέλησεν,
ἀλλ᾽ ὅτι σωφρόνως τε καὶ ἐμφρόνως ζῆν ὑπ᾽ αὐτοῦ ἠναγκάζετο. καὶ
αὐτός γε αὐτοχειρίᾳ πρῶτος αὐτὸν κατέτρωσε διὰ τὸ μηδένα τῶν
στρατιωτῶν ἄρξαι τοῦ φόνου τολμῆσαι.

[7] ταῦτα μὲν οὕτως ἐγένετο, ... ς δὲ Οὐῆρος ἐπιτολμήσας
καὶ αὐτὸς τῇ μοναρχίᾳ ἐν τῷ τρίτῳ στρατοπέδῳ τῷ Γαλλικῷ,
οὗ ἦρχε, καὶ Γέλλιος Μάξιμος ἐκ τῆς αὐτῆς αἰτίας, καίπερ
ὑποστρατηγῶν ἐν τῇ Συρίᾳ τῇ ἑτέρᾳ τοῦ τετάρτου τοῦ Σκυθικοῦ
τείχους, ἐδικαιώθησαν. (2) οὕτω γάρ που πάντα ἄνω κάτω συνεχύθη
ὥστε ἐκείνους τὴν ἔφεσιν τῆς ἀρχῆς τὸν μὲν ἐξ ἑκατοντάρχων ἐς

---

[46] Potrebbe trattarsi di Sergio Tiziano, governatore della Mesia Inferiore.

[47] Il testo è lacunoso, ma l'ipotesi che si tratti di Gannide sembra essere confermata
da quanto lo storico afferma sia sul suo ruolo nella rivolta contro Macrino, sia sul suo
ruolo a corte; cfr. la fine del § 2, dove si dice che questo personaggio gode del totale
appoggio di Mesa ed è considerato come una sorta di «marito» da parte di Soemiade:
costui altri non può essere che l'eunuco Gannide (sulla carriera del quale cfr. 78, 38,
3 e nota; 39, 4). Sulla sua identificazione con Eutichiano cfr. 78, 31, 1 e nota.

[48] S'intenda Gannide.

[49] Essendo già vedova di Vario Marcello, Soemiade, nota Dione, viveva more uxorio
con Gannide, il precettore del figlio Elagabalo.

[50] Appare strano che Gannide, poc'anzi ritratto come un uomo dal tenore di vita
«sin troppo lussuoso» (τρυφερώτερον), vesta poi i panni del temperator della luxuria
di Elagabalo. È verosimile che l'accusa sia pretestuosa e che in realtà celi la volontà
dell'imperatore di sbarazzarsi di un collaboratore divenuto ingombrante.

[51] Di questo personaggio riferisce il solo Dione.

278

privata .... Sergio[46] .... 218 d.C.
..... qualcuno e ....
.... (7) qualche .... facendo .... da ....
.... di lui ....
causa .... uccisione .... e di cavalieri ....
di liberti imperiali .... furono distrutti .... né ....

[6] ma quando, subito all'inizio del suo impero, a Nicomedia fece mandare a morte [Gannid]e,[47] il fautore della rivolta, proprio colui che lo aveva condotto nell'accampamento, colui che aveva indotto i soldati alla ribellione, che gli aveva procurato la vittoria contro Macrino, era stato suo tutore e guida, fu allora considerato il più empio di tutti gli uomini. (2) Infatti, sebbene egli[48] vivesse in modo sin troppo lussuoso e accettasse volentieri donativi, non aveva tuttavia mai recato danno ad alcuno e aveva anzi aiutato molta gente elargendo numerosi benefici. Ma, cosa assai singolare, egli trattava l'imperatore con grande rispetto ed era caro tanto a Mesa quanto a Soemiade, all'una perché era da lei stato allevato, all'altra perché era in qualche modo suo marito.[49] (3) Non fu tuttavia per questo motivo che il principe lo fece mandare a morte, dato che aveva voluto concedergli un contratto di matrimonio e designarlo Cesare, ma piuttosto il fatto che Gannide lo sollecitava a vivere in modo temperato e continente.[50] Fu proprio lui in persona, di sua mano, a ferirlo per primo, dal momento che nessuno tra i soldati ebbe l'ardire di risolversi per quel delitto.

[7] Così ebbero luogo questi fatti, ... furono condannati a morte Vero,[51] che aveva aspirato anch'egli al potere supremo mentre si trovava nella terza legione (la *Gallica*), di cui era al comando, come pure, con la stessa accusa, Gellio Massimo,[52] sebbene questi fosse un luogotenente della quarta legione (la *Scythica*) nella Siria Superiore.[53] (2) La situazione, infatti, era così confusa che costoro, un ex centurione elevato a rango di senatore l'uno e il figlio di un medico

---

[52] Figlio del più celebre Lucio Gellio Massimo, fu *legatus legionis* della *legio IV Scythica* in Siria nel 219. Di lui riferisce il solo Dione.

[53] Per queste dislocazioni cfr. 55, 23, 2-3. La cosiddetta Siria «Seconda» (ἑτέρα), o Superiore, comprendeva la Commagene, la Ciretica e la Seleucide, da cui si distingueva la Fenicia, dov'era di stanza la *legio III Gallica*. A seguito di tale tentativo di Vero la *legio III Gallica* sembra aver subito una sorta di «*damnatio* temporanea», testimoniata dall'erasione del suo nome da alcune epigrafi (*ILS* 2657; 5865; 9198). I tentativi di Vero (*legio III Gallica*) e di Gellio Massimo (*legio IV Scythica*), insieme alla significativa diffusione di monete recanti le legende *fides exercitus* e *concordia milit(um)*, suggeriscono che Elagabalo non potesse contare in modo sicuro sul lealismo delle truppe (BMC V, *Elagabalus*, nn. 10-15, 105-9, 274-276).

τὴν γερουσίαν ἐσγραφέντα, τὸν δὲ ἰατροῦ υἱὸν ὄντα ἐς τὸν νοῦν ἐμβαλέσθαι. τούτους δὲ δὴ μόνους ὠνόμασα οὐχ ὅτι καὶ μόνοι ἐξεφρόνησαν, ἀλλ᾽ ὅτι βουλῆς ἦσαν, (3) ἐπεί τοι καὶ ἕτερός τις ἑκατοντάρχου υἱὸς ἐπεχείρησε τὸ αὐτὸ ἐκεῖνο στρατόπεδον τὸ Γαλλικὸν συνταράξαι, καὶ μάλα ἄλλος τις ἐριουργὸς τὸ τέταρτον, ἕτερός τε ἰδιώτης τὸν στόλον τὸν ἐν τῇ Κυζίκῳ ναυλοχοῦντα, ὅτε καὶ ὁ Ψευδαντωνῖνος ἐν τῇ Νικομηδείᾳ ἐχείμαζεν, καὶ ἄλλοι δὲ πολλοὶ ἄλλοθι καὶ ἀλλαχόθι, ὥστε καὶ ἑτοιμότατον ὂν τοῖς βουλομένοις ἄρξαι, τῷ καὶ παρ᾽ ἐλπίδα καὶ παρὰ τὴν ἀξίαν πολλοὺς τῆς ἡγεμονίας ἐπιβεβατευκέναι, νεωτερίσαι τολμῆσαι. (4) καὶ μηδεὶς ἀπιστήσῃ τῷ λεχθέντι· τὰ μὲν γὰρ λοιπὰ τὰ τῶν ἰδιωτῶν παρ᾽ ἀνδρῶν ἀξιοπίστων πυθόμενος, τὸ δὲ δὴ κατὰ τὸν στόλον αὐτὸς ἐγγύθεν ἐκ τῆς Περγάμου ἀκριβώσας ἔγραψα, ἧς, ὥσπερ καὶ τῆς Σμύρνης ταχθεὶς ὑπὸ τοῦ Μακρίνου ἐπεστάτησα· ἀφ᾽ οὗπερ οὐδὲ τῶν ἄλλων οὐδὲν ἄπιστόν μοι κατεφάνη.

[8] φόνων μὲν οὖν ἐχόμενα ταῦτα αὐτῷ ἐπράχθη, ἔξω δὲ δὴ τῶν πατρίων ἁπλᾶ μὲν καὶ μηδὲν μέγα κακὸν ἡμῖν φέροντα, πλὴν καθ᾽ ὅσον παρὰ τὸ καθεστηκὸς ἐκαινοτομήθη, ὅτι τε τῶν ὀνομάτων τινὰ τῶν ἐς τὴν ἡγεμονίαν αὐτοῦ τεινόντων, πρὶν ψηφισθῆναι, ὥσπερ εἶπον, αὐτὸς ἑαυτῷ ἔθετο, καὶ ὅτι τῇ τοῦ Μακρίνου ὑπατείᾳ, (2) μήτε χειροτονηθεὶς ἐπ᾽ αὐτὴν μήτε ὅλως ἐφαψάμενος αὐτῆς (προδιήνυστο γάρ), αὐτὸν ἀντενέγραψε, καίτοι τὸ κατ᾽ ἀρχὰς ἀπὸ τοῦ Ἀδουέντου ὡς καὶ μόνου ὑπατευκότος τὸν ἐνιαυτὸν ἐν τρισὶ γράμμασι διαδηλώσας, ὅτι ‹τε› δεύτερον δὴ ὑπατεύειν ἐπεχείρησεν, (3) μηδεμίαν πρόσθεν μήτε ἀρχὴν λαβὼν μήτε τιμὴν ἀρχῆς, καὶ ὅτι τῇ ἐπινικίῳ στολῇ ὑπατεύων ἐν τῇ Νικομηδείᾳ, ἐν τῇ τῶν εὐχῶν ἡμέρᾳ, οὐκ ἐχρήσατο.

---

[54] Cfr. *HA Helag.* 11, 1-7, dove si denunciano le irregolarità e le stravaganze introdotte da Elagabalo in spregio al *mos* (anche Herod. 5, 3, 6-8; 5, 3-4).

[55] Cfr. *supra* 2, 3.

[56] Tale precisione (ἐν τρισὶ γράμμασι) è un'ulteriore spia rivelatrice del metodo storico di Dione che, laddove non era in grado di riferire i fatti per testimonianza diretta, procedeva attraverso la consultazione degli archivi del senato (all'interno dei quali veniva conservata la corrispondenza).

[57] Oclatinio Avvento, console nel 218 (*supra* 78, 13, 2 e nota).

l'altro, si misero in mente di mettere le mani sul potere imperiale. Ho fatto menzione solo di loro non perché fossero stati gli unici ad aver perso il lume della ragione, ma perché erano membri del senato. (3) Del resto ci furono anche altri ribelli: il figlio di un centurione, che tentò di sollevare la medesima legione, la *Gallica*, e, soprattutto, un lanaiolo che sobillò la quarta legione, e un semplice cittadino che fece un tentativo con la flotta stanziata a Cizico mentre il falso Antonino stava trascorrendo l'inverno a Nicomedia; e così molti altri altrove, tanto che era facilissimo, per chi volesse prendere il potere, avviare una rivolta, dal momento che diversi uomini, anche contro ogni speranza e ogni merito, erano giunti alla dignità imperiale. (4) Né alcuno pensi che quanto detto non meriti credibilità: infatti, tutti gli altri tentativi di ribellione da parte di semplici cittadini li ho appresi da uomini degni di credito, mentre la notizia della flotta l'ho riferita dopo aver controllato di persona da vicino, cioè da Pergamo, a capo della quale, come anche nel caso di Smirne, ero stato collocato da Macrino; perciò, in ragione di questo tentativo, nemmeno uno degli altri casi riferiti mi è parso da mettere in dubbio.

[8] Questi, dunque, furono i delitti da lui perpetrati, mentre le azioni che commise contro i patrî costumi furono di scarsa rilevanza e tali da non arrecare alcun danno importante a noi [senatori], a eccezione soltanto delle novità introdotte rispetto alla consuetudine:[54] si arrogò cioè alcuni dei titoli relativi al suo potere, come ho già riferito,[55] prima che gli venissero conferiti per voto (2) e sostituì, nel consolato, il suo nome al posto di quello di Macrino nonostante non fosse stato mai eletto a quella carica e non l'avesse mai rivestita interamente (era infatti già scaduta), e nonostante da principio, in tre lettere inviate in un anno,[56] avesse fatto menzione di Avvento[57] come se fosse il solo a essere stato console. Inoltre, tentò di diventare console per la seconda volta (3) senza aver mai avuto alcuna altra carica in precedenza né tantomeno il rango per ricoprirla. Infine, a Nicomedia, in qualità di console non indossò l'abito trionfale durante il giorno dei giochi votivi.[58]

---

[58] *I ludi votivi* erano propriamente dei giochi promossi dai magistrati tramite un *votum* (promessa, preghiera) in occasione di pericoli imminenti o di gravi minacce per lo stato, e la loro celebrazione poteva avere un carattere di ringraziamento oppure di propiziazione (definiti *stati* se celebrati in forma straordinaria o *annui* se registrati nel calendario ufficiale). Avevano un carattere propriamente votivo, almeno inizialmente, i *Ludi Apollinares*, i *Ludi florales* e i *Ludi plebei*.

[11] τῶν δὲ δὴ παρανομημάτων αὐτοῦ καὶ τὸ κατὰ τὸν Ἐλεγάβαλον ἔχεται, οὐχ ὅτι θεόν τινα ξενικὸν ἐς τὴν Ῥώμην ἐσήγαγεν, οὐδ᾿ ὅτι καινοπρεπέστατα αὐτὸν ἐμεγάλυνεν, ἀλλ᾿ ὅτι καὶ πρὸ τοῦ Διὸς αὐτοῦ ἤγαγεν αὐτόν, καὶ ὅτι καὶ ἱερέα αὐτοῦ ἑαυτὸν ψηφισθῆναι ἐποίησεν, ὅτι τε τὸ αἰδοῖον περιέτεμε, καὶ ὅτι χοιρείων κρεῶν, ὡς καὶ καθαρώτερον ἐκ τούτων θρησκεύσων, ἀπείχετο (ἐβουλεύσατο μὲν γὰρ παντάπασιν αὐτὸ ἀποκόψαι· ἀλλ᾿ ἐκεῖνο μὲν τῆς μαλακίας ἕνεκα ποιῆσαι ἐπεθύμησε, τοῦτο δὲ ὡς καὶ τῇ τοῦ Ἐλεγαβάλου ἱερατείᾳ προσῆκον ἔπραξεν· ἐξ οὗ δὴ καὶ ἑτέροις τῶν συνόντων συχνοῖς ὁμοίως ἐλυμήνατο)· (2) καὶ μέντοι καὶ ὅτι τὴν ἐσθῆτα τὴν βαρβαρικήν, ᾗ οἱ τῶν Σύρων ἱερεῖς χρῶνται, καὶ δημοσίᾳ πολλάκις ἑωρᾶτο ἐνδεδυμένος· ἀφ᾿ οὗπερ οὐχ ἥκιστα καὶ τὴν τοῦ Ἀσσυρίου ἐπωνυμίαν ἔλαβεν. - Xiph. 348, 13-21 R. St., *Exc. Val.* 408 (p. 762).

[12] (2²) ὅτι ὁ Ψευδαντωνῖνος χρυσοῦς ἔστη πολλῷ καὶ ποικίλῳ κόσμῳ διαπρέπων. - *Exc. Val.* 409 (p. 762).

ὅτι χρήματα πολλὰ ὁ Μακρῖνος ἐν τῷ βασιλικῷ εὑρὼν διεσπάθησεν, καὶ οὐκ ἐξήρκουν αἱ πρόσοδοι πρὸς ἀναλώματα. - *Exc. Val.* 410 (p. 462).

[9] ἔγημε δὲ Κορνηλίαν Παῦλαν, ἵνα δὴ θᾶσσον, ὥσπερ ἔφη, πατὴρ γένηται ὁ μηδ᾿ ἀνὴρ εἶναι δυνάμενος. ἐν δ᾿ οὖν τοῖς γάμοις οὐχ ὅπως ἡ γερουσία ἥ τε ἱππάς, ἀλλὰ καὶ αἱ γυναῖκες αἱ τῶν βουλευτῶν διανομήν τινα ἔλαβον, (2) ὅ τε δῆμος πεντήκοντα καὶ ἑκατὸν δραχμαῖς καὶ οἱ στρατιῶται ἑκατὸν πλείοσιν εἰστιάθησαν, μονομάχων τε ἀγῶνες ἐγένοντο, ἱμάτιον αὐτοῦ περιπόρφυρον ἐνδύντος, ὃ καὶ ἐν ταῖς εὐχωλιμαίαις θέαις ἐπεποιήκει. καὶ θηρία ἄλλα τε πολλὰ καὶ ἐλέφας τίγριδές τε μία καὶ πεντήκοντα

---

59 Sul dio Elagabalo e sul suo culto cfr. *supra* 78, 31, 1 e nota.

60 Uno degli aspetti della riforma religiosa di Elagabalo è senz'altro la costruzione di due templi dedicati al dio-Sole. Il primo, il cosiddetto *Heliogabalium*, definito da Erodiano «grande e bellissimo» (μέγιστον καὶ κάλλιστον), era quello in cui l'imperatore si recava ogni giorno a svolgere dei sacrifici (5, 5, 8), ed è menzionato anche in *HA Helag.* 1, 6 e in Aur. Vict. *Caes.* 23, 1: aveva sede sul Palatino e fu completato tra il 220 e il 221. Il secondo tempio, menzionato dal solo Erodiano e definito «grande e sontuosissimo» (μέγιστόν τε καὶ πολυτελέστατον), fu edificato nei pressi della capitale (ἐν τῷ προαστείῳ) e ogni anno vi si teneva una celebrazione estiva in cui, dal Palatino, veniva traslata la pietra conica, un aerolite, simbolo del dio con solenni rituali (5, 6-10). Sull'*Eliogabalium* cfr. COARELLI, *Roma*, cit., pp. 190-192; ID., *Palatium. Il Palatino dalle origini all'impero*, Roma (2012), pp. 501-514; ID., *Heliogabalus, templum; Heliogabalium*, «LTUR» 3 (1996), pp. 10-11; H. BROISE – Y. THÉBERT, *Élagabal et le complexe religieux de la Vigna Barberini*, «MEFRA» 111 (1999), pp. 729-747; ICKS, *The Crimes*, cit., pp. 27-28 e tavv. 11-12.

[11] Fra le violazioni alla legge che commise c'è anche quella relativa a Elagabalo:[59] non solo introdusse a Roma una divinità straniera e le attribuì onori assolutamente fuori dal comune,[60] ma le diede anche maggior importanza di Giove medesimo e fece in modo di essere nominato per decreto suo sacerdote;[61] inoltre, si circoncise e si astenne dal cibarsi della carne di maiale per poter così esercitare quel culto in modo più puro. Del resto aveva pensato di recidersi del tutto i genitali: ma se aveva nutrito questo desiderio per via della sua effeminatezza, si limitò poi alla circoncisione perché era richiesta dal sacerdozio di Elagabalo, ragione per la quale fece similmente evirare anche molti altri dei suoi accoliti. (2) Infine, fu spesso visto indossare anche in pubblico la veste barbarica di cui si servono i sacerdoti siriaci:[62] proprio questa gli valse il soprannome di «Assiro».[63]

[12] (2²) Fu eretta una statua d'oro del falso Antonino che spiccava per l'ornamento sontuoso.

Macrino, sebbene avesse trovato molto denaro nelle casse del fisco,[64] lo aveva sperperato, e le entrate non bastavano a compensare le uscite.

[9] L'imperatore sposò Cornelia Paola[65] in modo da, come egli stesso aveva detto, diventare padre al più presto, proprio lui che non poteva essere nemmeno un uomo. In occasione delle nozze fece donativi non solo al senato e all'ordine equestre, ma anche alle mogli dei senatori. (2) Al popolo offrì un banchetto da seicento sesterzi a testa e ai soldati uno da più di quattrocento. Si tennero anche dei combattimenti gladiatorî, ai quali egli presenziò indossando una toga orlata di porpora,[66] come aveva fatto anche durante dei giochi votivi. Inoltre, furono ammazzate molte e varie bestie selvatiche, tra le quali un elefante e cinquantuno tigri, cosa che in precedenza non

---

[61] L'assunzione della carica è confermata dal titolo *sacerdos amplissimus dei invicti Solis Elagabali* (*CIL* XVI 139-141) e dalla monetazione. Secondo Icks, *The Crimes*, cit., p. 26) la concessione per voto senatoriale del titolo di sacerdote è da far risalire alla fine del 220, mentre non può essere anteriore al 220 il tentativo di identificazione tra l'imperatore e la figura del dio-Sole (*ibid.*, p.18).

[62] Per la descrizione di tale abbigliamento si veda la minuta descrizione offerta da Erodiano (5, 3, 4).

[63] Per la connessione di questo epiteto alla figura di Sardanapalo cfr. *supra* 78, 22, 5 e nota.

[64] Qui il *fiscus* è indicato col termine βασιλικόν anziché con il consueto βασίλειον. Per la distinzione tra *fiscus* e *aerarius* cfr. *supra* 73, 5, 4.

[65] Giulia Cornelia Paola, menzionata indirettamente anche in Herod. 5, 6, 1

[66] La *toga praetexta*, che indossavano i senatori (cfr. *supra* 76, 8, 5). Sull'uso e abuso della *praetexta* in varie occasioni pubbliche cfr. 58, 11, 2; 12, 7 e 63, 20, 3, dove Dione, al posto di ἱμάτιον περιπόρφυρον, usa il termine ἁλουργίς.

ἐσφάγησαν· ὃ μηδεπώποτε ἀθρόον ἐγεγόνει. (3) εἶτα τὴν Παῦλαν ὡς καὶ κηλῖδά τινα περὶ τὸ σῶμα ἔχουσαν ἀποπέμψας Ἀκυλίᾳ Σεουήρᾳ συνῴκησεν, ἐκφανέστατα παρανομήσας· ἱερωμένην γὰρ αὐτὴν τῇ Ἑστίᾳ ἀσεβέστατα ᾔσχυνεν. ἐτόλμησε δὲ καὶ εἰπεῖν ὅτι «ἵνα δὴ καὶ θεοπρεπεῖς παῖδες ἔκ τε ἐμοῦ τοῦ ἀρχιερέως ἔκ τε ταύτης τῆς ἀρχιερείας γεννῶνται, τοῦτ᾽ ἐποίησα». (4) καὶ ἐφ᾽ οἷς αὐτὸν ἐν τῇ ἀγορᾷ αἰκισθέντα εἶτα ἐς τὸ δεσμωτήριον ἐμβληθῆναι κἀνταῦθα θανατωθῆναι ἔδει, ἐπὶ τούτοις ἐκαλλωπίζετο. καὶ οὐδ᾽ ἐκείνην μέντοι ἐπὶ πολὺ κατέσχεν, ἀλλὰ ἑτέραν, εἶθ᾽ ἑτέραν καὶ μάλα ἄλλην ἔγημε, καὶ μετὰ τοῦτο πρὸς τὴν Σεουῆραν ἐπανῆλθεν.

[10] ἐγεγόνει δὲ καὶ τέρατα ἐν τῇ Ῥώμῃ, ἄλλα τε καὶ ἐκ τοῦ ἀγάλματος τῆς Ἴσιδος, ὃ ὑπὲρ τὸ ἀέτωμα τοῦ ναοῦ αὐτῆς ἐπὶ κυνὸς ὀχεῖται· τὸ γὰρ πρόσωπον ἐς τὸ εἴσω μετέστρεψεν. (2) ὁ δὲ Σαρδανάπαλλος καὶ ἀγῶνας ἐποίει καὶ θέας συχνάς, ἐν αἷς Αὐρήλιος Ἕλιξ ὁ ἀθλητὴς εὐδοκίμησεν, ὃς τοσοῦτον τοὺς ἀνταγωνιστὰς ὑπερῆρεν ὥστε πάλην τε ἅμα καὶ παγκράτιον ἐν τῇ Ὀλυμπίᾳ ἀγωνίσασθαι ἐθελῆσαι, κἀν τοῖς Καπιτωλίοις καὶ ἄμφω νικῆσαι. (3) οἱ μὲν γὰρ Ἠλεῖοι φθονήσαντες αὐτῷ, μή (τὸ λεγόμενον δὴ τοῦτο) ἀφ᾽ Ἡρακλέους ὄγδοος γένηται, οὐδὲ ἐκάλεσαν ἐς τὸ στάδιον παλαιστὴν οὐδένα, καίπερ ἐν τῷ λευκώματι καὶ τοῦτο τὸ ἄθλημα προγράψαντες· ἐν δὲ δὴ τῇ Ῥώμῃ καὶ ἐνίκησεν ἑκάτερον, ὃ μηδεὶς ἄλλος ἐπεποιήκει.

[11] ἵνα δὲ παρῶ τάς τε βαρβαρικὰς ᾠδὰς ἃς ὁ Σαρδανάπαλλος τῷ

[67] Si tratta probabilmente di voglie.

[68] Al matrimonio con Aquilia Severa alludono, nominandola genericamente come vergine vestale, anche Herod. 5, 6, 2 e HA Helag. 6, 5.

[69] L'*impietas* contro le tradizioni religiose romane è un tratto caratterizzante della figura di Elagabalo nell'*Historia Augusta*, secondo la quale l'imperatore non solo avrebbe violato l'area sacra del tempio di Vesta facendovi una scorribanda in compagnia dei suoi depravati *sodales*, ma avrebbe anche profanato il culto tentando di impossessarsi della statua del Palladio lì custodita (*Helag.* 6, 7, 8).

[70] Sulle terribili pene inflitte alle Vestali che infrangevano i voti cfr. Plut. *Numa* 10, 7-13.

[71] Annia Faustina, menzionata indirettamente in precedenza (*supra* 5, 4), che Elagabalo sposò dopo aver fatto uccidere suo marito Pomponio Basso.

[72] Si tratta probabilmente dell'*Iseum Campense*, il tempio dedicato alla divinità egizia Iside-Serapide (sul suo culto cfr. Macr. *Sat.* 1, 20) edificato nei pressi del Campo Marzio, tra i *Saepta Iulia* e il tempio di Minerva. Esso sarebbe stato costruito nel 43 a.C. (teste lo stesso Dione [cfr. 47, 15, 4], ma la datazione è controversa) e, dopo la limitazione del culto a opera di Agrippa (23 a.C.), venne abbattuto per decisione di Tiberio (19 d.C.); il culto fu reintrodotto sotto Caligola, che curò l'edificazione del nuovo tempio. Sempre Dione ricorda che l'edificio fu distrutto da un incendio

era mai avvenuta in un unico combattimento. (3) In seguito, dopo aver divorziato da Paola col pretesto che ella aveva delle macchie sul corpo,[67] sposò Aquilia Severa,[68] contravvenendo alla legge in modo plateale, dal momento che corruppe, al colmo del sacrilegio, colei che era sacerdotessa di Vesta. Ebbe anche l'ardire di affermare queste parole: «L'ho fatto perché da me, pontefice massimo, e da lei, Vestale, nascessero dei figli divini».[69] (4) Perciò egli si gloriava di azioni per le quali avrebbe invece dovuto essere flagellato nel Foro, gettato in carcere e lì mandato a morte.[70] Tuttavia non tenne con sé per molto tempo neppure costei, ma ne sposò un terza,[71] una quarta e addirittura una quinta, per poi tornare di nuovo da Severa.

[10] A Roma avvennero anche dei prodigi, fra i quali quello della statua di Iside, che sul frontone del suo tempio[72] è rappresentata seduta su un cane: essa, infatti, girò il volto verso l'interno del tempio. (2) Sardanapalo organizzava combattimenti e numerosi spettacoli, nei quali raggiunse la fama l'atleta Aurelio Elice,[73] che superò a tal punto gli avversari da voler combattere a Olimpia sia nella lotta sia nel pancrazio e da vincere in entrambe le discipline nei Ludi capitolini.[74] (3) Ma gli Elei, che erano invidiosi di lui, affinché egli – come si suole dire – non fosse l'ottavo dopo Ercole, non chiamarono nello stadio alcun lottatore sfidante, sebbene avessero iscritto questo tipo di certame nel catalogo dei giochi.[75] A Roma però egli vinse in ambedue le discipline, impresa mai realizzata da alcun altro.

[11] Tralascerò gli inni barbarici che Sardanapalo cantava in onore

nell'80 (66, 24, 2), per poi essere ricostruito da Domiziano (Eutr. 7, 23, 5): la struttura, rimaneggiata durante il periodo adrianeo e restaurata sotto Alessandro Severo, sopravvisse fino al V secolo.

[73] Un Tito Aurelio Elice è menzionato in un trattato *Sulla ginnastica* (*Gym.* 46) e in un dialogo intitolato *Eroico* (*Heroic.* 16, 23-17, 5), entrambi attribuiti al retore Flavio Filostrato (ma non è escluso che la seconda opera sia da attribuire a Filostrato di Lemno). Alla straordinaria fama di questo atleta deve essere ricondotto un mosaico rinvenuto in una taverna di Ostia che rappresenta due pugilatori con la legenda «*Alexander – Helix*», nella *Regio IV - Insula VII* (IV, VII, 4), su cui cfr. C.P. JONES, *The Pancratiasts Helix and Alexander on an Ostian Mosaic*, «JRA» 11 (1998), pp. 293-298.

[74] Originariamente giochi annuali in onore di Giove Capitolino, istituiti secondo alcuni sotto Romolo, secondo altri (Liv. 5, 50) a seguito della cacciata dei Galli nel 386 a.C. Erano celebrati sul Campidoglio e presieduti dai *magistri* di un collegio di abitanti delle due alture del sacro colle (*Collegium Capitolinum*): prevedevano essenzialmente gare di pugilato e di corsa e avevano luogo il 15 di ottobre.

[75] Aristea di Stratonicea o del Meandro è menzionato come settimo vincitore dopo Eracle in ambedue le discipline nella 198ª Olimpiade (13 d.C.). Sembra che ci fosse stato anche un ottavo vincitore dopo Eracle nella 204ª Olimpiade (37 d.C.), che però gli Elei non avrebbero voluto riconoscere.

Ἐλεγαβάλῳ ἦδε τῇ μητρὶ ἅμα καὶ τῇ τήθῃ, τάς τε ἀπορρήτους θυσίας
ἃς αὐτῷ ἔθυε, παῖδας σφαγιαζόμενος καὶ μαγγανεύμασι χρώμενος,
ἀλλὰ καὶ ἐς τὸν ναὸν αὐτοῦ λέοντα καὶ πίθηκον καὶ ὄφιν τινὰ
ζῶντα ἐγκατακλείσας, αἰδοῖά τε ἀνθρώπου ἐμβαλών, καὶ ἄλλ᾽ ἄττα
ἀνοσιουργῶν, περιάπτοις τέ τισι μυρίοις ἀεί ποτε χρώμενος, [12]
– ἵνα ταῦτα παραδράμω, καὶ γυναῖκα, τὸ γελοιότατον, Ἐλεγαβάλῳ
ἐμνήστευσε καθάπερ καὶ γάμου παίδων τε δεομένῳ. καὶ ἔδει γὰρ
μήτε πενιχρὰν μήτε δυσγενῆ τινὰ εἶναι αὐτήν, τὴν Οὐρανίαν τὴν
τῶν Καρχηδονίων ἐπελέξατο, καὶ ἐκεῖθέν τε αὐτὴν μετεπέμψατο
καὶ ἐς τὸ παλάτιον καθίδρυσεν, ἔδνα τε αὐτῇ παρὰ πάντων τῶν
ὑπηκόων, ὥσπερ καὶ ἐπὶ τῶν ἑαυτοῦ γυναικῶν, ἤθροισε. (2¹) τὰ
μὲν δὴ οὖν ἔδνα, ὅσα ἐδόθη ζῶντος αὐτοῦ, μετὰ ταῦτα εἰσεπράχθη·
τὴν δὲ δὴ προῖκα οὐκ ἔφη κομίσασθαι, πλὴν δύο λεόντων χρυσῶν,
οἳ καὶ συνεχωνεύθησαν. - Xiph. 348, 21-349, 31 R. St.

[13] ἀλλ᾽ οὗτος ὁ Σαρδανάπαλλος, ὁ καὶ τοὺς θεοὺς γάμου νόμῳ
συνοικίζειν ἀξιῶν, ἀσελγέστατα αὐτὸς διεβίω. ἔγημε μὲν γὰρ
πολλὰς γυναῖκας, καὶ ἔτι πλείοσιν ἄνευ τινὸς νομίμου προσρήσεως
συνείργνυτο, οὐ μέντοι ὡς καὶ αὐτός τι αὐτῶν δεόμενος, ἀλλὰ ἵνα
τῇ συγκοιμήσει τῇ μετὰ τῶν ἐραστῶν τὰ ἔργα αὐτῶν μιμῆται ‹καὶ›
κοινωνοὺς τῆς ὕβρεως, φύρδην ἀναφερόμενος αὐταῖς, λαμβάνῃ.
(2) πολλὰ μὲν γὰρ καὶ ἄτοπα, ἃ μήτε λέγων μήτε ἀκούων ‹ἂν›
τις καρτερήσειεν, καὶ ἔδρασε τῷ σώματι καὶ ἔπαθε· τὰ δὲ δὴ
περιφανέστατα, καὶ ἃ μηδ᾽ ἂν ἀποκρύψαιτό τις, τάδε ἐστίν. ἐς
καπηλεῖα ἐσῄει νύκτωρ περιθεταῖς κόμαις χρώμενος, καὶ τὰ τῶν
καπηλίδων εἰργάζετο. ἐς τὰ πορνεῖα τὰ περιβόητα ἐσεφοίτα, καὶ
τὰς ἑταίρας ἐξελαύνων ἐπορνεύετο. (3) καὶ τέλος ἐν τῷ παλατίῳ
οἴκημά τι ἀποδείξας ἐνταῦθα ἠσέλγαινε, γυμνός τ᾽ ἀεὶ ἐπὶ τῆς
θύρας αὐτοῦ ἑστὼς ὥσπερ αἱ πόρναι, καὶ τὸ σινδόνιον χρυσοῖς
κρίκοις ἐξηρτημένον διασείων, τούς τε παριόντας ἁβρᾷ τε καὶ

[76] Giulia Soemiade e Giulia Mesa.
[77] Cfr. Herod. 5, 5, 8 riferisce di sacrifici di tori e di pecore su altari cosparsi di
aromi e di vino pregiato mescolato a sangue.
[78] Cfr. HA Helag. 8, 1.2.
[79] S'intenda del dio Elagabalo.
[80] La cartaginese Tanit (o Tinnit), che coincide con la fenicia Astarte, dea della
fecondità naturale (κουρότροφος, «nutrice di fanciulli» e Nutrix Saturni, «Nutrice
di Saturno»): propriamente Astarte era identificata dai Greci con Afrodite Urania,
mentre i Romani, che chiamavano Astarte Dea Syra, identificavano Tanit con Giunone
Celeste, entrambe caratterizzate da attributi lunari. Secondo Erodiano (5, 6, 3-5)
l'imperatore inizialmente unì in matrimonio il dio-Sole con Minerva e fece trasferire
la statua del Palladio nell'Heliogabalium presso il Palatino (cfr. anche HA Helag. 6,
9), ma poi alla compagnia di una dea «troppo guerriera e amante delle armi» preferì

286

di Elagabalo insieme alla madre e alla nonna,[76] e gli arcani sacrifici[77] che gli offriva non solo immolando fanciulli e ricorrendo a riti magici,[78] ma anche chiudendo vivi un leone, una scimmia e un serpente nel suo[79] tempio, gettandovi anche dei genitali umani, commettendo diversi altri atti di empietà e servendosi sempre di innumerevoli amuleti. **[12]** Ma oltre a questi episodi – su cui è meglio soprassedere –, fece una cosa in tutto e per tutto ridicola: chiese la mano di una donna per Elagabalo come se il dio avesse bisogno di sposarsi e di avere figli. E poiché era necessario che non fosse una sposa povera e neppure di oscuri natali, scelse Urania,[80] dea di Cartagine, e dopo averla fatta venire da quel paese, la collocò nel *Palatium* e raccolse per lei doni nuziali da tutti i sudditi, proprio come aveva fatto anche per le sue mogli. **(2¹)** Tutti i doni che furono elargiti mentre egli era in vita vennero in seguito reclamati; quanto alla dote, invece, egli dichiarò di non averla ricevuta, tranne due leoni d'oro che vennero fusi.

[13] Ma questo Sardanapalo, che riteneva opportuno che anche gli dei si congiungessero in legittime nozze, visse egli stesso nella più grande dissolutezza. Sposò infatti molte donne,[81] e con molte di più ancora ebbe rapporti del tutto illegittimi, non perché avesse in qualche modo bisogno di loro, ma affinché durante la relazione con i suoi amasî potesse imitare le azioni di quelle e le assumesse come compagne delle sue oscenità abbandonandosi a un promiscuo trasporto insieme a loro. **(2)** Usò il proprio corpo per fare e per provare molte perversioni che nessuno potrebbe tollerare di riferire o di sentire. Ecco tuttavia le più note, quelle che non sarebbe possibile nascondere:[82] di notte entrava nelle bettole, il capo coperto con delle parrucche, ed esercitava il mestiere delle tavernaie. Frequentava i più conosciuti lupanari, dove si prostituiva una volta cacciate le meretrici. **(3)** Alla fine, dopo aver fatto preparare una stanza nel *Palatium*, lì dava sfogo alla sua libidine, stando sempre nudo presso la porta di quella camera come fanno le prostitute, scuotendo un drappo dal quale pendevano

---

quella di Urania. Questa decisione meglio spiega quell'idea di ἱερὸς γάμος, di «nozze mistiche» tra l'istanza solare e quella lunare che, essendo aliena alla tradizione religiosa romana, motiva lo sprezzante giudizio di Dione (γελοιότατον, «un fatto che merita solo derisione»).

[81] Cfr. *supra* 9, 1-4.

[82] Le notizie delle sconce perversioni di Elagabalo trovano ampio spazio nell'*Historia Augusta*, la cui tradizione contribuì non poco a generare una letteratura di massa molto nota alla modernità. Si veda, in particolare, la lunghissima galleria di aneddoti riportata in *Helag.* 18, 4-32 (*de huius vita multa in litteris missa sunt obscaena*).

κεκλασμένῃ τῇ φωνῇ προσεταιριζόμενος. ἦσαν γὰρ οἷς ἐξεπίτηδες τοῦτο ποιεῖν προσετέτακτο. (4) ὥσπερ γὰρ καὶ ἐς τἆλλα, καὶ ἐς ἐκεῖνο διερευνητὰς συχνοὺς εἶχε, δι᾽ ὧν ἐπολυπραγμόνει τοὺς μάλιστα αὐτὸν ἀρέσαι τῇ ἀκαθαρσίᾳ δυναμένους. χρήματά τε παρ᾽ αὐτῶν συνέλεγε, καὶ ἐγαυροῦτο ταῖς ἐμπολαῖς· πρός τε τοὺς συνασχημονοῦντάς οἱ διεφέρετο, πλείους τε ἐραστὰς αὐτῶν ἔχειν καὶ πλεῖον ἀργυρίζεσθαι λέγων. [14] καὶ ταῦτα μὲν πρὸς πάντας ὁμοίως τοὺς χρωμένους αὐτῷ ἔδρα, ἤδη δὲ καὶ ἐξαίρετόν τινα ἄνδρα ἔσχεν, ὃν Καίσαρα διὰ τοῦτ᾽ ἀποδεῖξαι ἠθέλησεν.

(2) ἤλαυνε μὲν γὰρ ἅρμα τῇ πρασίῳ στολῇ χρώμενος, ἰδίᾳ τε καὶ οἴκοι, εἴγε οἶκον ἔνι φάναι τοῦτ᾽ εἶναι ἔνθα ἠγωνοθέτουν οἵ τε ἄλλοι οἱ περὶ αὐτὸν πρῶτοι, καὶ ἱππῆς ‹καὶ› Καισάρειοι, καὶ οἱ ἔπαρχοι αὐτοὶ ἥ τε τήθη καὶ ἡ μήτηρ καὶ αἱ γυναῖκες καὶ προσέτι καὶ τῶν ἐκ τῆς βουλῆς ἄλλοι τε καὶ ὁ Λέων ὁ πολίαρχος, καὶ ἐθεῶντο αὐτὸν καὶ ἁρματηλατοῦντα καὶ χρυσοῦς ὥσπερ τινὰ τῶν τυχόντων αἰτοῦντα, τούς τε ἀγωνοθέτας καὶ τοὺς στασιώτας προσκυνοῦντα. - Xiph. 349, 31-350, 26 R. St., *Exc. Val.* 411 (p. 762) usque add ἁρματηλατοῦντα (v. 12).

(3) ὅτι ἐν τῷ δικάζειν τινὰ ἀνήρ πως εἶναι ἐδόκει, ἐν δὲ δὴ τοῖς ἄλλοις τῷ ἔργῳ καὶ τῷ σχήματι τῆς φωνῆς ὡραΐζετο. τά τε γὰρ ἄλλα καὶ ὠρχεῖτο, οὔτι γε ἐν ὀρχήστρᾳ μόνον, ἀλλὰ καὶ ἐμβαδίζων τρόπον τινὰ καὶ θύων ἀσπαζόμενός τε καὶ δημηγορῶν. (4) καὶ τέλος, ἵν᾽ ἤδη ἐπὶ τὸν ἐξ ἀρχῆς λόγον ἐπανέλθω, καὶ ἐγήματο, γυνή τε καὶ δέσποινα βασιλίς τε ὠνομάζετο, καὶ ἠριούργει, κεκρύφαλόν τε ἔστιν ὅτε ἐφόρει, καὶ τοὺς ὀφθαλμοὺς ἐνηλείφετο, ψιμυθίῳ τε καὶ ἐγχούσῃ ἐχρίετο. ἅπαξ μὲν γάρ ποτε ἀπεκείρατο τὸ γένειον, καὶ ἐπ᾽ αὐτῷ ἑορτὴν ἤγαγε· μετὰ δὲ τοῦτ᾽ ἐψιλίζετο, ὥστε καὶ ἐκ τούτου γυναικίζειν. καὶ πολλάκις καὶ κατακείμενος τοὺς βουλευτὰς ἠσπάζετο. [15] ὁ δὲ δὴ ἀνὴρ αὐτῆς Ἱεροκλῆς ἦν, Καρικὸν ἀνδράποδον, Γορδίου ποτὲ παιδικὰ γενόμενον, παρ᾽ οὗ

---

[83] Allusione a Ierocle (*infra* 15, 1-4).

[84] Il verde era il colore di una delle quattro squadre del Circo, probabilmente proprio quello della *factio* sostenuta dall'imperatore (cfr. *supra* 73, 4, 1).

[85] Da identificare forse con Domizio Leone Procilliano, governatore della *Syria Phoenice* nel 207 e, con ogni probabilità, *consul suffectus* in data imprecisata.

[86] Cfr. Herod. 5, 6, 10.

[87] Cfr. Herod. 5, 8, 1.

[88] Il particolare della reticella indossata sul capo è riportato anche da *HA Helag.* 11, 7, ma riferito ad alcuni degli *amici improbi* del principe.

[89] Rispettivamente un belletto bianco e uno rosso (cfr. Sen. *Oec.* 10, 2; Aristoph., *Lys.* 48). Sull'abitudine di Elagabalo di imbellettarsi il volto cfr. anche Herod. 5, 6, 3; 8, 1.

288

anelli d'oro e invitando al meretricio con voce melliflua e suadente 219-20 d.C. (?) coloro che passavano di là. C'erano, in effetti, avventori che erano stati opportunamente istruiti a prestarsi a quel gioco. (4) Come anche in altri affari, infatti, anche in questo egli disponeva di molti agenti emissari, dei quali si serviva per scoprire chi fossero coloro che potevano maggiormente compiacerlo con le loro turpitudini; da costoro esigeva anche del denaro e andava fiero di simili guadagni. Inoltre, gareggiava con i suoi compagni di oscenità, dicendo di avere più amanti di loro e di aver ricavato maggiori introiti. [14] Così egli si comportava indistintamente con tutti coloro che avevano delle relazioni con lui, sebbene avesse una sorta di marito prescelto,[83] che per questo motivo volle designare Cesare.

(2) Conduceva i cocchi indossando la veste verde[84] in privato e in 220 d.C. (?) casa, sempre che sia concesso definire casa quel luogo, dove i direttori di gara erano i notabili che lo circondavano, cavalieri, liberti, gli stessi prefetti [del pretorio], la nonna, la madre, le mogli e, inoltre, alcuni uomini del senato e il *preafectus urbi* Leone:[85] costoro lo guardavano mentre conduceva i cocchi,[86] mentre reclamava monete d'oro come un qualsiasi postulante e mentre salutava i giudici di gara e i compagni di squadra.

(3) Se nel presiedere i processi dava in qualche modo l'impressione di essere un uomo, nel resto ostentava effeminatezza nell'atteggiamento e nella modulazione della voce. Tra le altre bizzarrie ancheggiava come un danzatore,[87] non solo sul palcoscenico, ma anche, in un certo modo, mentre camminava, mentre celebrava sacrifici e mentre teneva discorsi in pubblico. (4) Infine, per tornare alla narrazione iniziale, si concesse anche come sposa e fu chiamato con i termini di «moglie», «signora» e «regina»; filava la lana, a volte portava una reticella sul capo,[88] si ungeva gli occhi e si spalmava la biacca e l'ancusa.[89] Si rasò la barba una sola volta e per questa solennità istituì una festa, ma in seguito se la fece depilare in modo tale che anche così avesse l'aspetto di una donna. Inoltre, spesso ricevette il saluto dei senatori stando coricato. [15] Suo «marito» era Ierocle,[90] uno schiavo della Caria, un tempo amante di Gordio,[91] dal quale aveva anche imparato

---

[90] Questo schiavo (sulla cui fine, nel marzo del 222, cfr. *infra* 21, 1) è menzionato anche in *HA Helag.* 6, 5: per lui Elagabalo nutriva una passione insana.

[91] Gordio, insieme a un certo Protogene, era un auriga e compagno di Elagabalo nelle gare ippiche. Ambedue questi personaggi divennero intimi del principe (*HA Helag.* 6, 3). Gordio fu anche nominato prefetto dei vigili (*ibid.* 12, 1).

καὶ ἁρματηλατεῖν ἔμαθεν. κἀκ τούτου καὶ παραδοξότατα αὐτῷ ἠρέσθη. ἐν γάρ τοι ἱπποδρομίᾳ τινὶ ἐκπεσὼν τοῦ ἅρματος κατ᾽ αὐτὴν τὴν τοῦ Σαρδαναπάλλου ἕδραν τό τε κράνος ἐν τῇ πτώσει ἀπέρριψε, καὶ ἐκφανεὶς αὐτῷ (2) (λειογένειος δ᾽ ἔτι ἦν καὶ κόμη ξανθῇ ἐκεκόσμητο) ἀνηρπάσθη τε εὐθὺς ἐς τὸ παλάτιον, κἀν τοῖς νυκτερινοῖς ἔργοις ἔτι καὶ μᾶλλον ἑλὼν αὐτὸν ὑπερηυξήθη, ὥστε καὶ ὑπὲρ αὐτὸν ἐκεῖνον ἰσχῦσαι, καὶ βραχύ τι νομισθῆναι τὸ τὴν μητέρα αὐτοῦ ἔτι δούλην οὖσαν ἔς τε τὴν Ῥώμην ὑπὸ στρατιωτῶν ἀχθῆναι κἀν ταῖς τῶν ὑπατευκότων γυναιξὶ συναριθμηθῆναι. (3) πολλάκις μὲν γὰρ καὶ ἄλλοι τινὲς ἐτιμήθησαν ὑπ᾽ αὐτοῦ καὶ ἠδυνήθησαν, οἱ μὲν ὅτι συνεπανέστησαν, οἱ δὲ ὅτι ἐμοίχευον αὐτόν· καὶ γὰρ μοιχεύεσθαι δοκεῖν, ἵνα κἀν τούτῳ τὰς ἀσελγεστάτας γυναῖκας μιμῆται, ἤθελε, καὶ πολλάκις ἑκὼν καὶ ἐπ᾽ αὐτοφώρῳ ἡλίσκετο, καὶ διὰ τοῦτο καὶ ἐλοιδορεῖτο ἀσελγῶς πρὸς τοῦ ἀνδρός, καὶ ὥστε καὶ ὑπώπια σχεῖν πληγὰς ἐλάμβανεν. (4) ἐκεῖνον δ᾽ οὖν οὕτως οὐ κούφῃ τινὶ φορᾷ ἀλλὰ πόνῳ καὶ δευσοποιῷ ἔρωτι ἠγάπα, ὥστε μὴ ὅτι ἐπὶ τοιούτῳ τινὶ ἀγανακτῆσαι, ἀλλὰ καὶ τοὐναντίον ἐπ᾽ αὐτοῖς ἐκείνοις μᾶλλον αὐτὸν φιλῆσαι, καὶ Καίσαρα ὄντως ἀποφῆναι ἐθελῆσαι, καὶ τῇ τε τήθῃ διὰ τοῦτο ἐμποδὼν γενομένῃ ἀπειλῆσαι, καὶ τοῖς στρατιώταις οὐχ ἥκιστα δι᾽ αὐτὸν προσκροῦσαι. [16] καὶ ὁ μὲν ἔμελλέ που καὶ διὰ ταῦτα ἀπολεῖσθαι. - Xiph. 350, 26-351, 22 R. St., *Exc. Val.* 412 (p. 765 sq.) usque ad ἀπολεῖσθαι, c. 16, 1.

Αὐρήλιος δὲ δὴ Ζωτικός, ἀνὴρ Σμυρναῖος, ὃν καὶ Μάγειρον ἀπὸ τῆς τοῦ πατρὸς τέχνης ἀπεκάλουν, καὶ ἐφιλήθη πάνυ ὑπ᾽ αὐτοῦ καὶ ἐμισήθη, καὶ διὰ τοῦτο καὶ ἐσώθη. (2) οὗτος γὰρ δὴ καλὸν μὲν καὶ τὸ πᾶν σῶμα ὥστε καὶ ἐν ἀθλήσει ἔχων, πολὺ δὲ δὴ πάντας τῷ τῶν αἰδοίων μεγέθει ὑπεραίρων, ἐμηνύθη τε αὐτῷ ὑπὸ τῶν ταῦτα ἐξεταζόντων, καὶ ἐξαίφνης ἐκ τῶν ἀγώνων ἀναρπασθεὶς ἀνήχθη τε ἐς τὴν Ῥώμην ὑπὸ πομπῆς ἀπλέτου καὶ ὅσην οὔτε Αὔγαρος ἐπὶ τοῦ

---

[92] S'intenda la ribellione contro Macrino (cfr. *supra* 78, 31 ss.).

[93] Tale aneddotica trova largamente spazio nella tradizione propalata dall'*Historia Augusta*, che riferisce ulteriori dettagli circa la *lascivia* di Elagabalo, l'incoraggiamento al meretricio e l'ambiente «sibaritico» della sua corte di parassiti, lenoni, mezzani e invertiti (*Helag.* 26, 3-5; 31, 7; 32, 5-6; 32, 9; 33, 1).

[94] Viene qui ribadita la notizia della volontà di Elagabalo di nominare Cesare l'amante-marito Ierocle (*supra* 14, 1).

[95] Giulia Mesa.

[96] Sulla straordinaria influenza esercitata da Zotico su Elagabalo cfr. *HA Helag.* 10, 2-5, dove si trova conferma del soprannome di «Cuoco» (*Magiros*, dal gr. μαγειρεύω, «cucinare»).

a condurre i cocchi: fu proprio per questo che egli gli piacque oltre ogni aspettativa. Quando infatti durante un concorso ippico Ierocle fu sbalzato dal carro nelle immediate vicinanze del seggio di Sardanapalo e nella caduta perse l'elmo, essendo stato da lui riconosciuto (2) (era ancora imberbe e aveva un bionda chioma), subito fu praticamente rapito e condotto nel *Palatium*; il principe, ancor più sedotto dagli amplessi notturni, lo innalzò a tal punto che questi acquisì un potere anche superiore a quello di lui medesimo e passò quasi inosservato il fatto che la madre di costui, pur essendo ancora una schiava, fosse stata condotta a Roma dai soldati e fosse stata annoverata tra le mogli dei consolari. (3) Ci furono anche altri uomini che spesso ricevettero da lui onori e diventarono potenti, in parte perché si erano uniti con lui alla ribellione,[92] in parte perché avevano commesso adulterio con lui; egli, infatti, voleva godere della fama di adultero, in modo tale da poter imitare anche in questo le donne più scostumate, e si lasciò spesso sorprendere nell'atto flagrante:[93] per questo motivo veniva colpito senza ritegno dalle ingiurie del «marito» e percosso fino al punto da avere gli occhi pesti. (4) Egli poi amava Ierocle con un trasporto non indifferente, anzi, con una passione intensa e profonda, a tal punto che non solo non si ribellava a quelle percosse, ma al contrario lo amava ancor di più proprio per questo, e volle in realtà designarlo Cesare;[94] per questo motivo giunse a minacciare la nonna[95] quando questa gli si era opposta e, sempre a causa di lui, suscitò non poco il malumore dei soldati. **[16]** In qualche modo furono anche queste le ragioni che lo avrebbero tratto a rovina.

Aurelio Zotico, un uomo di Smirne noto col nome di «Cuoco»[96] per l'arte ereditata dal padre, fu da lui straordinariamente amato ma anche detestato, motivo, quest'ultimo, per cui riuscì a salvarsi. (2) Costui, infatti, non solo esibiva quella bellezza esteriore tipica degli atleti, ma superava anche tutti per le dimensioni del membro virile: ciò fu riferito al principe da parte dei suoi famosi emissari[97] ed egli, sottratto all'istante alle competizioni agonistiche, fu condotto a Roma con un imponente corteo, quale nemmeno ebbero Abgar[98] ai tempi di

---

[97] Propriamente «coloro che compiono delle ricerche», gli ἐξετάζοντες di Elagabalo sono molto probabilmente quegli emissari (διερευνηταί) di cui l'autore riferisce a 13, 4. Costoro sono definiti in *HA Helag.* 5, 2 *emissarios ... qui ei bene versatos perquirerent* («emissari con la funzione di procurargli uomini superdotati»). Sulla ricerca di uomini prestanti e promossi per le loro doti virili, cfr. anche *Helag.* 8, 6-7 e 12, 2 (dove peraltro si allude indirettamente al *cocus* Zotico).

[98] Re degli Osroeni (cfr. *supra* 77, 12, 1a-1²).

Σεουήρου οὔτε Τιριδάτης ἐπὶ τοῦ Νέρωνος ἔσχε, (3) πρόκοιτός τε καὶ πρὶν ὀφθῆναί οἱ ἀποδειχθείς, καὶ τῷ τοῦ Ἀουίτου τοῦ πάππου αὐτοῦ ὀνόματι τιμηθείς, καὶ στεφανώμασιν ὥσπερ ἐν πανηγύρει ἠσκημένος, ἐς τὸ παλάτιον λυχνοκαΐα πολλῇ λαμπόμενος ἐσῆλθε. καὶ ὃς ἰδὼν αὐτὸν ἀνέθορέ τε ἐρρυθμισμένως, (4) καὶ προσειπόντα, οἷα εἰκὸς ἦν, «κύριε αὐτοκράτορ χαῖρε», θαυμαστῶς τόν τε αὐχένα γυναικίσας καὶ τοὺς ὀφθαλμοὺς ἐπεγκλάσας ἠμείψατο, καὶ ἔφη οὐδὲν διστάσας «μή με λέγε κύριον· ἐγὼ γὰρ κυρία εἰμί». (5) καὶ ὁ μὲν συλλουσάμενός τε αὐτῷ παραχρῆμα, καὶ ἐπὶ πλεῖον ἐκ τῆς γυμνώσεως, ἅτε καὶ ἰσόρροπον τῇ φήμῃ εὑρὼν αὐτὸν ὄντα, πασχητιάσας ἔν τε τοῖς στέρνοις αὐτοῦ κατεκλίθη, κἀν τοῖς κόλποις ὥσπερ τις ἐρωμένη δεῖπνον εἵλετο· (6) ὁ δὲ Ἱεροκλῆς φοβηθεὶς μὴ καὶ μᾶλλον αὐτὸν ἑαυτοῦ δουλώσηται, καί τι δι᾽ αὐτοῦ δεινόν, οἷα ἐν ἀντερασταῖς εἴωθε γίγνεσθαι, πάθῃ, φαρμάκῳ τινὶ αὐτὸν διὰ τῶν οἰνοχόων, προσφιλῶν που ἑαυτῷ ὄντων, ἐξεθήλυνε. καὶ οὕτως ἐκεῖνος ἀστυσίᾳ παρὰ πᾶσαν τὴν νύκτα συσχεθεὶς ἀφηρέθη τε πάντων ὧν ἐτετυχήκει, καὶ ἐξηλάθη ἔκ τε τοῦ παλατίου καὶ ἐκ τῆς Ῥώμης καὶ μετὰ ταῦτα καὶ ἐκ τῆς λοιπῆς Ἰταλίας· ὃ καὶ ἔσωσεν αὐτόν. - Xiph. 351, 22-352, 14 R. St., *Exc. Val.* 413 (p. 766).

(7) ἐς τοσαύτην δὲ συνηλάθη ἀσέλγειαν ὡς καὶ τοὺς ἰατροὺς ἀξιοῦν αἰδῶ γυναικείαν δι᾽ ἀνατομῆς αὐτῷ μηχανήσασθαι, μεγάλους ὑπὲρ τούτου μισθοὺς αὐτοῖς προϊσχόμενος. Zon. 12, 14, p. 569, 19-570, 2 B. (p. 118, 30-119, 3 D.).

[17] ἔμελλε δέ που καὶ αὐτὸς ὁ Σαρδανάπαλλος ἀξιώτατον τῆς μιαρίας τῆς ἑαυτοῦ μισθὸν οὐ πολλῷ ὕστερον κομιεῖσθαι. ἅτε γὰρ ταῦτα ποιῶν καὶ ταῦτα πάσχων ἐμισήθη ὑπό τε τοῦ δήμου καὶ ὑπὸ τῶν στρατιωτῶν, οἷς μάλιστα προσέκειτο, καὶ τελευταῖον καὶ ἐν αὐτῷ τῷ στρατοπέδῳ ὑπ᾽ αὐτῶν ἐσφάγη. - Xiph. 352, 14-18 R. St.

ὅτι ὁ Ψευδαντωνῖνος ὑπὸ στρατιωτῶν κατεφρονήθη καὶ ἀνηρέθη· ὅταν γὰρ ἐθισθῶσί τινες καὶ ταῦτα ὡπλισμένοι καταφρονεῖν τῶν

---

[99] Re dell'Armenia, che nel 66 ricevette il diadema da Nerone in una celebre cerimonia tenutasi a Roma, descritta dallo stesso Dione (cfr. 63, 1, 2 ss.).

[100] Sul ruolo di questi servi particolari degli imperatori cfr. *supra* 76, 14, 2 e nota.

[101] In latino, *Salve, Domine Imperator.*

[102] Cfr. *HA Helag.* 10, 2, secondo cui Zotico in un certo senso era considerato il «marito del padrone» (*haberetur quasi domini maritus*); più avanti (*ibid.* 10, 5) si precisa che con costui Elagabalo avrebbe celebrato anche una cerimonia nuziale, consumando inoltre l'unione (*nubsit et coit cum illo*).

[103] Questa notizia, presente solo in Dione, segna il parossismo della tradizione sull'ambiguità sessuale di Elagabalo. Cfr. Leo. p. 287, 18-19 Cram., Cedr. 1 p. 449,

Severo o Tiridate[99] ai tempi di Nerone. (3) Costui, designato cubiculario[100] ancor prima che il principe avesse potuto vederlo, insignito
del nome di suo nonno Avito e ornato di corone come accade in una
festa solenne, fece ingresso nel *Palatium* nel chiarore di un corteo
di fiaccole. Quando il principe lo vide, scattò in piedi con studiata
movenza (4) e dopo che quello lo salutò con la consueta formula:
«Salute a te, signore imperatore!»,[101] piegando sorprendentemente il
capo con languida effeminatezza e volgendo gli occhi verso di lui,
rispose senza alcuna esitazione: «Non mi chiamare "signore". Io sono
una signora!». (5) Non appena si fu lavato insieme a Zotico, scoprendo
che questi, quando fu interamente nudo, era all'altezza della fama di
cui godeva, eccitato dalla foia si adagiò sul suo petto e cenò in seno
a lui come una concubina.[102] (6) Ma Ierocle nel timore che Zotico
tenesse il principe asservito alla propria volontà più di quanto non lo
fosse alla sua e che, come generalmente accade tra rivali in amore, a
causa di lui potesse cadere in disgrazia, servendosi della complicità di
alcuni coppieri, gli propinò una pozione che fiaccò il suo vigore. Così
Zotico, inibito nella sua virilità per tutta la notte, fu privato di tutti
gli onori che aveva conseguito e fu cacciato dal *Palatium*, da Roma
e in seguito da tutta l'Italia. Ciò, appunto, assicurò la sua salvezza.

(7) Giunse poi a un tal grado di depravazione da chiedere ai medici
di dotarlo di genitali femminili per mezzo di un'incisione, promettendo
loro grandi guadagni per questo servizio.[103]

[17] Poco tempo dopo Sardanapalo stesso non tardò molto a
ricevere una più che degna ricompensa della sua perversione: infatti,
commettendo e subendo tali atti di libidine cadde in odio tanto al
popolo quanto ai soldati, ai quali era molto legato e dai quali, alla
fine, fu ucciso nel castro pretorio medesimo.

Il falso Antonino cadde in odio ai soldati e fu tolto di mezzo.
Quando infatti certi uomini, soprattutto se armati, hanno fatto del

---

22-450, 1 B., cod. Paris. 1712 f. 80ᵛ: Ἄβιτος, ὥς φησι Δίων, τὸν ἰατρὸν ἠντιβόλει
διφυῆ αὐτὸν διὰ τομῆς ἐμπροσθίου τῇ τέχνῃ ποιεῖσθαι («Stando a quanto narra
Dione, Avito supplicò il suo medico di ricorrere alla sua arte per farlo diventare
bisessuale tramite un intervento chirurgico nella parte anteriore»); Zon. 12, 14, p. 569,
19-570, 2B (p.118, 30-119, 3 D.: ἐς τοσαύτην δὲ συνηλάθη ἀσέλγειαν (ὁ Ἄβιτος)
ὡς καὶ τοὺς ἰατροὺς ἀξιοῦν αἰδῶ γυναικείαν δι᾽ ἀνατομῆς αὐτῷ μηχανήσασθαι,
μεγάλους ὑπὲρ τούτου μισθοὺς αὐτοῖς προϊσχόμενος («Avito si spinse a un tale
livello di depravazione da chiedere ai medici di dotarlo di un apparato genitale
femminile per mezzo di un intervento chirurgico, promettendo loro grandi compensi
per questo servigio»).

κρατούντων, οὐδένα ὅρον τῆς ἐξουσίας ἐπὶ τὸ πράττειν ἃ βούλονται ποιοῦνται, ἀλλὰ καὶ κατ᾽ αὐτοῦ τοῦ δόντος ταύτην ὁπλίζονται. - Petr. Patr. *Exc. Vat.* 152 (p. 232 Mai. = p. 217, 8-13 Dind.).

(2) ἔσχε δὲ οὕτως. τὸν Βασσιανὸν τὸν ἀνεψιὸν αὐτοῦ ἐς τὸ συνέδριον ἐσαγαγών, καὶ τὴν Μαῖσαν καὶ τὴν Σοαιμίδα ἑκατέρωθεν παραστησάμενος, παῖδα ἔθετο, ἑαυτὸν δὲ ὡς καὶ πατέρα ἐξαίφνης τηλικούτου παιδίου, ὃς καὶ πολὺ τῇ ἡλικίᾳ αὐτοῦ προέχοντα, ἐμακάρισε, καὶ μηδὲν ἄλλου τέκνου δεῖσθαι ἔφησεν, ἵν᾽ ἡ οἰκία αὐτοῦ ἄνευ ἀθυμιῶν διαγένηται· (3) καὶ γὰρ τὸν Ἐλεγάβαλον τοῦτό τέ οἱ ποιῆσαι καὶ Ἀλέξανδρον αὐτὸν προσονομάσαι κεκελευκέναι. καὶ ἔγωγε πείθομαι ἐκ θείας τινὸς παρασκευῆς ὡς ἀληθῶς αὐτὰ γεγονέναι, τεκμαιρόμενος οὐχ οἷς ἐκεῖνος εἶπεν, ἀλλ᾽ ἔκ τε τοῦ λεχθέντος αὐτῷ ὑπό τινος, ὅτι ἄρα τις Ἀλέξανδρος ἐξ Ἐμέσης ἐλθὼν αὐτὸν διαδέξεται, καὶ ἐκ τοῦ συμβεβηκότος ἔν τε τῇ Μυσίᾳ τῇ ἄνω καὶ τῇ Θρᾴκῃ. **[18]** ὀλίγον γὰρ τούτων πρότερον δαίμων τις Ἀλέξανδρός τε ὁ Μακεδὼν ἐκεῖνος εἶναι λέγων καὶ τὸ εἶδος αὐτοῦ τήν τε σκευὴν ἄπασαν φέρων, ὡρμήθη τε ἐκ τῶν περὶ τὸν Ἴστρον

---

[104] Secondo *HA Helag.* 33, 2-7 a Elagabalo era stato addirittura predetto dai sacerdoti siriaci che sarebbe morto di morte violenta, tanto che egli si sarebbe preparato indulgendo a una sorta di bizzarra «estetica della morte»: avrebbe fatto predisporre preziose funi in caso d'impiccagione, spade d'oro in caso di aggressione, veleno celato dentro pietre preziose e una torre con alla base un impiantito tempestato di gemme in caso di suicidio.

[105] Chiamato da Erodiano anche Alessiano, Gessio Giulio Bassiano Alessiano passerà alla storia col nome di Alessandro Severo e il suo regno si estenderà dal 222 al 235 (titolo completo: *Imperator Caesar Marcus Aurelius Severus Alexander Augustus*: cfr. *infra* 80, 1¹ e nota). Nato il 1° ottobre, si pensa, del 208, ad Arca Cesarea (Herod. 5, 7,4 ; Aur. Vict. *Caes.* 24, 1; *HA Alex. Sev.* 1, 2), era figlio di Giulia Mamea e di un non meglio precisato padre (*supra* 78, 30, 3). La paternità di Gessio Marciano non è infatti sicura: il matrimonio tra Mamea e Marciano non poté avvenire prima del 212 (dato che Caracalla, salito al trono nel 212, aveva consentito alla donna di mantenere il rango consolare ereditato dal precedente marito, su cui cfr. anche *Dig.* 1, 9, 12) e quindi, se la nascita di Alessandro è collocabile nel 208 – o al massimo nel 209 –, egli non poteva essere che figlio di Gessio Marciano. D'altro canto Dione, ignorando che Mamea fosse già stata sposata, attribuisce la paternità dell'imperatore a Marciano. Dopo essere diventato sacerdote del dio-Sole a Emesa (Herod. 5, 3, 2-12) fu adottato nel giugno del 221 e nominato *princeps iuventutis* e poi console nel 222.

[106] La presenza della madre e della nonna in senato è confermata dall'*Historia Augusta*, seppure in altre circostanze: Soemiade fu ammessa alla prima seduta senatoriale di Elagabalo (*Helag.* 4, 1), mentre Mesa vi venne introdotta in più circostanze, poiché il suo prestigio dava al giovane imperatore quella credibilità che non poteva avere (*ibid.* 13, 3). Per quanto la presenza delle donne in senato non fosse prevista, il fatto non è inedito: Tacito ci informa che ad Agrippina, madre di Nerone, era stato concesso di partecipare a una seduta del senato, sebbene celata dietro una tenda (*Ann.* 13, 5). L'*Historia Augusta*, inoltre, a conferma della notevole influenza esercitata da

disprezzo per i governanti un'abitudine, non pongono più limiti al
loro potere di arbitrio, impugnando le armi persino contro chi ha
dato loro tale potere.[104]

(2) La cosa avvenne in questo modo. Dopo che ebbe introdotto in
senato il cugino Bassiano[105] e dopo aver posto alla sua destra e alla
sua sinistra Mesa e Soemiade,[106] lo adottò come figlio[107] e si reputò
felice per essere diventato improvvisamente padre di un siffatto figlio-
lo, sebbene egli fosse poco più anziano di lui;[108] inoltre, aggiunse di
non aver bisogno di un altro figlio affinché la sua casa fosse libera
da preoccupazioni, (3) affermando anche che era stato Elagabalo[109] a
ordinargli di fare ciò e di imporre al fanciullo il nome di Alessandro.[110]

Da parte mia sono convinto che tutto questo sia in realtà avvenuto in
seguito all'intervento di un dio: lo deduco non da quanto egli aveva
dichiarato, ma da ciò che un tale gli aveva predetto quando disse che
un Alessandro proveniente da Emesa sarebbe stato il suo successore
e, inoltre, da ciò che accadde in Mesia Superiore e in Tracia. [18]
Poco tempo prima, infatti, un *daimon*[111] apparso da non so dove, che
diceva di essere Alessandro il Macedone[112] e che gli assomigliava

Soemiade, aggiunge che Elagabalo aveva stabilito sul Quirinale un piccolo senato di
donne (*senaculum, id est mulierum senatum*), da dove la madre emanava dei decreti
relativi al galateo e al bon ton (*Helag.* 4, 3-4).

[107] A quest'epoca Alessandro Severo doveva avere solo dieci anni, come conferma
anche Erodiano (5, 3, 3), salvo poi contraddirsi quando afferma che all'epoca dell'a-
dozione da parte del cugino Elagabalo, avvenuta intorno al 26 giugno del 221, aveva
undici anni (5, 7, 4: τοῦ δωδεκάτου ἐπιβαίνοντα, «entrava nel dodicesimo anno»).
L'adozione, sempre secondo Erodiano, sarebbe stata un'idea di Giulia Mesa (5, 7, 1),
la quale cercò di convincere il nipote a concentrarsi sulle sue prerogative religiose e a
delegare le prosaiche questioni di governo al cugino Alessandro (5, 7, 2) adottandolo
come figlio e scegliendolo come Cesare. La notizia dell'adozione è riferita in breve
anche da *HA Helag.* 13, 1.

[108] Elagabalo era nato nel 204, Alessandro nel 208.

[109] Il dio Elagabalo, di cui l'imperatore era sacerdote.

[110] Secondo Herod. 5, 7, 3 il nome fu scelto in ossequio ad Alessandro il Macedone,
tanto onorato da Caracalla, cui la propaganda del clan emesano attribuiva la discendenza
dei due cugini: le due figlie di Mesa, infatti, si andavano vantando di aver commesso
adulterio con Caracalla per accrescere le simpatie dei soldati nei riguardi dei due giovanetti e per segnare la continuità dinastica. Cfr. A. RÖSGER, *Severus Alexander und
Alexander der Grosse zu Herodian V, 7 und Dio 79(80),17-18*, in *Zu Alexandr d.Gr.:
Festschrift G. Wirth zum 60. Geburstag am 9.12.86*, Amsterdam (1988), pp. 885-906.

[111] Col termine greco δαίμων s'intende una divinità intermedia tra gli dei e gli
uomini; quindi una sorta di «spirito», «nume» o «genio».

[112] L'*omen* riportato dal resoconto dioneo ha la chiara funzione di prefigurare nella
figura del Macedone – alla cui memoria, come si è detto, erano devoti gli epigoni di
Caracalla – l'avvento di un «novello Alessandro» proprio nella persona del giovane
Gessio Giulio Bassiano Alessiano.

χωρίων, οὐκ οἶδ᾽ ὅπως ἐκείνῃ ἐκφανείς, καὶ διά τε τῆς Ἀσίας καὶ τῆς Θρᾴκης διεξῆλθε βακχεύων μετ᾽ ἀνδρῶν τετρακοσίων, θύρσους, τε καὶ νεβρίδας ἐνεσκευασμένων, κακὸν οὐδὲν δρώντων. (2) ὡμολόγητο δὲ παρὰ πάντων τῶν ἐν τῇ Θρᾴκῃ τότε γενομένων ὅτι καὶ καταγωγαὶ καὶ τὰ ἐπιτήδεια αὐτῷ πάντα δημοσίᾳ παρεσκευάσθη· καὶ οὐδεὶς ἐτόλμησεν οὔτ᾽ ἀντειπεῖν οἱ οὔτ᾽ ἀντᾶραι, οὐκ ἄρχων, οὐ στρατιώτης, οὐκ ἐπίτροπος, οὐχ οἱ τῶν ἐθνῶν ἡγούμενοι, ἀλλ᾽ ὥσπερ ἐν πομπῇ τινι μεθ᾽ ἡμέραν ἐκ προρρήσεως ἐκομίσθη μέχρι τοῦ Βυζαντίου. (3) ἐντεῦθεν γὰρ ἐξαναχθεὶς προσέσχε μὲν τῇ Χαλκηδονίᾳ γῇ, ἐκεῖ δὲ δὴ νυκτὸς ἱερά τινα ποιήσας καὶ ἵππον ξύλινον καταχώσας ἀφανὴς ἐγένετο. ταῦτα μὲν ἐν τῇ Ἀσίᾳ ἔτι, ὡς εἶπον, ὤν, πρὶν καὶ ὁτιοῦν περὶ τὸν Βασσιανὸν ἐν τῇ Ῥώμῃ γενέσθαι, ἔμαθον. - Xiph. 352, 18-353, 11 R. St.

(4) ὅτι ποτὲ ὁ αὐτὸς τοῦτο εἶπεν «οὐδὲν δέομαι ὀνομάτων ἐκ πολέμου καὶ αἵματος· ἀρκεῖ γάρ μοι καὶ εὐσεβῆ καὶ εὐτυχῆ παρ᾽ ὑμῶν καλεῖσθαι». - Petr. Patr. Exc. Vat. 153 (p. 232 Mai. = p. 217, 14-16 Dind.).

(5) ὅτι Ψευδαντωνῖνος ἐπαινούμενός ποτε παρὰ τῆς βουλῆς εἶπεν ὅτι «ὑμεῖς μὲν ἀγαπᾶτέ με καὶ νὴ Δία καὶ ὁ δῆμος καὶ τὰ ἔξω στρατόπεδα. τοῖς δὲ δορυφόροις οἷς τοσαῦτα δίδωμι οὐκ ἀρέσκω». - Petr. Patr. Exc. Vat. 154 (p. 232 sq. Mai. = p. 217, 17-20 Dind.).

[19] (1¹) ἕως μὲν οὖν ὁ Σαρδανάπαλλος τὸν ἀνεψιὸν ἐφίλει, ἐσώζετο· ἐπεὶ δὲ πάντας ὑπώπτευε καὶ ἐμάνθανε πρὸς ἐκεῖνον ῥέποντας ὁλοσχερῶς ταῖς εὐνοίαις, ἐτόλμησε μεταγνῶναι καὶ πάντα ἐπὶ καθαιρέσει αὐτοῦ ἔπραττεν. - Xiph. 353, 11-15 R. St.

(1ᵃ) ὅτι τινῶν συνηγορούντων τῷ Ψευδαντωνίνῳ καὶ εἰπόντων ὡς εὐτυχὴς εἴη τῷ υἱῷ συνυπατεύων, ἔφη «εὐτυχέστερος ἔσομαι κατὰ τὸν ἑξῆς ἐνιαυτὸν μετὰ γνησίου υἱοῦ μέλλων ὑπατεύειν». - Petr. Patr. Exc. Vat. 155 (p. 233 Mai. = p. 217, 21-24 Dind.)

(1²) ὡς δέ ποτε καὶ ἀνελεῖν αὐτὸν ἐπεχείρησεν, οὐ μόνον οὐδὲν ἤνυσεν, ἀλλὰ καὶ αὐτὸς ἀποθανεῖν ἐκινδύνευσεν· (2) ὅ τε γὰρ Ἀλέξανδρος ὑπό τε τῆς μητρὸς καὶ τῆς τήθης ὑπό τε τῶν στρατιωτῶν ἰσχυρῶς ἐφυλάσσετο, καὶ οἱ δορυφόροι αἰσθόμενοι

---

¹¹³ Il Danubio (lat. *Hister*).
¹¹⁴ Il contenuto di questo *excerptum* si riferisce con ogni probabilità alla lettera che Elagabalo inviò al senato poco dopo la sua acclamazione (*supra* 2, 2).
¹¹⁵ Altre citazioni *ad verbum* frutto della probabile consultazione degli *acta senatus*.
¹¹⁶ Cfr. Herod. 5, 7, 6, dove si afferma che Elagabalo epura gli ambienti dei precettori di Alessandro Severo, educato da Mamea in modo opposto al suo. Da questo momento il principe comincia a covare rancore, sdegno e sospetto verso il cugino. Cfr.

tanto nell'aspetto quanto nell'abito, era partito dalle regioni intorno
all'Istro[113] e aveva attraversato la Mesia e la Tracia invasato dal furore
bacchico insieme a quattrocento uomini muniti di verghe di tirso e di
pelli di cervo, i quali non provocarono alcun disordine. (2) Da parte
di tutti coloro che a quel tempo si trovavano in Tracia fu concesso
che gli alloggiamenti e tutti gli approvvigionamenti a lui necessari
fossero forniti a spese pubbliche; né alcuno osò mai contraddirlo o
opporsi, fosse egli magistrato, soldato, procuratore o governatore
di province: anzi, come già anticipato, fu condotto di giorno in una
sorta di corteo solenne fino a Bisanzio. (3) Poi, salpato da lì, giunse
nella regione di Calcedonia, dove, dopo aver celebrato nottetempo
dei riti sacri e aver sotterrato un cavallo di legno, scomparve. Questi
fatti, come ho detto, li ho appresi quando mi trovavo ancora in Asia,
prima che a Roma avvenissero le vicende di Bassiano.

(4) Una volta egli stesso disse queste parole: «Non ho alcun bisogno
di titoli che derivino dalle imprese militari e dalla discendenza. Mi
basta essere chiamato da voi *Pius* e *Felix*».[114]

(5) Il falso Antonino, quando una volta ricevette degli onori dal
senato, disse: «Voi mi amate e, per Giove, anche il popolo e le legioni
esterne, ma non piaccio ai pretoriani, che pure gratifico con così tante
elargizioni».[115]

[19] (1¹) Finché Sardanapalo ebbe caro il cugino, questi fu al
sicuro; ma quando prese ad avere in sospetto chiunque e si rese conto
che il favore di tutti inclinava totalmente dalla parte del giovane, si
arrischiò a cambiare orientamento e fece di tutto per eliminarlo.[116]

(1ᵃ) Quando alcuni avvocati difesero una causa insieme al falso
Antonino e affermarono quanto egli fosse fortunato a ricoprire il consolato insieme a suo figlio,[117] il principe rispose: «Sarò più fortunato
il prossimo anno, quando sarò console insieme a un figlio legittimo».

(1²) Quando allora egli[118] tentò di toglierlo di mezzo non solo
non riuscì, ma rischiò addirittura di perdere la vita lui stesso. (2)
Alessandro, infatti, veniva protetto con ogni mezzo dalla madre,
dalla nonna e dai soldati,[119] e i pretoriani, avvedutisi del tentativo di

anche *HA Helag.* 13, 1, secondo cui si sarebbe pentito di aver adottato Alessandro e
avrebbe giurato di revocargli il titolo di Cesare (fatto che però, stando ad *Alex. Sev.*
4, 6, contribuì ad accrescere le simpatie di tutti nei riguardi del futuro imperatore).
[117] Nel 222, con Alessandro Severo, da poco adottato (*supra* 17, 2). La notizia è
confermata in Herod. 5, 7, 4.
[118] S'intenda Sardanapalo-Elagabalo.
[119] Cfr. Herod. 5, 7, 3; 8, 2 ss.

τὴν ἐπιχείρησιν τοῦ Σαρδαναπάλλου δεινῶς ἐθορύβησαν, οὐ πρίν
τε ἐπαύσαντο στασιάζοντες ἢ τὸν Σαρδανάπαλλον τὸ στρατόπεδον
σὺν τῷ Ἀλεξάνδρῳ καταλαβόντα, (3) πολλά τε ἱκετεύσαντα
καὶ τοὺς ἐξαιτηθέντας παρ' αὐτῶν τῶν συνασελγαινόντων
αὐτῷ ἐκδοῦναι ἀναγκασθέντα, ὑπέρ τε τοῦ Ἱεροκλέους οἰκτρὰ
λαλήσαντα καὶ δάκρυσι κλαύσαντα, τήν τε σφαγὴν τὴν ἑαυτοῦ
προδείξαντα, καὶ ἐπειπόντα «ἕνα μοι τοῦτον χαρίσασθε, ὅ τι
βούλεσθε περὶ αὐτοῦ ὑποτοπήσαντες, ἢ ἐμὲ ἀποκτείνατε», μόλις
αὐτοὺς ἐκμειλίξασθαι. (4) τότε μὲν οὖν μόλις ἐσώθη· καὶ γὰρ
καὶ ἡ τήθη αὐτοῦ ἐμίσει τε αὐτὸν ἐφ' οἷς ἔπραττεν, ὡς οὐδὲ τοῦ
Ἀντωνίνου υἱὸν ὄντα, καὶ πρὸς τὸν Ἀλέξανδρον ὡς καὶ ὄντως ἐξ
αὐτοῦ γεγονότα ἀπέκλινε· [20] μετὰ δὲ ταῦτα ἐπιβεβουλευκὼς
πάλιν τῷ Ἀλεξάνδρῳ, καὶ θορυβησάντων ἐπὶ τούτῳ τῶν δορυφόρων
σὺν αὐτῷ ἐς τὸ στρατόπεδον ἐσελθών, ὡς ἤσθετο φυλαττόμενον
ἑαυτὸν ἐπὶ ἀναιρέσει, ἐπειδὴ καὶ αἱ μητέρες αὐτῶν ἐκφανέστερον
ἢ πρὶν ἀλλήλαις μαχόμεναι τοὺς στρατιώτας ἠρέθιζον, φεύγειν
πως ἐπεχείρησε. (2) καὶ ἔμελλεν ἐς τύλλον ἐμβληθεὶς ἐκδρᾶναί
ποι, φωραθεὶς δὲ ἀπεσφάγη, ὀκτωκαίδεκα ἔτη γεγονώς. καὶ αὐτῷ
καὶ ἡ μήτηρ (περιπλακεῖσα γὰρ ἀπρὶξ εἴχετο) συναπώλετο. καὶ αἵ
τε κεφαλαὶ αὐτῶν ἀπεκόπησαν, καὶ τὰ σώματα γυμνωθέντα τὸ μὲν
πρῶτον διὰ πάσης τῆς πόλεως ἐσύρη, ἔπειτα τὸ μὲν τῆς γυναικὸς
ἄλλως πως ἐρρίφη, τὸ δὲ ἐκείνου ἐς τὸν ποταμὸν ἐνεβλήθη. - Xiph.
353, 15-354, 8 R. St.

[120] Si tratta del castro pretorio (cfr. *supra* 17, 1 e Aur. Vict. *Caes.* 23, 3).
[121] Cfr. *HA Helag.* 13,5-14, 4, dove questa congiura è descritta in modo dettagliato.
[122] A corte si era verificata dunque una spaccatura (cfr. *infra* 20, 1-2).
[123] Che Elagabalo fosse figlio naturale di Caracalla è da escludere: cfr. 78, 31, 3
e la nota a «Tarauta».
[124] I prodromi della caduta di Elagabalo trovano maggior dovizia di particolari nel
resoconto di Erodiano (5, 8, 4-8): l'imperatore avrebbe tentato di esautorare Alessandro Severo privandolo del titolo di Cesare (come in *HA Helag.* 13, 1) e diffondendo
il *rumor* che il cugino fosse in fin di vita, ma i soldati, dopo aver preteso di vederlo
con i propri occhi, lo acclamarono trascurando invece Elagabalo; questi, in seguito al
tentativo di reprimere la rivolta, fu a sua volta rovesciato dalla ribellione dei soldati.
[125] Il dettaglio del τύλλος è riportato dal solo Dione: più che a una «cassa» o a una
«cesta», si potrebbe ipotizzare un «baule» o una sorta di «arca» (forse una cassapanca).
[126] L'episodio è databile tra l'11 e il 13 marzo 222. Cfr. *HA Helag.* 17, 1-2, secondo
cui il corpo di Elagabalo fu scaraventato dal ponte Emilio zavorrato con un peso, solo
dopo, però, che i soldati avevano tentato di gettarlo in un condotto fognario che si

Sardanapalo, insorsero con violenza. Essi non cessarono i tumulti se non quando Sardanapalo giunse al campo[120] con Alessandro, (3) dove li supplicò con molte preghiere e fu costretto a consegnare quei suoi compagni di dissolutezze che essi reclamavano.[121] Per Ierocle spese parole compassionevoli e pianse, e dopo aver offerto la propria gola esclamò: «Risparmiatemi solo costui, qualsiasi cosa vogliate sospettare di lui, oppure uccidetemi!». Così, a stento, riuscì a placarli. (4) In quest'occasione dunque si salvò, seppure con difficoltà; persino sua nonna, infatti, lo detestava per le sue azioni,[122] quasi rivelassero che egli non era neppure il figlio di Antonino,[123] e, inoltre, ella inclinava dalla parte di Alessandro come se questi effettivamente discendesse da lui. [20] In seguito, dopo che ebbe ordito un nuovo complotto ai danni di Alessandro e quando i pretoriani presero a tumultuare a causa di ciò,[124] egli si presentò nel campo insieme a lui; non appena si rese conto di essere tenuto sotto custodia in attesa dell'esecuzione, tentò di fuggire, grazie anche al fatto che le madri dei due, venute a discordia tra loro più apertamente di quanto fosse accaduto in precedenza, infiammavano gli animi dei soldati. (2) Dopo essere stato nascosto all'interno di un baule,[125] riuscì quasi a salvarsi, ma fu scoperto e poi trucidato, all'età di diciotto anni. Insieme a lui trovò la morte anche la madre, che lo teneva strettamente abbracciato: furono entrambi decapitati e i loro corpi denudati vennero dapprima trascinati per tutta la città, mentre in seguito quello della madre fu gettato da qualche parte e quello di lui venne buttato nel fiume.[126]

rivelò troppo stretto per lo scopo; più avanti (*ibid.* 33, 7) si legge una seconda versione, più articolata, secondo cui il corpo del principe prima fu trascinato per il Circo, per poi essere gettato nelle cloache e infine precipitato nel Tevere (*sordidissime per cloacas ductus est et in Tiberim submissus est*). Erodiano (5, 8, 9) afferma invece che le salme di Elagabalo e Soemiade furono lasciate insepolte perché potessero essere trascinate e vilipese da chiunque lo desiderasse, finché vennero gettate nelle fogne che affluiscono al Tevere (ἐς τοὺς ὀχετοὺς ... τοὺς ἐς τὸν Θύβριν ποταμὸν ῥέοντας). L'efferato rituale (cfr. anche *HA Alex. Sev.* 6, 5: *unco tractus est*) lascia intendere il provvedimento della *damnatio memoriae*: a questo proposito si veda la *poenam post mortem* riservata nel 69 all'imperatore Vitellio, decapitato e precipitato dalle Gemonie (65, 21, 2; Suet. *Vit.* 17); a complemento del trascinamento del cadavere, nel caso di Elagabalo furono erasi dalle iscrizioni solo il titolo di Antonino (per non infangare il nome di Caracalla), ma non quello di Vario Elagabalo (*HA Helag.* 17, 4; 18, 1; *Sev. Alex.* 7, 4). Per un'ampia documentazione sull'abbattimento delle immagini e le erasioni delle iscrizioni e delle monete di Elagabalo, cfr. VARNER, *Mutilation*, cit., pp. 189-195. Per il soprannome di «Tiberino» e di «Trascinato» affibbiatogli dalla tradizione, cfr. *infra* 21, 3 e *HA Helag.* 17, 1, 5.

[21] καὶ αὐτῷ ἄλλοι τε καὶ ὁ Ἱεροκλῆς οἵ τε ἔπαρχοι συναπώλοντο καὶ Αὐρήλιος Εὔβουλος, ὃς Ἐμεσηνὸς μὲν τὸ γένος ἦν, καὶ ἐς τοσοῦτον ἀσελγείας καὶ μιαρίας ἐχώρησεν ὥστε καὶ ὑπὸ τοῦ δήμου πρότερον ἐξαιτηθῆναι. τοὺς γὰρ δὴ καθόλου λόγους ἐπιτετραμμένος οὐδὲν ὅ τι οὐκ ἐδήμευσε. τότε δ᾽ οὖν ὑπό τε τοῦ δήμου καὶ τῶν στρατιωτῶν διεσπάσθη, καὶ Φούλουιος σὺν αὐτῷ ὁ πολίαρχος. (2) καὶ αὐτὸν ὁ Κωμάζων, ὡς καὶ τὸν πρὸ αὐτοῦ, διεδέξατο· ὥσπερ γὰρ προσωπεῖόν τι ἐς τὰ θέατρα ἐν τῷ διακένῳ τῆς τῶν κωμῳδῶν ὑποκρίσεως ἐσεφέρετο, οὕτω καὶ ἐκεῖνος τῇ τῶν πολιαρχησάντων ἐπ᾽ αὐτοῦ κενῇ χώρᾳ προσετάττετο. ὅ τε Ἐλεγάβαλος αὐτὸς ἐκ τῆς Ῥώμης παντάπασιν ἐξέπεσε.

(3) τὰ μὲν τοῦ Τιβερίνου οὕτως ἔσχε, καὶ οὐδεὶς οὐδὲ τῶν συγκατασκευασάντων αὐτῷ τὴν ἐπανάστασιν καὶ μέγα ἐπ᾽ αὐτῷ δυνηθέντων, πλὴν ἑνός που, ἐσώθη. - Xiph. 354, 8-19 R. St., et (v. 6-10) Exc. Val. 414 (p. 769).

---

[127] Cfr. *supra* 15, 1-4; 16, 6.
[128] Non è escluso che questo personaggio fosse stato uno dei senatori di Emesa che aveva tramato per innalzare Elagabalo al trono (cfr. ICKS, *The Crimes*, cit., p. 22).
[129] Probabilmente *procurator summarum rationum*, un alto ufficiale preposto al fisco.
[130] Questo Fulvio potrebbe essere il Fulvio Diogeniano che nel 218 si mise in mostra per un sapido commento a un'affermazione contenuta in una delle ultime lettere di Macrino al senato (*supra* 78, 36, 5).
[131] Sul ruolo e la carriera di Publio Valerio Comazonte cfr. *supra* 3, 5 e nota.
[132] S'intenda il dio Sole.

300

[21] Insieme a lui morirono anche altri uomini, tra i quali Ierocle,[127] 222 d.C.
i prefetti [del pretorio] e Aurelio Eubolo, un originario di Emesa[128]
così compromesso dalla depravazione e dalla perversione che il
popolo ne aveva chiesto l'arresto già da tempo. Costui, infatti, era
preposto al fisco[129] e nulla c'era che non avesse fatto confiscare. In
quell'occasione, dunque, egli fu brutalmente assassinato dal popolo e dai soldati, e, insieme a lui, il *praefectus urbi* Fulvio.[130] (2) A
quest'ultimo succedette Comazonte,[131] dopo che era subentrato anche
al suo predecessore: come infatti accadeva anche nei teatri, quando
un personaggio veniva introdotto sul palcoscenico nel momento in
cui la scena era libera dai comici, così egli fu designato per supplire
il posto vacante lasciato da coloro che erano stati *praefecti urbi* fino
a quel momento. Quanto a Elagabalo,[132] fu bandito definitivamente
da Roma.

(3) Queste furono le vicende di Tiberino.[133] Nessuno si salvò tra
coloro che avevano ordito insieme a lui la ribellione e che sotto di lui
erano stati potenti, a eccezione, forse, di uno solo.[134]

---

[133] Fu chiamato «Tiberino» per la tragica ironia di essere stato gettato nel Tevere.
Tiberino sarebbe di per sé una divinità fluviale che secondo il mito della fondazione
sposò Rea Silvia dopo averla salvata dall'annegamento e dall'onta di aver partorito
Romolo e Remo (figli della violenza di Marte). Cfr. Varr. *Ling.* 5,7 1; Serv. *Aen.* 8, 31.
[134] Probabile allusione a Publio Valerio Comazonte. Nel periodo compreso tra il
219 e il 222, dopo essere stato prefetto del pretorio, Comazonte fu *praefectus urbi*:
sostituito da Domizio Leone Procilliano (*supra* 14, 2) per poi essere richiamato per
un breve periodo a quella carica, la perse di nuovo a favore di Fulvio (Diogeniano?)
e, di nuovo, la riassunse dopo la morte di Elagabalo (cfr. *supra* 3, 5 e nota).

LXXX

'Αλέξανδρος δὲ μετ᾽ ἐκεῖνον εὐθὺς αὐταρχήσας Δομιτίῳ τινὶ
Οὐλπιανῷ τήν τε τῶν δορυφόρων προστασίαν καὶ τὰ λοιπὰ τῆς
ἀρχῆς ἐπέτρεψε πράγματα.

[1] S'intenda Elagabalo. Alessandro Severo (sulla cui nascita cfr. *supra* 78, 30, 3; 79, 17, 2 e nota) divenne imperatore il 13 marzo del 222 (*supra* 79, 19-20; *HA Alex. Sev.* 1,1-3) e ricevette dal senato i titoli di *Augustus, pater patriae* e *pontifex maximus* il 14 marzo (rifiutando quelli di *Antoninus* e *Magnus*, cfr. *HA Alex. Sev.* 6, 1). Il nome di Alessandro fu da lui assunto per richiamarsi all'*imitatio Alexandri* che fu già di Caracalla, ed è invenzione posteriore quella secondo cui deve questo nome perché sarebbe nato nel tempio dedicato ad Alessandro Magno ad Arca (*HA Alex. Sev.* 5, 1); il nome di Severo, invece, fu da lui assunto per sottolineare i suoi legami di parentela con Settimio Severo e non tanto per volontà dei soldati, i quali vedevano in lui un imperatore *severus*, esemplare per la sua severità (*HA Alex. Sev.* 12, 4; 25, 2). L'amministrazione dello stato fu in realtà nelle mani delle donne (Mesa e Mamea) per mezzo di un *consilium principis* opportunamente nominato (Herod. 6, 1, 2; *HA Alex. Sev.* 68, 1) con il sostegno di un apparato ampiamente epurato sia negli ambienti del senato e sia in quelli del *Palatium* (*HA Alex. Sev.* 15, 1-2). Per la sua costante collaborazione col senato cfr. anche *HA Alex. Sev.* 19, 1-4. Cfr. M. ELEFANTE, *A proposito del senaculum mulierum. S.H.A. Ant. Hel. 4,3-Aurel. 49,6,* «RAAN» 57 (1982), pp. 91-107.
Data l'interruzione del resoconto dioneo al capitolo 5 del libro 80 della sua *Storia Romana*, abbiamo contezza del regno di Alessandro Severo dalle fonti parallele: dopo aver sposato Seia Sallustia Barbia Orbiana Augusta, sembra avesse elevato al ruolo di Cesare il suocero Lucio Seio Sallustio, che cadde però vittima di una congiura nel 227 (Herod. 6, 1, 9 ss.; *HA Alex. Sev.* 49, 3 ss.). Non confermato, invece, è il matrimonio con una misteriosa Memmia, citata solo dall'*Historia Augusta* (*Alex. Sev.* 20, 3). Eletto al consolato per la seconda volta nel 226, vi accedette una terza nel 229 insieme a Cassio Dione e dovette fronteggiare una rivolta in Mesopotamia (*infra* 3, 2-4, 2), mentre nel 231 fu impegnato contro il sassanide Artaserse (Ardashir), che insidiava il fronte dell'Eufrate, dove nel 232 nell'omonima battaglia riuscì a rintuzzare, affiancato dall'energica madre, l'avanzata dei Persiani nel territorio romano (Herod. 6, 5-7). Lasciata Antiochia per precipitarsi sul Reno nel 234 e per opporsi alla minaccia germanica (Herod. 6, 6 ss.), trovò la morte insieme a Mamea per mano di Massimino il Trace, acclamato imperatore dopo la rivolta del 19 marzo 235 presso *Mogontiacum*, l'odierna Mainz (Herod. 6, 9, 7; *HA Alex. Sev.* 59, 6; 60, 1; 61, 6).
[2] Domizio Ulpiano, originario di Tiro (Dig. 50, 15, 1 pr.), fu un giurista romano. Forse

LIBRO LXXX

[1] (1[1]) Alessandro divenne imperatore subito dopo di lui[1] e affidò 222-229 d.C. a Domizio Ulpiano[2] la prefettura del pretorio e le restanti competenze relative al potere supremo.[3]

allievo di Emilio Papiniano (*HA. Pesc. Nig.* 7, 4) e maestro di Erennio Modestino (Dig. 47, 2, 52, 20), sotto Settimio Severo fu a capo della cancelleria *a libellis* (dal 205 al 209) per poi rivestire, in seguito, la prefettura dell'annona sotto Elagabalo e la prefettura del pretorio nel 222, sotto Alessandro Severo (*HA Alex. Sev.* 26, 5). Durante il principato di Settimio e quello di Alessandro fu anche membro del *consilium principis* (*HA Alex. Sev.* 26, 5; 68, 1). Influenzato dalla *constitutio Antoniniana* (*supra* 77, 9, 5 Dig. 1, 5, 17), è autore di numerosissime opere di carattere giuridico. Proprio a lui sembra alludere Erodiano quando afferma che il *consilium principis* di Alessandro Severo (formato da sedici anziani senatori) affidò le funzioni politiche, amministrative e giudiziarie dello stato a uomini versati nella scienza giuridica (6, 1, 4: τοῖς ἐπὶ λόγοις εὐδοκιμωτάτοις καὶ νόμων ἐμπείροις): apparteneva con ogni probabilità ai quei circoli di uomini colti e facondi (*doctos et disertos*), oltre che letterati e versati nella conoscenza della storia (*litteratos et eos qui historiam norant*), di cui abbiamo notizia in *HA Alex. Sev.* 16, 3; 34, 6. Su Ulpiano si vedano J. MODRZEJEWSKI – T. ZAWADZKI, *La date de la mort d'Ulpien et la préfecture du prétoire au début du règne d'Alexandre Sévère*, «RD» 45 (1967), pp. 565-611; T. HONORÉ, *Ulpian. Pioneer of Human Rights*, Oxford (2002[2]); M. CHRISTOL, *Marius Maximus, Cassius Dion et Ulpien: destins croisés et débats politiques*, in AA.VV., *Cassius Dion*, II, cit., pp. 259-267.
 [3] Come visto, gli affari di stato erano in buona parte monopolizzati dalla madre Mamea. Lo testimonia un *excerptum* di Zonara che nell'edizione di Boissevain viene inserito tra i frammenti di dubbia collocazione: τοῦ δὲ Ψευδαντωνίνου ἀναιρεθέντος Ἀλέξανδρος ὁ Μαμαίας, ὁ ἐκείνου ἀνεψιός (οὕτω γὰρ οἱ παλαιοὶ τοὺς ἐξαδελφοὺς ὠνόμαζον), τὴν αὐταρχίαν ἀπεκληρώσατο. ὃς αὐτίκα τὴν οἰκείαν μητέρα Μαμαίαν Αὔγουσταν ἀνεῖπεν, ᾗ τὴν τῶν πραγμάτων οἰκονομίαν μετεχείριστο, καὶ περὶ τὸν υἱὸν σοφοὺς ἄνδρας συνήγαγεν, ἵνα δι' ἐκείνων αὐτῷ τὰ ἤθη ῥυθμίζοιτο, κἀκ τῆς γερουσίας τοὺς ἀμείνονας συμβούλους προσείλετο, πρακτέον κοινουμένη αὐτοῖς - Zon. 12, 15 p. 571, 3-10 B (p. 119, 31-120, 9 D.). «A seguito dell'uccisione del falso Antonino il figlio di Mamea, Alessandro, che era suo cugino (questo era il termine con cui gli antichi designavano tale tipo di parentela), fu eletto imperatore. Questi conferì subito il titolo di Augusta a sua madre, la quale amministrava i pubblici affari e aveva affidato il figlio a uomini saggi perché attendessero alla sua istruzione, e, inoltre, lo aveva circondato dei più valenti consiglieri scelti dal senato, con i quali collaborava per realizzare quanto era necessario.»

(2) ταῦτα μὲν ἀκριβώσας, ὡς ἕκαστα ἠδυνήθην, συνέγραψα· τὰ δὲ δὴ λοιπὰ ἀκριβῶς ἐπεξελθεῖν οὐχ οἷός τε ἐγενόμην διὰ τὸ μὴ ἐπὶ πολὺν χρόνον ἐν τῇ Ῥώμῃ διατρῖψαι. ἔκ τε γὰρ τῆς Ἀσίας ἐς τὴν Βιθυνίαν ἐλθὼν ἠρρώστησα, κἀκεῖθεν πρὸς τὴν ἐν τῇ Ἀφρικῇ ἡγεμονίαν ἠπείχθην, (3) ἐπανελθών τε ἐς τὴν Ἰταλίαν εὐθέως ὡς εἰπεῖν ἔς τε τὴν Δελματίαν κἀντεῦθεν ἐς τὴν Παννονίαν τὴν ἄνω ἄρξων ἐπέμφθην, καὶ μετὰ τοῦτ᾽ ἐς τὴν Ῥώμην καὶ ἐς τὴν Καμπανίαν ἀφικόμενος παραχρῆμα οἴκαδε ἐξωρμήθην. [2] διὰ μὲν οὖν ταῦτα οὐκ ἠδυνήθην ὁμοίως τοῖς πρόσθεν καὶ τὰ λοιπὰ συνθεῖναι, κεφαλαιώσας μέντοι ταῦτα, ὅσα γε καὶ μέχρι τῆς δευτέρας μου ὑπατείας ἐπράχθη, διηγήσομαι.

(2) ὁ Οὐλπιανὸς πολλὰ μὲν τῶν οὐκ ὀρθῶς ὑπὸ τοῦ Σαρδαναπάλλου πραχθέντων ἐπηνώρθωσε, τὸν δὲ δὴ Φλαουιανὸν τόν τε Χρῆστον ἀποκτείνας, ἵνα αὐτοὺς διαδέξηται, καὶ αὐτὸς οὐ πολλῷ ὕστερον ὑπὸ τῶν δορυφόρων ἐπιθεμένων οἱ νυκτὸς κατεσφάγη, καίτοι καὶ πρὸς τὸ παλάτιον ἀναδραμὼν καὶ πρὸς αὐτὸν τὸν αὐτοκράτορα τήν τε μητέρα αὐτοῦ καταφυγών. (3) ζῶντος δ᾽ οὖν ἔτι αὐτοῦ στάσις μεγάλη ‹τοῦ δήμου› πρὸς τοὺς δορυφόρους ἐκ βραχείας τινὸς αἰτίας ἐγένετο, ὥστε καὶ ἐπὶ τρεῖς ἡμέρας μάχεσθαί τε ἀλλήλοις καὶ πολλοὺς ὑπ᾽ ἀμφοτέρων ἀπολέσθαι. ἡττώμενοι δὲ οἱ στρατιῶται πρὸς ἔμπρησιν τῶν οἰκοδομημάτων ἐτράποντο· κἀκ τούτου δείσας ὁ δῆμος μὴ καὶ πᾶσα ἡ πόλις φθαρῇ, καὶ ἄκων σφίσι συνηλλάγη. (4) ταῦτά τε οὖν ἐγένετο, καὶ ὁ Ἐπάγαθος, ὡς καὶ αἴτιος τῷ Οὐλπιανῷ τοῦ ὀλέθρου ‹τὸ› πλέον γενόμενος, ἔς τε Αἴγυπτον ὡς ἄρξων αὐτῆς ἐπέμφθη, ἵνα μή τις ἐν τῇ Ῥώμῃ κολασθέντος αὐτοῦ ταραχὴ γένηται, κἀκεῖθεν ἐς Κρήτην ἀπαχθεὶς ἐδικαιώθη.

---

[4] Sul metodo storiografico di Dione cfr. MILLAR, *A Study*, cit., e M. MOLIN, *Cassius Dion et les empereurs de son temps. Pour une confrontation du manuscrit Vaticanus Graecus 1288 et des autres sources contemporaines*, in AA.VV., *Cassius Dion*, II, cit., pp. 259-270.

[5] Dione fornisce qui varie informazioni sul suo *cursus honorum*; combinandole con quelle desunte da altri passi della *Storia romana*, possiamo ricostruire le tappe principali della sua lunga carriera: entrato in senato sotto Commodo (72, 16, 3), fu pretore sotto Pertinace (73, 12, 2) e *consul suffectus* sotto Settimio Severo (60, 2, 3; 76, 16, 4); dopo essere stato al fianco di Caracalla durante l'inverno 214-215 a Nicomedia (77, 12, 2; 3; 18,4; 78, 8, 4; 5), sotto Macrino (217-218) fu *curator* di Pergamo e Smirne (79, 7, 4), e, infine, all'inizio del principato di Alessandro Severo divenne governatore prima dell'Africa, poi della Dalmazia e della Pannonia Superiore (cfr.

(2) Ho riferito i presenti avvenimenti verificandoli uno a uno con la massima attenzione di cui sono stato capace, mentre non sono stato in grado di indagare con altrettanta precisione le restanti vicende perché non mi sono trattenuto a Roma molto tempo.[4] Infatti, dopo essere giunto in Bitinia dall'Asia, mi ammalai; da lì passai al proconsolato in Africa e, (3) tornato in Italia, fui quasi immediatamente inviato come governatore in Dalmazia e successivamente nella Pannonia Superiore. Infine, dopo essere passato prima a Roma e poi in Campania, subito partii per casa. [2] Per queste ragioni, dunque, non ho potuto riassumere i restanti avvenimenti in modo simile ai precedenti: pertanto narrerò per sommi capi i fatti che avvennero fino al periodo del mio secondo consolato.[5]

(2) Ulpiano pose rimedio a molti degli errori commessi da Sardanapalo;[6] tuttavia, dopo aver mandato a morte Flaviano e Cresto[7] per poter prendere il loro posto, non molto tempo dopo fu ucciso anche lui dai pretoriani, i quali lo assalirono di notte, nonostante fosse accorso al *Palatium* e si fosse rifugiato presso l'imperatore stesso e presso la madre di lui.[8] (3) Mentre egli era ancora in vita, a causa di una questione di poca importanza scoppiò contro i pretoriani una ribellione così violenta da parte del popolo che entrambe le fazioni combatterono per tre giorni e persero la vita molti uomini sia da una parte sia dall'altra. Ma quando i soldati, i quali avevano avuto la peggio, si misero a incendiare le case, il popolo, nel timore che l'intera città andasse in rovina, venne suo malgrado a patti con loro. (4) In seguito Epagato,[9] che era stato il principale responsabile della morte di Ulpiano, fu inviato in Egitto con l'incarico di prefetto, affinché a Roma non sorgesse alcun disordine nel caso in cui egli fosse stato punito lì. Condotto poi a Creta, fu giustiziato.

anche 49, 36, 4). La sua ultima carica sarebbe stato il consolato del 229 come collega dell'imperatore stesso, per poi infine tornare in Bitinia, la sua terra natia (*infra* 5, 1-3). Cfr. ora MOLIN, *Biographie de l'historien*, cit., pp. 431-446.

[6] Cfr. *HA Alex. Sev.* 15, 6.

[7] Flaviano (ignoti il *praenomen* e il *nomen*) fu prefetto del pretorio nel 222 o nel 223 insieme a Geminio Cresto, il quale, prima di questo incarico, era stato prefetto d'Egitto tra il 219 e il 220. Cfr. Zos. 1, 11, 2, secondo cui il giurista Ulpiano li mandò entrambi a morte rispondendo a un ordine di Giulia Mamea.

[8] Cfr. *HA Alex. Sev.* 51, 4.

[9] È il liberto cui Macrino, dopo la battaglia di Antiochia, aveva affidato il figlio Diadumeniano perché fosse portato in salvo presso la corte di Artabano (*supra* 78, 39, 1). Cfr. anche 77, 21, 2.

[3] πολλαὶ δὲ καὶ παρὰ πολλῶν ἐπαναστάσεις γενόμεναι, καί τινες καὶ ἰσχυρῶς ἐκφοβήσασαι, κατεπαύθησαν.

τὰ δὲ ἐν τῇ Μεσοποταμίᾳ καὶ φοβερώτερα, καὶ ἀληθέστερον δέος σύμπασιν, οὐχ ὅτι τοῖς ἐν Ῥώμῃ ἀλλὰ καὶ τοῖς ἄλλοις, παρέσχεν. (2) Ἀρταξέρξης γάρ τις Πέρσης τούς τε Πάρθους τρισὶ μάχαις νικήσας, καὶ τὸν βασιλέα αὐτῶν Ἀρτάβανον ἀποκτείνας, ἐπὶ τὰ Ἄτρα ἐπεστράτευσεν, ἐπιβασίαν ἀπ' αὐτῶν ἐπὶ τοὺς Ῥωμαίους ποιούμενος. καὶ τὸ μὲν τεῖχος διέρρηξεν, συχνοὺς δὲ δὴ τῶν στρατιωτῶν ἐξ ἐνέδρας ἀποβαλὼν ἐπὶ τὴν Μηδίαν μετέστη, (3) καὶ ἐκείνης τε οὐκ ὀλίγα καὶ τῆς Παρθίας, τὰ μὲν βίᾳ τὰ δὲ καὶ φόβῳ, παραλαβὼν ἐπὶ τὴν Ἀρμενίαν ἤλασε, κἀνταῦθα πρός τε τῶν ἐπιχωρίων καὶ πρὸς Μήδων τινῶν τῶν τε τοῦ Ἀρταβάνου παίδων πταίσας, ὡς μέν τινες λέγουσιν, ἔφυγεν, ὡς δ' ἕτεροι, ἀνεχώρησε πρὸς παρασκευὴν δυνάμεως μείζονος. [4] οὗτός τε οὖν φοβερὸς ἡμῖν ἐγένετο, στρατεύματί τε πολλῷ οὐ μόνον τῇ Μεσοποταμίᾳ ἀλλὰ καὶ τῇ Συρίᾳ ἐφεδρεύσας, καὶ ἀπειλῶν ἀνακτήσεσθαι πάντα, ὡς καὶ προσήκοντά οἱ ἐκ προγόνων, ὅσα ποτὲ οἱ πάλαι Πέρσαι μέχρι τῆς Ἑλληνικῆς θαλάσσης ἔσχον, οὐχ ὅτι αὐτὸς λόγου τινὸς ἄξιος δοκεῖ, ἀλλ' ὅτι οὕτω τὰ στρατιωτικὰ ἡμῖν διάκειται ὥστε τοὺς μὲν καὶ προστίθεσθαι αὐτῷ τοὺς δὲ οὐκ ἐθέλειν ἀμύνεσθαι. (2) τοσαύτῃ γὰρ ἅμα τρυφῇ καὶ ἐξουσίᾳ ἀνεπιπληξίᾳ τε χρῶνται ὥστε

---

[10] Sulla natura di queste sommosse, provocate a quanto pare da soldati egizi e siriani durante i preparativi della guerra contro i Persiani di Artaserse, cfr. Herod. 6, 4, 7; più generica l'*Historia Augusta*, secondo cui, nel contesto della campagna partica, Alessandro Severo dovette sedare varie ribellioni sorte tra le truppe (*Alex. Sev.* 52, 3; 53, 3; 54, 7; 59, 4).

[11] Le prime avvisaglie del conflitto sarebbero giunte a Roma nel 229: nel 230 Artaserse assediò Nisibi e Alessandro Severo allestì i preparativi per la controffensiva nel 231, per poi attaccare con un esercito schierato su tre fronti nel 232.

[12] Cfr. gli *excerpta* di Zonara che l'edizione di Boissevain pone tra i frammenti di dubbia collocazione: Ἀρταξέρξης μέντοι ὁ Πέρσης, ὃς ἐξ ἀφανῶν καὶ ἀδόξων ἦν, τὴν τῶν Πάρθων βασιλείαν Πέρσαις περιποιήσατο καὶ αὐτῶν ἐβασίλευσεν. ἀφ' οὗ λέγεται καὶ τὸ Χοσρόου κατάγεσθαι γένος - Zon. 12, 15 p. 572, 7-10 B (p. 121, 3-6 D.). «Tuttavia il persiano Artaserse, uno sconosciuto privo di lignaggio, annesse ai Persiani il regno dei Parti e ne divenne il sovrano.»

εἶτα Καππαδοκίαν ὁ Ἀρταξέρξης οὗτος σὺν τοῖς Πέρσαις κατέτρεχε καὶ ἐπολιόρκει τὴν Νίσιβιν - Zon. 12, 15 p. 572, 22-573, 2 B (p. 121, 22-24 D.). «Allora questo Artaserse con i Persiani si diede al saccheggio della Cappadocia e cinse d'assedio Nisibi.»

[13] Dal 213 il regno dei Parti era diviso tra i due fratelli Vologese VI e Artabano V (quest'ultimo, dopo la morte del padre Vologese IV, nel 210 aveva usurpato parte dei possedimenti ereditati, sottraendo al fratello la zona iranica e l'Adiabene, e diventando di fatto confinante dei Romani). Il persiano Ardashir/Artaserse I, fondatore della dinastia sassanide, diede guerra contro Vologese VI tra il 223 e il 227, dopo aver tolto di mezzo

[3] Scoppiate molte sedizioni a opera di diversi ribelli, alcune delle quali anche molto allarmanti, furono poi represse.[10]

La situazione della Mesopotamia, ancora più preoccupante, suscitò in tutti un timore persino più concreto non solo tra gli abitanti di Roma, ma pure tra gli altri.[11] (2) Infatti Artaserse, un Persiano che aveva sconfitto i Parti in tre battaglie e aveva ucciso il loro re Artabano,[12] mosse guerra contro Atra usandola come base d'attacco contro i Romani.[13] Fatta breccia nelle mura, dopo aver perso diversi soldati a seguito di un agguato, passò in Media: (3) conquistate non poche piazzeforti della regione insieme ad altre della Partia in parte con la forza e in parte con l'intimidazione, fece un'incursione in Armenia. Qui, respinto dagli abitanti del luogo, da alcuni Medi e dai figli di Artabano, secondo taluni si diede alla fuga, secondo altri si ritirò strategicamente per preparare una spedizione con un maggior numero di truppe. **[4]** Questi, dunque, divenne per noi motivo di paura: accampatosi con un esercito numeroso insidiava non solo la Mesopotamia, ma anche la Siria, minacciando inoltre di estendere il suo potere su tutti i territori un tempo appartenuti ai Persiani entro i confini del mare della Grecia, poiché vantava diritti di discendenza su quei possedimenti.[14] Non che egli meritasse[15] particolare considerazione, ma la condizione delle nostre truppe era tale per cui alcuni soldati erano propensi a passare dalla sua parte, mentre altri non erano disposti respingerlo con le armi.[16] (2) La boria, l'arbitrio e la protervia della

Artabano V. Cfr. G. Brizzi, *Cassio Dione e le campagne d'Oriente*, in AA.VV., *Cassius Dion*, II, cit., pp. 741-771); O. Coloru, *L'imperatore prigioniero*, Roma-Bari (2017).

[14] Tali rivendicazioni vengono riportate in modo più dettagliato in Herod. 6, 2, 2, dove lo storico afferma che Artabano si appellava allo *ius dominandi* delle antiche satrapie achemenidi che gli proveniva da Ciro il Grande, il cui impero si estese dal 558 a 529 a.C. (per ulteriori argomentazioni cfr. 6, 2, 6-7).

[15] Sempre che l'epitomatore abbia compendiato fedelmente l'originale dioneo, il brusco passaggio dal tempo storico a tempo presente (che per ragioni di coerenza stilistica abbiamo evitato di trasporre nella traduzione italiana) sembrerebbe imputabile a un guizzo polemico dell'autore che, con tale scarto narrativo, non fa mistero del suo coinvolgimento nei fatti narrati.

[16] Si conclude così il resoconto dioneo della guerra mesopotamica, di cui abbiamo un racconto circostanziato in Erodiano (6, 2-6): dopo un tentativo di risoluzione diplomatica del conflitto, Alessandro Severo partì per Antiochia, da dove diresse le operazioni di controffensiva contro i Parti. Lanciatosi all'attacco su tre diversi fronti, quello da lui diretto personalmente cedette, compromettendo l'intera campagna e provocando dei malumori che solo a stento riuscì a sedare con l'allestimento di una nuova offensiva. Ma a quel punto furono i Parti a ritirarsi, vincitori sì, ma pur sempre segnati dalle ingenti perdite: né servì la vigile attesa di Alessandro Severo sul fronte mesopotamico per presidiare il fronte, poiché la ribellione dei Germani minacciava

τολμῆσαι τοὺς ἐν τῇ Μεσοποταμίᾳ τὸν ἄρχοντα σφῶν Φλάουιον Ἡρακλέωνα ἀποκτεῖναι, καὶ τοὺς δορυφόρους πρὸς τῷ Οὐλπιανῷ καὶ ἐμὲ αἰτιάσασθαι ὅτι τῶν ἐν τῇ Παννονίᾳ στρατιωτῶν ἐγκρατῶς ἦρξα, καὶ ἐξαιτῆσαι, φοβηθέντας μὴ καὶ ἐκείνους τις ὁμοίως τοῖς Παννονικοῖς ἄρχεσθαι καταναγκάσῃ.

[5] οὐ μέντοι προετίμησε τι αὐτῶν ὁ Ἀλέξανδρος, ἀλλὰ καὶ τοὐναντίον ἄλλως τε ἐσέμνυνέ με καὶ δεύτερον ὑπατεύσοντα σὺν αὐτῷ ἀπέδειξε, τό τε ἀνάλωμα τὸ τῆς ἀρχῆς αὐτὸς ἀναλώσειν ὑπεδέξατο. ἀχθεσθέντων δὲ αὐτῶν ἐπὶ τούτοις ἐφοβήθη μὴ καὶ ἀποκτείνωσί με ἐν τῷ τῆς ἀρχῆς σχήματι ἰδόντες, καὶ ἐκέλευσεν ἔξω τῆς Ῥώμης ἐν τῇ Ἰταλίᾳ που διατρῖψαι τὸν τῆς ὑπατείας χρόνον. (2) καὶ οὕτω μετὰ ταῦτα ἔς τε τὴν Ῥώμην καὶ ἐς τὴν Καμπανίαν πρὸς αὐτὸν ἦλθον, καὶ συνδιατρίψας τινὰς ἡμέρας αὐτῷ, τοῖς τε στρατιώταις μετὰ πάσης ἀδείας ὀφθείς, ἀπῆρα οἴκαδε παρέμενος ἐπὶ τῇ τῶν ποδῶν ἀρρωστίᾳ, ὥστε πάντα τὸν λοιπὸν τοῦ βίου χρόνον ἐν τῇ πατρίδι ζῆσαι, (3) ὥσπερ που καὶ τὸ δαιμόνιον ἐν τῇ Βιθυνίᾳ ἤδη μοι ὄντι σαφέστατα ἐδήλωσεν. ὄναρ γάρ ποτε ἔδοξα προστάσσεσθαι ὑπ᾽ αὐτοῦ προσγράψασθαι τῷ ἀκροτελευτίῳ τὰ ἔπη τάδε,

Ἕκτορα δ᾽ ἐκ βελέων ὕπαγε Ζεὺς ἔκ τε κονίης
ἔκ τ᾽ ἀνδροκτασίης ἔκ θ᾽ αἵματος ἔκ τε κυδοιμοῦ.

- Xiph. 356, 6-357, 9 R. St., et (p. 475, 1-476, 4) *Exc. Val.* 415 (p. 769).

l'Illirico, richiamando il principe ad occidente (233). Cfr. U. ROBERTO, *Emergenza militare, paideia e percezione della crisi: il fallimento di Severo Alessandro nella visione di Erodiano*, in A. GALIMBERTI (ed.), *Erodiano. Tra crisi e trasformazione*, Milano (2017), pp. 161-186.

Se il racconto di Erodiano ritrae la guerra partica come una guerra dall'esito semifallimentare, le altri fonti la dipingono come un pieno successo (*HA Alex. Sev.* 55, 1-3; Aur. Vict. *Caes.* 24, 2; Eutr. 8, 23), riflettendo la propaganda ufficiale del regno di Alessandro Severo, che pone l'accento sul trionfo riportato e l'assunzione del titolo loro condotta erano tali che quelli che si trovavano in Mesopotamia 227 d.C. (?) ebbero persino l'ardire di uccidere il loro comandante, Flavio Eracleone,[17] mentre i pretoriani accusarono me presso Ulpiano per aver comandato i soldati della Pannonia con piglio risoluto, reclamando per giunta la mia consegna, nel timore che qualcuno imponesse loro la medesima disciplina militare adottata con le truppe pannoniche.

[5] Tuttavia Alessandro non tenne in considerazione nemmeno una di quelle accuse, anzi, mi concesse vari onori, tra i quali la designazione al consolato per la seconda volta (al suo fianco come 229 d.C. collega) e la presa in carico, da parte sua, delle spese relative alla mia (?) magistratura. Ma poiché ne conseguì un forte dissenso da parte dei pretoriani, il principe temette che essi, vedendomi portare le insegne consolari, potessero uccidermi, e quindi dispose che io trascorressi il periodo del consolato fuori da Roma, in qualche località dell'Italia. (2) Così, in seguito, mi presentai da lui prima a Roma e poi in Campania, e dopo essermi trattenuto alcuni giorni in sua compagnia protetto dallo sguardo vigile dei soldati, presi congedo tornando a casa per via della malattia di cui soffrivo ai piedi: avrei potuto così ritirarmi per il resto della vita in patria, (3) come del resto mi rivelò inequivocabilmente il mio *daimon*[18] quando già mi trovavo in Bitinia. Una volta, infatti, in un sogno mi parve che esso mi raccomandasse 229 d.C. di scrivere, nel finale della mia opera, questi versi:

«Ettore, Giove lo trasse in salvo dai dardi e dalla polvere,
dalla strage, dal sangue e dal tumulto».[19]

---

di *Parthicus* o *Persicus Maximus*: è addirittura la stessa *Historia Augusta* a porsi in antitesi alla ricostruzione di Erodiano e di altri storici, che videro la fine della guerra nella ritirata di Alessandro Severo (*ibid.* 57, 2-3).

[17] Di questo personaggio riferisce il solo Dione.

[18] Sul significato e l'accezione di δαίμων cfr. 79, 18, 1 e nota. In tale contesto sembra che Dione faccia riferimento a quello che per i Romani era il genio tutelare (*genius*).

[19] Hom. *Il.* 9, 163-164: i versi si riferiscono all'episodio in cui Zeus mette in salvo Ettore da Agamennone, che infuria seminando strage tra i Troiani, «gridando, imbrattato di sangue e di fango, le mani imbattibili».

INDICE DEI NOMI

In maiuscoletto i nomi di dei, di uomini e gli appellativi. In tondo con iniziale maiuscola i nomi dei luoghi, dei popoli e dei monumenti. In corsivo i titoli di opere letterarie, i nomi delle legioni, delle leggi, delle festività e dei mesi del calendario romano.
Il criterio utilizzato per la citazione dei nomi di persona, laddove è stato possibile, è la segnalazione in base al *cognomen*.

ABGAR IX (re degli Osroeni): LXXVII, 12, 1ª-1²; LXXIX, 16, 2.
Acaia: LXXVIII, 21, 5.
ACHILLE: LXXVII, 16, 7.
ACILIO: *v. Glabrione, Acilio.*
ACINACE (leone di Caracalla): LXXVIII, 7, 2.
Adiabeni: LXXV, 1, 1-2.
ADRIANO, PUBLIO ELIO (ADRIANO imp.) LXXVI, 7, 4.
Africa: LXXIII, 15, 4. LXXVII, 6, 1ª; LXXVIII, 4, 1; 22, 5; LXXX, 1, 2.
Africani: LXXVIII, 22, 5
AGRICOLA, CECILIO (amico di Plauziano): LXXVI, 5, 6.
AGRIPPA, MARCO (governatore della Pannonia e della Dacia): LXXVIII, 13, 2-3.
AGRIPPINO, FABIO: LXXIX, 3, 4.
Alamanni: LXXVII, 13, 4; 13, 6; 15, 2.
Alba Pompeia (città): LXXIII, 3, 1; LXXIX, 4, 6.
Albani (soldati della *legio II Parthica*): LXXVIII, 34, 2; 34, 5; LXXIX, 2, 3; 4, 3.
ALBINO, DECIMO CLODIO CEONIO (CLODIO ALBINO imp.): LXXIII, 15, 1; LXXIV, 6, 2; LXXV, 4, 1; 5, 2; 6, 1-3; 6, 7; 7, 3; 8, 3; LXXVI, 3, 4.
Alessandria: LXXVII, 7, 3; 21, 4; 22, 1; 22, 3-4; LXXVIII, 7, 3.
Alessandrini: LXXVII, 23, 2-3.

ALESSANDRO: *v.:*
   Alessandro Magno.
   Severo, Marco Aurelio Alessandro (Gessio Giulio Bassiano Alessiano imp.).
ALESSANDRO MAGNO: LXXIV, 6, 2ª; LXXV, 13, 2; LXXVII, 7, 1; 7, 3-4; 8, 1; 8, 3; 22, 1; LXXVIII, 19, 2, LXXIX, 17, 3; 18, 1.
ALESSIANO: *v. Severo, Marco Aurelio Alessandro (Gessio Giulio Bassiano Alessiano imp.).*
ANICIO: *v. Fausto, Quinto Anicio.*
Anfiteatro Flavio: LXXVIII, 25, 2.
ANNIA: *v. Faustina, Annia Cornificia (Faustina Minore, figlia di Marco Aurelio).*
ANTIGONO (generale di Alessandro Magno): LXXVII, 8, 2.
Antiochia: LXXIV, 8, 3; LXXVII, 20, 1; LXXVIII, 4, 2; 7, 1; 19, 1; 23, 5; 34, 5; 39, 1; 40, 2; LXXIX, 1, 1; 3, 1-2.
ANTIOCO (filosofo cinico): LXXVII, 19, 1; 21, 1.
ANTONINO: *v.:*
   Antonino (titolo).
   Antonino, Marco Aurelio (Marco Aurelio imp.).
   Antonino, Marco Aurelio Commodo (Commodo imp.).
   Antonino Pio (imp.).
   Caracalla, Marco Aurelio Severo Antonino (Caracalla imp.).
   Diadumeniano (Marco Opellio Antonino).

313

ANTONINO (titolo di Diadumeniano): LXXVIII, 19, 1; 37, 6 (Diadumeniano).

ANTONINO, MARCO AURELIO (MARCO AURELIO imp.): LXXIII, 6, 1; 8, 3-4; LXXIV, 3, 1; LXXV, 7, 4; LXXVI, 9, 4; 14. 7; LXXVII, 16, 6[a]; LXXVIII, 22, 1.

ANTONINO, MARCO AURELIO COMMODO (Commodo imp.): LXXIII, 1, 1-3; 2, 1. 2, 3; 3, 2; 2, 5-6; 4, 2-4; 5, 4-5; 6, 1-2; 8, 3-4; 11, 2; 16, 5; LXXIV, 6, 1; LXXV, 7, 4; 8, 1; LXXVI, 14, 7; LXXVII, 15, 4; 16, 6[a]; LXXIX, 1, 3; 5, 4.

ANTONINO, MARCO OPELLIO: *v. Diadumeniano (figlio di Macrino imp.).*

ANTONINO PIO: LXXVII, 16, 6[a].

ANULLINO, PUBLIO CORNELIO (generale di Severo): LXXIV, 7, 1; 8, 4; 7, 8; LXXV, 3, 2.

Apamea: LXXVIII, 8, 5; 30, 2; 34, 2.

APOLLINARE (tribuno militare): LXXVIII, 5, 2.

APOLLO GRANNO: LXXVII, 15, 6.

APOLLONIO DI CAPPADOCIA (= Tiana): LXXVII, 18, 4.

APRONIANO, POPILIO PEDONE (proconsole d'Asia nel 205): LXXVI, 8, 1; 8, 3.

AQUILIA: *v. Severa, Aquilia.*

Arabia: LXXIX, 3, 4.

Arbela: LXXVIII, 1, 2.

Arabi: LXXV, 1, 1; 2, 1; LXXV, 11, 2; 12, 2.

Arca (Arca Cesarea, città della Siria): LXXVIII, 30, 3.

ARGENTOCOXO: LXXVI, 16, 5.

ARISTOTELE: LXXVII, 7, 3.

ARISTONE, CECILIO (governatore della Bitinia): LXXVIII, 39, 5.

Armeni: LXXVII, 12, 1[2]-2; 21, 1.

Armenia: LXXVIII, 27, 4; LXXX, 3, 3.

ARRENIANO, SULPICIO (senatore): LXXVIII, 21, 2.

ARTABANO V: LXXV, 9, 3 (nota); LXXVII, 12, 2[a]; 13, 3 (nota); LXXVIII, 1, 1; 26, 2; 26, 4; 27, 1; 39, 1; LXXX, 3, 2-3.

ARTASERSE: LXXX, 3, 2.

ASELLIO: *v. Emiliano, Gaio Asellio.*

Asia: LXXIV, 14, 4; LXXVI, 8, 1; LXXVIII, 6, 3; 22, 2-5; 30, 4; LXXIX, 18, 3; LXXX, 1, 2.

ASPACE, POLLENIO: LXXVI, 9, 3.

ASPRO, GAIO GIULIO (console del 212): LXXVII, 5, 3; LXXVIII, 22, 2-5; LXXIX, 4, 4.

ASPRO, GAIO GIULIO GALERIO (figlio di): LXXVII, 5, 3 (citato come «figlio» di G. Giulio Aspro).

ASSIRIO (soprannome di Elagabalo): LXXIX, 1, 1; 11, 2.

Ateneo: LXXIII, 17, 4.

Atlante (monte dell'Egitto): LXXV, 13, 3; 13, 5.

ATTALO: *v. Patercoliano, Claudio Attalo.*

AUGUSTA (titolo): LXXIII, 7,1-2 (moglie di Pertinace); LXXVII, 2, 6; LXXVIII, 23, 4 (Giulia Domna).

AUGUSTO: *v.:*
Augusto (titolo).
Augusto orientale.
Ottaviano, Gaio Giulio Cesare.

AUGUSTO (titolo): LXXVII, 7, 2 (Caracalla); LXXVIII, 16, 2 (Macrino); 20, 2 (Giove); LXXIX, 2, 2 (Elagabalo).

AUGUSTO ORIENTALE (titolo di Alessandro Magno): LXXVII, 7, 2.

AURELIANO: *v.:*
Aureliano.
Aureliano, Lucio Mario Massimo Perpetuo.

AURELIANO (senatore): LXXVIII, 12, 2; 12, 4; 19, 1.

AURELIANO, LUCIO MARIO MASSIMO PERPETUO (*praefectus urbi* sotto Macrino): LXXVIII, 14, 3; 36, 1; LXXIX, 2, 1.

AURELIO: *v.:*
   Antonino, Marco Aurelio (Marc'Aurelio imp.).
   Epagato, Marco Aurelio.
   Zotico, Aurelio.
AURELIA: *v. Severa, Aurelia.*
AURELIO: *v.:*
   Antonino, Marco Aurelio (Marc'Aurelio imp.).
   Antonino, Marco Aurelio Commodo (Commodo imp.).
   Caracalla, Marco Aurelio Severo Antonino (Caracalla imp.).
   Celso, Aurelio.
   Cleandro, Marco Aurelio.
   Elice, Tito (?) Aurelio (retore).
   Severo, Marco Aurelio Alessandro (Gessio Giulio Bassiano Alessiano imp.).
AVITO: *v.:*
   Avito, Giulio (marito di Giulia Mesa).
   Elagabalo (Giulio Avito).
   Vario Avito Bassiano imp.
AVITO, GIULIO (marito di Giulia Mesa e nonno di Elagabalo): LXXVIII, 8, 1; LXXIX, 16, 3.
AVVENTO, OCLATNIO: LXXVIII, 13, 2; 14, 1-2; LXXIX, prologo; 8, 2.

Babilonia: LXXV, 9, 3.
BACCO: LXXVII, 7, 4.
BASILIANO (prefetto dell'Egitto): LXXVIII, 35, 1; 35, 3.
BASSIANO: *v.:*
   Bassiano, Lucio Settimio.
   Severo, Marco Aurelio Alessandro (Gessio Giulio Bassiano Alessiano imp.).
   Vario Avito Bassiano imp.
BASSIANO, LUCIO SETTIMIO (*v. anche Caracalla, Marco Aurelio Severo Antonino*): LXXVIII, 9, 3.
BASSO: *v.:*
   Basso, Pomponio.
   Terenziano, Gaio Pomponio Basso.
BASSO, POMPONIO: LXXVIII, 21, 2; LXXIX, 5, 1; 5, 4.
BATONE (gladiatore): LXXVII, 6, 2.

BEBIO: *v. Marcellino, Bebio.*
Belva Ausonia (soprannome di Caracalla): LXXVII, 16, 8; 23, 4.
Betica: LXXVII, 20, 4.
Bisanzio: LXXIII, 15, 2; LXXIV, 6, 3; 8, 3; 11, 1; 13, 4; 13, 6; 14, 2; LXXV, 1, 1; LXXIX, 18, 2.
Bitinia: LXXVIII, 39, 3; 39, 5; 40, 2; LXXIX, 3, 1; 4, 4-5; LXXX, 1, 2; 5, 3.
Bizantini: LXXIV, 8, 3; 10, 1; 10, 3; 11, 3; 12, 1; 13, 5; 14, 1.
Bosforo: LXXIV, 10, 1; 10, 5-6.
Brindisi: LXXVI, 10, 2; LXXVIII, 35, 3.
Britanni: LXXVI, 12, 1; 13, 4.
Britannia: LXXIII, 4, 1; 14, 3; LXXVI, 10, 6; 11, 1; 12, 5.
BULLA (brigante italico): LXXVI, 10, 1; 10, 4.

Cadice: LXXVII, 20, 4.
Caledoni (popolazione della Britannia): LXXV, 5, 4; LXXVI, 12, 1; 14, 3; 15, 2.
Calcedonia (città della Bitinia): LXXVIII, 39, 5; LXXIX, 18, 3.
Caledonia: LXXVI, 13, 1.
Campania: LXXX, 1, 3; 5, 1.
Campo Marzio: LXXIV, 5, 3.
Campidoglio: LXXVII, 1, 6; LXXVIII, 7, 4.
CANDIDO, TIBERIO CLAUDIO (legato di Severo): LXXIV, 6, 5-6; LXXV, 2, 3.
Cappadocia: LXXVIII, 27, 4; 39, 3; 39, 6; LXXIX, 4, 5.
Capua: LXXVI, 2, 1; LXXVIII, 7, 5.
CARACALLA: *v.:*
   Antonino (Caracalla imp.).
   Caracalla, Marco Aurelio Severo Caracalla (soprannome).
CARACALLA (soprannome di Marco Aurelio Severo Antonino): LXXVIII, 3, 3; 9, 3; 12, 2; 12, 4; 13, 2; 14, 2; 15, 1; 16, 4; 19, 3; 21, 5; 22, 3; 27, 5; 30, 4; 32, 2; 41, 3; LXXIX, 3, 2.

CARACALLA, MARCO AURELIO SEVE-
RO ANTONINO (Caracalla imp.):
LXXV, 14, 5; 15, 2; LXXVI, 1,
2; 2, 3; 2, 5; 3, 1-2; 4, 3; 6, 1; 6,
3; 7, 1-2; 14, 1, 14, 3-4; 15, 2;
LXXVII, 1, 1; 2, 1; 2, 3; 3, 1; 4,
1ª; 4, 4; 5, 1; 6, 1ª; 9, 1; 10, 1;
13, 4; 13, 6-7; 14, 2; 15, 2; 15,
5; 16, 3; 16, 6-8; 19, 2; 20, 2²;
21, 2; 22, 1; 23, 1-2; LXXVIII,
1, 4; 3, 1; 3, 3; 4, 1-2; 4, 4; 5, 1;
5, 4-5; 7, 5; 8, 2-3; 9, 1; 11, 3;
13, 1; 19, 4; 30, 4; 32, 2; 36, 2;
LXXIX, 1, 2; 2, 2; 4, 3; 19, 4.
Citato come TARAUTA (sopranno-
me): LXXVIII, 9, 3; 10, 3; 11, 4:
12, 6; 13, 4; 15, 2; 17, 2; 18, 4;
20, 4; 21, 1; 23, 1; 26, 2; 27, 4;
28, 2; 32, 1; 32, 4; 33, 2; 36, 3;
LXXIX, 2, 6; 3, 5
Caria: LXXIX, 15, 1.
CARO, SEIO (senatore): LXXIX, 4, 6.
Carre: LXXVIII, 5, 4.
CASSIO: v.:
Clemente, Cassio.
Dione, Cassio Cocceiano.
CASTINO, GAIO GIULIO SETTIMIO:
(governatore della Dacia):
LXXVIII, 13, 2; LXXIX, 4, 3.
CASTORE (liberto di Settimio Severo):
LXXVI, 14, 1; 14, 5; LXXVII, 1, 1.
CECILIO: v.
Agricola, Cecilio.
Aristone, Cecilio.
CELSO, AURELIO (centurione):
LXXVIII, 39, 6.
Cenni (tribù germanica): LXXVII,
14, 1.
CENSORINO: LXXIX, 2, 4.
CEONIO: v. Albino, Decimo Clodio
Ceonio (Clodio Albino imp.).
CERANO, ELIO PUBLIO: LXXVI, 5, 3.
CERIANO, PICA (governatore dell'A-
rabia): LXXIX, 3, 4.
CESARE: v.:
Cesare (titolo).
Cesare, Gaio Giulio.
Ottaviano, Gaio Giulio Cesare.

CESARE (titolo): LXXIII, 7, 2 (figlio
di Pertinace); 15, 1; LXXV, 4,
1 (Clodio Albino); 15, 2ª; 9, 4
(Settimio Severo); LXXVII,
12, 4 (Geta); LXXVIII, 16, 2
(Macrino); 17, 1; 19, 1; 37, 6;
40, 1 (Diadumeniano); LXXIX,
2, 2 (Elagabalo); 6, 3 (Gannide);
14, 1; 15, 4 (Ierocle).
CESARE, GAIO GIULIO: LXXV, 8, 1.
Cesarea (città della Mauritania):
LXXVIII, 11, 1.
Cilicia: LXXVIII, 39, 3.
CILONE, LUCIO FABIO (precettore di
Caracalla): LXXVII, 4, 2; 5, 1;
LXXVIII, 11, 2.
Cio: LXXIV, 6, 4.
Cipro: LXXVIII, 30, 4; LXXIX,
3, 5.
Circo: LXXIII, 4, 3; 13, 5; LXXIV,
4, 2; LXXVI, 2, 2.
Cizico (città della Propontide):
LXXIV, 6, 4; LXXIX, 7, 3.
CLARO: v. Vibiano, Gaio Giulio
Erucio Claro.
CLAUDIO: v.:
Candido Tiberio Claudio.
Claudio (brigante).
Pollione, Claudio.
Pompeiano, Tiberio Claudio.
Patercoliano, Claudio Attalo.
Severo, Claudio.
CLAUDIO (brigante della Giudea e
della Siria): LXXV, 2, 4.
CLEANDRO, MARCO AURELIO (cubi-
culario di Commodo): LXXV,
4, 1.
CLEMENTE, CASSIO (senatore):
LXXIV, 9, 1.
CLODIO: v. Albino, Decimo Clodio
Ceonio (Clodio Albino imp.).
COCCEIANO: v.: Dione, Cassio
Cocceiano.
Colosseo: v. Anfiteatro Flavio.
COMMODO: v.:
Antonino, Marco Aurelio
Commodo (Commodo imp.).
COMAZONTE, MARCO VALERIO:

LXXVIII, 39, 4; LXXIX, prologo; 3, 5; 4, 1; 21, 2.
COMMODO (titolo): LXXIII, 12, 1 (Didio Giuliano).
CONCORDIA: LXXVII, 1, 4.
CORNELIO: v. Paola, Cornelia (moglie di Elagabalo).
CORNELIO: v.:
Anullino, Publio Cornelio.
Silla, Publio Cornelio.
CORNIFICIA: v. Faustina, Annia Cornificia (Faustina Minore, figlia di Marco Aurelio imp.).
COSTANTE, RECIO (governatore della Sardegna): LXXV, 16, 2.
CRESCENTINA, CANNUZIA: LXXVII, 16, 3.
CRESTO, GEMINIO (prefetto del pretorio nel 222-223): LXXX, 2, 2.
Creta: LXXX, 2, 4.
CRISPO, GIULIO (tribuno del pretorio): LXXV, 10, 2.
Ctesifonte: LXXV, 9, 4.
CUOCO (soprannome di Aurelio Zotico): v. Zotico, Aurelio.

Daci: LXXVIII, 27, 5.
Dacia: LXXVII, 16, 7; LXXVIII, 13, 2-3; 27, 5.
Dalmazia: LXXX, 1, 3.
Danubio: v. Istro.
DATO: LXXVIII, 15, 3.
DECIMO: v. Albino, Decimo Clodio Ceonio (Clodio Albino imp.).
DECIO: v. Tricciano, Elio Decio.
DIADUMENIANO (ANTONINO, MARCO OPELLIO, figlio di Macrino imp.): LXXVIII, 4, 1; 17, 1; 19, 1; 20, 1; 20, 3; 34, 3; 36, 4; 37, 5-6; 38, 2; 39, 1; 40, 1; 40, 5; LXXIX, 1, 4; 2, 5.
DIDIO: v. Giuliano, Marco Didio Severo.
DIOGENIANO, FULVIO (senatore): LXXVIII, 36, 5; 37, 1; LXXIX 21, 1 (prob.).
DIONE, CASSIO COCCEIANO: LXXIII, 17, 6; LXXVII, 6, 1, LXXVIII, 8, 4; 10, 2.

DIONISO: v. Bacco.
DOMIZIANO, TITO FLAVIO (imp.): LXXVII, 18, 4.
DOMIZIO: v.:
Procilliano, Domizio Leone.
Ulpiano, Domizio.
DOMNA: v. Giulia Domna.

ECLECTO (cubiculario di Commodo): LXXIII, 1, 1; 10, 1.
Edessa: LXXVIII, 5, 4.
Ega (città della Cilicia): LXXVIII, 39, 3.
Egitto: LXXV, 13, 1; 13, 3; LXXVIII, 34, 8; 35, 1; 35, 3; LXXIX, 1, 3; LXXX, 2, 4.
ELAGABALO (VARIO AVITO BASSIANO imp.): LXXVIII, 30, 2-4; 32, 2; LXXIX, 1, 1; 3, 1; 4, 4 (Giulio Avito); 32, 2 (Marco Aurelio Antonino); 32, 3; 34, 4; 35, 1; 36, 1; 37, 2; 38, 1; 38, 4; 39, 4; 39, 6; 40, 2; LXXIX, prologo; 1, 1; 2, 4; 7, 3; 12, 2[2]; 17, 1; 18, 4; 19, 1[a] (Falso Antonino); LXXIX, prologo; 11, 1 (Elagabalo); LXXIX, 1, 1; 2, 4; 10, 2; 11, 1; 13, 1; 15, 1; 17, 1; 19, 1[1]; 19, 2; LXXX, 2, 2 (Sardanapalo); LXXVIII, 22, 5.
ELAGABALO (dio): LXXIX, 12, 1; 17, 3; 21, 2.
Elba (fiume): LXXVII, 14, 3.
Elei: LXXIX, 10, 3.
ELICE, TITO (?) AURELIO (retore): LXXIX, 10, 2.
ELIO: v.:
Adriano, Publio Elio (Adriano imp.).
Cerano, Publio Elio.
Pertinace, Elio (figlio di Pertinace imp.).
Pertinace, Publio Elio (Pertinace imp.).
Tricciano, Elio Decio.
Ellesponto: LXXVII, 16, 7.
Emesa: LXXVIII, 30, 3; LXXIX, 17, 3; 21, 1.

EMILIANO, CECILIO (governatore della Betica): LXXVII, 20, 4.

EMILIANO, GAIO ASELLIO (proconsole d'Asia nel 193): LXXIV, 6, 2; 6, 4.

EMILIO: *v.*:
Leto, Quinto Emilio.
Papiniano, Emilio.
Saturnino, Quinto Emilio.

ENEA: LXXV, 10, 2.

EPAGATO, MARCO AURELIO (liberto di Caracalla): LXXVII, 21, 2; LXXVIII, 39, 1; LXXX, 2, 4.

ERACLE: LXXVII, 5, 1; 20, 4; LXXIX, 10, 3.

ERACLEONE, FLAVIO (comandante delle truppe della Mesopotamia): LXXX, 4, 2.

ERCOLE: *v. Eracle.*

Eribolo (porto di Nicomedia): LXXVIII, 39, 3; 39, 5.

ESCULAPIO: LXXVII, 15, 6.

Etiopia: LXXV, 13, 1.

ETTORE: LXXX, 5, 3.

EUBOLO, AURELIO (senatore di Emesa?): LXXIX, 21, 1.

Eufrate: LXXIV, 9, 3; LXXV, 2, 2; 9, 3.

EUPREPE (cocchiere): LXXVII, 1, 2.

EURIPIDE (tragediografo): LXXVIII, 8, 4.

Europa: LXXIII, 15, 2.

EUTICHIANO: LXXVIII, 31, 1; 32, 4.

EVODO (precettore di Caracalla): LXXVI, 3, 2; 6, 1; LXXVII, 1, 1.

FABIO: *v. Cilone, Lucio Fabio (precettore di Caracalla).*

FALCONE, POMPEO SOSIO (console nel 192): LXXIII, 8, 2; 8, 5; 9, 1.

FALSO ANTONINO: *v. Elagabalo.*

FAUSTINA MAGGIORE (moglie di Marco Aurelio imp.): LXXIV, 3, 1.

FAUSTINA, ANNIA CORNIFICIA (FAUSTINA MINORE, figlia di Marco Aurelio): LXXVII, 16, 6ᵃ.

FAUSTO, QUINTO ANICIO: LXXVIII, 22, 2; 22, 4.

FELICE: *v. Bulla.*

FELIX: LXXIX, 2, 2; 18, 4 (Elagabalo).

Fenicia: LXXVIII, 35, 1.

FESTO (liberto): LXXVIII, 32, 4.

FILIPPO II (padre di Alessandro Magno): LXXVII, 8, 2.

FLACCO (*prafectus alimentorum*?): LXXVIII, 22, 1.

FLAVIA: *v.*
Plautilla, Flavia.
Tiziana, Flavia.

FLAVIANO (prefetto del pretorio nel 222-223): LXXX, 2, 2.

FLAVIO: *v.*:
Domiziano, Tito Flavio (imp.).
Eracleone, Flavio.
Materniano Flavio.
Seleuco, Marco Flavio Vitellio.
Sulpiciano, Flavio.
Tiziano, Flavio.

Flora: *v. Floralia.*

Floralia: LXXVIII, 22, 1.

FLORO, DOMIZIO: LXXVIII, 22, 2.

Foro di Augusto: LXXV, 4, 7.

Foro romano: LXXIV, 3, 3; 4, 2; LXXVI, 1, 2; 2, 4; 9, 1; LXXVII, 1, 6; LXXVIII, 25, 5; LXXIX, 9, 4.

Foro Boario: LXXVIII, 25, 1.

FORTUNATO (titolo): LXXVIII, 16, 2 (Macrino).

FRONTONE, AUFIDIO: LXXVIII, 22, 4.

FULVIO: *v. Plauziano, Gaio Fulvio.*

FUSCIANO (*praefectus urbi*): LXXIX, 4, 6.

GAIO: *v.*:
Aspro, Gaio Giulio.
Gaio Giulio Galerio Aspro.
Castino, Gaio Giulio Settimio.
Cesare, Gaio Giulio.
Emiliano, Gaio Asellio.
Mario, Gaio.
Mausoleo di Gaio e Lucio.
Nigro, Gaio Pescennio Giusto (Pescennio Nigro imp.).
Ottaviano, Gaio Giulio Cesare.
Plauziano, Gaio Fulvio.

IEROCLE (amante e marito di Elagabalo): LXXIX, 15, 1; 15, 4; 16, 6; 19, 3; 21, 1.

Ilio: LXXVII, 16, 7.

IMPERATOR (titolo): LXXVIII, 16, 2 (Macrino).

India: LXXIV, 4, 6; LXXVI, 1, 4.

ISIDE: LXXIX. 10, 1.

Isso: LXXIV, 7, 1.

Istro (fiume Danubio): LXXIX, 18, 1.

Italia: LXXIII, 17, 1; LXXIV, 2, 4; LXXVI, 2, 1; 10, 1; 10, 6; LXXVIII, 2, 1; 6, 2; 35, 3; LXXIX, 2, 4; 3, 2; 16, 6; LXXX, 1, 3; 5, 1.

LATERANO, TITO SESTIO (console nel 197): LXXV, 2, 3.

LAVINIA (figlia di Latino): LXXV, 10, 2.

Legione albana: *v. legio II Parthica.*

Legio II Parthica: LXXVIII, 13, 4; LXXIX, 2, 2; 4, 3.

Legio III Gallica: LXXIX, 7, 1; 7, 3.

Legio IV Scythica: LXXIX, 7, 1.

LENO (LETO?): LXXVII, 5, 4.

LEONE: *v. Procilliano, Pomizio Leone.*

LETA, CLODIA (Vestale): LXXVII, 16, 2[2].

LETO, GIULIO: LXXV, 2, 3; 3, 2; 6, 8; 9, 1; 10, 3.

LETO, QUINTO EMILIO (prefetto del pretorio nel 192): LXXIII, 1, 1-2; 6, 1; 6, 3; 8, 1; 9, 1; 16, 5.

LICINIO: *v. Priscilliano, Lucio Licinio.*

Lione: LXXIV, 3, 2; LXXV, 6, 1; LXXVII, 21, 2.

Lipari: LXXVI, 6, 3.

LUCIO: *v.*:

Aureliano, Lucio Mario Massimo Perpetuo.

Cilone, Lucio Fabio (precettore di Caracalla).

Mausoleo di Gaio e Lucio.

Priscilliano, Lucio Licinio.

Serviano, Lucio Giulio Urso.

Severo, Lucio Settimio (Settimio Severo imp.).

Valeriano, Lucio Valerio.

Ludi Capitolini: LXXIX, 10, 2.

Ludi Culeni: LXXVII, 24, 3.

Ludi Saturnali: LXXVII, 2, 1; LXXVIII, 8, 4.

Ludi Votivi: LXXIX, 8, 3; 9, 2.

LUSCINO, GAIO FABRIZIO: LXXVII, 20, 3.

LUPO, VIRIO (legato di Severo in Britannia): LXXV, 6, 2; 5, 4.

Macedoni: LXXVII, 8, 1.

Macedonia: LXXIV, 2, 4; LXXVII, 8, 3.

Macenniti: LXXV, 13, 3.

Macennitide (in Mauretania): LXXV, 13, 3.

MACRINO, MARCO OPELLIO (Macrino imp.): LXXVIII, 4, 1; 4, 3-4; 5, 1; 6, 3; 9, 2; 11, 1; 14, 2; 16, 2; 16, 4; 18, 3; 19, 1; 20, 3; 21, 1; 23, 3-5; 25, 1; 25, 4; 26, 2; 26, 4; 26, 8; 27,1; 27, 3-4; 28, 3; 31, 1-2; 32, 1; 32, 4; 33, 2; 34, 1[2]; 34, 5; 35, 1-2; 36, 1; 37, 2-4; 38, 1; 38, 4; 39, 1; 40, 3; LXXIX, prologo; 1, 2; 1, 4; 2, 1; 2, 3-4; 2, 6; 3, 2; 3, 4; 4, 3-4; 6, 1; 7, 4; 8, 2; 12, 2[2].

MAGNO: *v. Pompeo, Gneo Magno.*

MANILIO (= TIBERIO MANILIO FUSCO?): LXXVIII, 21, 2; 22, 1.

Mar Rosso: LXXV, 14, 3.

MARC'AURELIO: *v. Antonino, Marco Aurelio (Marc'Aurelio imp.).*

MARCELLINO, BEBIO: LXXVI, 8, 6; 9, 1.

MARCELLO, VARIO (padre di Elagabalo): LXXVIII, 30, 2; 34, 1.

MARCIA (concubina di Commodo): LXXIII, 16, 5.

MARCIANO: *v.*

Marciano, Gessio.

Tauro, Marciano.

MARCIANO, GESSIO: LXXVIII, 30, 3; 31, 4.

322

SOMMARIO

Finito di stampare nel giugno 2018 presso
Stampa Rotolito S.p.A. – Seggiano di Pioltello (MI)
Printed in Italy